岩土工程西湖论坛系列丛书

交通岩土工程新进展

龚晓南　主编

中国建筑工业出版社

图书在版编目（CIP）数据

交通岩土工程新进展 / 龚晓南主编. -- 北京：中
国建筑工业出版社, 2024. 10. -- (岩土工程西湖论坛系
列丛书). -- ISBN 978-7-112-30364-9

Ⅰ. U416

中国国家版本馆 CIP 数据核字第 20240XB138 号

本书为"岩土工程西湖论坛系列丛书"第 8 册，介绍交通岩土工程新进展。全书分 10 章，主要内容为：概述；道路岩土工程新进展；铁道岩土工程新进展；隧道岩土工程研究新进展；桥梁岩土工程新进展；机场岩土工程新进展；水运港口岩土工程新进展；冻土地基交通岩土工程新技术；山区交通岩土工程新技术；盐渍土地区公路路基处理技术。
本书可供从事交通的岩土工程技术人员及高等学校相关专业的师生参考使用。

责任编辑：辛海丽
文字编辑：王　磊
责任校对：赵　力

岩土工程西湖论坛系列丛书
交通岩土工程新进展
龚晓南　主编

*

中国建筑工业出版社出版、发行（北京海淀三里河路 9 号）
各地新华书店、建筑书店经销
国排高科（北京）人工智能科技有限公司制版
天津安泰印刷有限公司印刷

*

开本：787 毫米×1092 毫米　1/16　印张：27　字数：671 千字
2024 年 10 月第一版　　2024 年 10 月第一次印刷
定价：**118.00** 元
ISBN 978-7-112-30364-9
（43708）

岩土工程西湖论坛理事会

3

前　　言

　　岩土工程西湖论坛是由中国工程院院士、浙江大学教授龚晓南发起，由中国土木工程学会土力学及岩土工程分会、浙江大学滨海和城市岩土工程研究中心、岩土工程西湖论坛理事会和"地基处理"理事会共同主办，中国工程院土木、水利、建筑学部指导的一年一个主题的系列岩土工程学术讨论会。自2017年起，今年是第八届。历届岩土工程西湖论坛的主题分别是"岩土工程测试技术""岩土工程变形控制设计理论与实践""地基处理新技术、新进展""岩土工程地下水控制理论、技术及工程实践""岩土工程计算与分析""海洋岩土工程""城市地下空间开发岩土工程新进展"。今年岩土工程西湖论坛的主题是"交通岩土工程新进展"。每次岩土工程西湖论坛前，由浙江大学滨海和城市岩土工程研究中心邀请全国有关专家编著论坛丛书，并由中国建筑工业出版社出版发行。

　　2024年论坛丛书分册《交通岩土工程新进展》由浙江大学龚晓南教授任主编。全书共10章，第1章概述，编写人：龚晓南（浙江大学滨海和城市岩土工程研究中心）；第2章道路岩土工程新进展，编写人：曹志刚（浙江大学滨海和城市岩土工程研究中心）；第3章铁道岩土工程新进展，编写人：叶阳升、蔡德钩、尧俊凯、朱宏伟（中国铁道科学研究院集团有限公司、高速铁路轨道系统全国重点实验室），苏珂（中国铁道科学研究院集团有限公司）；第4章隧道岩土工程研究新进展，编写人：张顶立、孙振宇（北京交通大学城市地下工程教育部重点实验室），汪波（西南交通大学交通隧道工程教育部重点实验室）；第5章桥梁岩土工程新进展，编写人：王仁贵（中交公路规划设计院有限公司），韩冬冬（中交公路长大桥建设国家工程研究中心有限公司）；第6章机场岩土工程新进展，编写人：余虔、李飞龙、韩进宝、张印涛、吴彪、董慧超、吴民晖、任华平、江凯（民航机场规划设计研究总院有限公司），杨仲国（中国建筑西南勘察设计研究院有限公司）；第7章水运港口岩土工程新进展，编写人：蔡正银、关云飞、朱洵、韩迅（南京水利科学研究院岩土工程研究所）；第8章冻土地基交通岩土工程新技术，编写人：汪双杰（中国交通建设集团有限公司、极端环境绿色长寿道路工程全国重点实验室），金龙、董元宏、张琪、赵嘉敏（极端环境绿色长寿道路工程全国重点实验室）；第9章山区交通岩土工程新技术，编写人：周建庭、任青阳、王林峰、肖宋强、沈娜（重庆交通大学）；第10章盐渍土地区公路路基处理技术，编写人：房建宏（青海省交通科学研究院），徐安花（青海职业技术大学），张留俊（中交第一公路勘察设计研究院有限公司）。

　　书中引用了许多科研、高校、工程单位及研究生的研究成果和工程实例。在成书过程中浙江大学滨海和城市岩土工程研究中心宋秀英女士在组稿联系，以及汇集、校稿等做了大量工作。在此一并表示感谢。

　　由于作者水平有限，书中难免有错误和不当之处，敬请读者批评指正。

龚晓南

2024年8月于杭州景湖苑

目　　录

1 概述

龚晓南

（浙江大学滨海和城市岩土工程研究中心，浙江杭州，310058）

1.1 交通岩土工程发展简史

交通工程与人类社会发展密切相关。衣、食、住、行中不仅行，其他三项衣、食、住的改善也要依靠交通工程发展的促进。人类社会从农业时代发展到工业时代，交通工程发展也产生了飞跃。在土力学理论发展以前交通工程建设主要靠人类实践获得的经验。

下面先回顾土力学及岩土工程发展简史。Coulomb 于 1773 年提出并后来由 Mohr 发展形成的著名的 Mohr-Coulomb 抗剪强度理论，为土体稳定分析奠定了基础；达西通过室内渗透试验研究于 1856 年提出著名的达西渗流定律，建立了土体的渗透理论；1857 年 Rankine 提出了土体极限平衡理论；1885 年 Boussinesq 提出了在均质各向同性半无限空间表面上作用一竖向集中力，如何求解形成的应力场和位移场；1920 年 Prandtl 提出了条形基础极限承载力公式；1922 年 Fellenius 在处理铁路滑坡问题时提出的土坡稳定分析方法等。这些早期研究成果奠定了土力学学科的基础。1921 年太沙基根据饱和黏性土的试验成果，发现了被称为现代土力学的基本原理——有效应力原理。1924 年他提出的一维固结理论论文在荷兰的德尔福特召开的第一届国际应用力学会议上宣读时，立刻引起了巨大的反响。使太沙基成为新的工程领域创始人而蜚声于世界。1925 年太沙基出版《土力学》(*Erdbaumechanik auf Bodenphysikalischer Grundlage*)，被认为创建了土力学学科。1942 年太沙基出版专著《理论土力学》，他在《理论土力学》的序中说：理论土力学是应用力学的许多分支的一个。在应用力学的各个领域内，研究者仅讨论理想材料而已。本书仅限于叙述理论原理（引自徐志英译本）。我觉得太沙基的《理论土力学》可认为是力学理论的土力学。1948 年太沙基与他的学生佩克合著了《工程实用土力学》，他在《工程实用土力学》的序中说：本书第一篇叙述土的物理性质，第二篇是土力学的理论。但这两篇很短，主要部分是第三篇。第三篇是叙述在天然土层结构复杂和土壤资料短缺情况下，以合理的费用求得土方地基工程的满意结果的技术（引自蒋彭年译本）。业界普遍认为《工程实用土力学》，进一步完善了太沙基土力学理论。这是我对太沙基土力学发展的理解。我认为也是太沙基自己多年坚持的土力学，特别是晚年他自己坚持的土力学。不少学者把太沙基土力学称为土工学，我觉得也可称为土工分析。太沙基土力学是土木工程学的一个分支。在 1990 年成立浙江大学岩土工程研究所以前，浙江大学土木工程学系设有的是土工学教研室，不是土力学教研室。称土工学教研室，还是称土力学教研室是有差别的。不过在称岩土工程以前，我国高校中可能称土力学教研室多于称土工学教研室。几年前我在一次力学学术讨论会上提出，太沙基创

1

建了有效应力原理，开创了多相连续体力学的研究，其理论意义巨大。但可惜多相体连续体力学研究进展不大。这样评价和分析不知是否合理，请读者指正。

在思考岩土工程如何发展时，会遇到岩土工程，土力学和太沙基土力学的关系，三者如何发展以及发展的相互关系。我觉得人们对三者的认识及相互的关系有时是模糊的。最新的百科全书中岩土工程是这样定义的："20 世纪 60 年代末至 70 年代，将土力学及基础工程学、工程地质学、岩体力学应用于工程建设和灾害治理的统一称为岩土工程。岩土工程包括工程勘察、地基处理及土质改良、地质灾害治理、基础工程、地下工程、海洋岩土工程、地震工程等。岩土工程译自 Geotechnical Engineering，在我国台湾译为大地工程"。土力学是这样定义的：土力学是土木工程学的一个分支，是应用理论力学、材料力学、流体力学等基础知识研究土的工程性质以及研究与土有关的工程问题的工程技术学科，其主要任务是研究、分析地基承载能力、土体的变形和稳定问题，以及土中渗流问题。土力学也被认为是工程力学的一个分支，但它与其他工程力学分支不同。土力学研究对象土是自然、历史的产物。不仅土类不同，土的工程性质不同，而且同一类土，但在不同区域，其工程性质也可能有较大差别。研究对象的特殊性决定了土力学学科的特殊性。土力学奠基人太沙基认为"土力学是门应用科学，更是一门艺术"。

交通岩土工程的发展与交通工程的发展息息相关。交通工程包括公路工程、铁道工程、水运工程、机场工程、桥梁工程和隧道工程等。改革开放前我国各项交通工程规模小，标准低。没有高速公路、没有高速铁路、隧道工程很少，大的桥梁工程也不多，机场也很少。改革开放以来，特别是邓小平 1992 年南巡讲话以来我国交通工程飞快发展。

我国第一条高速公路是沪嘉高速公路，它连接上海和嘉定，全长 18.5km，于 1988 年 10 月 31 日建成通车。这条高速公路的建成标志着中国大陆高速公路建设的开始，对于改善交通状况和促进经济发展具有重要意义。我国高速公路的建设在随后几十年中迅速发展，截至 2023 年，我国高速公路通车里程已突破 16 万 km，位居全世界第一。

我国高速铁路的起步稍晚，但发展速度快、建设规模大、许多领域步入世界先进行列。1998 年 8 月开工建设的秦皇岛至沈阳高速铁路，为中国高速铁路发展积累了经验。2004 年，国务院审议通过《中长期铁路网规划》，规划建设"四横四纵"客运专线。2008 年 8 月 1 日，北京至天津高速铁路投入运营，这是我国第一条设计时速 350km 的高速铁路。2011 年 6 月，北京至上海高速铁路投入使用。截至 2018 年，中国高铁运营里程从 90000 多 km 增加到 25000km、占世界三分之二，成为全世界高铁运营里程最长的国家，近年持续高速发展。

1965 年 7 月 1 日，北京地下铁道一期工程举行开工典礼，1969 年 10 月建成北京地铁 1 号线，全长 23.6km。我国这个时期的地铁建设主要以人防功能为指导思想。改革开放后，我国北京、上海、广州等几个大城市开始以城市交通为目的建设地铁。1999 年以后，国家的政策逐步鼓励大中城市发展地铁交通，随着技术的进步和人才的培养，中国的地铁建设速度大大加快，地铁建设成为改革开放以来最具实践成果和发展创新的领域之一。不仅在国内几十座城市建设地铁，而且城市地铁拥有量和技术水平均达到了世界领先水平。

中国机场的发展史可以追溯到 20 世纪。在 1910 年，北京南苑机场建成，成为中国第一座机场，主要用于军事目的。随着时间的推移，中国机场的数量和规模逐渐增加。1937 年，上海虹桥机场建成，成为当时中国最重要的国际机场之一。直到改革开放以后，中国机场的发展才开始加速。1984年，北京首都国际机场建成，成为中国现代化程度最高的机场之一。随后，上海浦东、广州白云、深圳宝安、杭州萧山、云南昆明等一大批大型机场陆续建成。有的机场由填海造地形成，有的机场处在超高填方地基上。机场建设技术水平达到了世界先进水平。

为了满足交通工程快速发展的需要，我国在交通岩土工程勘察技术、交通岩土工程设计技术、交通岩土工程施工技术等方面得到快速发展和提高，交通工程的发展有力促进了交通岩土工程的发展。

随着国家交通强国战略，交通岩土工程勘察技术的发展现状呈现出专业化、一体化、综合化方向转型的趋势，同时行业集中度逐步提升，朝着多层次化发展。岩土工程勘察作为工程建设中不可或缺的阶段，随着经济的迅猛发展，大量的基础设施建设项目和高速交通工程系统涌现，几十年来，不断引进国际先进技术，开展多学科交叉研究，许多现代勘察设备和勘察技术得到推广应用，不断提高我国勘察技术水平，解决了交通工程建设中岩土工程勘察的相关问题。在交通岩土工程设计中，无论是道路路基设计，还是边坡稳定设计，以及隧道与地下工程设计中应用多种地基处理新技术、数字化与智能化技术。在交通岩土工程设计中采用多种新型材料，实施绿色环保设计理念，以及发展了按变形控制交通岩土工程设计理论。几十年来，交通岩土工程设计水平得到很大的提高。交通岩土工程施工技术呈现多元化、创新化和高效化发展的趋势。许多岩土工程施工新技术广泛应用于各类交通工程，包括高速公路、铁路、桥梁、隧道等。这些技术不仅满足了交通工程建设的基本需求，还不断提升了工程的质量和安全。针对复杂的工程地质条件，地基处理技术取得了显著发展，复合地基技术、排水固结技术、强夯技术、振冲挤密技术等地基处理技术在交通岩土工程中得到广泛应用。这些技术不仅提高了地基的承能力，有效控制变形，还降低了工程成本。在交通工程中桩基应用也很多，随着桩基施工设备和施工能力的提高，桩基技术不断创新，桩基施工能力有了很大提高。桩基施工能力的提高有效提升了工程效率和质量。随着大型交通设施的建设，深基坑工程和边坡工程得到快速发展。多种围护结构形式，多种地下水控制技术、信息化施工技术、挖运土技术得到发展和应用，为工程安全施工提供了有力的保障。交通岩土工程施工逐渐向智能化和信息化方向发展。在交通岩土工程施工中绿色施工和可持续发展得到越来越多的关注。通过采用环保材料、节能减排技术等措施，减少施工对周围环境的影响。随着科学和技术的不断进步和政策的支持，交通岩土工程施工技术将迎来更多的发展机遇，施工能力不断提高，施工技术不断发展。

1.2 交通岩土工程特点

近年来笔者常谈到岩土工程的研究对象"土"的工程特性对岩土工程学科特性有着深远且决定性的影响。在讨论交通岩土工程特点之前应首先讨论土的特殊性。土与其他土木工程材料的不同之处在于，土是自然、历史的产物。土体的形成年代、形成环境和形成条件的不同都可能使土体的矿物成分和土体结构产生很大的差异，而土体的矿物成分和结构等因素对土体工程性质有很大的影响。土的特殊性主要表现在下述几个方面：

土是自然、历史的产物，这一特点决定了土体性质不仅区域性强，而且即使在同一场地、同一层土，土体的性质沿深度方向和水平方向也存在差异，有时甚至变化很大。

沉积条件、应力历史和土体性质等对天然地基中的初始应力场的形成均有较大影响，因此地基中的初始应力场分布也很复杂。一般情况下，地基土体中的初始应力随着深度增加不断变大。天然地基中的初始应力场对土的抗剪强度和变形特性有很大影响。地基中的初始应力场分布不仅复杂，而且难以精确测定。

土是一种多相体，一般由固相、液相和气相三相组成。土体中的三相有时很难区分，土中水的存在形态很复杂。以黏性土中的水为例，土中水有自由水、弱结合水、强结合水、结晶水等不同形态。黏性土中这些不同形态的水很难严格区分和定量测定，而且随着条件的变化土中不同形态的水之间可以相互转化。土中固相一般为无机物，但有的还含有有机质。土中有机质的种类、成分和含量对土的工程性质也有较大影响。土的形态各异，有的呈散粒状，有的呈连续固体状，也有的呈流塑状。有干土、饱和状态的土、非饱和状态的土，而且处于不同状态的土因周围环境条件的变化，相互之间还可以发生转化。例如当荷载、渗流、排水条件、温度等环境条件发生变化时，干土、饱和状态的土和非饱和状态的土可以相互转化。

天然地基中的土体具有结构性，其强弱与土的矿物成分、形成历史、应力历史和环境条件等因素有较大关系，造成土体的性状十分复杂。

土体的强度特性、变形特性和渗透特性需要通过试验测定。在进行室内试验时，原状土样的代表性、取样和制样过程中对土样的扰动、室内试验边界条件与现场边界条件的不同等客观因素，会使测定的土性指标与地基中土体的实际性状产生差异，而且这种差异难以定量估计。在原位测试中，现场测点的代表性、埋设测试元件过程中对土体的扰动以及测试方法的可靠性等因素所带来的误差也难以定量估计。

各类土体的应力应变关系都很复杂，而且相互之间差异也很大。同一土体的应力-应变关系与土体中的应力水平、边界排水条件、应力路径等都有关系。大部分土的应力-应变关系曲线基本上不存在线性弹性阶段。土体的应力-应变关系与线弹性体、弹塑性体、黏弹塑性体等都有很大的差距。土体的结构性强弱对土的应力-应变关系也有很大影响。

土的上述特性对交通岩土工程特性有重要影响，下面将交通岩土工程分类讨论其主要特点：

1. 道路工程

道路工程是线形工程，通常会遇到复杂环境。例如：道路工程往往需要穿过城市中心、郊区或山区等不同地形环境，环境条件多变，需要考虑周围环境对道路工程的影响。道路工程往往会穿越工程地质条件和工程水文条件相差较大的地段。山区道路更为复杂，常常会遇到地形陡峭、山体崩塌、河水深浅等问题。道路工程除需要确保路基稳定外，高等级道路工程，如高速公路、高速铁路对工后沉降控制要求较严，特别是工后沉降差。一般情况下，桥梁桥墩基础采用端承桩，其工后沉降很小。相邻路堤往往填土高度大，设计和施工控制不好，往往会有较大的工后沉降。桥路连接处往往会产生桥头跳车现象，应予以重视。在不同工程地质条件的连接地点，也要重视控制工后沉降差。

2. 隧道工程

隧道工程也是线形工程，它具有上述道路工程具有的特点，沿线环境条件多变，工程地质和水文地质条件多变，以及稳定控制和变形控制严格。除此之外，它是地下工程。地下工程情况更为复杂，施工更加困难。地下工程施工可以分为两大类，一是明挖，二是暗挖。明挖需要挖条形基坑，基坑工程影响因素很多很复杂，对周围环境影响也大，稳定性要求和变形控制要求都比较高，还要重视地下水控制。暗挖应根据隧道工程要求，根据工程地质条件和水文地质条件，合理采用盾构法、矿山法或顶管法施工。在施工前，要根据沿线工程地质条件和工程水文条件做好施工组织计划。在施工过程中要重视边观测、边施工。要重视地下水控制，重视对周围环境的影响。

3. 桥梁基础工程

桥梁基础工程大多采用桩基础或沉井沉箱基础。要求支承在坚硬的土层上。桥梁基础工程工后沉降控制很严格。除此之外，桥梁基础工程要防冲刷破坏。不少桥梁工程在雨季中发生破坏是冲刷破坏产生的。桥台桥墩的冲刷深度影响因素很多，设计计算遇到的困难也不少，需要引起重视。桥梁工程中，当采用悬索结构时，锚锭基础设计和施工也是比较复杂的。重力式锚锭有时需要很大体积的混凝土，近年来我们建议采用桩锚组合结构代替重力式锚锭已引起业界的关注。桩锚组合结构施工方便，受力合理，经济性好。

4. 机场工程

机场工程建设过程中遇到的岩土工程问题与建设场地条件有关。机场占地面积大，机场建设中遇到岩土工程问题较多的通常是下述三类情况。一是机场建在深厚软弱地基上，二是机场建在山区地基上，三是填海造地建设机场。在深厚软弱地基上建设机场，主要通过地基处理处理深厚软弱地基，控制机场地基的工后沉降和工后沉降差。要求较高的是跑道区。在山区建设机场，需要挖山填沟以形成机场建设用地，有的机场建设场地填方厚度最厚处超过百米。填方质量成为工后沉降控制的关键，通常采用分层强夯处理，山区机场边坡稳定控制也很重要。挖方区和填方区的边坡稳定控制都要重视，还要重视排水处理。围海造地建设机场，关键在于填海造地，填海造地形成机场建设用地各地条件差异很大，影响因素也很多。与工程地质条件和周围环境条件密切相关。澳门国际机场是我国第一个填海造地建成的海上机场，现在我国有多个海上机场正在建设过程中。

1.3 本书主要内容

全书分10章，第1章概述，简要介绍交通岩土工程发展简史，交通岩土工程特点，本书主要内容和交通岩土工程发展展望。

第2章道路岩土工程新进展。首先介绍路基填料新进展，包括胶凝材料固化路基填料、固废固化路基填料、流态固化路基填料和生物固化路基填料等路基填料新进展；然后介绍大气环境影响下公路路基长期服役性能研究，包括大气-路基水热交换分析理论和水热交换引发工程灾变及处治措施；最后介绍气候条件变化下公路路基水毁破坏，包括涉水路基常见破坏类型、研究方法，以及路基水毁破坏处治措施等内容。

第3章铁道岩土工程新进展。首先介绍新进展背景与新进展概述；然后介绍路基填筑振动压实机-土耦合作用理论，包括路基压实机-土耦合理论的发展、路基压实效果影响规律，以及新型振动压路机-路基填料动力耦合模型；接着介绍路基压实质量连续检测技术，包括压实质量连续检测技术的发展、基于振动信号能量压实质量控制指标、路基压实质量连续检测对比验证和路基压实质量连续控制方法；再介绍路基智能填筑成套技术与设备，包括智能填筑技术发展概述、路基推平压智能施工机械、桩基信息管理系统、强夯质量智能检测设备、压实质量连续检测设备、级配连续检测设备、研究指挥管理系统等内容；最后介绍技术应用案例。

第4章隧道岩土工程研究新进展。首先介绍引言；然后介绍隧道围岩复合结构特性及其荷载效应，内容包括隧道围岩的复合结构特性、深层围岩稳定性分析和围岩荷载确定方法；接着介绍隧道支护结构体系的刚度设计方法，内容包括隧道围岩变形及其过程演化特征、隧道围岩变形的动力学分析、隧道支护系统的刚度设计理论，以及工程应用；再介绍隧道支护结构体系的协同作用原理，内容包括协同作用效果及其评价方法、隧道初期支护与二次衬砌协同作用原理、隧道支护体系协同作用过程、隧道支护体系协同设计流程，以及工程实例验证，然后再介绍高地应力软岩隧道主动/让压支护理论与应用实践，包括高地应力软岩隧道主动及主动-让压支护基本原理与实现途径、预应力主动-让压支护力学分析模型、高地应力软岩大变形隧道主动-让压支护设计理论与方法、预应力主动-让压支护技术在木寨岭特长公路隧道中的应用，最后作一小结。

第5章桥梁岩土工程新进展。首先介绍本章概述；然后介绍悬索桥锚碇基础，包括张靖皋长江大桥南航道桥——支护转结构地下连续墙复合锚碇基础、深中大桥——离岸海相淤泥区水中锚碇基础、广西龙门大桥锚碇——桩墙组合圆形支护锚碇基础、苍梧浔江大桥锚碇——桩墙组合浅开挖锚碇基础、恰纳卡莱板墙锚碇基础——板墙式基础、燕矶长江大桥——四主缆锚碇基础，以及宜都长江公路大桥锚碇——巨尺度浅埋扩大基础；接着介绍沉井基础，介绍大型沉井基础设计与施工技术研究；再介绍桩基础，内容包括钻孔灌注桩基础、打入式桩基础、灌注桩后压浆，以及支盘桩；然后再介绍设置基础，最后作一总结与展望。

第6章机场岩土工程新进展。首先介绍勘察测量新技术，包括多源多期遥感卫星影像AI识别分析技术、InSAR技术和LiDAR技术；然后介绍地基处理与边坡工程新技术，包括填海机场深厚开山石加固处理技术、不同区域粉土道基处治技术、深厚软弱土处理技术和超大高填方边坡处理技术等，最后介绍不停航施工新技术，包括液压夯新技术、浅埋大直径盾构技术、装配式基坑支护技术和微型桩复合地基技术。

第7章水运港口岩土工程新进展。首先是引言；然后介绍深水板桩码头模拟与测试新技术，包括遮帘式板桩结构码头离心模拟技术和遮帘式板桩结构码头数值仿真技术；再介绍桶式基础防波堤模拟与测试新技术，包括桶式基础防波堤离心模拟技术和桶式基础防波堤数值仿真技术；最后是结论与展望。

第8章冻土地基交通岩土工程新技术。首先是绪论；然后介绍公路冻土工程研究发展过程，包括国内外研究现状和冻土工程研究方法，以及"三位一体"的试验研究平台；接着介绍冻土工程尺度效应理论与能量平衡设计方法，包括沥青公路地-气边界能量模型、冻土路基的空间效应和冻土路基能量平衡设计理论；再介绍大尺度冻土路基融沉防控技术，包括冻土特殊路基结构及工作原理和新型特殊路基结构融沉防控效果；最后介绍多年冻土高速公路工程实践，包括科技示范工程概况、应用效果和总体评价。

第9章山区交通岩土工程新技术。首先是概述；然后介绍深挖高填路基边坡防治新技术，包括装配式拱形板-桩墙体系和玄武岩纤维复合筋锚杆（索）支护技术；接着介绍滑坡防治新技术，包括次声监测技术、"抗滑棚洞"边坡支护技术；再介绍崩塌防治新技术，包括消能棚洞和抗震韧性提升锚索技术；最后介绍泥石流防治新技术，包括沿河公路泥石流风险评价新技术和泥石流防治新技术。

第 10 章盐渍土地区公路路基处理技术。首先是概述；然后介绍盐渍土公路工程服役实例调查；接着介绍盐渍化软弱土地基处理技术研究，包括盐渍化软土地基段工程地质情况、地基处治方案比选、察尔汗盐湖区盐渍化软土地基处治方案、地基处治原则、砾石桩处治技术研究、强夯置换处治技术研究、冲击碾压处治技术研究等；再介绍岩盐填筑技术，包括岩盐的工程特性、物理特性和力学特性，以及岩盐的微观结构，岩盐路堤填筑技术及质量检测；最后介绍盐渍土隔断层技术研究，包括盐分迁移分析、盐分迁移防治措施、察格高速公路隔断层技术研究和察尔汗盐湖区高速公路阻盐技术。

1.4 交通岩土工程发展展望

在讨论交通岩土工程发展展望前，先讨论岩土工程如何发展。笔者认为考虑岩土工程的发展需要综合考虑工程建设或社会发展对岩土工程发展的要求，岩土工程学科特点，以及相关学科发展对岩土工程的影响。

工程建设或社会发展对岩土工程发展的要求促进了岩土工程的发展。从岩土工程发展史和我国 70 多年来岩土工程发展的回顾都可以看出是工程建设的需求促进了岩土工程的发展。回顾我国改革开放前后的变化，改革开放前土木工程建设规模很小，住宅建筑超过五层很少，多为一至二层。交通工程级别低，规模小。大兴水利，中小型水库较多。所以改革开放前我国的岩土工程专家多在水利部门工作较多，大学中著名的岩土工程教授多在水利系，土木工程系的岩土工程教授亦为水利工程建设服务。那时研究的问题多为稳定问题和渗流问题。改革开放后，建筑住宅小区建设蓬勃发展，接着高速公路、高速铁路、机场工程发展迅速，地基变形问题越来越突出，特别是城市化迅速推进，保持地基稳定已不能满足需要，重要的是要满足变形控制要求。近年来，城市地下空间开发利用的发展对岩土工程提出了更多新的要求。对社会发展的需求促进岩土工程的发展是比较容易理解的。

考虑岩土工程的发展需要考虑岩土工程学科的特点也很重要，而且人们对岩土工程特点还可能有不同的看法，或者认识不深刻。岩土工程特点与岩土工程的研究对象岩土的特点密切相关。岩土是自然历史的产物，决定了岩土的许多特点。岩土是自然历史的产物，土体的形成年代、形成环境和形成条件等不同使土体的矿物成分和土体结构产生很大的差异，而土体的矿物成分和结构等因素对土体性质有很大影响。这就决定了土体性质不仅区域性强，而且个体之间差异性大。同是软黏土，杭州黏土、宁波黏土、台州黏土和温州黏土性状有差异。天津黏土、上海黏土、杭州黏土和湛江黏土性状差异更大。周镜院士团队曾研究报道珠江沙，长江沙和黄河沙的差异；地基中初始应力场复杂且难以测定；土一般由固相、液相和气相三相组成。现场土体中的三相很难区分，处不同状态的土相互之间可以转化。地下水位的升降可供部分非饱和状态的土体变为饱和状态，或由饱和状态变为非饱和状态。下雨可使土体由非饱和状态变成饱和状态，蒸发可使表层土由饱和状态变为非饱和状态；土中水的状态十分复杂。以黏性土中的水为例，土中水有自由水、弱结合水、强结合水、结晶水等不同形态。黏性土中这些不同形态的水很难定量测定和区分，而且随着条件的变化土中不同形态的水相互之间可以产生转化；土的本构关系很复杂。很难用弹性、黏性、塑性、黏弹性、弹塑性、黏弹塑性来描述它。土体还具有剪胀性、各向异性。土的本构关系还与应力路径、加荷速率、应力水平、土体成分、结构、状态等有关；土体具有结构性，与土的矿物成分、形成历史、应力历史和环境条件等因素有关，十分复杂。土体的强度、变形和渗透特性测定困难。地基土层分布及各土层的物理力学性质的指标一般通过工程勘察测定。一个场地如请两家或多家勘察单位测定，则会遇到麻烦。各家提供的指标肯定会不一样。所以说土体的强度、变形和渗透特性测定困难。岩土工程的研究对象岩土的上述特点对岩土工程特点影响很大。近几年我多次强调，在岩土工程稳定分析中采用的设计分析方法、分析方法中应用的计算参数、参数的测定和选用方法、安全系数的选用四者一定要相互匹配，否则分析结果毫无意义。例如，在边坡稳定分析中，是采用瑞典圆弧法分析，还是采用 Bishop 法分析，还是采用其他分析法分析；在土体抗剪强度参数选用上，是采用总应力强度指标，还是有效应力强度指标；在测定强度指标上是采用直接剪切试验，还是采用三轴剪切试验，甚至还与取土样方法和试验设备有关；在安全系数的选用上四者要一致，否则没有意义。这些都是岩土是自然、历史的产物，岩土材料的特殊性决定的。太沙基在工程实用土力学的序中曾指出："工程师们必须善于利用一切方法和所有材料——包括经验总结、理论知识和土工试验。但是除非这些材料加以细心地有区别地应用，否则这些材料都是无益的。因为几乎每一个有关土力学的实际问题都是至少有某些特点是没有先例的"。太沙基在《理论土力学》序中强调："作者（指太沙基自己）的大部分力量将用来提炼工地经验，并对有关土的物理性质知识应用到实际问题上去的技术加以发展"。太沙基晚年多次指出"岩土工程是一门应用科学，更是一门艺术（Geotechnology is an art rather than a science）"。2005 年我在"加强对岩土工程性质的认识，提高岩土工程研究和设计水平"一文中提到，"我理解这里艺术不同于一般绘画、书法等艺术。岩土工程分析在很大程度上取决于工程师的判断，具有很高的艺术性。岩土工程分析应将艺术和技术美妙地结合起来"。考虑岩土工程的发展一定要重视结合岩土工程学科的特点。

考虑岩土工程的发展也需要考虑相关学科发展对它的影响。对它影响比较大的学科，如计算机技术、测试技术、数值计算方法、工程材料，以及设备制造等学科。计算机技术的发展有力促进了现代科学和技术的发展，对岩土工程发展的影响也不例外。岩土工程计算机分析的发展有力提高了岩土工程技术水平。计算机技术的发展，促进了数值计算方法的发展，岩土工程数值分析近年发展也很快。测试技术近些年来发展也很快，测试技术进步有利于岩土参数合理选用水平的提高，也有利于施工技术的进步以及提高岩土工程运营过程中的养护和管理。工程材料的进步可促进岩土工程施工机械能力的不断发展，岩土工程施工机械能力的提高有力促进岩土工程的发展。以隧道工程为例，施工设备和测试技术的发展有力促进了隧道工程的发展。总之考虑岩土工程如何发展一定要重视相关学科发展的影响。

对岩土工程的分析，笔者认为首先要详细掌握土力学基本概念、工程地质条件、土的工程性质、工程经验，在此基础上采用经验公式法、数值分析法和解析分析法进行计算分析。在计算分析中要因地制宜，抓主要矛盾，具体问题具体分析，宜粗不宜细、宜简不宜繁。然后在计算分析基础上，结合工程经验类比，进行综合判断。最后进行岩土工程设计。在岩土工程分析过程中，数值分析结果是提供工程师进行综合判断的主要依据之一。岩土工程分析过程如图 1.4-1 所示。

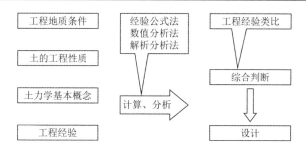

图 1.4-1 岩土工程分析过程

岩土工程变形控制设计理论近年发展很快。变形控制设计理论要求将变形控制作为首要设计目标，先满足变形的要求，再对稳定（承载力）进行验算。发展岩土工程按变形控制设计理论是工程建设发展的需要，越来越多的工程要求按变形控制设计。按变形控制设计有利于控制工后沉降，有助于控制岩土工程施工对周围环境的影响。发展岩土工程按变形控制设计理论对岩土工程变形计算理论和方法提出了更高的要求。按沉降控制设计要求提高沉降计算的精度，要求进行优化设计，从而使工程设计更为合理。近年来，岩土工程按变形控制设计理论和设计计算方法发展较快，并取得了不少进展，但尚未形成系统的理论，缺乏较成熟的岩土工程按变形控制设计计算方法。岩土工程技术人员应重视发展岩土工程按变形控制设计理论，不断提高岩土工程技术水平。

岩土工程施工总的要坚持"边观察，边施工"的原则，这与岩土工程特点有关。坚持"边观察，边施工"，需要发展岩土工程测试技术。岩土工程施工要重视施工设备的施工能力和施工技术水平的提高。

交通岩土工程是岩土工程的一部分，上述有关岩土工程发展展望的思路也适用于交通岩土工程。交通岩土工程的发展很大程度上取决于交通工程发展的需要，取决于道路工程、隧道工程、机场工程、桥梁工程和港口工程等各交通工程领域发展的需求。上述各类交通工程领域数字化、智能化和智慧化的发展势必对岩土工程技术提出新的要求。要重视按变形控制设计理论的发展和不断完善，要重视各类交通岩土工程施工机械和设备的发展，要重视不断提高信息化施工水平。

参考文献

［1］ 龚晓南. 地基处理手册[M]. 3 版. 北京: 中国建筑工业出版社, 2008.
［2］ 龚晓南. 我与岩土工程[M]. 杭州: 浙江大学出版社, 2024.
［3］ 龚晓南, 杨仲轩. 岩土工程变形控制设计理论与实践[M]. 北京: 中国建筑工业出版社, 2018.
［4］ 龚晓南, 沈小克. 岩土工程地下水控制理论、技术与工程实践[M]. 北京: 中国建筑工业出版社, 2020.
［5］ 龚晓南. 承载力问题与稳定问题[J]. 地基处理, 2011, 22(2): 53.
［6］ 龚晓南, 王立忠. 海洋岩土工程[M]. 北京: 中国建筑工业出版社, 2022.
［7］ 龚晓南. 基础工程原理[M]. 杭州: 浙江大学出版社, 2023.
［8］ 龚晓南. 城市地下空间开发岩土工程新进展[M]. 北京: 中国建筑工业出版社, 2023.
［9］ 曹志刚. 交通岩土工程[M]. 杭州: 浙江大学出版社, 2023.

2　道路岩土工程新进展

曹志刚

（浙江大学滨海和城市岩土工程研究中心，浙江杭州，310058）

2.1　路基填料新进展

道路工程中的路基结构，承受路基上层结构静态荷载和车辆运行产生的动态荷载，并将这些荷载传递、扩散至地基深处。因此，路基应具有足够的强度、应力扩散角和稳定性，能承受和传递相应的荷载作用，并不易产生对道路结构正常使用有害的变形。

为获取满足路基强度和稳定性要求的路基填料，工程上传统方式是通过开山采石获取宕渣并用于路基填筑。然而，在当前环境保护意识日益增强的背景下，"绿水青山就是金山银山"的生态理念已深入人心，政府和社会对自然生态的保护意识愈加强烈，开山采石进行路基填筑受到严格限制，道路修建宕渣短缺问题十分严重；以绍兴市为例，近年来宕渣的需求量高达每年约 1200 万 m^3，其中约 800 万 m^3 的需求无法得到满足。

针对常规宕渣路基填料短缺的难题，工程师们开始采用固化土进行替代，并取得了良好效果。固化土，通常也被称为稳定土，是一种通过添加水泥、石灰或其他化学添加剂来增强其工程性质的土壤。这种处理方法旨在提高路基的强度和稳定性。近十几年来，随着社会经济的发展和科学技术进步，关于传统胶凝材料固化路基填料的研究变得更加全面和深刻，并且工农业固废固化路基填料、生物固化路基填料、流态固化路基填料等各类新型路基填料开始涌现，在固废资源化利用、生态环境保护、特殊区域路基建造等方面起到了重要作用。

2.1.1　胶凝材料固化路基填料

使用胶凝材料固化路基是一项相对传统的技术，其主要使用的固化剂为石灰和水泥。其中，石灰的基本固化机理包括了水化反应、离子交换反应、结晶反应、火山灰反应和碳化反应；水泥的基本固化机理主要为熟料中的硅酸三钙（$3CaO \cdot SiO_2$）、硅酸二钙（$2CaO \cdot SiO_2$）、铝酸三钙（$3CaO \cdot Al_2O_3$）、铁铝酸四钙（$4CaO \cdot Al_2O_3 \cdot Fe_2O_3$）等成分掺入土中后发生水化反应，并且其加固机理可以用如图 2.1-1 所示的胶凝模型和结晶模型进行阐释[1]。近年来，经过学者们的广泛试验和深入探究，关于胶凝材料固化路基填料的研究有了新的研究进展。

石灰掺入淤泥质土中可以起到沙化作用，使块状土体转变为散粒状[2]。随着生石灰掺量的增加，土块越来越容易捏碎，表明石灰固化的淤泥质土越来越容易被压实，其沙化效果也越明显。另外,石灰改良后的淤泥质土内摩擦角和黏聚力均显著增大,压缩性明显降低。

石灰处理后的淤泥土固结性能可以得到改善[3]。通过配备弯曲延伸元件和触觉压力传感器的固结仪进行一维压缩试验，发现"石灰-水"和"石灰-土"反应会导致弹性波速和剪切强度增加；静止土压力系数K_0随石灰掺量的增加而缓慢减小，并最终趋近于0.2；石灰掺量越高，承载力越强，相同加载水平下的固结速率越快，特别是在加载过程的早期和后期。综合各项指标，4%石灰含量明显改善了土的固结行为，压缩量较低，弹性波速和强度增加，可认为是最佳石灰含量。

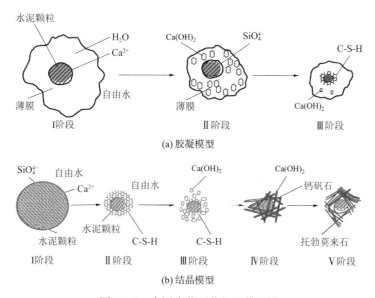

图 2.1-1　水泥水化固化机理模型[1]

施工工艺对石灰改良土路基的质量影响显著[4]。试验结果表明，石灰土至少需要拌和三遍，才能保证灰剂量的均匀性；石灰土的最佳含水率为17%，但是受拌合过程中水分蒸发影响，施工时的含水率应高于最佳含水率，在杭州因水系丰富且潮湿，拌合含水率高1%；施工完，石灰土需要做好防水工作，否则饱水后石灰土强度将减少50%以上。

含水率对水泥土的强度特性具有显著影响[5]。基于不同配比的高含水率水泥土试块的无侧限抗压强度试验和直剪试验结果，发现可采用水泥土含水率与水泥掺入量比值作为评价水泥土性质的参数，并且幂函数能够较好地拟合水泥土强度和含水率与水泥掺入量比值的关系。

通过半经验公式预测水泥土的强度，可为快速确定水泥土配比提供依据[6]。其中，基于强度试验得到的水泥土强度预测的关键参数为孔隙/水泥比（η/C_{iv}）。通过与其他文献对比，发现参数（$\eta/C_{iv}^{0.40}$）在预测水泥稳定淤泥土强度中具有普适性。

纳米 SiO_2 与水泥联合使用，可以对淤泥土起到良好的固化效果[7]。试验研究发现，60d 养护期后，掺入 1%纳米 SiO_2 的水泥固化淤泥土无侧限抗压强度是未掺纳米 SiO_2 水泥固化淤泥土的 2 倍，且纳米 SiO_2 的掺入有效控制了固化淤泥土的 pH 值。

尽管 MgO 与石灰在物理化学上十分相似，但在固化土壤的效果并不理想[8]。近年来，研究者通过碳化养护的方式，将掺 MgO 的软弱土进行固化，取得了较好的效益[1]。系统试验研究结果表明，MgO 掺量显著影响了碳化土的胶结程度，MgO 掺量越高，生成的胶结产物越多，越有利于应力峰值的提高。软弱土细粒含量和含水率偏高时，会显著阻碍 CO_2 气体在土体中的运移和 MgO 固化土的碳化，因此固化粉质土的碳化效果要远远优于固化黏土的碳化效果。MgO 碳化固化土的无侧限抗压强度还与 MgO 中的活性 MgO 含量以及 CO_2 气体压力有关，活性 MgO 含量越高、CO_2 通气压力越大，试样碳化后强度越高。另外，通过与水泥土的对比试验，发现 MgO 碳化固化土在抗硫酸盐侵蚀方面的性能显著优于水泥土。

在 MgO 的基础上，碳化固化的方法得到了进一步的延伸。在矿渣-CaO-MgO 固化体系基础上，将固化土料均匀搅拌制样后进行 CO_2 碳化试验，探究固化剂掺量、配比、碳化时间和初始含水率等因素对碳化加固土效果的影响[9]。试验结果表明：CO_2 碳化对土体加固改良效果显著，碳化 24h 试样抗压强度最高可提升 25.77 倍；碳化试样抗压强度与固化剂掺量、活性 MgO 占比呈正相关；碳化试样强度随碳化时间先增加后趋于平缓（或略微下降），最佳碳化时间为 6h 左右，并且随初始含水率增加而先增加后下降、最佳含水率为 16% 左右。CO_2 碳化作用促使碳酸盐晶体（$CaCO_3$、$MgCO_3$）生成，晶体发育程度与碳化时间、固化剂掺量及活性等因素有关；碳酸盐晶体有效填充试样内部孔隙并粘结土颗粒，形成整体骨架结构使试样强度得以大幅提升。

另外，采取碳化造粒制备粗粒路基填料是一种极具创造性的碳化固化方法[10]。在渣土中掺入熟石灰并制成颗粒坯料，然后在 60℃、湿度 80% 的条件下碳化养护 8h，制得了高强度渣土颗粒。试验研究结果表明，当熟石灰掺量超过 12% 以后，碳化生成的大量方解石胶黏土颗粒并形成整体骨架，并且其晶粒尺寸也随掺量逐渐减小并膨胀填充了颗粒孔隙，颗粒强度进入了快增阶段；最终碳化颗粒的强度达到了 3.0MPa 以上。此外，水稳定性试验表明，熟石灰掺量达 16% 以上时，碳化颗粒表现出良好的水稳定性能。碳排放分析表明，碳化颗粒制备过程中的 CO_2 排放相对陶粒减少了 42.7%～52.6%，减碳效益十分可观。

2.1.2 固废固化路基填料

在当前工业社会发展进程中，产生了大量工农业废渣，亟须处理和利用。而合理使用工农业废渣固化路基，既可缓解当前宕渣等筑路材料来源困难问题，又解决了工农业废渣的堆放和处置问题，并使其产生了较高的附加值，在促进经济和生态环境保护等方面都具有较大的意义。

当前研究者主要以钢渣、矿渣、电石渣、碱渣、稻壳灰、粉煤灰、脱硫石膏、赤泥等固废为主要固化原料，采取单掺、复掺或与传统胶凝材料结合等方法，对路基土进行稳定和固化。图 2.1-2 为部分典型工业固废的成分和基础化学反应机理，表明工业固废的主要成分与传统胶凝材料相似，并且其主要加固机理为水化作用和阳离子交换[11]。

1. 单掺固化

受固废来源及其生产工艺影响，同种固废单掺固化土壤效果迥异。其中钢渣的差异最为显著。室内研究显示，取五家不同钢厂产生的钢渣固化同一种素土，得到的固化土 CBR 值、吸水率和膨胀率等均不相同[12]。其中，钢渣的掺量统一为 25wt%。根据图 2.1-3 所展示测试结果，在素土（S）中掺入钢渣后，固化土的各项性能指标均显著提升。其中，图 2.1-3（a）的 CBR 值反映了钢渣固化土的强度。在掺入钢渣的固化土中，掺入 WJY-25 钢渣的固化土 CBR 值最低，为 40.38%；而掺入 GY-25 钢渣的固化土 CBR 值最高，为 203.21%。钢渣固化土的 CBR 值远超高速公路、一级公路路床填料对 CBR 值 > 8% 的要求，可满足不同类型公路路基填料的承载力要求。

吸水率和膨胀率则反映了钢渣固化土的稳定性。由图 2.1-3（b）、（c）可知，与 CBR 值的趋势相似，掺入 WJY-25 钢渣固化土的吸水率和膨胀率最高，表明其稳定性最差；而掺入 GY-25 钢渣固化土的吸水率和膨胀率最低，稳定性优良。综合而言，不同钢厂的钢渣固化性能差异较大，用于固化路基填料时，应先进行室内试验，确保性能合格后再使用。

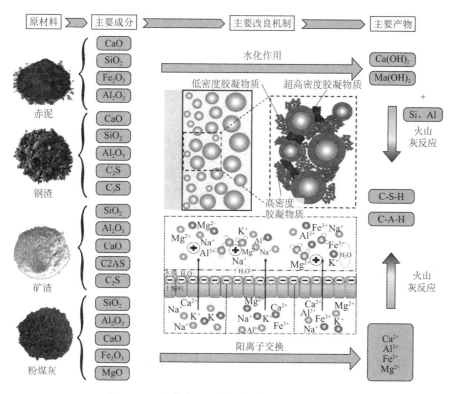

图 2.1-2　部分典型固废的成分和反应机理[11]

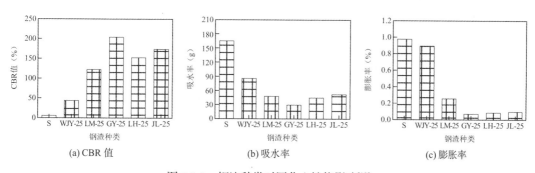

(a) CBR 值　　　　(b) 吸水率　　　　(c) 膨胀率

图 2.1-3　钢渣种类对固化土性能影响[12]

在电石渣固化土中，压实度、养生龄期和电石渣含量是影响固化稳定土强度的关键因素[13]。室内试验研究表明，基于上述三因素，可以建立以养生龄期（T）、孔隙率（n）和电石渣体积率（C_{iv}）为因子的电石渣稳定土无侧限抗压强度 R_c 预估模型：

$$R_c = 0.64 \times 10^6 (\ln T + 0.96) \left(\frac{n}{C_{iv}^{0.076}} \right)^{-4.32} \qquad (2.1-1)$$

$$n = 100 \times \left(1 - \frac{\rho_d \dfrac{C}{100}}{G_{sC}\rho_{4^\circ C水}} - \frac{\rho_d \dfrac{S}{100}}{G_{sS}\rho_{4^\circ C水}}\right) \tag{2.1-2}$$

$$C_{iv} = 100 \times \frac{\rho_d \dfrac{C}{100}}{G_{sC}\rho_{4^\circ C水}} \tag{2.1-3}$$

式中：ρ_d——电石渣固化土成型干密度（g/cm³）；

$\quad\quad C$——电石渣掺量（%）；

$\quad\quad G_{sC}$——电石渣粒料相对密度；

$\quad\quad S$——土质含量（%）；

$\quad\quad G_{sS}$——土颗粒相对密度；

$\quad\quad \rho_{4^\circ C水}$——4℃纯水密度，取 1g/cm³。

由电石渣稳定土无侧限抗压强度 R_c 的预估模型可知，随着电石渣掺量和养生龄期的增加，电石渣稳定土的强度得以增强。同时，在合理范围内提高混合料的压实水平，降低混合料成型孔隙率，也能显著提升强度。

除了强度指标，还需要通过现场试验测试电石渣改良填料的 CBR 值、回弹模量（M_r）和动力锥贯入阻力（R_s）等路用性能指标，进一步研究分析其应用的可行性[14]。需要指出的是，在养护的第 8～14d 内，试验现场发生了中等降雨，影响了电石渣改良填料性能的增长变化趋势。

现场试验结果显示，养护至 7d 时，电石渣改良填料 CBR 值有不同程度的提高；M_r 值明显增大，均值约为养护初期的 2 倍。尽管受后期降雨影响，电石渣改良填料 17d 时的 M_r 值较 7d 时略有降低，但相较于养护初期的 M_r 均值仍增大了 53%。虽然在 17d 后，电石渣稳定填料因降雨影响，R_s 有所下降，但仍然较 0d 时有所提高。综合而言，随着养护龄期的增长，电石渣改良填料的力学性能和水稳定性均较好，可以在工程中推广应用。

2. 复掺固化

当前，研究者利用部分工业废料中含有的大量铝硅酸盐氧化物，并在电石渣或者其他碱性材料的激发下，在室温下聚合而形成，制备了新型环保路基固化材料，并对其相关性能开展了分析研究。

正交试验是多掺固化中常用的试验研究方法。针对使用苏打渣（SR）、电石渣（CS）和磨碎的粒化高炉矿渣（GGBS）三种工业固废固化的淤泥土，运用正交试验方法分析了其干湿耐久性方面的表现[15]。结果发现，增加 GGBS 的用量可以提高稳定土的无侧限抗压强度，而 SR 和 CS 存在最佳用量，分别为 35% 和 6%；随着养护龄期增加，不同固废对稳定淤泥土强度增长的影响会发生变化，其中养护 28d 后稳定淤泥土强度的影响顺序为 GGBS > CS > SR；另外，耐久性试验表明，经过 5 个干湿循环后，SR-CS-GGBS 混合稳定淤泥土的质量和强度未见下降。

电石渣含有大量的氢氧化钙而呈碱性，因此可以用作其他低活性固废的碱激发剂。为此，以代表性的钢渣粉和矿渣粉为基础材料，电石渣粉作为激发剂，对淤泥质土进行固化处理，研究不同配比方案下的强度特性[16]。图 2.1-4 给出了不同掺配方案下的固化淤泥土的强度增长规律以及应力-应变关系。试验结果表明，在掺入 6% 电石渣条件下，电石渣-钢渣-矿渣协同固化淤泥质土的无侧限抗压强度最高，其 28d 强度与同龄期水泥土相当，且延性较好。后续结合 X 射线衍射（XRD）和电镜扫描（SEM）进行分析，认为电石渣有效激发了钢渣和矿渣的水化活性，促使大量 C-S-H 生成并将土粒胶凝，显著提高了固化淤泥质土的强度。

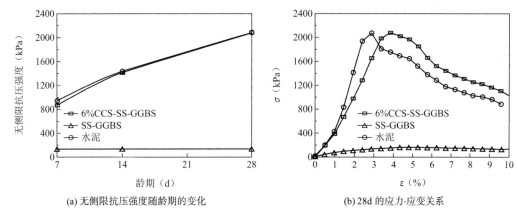

(a) 无侧限抗压强度随龄期的变化   (b) 28d 的应力-应变关系

图 2.1-4 电石渣-钢渣-矿渣协同固化淤泥质土力学性能特征曲线[16]

混料试验分析方法可以减少试验组数，且试验结果可靠，在固废多掺固化研究中应用较为广泛。室内试验研究结果发现，通过混料试验分析方法，高炉矿渣、粉煤灰和电石渣混合固化稳定台州淤泥质土时存在最佳配比[17]。根据不同配比下固化土 14d 和 28d 龄期的无侧限强度，经分析得到，最佳配比下固化剂质量分数比为高炉矿渣∶粉煤灰∶电石渣＝42.1∶11.5∶46.4。将最佳固废配比下的固化土和传统的二灰土进行无侧限试验、水稳性试验和干湿循环性试验，发现固废固化土满足路基填筑强度要求，并比二灰土有更好的路用性能。

碱性环境下，电石渣与草木灰会发生火山灰反应，可以对路基土起到固化作用。微观研究结果显示，电石渣-草木灰复合固化剂对废弃软土的固化效果受初始含水率（w_0）、有机质含量（w_c）、固化剂掺量（w_g）和龄期（T）四种因素的影响[18]。其中，反应生成的大量针状固化产物（C-S-H 胶体）和少部分钙矾石，提高了软土结构的密实性；w_0 和 w_c 的增加抑制了固化剂的水化，增加固化土结构的分散性，进而减小固化土的圆形度（R），提高固化土的分形维数（D）；而 w_g 和 T 促进了固化反应的发展，增加了扁圆状固化产物的产生，提高了固化土结构的密实性。四种因素中，T 对固化土的 R 和 D 影响最为显著。

3. 固废与传统胶凝材料结合

针对性能较差的软弱土，研究者采用固废和传统胶凝材料结合的方式进行固化，有效提升其强度和稳定性，使其能在路基填料中得以应用。

在滨海地区工程建设中，海水中硫酸盐侵蚀破坏是造成水泥固化路基填料强度损失的主要因素之一。为此，考虑通过高炉矿渣、粉煤灰、硅灰、电石渣等工业废渣分别与水泥结合的方式固化广州淤泥土，并以无侧限抗压强度作为力学性能指标，分析研究其提高固化土抗硫酸盐侵蚀性能的效果[19]。在各试验组中，水泥掺量 6%，工业废渣的掺量为 3%。试验结果显示，各种工业废渣的掺入都显著减缓了硫酸盐对固化淤泥土的侵蚀作用。其中，工业废渣联合水泥固化淤泥土的抗硫酸钠侵蚀性能的优劣依次为硅灰＞高炉矿渣＞粉煤灰＞电石渣，而抗硫酸镁侵蚀性能的优劣次序为高炉矿渣＞硅灰＞粉煤灰＞电石渣。

通过碱激发的方式，将低活性固废替代部分水泥，可以对土体起到一定的固化效果。分别采用矿粉、粉煤灰换掺部分水泥，同时掺入碱性激发剂石膏粉对软黏土进行固化处理，得到了不同配比固化土无侧限抗压强度随养护龄期的变化关系[20]。试验结果表明，石膏粉对矿粉的激发作用明显强于粉煤灰，其对土体强度的增长起主导作用，但过量的矿粉不利于土体后期强度的增长。综合考虑固化土的力学性能和经济性，5%水泥＋15%矿粉＋5%石膏的配比在保证固化土强度较高的前提下，可以节约大量水泥，是本次试验的最优配比。

赤泥和水泥复合固化黄土可以提高土的无侧限抗压强度并改善动应力响应特性[21]。试验中，水泥的掺量固定为黄土质量的5%。试验结果表明，随着赤泥掺量增加，复合固化黄土的强度先增长后下降，赤泥的最佳掺量为15%～20%。分析认为，由于赤泥的强碱性及其水化反应，促使了更多胶凝水合物的生成。这些胶凝产物和细小的赤泥颗粒对黄土颗粒起到了粘结和填充作用，使土壤结构更加稳定和致密。因此，适量的赤泥提高了黄土的强度，但过多的赤泥颗粒会破坏土壤结构的完整性，导致强度下降。

图2.1-4（b）的应力-应变曲线表明，素黄土的应变发展包括了弹性变形和塑性破坏两个阶段；而水泥＋赤泥复合固化黄土的应变发展则表现为弹性变形、塑性累积和脆性破坏三个阶段。另外，水泥＋赤泥复合固化黄土产生1%的动应变所需的动应力为700kPa，而素黄土为225kPa，表明水泥＋赤泥复合固化黄土对动变形的抵抗能力（即刚度）远高于素黄土。

2.1.3　流态固化路基填料

为了解决传统路基填料的施工过程中分层碾压或夯实的填筑方式存在施工工艺烦琐、效率低、填筑土夯实质量不稳定等弊端，一些研究者和工程师提出图2.1-5所示的"流态固化土"施工技术流程：在渣土中加入适量水、胶凝材料，经搅拌制备成具有一定流动性的浆体，运输到工程现场进行浇筑施工。该施工技术可充分利用各类建筑渣土作为原材料，并且解决了固化土施工过程中匀质性问题，同时还减少了现场对人工和设备的需求，加快了施工速度，具有低成本、和易性好、施工性佳等优势，是一种绿色经济的现代化施工技术[22]。

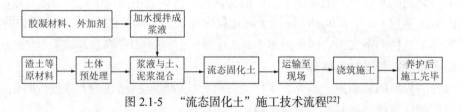

图2.1-5　"流态固化土"施工技术流程[22]

流态固化土中的胶凝成分对其性能影响显著，其中常见的胶凝材料包括熟石灰（L）与水泥（C）、粉煤灰（FA）和偏高岭土（MK）等[23]。试验结果如图2.1-6所示，其中，RS指代生土，字母后面的数字代表相应胶凝材料在固化土总质量中的占比。图2.1-6（a）显示，熟石灰和水泥复掺对流态固化土的强度提高效果最为显著，28d的抗压强度最高达到了9.88MPa；熟石灰与偏高岭土复掺的效果次之；而熟石灰与粉煤灰复掺的效果最差，强度几乎没有增长。图2.1-6（b）表明，在收缩性能方面，熟石灰与偏高岭土复掺的效果最佳，28d 最小收缩率仅 3.04%；熟石灰与粉煤灰复掺的效果次之；尽管与纯生土相比，熟石灰单掺以及熟石灰与水泥复掺的收缩率下降显著，但与另外两组相比仍然偏高。图 2.1-6（c）的水洗后质量损失率反映了流态固化土的稳定性，可以发现，熟石灰与水泥复掺的水洗后质量损失率最低，稳定性最佳；熟石灰与偏高岭土复掺的效果次之；而熟石灰与粉煤灰复掺的效果最差，几乎与单掺熟石灰的效果相同。

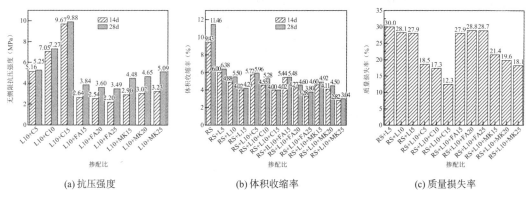

(a) 抗压强度 (b) 体积收缩率 (c) 质量损失率

图 2.1-6 胶凝材料对流态固化土性能的影响[23]

减水剂是影响流态固化土流动性的关键因素，其决定了流态固化土的施工性能。其中，木钙、萘系和聚羧酸是常见的三类减水剂[24]。系统试验研究发现，聚羧酸对流动度的提升幅度最大，且随着其掺量的增加，流态固化土的流动度有着持续提升的趋势；反观萘系与木钙，随着掺量的增加，流态固化土的流动度提升幅度越来越小甚至出现下降趋势。综合而言，不同种类的减水剂均存在"饱和掺量"，即在减水剂的掺量在达到一定值后，流态固化土的流动度不再明显提升甚至开始下降。分析认为，"饱和掺量"的出现可能是减水剂在淤泥颗粒表面和水泥颗粒表面的吸附量达到了饱和，继续掺入减水剂，流态固化土的流动度不再提升且会出现下降趋势。

在流态固化土的研究中，一些学者尝试掺入固体废物，在固体废物资源化利用和改善流态固化土路用性能方面产生起到积极的效果。流态工业固体废物固化黄土在路基工程中应用的可行性的研究显示，粒化高炉矿渣粉（GBFS）、循环流化床脱硫粉煤灰（CFBFA）、烟气脱硫石膏（FGD）三种固体废物对流态固化黄土的性能存在交互作用[25]。其中，固化剂中水泥掺量 10% 时，GBFS、CFBFA、FGD 可固化黄土制备流态土；随着 GBFS 掺量增加，CFBFA 掺量减小，流态固化土的无侧限抗压强度增大，适当掺量的 FGD 可明显提高早期强度，但过多不利于后期强度的发展。综合考虑强度要求和原材料成本，在灰土比为 0.15、水固比为 0.51、水泥掺量 10% 时，RSM 优化推荐的固废配比为：GBFS、CFBFA 和 FGD 的掺量范围分别为 43%～50%、25%～32% 和 8%～15%。

除了通过减水剂使固化土获得流动性外，工程中还可以使用发泡剂让固化土具备流动性，并且发泡剂还可以使固化土更加轻质多孔，降低由填料自重在地基中产生的附加应力。此类流态固化土也被称为泡沫轻质土。其中，聚丙烯纤维改性橡胶泡沫轻质土的耐久性更佳[26]：聚丙烯纤维改性橡胶泡沫轻质土的水稳定性、抗渗性及抗冻融性能明显优于纯水泥泡沫轻质土。综合而言，橡胶粒径 20 目、橡胶掺量 10%、聚丙烯纤维掺量 0.2% 的泡沫轻质土耐久性能总体最优。

2.1.4 生物固化路基填料

科学研究表明，部分生物高聚物、生物酶可以有效改善土体的力学性质，而某些微生物可诱导 $CaCO_3$ 沉淀（MICP）并加固土壤。这些生物材料在生产过程不需要烧制，不会消耗大量能源并产生温室气体，并且材料本身无毒、无腐蚀性，不会污染环境，不会显著改变土体中的无机成分，是当前公认的环境友好型固化剂。

黄原胶（XG）、海藻酸钠（SA）、阳离子瓜尔胶（GG）是常用于淤泥土改性的生物聚合物[27]。室内对比试验研究发现，三种生物聚合物对高含水量淤泥压缩性和渗透性的影响显著。其中，随着生物聚合物掺量增加，改性淤泥结构屈服应力增大，压缩性减小；当竖向有效应力大于结构屈服应力时，生物聚合物改性淤泥 C_c 显著增大，且随着生物聚合物掺量的变大而提高；生物聚合物改性淤泥渗透性降低显著。其中，XG 的效果最显著，在掺量为 1.5% 时，渗透系数的降低达到两个数量级。

生物酶固化路基填料已经在国外有所应用。美国宾夕法尼亚州和马来西亚棕榈研究院将泰然酶应用于现场道路，并通过实践证实泰然酶的使用效果良好；路易酶的应用有效解决了露天煤矿筑路成本高而效率低的难题；我国西藏自治区也在纳木错路段使用派酶对路基进行了固化[28]。研究中常用一定的弹塑性应力-应变关系反映土的本构，其可以体现生物酶改良膨胀土的性能指标[29]。根据室内试验结果，并基于 LADE-DUNCAN 模型，分析得到结论如下：生物酶改良膨胀土体表现为非线性、弹塑性的应力-应变关系，偏应力 q 与轴向应变 ε_1 关系表现为硬化型的应力-应变关系，偏应力 q 和应变 ε_v 的关系表现为剪缩型的应力-应变关系。生物酶显著提高了膨胀土体的抗剪切、抗压缩能力。

MICP 固化路基是近几年的研究焦点。该方法加固的核心机理为利用产脲酶微生物，如芽孢杆菌，催化分解尿素，产生 NH_4^+ 和 CO_2[30]。此过程中，NH_4^+ 可提高土壤 pH 值，诱导掺入的 Ca^{2+} 沉淀为 $CaCO_3$；同时 CO_2 作为碳源溶解在溶液中并参与 $CaCO_3$ 的沉淀反应。该过程中化学反应如下：

$$NH_2\text{-}CO\text{-}NH_2 + 3H_2O \xrightarrow{\text{脲酶}} 2NH_4^+ + 2OH^- + CO_2 \tag{2.1-4}$$

$$Ca^{2+} + HCO_3^- + OH^- \longrightarrow CaCO_3\downarrow + H_2O \tag{2.1-5}$$

$$Ca^{2+} + 2HCO_3^- \longrightarrow CaCO_3\downarrow + H_2O + CO_2 \tag{2.1-6}$$

MICP 固化方法最初在钙质砂、裂隙岩体等具有较大孔隙、易于灌注和颗粒粗大的岩土材料中研究较为深刻。MICP 胶结钙质砂动力特性试验结果表明，MICP 胶结处理后的钙质砂试样孔隙水压力发展趋势变缓，动强度和抵抗变形的能力提高；随着胶结程度的提高，试样的动力性能进一步改善[31]。微观研究发现，MICP 胶结后生成了菱形 $CaCO_3$（方解石）沉淀，而钙质砂原有颗粒表面被 $CaCO_3$ 沉淀附着、包裹，颗粒间原有孔隙在一定程度上被 $CaCO_3$ 填充。总体上，MICP 胶结生成的方解石结晶包裹在砂土颗粒表面或填充于土颗粒间，这些结构物增强了土颗粒间的连接强度，使得土体的黏聚力和内摩擦角得到提高。

一些学者还将 MICP 技术拓展到了以淤泥质土为代表的细颗粒土中，并且已经取得了较好的加固效果。采用搅拌法对淤泥土进行 MICP 固化试验，结果表明胶结液 [含 $CaCl_2$ 和 $CO(NH_2)_2$] 的合理浓度为 1.5mol/L；经过胶结液 10 次处理后，试样的无侧限抗压强度可达 6.75MPa[32]。混拌 MICP 法处理疏浚底泥试验结果发现，30℃ 且通风良好环境下养护，试件强度增长最为显著；在此最佳环境下养护 14d 后，试样的无侧限抗压强度由 0.16MPa 提高至 0.96MPa，剪切模量E_{50}、黏聚力c和内摩擦角φ也有不同程度的提升[33]。

近年来，关于新型路基填料的研究是广泛而深刻的，其中，研究的关注点集中在两个方面：一是着眼于新型路基填料的环境保护效益，通过掺入各类工农业固废或者使用生物材料等手段固化路基，又或者采用碳化固化的方式制备固化路基填料，以在固废资源化利用、生态环境保护和降低温室气体排放等领域取得突破；二是持续注重提高固化路基填料的路用性能，如通过流态固化的方式，使路基填料质量可控，并且有效提高其强度和稳定性；又如使用正交试验、混料试验等科学的试验设计方法，并采用碱激发的方式，使工业固废固化土的强度和稳定性得到显著提升。

可以预期，未来关于新型路基填料的研究仍会着重于其性能的稳定和提升以及服务于社会的可持续发展两个方面。另外，随着对新型固化改性路基填料研究的深入，特别是各项物理力学性能指标的大幅度提升，其有望在路面基层甚至室内砌筑材料等更为广泛的实践场景中得到应用，经济价值将得到大幅度的提升。

2.2 大气环境影响下公路路基长期服役性能研究

截至 2022 年底，中国公路通车里程超过 535 万 km，其中高速公路通车里程达 17.7 万 km，居世界首位。随着中国交通基础设施的迅速拓展，公路结构的使用寿命不达预期的问题逐渐显现。为了应对这一问题，《"十三五"国家科技创新规划》将"重大工程复杂系统的灾变形成及预测"列为国家重大战略任务中的重点基础研究之一；《交通运输科技"十三五"发展规划》也将"特殊自然条件下长寿命基础设施建设技术"列为重大研发任务。2019 年，北京香山科学会议第 S54 次学术讨论会以"中国长寿命路面关键科学问题及技术前沿"为主题，提出了将建设中国特色长寿命路面作为未来发展的方向，并制定了两阶段的发展目标：第一阶段是从现在开始到 2035 年，将中国高速公路路面的使用寿命由现在的 15 年提升到 30 年；第二阶段是从 2035 年到 2049 年，在实现"交通强国"目标的同时，将高速公路路面的使用寿命提升至 50 年，达到世界领先水平。

回顾中国公路大规模建设发展的历史，20 世纪 90 年代末，中国高速公路进入大规模建设阶段。在过去的 30 年间，约 60% 的高速公路沥青路面已达到或接近其设计使用寿命。中国的交通基础设施建设逐步从"以建设和养护并重"阶段过渡到"以养护为主"阶段。调查显示，中国约 60% 的高速公路在使用 10~12 年后需要进行大、中修，而 17% 的高速公路在使用 6~8 年后需要进行大、中修。此外，每年约有 1 万 km 的高速公路和 20 万 km 的普通公路需要进行大、中修[34]。

面对大量接近或超过设计年限的高速公路，中国在高速公路的改扩建和养护管理方面面临重大挑战。随着交通运输的发展，道路建设不断推进，高速公路作为交通运输系统的重要组成部分，在多年车流量和气候因素的共同作用下，难免出现路面老化、损伤和疲劳破坏等问题。中国的公路行业正在向重视养护转型，这使得降低交通基础设施维修成本、提高通行保障能力和运行效率成为迫在眉睫的任务。延长现有道路的使用寿命是提高路面使用性能优良率和路网通行能力的最有效途径。

参考欧美国家的发展历程，我国未来公路的发展可以从中获得有益的借鉴。欧美国家的公路建设起源于 18 世纪末，并在 20 世纪中期进入了大规模建设阶段。1956 年，美国总统艾森豪威尔签署了《联邦援助公路法案》，这项法案开启了大规模的州际公路系统建设，由联邦政府资助的这项基建项目持续了几十年，显著改善了美国的交通状况。德国在 20 世纪 30 年代开始建设高速公路网，纳粹政府时期建成了首批现代化高速公路，为战后欧洲其他国家提供了模板。进入 21 世纪后，随着美国州际公路系统和欧洲主要公路网的建设基本完成，欧美各国开始将重点转向公路的长期维护和现代化改造。例如，安装智能交通系统（ITS）和改进路面材料以提高其耐久性和环保性能。相比之下，中国在过去 30 年的大规模基础设施建设时期，相当于走过了欧美国家上百年的建设历程。目前，中国处于大规模建设的后期，国家主要交通网络的基本建设已完成，这标志着中国公路建设的重点将逐步转向养护与现代化改造阶段。

在道路服役性能劣化方面，由于路基工程病害具有隐蔽性等特点，道路工程研究中一直存在"重路面、轻路基"的现象[35]。路面病害（如开裂、沉降等问题）的解决方式通常集中在路面结构和材料的改进，而忽视了路基性能变化的影响，例如路基模量衰减和不均匀变形等问题。大量研究结果表明，公路路基性能与其湿度状态随外界环境和应力状态的变化密切相关。当路基实测含水率超过设计值时，路基的压实度较原压实度会发生大幅下降，进而导致路基的回弹模量明显衰减。因此，建立路基湿度的计算与评估体系是当下亟待解决的实现道路长期稳定运营的关键问题。

这点在各国的路基路面设计理论中都有所体现。例如，中国在 2015 年发布的《公路路基设计规范》JTG D30—2015[36]中引入了调整系数，以考虑平衡湿度对路基回弹模量的影响；美国 AASHTO 提出的路基路面设计指南中包含了增强型综合气候模型（EICM），用于计算路基湿度的变化。目前，在工程与研究相关领域，确定路基湿度的方法主要分为三类：

（1）现场开挖法，这种方法通常用于事后评价，主要集中在道路改扩建阶段以及部分路基工程问题回溯阶段。具体实施方法为原有路面结构开挖后，在路基现场原位挖取土芯，利用室内试验确定路基土体含水率。其优势在于可以直接确定在该处气候条件及水文条件下路基湿度的变化程度。

（2）经验调整法，这种方法在各国路基设计规范中应用较多，根据土体基本性能和气候条件对土体的强度指标进行修正，例如我国《公路路基设计规范》JTG D30—2015 中对各地气候划定了气候指数 TMI 值，根据地区的 TMI 值和土体类型对路基的回弹模量取对应调整参数进行修正。

（3）理论计算方法，这种方法基于非饱和渗流理论进行解析分析或数值计算，相较于传统的现场开挖方法具有灵活性，相对于经验调整法有更强的适应性和准确性，在机理上对路基湿度变化规律进行了细致的解释和趋势分析。目前这一方法还处于发展阶段，是道路工程领域的研究热点。

本节主要从路基湿度控制的工程需求展开，以湿度数值计算理论为主要脉络，结合相关的工程重点问题，对公路路基长期服役性能中湿度部分进行回顾总结。

2.2.1 大气-路基水热交换分析理论

从路基填料填筑时开始，其内部水分状况便会随着时间推移而发生变化。通常情况下，根据路基填料的实验室结果，以最大压实度对应的最优含水率附近值作为土体的设计含水率进行填筑。但在实际工程中，路基并不是一个孤立的单位，而是与周围地层、地下水位和当地气候相互作用的复杂系统，路基会存在一个平衡含水率（Equilibrium Moisture Content，EMC）。路基的初始设计含水率通常会高于或低于平衡含水率，并在运营期间渐渐向平衡含水率靠近，在其附近波动。

以往的研究已经在气候指数（TMI）和平衡基质吸力之间建立了联系，这也是各国规范中修正系数的理论基础。但值得注意的是，这种修正方法仅适用于地下水位远低于地面的情况，否则地下水的影响可能会占主导地位，并与大气作用形成耦合效应。路基温湿度数值计算的基础源自于路基平衡含水率符合土壤保水特性，这意味着可以依据以往的土水特征曲线相关研究进行不同环境下路基平衡含水率的数值计算。

1. 控制方程

在实际工程中，路基一般位于地下水位以上，其土体内部受到毛细作用，会呈现湿度随高度上升梯度下降的趋势，根据路基整体湿度情况可将其归类为非饱和土，因此路基内部湿度的变化规律符合非饱和土的渗流问题。

非饱和土的渗流问题由饱和土的渗流问题衍生而来，其基础为法国工程师 Darcy 提出的达西定律。对于一维垂直入渗情况，达西曾得到如下计算公式：

$$q = -\frac{k\,dH}{dz} = -\frac{k\,d(H_p + z)}{dz} \tag{2.2-1}$$

式中：q——通量；
$\quad H$——总水头；
$\quad z$——高度；
$\quad H_p$——压力水头。

在非饱和土中，由于存在基质吸力，压力水头通常为负值，可用基质吸力水头来表示。

$$q = -\frac{k\,d\varphi}{dz} - k \tag{2.2-2}$$

式中：φ——基质吸力水头。

在此基础上，Richards 结合液体连续方程式(2.2-3)，推导出了描述非饱和土壤水分运动的基本偏微分方程式(2.2-4)。

$$\frac{\partial\theta}{\partial t} = -\nabla q \tag{2.2-3}$$

$$C\frac{\partial\varphi}{\partial t} = -\nabla\cdot(-k\nabla\varphi) + \frac{\partial k}{\partial z} \tag{2.2-4}$$

式中：θ——土壤体积含水率；
$\quad C$——比水容度，其值为体积含水率对基质吸力的导数。

在由饱和土体渗流向非饱和土体渗流推导的过程中，非饱和土体内部的气相往往被忽略。在土体饱和度较高时，气相占比很低，通常以封闭气泡的形式存在于土体之中，对渗流通量的影响并不明显。然而，在土体饱和度较低时，液相中结合水的比例显著升高，自由水含量减少，水分的流动不再连续，受到较大的阻力。这种效应一方面体现在非饱和渗透系数的研究中；另一方面，由于气相占比提高，原本封闭的气泡逐渐形成连续的气相流动，其中的水蒸气部分通量逐渐变得不可忽略。在土水特征曲线的研究中也发现，在大基质吸力区域，考虑气态水含量之后建立的模型与试验数据的吻合度更高。路基湿度变化所处的气候环境复杂，既包括年降雨量大、气候湿润的多雨地区，也包括气候干旱、蒸发量高的沙漠地区。因此，在非饱和土的控制方程中，有必要考虑气态水通量的影响。

Thomas[37]在非饱和土水分运动的基础上考虑气态水成分，以扩散定律描述气态水的运移行为，提出了非饱和土水分运移的控制方程。

$$\frac{\partial w}{\partial t} = -\nabla \cdot (\boldsymbol{q}_l + \boldsymbol{q}_v) \tag{2.2-5}$$

式中：w——重量含水率，包含液态水和气态水；

$\quad\quad \boldsymbol{q}_l$——液态水通量；

$\quad\quad \boldsymbol{q}_v$——气态水通量。

液态水在标准大气压下呈几乎不可压缩性，其运移规律主要受水头影响，受温度的影响可忽略。与之形成对比的是，气态水的运移规律受到温度影响较为明显，温度会直接影响气态水的密度，进而影响迁移梯度力，因此考虑气态水迁移的影响势必要考虑到温度对水分迁移的影响。同时，液态水和气态水之间的相互转换会直接影响热量的分布。这表明，路基内部的温度与湿度是不能够单独考虑其变化规律的，应当结合考虑其相互的耦合作用。方程式(2.2-5)结合热量运移方程后展开可变为：

$$\begin{cases} C_{\varphi}\dfrac{\partial \varphi}{\partial t} + C_{\varphi\text{T}}\dfrac{\partial T}{\partial t} = \nabla \cdot (K_{\varphi}\nabla\varphi) + \nabla \cdot (K_{\varphi\text{T}}\nabla T) + \rho_l \dfrac{\partial K}{\partial y} \\ C_{\text{T}}\dfrac{\partial T}{\partial t} + C_{\text{T}\varphi}\dfrac{\partial \varphi}{\partial t} = \nabla \cdot (K_{\text{T}}\nabla T) + \nabla \cdot (K_{\text{T}\varphi}\nabla\varphi) \end{cases} \tag{2.2-6}$$

式中：C_{φ}、$C_{\varphi\text{T}}$、C_{T}、$C_{\text{T}\varphi}$、K_{φ}、$K_{\varphi\text{T}}$、K_{T}、$K_{\text{T}\varphi}$——方程推导系数；

$\quad\quad\quad\quad\quad\quad\quad\quad\quad\quad\quad\quad\quad\quad \rho_l$——液态水密度；

$\quad\quad\quad\quad\quad\quad\quad\quad\quad\quad\quad\quad\quad\quad\quad K$——非饱和土渗透系数。

此外，植被-土的相互作用的研究也取得明显的进展，植被对土体的持水能力有较好的改善，研究者将这种作用作为源项添加在控制方程内[38]，方程可化为如下形式：

$$C\frac{\partial \varphi}{\partial t} = -\nabla \cdot (-k\nabla\varphi) + \frac{\partial k}{\partial z} - gT_{\text{P}}H(z - L_1) \tag{2.2-7}$$

式中：$\quad g$——描述根系形状的函数；

$\quad\quad T_{\text{P}}$——植物蒸腾速率；

$H(z - L_1)$——Heaviside 功能函数，$H(z - L_1) = \begin{cases} 1 & L_1 < z \leqslant L \\ 0 & 0 \leqslant z \leqslant L_1 \end{cases}$；

$\quad\quad L$——土层厚度；

$\quad\quad L_1$——植被土层厚度。

2. 土体持水特性

在数值模拟的过程中，基质吸力水头差可以产生液态水通量，从而影响局部液态水的变化，而液态水的变化对基质吸力水头的影响则需要通过试验及相关理论的建立来进行补充。本小节主要针对基质吸力与含水率关系的相关研究进行整理总结，即土-水特征曲线模型的建立。

目前研究主要分为两类，理论模型与经验拟合模型。理论模型主要从微观角度进行解释，以热力学原理与 Young-Laplace 方程为基础，建立土颗粒持水的特征模型。但该类模型适用性较为局限，预测的准确度也有所限制。相比较之下，经验拟合模型通过压力板仪、离心机、滤纸法等室内试验手段，直接获取基质吸力与含水率的关系，然后利用数学公式拟合。由于操作简单，准确性相对较高，在实际应用中更为广泛，经典的经验拟合模拟汇总见表 2.2-1[39]。

土水特征曲线经验公式[39]   表 2.2-1

提出者	公式	备注
Gardner	$\theta = \theta_r + (\theta_s - \theta_r)e^{\beta\varphi}$	β 为去饱和系数；θ_s 为饱和体积含水率；θ_r 为残余体积含水率
Brooks 等	$\theta = \begin{cases} \theta_s, & \varphi < h_a \\ \theta_r + (\theta_s - \theta_r)\left(\dfrac{h_a}{\varphi}\right)^\lambda, & \varphi \geqslant h_a \end{cases}$	h_a 为进气值；λ 为孔径分布指数
Van	$\theta = (\theta_s - \theta_r)\left[\dfrac{1}{1 + (\alpha\varphi)^n}\right]^m + \theta_r$	α, n, m 为模型参数，$m = 1 - 1/n$
Fredlund	$\theta = \theta_s\left[1 - \dfrac{\ln(1 + \varphi/\varphi_r)}{\ln(1 + 10^6/\varphi_r)}\right]\left\{\dfrac{1}{\ln[e + (\varphi/\alpha)^n]}\right\}^m$	h_r 为残余含水率对应吸力值；α, n, m 为模型参数

3. 非饱和土渗透系数

随着土壤水分的流失，其含水率下降，基质吸力随之以指数级增加，进而导致剩余水分越来越难以从土体中流出，这种现象具体表现在非饱和土的渗透系数随含水量下降而快速减小。非饱和土渗透系数的研究主要分为直接法和间接法两类。间接法是根据土-水特征曲线用经验公式进行估算，得到的数据精度有限，经典的模拟公式见表 2.2-2[39]。直接法主要有稳态试验方法和瞬态剖面法。稳态方法是在可控非饱和基质吸力的渗透仪上直接测定渗透系数，而瞬态剖面法则通过测量土体若干时刻不同位置的体积含水率，进而计算得到各测量点的流速、水力梯度和渗透系数。

非饱和土渗透系数经验公式[39]   表 2.2-2

作者	公式	备注
Brooks 等	$k = \begin{cases} k_s & \varphi \leqslant h_a \\ k_s\left(\dfrac{h_a}{\varphi}\right)^\eta & \varphi > h_a \end{cases}$	$\eta = 2 + 3\lambda$；k_s 为饱和渗透系数
Mualem	$k = k_s S_e^{0.5}\left[1 - (1 - S_e^{1/m})^m\right]^2$	S_e 为饱和度；m 为模型参数
Averjanov	$k = k_s S_e^n$	$n \approx 3.5$

路基水分蒸发土体水分蒸发是土体-大气物质和能量交换的主要过程之一。自然情况下，饱和土体的蒸发过程往往比较剧烈，这个阶段被称为常速率阶段，蒸发速率最大且保持恒定，土体蒸发量略大于或者近似等于相同气象条件下的水面蒸发量。蒸发速率只受外界大气条件所制约。随着土体含水率的下降，蒸发作用被显著抑制，土体的蒸发速度发生下降，这一阶段被称为减速率阶段。孔隙中自由水含量下降，土体基质吸力增加，土体表面的蒸气压降低，进而对水分子的逃逸产生约束作用。这一阶段蒸发速率受气象条件和土体本身因素共同作用。当土体表面非常干燥时，土体孔隙水的连通性受到较大影响，水分主要以结合水的形式存在于局部相对微小的孔隙中，蒸发作用主要以水分子的扩散作用为主，这一阶段成为残余阶段。土体上部逐渐形成一定厚度的干硬土层，对水分子的向外扩散过程形成阻碍。这一阶段蒸发速率主要受土体性质影响[40]。目前确定土体水分蒸发量的

方法主要有两种：理论计算法和直接测量法。

理论计算法以影响土体水分蒸发的因素为基础，学者通过大量研究，提出了许多关于蒸发量计算的经验模型或理论公式。这些影响因素大概可以分为两类，内部因素和外部因素。内部因素主要指土体的含水率、渗透系数、地下水位埋深、含沙量、孔径等，这些因素不同程度上影响土体的补水能力，目前对内部因素的研究模型主要分为阻力模型、蒸汽压模型和考虑热量交换的模型；外部因素主要包括温度、相对湿度、风速，这些因素不同程度上影响土体的失水速度。土体蒸发是内外部因素综合作用的结果。常见的阻力模型的经验公式见表 2.2-3[41]，外部因素影响的蒸发量经验公式见表 2.2-4[42]。

阻力模型经验公式[41]   表 2.2-3

作者	公式
Thom	$r_{ah} = \dfrac{1}{k^2 u}\left[\ln\left(\dfrac{Z-d}{z_{0m}}\right) - \psi_m(\zeta)\right]\left[\ln\left(\dfrac{Z-d}{z_{0h}}\right) - \psi_h(\zeta)\right]$
Verma 等	$r_{ah} = \dfrac{1}{k^2 u}\left[\left(\dfrac{Z-d}{z_{0m}}\right)\right]^2 (1 - 16Ri_B)^{-1/4}$
Hatfield 等	$r_{ah} = \dfrac{1}{k^2 u}\left[\ln\left(\dfrac{Z-d}{z_{0m}}\right)\right]^2 (1 + \beta Ri_B)$
Mahrt 和 Ek	$r_{ah} = \dfrac{1}{k^2 u}\left[\ln\left(\dfrac{Z-d}{z_{0m}}\right)\right]^2 \left[\dfrac{1 + c(-Ri_B)^{1/2}}{1 + c(-Ri_B)^{1/2} - 15Ri_B}\right]$
Choudhury 等	$r_{ah} = \dfrac{1}{k^2 u}\left[\ln\left(\dfrac{Z-d}{z_{0m}}\right)\right]\left[\ln\left(\dfrac{Z-d}{z_{0h}}\right)\right](1 - \beta Ri_B)^{-3/4}$
谢贤群	$r_{ah} = \dfrac{1}{k^2 u}\left[\ln\left(\dfrac{Z-d}{z_{0m}}\right)\right]^2 \left\{1 + \dfrac{\left[1 - 16Ri_B \ln\left(\dfrac{Z-d}{z_{0m}}\right)^{-1/2}\right]}{\ln\left(\dfrac{Z-d}{z_{0m}}\right)}\right\}$
Viney	$r_{ah} = \dfrac{1}{k^2 u}\left[\ln\left(\dfrac{Z-d}{z_{0m}}\right)\right]\left[\ln\left(\dfrac{Z-d}{z_{0m}}\right)\right]\left[a + b(-Ri_B)^c\right]^{-1}$
阳坤	$r_{ah} = \dfrac{1}{k^2 u}\left[\ln\left(\dfrac{Z}{z_{0m}}\right) - \psi_m(\zeta, \zeta_{0m})\right]\left[\ln\left(\dfrac{Z}{z_{0h}}\right) - \psi_h(\zeta, \zeta_{0h})\right]$

注：r_{ah} 为土体中空气阻抗；k 为冯·卡门系数；u 为 Z 高度处的风速；z_{0m} 为动量传递的粗糙度长度；z_{0h} 为热传递的粗糙度长度；d 为零平面的位移；ζ 为稳定性参数；ψ 为积分稳定性函数；Ri_B 为粗理查森数；a，b，c，β 为计算参数。

蒸发量经验公式[42]   表 2.2-4

作者	公式	单位
Dalton	$E = a(e_s - e_a)$	英寸/月
Fitzgerald	$E = (0.4 + 0.199u)(e_s - e_a)$	英寸/月
Meyer	$E = 11(1 + 0.1u)(e_s - e_a)$	英寸/月
Horton	$E = 0.4[(2 - \exp(-2u))(e_s - e_a)]$	英寸/月
Rohwer	$E = 0.77(1.465 - 0.00186 p_b)(0.44 + 0.118u)(e_s - e_a)$	英寸/天
Penman	$E = 0.35(1 + 0.24u_2)(e_s - e_a)$	英寸/天
Harbeck 等	$E = 0.0578u_8(e_s - e_a)$ $E = 0.0728u_4(e_s - e_a)$	英寸/天
Kuzmin	$E = 6(1 + 0.21u_8)(e_s - e_a)$	英寸/月
Harbeck 等	$E = 0.001813u(e_s - e_a)[1 - 0.03(T_a - T_w)]$	英寸/天

续表

作者	公式	单位
Konstantinov	$E = 0.024[(T_w - T_2)/u_1 + 0.166u_1](e_s - e_a)$	英寸/天
Romanenko	$E = 0.0018(T_a + 25)^2(100 - RH)$	厘米/月
Sverdrup	$E = \dfrac{0.623\rho K_0{}^2 u_8(e_0 - e_8)}{p[\ln(800/Z)]^2}$	厘米/秒
Thornthwaite 和 Holzman	$E = \dfrac{0.623\rho K_0{}^2(u_8 - u_2)(e_2 - e_8)}{p\left[\ln\left(\frac{800}{200}\right)\right]^2}$	厘米/秒

注：e_a，e_s 分别为蒸汽压和饱和蒸汽压；u 为风速，下标为测量高度，没有下标表示在地面或水面附近测量风速；p 和 p_b 为大气压；T_a，T_w 分别为平均空气温度和平均水面温度；Rh 为相对湿度；ρ 为空气密度；K_0 为冯·卡门系数；a 为计算参数。

直接测量法通过对土体蒸发机制进行系统、深入的研究，以获得土体实际蒸发量为目的，对各影响因素控制变量并进行精确测量。测量方法大概分为两类：室内试验和原位试验。室内试验主要围绕土体蒸发过程的质量差展开，测量手段是称重或者传感器检测。最基本的试验方法有蒸发皿法和土柱（盒）蒸发法，其他各类相关室内蒸发试验方法一般都是以此为基础改进的。原位试验用到的实验仪器主要有蒸渗仪，用于现场测定土体的水分蒸发量。具体形式包括称重式和补偿式，称重式通过测量短时间内质量的改变量来计算蒸发量，补偿式通过调整地下水位来测定补偿水量来计算蒸发量。

4. 路基雨水入渗

入渗具体是指水分进入土壤变成土壤孔隙水的过程，是自然界水循环的重要环节。土壤具体的入渗量与土壤性质、土壤含水率、地面坡度、降雨强度、土壤表面存在重要联系，目前针对土壤入渗量的研究主要围绕试验测量与经验公式展开。

试验测量中，注水法、水文法是重要的研究手段。注水法通过同心环入渗装置，在维持水层深度的情况下，记录土体的入渗量。水文法则是通过小流域中实测的降雨与径流量的关系，计算平均入渗率。注水法更类似于常水头渗透系数试验，难以模拟不同降雨强度或坡度情况下的入渗情况；而水文法用于平均入渗率的测量，测量误差较大，不能用于某一局部的测量。

入渗量的经验公式是在一定物理理论的基础上，通过数学推导得到的，常见的入渗量经验公式见表 2.2-5[43]。

入渗量经验公式[43]　　　　　　　　　　　　　　　　　　　　　　表 2.2-5

作者	公式	作者	公式
Green 和 Ampt	$i(t) = \alpha t^{-1/2} + i_c$	Holtan	$i = i_c + \alpha(w - i)^n$
Kostiakov	$f(t) = \alpha t^{-b}$	Smith	$i = \begin{cases} R, & t \leqslant t_p \\ i_\infty + A(t - t_0)^{-\alpha}, & t > t_p \end{cases}$
Horton	$i = i_c + (i_o - i_c)e^{-kt}$	方正三	$k_t = k + k_1/t^\alpha$
Philip	$i(t) = i_c + \dfrac{s}{zt^{1/2}}$	蒋定生	$f = f_c + (f_1 - f_c)/t^\alpha$

注：i_c 为土壤稳渗速率；t 为时间；s 为吸渗率；w 为厚度固定的表层土壤在入渗开始时的容许蓄水量；R 为降雨强度；t_p 为开始积水时间；f，f_1，f_c 分别为瞬时入渗速率、第 1min 末的入渗速率和土壤稳渗速率；k_t 为某一温度下的渗透系数；α，b，i_o，k，n，i_∞，A，t_0，k_1 为计算参数。

2.2.2 水热交换引发工程灾变及处治措施

在道路工程中,路基的压实度和力学性能是决定道路使用寿命和安全性的关键因素,各国的道路设计规范中对此都有明确具体的规定。然而,工程实践中经常遇到由于外界环境与路基的交互作用导致路基含水率变化的问题,进而引发一系列工程问题,包括但不限于不均匀沉降、开裂与裂缝、强度下降、路面变形、积水等。路面沉降情况如图 2.2-1 所示。

图 2.2-1 路面沉降

含水率的变化会直接影响土体的压实度。在最优含水率下,土体的压实效果往往最为理想,因为此时土壤颗粒之间的连接处被水分填充润滑,颗粒间摩擦力减小,能够更为紧密地排列咬合,路基整体呈现出最优的力学性能。然而,由于外界环境与路基土体交互作用导致含水率过高时,土体中水分过多,导致颗粒间的间隙增大,无法形成致密结构,从而降低了压实度。相反,含水率过低的土体颗粒之间缺乏足够的水分润滑,难以被有效压实,最终也会导致压实度偏低。压实度不足的影响直接体现在土体的强度指标上,并在道路长期使用过程中引发沉降和不均匀变形问题。

其次,含水率增加会导致土体的黏聚力和内摩擦角下降,从而削弱其抗剪强度,使得路基在车辆荷载下更容易发生剪切破坏。此外,路基的回弹模量也会受到含水率的影响。在含水率过高的情况下,土体更容易发生塑性变形,导致不均匀沉降和裂缝,严重影响道路的平整度和使用舒适性。

针对上述出现的工程问题,工程上目前采取的措施主要分为三类:

(1)初始状态控制,通过试验确定土体的最优含水率,施工现场根据实际情况使用洒水或者晾晒等方法控制土体的含水率,使用分层填筑和逐层压实手段,以达到最佳的压实效果。

(2)排水防水措施,针对路基和路面设置排水措施,例如纵向和横向排水沟、符合要求的路面坡度;在气候较湿润的地区,路基表面铺设防水层或防水膜以减少地表水下渗;在易受地下水影响的路段设置防渗墙或防渗垫,阻止地下水上涌;在路基土料的选择上,优先考虑排水性能良好的填料,例如砂粒、碎石等;通过添加石灰、水泥、粉煤灰等固化剂来增强土体的稳定性和抗水性,减小含水率对力学性能的影响。

（3）定期监测维护，定期检查和清理排水沟、排水管等措施；使用含水率传感器或手工采样的方法，监测路基的含水率变化；使用便携式落锤偏转仪等手段检测路基的模量数据，关注变化情况。

而在一些特定土质区域，土体的特性对工程的稳定性和耐久性起着至关重要的作用。特殊土体，如黄土和冻土，因其独特的物理化学性质，在含水率变化时会表现出明显不同于普通土体的工程特性。这些特殊土体的含水率变化，往往会引发一系列复杂的工程问题，给施工和维护带来极大的挑战。黄土作为水热力耦合研究的重点对象，原因可以归结为两方面。一方面，黄土地区由于特殊的气候条件，如集中降雨和持续干旱，导致水热变化剧烈；另一方面，黄土本身是一种具有特殊结构的土体，在天然干燥状态下具有较高强度，但一旦浸水，其特有的湿陷性会导致力学性能显著恶化，难以满足工程要求。湿陷性黄土如图 2.2-2 所示。

图 2.2-2　湿陷性黄土

在水热耦合研究的基础上，黄土研究的重点是其湿陷性特点，即含水量与力学性能之间的关系。研究方法包括试验测量和经验公式等。近年来，神经网络算法的引入为黄土湿陷性模型的构建注入了新的活力。

针对黄土的工程问题，相应路基工程措施大体分为三类[44]：

（1）工程防护技术，通过构建工程结构将坡面与外界环境分割，包括使用锚杆框格梁、干砌片（块）石、护面墙、砂浆抹面、骨架结构和土工格室等，同时还需要配合科学的排水措施使用。

（2）植物防护技术，通过在表面种植植物的方式，利用植物根系的力学效应和叶片蒸腾排水效应，分别改善黄土的力学性能和水分情况。

（3）固化黄土，通过在黄土中添加固化剂或者加筋等措施，有效提高黄土的强度和水稳定性，使得黄土抗剪的能力有所增加。

除了黄土工程问题突出外，中国还是世界上第三大冻土分布国家，永久冻土和季节冻土的分布面积分别占国土面积的 21.5% 和 53.5%。冻土路基与其他地区路基的主要区别在于其依赖于环境温度为生存条件的冻土层。温度和含冰量的变化是决定其强度和稳定性的关键因素，因此，冻土地区的道路修建一直被视为全球性难题。

随着四季更替，冻土路基经历从冻结到解冻再到重新冻结的过程，这是一个温度场、水分场和应力场相互作用的多场耦合综合问题。随着气温下降，土体温度逐渐降低到土壤的冰点，土体从表层开始向深处逐渐冻结。在这个过程中，土体强度增加，但同时也会发生冻胀现象。由于土质、水分和温度分布的不均匀，冻胀通常是不均匀的，进而导致路基上部路面出现不均匀沉降。当温度升高时，土体内部的冰逐渐融化，土体强度随之下降。由于土体孔隙率相较冻结前增大，土体容易发生沉降，甚至可能出现边坡塌陷的风险。冻土地区道路如图 2.2-3 所示。

图 2.2-3　冻土地区道路

目前，针对冻土水热力耦合数值模拟的方法主要从含冰量的角度入手[45]，通过试验建立温度、强度与含冰量的关系，进而形成耦合关系。基于一些现有的研究成果，一些工程措施得以缓解冻土冻胀带来的危害[46]：

（1）基于热稳定机理，大概有三类措施（调控热传导、调控热对流和调控热辐射）。调控热传导类的主要措施是通过调整路基高度或者路基填筑材料的热物理参数来增大路基热阻，也包括在路基内部加铺一层保温隔热材料。调控热对流类的主要措施是调控对流换热状态，使得路基相对稳定，包括埋置热棒、修建碎石通风路基等。调控热辐射类的主要措施是增加路基表面的反射率，减少太阳辐射的吸收，从而起到降低地温的作用，包括反射表面、刷漆罩面等。

（2）对沉降严重的土体改土换填或掺加化学制品改良土体性质。换填的深度一般采用冻深的 80%。同时，加强隔水及排水措施以隔断地下水和外界水分对路基的影响，减轻路基冻胀的影响程度，具体措施包括清除泥浆、修建渗沟、采用土工织物促进排水等。

2.3　气候条件变化下公路路基水毁破坏

近年来，随着全球气候变暖，厄尔尼诺现象肆虐，我国的极端天气事件频发，暴雨等自然灾害的频率和强度显著增加。自 20 世纪中叶至 21 世纪初，中国年代际暴雨雨量、雨日和雨强增幅较高。这种变化不仅对人类生活和生产带来巨大影响，也对基础设施的安全性和稳定性提出了严峻挑战。近十年来，我国的公路及配套基础设施发展迅猛，截至 2022 年底，我国的公路总里程为 535.4 万 km，其中高速公路通车里程 17.7 万 km[47]。公路作为我国交通运输的关键基础设施，其路基部分在极端天气下尤为脆弱，暴雨引起的洪涝灾害导致道路路基灾害频发。如郑州"7.20"特大暴雨灾害调查表明，城市道路发生冲毁、掏空与塌陷等病害多达 200 余处，产生了严重灾害后果[48]；2020 年 1 月青海省西宁市长城医院门前的公交站台发生塌陷,公交车掉入深坑造成 9 人死亡,调查发现主要原因为地下管网年久失修发生泄漏,在水力侵蚀和上部车辆荷载作用下路基被掏空,最终造成路面塌陷[49]。

公路路基破坏主要是由于土体内部侵蚀进而引发路基的水毁破坏。内部侵蚀是指无黏性土颗粒在渗流流体的拖曳力作用下发生运移和流失,从而影响土体的抗剪强度和承载力。公路路基的水毁破坏指的是由于内部渗流侵蚀、暴雨冲刷等原因导致公路路基结构的物理性质、力学性能或结构形态发生显著变化,从而影响路基的承载能力和稳定性,最终导致路基失效的现象。

在复杂的天气状况引起的暴雨等自然灾害下,公路路基易发生水毁破坏,对道路正常服役与人民生命财产安全造成了巨大的威胁,影响社会和谐发展。本节将从公路路基常见的破坏类型出发,介绍目前常用的研究方法以及各类治理措施,从工程角度对现阶段进展进行概述。

2.3.1 涉水路基常见破坏类型

在不同的工况条件下,公路路基往往发生不同类型的水毁破坏。对公路路基的水毁灾害进行分类,不仅是公路水毁研究的关键理论基础,而且是研究路基受灾机理和孕灾过程的重要依据。根据不同的受灾机理和孕灾过程,采取具有针对性的防护和治理措施,是治理前期调研任务的重中之重。若未选择对应的治理方法,可能导致该路段的灾害反复发生。本小节根据公路路基破坏的内部机理和外部特征,以及其分布规律,将公路路基水毁破坏类型分为如下几类:

1. 内部侵蚀破坏

多年来,国内外学者围绕土体内部侵蚀的相关问题进行了广泛的研究,取得了显著的成果。目前大家公认的,将内部侵蚀分为四大类:集中泄漏侵蚀、向后侵蚀、接触侵蚀和渗蚀[50]。而影响内部侵蚀启动和发展进程的因素分为三类:材料易蚀性、临界水力荷载和临界应力条件,其中包含的具体影响因素如图 2.3-1 所示[51]。

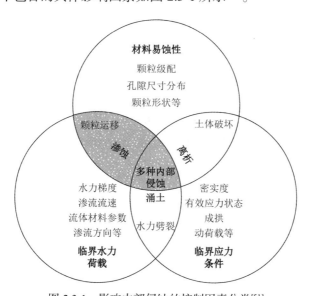

图 2.3-1 影响内部侵蚀的控制因素分类[51]

公路路基常常服役于复杂的环境下，受到各种因素的耦合影响，路基内部土体主要会发生渗蚀破坏和管涌破坏。其中渗蚀指的是细颗粒在土体渗流流场的流体拖曳力作用下，在土颗粒骨架中运移、沉积甚至被带离土体的过程[52]，如图 2.3-2 所示。在渗蚀作用下，土体级配会发生变化、骨架接触情况发生变动，从而引发孔隙分布、应力传递等力学性质的改变，最终导致土体承载特性的劣化，从而造成公路路基的失稳破坏。

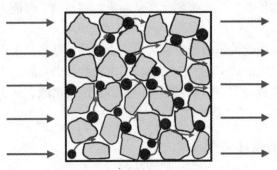

图 2.3-2　渗蚀作用示意图

管涌是指在渗透力的作用下，土中的细颗粒在粗颗粒形成的孔隙通道中被渗透水流带走而流失的现象，其结果常常是随着细颗粒逐渐被带走，留下的孔隙逐渐变大，形成了贯通的管状通道。有时粗颗粒也被移动、塌落，最后造成路面沉降以及上部结构的破坏。管涌可能发生在土体的任何方向和部位。它引起的土体破坏常常是渐进的，在孔隙大的无黏性土内部发生的管涌也称为"内管涌"，或者称为"潜蚀"。

2. 路基边坡滑移塌陷

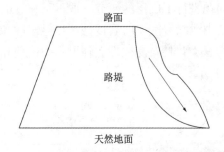

图 2.3-3　公路路基边坡滑移塌陷典型示意图

路基边坡滑移塌陷是指路基边坡在河流浸泡、冲刷或大气降水作用下，土体向下滑移致使路基失稳的现象[53]，如图 2.3-3 所示。在暴雨等极端天气或者河流的剧烈冲蚀作用下，路基边坡常常发生大量崩塌与滑坡，如图 2.3-4 所示。

根据冲刷部位不同，可以对路基边坡滑移塌陷进行进一步划分，可以分为坡脚冲蚀破坏和坡面冲蚀破坏。

图 2.3-4　路基边坡滑移塌陷

对于沿河公路而言，临河一侧的路基通常较为陡峭。由于沿线路段受到河流的浸泡、冲刷和冲击，路基边坡容易受到破坏，特别是路基坡脚的材料很容易被水流冲走。在极端天气作用下，水流对路基坡角处的冲蚀破坏作用加剧，坡脚逐渐被侵蚀，形成缺口，承载力降低，对上部路基边坡的支撑作用减弱，最终使路基边坡发生滑移和塌陷破坏。

对于大部分山区公路而言，其稳定性受环境影响较大。往往在持续暴雨的极端条件下，路基边坡坡面会发生冲刷。持续暴雨情况下，公路的排水系统往往不能及时将路面以及边坡坡面水排出，此时水流会对路基坡面进行冲刷侵蚀，引起水土流失，造成边坡的破坏，从而使路基坡面环境恶化，影响公路的正常使用功能，甚至使得上部失稳塌陷。

3. 路基冲蚀水毁

路基冲蚀水毁主要是指在较大水流的冲击下路基全部或部分损毁的一种破坏现象，如图 2.3-5 所示。

图 2.3-5　公路路基冲毁

与路基边坡滑移和塌陷破坏相比，路基冲蚀水毁是一种较为严重的水毁类型。此类破坏形式多发生在汛期，当雨量大，汇水面积很大时，临河一侧的河流在短时间内汇集大量雨水形成一个冲击力很强、流速极快的水流，在流动的过程中，夹杂着坡面的碎石、土、树木等杂物，迅猛地冲击着路基，很容易造成路基的冲蚀水毁[54]。

4. 路基路面不均匀沉降

路基路面不均匀沉降是公路路基最常见的破坏类型。公路局部路段往往在不同位置处的垂直方向上会产生较大的不均匀沉降，形成裂纹甚至坑洞，或者因为地基沉降从而使道路整体下沉，如图 2.3-6 所示。路基沉降会带来很多危害，不仅会影响行车的安全与舒适度，严重时会阻碍交通，甚至对人们的生命财产安全造成威胁。

图 2.3-6　公路路基路面裂纹

地基沉降往往发生在山区或沿海地区公路中，因为这些公路路基经常受到水流的浸泡以及毛细水作用，路基的极限承载力相对较低，从而产生垂直方向上的不均匀沉降，路基发生剪切破坏，最终发生路基沉陷。造成路基沉陷的原因有很多，主要是因为施工问题，如填筑方法不合理、压实度不足、路基填料选择不当、路基排水系统不良等因素。

5. 路基路面塌陷

城市道路下方往往埋置有大量水管网络，长时间服役后易老化破损。在暴雨频发气候条件下，地下受损管道将在路基内部产生复杂渗流场，引发路基内部长期侵蚀，造成路基掏空，最终导致路面塌陷等灾变事故发生，如图 2.3-7 所示。

图 2.3-7　管道破损引发道路塌陷

地下管道受损后，道路路基在承受管道破损处渗流力的同时，还承受上部交通荷载作用。对于高压输水管道，其破裂后的高压水头将造成触发路基内部剧烈冲蚀，导致路基病害快速发展；对于无压雨污管道，其受损后在路基中形成随雨枯季节变化的向上或向下复杂渗流场，同时路基在交通荷载下引发路基填料颗粒重排列与内结构演化，同时在路基中产生动应力与超静孔隙水压力，影响路基内部的有效应力分布，对路基稳定性造成巨大威胁。

2.3.2　研究方法

目前对于公路路基渗蚀和水毁破坏现象的研究方法和研究体系已经日趋成熟，涵盖从土单元体破坏的微观机理研究方法到路基水毁破坏的宏观响应研究方法。下面将从不同的研究尺度介绍在公路路基渗蚀与水毁破坏领域常见的一些研究方法。

1. 单元体尺度

对于公路路基内部的渗蚀破坏，学者们较多关注于单元体尺度的研究。Skempton 和 Brogan[55]搭建了一套渗透仪，为了深入研究土体渗蚀过程及渗蚀前后的力学特征，进行了不同细颗粒含量、应力状态、水力梯度等工况下土体单元的渗蚀试验，获得了渗蚀过程中的渗蚀率、土体骨架变形等参数。之后 Chang 和 Zhang[56]基于 Skempton 和 Brogan 的渗透仪，改进了一套三轴剪切渗透仪。该装置可以对水力梯度等工况参数实现高效控制，同时也能够更好地考察渗蚀前后土体试样力学特性的变化。

通过类似试验可以获得应力状态、细颗粒含量、水力梯度等参数对渗蚀发展过程中宏观演化的影响，例如渗蚀率、变形等参数，但是无法揭示其背后诸如颗粒接触数、颗粒间接触力、孔隙尺寸分布等细观因素对宏观现象的影响机理。近年来随着计算机的快速发展，数值模拟方法的普及度越来越高，使得微观尺度下的渗蚀发展研究成为可能。

Wood 等[57]利用离散元软件 PFC-2D，通过细颗粒删除法模拟渗蚀过程，对砂土的力学特性进行分析，揭示了颗粒损失对土体临界状态及抗剪强度的影响机理。Shire 和 O'Sullivan[58]利用 DEM 方法，对单元体试样内的颗粒间接触力、颗粒接触数及配位数等参数进行研究，分析了多种砂土抗渗蚀稳定性的评价准则。以上均采用删除细颗粒方法，未考虑实际流体在渗蚀发展过程中的作用，其结果可靠性有待商榷。因此，在描述渗蚀发展过程中，需要引入颗粒-流体相互作用力，从而对砂土渗蚀发展过程进行预测和分析。

学者们通常将土体视为离散介质，通过 DEM 方法模拟土颗粒的运动，通过计算流体力学 CFD 方法模拟渗流水的运动，采用欧拉-拉格朗日方法开展数值模拟研究，通过 CFD-DEM 耦合，引入颗粒-流体相互作用力，对岩土工程中的渗蚀现象进行准确描述。EI Shamy 和 Aydin[59]首次利用 CFD-DEM 方法研究岩土工程问题，分析了洪水作用下路堤失稳破坏的全过程。Hu[60]等利用 CFD-DEM 方法研究了不同应力状态下砂土的渗蚀发展过程，并和直接删除细颗粒的 DEM 方法进行了对比。

2. 模型试验尺度

单元体尺度的研究并不能完全体现模型尺度下土体的渗蚀破坏行为，实际结构中的应力状态和水力荷载条件更为复杂。因此，相比于单元体尺度的微观机理研究，对实际结构中的内部侵蚀行为进行模型试验尺度的研究，更能得到结构发展破坏的一般规律，为工程实践提供参考和指导。

学者们围绕边坡、堤坝、路基等实际结构中的渗蚀问题开展了一系列多比尺模型试验研究。Bryan[61]采用了合适的时空比尺，开展了一个坡面模型试验，通过模拟降雨，发现内部侵蚀响应受到土体的时空参数和变化的影响。Beek 等[62]针对向后侵蚀引发的管涌现象，进行了小尺度、中尺度、大尺度的模型试验，结果发现试验中存在四种阶段：渗流阶段、向后侵蚀阶段、侵蚀通道扩张以及堤坝结构的破坏失效。Richards 和 Reddy[63]采用了均匀商用砂、实验室混合砂以及实地砂作为试验材料，应力状态也是从实际的堤坝模型中取点进行模拟，考察了各参数对无黏性土和有黏性土中管涌的影响。Nakashima 和 Kawai[64]进行了一个缩尺模型试验，探究渗流历史对于堤坝填土中渗蚀劣化现象的影响。考察了三种渗流历史：短期的临界水头、连续的高水头、反复高水头，通过排水速率、水头高度、颗粒级配在试验过程中的变化，研究渗流历史的影响。

3. 大尺度有限元模拟

无论是土单元体分析，还是模型试验，都无法对真实尺寸的路基水毁破坏过程进行模拟。但是全尺寸路基模型由于成本和操作难度等劣势，无法得到广泛应用和推广。而如 COMSOL、ABAQUS、ANSYS 等有限元软件，可以对路基的几何形状和边界条件进行精准模拟，并准确描述路基土体在渗流作用下的宏观响应。

陈佩[65]提出了一种新的保水路基结构设计方法，并采用 PLAXIS2D 有限元计算程序对该结构减缓道路路基沉降的效果进行了模拟。张留俊等[66]采用 ABAQUS 软件对某滨海路基的渗流场以及位移场的变化规律进行仿真模拟，研究了波浪荷载、动水压力以及交通动载对滨海路基稳定性的影响。

同时，考虑到 DEM 方法在宏观工程上的局限性，也有一些学者采用有限元法-离散元耦合（FEM-DEM）方法开展了一系列算法研究。Guo 和 Zhao[67]基于传统有限元方法，采用 DEM 模块去描述有限元网格中高斯点的应力-应变关系。相比于传统的 DEM 模拟基础设施边值问题，该 FEM-DEM 耦合方法显著减少了计算所需的颗粒数，可以完成大尺寸模型的模型，显著提高了计算效率。

2.3.3 路基水毁破坏处治措施

针对土体内部的渗流侵蚀现象，学者们开展了大量的土体渗蚀防治措施研究。Elandaloussi 等[68]研究了石灰掺入对粗粒土内部侵蚀特性的影响，试验结果表明，在渗流作用下，细颗粒的团聚作用仍然保持不变，孔隙体积增加，导致收缩增加，从而增加了土体的抗渗蚀能力。Zhang 等[69]提出了一种采用真菌浆液来提升土体抗渗蚀能力的新方法，研究表明，真菌产生的丝状纤维对土体有很好的加固作用，同时真菌菌丝可显著提高土体颗粒表面疏水性，进而显著提高土体的抗渗蚀能力。真菌孢子环境适应能力强，往往能存活数十年，且由真菌产生的无机沉淀物在很长时间内都能保持稳定，整个过程无污染环境副产品产生，在土体抗渗蚀领域展现出很好的潜力与应用前景。

此外，土工织物常常作为抗渗材料被用在路基土体中。Yang 等[70]进行了一系列渗流试验，研究柔性纤维对间隙级配土的水力响应，并评估柔性纤维的添加对土体抗渗性能的提升。试验表明，随着纤维含量的增加，渗蚀启动的临界水力梯度有所上升，土体的抗渗蚀能力有所提高，当纤维含量超过 1%时，土体破坏模式由渗蚀转换为管涌。Teng 等[71]研究了含有不同类型纤维的间隙级配土对堤坝抗渗作用，试验表明聚丙烯纤维（PPF）的抗渗效果最好，同时随着纤维含量和加固层厚度的增加，渗蚀启动的临界水力梯度增加，提高了间隙级配土的抗侵蚀能力。

在路基发生水毁破坏前，采用上述处理方法，能极大程度地提高路基的抗渗蚀能力，从而提高路基抗冲蚀稳定性。而当发生水毁破坏后，如何采取及时有效的治理措施，也是修复工作的重中之重。从公路路基水毁破坏的原理出发，治理角度主要有促进内部排水、加固边坡、基础加固、防渗处理等。对水毁破坏的治理，往往需要根据不同的破坏类型通过不同的治理方法的组合，从而实现对公路路基的修复。

针对路基边坡滑移塌陷破坏，首先需要增强排水能力，可以在边坡顶部和坡面设置截水沟和排水沟，防止雨水直接流入边坡。同时需要对边坡进行防护，可以在易滑坡区域建设护坡墙、护脚墙或土工合成材料等防护结构，增强路基边坡的抗滑能力。

针对路基冲蚀水毁，需要对公路路基进行加固处理。首先可以在路基表面铺设护面材料，如石笼网、砌石、混凝土等，防止冲刷。同时采用锚杆、抗滑桩或格宾网等加固措施，增加边坡稳定性；也可以在边坡种植草皮或灌木，利用植物根系加固土壤，减少水土流失。

针对路基路面不均匀沉降，最主要的考虑就是对基础进行加固。可以采用砂石垫层、混凝土搅拌桩、粉喷桩等，提高路基承载力和均匀性。涉及软弱土层时，可以将其换填为强度较高的材料，如砂砾土、碎石等；也可以对软弱地基进行预压处理，通过预加载使地基土提前沉降，减少后期的不均匀沉降。

针对由于地下管道渗漏造成的路基路面的塌陷，需要对地下管网附近进行防渗处理。可以设置防渗墙、铺设防水膜等，防止渗流水在路基内部流动；同时采用注浆法、桩基法对塌陷区域的地基进行加固处理，提高塌陷区域的承载力，防止后续的二次塌陷。

参考文献

［1］ 刘松玉, 蔡光华. 碳化固化软弱土理论与技术[M]. 北京: 科学出版社, 2021.

［2］ 陈一新, 王保田, 张永奇, 等. 石灰改良淤泥质土的试验研究[J]. 科学技术与工程, 2014, 14(34): 273-277.

［3］ Jin Q, Li B. Effects of lime treatment on the geotechnical properties of dredged mud[J]. Marine Georesources & Geotechnology, 2019, 37(9): 1083-1094.

［4］ 李聪. 车辆段大面积石灰改良土路基填料质量控制研究[J]. 地基处理, 2021, 3(1): 34-38.

［5］ 唐海斌. 高含水量水泥土工程特性试验研究[J]. 地基处理, 2024, 6(3): 256-261.

［6］ Baldovino J J A, Moreira E B, Carazzai É, et al. Equations controlling the strength of sedimentary silty soil-cement blends: influence of voids/cement ratio and types of cement[J]. International Journal of Geotechnical Engineering, 2021, 15(3): 359-372.

［7］ Lang L, Liu N, Chen B. Strength development of solidified dredged sludge containing humic acid with cement, lime and nano-SiO$_2$[J]. Construction and Building Materials, 2020, 230(1): 116971.

［8］ Jin F, Wang F, Al-Tabbaa A. Three-year performance of in-situ solidified/stabilised soil using novel MgO-bearing binders[J]. Chemosphere, 2016, 144(2): 681-688.

［9］ 王东星, 何福金, 朱加业. CO$_2$ 碳化矿渣-CaO-MgO 加固土效能与机理探索[J]. 岩土工程学报, 2019, 41(12): 2197-2206.

［10］ 曹志刚, 申昆鹏, 毛天学, 等. 淤泥质钻渣土碳化造粒方法及强度增长机理试验研究[J/OL]. 中国公路学报: 1-18[2024-05-29]. http://kns.cnki.net/kcms/detail/61.1313.U.20240115.1804.002.html.

［11］ 张军辉, 陈莎莎, 顾凡, 等. 工业废弃料在路基改良中的应用综述[J]. 中国公路学报, 2023, 36(10): 1-16.

［12］ 覃阳忻. 钢渣固化/稳定土的应用研究[D]. 武汉: 武汉理工大学, 2024.

［13］ 栗培龙, 裴仪, 胡晋川, 等. 电石渣稳定土抗压强度影响因素及预估模型研究[J]. 材料导报, 2021, 35(22): 22092-22097.

［14］ 杜延军, 刘松玉, 覃小纲, 等. 电石渣稳定过湿黏土路基填料路用性能现场试验研究[J]. 东南大学学报（自然科学版）, 2014, 44(2): 375-380.

［15］ He J, Shi X, Li Z, et al. Strength properties of dredged soil at high water content treated with soda residue, carbide slag, and ground granulated blast furnace slag[J]. Construction and Building Materials, 2020, 242: 118126.

［16］ 王旭影, 乔京生, 赵建业, 等. 电石渣激发钢渣-矿渣固化淤泥质土的试验研究[J]. 硅酸盐通报, 2022, 41(2): 733-739.

［17］ 徐日庆, 朱坤垅, 黄伟, 等. 淤泥质土固化及路用性能试验研究[J]. 湖南大学学报（自然科学版）, 2022, 49(3): 167-174.

［18］ 朱剑锋, 汪正清, 陶燕丽, 等. 电石渣-草木灰复合固化剂固化废弃软土微观特性研究[J]. 土木工程学报, 2023, 56(10): 180-189.

［19］ 王子帅, 王东星. 工业废渣-水泥协同固化土抗硫酸盐侵蚀性能[J]. 岩土工程学报, 2022, 44(11): 2035-2042.

［20］ 王腾, 周佳锦, 龚晓南, 等. 基于工业副产物的高含水率固化土力学特性试验研究[J]. 地基处理, 2023, 5(5): 361-368.

［21］ Chen R F, Cai G J, Dong X Q, et al. Mechanical properties and micro-mechanism of loess roadbed filling using by-product red mud as a partial alternative [J]. Construction and Building Materials, 2019, 216:

188-201.

［22］ 周永祥，霍孟浩，侯莉，等. 低强度流态填筑材料的研究现状及展望[J/OL]. 材料导报: 1-16 [2024-05-28]. http://kns.cnki.net/kcms/detail/50.1078.TB.20230801.1604.008.html.

［23］ 李雅曦，王琴，张秋臣，等. 无机固化剂对流态固化土结构和性能的影响[J]. 材料导报, 2023, 37(S1): 156-162.

［24］ 王文翀，黄英豪，王硕，等. 减水剂对流态固化淤泥流动性的影响试验研究[J/OL]. 岩土工程学报: 1-9[2024-05-28]. http://kns.cnki.net/kcms/detail/32.1124.TU.20231218.1014.002.html.

［25］ 肖杰，向家骏，刘朝晖，等. 流态多源固废固化黄土固化剂配比优化及强度形成机理[J/OL]. 中国公路学报: 1-16[2024-05-28]. http://kns.cnki.net/kcms/detail/61.1313.U.20240417.1353.002.html.

［26］ 张昕毅. 聚丙烯纤维改性橡胶泡沫轻质土静动力学特性及耐久性能研究[D]. 山东: 山东大学, 2023.

［27］ 邬文昊，孙宏磊，翁振奇. 生物聚合物对高含水量淤泥压缩渗透特性的影响[J]. 哈尔滨工业大学学报, 2023, 55(6): 117-124.

［28］ 谭菲林，张锐，谭佳婷，等. 生物酶土壤固化剂在道路工程中的应用研究进展[J]. 生物化工, 2024, 10(1): 175-177.

［29］ 文畅平. 基于LADE-DUNCAN模型的生物酶改良膨胀土弹塑性本构关系研究[J]. 中南大学学报(自然科学版), 2021, 52(11): 4190-4200.

［30］ DeJong J T, Fritzges M B, Nüsslein K. Microbially induced cementation to control sand response to undrained shear[J]. Journal of Geotechnical and Geoenvironmental Engineering, 2006, 132(11): 1381-1392.

［31］ 刘汉龙，肖鹏，肖杨，等.MICP 胶结钙质砂动力特性试验研究[J]. 岩土工程学报, 2018, 40(1): 38-45.

［32］ Wang Y, Wang G, Wan Y, et al. Recycling of dredged river silt reinforced by an eco-friendly technology as microbial induced calcium carbonate precipitation (MICP)[J]. Soil and Foundations, 2022, 62(6): 101216.

［33］ 方明镜，林芝阳，党云，等. 微生物诱导固结疏浚底泥填料路用力学性能[J/OL]. 中国公路学报: 1-15[2024-04-04]. http://kns.cnki.net/kcms/detail/61.1313.u.20240223.1911.012.html.

［34］ 吕松涛，赵霈，鲁巍巍，等. 面向长寿命的既有高速公路沥青路面延寿设计综述[J]. 交通运输工程学报, 2024, 24(2): 20-49.

［35］ 中国公路学报编辑部. 中国路基工程学术研究综述·2021[J]. 中国公路学报, 2021, 34(3): 1-49.

［36］ 中华人民共和国交通运输部. 公路路基设计规范: JTG D30—2015[S]. 北京: 人民交通出版社, 2015.

［37］ Thomas H R, King S D. Coupled heat and mass transfer in unsaturated soil—a potential-based solution[J]. International Journal for Numerical and Analytical Methods in Geomechanics, 1992, 16(10): 757-773.

［38］ Ni J, Ng C W W, Gao Y. Modelling root growth and soil suction due to plant competition[J]. Journal of Theoretical Biology, 2020, 484: 110019.

［39］ 郑健龙，刘绍平，胡惠仁. 公路路基湿度计算理论研究进展[J]. 中外公路, 2023, 43(1): 1-10.

［40］ 欧阳斌强，唐朝生，王德银，等. 土体水分蒸发研究进展[J]. 岩土力学, 2016, 37(3): 625-636, 654.

［41］ Liu S, Lu L, Mao D, et al. Evaluating parameterizations of aerodynamic resistance to heat transfer using field measurements[J]. Hydrology and Earth System Sciences, 2007, 11(2): 769-783.

［42］ Singh V P, Xu C Y. Evaluation and Generalization of 13 Mass-Transfer Equations for Determining Free Water Evaporation[J]. Hydrological Processes, 1997, 1 1(3): 311-323.

［43］ 赵西宁，吴发启. 土壤水分入渗的研究进展和评述[J]. 西北林学院学报, 2004(1): 42-45.

［44］ 晏长根，梁哲瑞，贾卓龙，等. 黄土边坡坡面防护技术综述[J]. 交通运输工程学报, 2023, 23(4): 1-22.

［45］ 陈卫忠，谭贤君，于洪丹，等. 低温及冻融环境下岩体热、水、力特性研究进展与思考[J]. 岩石力学与工程学报, 2011, 30(7): 1318-1336.

［46］ 杨玉玲, 杜延军, 范日东, 等. 膨润土系隔离墙材料渗透特性研究综述[J]. 岩土工程学报, 2015, 37(S2): 210-216.

［47］ 严冰. 中国加快构建现代化公路体系[N]. 人民日报海外版, 2023-12-16 (5).

［48］ 张鑫, 刘康琦, 王克树, 等.2021年全球典型极端降雨灾害事件对比及综合防御[J]. 人民长江, 2022, 53(8): 23-29+35.

［49］ 蒋铸, 宗文春. 道路塌陷有因快速救援有道[J]. 劳动保护, 2020, (5): 34-36.

［50］ Fell R, Fry J J. Internal erosion of dams and their foundations[J]. Crc Press, 2007.

［51］ Garner S J, Fannin R J. Understanding internal erosion: A decade of research following a sinkhole event[J]. International Journal on Hydropower and Dams, 2010, 17(3): 93-98.

［52］ Fell R, Fry J J. State of The Art on the Likelihood of Internal Erosion of Dams and Levees by Means of Testing[M]. Wiley-Blackwell, 2013.

［53］ 韩涛. 路基水毁灾害识别技术及防治措施研究[D]. 西安: 长安大学, 2010.

［54］ 詹振平. 山区公路水毁的成因[J]. 华东公路, 2007. (1): 4.

［55］ Skempton A W, Brogan J M. Experiments on piping in sandy gravels[J]. Geotéchnique, 1994, 44(3): 449-460.

［56］ Chang D S, Zhang L M. Critical Hydraulic Gradients of Internal Erosion under Complex Stress States[J]. Journal of Geotechnical and Geoenvironmental Engineering, 2013, 139(9): 1454-1467.

［57］ Wood D M, Maeda K. Changing grading of soil: Effect on critical states[J]. Acta Geotechnica, 2008, 3(1): 3-14.

［58］ Shire T, O'Sullivan C. Micromechanical assessment of an internal stability criterion[J]. Acta Geotechnica, 2013, 8(1): 81-90.

［59］ El Shamy U, Aydin F. Multiscale modeling of flood induced piping in river levees[J]. Journal of Geotechnical and Geoenvironmental Engineering, 2008, 134(9): 1385-1398.

［60］ Hu Z, Zhang Y D, Yang Z X. Suffusion-induced deformation and microstructural change of granular soils: a coupled CFD-DEM study. Acta Geotechnica, 2019, 14(3): 795-814.

［61］ Bryan R B. Soil erodibility and processes of water erosion on hillslope[J]. Geomorphology, 2000, 32(3): 385-415.

［62］ Beek V M V, Knoeff H, Sellmeijer H. Observations on the process of backward erosion piping in small-, medium- and full-scale experiments[J]. European Journal of Environmental and Civil Engineering, 2011, 15(8): 1115-1137.

［63］ Richards K S, Reddy K R. Experimental investigation of initiation of backward erosion piping in soils[J]. Géotechnique, 2012, 62(10): 933-942.

［64］ Nakashima K, Kawai K. Influence of seepage flow histories on deterioration within embenkements[J]. International Journal of GEOMATE, 2021, 20(79): 42-47.

［65］ 陈佩. 富水深厚软土地区保水路基结构设计方法及关键参数研究[D]. 南京: 东南大学, 2022.

［66］ 张留俊, 葛伟, 刘绍伟. 波浪荷载、动水压力及交通荷载耦合作用下滨海路基稳定性研究[C]//第12届全国工程排水与加固技术研讨会暨港口工程技术交流大会. 中国广东广州, 2023.

［67］ Guo N, Zhao J.A coupled FEM/DEM approach for hierarchical multiscale modelling[J]. International Journal For Numerical Methods In Engineering, 2014, 99: 789-818.

［68］ Elandaloussi R , Bennabi A , Dupla J C , et al. Effectiveness of Lime Treatment of Coarse Soils Against Internal Erosion[J]. Geotechnical and Geological Engineering, 2018, 37: 139-154.

［69］ Zhang X J, Fan, X D, Wang C, et al. A novel method to improve the soil erosion resistance with fungi[J], Acta Geotechnica, 2023, 18: 2827-2845.

［70］ Yang K, Wei S, Adilehou W M, et al. Fiber-reinforced internally unstable soil against suffusion failure[J]. Construction and Building Materials, 2019, 222: 458-473.

［71］ Teng Y, Chen X, Chen L, et al. Suffusion restraint in gap-graded soil reinforced with fibers[J]. Frontiers in Earth Science, 2022, 10.

3 铁道岩土工程新进展

叶阳升[1,2]，蔡德钧[1,2]，尧俊凯[1,2]，苏珂[1]，朱宏伟[1,2]

（1. 中国铁道科学研究院集团有限公司，北京，100081；2. 高速铁路轨道系统全国重点实验室，北京，100081）

3.1 背景与新进展概述

  智能化时代的到来呼吁建设者对传统路基建造方式进行变革，打造更为优质、高效、安全的智能建造体系。我国铁路工程建设历经京津城际、武广、郑西、京沪等工程实践，高速铁路建设技术基本成熟，2014 年《高速铁路设计规范》TB 10621—2014 的正式发布，也标志着我国高铁建造体系的建立。2017 年以来，随着中国国家铁路集团信息化建设总体规划的颁布与实施，铁路建设信息化工程飞速发展。2020 年中国国家铁路集团发布了《智能高速铁路体系架构 1.0》，首次提出了技术、标准和数据三位一体的智能高铁体系架构，明确了智能建造的内涵与组成。智能建造将 BIM、GIS、数字孪生、施工机器人、自动化质检、预制化与拼装化等技术与先进的工程建造技术相融合，实现铁路勘察设计、工程施工、建设管理的精细化和智能化管理[1]。路基工程智能建造总体架构如图 3.1-1 所示。

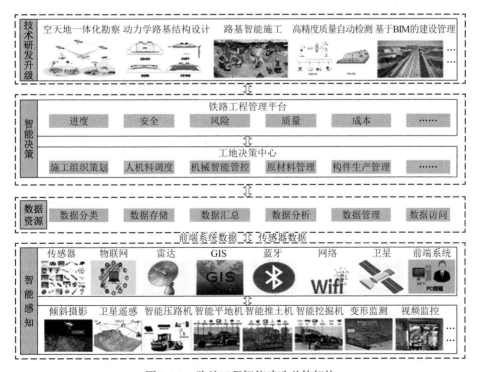

图 3.1-1 路基工程智能建造总体架构

近年来，铁道岩土工程最新进展体现为铁路路基工程智能填筑技术的逐步成熟与推广应用。铁路路基智能填筑技术属于"智能建造"板块的重要组成部分，综合土动力学、BIM、卫星定位、自动化控制、图像识别、物联网等理论和技术，研发桩基施工管理、压实振动连续检测、推平压机械智能引导、路基填筑智能填筑指挥等技术，创新发展路基摊铺、平整、碾压、边坡整形等施工过程自动引导和智能施工控制，在地基处理、路基分层填筑关键环节"提质增效"方面取得了突破，实现路基填筑的信息全面感知、过程质量控制与管理科学决策，高效利用铁路路基施工人机料资源，提高路基工程建设水平。随着铁路路基智能填筑技术重点环节的智能化转型逐步展开，相关技术发展将引领智能建造产业技术升级[2]。路基智能填筑构架如图 3.1-2 所示。

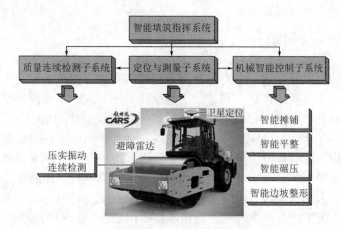

图 3.1-2　路基智能填筑构架

铁路路基智能填筑技术有以下优势：

（1）提高了质量检测水平。通过压实振动连续检测和粒径连续检测，全面保障路基压实质量，减少常规检测数量，缩短检测用时。

（2）提高了机械作业精度。采用自动引导推土机、自动控制平地机、无人驾驶压路机和自动引导挖掘机等智能施工机械，进行三维空间精确作业，提高作业精度和效率，实现路基填筑厘米级精准控制。

（3）提高了填筑施工效率。通过智能填筑指挥系统实现摊铺平整、分层碾压、边坡整形、质量检测等任务的分配与调度，高效衔接各工序，通过质量连续检测有效避免了路基过压、欠压，提高了施工效率。

（4）提升了施工信息化程度。数字化记录路基填筑施工与质量检测全过程，实现路基填筑关键质量数据可追溯。

（5）减少了人工作业数量。通过智能机械施工和压实质量连续检测，大幅减少了现场技术人员的指挥、驾驶、测量等工作量。

3.2　路基填筑振动压实机-土耦合作用理论

路基是由填料分层填筑压实而成的土工构筑物，填料品质与压实性能直接影响路基的填筑质量。填筑压实是保障路基工程质量最为关键的部分，振动压路机与土体之间的相互作用（机-土耦合作用）是研究振动压实过程最为重要的理论基础，利用机-土耦合模型可以研究土体力学参数、振动碾压参数等对"振动压路机-土"系统动力响应和土体压实效果的影响，建立机-土系统振动响应与填料参数和碾压参数的解析映射关系，量化分析振动轮与典型铁路粗粒土填料压实演化过程，将为压路机结构优化、压实质量连续检测和振动压实参数优化等技术提供理论指导。

3.2.1　路基压实机-土耦合理论的发展

压路机是路基压实的主要机械，其发展经历了畜力牵引、蒸汽驱动和内燃机驱动几个阶段。最早的压路机类型为静碾光轮压路机和羊角碾压路机，20 世纪 50 年代振动压路机开始大范围应用，极大提高了压实效率。

1. 振动压实机理

振动压实机理国内外专家学者对填料振动压实机理开展了大量的研究工作，主要包括摩擦减小理论、共振理论和波动传播理论三个方面。

1）摩擦减小理论

摩擦减小理论主要从颗粒相互作用与相对运动角度出发，对振动压实过程进行解释。其主要观点为振动压实过程中，使被压土体颗粒由静止状态变为运动状态，振动作用下土体颗粒发生相对运动，使得颗粒之间的摩擦阻力急剧减小，从而填料变得易于压实。陈忠达、赖仲平等学者从填料颗粒振动角度对压实进行分析，颗粒受迫振动中主要受惯性力作用，惯性力与振动强度、颗粒质量成正比，在一定振动强度下，不同粒径、质量的颗粒惯性力不同，当颗粒惯性力大于其受到的黏聚力和摩擦力时，颗粒间将会发生相对位移，颗粒间距离发生微小的变化，颗粒间咬合、摩擦作用衰减，颗粒间摩擦力减小。滕云楠则认为不同颗粒间的惯性力差异会在颗粒边界处产生新的应力，破坏颗粒间的联结和接触关系，使得颗粒间微细咬合作用减弱，内摩擦力减小。

2）共振理论

共振理论从填料整体角度进行分析，当压实频率与被压材料的固有频率接近时，振动压实效果最好。对于简单的受迫振动，无阻尼系统激振力共振频率等于固有频率 ω_n。实际振动压实过程中填料并非为稳态线性受迫振动，而是受到复杂的衰减振动与受迫振动的共同作用。文黎明针对单个土体稳态受迫振动系统，提出激振频率为共振频率的 0.7～1.3 倍之间时，填料振动幅值较大，具有较好的压实效果。在填料压实过程中，填料固有频率 $\omega = \sqrt{\dfrac{k}{m}}$（$k$、$m$ 为填料的刚度与质量）不断提高，填料最优压实频率可根据填料的固有频率进行调节。为使压路机始终保持最优的压实方式，填料松散时选择较低的压实频率，随着填料的逐步密实，最优压实频率也逐步提高。

3）波动传播理论

波动传播理论主要从振动波在土体中传播角度对振动压实机理进行解释。振动压路机激振作用下，传播至路基的振动波主要有纵波（压缩波）和横波（剪切波）两类填料松散时，横波使填料颗粒处于运动状态，减小颗粒间的阻力，纵波促使颗粒克服阻力，填料颗粒发生重新排列和相对移动。而随着填料密实，波的传播速度加快，横波增加，纵波减弱，此时表层填料由横波引起的颗粒振动增强，形成松弛区域，压实遍数增加填料密实程度反而降低。

填料振动压实过程涉及土动力学、振动力学、波动传播等理论，是一类多动态作用、多学科交叉的复杂问题，上述每一类振动压实机理能够解释一种或者几种振动压实过程中的现象，并不能对填料振动压实进行全面的解释。从填料颗粒振动角度分析，振动压实属于非线性的惯性力受迫振动过程，散粒体材料在压实过程中各类动力参数变化过程难以进行定量描述，难以提出统一的切实可行的压实力学模型。从振动波传播角度来看，压实振动波在向下传播的过程中，遇到不同界面时，会发生波的反射、折射和投射现象，形成的波动场极为复杂。总体而言，鉴于振动压实机制复杂、填料的类型多样和参数多变，土体的各向异性和不均匀性等不确定因素，振动压实机理尚需进一步研究和探讨。

2. 机土耦合理论

振动压路机通过偏心块高速旋转产生激振力压实土体，苏联学者哈尔胡塔对"振动压路机-土"开展了系统的理论分析和试验研究，发现振动频率、振幅等参数对压实效果有较大影响。使得人们认识到必须将振动压路机与被压土体作为一个整体的动力系统进行分析。

1979 年 Yoo 和 Seling[3]将振动压路机简化为上下车两个部分，在完全弹性振动理论基础上，利用集总参数的质量-弹簧-阻尼模型建立了二自由度机-土耦合模型，又称为经典动力学分析模型，如图 3.2-1 所示。

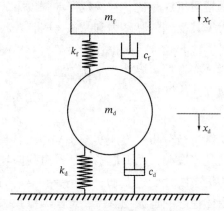

图 3.2-1　经典二自由度弹性机-土耦合模型

经典动力学分析模型是目前分析振动压实系统最常用的模型，其动力方程为：

$$\begin{cases} m_f \ddot{x}_f + c_f(\dot{x}_f - \dot{x}_d) + k_f(x_f - x_d) = m_f g \\ m_d \ddot{x}_d + (c_f + c_d)\dot{x}_d + (k_f + k_d)x_d - c_f \dot{x}_f - k_f x_d = F_0 \sin(\omega t) + m_d g \end{cases} \tag{3.2-1}$$

式中：m_f、m_d——上机架和振动轮等效质量（kg）；

$\quad\quad x_f$、x_d——上车机架和振动轮的质心位移（m）；

$\quad\quad k_f$、k_d——减振器和土体的刚度（N/m）；

$\quad\quad c_f$、c_d——减振器和土体的阻尼系数（N·s/m）；

$\quad\quad F_0$——激振力幅值（N）；

ω——角频率（rad/s）；

t——时间（s）。

非线性机-土耦合模型考虑了加卸载不对称性对"振动压路机-土"系统动力特性的影响，但不能直接反映土体的塑性变形[4]。为了考虑土体压实变形过程，20 世纪 90 年代，Pietsch 等在模型中加入塑性弹簧，建立了 4 自由度机-土耦合模型，如图 3.2-2 所示，并根据压路机与土体的接触关系将模型分为 3 种计算工况。该模型考虑了土体和附加土体的黏-弹-塑性性质，理论上具有更高的精度，但缺点是模型参数较多，难以准确确定。

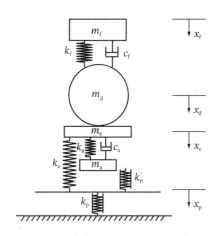

图 3.2-2　自由度黏弹塑性机-土耦合模型

机-土耦合模型经历了从黏弹性到黏-弹-塑性、从原地振动到行驶振动的发展，模型考虑因素更加全面。压实过程中土体性质的非线性变化。填料在压实过程中参数的非线性特征对"振动压路机-土"系统动力响应和土体压实效果有重要影响。深入研究振动压实过程中土体力学性能动态演化规律，建立精准描述土体在振动荷载作用下的响应模型，结合压路机行走、动力影响深度与土体分层特性，是机-土耦合模型发展的重要方向，也是路基智能填筑最为核心的理论。

3.2.2　路基压实效果影响规律

路基压实效果是决定路基质量的重要因素，主要受填料特性和压路机振动参数（激振力、振动频率等）的影响。铁路路基基床表层主要采用级配碎石，基床底层主要采用 A、B 组粗粒土填料进行填筑。因此，研究粗粒土填料的路基压实效果影响规律是高铁路基智能填筑技术的理论基础。

1. 振幅与振动频率对压实效果影响

振幅和振动频率对路基压实效果具有重要影响。通过开展路基压实足尺模型试验，采用高幅低频（27Hz/2.05mm）的强振和高频低幅（31Hz/1.03mm）的弱振两种振动模式对路基填料进行碾压，分析振动幅值和振动频率对压实效果的影响[5]。

图 3.2-3～图 3.2-6 分别为第 1 遍和第 14 遍的强振和弱振工况加速度时域图。可以看出，两种工况不同碾压遍数下的加速度向下最大值（正最大值）均在 60m/s² 左右，说明碾压遍数（即土体刚度）、振动模式对加速度向下最大值影响较小。对于加速度向上最大值（负

值），强振工况范围在 70～80m/s²，弱振工况在 60～70m/s²，强振工况明显大于弱振工况。同时也可以看出，相比于弱振工况，强振工况的加速度时域信号的毛刺更多，说明强振加速度信号中可能包含了更多的高频成分，加速度的非线性程度更强。

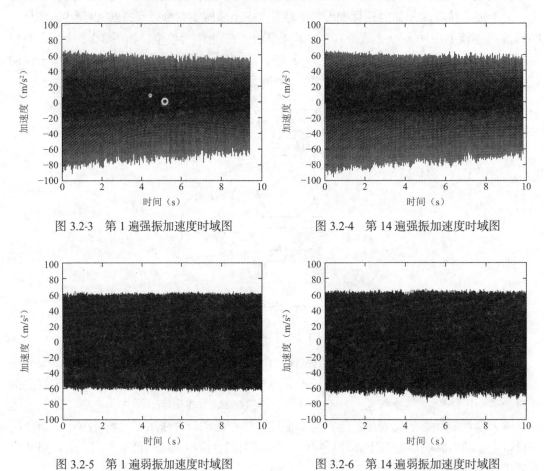

图 3.2-3　第 1 遍强振加速度时域图　　　　图 3.2-4　第 14 遍强振加速度时域图

图 3.2-5　第 1 遍弱振加速度时域图　　　　图 3.2-6　第 14 遍弱振加速度时域图

　　图 3.2-7 为分别两条强振与弱振工况试验车道的加速度幅值与碾压遍数关系。两种工况下的加速度幅值A均随碾压遍数的增大而增大，但两条弱振工况试验车道的加速度幅值基本一致，从初始的 57m/s² 增大到稳定的 63m/s²，说明弱振工况得到的加速度幅值具有较好的可重复性；两条强振工况试验车道的加速度幅值差别较大，1 车道A范围为 70～73m/s²，2 车道A范围为 64～69m/s²，说明强振工况下的加速度具有较大的离散性，且强振工况下的加速度变化率小于弱振工况。综上所述，加速度幅值不适合作为强振工况下的粗粒土填料压实质量连续检测指标。

　　振幅是动力系统的重要特征参数，振动压路机的振幅分为名义振幅和实际振幅两种。本试验振动压路机的强振名义振幅为 2.05mm，弱振名义振幅为 1.03mm。实际碾压过程中，振动轮还受被压土体作用，因此实际振幅一般不等于实际振幅。图 3.2-8 为第 1 遍和第 14 遍碾压两种振动模式下的实际振幅，可以看出，强振振幅明显大于弱振振幅，强振振幅约为 3mm，弱振振幅约为 1.5mm，实际振幅均大于名义振幅。振幅越大，说明土体的变形越大，压实效果越好，因此强振的压实效果要强于弱振。

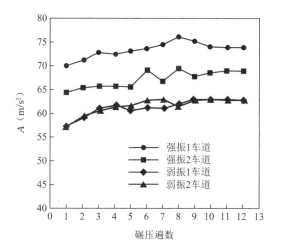

图 3.2-7 振动模式对加速度幅值的影响

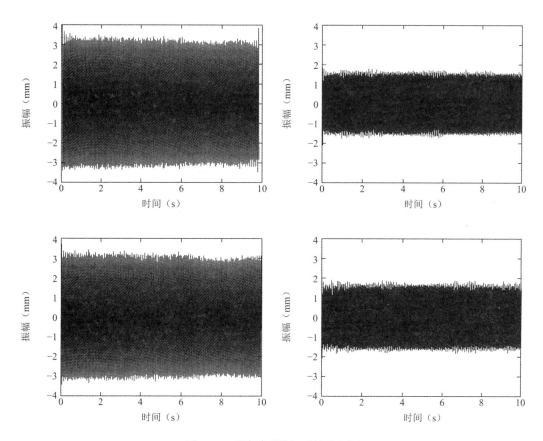

图 3.2-8 强振与弱振工况振幅对比

图 3.2-9 和图 3.2-10 分别对强振和弱振两种工况下，不同碾压遍数下的振动轮振动加速度傅里叶谱。可以看出，强振工况下，压实初始阶段频谱图中就出现基波、二次谐波和三次谐波，随着碾压遍数的增加，二次谐波与三次谐波幅值增大，第 4 遍碾压时出现了较明显的四次谐波。随着碾压遍数的继续增大，基波幅值变化不大，但高次谐波碾压遍数为

8 遍时。但没有出现半次谐波，说明振动轮振动依然处于常规振动状态，并没有发生不规则振动（即混沌振动）。在弱振工况下，压实初始阶段仅出现二次谐波和三次谐波，且三次谐波幅值较小。这是由于强振工况下，振动轮与土体相互作用力较大，振动轮跳振更加剧烈，振动非线性更强。

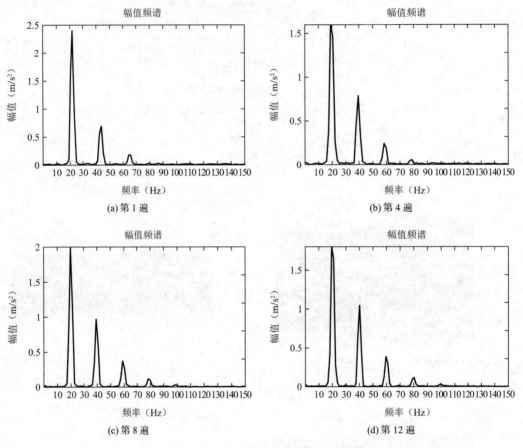

图 3.2-9 强振工况加速度傅里叶频谱图

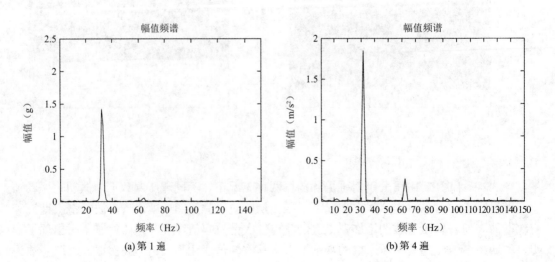

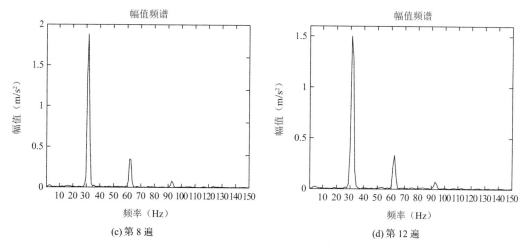

图 3.2-10 弱振工况加速度傅里叶频谱图

图 3.2-11 和图 3.2-12 分别为强振工况和弱振工况下，第 1 遍和第 14 遍碾压的振动轮加速度边际谱图，可以看出振动模式对加速度边际谱有显著影响。两种振动模式下，边际谱峰值对应频率均为压路机振动频率，分别为 27Hz 和 31Hz。弱振工况在初始碾压阶段，边际谱图较光滑，峰值在 0.5～0.6g·s，携带振动能量的频带区间约为 20～40Hz；随着碾压遍数增大，边际谱峰值减小，携带振动能量的频带区间扩大；第 14 遍碾压时，边际谱峰值为 0.3g·s 左右，携带振动能量的频带区间为 15～45Hz。第 1 遍和第 14 遍碾压，边际谱图中除基波外，没有在高次谐波处出现峰值。与弱振工况相同，强振工况下边际谱峰值随着碾压遍数增大减小，携带振动能量的频带区间扩大：强振工况在初始碾压阶段，边际谱在 0.4～0.5g·s，携带振动能量的频带区间为 10～45Hz；第 14 遍碾压时，边际谱峰值为 0.3～0.4g·s，携带振动能量的频带区间为 15～55Hz。但与弱振工况相比，不同碾压遍数下强振工况的边际谱图变化较小。同时可以看出，强振工况下除基波处出现峰值外，在二次谐波位置处也出现了峰值，这是强振工况下振动轮加速度非线性更强导致的。

振动模式对振动压路机-土相互作用力有重要影响，一般情况下，振动机-土相互作用力越大，路基的压实效果越好。图 3.2-13、图 3.2-14 为强振和弱振工况下 1、4、8、12 遍的振动压路机-土相互作用力。可以看出，弱振工况下第 1 遍碾压时振动机-土相互作用力较小，最大振动机-土相互作用力约为 360kN，振动机-土相互作用力呈以压路机前轮分配荷载为平衡位置的正弦曲线形式，随着碾压遍数的增大，振动机-土相互作用力逐渐增大，第 4 遍碾压时达到 430kN，此时最小振动机-土相互作用力为 0，即出现跳振现象，第 12 遍碾压时最大振动机-土相互作用力稳定在 470kN 左右。强振工况下，第 1 遍碾压时最大振动机-土相互作用力即为 470kN，随着碾压遍数增大，第 12 遍碾压时最大振动机-土相互作用力稳定在 670kN 左右。但是，压实后期土体刚度较大。若振动机-土相互作用力过大，则可能发生过压现象，甚至发生混沌振动，对压实效果和压路机机械不利，此时应减小压路机振幅。

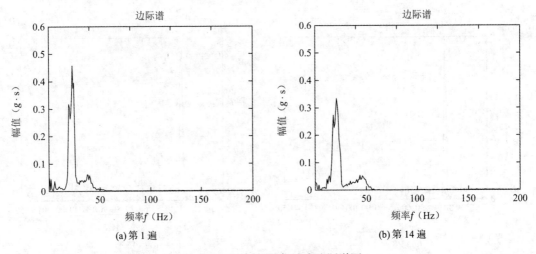

(a) 第 1 遍 　　　　　　　　　　　　　　　　(b) 第 14 遍

图 3.2-11　强振工况加速度边际谱图

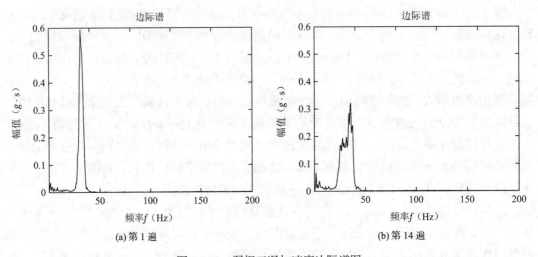

(a) 第 1 遍 　　　　　　　　　　　　　　　　(b) 第 14 遍

图 3.2-12　弱振工况加速度边际谱图

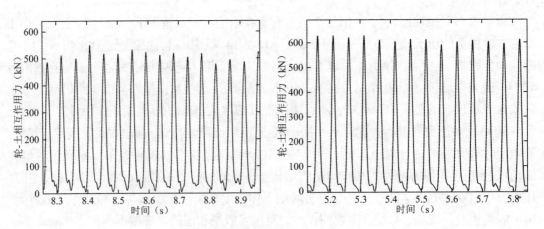

图 3.2-13　弱振振动机-土相互作用力

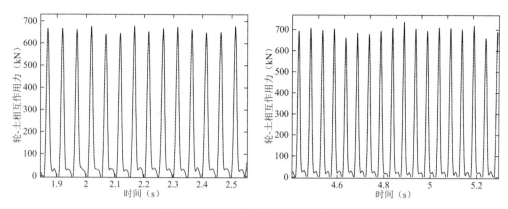

图 3.2-14　强振振动机-土相互作用力

2. 车速对压实效果影响

路基填料压实作用实质上是压路机采用碾压方式进行的，碾压车速对于振动压路机-土系统动力响应和压实质量连续检测指标有影响。为分析车速对各压实质量连续检测指标影响，由于土体的变形具有黏性性质，变形的发展与时间有关。如图 3.2-15 所示，当碾压车速较快时，振动轮与土体的接触时间较短，土体的变形可能不充分，而碾压车速较慢时，振动轮与土体接触时间较长，土体变形发展较充分，变形相对更大。

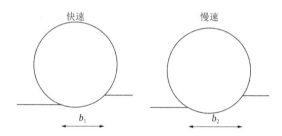

图 3.2-15　车速对填料压实效果的影响

分别采用 0.50m/s、0.63m/s 和 1.32m/s 车速进行碾压试验，图 3.2-16 为三种车速下振动机-土相互作用力。可以看出，车速越慢则振动压路机作用于填料的压实力越大，同时在单位长度距离内施加在填料的荷载次数越多，压实效果越好。

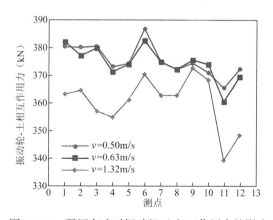

图 3.2-16　碾压车速对振动机-土相互作用力的影响

但车速也不是越慢越好，车速过慢可能导致碾压效率降低，同时在选择振动频率和碾压车速时还要考虑冲击间距影响。如图 3.2-17 所示，冲击间距 d 是一个振动循环内压路机行驶的距离。冲击间距对压实效果有影响：若冲击间距过大，则填料表面平整度差，有些位置无法有效压实；若冲击间距过小，则可能产生过压现象，破坏压实面，一般建议冲击间距保持在 2～4cm。

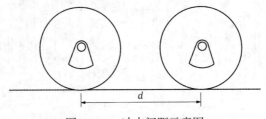

图 3.2-17　冲击间距示意图

3. 级配对压实效果影响

路基填料级配对于粗粒土填料的物理力学性质有重要影响，在填料压实过程中，粗颗粒形成骨架，细颗粒填充在骨架之间，共同形成稳定的路基结构。为分析级配对压实效果的影响，通过改变拌合比设计了两种级配。如表 3.2-1 所示，其中拌合比 1 为第 2 节确定的拌合比，拌合比 2 在试验用拌合比 1 的基础上，将 0～5mm 粒径组的含量提高到 60%，增大了细粒含量。

两种填料拌合比　　　　　　　　　　　　　　　表 3.2-1

试验组	粒径（mm）				
	0～5	5～10	10～20	16～30	30～60
试验条带 1	50%	10%	15%	15%	10%
试验条带 2	60%	10%	10%	10%	10%

图 3.2-18 为两种级配下填料干密度与碾压遍数的关系，其中试验条带 1 粗颗粒较多，条带 2 细颗粒较多。从图中可以看出，条带 1 的干密度明显大于条带 2，在 7 遍碾压过后，条带 1 干密度从 2.15g/cm³ 增大到 2.45g/cm³，条带 2 干密度仅从 2.15g/cm³ 增大到 2.28g/cm³。这是由于增大的粗颗粒取代了比表面积大、密度较小的细颗粒，使填料干密度增大。但干密度并非一直随粗颗粒含量的增大而增大，有研究表明，当粗颗粒含量大于 60% 时，由于粗颗粒形成的骨架具有较高强度，同时细颗粒较少无法充分填充粗颗粒骨架间的孔隙，导致填料难以压实，填料干密度反而随粗颗粒含量增大而减小。

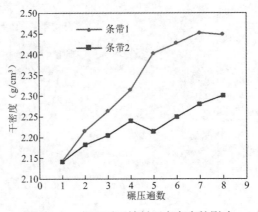

图 3.2-18　级配对于填料压实密度的影响

图 3.2-19 分别为两种级配下各压实质量连续检测指标随碾压遍数的变化情况。从图中可以看出，由于粗粒含量越多，土体的刚度越大，因此相同碾压下遍数下，试验条带 1 的振动压路机-土相互作用力与加速度更大。

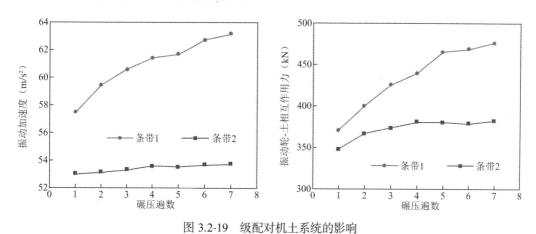

图 3.2-19　级配对机土系统的影响

4. 含水率对压实效果影响

为分析含水率对填料压实效果的影响，开展的路基压实足尺模型试验中，设置了三种不同的含水率填料，分别为 3.0%、6.2% 和 8.5%。图 3.2-20 为三种含水率下，填料干密度随碾压遍数的变化情况。可以看出，在 3.0% 与 6.2% 含水率条件下，最大干密度能达到 2.45g/cm³。室内击实试验得到的最优含水率为 5.1%，实际含水率在 3.0%～6.2% 范围内，均可以取得较好的压实效果；但含水率达到 8.5% 时，填料干密度随碾压遍数的变化较小，干密度达到 2.20g/cm³ 后难以继续压实。图 3.2-21 为 6.0% 与 8.5% 含水率下的振动机-土相互作用力，可以看出，8.5% 含水率下的振动轮作用在填料上的压实力明显小于 6.0% 含水率。上述现象发生原因为含水率太大，填料形成弹簧土（图 3.2-20），模量减小，无法进行有效压实，因此在填料填筑过程中应严格控制含水率，保障路基压实质量。

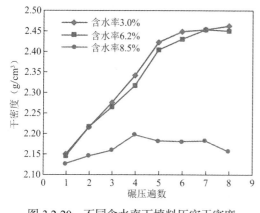

图 3.2-20　不同含水率下填料压实干密度

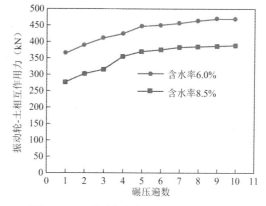

图 3.2-21　不同含水率下机-土相互作用力

5. 摊铺厚度对压实效果影响

为分析填料摊铺厚度对填料压实效果的影响，在填料不同深度处埋设传感器采集加速度数据，如图 3.2-22 所示，填料虚铺厚度为 40cm 时，加速度传感器测点的埋置深度分别为 5cm、20cm、35cm。填料虚铺厚度为 50cm 时，埋置深度分别为 5cm、20cm、35cm、45cm。填料虚铺厚度为 60cm 时，埋置深度分别为 5cm、20cm、35cm、55cm[6]。

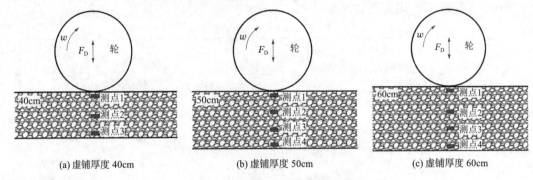

(a) 虚铺厚度 40cm   (b) 虚铺厚度 50cm   (c) 虚铺厚度 60cm

图 3.2-22   不同虚铺厚度填料中的传感器埋设

将实测得到的动态变形模量E_{vd}与相关规范规定值进行对比，以此判断路基的压实质量是否满足要求。在每遍压实完成后，选取填料较为均匀的区域进行E_{vd}检测，并根据检测结果决定压实遍数，检测结果见图 3.2-23。

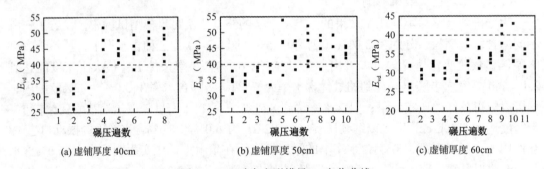

(a) 虚铺厚度 40cm   (b) 虚铺厚度 50cm   (c) 虚铺厚度 60cm

图 3.2-23   动态变形模量E_{vd}变化曲线

图 3.2-24 为填料虚铺 40cm、50cm 和 60cm 时，测点加速度峰值随压实遍数的变化曲线。与E_{vd}的变化规律相似，填料各测点加速度峰值随着压实遍数的增加而逐渐增大。当填料逐渐密实进入相对稳定的状态时，填料不同深度处的加速度峰值达到峰值并逐渐稳定。对比不同虚铺厚度填料相同深度处的加速度峰值，在开始压实时，不同厚度填料的级配参数等基本相同，相同深度处测点的加速度峰值也基本相同。随着压实遍数的增加，在 5～20cm 深度范围内，厚度为 40cm 的填料加速度峰值最大，50cm 与 60cm 厚度填料基本相同。

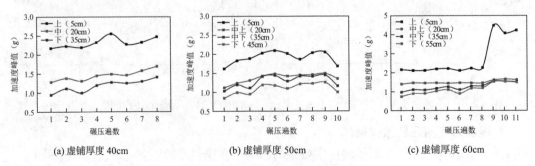

(a) 虚铺厚度 40cm   (b) 虚铺厚度 50cm   (c) 虚铺厚度 60cm

图 3.2-24   不同厚度填料各测点加速度峰值变化曲线

3.2.3　新型振动压路机-路基填料动力耦合模型

1. 考虑土体变形的机-土耦合模型

振动压路机竖直方向的振动是填料压实的主要作用，将填料压实变形力学模型与振动压路机动力学方程相结合，可建立压路机-填料振动压实模型。如图 3.2-25 所示，模型上部为振动压路机的上机架与振动轮，两者由减振器连接，模型下部为填料压实变形力学模型。该模型可以用于研究"振动压路机-土"系统的动力特性，还可以模拟填料在循环荷载下的累积压实变形特性。

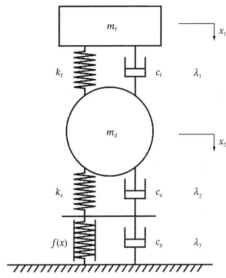

m_f—上机架质量；m_d—振动轮质量；k_f—减振器刚度；c_f—减振器阻尼系数；k_e—填料弹性刚度；c_e—填料弹性阻尼系数；c_p—填料塑性阻尼系数；x_1—上机架位移；x_2—振动轮位移；λ_1—减振器变形量；λ_2—填料弹性变形量；λ_3—填料塑性变形量

图 3.2-25　压路机-填料振动压实模型

以各弹簧处于自由状态为零点，"振动压路机-土"系统的动力学方程为：

$$\begin{cases} m_f\ddot{x}_1 + c_f\dot{\lambda}_1 + k_f\lambda_1 = m_f g \\ m_d\ddot{x}_2 + c_e\dot{\lambda}_2 + k_e\lambda_2 - c_f\dot{\lambda}_1 - k_f\lambda_1 = F_0\sin(wt) + m_d g \end{cases} \tag{3.2-2}$$

其中：

$$\begin{cases} x_1 = \lambda_1 + \lambda_2 + \lambda_3 \\ x_2 = \lambda_2 + \lambda_3 \end{cases} \tag{3.2-3}$$

振动轮与填料的相互作用力为：

$$F_s = k_e\lambda_2 + c_e\dot{\lambda}_2 = f(\lambda_3) + c_p\dot{\lambda}_3 \tag{3.2-4}$$

在实际碾压过程中，振动轮与填料并不一定始终处于接触状态。如图 3.2-26 所示，当振动轮与填料的相互作用力较大时，振动轮会脱离地面，即发生跳振。由于填料与振动轮之间只能产生压力，不能产生拉力，因此跳振时振动轮与填料的相互作用力为 0。如式(3.2-5)所示，以 $k_e\lambda_2 + c_e\dot{\lambda}_2$ 的值作为判断是否发生跳振的依据，当其大于 0 时，振动轮与填料接触；当其小于 0 时，振动轮与填料脱离，相互作用力为 0。

$$F_s = \begin{cases} k_e\lambda_2 + c_e\dot{\lambda}_2 & k_e\lambda_2 + c_e\dot{\lambda}_2 > 0 \\ 0 & k_e\lambda_2 + c_e\dot{\lambda}_2 \leqslant 0 \end{cases} \tag{3.2-5}$$

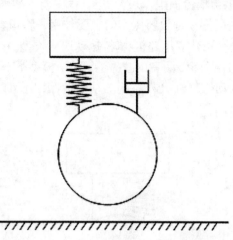

图 3.2-26　振动轮脱离填料发生跳振

此时"振动压路机-土"系统的动力学方程为：

$$\begin{cases} m_f\ddot{x}_1 + c_f\dot{\lambda}_1 + k_f\lambda_1 = m_f g \\ m_d\ddot{x}_2 - c_f\dot{\lambda}_1 - k_f\lambda_1 = F_0\sin(\omega t) + m_d g \end{cases} \tag{3.2-6}$$

碾压工作中填料为分层结构[7]。上层为待压实层，由黏弹性与黏塑性组成，下层为已压实层，只有黏弹性特征。采用图 3.2-27 的机-土耦合双层模型，参数设置如表 3.2-2 所示，分别计算 24Hz 与 31Hz 两种工况。

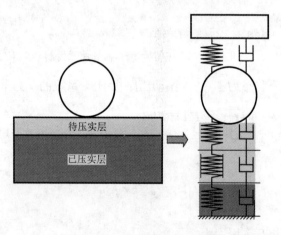

图 3.2-27　机-土耦合双层模型

模型参数设置 表 3.2-2

模型参数	值
k_e	120MN/m
c_e	100kN·s/m
c_p	295kN·s/m

模型参数	值
A、B	800000、33
k_{e2}	240MN/m
c_{e2}	50kN·s/m

1）振动频率 24Hz

设置振动频率设为 24Hz，模型仿真时间 10s。从加速度时域图上可以看出［图 3.2-28（a）］，0～6s 加速度幅值逐渐增大，6s 之后加速度产生剧烈波动。振动位移情况与加速度情况相类似［图 3.2-28（b）］。从机-土相互作用力与时间的关系可以看出［图 3.2-28（c）］，0～1s 处于起振状态，振动系统尚未达到稳定振动状态，1s 后达到稳定振动状态，机-土相互作用力逐渐增大，在 3.4s 之后最小机-土相互作用力等于 0，说明出现跳振，6s 之后机-土相互作用力产生剧烈波动。因此可以把压实过程分为三个阶段：起振阶段（0～1s）、稳定压实阶段（1～6s，跳振也属于稳定压实）和混沌振动阶段（6s 之后）。

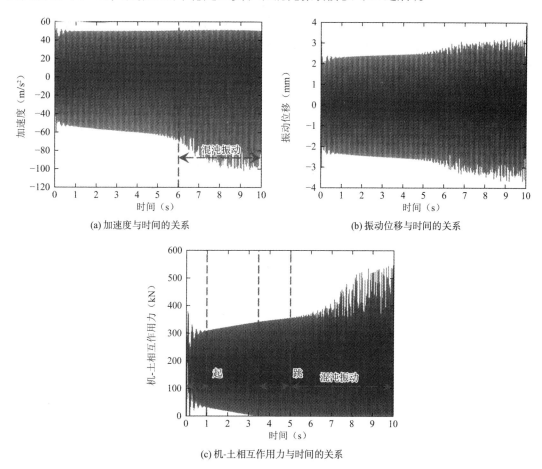

(a) 加速度与时间的关系

(b) 振动位移与时间的关系

(c) 机-土相互作用力与时间的关系

图 3.2-28 24Hz 下振动压实过程加速度、振动位移、机-土相互作用力与时间的关系

将全过程 10s 每 1s 计算一个压实计值（CMV）数据，图 3.2-29 分别为四个时段加速

度的频谱情况，可以看出在压实初期二次谐波较小，随着压实时间增大，二次谐波幅值逐渐增大。图3.2-29为0～10s全时段CMV的变化情况，可以看出在0～5sCMV随碾压时间逐渐增大，6s之后CMV迅速增大，这是混沌振动导致加速度不稳定导致的。

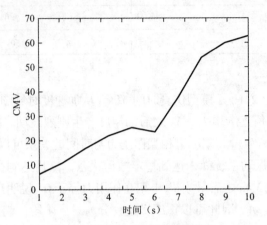

图3.2-29　24Hz下不同时段CMV

将全过程10s每1s计算一个压实能量指标（CEV）数据，图3.2-30分别为四个时段加速度的边际谱情况，可以看出在压实初期信号分布较窄，随着压实时间增大，信号逐渐变宽，边际谱中所包含的能量逐渐增大。如图3.2-30所示，CEV随着压实时间逐渐增大，且在6s后由于混沌振动迅速增大。

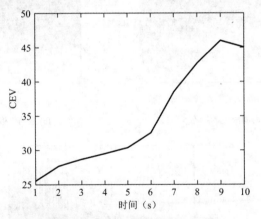

图3.2-30　24Hz下不同时段CEV

2）振动频率31Hz

设置振动频率设为31Hz，模型仿真时间10s。从加速度时域图上可以看出［图3.2-31（a）］，0～4s加速度幅值逐渐增大，4s之后加速度产生剧烈波动。振动位移情况与加速度情况相类似［图3.2-31（b）］。从机-土相互作用力与时间的关系可以看出［图3.2-31（c）］，0～1s处于起振状态，振动系统尚未达到稳定振动状态，1～4s达到稳定振动状态，机-土相互作用力逐渐增大，在2.2s之后最小机-土相互作用力等于0，说明出现跳振，4s之后机-土相互作用力产生剧烈波动。因此可以把压实过程分为三个阶段：起振阶段（0～1s）、稳定压实阶段（1～4s，跳振也属于稳定压实）和混沌振动阶段（4s之后）。

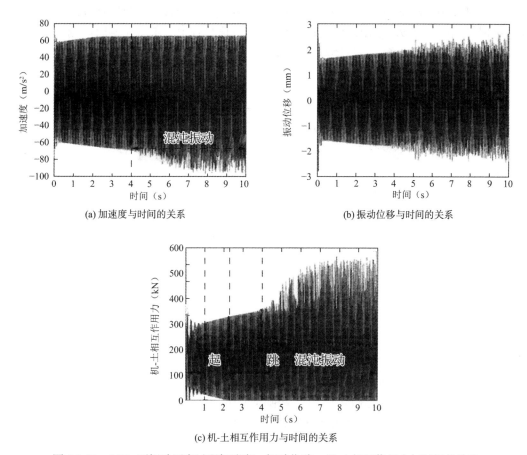

(a) 加速度与时间的关系　　　　　　　　(b) 振动位移与时间的关系

(c) 机-土相互作用力与时间的关系

图 3.2-31　31Hz 下振动压实过程加速度、振动位移、机-土相互作用力与时间的关系

　　将全过程 10s 范围内，每 1s 计算一个 CMV 数据，图 3.2-32 分别为四个时段加速度的频谱情况，可以看出在压实初期几乎没有出现二次谐波，随着压实时间增大，二次谐波幅值逐渐增大。图 3.2-32 为 0~10s 全时段 CMV 的变化情况，可以看出在 0~3sCMV 几乎为 0，第 3~4sCMV 增大，说明跳振会增大 CMV，4s 之后 CMV 迅速增大，这是混沌振动导致加速度不稳定导致的。

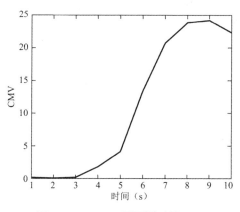

图 3.2-32　31Hz 下不同时段 CMV

　　将全过程 10s 范围内，每 1s 计算一个 CEV 数据，分别为四个时段加速度的边际谱情况，可以看出在压实初期只出现基频一个频率，且信号较窄，随着压实时间增大，信号逐渐变宽，边际谱中所包含的能量逐渐增大。如图 3.2-33 所示，CEV 随着压实时间逐渐增大，且在 4s 后由于混沌振动迅速增大。

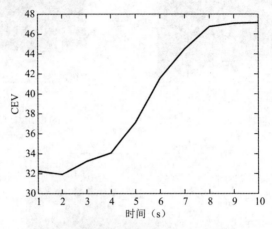

图 3.2-33　31Hz 下不同时段 CEV

　　由于第 0～1s 时间为起振阶段，振动系统没有达到稳定的振动状态，第 4s 之后发生混沌振动，加速度、振动位移和机-土相互作用力发生剧烈波动，因此仅分析第 1～4s 内的指标情况。振幅和机-土相互作用力均随时间增大而增大，振幅从 1.70mm 增大到 1.80mm，地基反力从 334kN 增大到 363kN，CMV 从 0.07 增大到 1.80，CEV 从 30.73 增大到 32.32。

2. 考虑压路机行驶的机-土耦合模型

　　对于碾压完成阶段，填料被充分压实，继续碾压不再发生塑性变形，可以将路基看作弹性半空间体，振动压路机在其上作用动力荷载。目前，动力基础问题有两种分析方法：一种是采用弹性半空间计算方法，假定地基土为均质的、各向同性的弹性半空间体，刚性基础置于弹性半空间体的表面，以弹性波动理论进行分析，其优点为理论完善，但对于刚性圆柱体在振动状态下与弹性地基滚动接触这一问题，目前没有理论解析解答，如再考虑振动压路机自身结构，导致问题更加复杂；另一种是质-弹-阻计算理论，质-弹-阻理论假定地基为无质量的弹簧和反映体系阻尼效应的阻尼器，基础为仅有质量的无弹性刚体，不考虑振动波在地基中的传播，采用集总参数模型分析体系的振动，具有简单、实用、直观的优点。图 3.2-34 为简化的质-弹-阻模型。

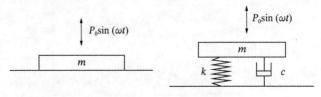

图 3.2-34　质-弹-阻模型

　　对于图 3.2-34 所示的质-弹-阻模型，其动力学方程为：

$$m\ddot{z}(t) + c\dot{z}(t) + kz(t) = P_0 \sin(\omega t) \tag{3.2-7}$$

式中：m——质量（kg）；

　　　k——弹性刚度（N/m）；

　　　c——阻尼系数（N/m·s^{-1}）；

$P_0 \sin \omega t$——施加的循环荷载。

弹性刚度和阻尼系数为集中模拟参数，一般通过大量试验拟合获取。一些学者将弹性半空间理论与质-弹-阻理论联系起来，将质-弹-阻模型参数与弹性半空间体参数（剪切模量、密度、泊松比等）建立联系，如 Wolf 提出：

$$k_s = \frac{Ga_0}{(1-\nu)}\left[3.1\left(\frac{b_0}{a_0}\right)^{0.75} + 1.6\right]$$
$$c_s = 8a_0 b_0 \sqrt{\frac{2(1-\nu)}{1-2\nu}}\sqrt{G\rho} \tag{3.2-8}$$

式中：k_s——弹性刚度（N/m）；

　　　c_s——阻尼系数（N/m·s^{-1}）；

　　　G——剪切模量（MPa）；

　　　ν——泊松比；

　　　ρ——密度（g/cm^3）；

　　　a_0——振动轮与填料接触宽度的一半；

　　　b_0——振动轮宽度的一半。

从式(3.2-9)可以看出，模型中的弹性刚度和阻尼系数与振动轮-土接触面积大小相关。振动轮-土的接触区域为一宽度为 $2a_0$、长度为 $2b_0$ 的矩形区域，其中 $2b_0$ 为振动轮宽度，因此要确定模型中的弹性刚度与阻尼系数，需要确定 $2a_0$ 大小。如图 3.2-35 所示，振动轮与填料的接触宽度由土体的变形和振动轮半径确定：

$$2a_0 = 2\sqrt{R^2 - (R-\varepsilon)^2} \tag{3.2-9}$$

式中：R——振动轮的半径（m）；

　　　ε——振动轮正下方土的变形量（m）。

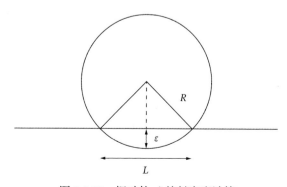

图 3.2-35　振动轮-土接触宽度计算

一方面，土的变形受土的力学性质、压路机重量、激振力大小、压路机行驶速度等因素耦合影响；另一方面，在一个振动周期中振动轮与路基填料的接触宽度也是不断变化的，甚至可能脱离路基面，因此无法给出振动轮-土接触宽度的表达式。为了合理考虑振动轮与土的接触区域，本模型将土沿着振动轮行进方向划分为若干宽度相等的条带，各条带的弹性刚度k_i和阻尼系数c_i均相同（图3.2-36）。

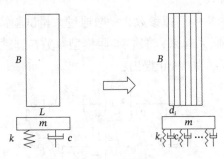

图 3.2-36　条带划分

根据振动机-土相互作用力相等的原则，可得：

$$c\dot{z}(t) + kz(t) = \sum_{i=1}^{n} c_i \dot{z}_i(t) + k_i z_i(t) \tag{3.2-10}$$

由每个土体条带参数相同，可得：

$$k_i = \frac{Gd_i}{2(1-\nu)}\left[3.1\left(\frac{b_0}{a_0}\right)^{0.75} + 1.6\right]$$

$$c_i = 4b_0 d_i \sqrt{\frac{2(1-\nu)}{1-2\nu}}\sqrt{G\rho} \tag{3.2-11}$$

式中：d_i——划分条带宽度，其他参数同上。

根据式(3.2-11)可知，条带的弹性刚度k_i与土剪切模量、泊松比、振动轮宽度、条带宽度、振动轮-土接触宽度有关，因此需要在每个时刻计算振动轮-土接触宽度，更新k_i大小；每个条带的阻尼系数c_i与土剪切模量、密度、泊松比、振动轮宽度、条带宽度有关，与振动轮-土接触宽度无关。

振动压路机以速度v前进，在t_0时刻振动轮中心点位置为vt_0。振动轮与土体的接触宽度为a_0，与范围$[vt_0 - a_0, vt_0 + a_0]$（图3.2-37 第$m \sim n$条带）的土体条带接触，每个条带与振动轮的相互作用力为$f_s(i)$，当土条带与振动轮脱离时，相互作用力为0。$f_s(i)$计算公式如式(3.2-12)所示。

考虑跳振情况，第i块条带与振动轮的相互作用力为：

$$f_s(i) = \begin{cases} k_f(i)x_2(i) + c_f(i)\dot{x}_2(i) &, \quad k_f(i)x_2(i) + c_f(i)\dot{x}_2(i) > 0 \\ 0 &, \quad k_f(i)x_2(i) + c_f(i)\dot{x}_2(i) \leqslant 0 \end{cases} \tag{3.2-12}$$

振动轮与土总的相互作用力为所有接触条带作用力之和：

$$F_s = \sum_{i=m}^{n} f_s(i) \tag{3.2-13}$$

得到机-土耦合系统的动力学方程为：

$$\begin{cases} m_f \ddot{x}_1 = m_f g - c_f \dot{x}_1 - k_f x_1 \\ m_d \ddot{x}_2 = F_0 \sin(wt) + m_d g + c_f \dot{x}_1 + k_f x_1 - F_s \end{cases} \tag{3.2-14}$$

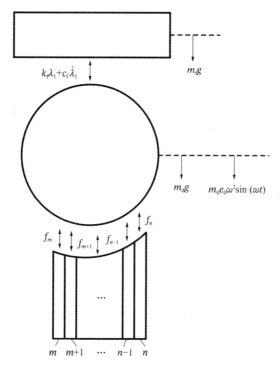

$k_f\lambda_1+c_f\dot\lambda_1$

m_sg

m_dg $m_0e_0\omega^2\sin(\omega t)$

f_n

f_m f_{m+1} f_{n-1}

...

m $m+1$ ... $n-1$ n

图 3.2-37 振动压路机与土体相互作用示意图

如表 3.2-3 所示,考虑压路机行驶的机-土耦合模型输入参数包括四类:填料参数、压路机参数、工作参数和模型几何参数,其中填料参数包括填料密度、剪切模量和泊松比;压路机参数主要包括振动轮和上机架质量、振动轮宽度和半径、减振器刚度和阻尼系数、偏心质量矩;工作参数包括振动频率、车速等;模型几何参数为土体条块的宽度,一般振动轮与填料的接触宽度在 10～25cm,综合考虑建模和计算精度,本书中条块宽度设置为 1cm。

机-土耦合模型参数   表 3.2-3

参数类型	参数
填料参数	密度、剪切模量、泊松比
压路机参数	振动轮质量、振动轮宽度、振动轮半径、上机架质量、减振器刚度、减振器阻尼系数、偏心块质量矩
工作参数	振动频率、车速
模型几何参数	条带宽度

为分析剪切模量 G 对振动压路机-土系统的影响,分别取 $G = 10\text{MPa}$、20MPa、30MPa、40MPa、50MPa、60MPa、70MPa 和 80MPa 代入机-土耦合模型计算,碾压密实的路基填料密度根据现场试验结果取 2.4g/cm^3,土泊松比取 0.30,其他模型参数取值如表 3.2-4 所示。

模型参数取值表   表 3.2-4

参数类型	参数	取值
	振动轮质量	9000kg
压路机参数	上机架质量	8000kg
	振动轮宽度	2.17m

续表

参数类型	参数	取值
压路机参数	振动轮半径	1.70m
	减振器刚度	$6.0 \times 10^7 N/m$
	减振器阻尼系数	$1.1 \times 10^5 N \cdot s/m$
	偏心块质量矩	$7.18kg \cdot m$
工作参数	振动频率	31Hz
	车速	3km/h
模型几何参数	条带宽度	0.01m

振动轮加速度是"振动压路机-土"系统最基本的动力响应特征，压实质量连续检测指标大多直接或间接通过振动轮加速度计算得到。为验证建立的机-土耦合模型正确性，首先对比分析模型仿真加速度与实测加速度。规定振动加速度以向下为正，向上为负。图 3.2-38 分别为 $G = 10 \sim 80MPa$ 下模型计算的加速度时域曲线，从图中可以看出，振动轮加速度为正弦曲线，G 较小时，加速度幅值较小，正负幅值基本相等；负向加速度幅值随着 G 增大而增大：G 从 10MPa 增大到 80MPa 时，负向加速度幅值从 4.4g 增大到 7g；正向加速度幅值首先随 G 增大而增大，当 G 达到 40MPa 以上时，正向加速度幅值基本不再变化，保持在 6g。

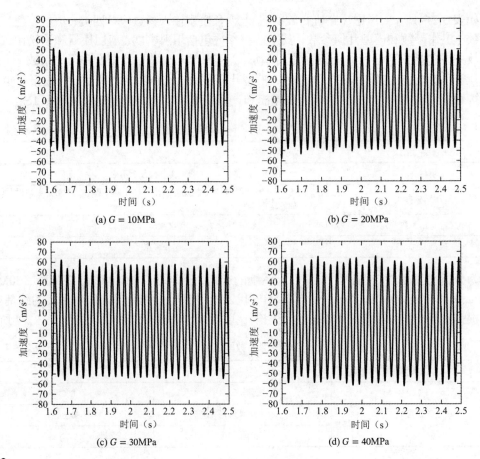

(a) $G = 10MPa$

(b) $G = 20MPa$

(c) $G = 30MPa$

(d) $G = 40MPa$

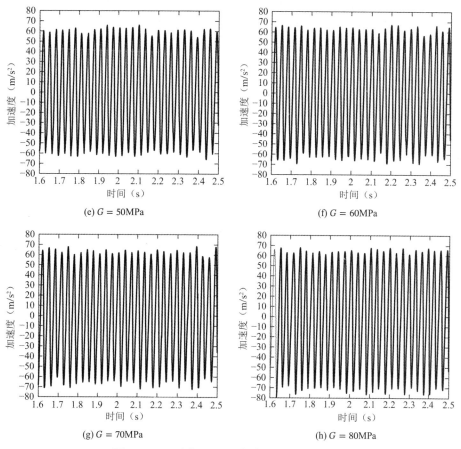

(e) $G = 50\text{MPa}$　　　　　　　　(f) $G = 60\text{MPa}$

(g) $G = 70\text{MPa}$　　　　　　　　(h) $G = 80\text{MPa}$

图 3.2-38　不同 G 下机-土耦合模型计算加速度

图 3.2-39 为现场试验得到的松散填料与完全压实填料的加速度时域信号，可以看出，松散填料的加速度幅值小于完全压实填料的加速度幅值，正向加速度幅值为 6g 左右，负向加速度幅值在 6～8g 之间。模型计算结果与现场试验结果对比表明，本书建立的机-土耦合模型能准确描述振动轮加速度时域信号。

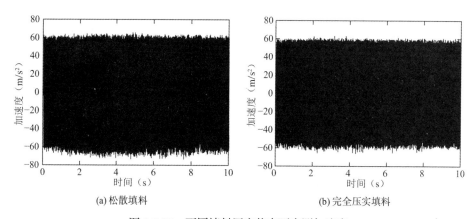

(a) 松散填料　　　　　　　　　　(b) 完全压实填料

图 3.2-39　不同填料压实状态下实测加速度

采用快速傅里叶变换（FFT）对加速度信号进行频域处理，得到加速度频谱图。图 3.2-40

为不同剪切模量G条件下的频谱图，由图可知，不同G条件按下频谱图中均出现基波与二次谐波，G较小时，二次谐波的幅值较小，随着G增大，二次谐波幅值显著增大；当G达到40MPa时，频谱图中开始出现三次谐波，随着G继续增大，二次谐波与三次谐波幅值也增大；当G达到70MPa时，除基波、二次谐波和三次谐波等整数倍谐波外，还出现了较明显的分数次谐波。

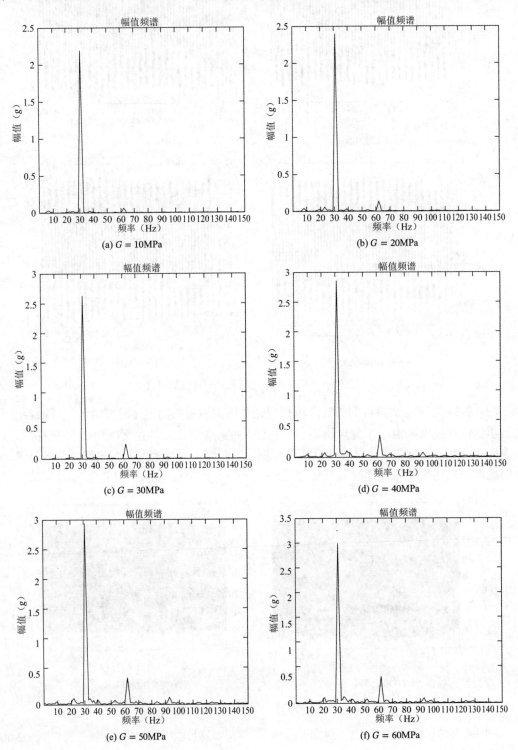

(a) $G = 10$MPa

(b) $G = 20$MPa

(c) $G = 30$MPa

(d) $G = 40$MPa

(e) $G = 50$MPa

(f) $G = 60$MPa

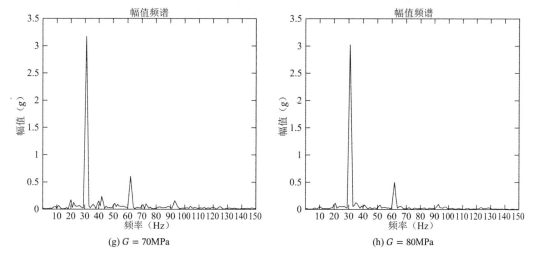

(g) $G = 70\text{MPa}$ (h) $G = 80\text{MPa}$

图 3.2-40 不同G下加速度频谱图模型计算结果

图 3.2-41（a）、（b）分别为现场试验得到的松散填料与完全压实填料的加速度频谱图，可以看出，松散填料的频域图中二次谐波很小，完全压实填料的频域图中二次谐波幅值较大，且出现了二次谐波，没有出现分数次谐波。模型计算结果与现场试验结果对比表明，本书建立的机-土耦合模型能准确描述振动轮加速度频域特性。

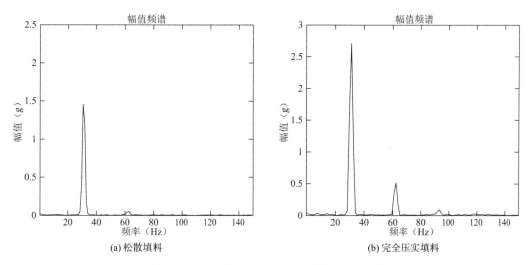

(a) 松散填料   (b) 完全压实填料

图 3.2-41 不同填料压实状态下实测加速度频谱图

采用希尔伯特-黄（HHT）变换对加速度信号进行处理，得到加速度边际谱。图 3.2-42 为不同剪切模量G条件下的边际谱。由图可知，剪切模量较小时，边际谱曲线较为光滑，峰值对应频率为压路机振动频率，随着土剪切模量的增大，边际谱峰值逐渐减小，从 0.5 左右逐渐减小至 0.3 以下，但携带能量的频率范围逐渐增大，从 22～38Hz 增大至 16～45Hz，边际谱从"窄高"向"宽矮"变化，振动能量从基频分散到其他频率，说明了振动非线性的增强。

图 3.2-43（a）、（b）分别为现场试验得到的松散填料与完全压实填料的加速度边际谱

图，可以看出，边际谱从松散填料到完全压实填料的变化规律与模型计算结果一致，说明本书建立的机-土耦合模型能准确描述振动轮加速度边际谱。

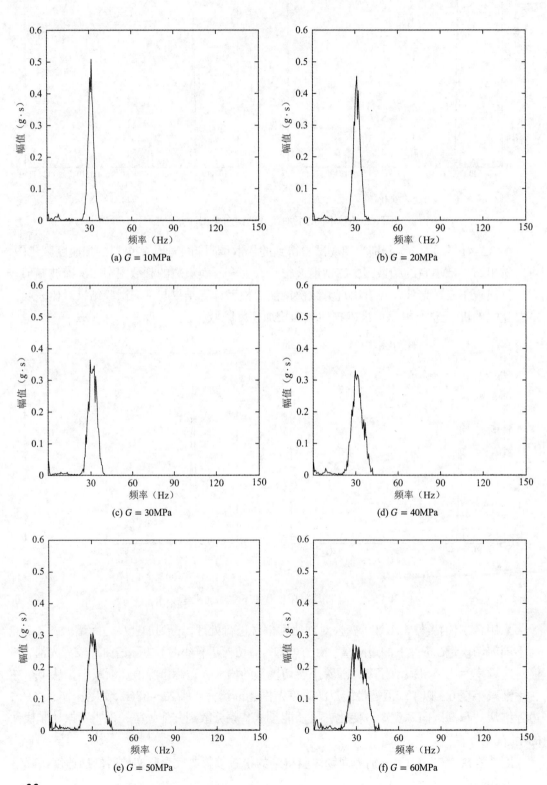

(a) $G = 10MPa$

(b) $G = 20MPa$

(c) $G = 30MPa$

(d) $G = 40MPa$

(e) $G = 50MPa$

(f) $G = 60MPa$

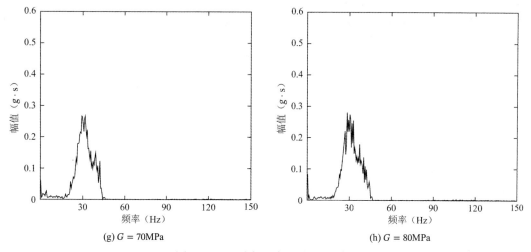

(g) $G = 70\text{MPa}$ (h) $G = 80\text{MPa}$

图 3.2-42　不同G下加速度边际谱图

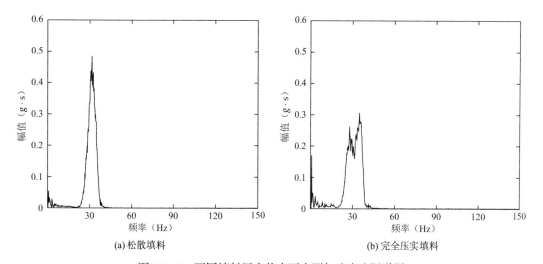

(a) 松散填料   (b) 完全压实填料

图 3.2-43　不同填料压实状态下实测加速度边际谱图

振动机-土相互作用力是振动压实系统重要的动力特性，对压实效果有重要影响，也是计算压实质量连续检测指标 VCV 的基础。现场试验可根据激振力和振动轮惯性力，按式(3.2-15)计算振动机-土相互作用力。

$$f_s(t) = F_0 \sin(\omega t) + (m_d + m_f)g - m_d a_d \tag{3.2-15}$$

图 3.2-44 为不同剪切模量G条件下的振动机-土相互作用力，可以看出，机-土相互作用力随剪切模量的增大而增大：$G = 10\text{MPa}$ 时，机-土相互作用力范围为 100～300kN，随着G增大，机-土相互作用力最大值也增大，当$G = 40\text{MPa}$ 时，机-土相互作用力最小值为 0，这是由于振动压路机与填料之间不产生拉力，机-土相互作用力为 0 说明此时振动轮与土体脱离，也即发生了跳振；随着G继续增大，机-土相互作用力最大值也增大，当$G = 50\text{MPa}$ 时，机-土相互作用力最大值达到 466kN；当$G = 80\text{MPa}$ 时，机-土相互作用力最大值达到 550kN。

图 3.2-45（a）、（b）分别为现场试验得到的松散填料与完全压实填料的振动机-土相互

67

作用力，可以看出，松散填料的机-土相互作用力约为340kN，完全压实填料的机-土相互作用力约为480kN，发生了跳振现象。试验结果与模型计算结果一致，说明本书建立的机-土耦合模型能准确描述振动机-土相互作用力。

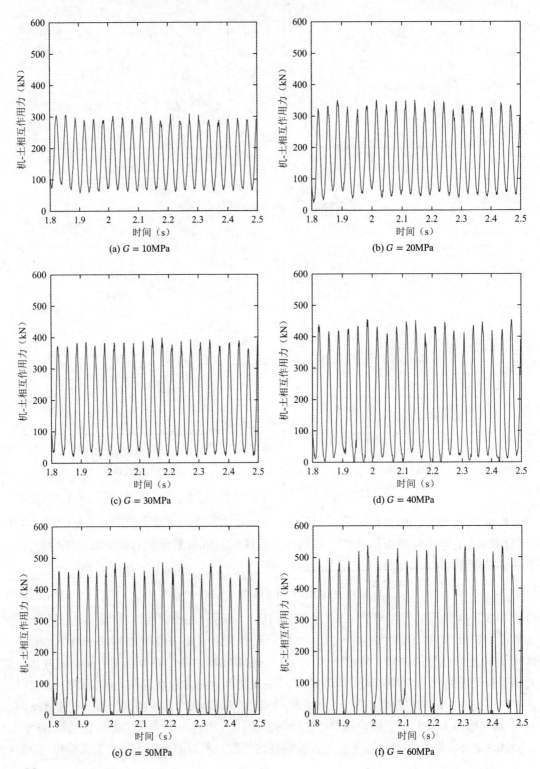

(a) $G = 10MPa$

(b) $G = 20MPa$

(c) $G = 30MPa$

(d) $G = 40MPa$

(e) $G = 50MPa$

(f) $G = 60MPa$

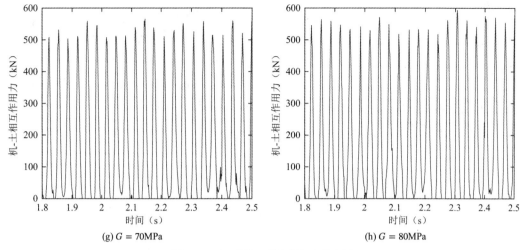

(g) $G = 70MPa$ (h) $G = 80MPa$

图 3.2-44 不同 G 下振动机-土作用力

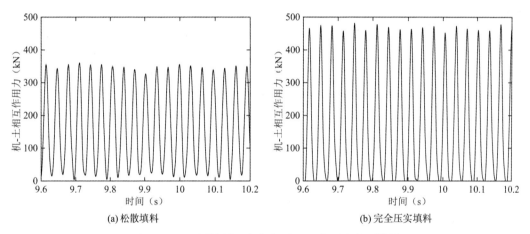

(a) 松散填料   (b) 完全压实填料

图 3.2-45 不同填料压实状态下机-土作用力实测结果

利用机-土耦合模型计算得到的加速度时域信号、频谱、边际谱和振动机-土相互作用力与现场试验结果吻合较好，说明本书提出的新型机-土耦合模型能准确模拟振动压路机-土耦合系统动力特性。土体剪切模量对机-土耦合动力系统有较大影响，说明可以通过振动压路机-土耦合系统动力特性预测路基填料压实质量或根据设计模量计算压实质量连续检测指标值。

3.3 路基压实质量连续检测技术

3.3.1 压实质量连续检测技术的发展

目前我国高速铁路路基压实质量采用压实度 K、地基系数 K_{30} 和动态变形模量 E_{vd} 进行控制，但 K、K_{30} 和 E_{vd} 等检测指标进行路基压实检测，由于以"点"式抽样检验为主，选择单一测试点压实质量代表一定面积的压实质量，时间上存在滞后性，空间上无法全面掌握压实质量，因此可能导致欠压、过压等情况发生。为克服传统检测方法的缺点，路基压实质量连续检测方法应运而生。基于机-土耦合模型，在填筑碾压过程中对振动轮的动态响应信号进行实时分析，得到填筑体压实状态的检测方法，是目前路基智能填筑技术发展的核心方向。而路基填料的类型、颗粒级配、形状以及矿物成分不同，导致填料压实后的力学性能差异较大。填料各向异性、不均匀性等因素更加增加了填料压实质量的不确定性，因此路基填料的压实性能难以被精确预测，必须建立可靠的路基压实质量检测指标与检测方法[8]。

1. 压实质量连续检测指标

20 世纪 70 年代，欧洲学者首先开展连续压实检测技术研究，加速度类连续检测指标被率先提出。瑞典公路管理局 Thurner 在振动压路机上安装加速度传感器，首次发现加速度频域中 2 次谐波幅值与基波 f_0 幅值之比与土体压实状态相关，并于 1978 年研发相应检测设备。CMV 作为最早的压实质量连续检测指标，反映了加速度频域的变化情况，为后续指标的提出提供了思路。在实践中人们发现，振动轮加速度频域中不仅存在 2 次谐波，还存在高次谐波以及分数次谐波，在此基础上，不同学者提出了各种加速度频域类指标，如考虑出现的所有整数次谐波（$2f_0$，$3f_0$，……）的总谐波失真量（Total Harmonic Distortion，THD），综合考虑整数次和分数次谐波（$0.5f_0$，$1.5f_0$，……）影响的压实控制值（Compaction Control Value，CCV），考虑 1/2 次谐波的共振计值（Resonance Meter Value，RMV），考虑整数次与分数次谐波同时还引入了机械参数（激振力、上下车质量）的指标 F_t 等。THD、CCV 和 F_t 是 CMV 指标的延伸，由于考虑了高次谐波，因此具有更高的敏感度。以上指标都是基于振动加速度频域特征提出的，其优点是信号采集方便，指标计算简单，缺点是该类指标经验性强，对于谐波出现机理目前尚未明确，谐波类指标对于粗粒土检测效果较差。一些学者从"振动压路机-土"相互作用角度提出了力学类连续检测指标。Bomag 公司基于弹性半空间上柱状体力学分析，提出振动模量 E_{vib}，Amman 公司基于二自由度机-土耦合模型提出刚度指标 k_s。E_{vib} 和 k_s 的提出是连续检测技术的重要发展，与基于加速度频域的指标相比，这 2 个指标具有明显的物理意义，与土体力学性质关系更加密切，但缺点是检测方法较复杂。振动压路机压实土体的过程是一个能量交换的过程，振动轮传递给土体的振动能量一部分被土体吸收，一部分反馈给振动轮，部分学者也对能量类连续检测指标开展研究。土体为黏弹塑性材料，滞回圈面积代表 1 个振动周期内土体吸收的能量，Bomag 定义滞回圈面积为 Omega。White 等在此基础上研究了振动压路机在不同压实状态土体上行驶所消耗的能量，提出机械驱动功率（Machine Drive Power，MDP）评价压实质量。

连续压实技术自 20 世纪 90 年代传入我国，在公路、水利、铁路工程中得到研究和应用。公路工程方面，中国水利水电科学研究院基于谐波比原理，开发了 YS-1 型压实度计；徐工集团联合多单位研发了 SMC-960A 密实度测量仪等。水利工程方面，刘东海等分析了振动轮加速度时域特征，提出压实值（Compaction Value，CV）；Hua 等从时域角度分析了振动轮加速度信号，提出峰值因子值（Crest Factor Value，CFV）。铁路工程方面，徐光辉基于动力学原理，得出地基抗力随着土体刚度增大而逐渐增大，进而提出振动压实值（Vibration Compaction Value，VCV）并用于铁路路基压实质量检测；聂志红等基于谐波平衡识别法，分析了 CMV、土体刚度和阻尼等连续检测指标与铁路路基传统压实质量指标 E_{vd} 的相关性；吴龙梁分析了铁路路基振动压实过程中填筑体耗散能量情况，提出了连续压实控制技术的能量模型和连续检测指标耗散测量值（Dissipation Measured Value，DMV）。

近年来，我国高速铁路迅速发展，高速铁路路基高平顺性对路基填筑质量提出了更高的要求，高铁粗粒土填料的压实质量连续检测技术研发迫在眉睫。中国铁道科学研究院基于振动压实过程中振动波在土体中的传播规律，分析了压实过程中的能量传递机理，根据振动轮振动信号携带的能量值，提出采用压实能量值（Compaction Energy Value，CEV）进行路基压实质量连续检测，并在高速铁路路基填筑中开展了大量现场试验。结果表明，CEV与铁路路基常规检测指标的相关性较高，对于高铁粗粒土填料具有较好的适用性。目前压实质量检测指标及其分类情况见表 3.3-1。

压实质量连续检测指标及分类 表 3.3-1

连续检测指标类别		代表性指标
加速度	时域类	CF
	频域类	CMV, CCV, THD, RMV, CV
力学类		E_{vib}, k_s, VCV
能量类		Omega, MDP, CEV, DMV

2. 压实质量连续检测系统

基于以上提出的压实质量连续检测指标，通过将连续检测技术与全球定位技术、计算机技术、通信技术等相结合，开发出连续压实控制技术（Continious Compaction Control，CCC）。通过 CCC 系统，可以实现压路机工作状态实时监控、全碾压面任意位置压实质量实时、可视化展示、存储与分析。在此基础上，美国联邦公路管理局提出智能压实（Intelligentcompaction，IC）概念，开展智能压实系统研究。IC 在 CCC 系统基础上加入自动反馈控制系统（Automatic Feedback Control，AFC），不仅能够实时检测土体压实质量，还可以根据当前土体压实状态自动优化调整振动压实参数（如频率、振幅、车速等），提高压实质量和压实效率。Dynapac、Ammann、Bomag 等生产厂商研发了智能压实设备并建立了 IC 系统。我国一些研究单位也根据提出的连续检测指标建立了相应检测系统，如长安大学建立了适合于公路的压实度实时检测系统；天津大学和清华大学分别建立了大坝压实质量实时监控系统和土石坝智能碾压系统（IRC）；西南交通大学针对铁路路基压实建立了铁路路基压实过程监控系统。中国铁道科学研究院集团有限公司于 2020 年制定了路基压实振动连续检测系统，对连续检测系统功能与技术要求进行详细规定，并在京雄、和若、京滨城际铁路等工点开展了路基智能填筑技术的大量试验和应用，积累了丰富的实践经验。国内外主要的压实质量连续检测系统汇总见表 3.3-2。

国内外主要压实质量连续检测系统 表 3.3-2

研究单位	国家	连续检测指标	系统
Dynapac	瑞典	CMV	Dynapac Compaction Optimizer
Ammann	瑞士	k_s	Ammann ACE Plus System
Bomag	德国	E_{vib}	BomagVariocontrol System
Caterpillar	美国	MDP, CMV	Caterpillar's Compaction Viewer
Trimble		CMV	CCS900 System

研究单位	国家	连续检测指标	系统
Obayashi-Maeda	日本	F_t	Alfa System
Sakai		CCV	Compaction Information System
长安大学	中国	a_p	压实度实时检测系统
天津大学		CV	大坝压实质量实时监控系统
清华大学		SCV	土石坝智能碾压系统
西南交通大学		VCV	铁路路基压实过程监控系统
中国铁道科学研究院集团有限公司		CEV	路基压实振动连续检测系统

目前，已有的压实质量连续检测方法指标均基于"机-土耦合"理论研究，已开展了大量研发工作与现场应用。但是由于各类压实质量连续检测指标不仅与土体填料压实质量有关，还受振动压路机工作参数（如工作质量、振动频率、振幅、车速等）影响，通过连续检测还难以对路基压实质量进行直接、准确的量化预测。针对我国高速铁路路基，充分考虑施工机械与高速铁路路基填料的振动压实特性，积极研发振动轮动力响应指标与路基压实参数的相关联的量化分析模型，进一步提高连续检测精度是压实质量连续检测技术的发展方向。

3.3.2 基于振动信号能量压实质量控制指标

借助数字信号处理技术对振动信号进行处理，结合能量守恒原理，分析能量在碾压过程中的变化特性，针对铁路粗粒土填料提出了一种基于振动信号能量的路基连续振动压实控制指标 CEV[9]。

1. 振动轮与填料间能量的传递特性

路基的压实过程实际上是一个能量交换的过程，振动轮振动产生的压实能量以波的形式向填料中传播，一部分能量被填料吸收，另一部则返回给振动轮。根据能量守恒定律，建立如式(3.3-1)所示的能量平衡式：

$$E_{eff} = E_a - E_b \tag{3.3-1}$$

式中：E_{eff}——振动轮有效传递的压实能量；

E_a——振动轮振动产生的压实能量；

E_b——填料返回给振动轮的能量。

在一定的压实工艺下，振动压路机输出的能量是一定的。因此，E_{eff}大小直接反映了填料的压实程度。当填料处于松散状态时，振动轮有效传递的压实能量较大。由于能量的输入使得填料中的空隙不断减小，其密实度和刚度逐渐增大，振动轮有效传递的压实能量逐渐减小，填料返回给振动轮的能量逐渐增大；当填料达到稳定的密实状态，其物理力学参数保持稳定，振动轮有效传递的压实能量也逐渐稳定，此时填料基本压实完成。由于压实过程中的能量传递难以用精确的理论公式进行计算，而振动轮振动信号所携带能量的变化主要是由填料返回给振动轮能量的改变造成的，因此可以通过振动轮振动信号所携带能量反映整个压实过程中的能量交换（图 3.3-1），从而得到填料的压实程度。

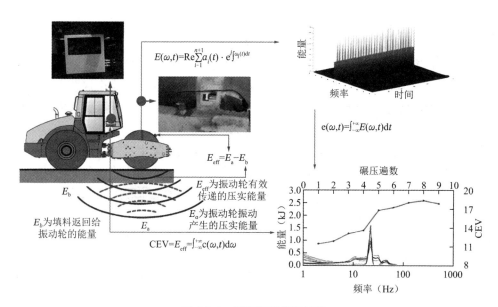

图 3.3-1　压实能量传递过程

2. CEV 指标计算方法

路基的连续压实能量评价方法 CEV 原理为：

每隔预定时间间隔，实时获取压实过程中振动轮的竖向加速度振动信号，以获得所述竖向加速度振动信号的时间-加速度曲线。在实际操作的过程中，可以通过在振动轮布设的加速度传感器，实时获取所述压实过程中振动轮的竖向加速度振动信号。所述预定时间间隔可以设置为1s,以有规律并且不间断地对整个压实过程的竖向加速度振动信号进行获取，可以获得较为可靠的评价结果。

由于实测的加速度信号段是非平稳的信号，所以信号中存在瞬时频率。因此其一对于存在瞬时频率现象的信号不适用于传统的傅里叶变换，其二瞬时频率的定义所以采用Hilbert 变换来定义加速度中存在的瞬时信号便解决了这一问题。

通过对截取的加速度$X(t)$时域信号进行 Hilbert 变换得到$Y(t)$:

$$Y(t) = \frac{1}{\pi} P \int_{-\infty}^{+\infty} \frac{X(\tau)}{t-\tau} \mathrm{d}\tau \tag{3.3-2}$$

式中：P——待变 Cauchy 主值，上述变换对于L^P空间中的所有解析信号都成立。

由$X(t)$和$Y(t)$构成的复数形式为$X(t)$的解析信号$Z(t)$:

$$Z(t) = X(t) + iY(t) = a(t)\mathrm{e}^{j\phi(t)} \tag{3.3-3}$$

式中：$a(t)$——加速度信号的振幅；

$\quad\phi(t)$——解析信号的相位。

$$a(t) = [X^2(t) + Y^2(t)]^{1/2} \tag{3.3-4}$$

$$\phi(t) = \arctan\frac{Y(t)}{X(t)} \tag{3.3-5}$$

根据上式定义的加速度信号，瞬时频率可定义为：

$$f(t) = \frac{1}{2\pi}\frac{d\phi(t)}{dt} \tag{3.3-6}$$

为使得上式定义的瞬时频率有意义，因此要对分析的加速度信号加以限制条件，使得分解出的瞬时频率为非负值。考虑使用：①局部限制代替 Fouier 变换全局要求。②需要使用一种预处理方法将数据分解为满足一定条件的"单分量函数"并将其定义为本征模态函数（IMF），基于它的局部特性也可以将其定义为瞬时频率。

对于上述的瞬时频率的限制条件，IMF 分量的概念定义如下：

（1）在数据集中，极值点的个数和过零点的个数相等或最多相差一个数；

（2）在任意点上，由局部极大值定义的上包络线和由局部极小值定义的下包络线的均值为 0。

满足以上条件的函数被称为 IMF，因为它代表了原始数据中的振荡模态，且 IMF 在每一个周期只涉及一种振荡模式。

为获得稳定的具有稳定序列的 IMF 特征数据序列，首先采用经验模态分解 EMD 对加速度非稳态信号进行平稳化处理。其具体方法为：

输入原始信号$X(t)$，查找信号种的极大值和极小值，采用三次样条函数根据局部极大值和极小值分别拟合出上包络线 U1 和下包络线 L1。

计算上、下包络线的局部均值$m_1 = 1/2$（U1+L1），并考虑原始信号$X(t)$和包络线均值m_1的差值，即$h_1 = X(t) - m_1$。

判断h_k（$k = 1,2,3,\cdots$）是否满足本征模态函数要求，若不满足则对其重复上述过程直至局部均值m_k趋近于 0 时，可令$c_1 = h_k$，由此便得到了原始加速度信号$X(t)$的第一个 IMF，在此过程中满足以下关系式：

$$h_1 = X(t) - m_1 \tag{3.3-7}$$
$$h_1 - m_2 = h_2 = X(t) - (m_1 + m_2) \tag{3.3-8}$$
$$\cdots\cdots$$
$$h_k = c_1 \tag{3.3-9}$$

其中，局部均值m_k代表着低频的不对称成分，将k次的局部均值求和定义分解残差$r_1 = X(t) - c_1 = \sum_{i=1}^{k} m_i$

上述分解主要两个作用：①消除骑行波（小尺寸扰动叠加在大尺度波上形成）；②平滑不均匀的振幅。另外为保证本征模函数保持足够的振幅和频率调制的物理意义，需要筛选一个终止的标准，在此通过限制标准偏差（Standard Deviation，SD）分大小来实现，SD 可根据如下两个连续的筛选结果计算得：

$$SD = \sum_{t=0}^{T}\left[\frac{|h_{k-1}(t) - h_k(t)|^2}{h_{k-1}^2(t)}\right] \tag{3.3-10}$$

SD 的典型值通常在 0.2～0.3 之间。重复上述三个步骤，依此分离出特征时间尺度由小到大的各个本征模态函数$c_1, c_2, \cdots, c_n$，其中各自得到的残差$r_1, r_2, \cdots, r_{n-1}$（$r_1 - c_2 = r_2, \cdots, r_{n-1} - c_n = r_n$）被当作新的数据处理，直至$r_n$成为单调函数。当$c_k(t)$和$r_n(t)$满足给定的终止条件时循环结束。

$$X(t) = \sum_{k=1}^{n} c_k(t) + r_n(t) \tag{3.3-11}$$

由此,可将加速度信号$X(t)$分解为一组符合 Hilbert 变换要求的 IMF 和一个剩余的残差。

经 EMD 分解所得到的 IMF 可直接用于 Hilbert 变换,所得瞬时频率即有一定的物理意义,因此可进行时间-频率空间的谱分析。根据不同的定义形式可以给出不同物理性质的谱:考虑振幅在时间-频率空间分布的 Hilbert 谱。通常用此来表示能量密度的时频分布,它在概率意义上表示整个跨度上的累计振幅。

$$H(t_i, \omega_i) = \frac{1}{\Delta t \times \Delta \omega} \sum_{k=1}^{n} [a_k(t)]^2 \tag{3.3-12}$$

式中:$t\epsilon[t_i - \dfrac{\Delta t}{2}, t_i + \dfrac{\Delta t}{2}]$, $\omega\epsilon[\omega_i - \dfrac{\Delta \omega}{2}, \omega_i + \dfrac{\Delta \omega}{2}]$。

可通过 Hilbert 谱进行时间域得积分获得边际谱:

$$h(\omega_i) = \sum_i H(t_i, \omega_i) \times \Delta t \tag{3.3-13}$$

Hilbert 能量谱的积分用总能量E_{tot}表示:

$$E_{\text{tot}} = \sum_i h(\omega_i) \times \Delta \omega \tag{3.3-14}$$

Hilbert 能量谱以概率的方式表示所选数据跨度上的积累能量,其中时间-频率的有限空间被细分为相等间隔($\Delta t \times \Delta \omega$)的单元格集合,落在单元格($t_i, \omega_i$)里的能量密度为$S_{ij}$。连续压实能量指标 CEV 则根据经过 EMD 分解后的加速度非平稳信号分解为满足 IMF 分量,并通过积分的方式获得总能量E。

为量化非线性振动信号所携带的能量大小,首先对振动轮加速度信号进行分解,利用时间序列上下包络的平均值确定"瞬时平衡位置",进而提取一系列具有不同特征尺寸的固有模态函数。随后对分解出来的分量按式(3.3-15)进行变换:

$$H(\omega, t) = \text{Re} \sum_{i=1}^{n+1} a_i(t) \cdot \mathrm{e}^{j \int \omega(t)\,\mathrm{d}t} \tag{3.3-15}$$

由式(3.3-15)可以得到振动信号在时间-频率-能量尺度上的分布规律。继续在该表达式中对时间进行积分,则可得到振动信号在频率-幅值尺度上的分布规律,如式(3.3-16)所示:

$$h(\omega, t) = \int_{-\infty}^{+\infty} H(\omega, t)\,\mathrm{d}t \tag{3.3-16}$$

式(3.3-16)以幅值谱的形式展示振动信号各频带上的能量分布。其频率表征了振动信号每个频率点的累积幅值分布,而傅里叶频谱的某一点频率上的幅值表示在整个信号里有一个含有此频率的三角函数组分,因而更能准确地反映信号的实际频率成分。而且幅值谱的物理含义为信号中瞬时频率的总能量大小,故利用积分原理对幅值谱曲线进行求和,得到振动信号所携带的总能量,并以此作为连续压实控制指标,判定填料的压实程度。

3.3.3 路基压实质量连续检测对比验证

1. 京雄城际铁路路基压实现场试验

对于连续压实指标的校验均是通过建立在其与常规检测方法的相关关系进行的。故本节采用一元线性回归方程的方式分别检验 CEV 指标、CMV 指标与E_{vd}之间的相关关系，其相关关系按照式(3.3-17)进行计算，相关系数按照式(3.3-18)计算：

$$R = \frac{\sum\limits_{i=1}^{n} x_y y_i - n\overline{xy}}{\sqrt{\sum\limits_{i=1}^{n} x_i^2 - n\overline{x}^2}\sqrt{\sum\limits_{i=1}^{n} y_i^2 - n\overline{y}^2}} \qquad (3.3\text{-}17)$$

$$\begin{cases} y = a + bx \\ a = \overline{y} - b\overline{x} \\ b = \dfrac{\sum\limits_{i=1}^{n} x_y y_i - n\overline{xy}}{\sum\limits_{i=1}^{n} x_i^2 - n\overline{x}^2} \end{cases} \qquad (3.3\text{-}18)$$

式中：x——连续压实指标；

y——常规指标E_{vd}值；

n——检测点数据的个数；

a、b——回归系数。

在线性拟合时，根据E_{vd}检测点处的坐标提取该点所对应的加速度时程曲线，计算其 CEV 值和 CMV 值。图 3.3-2、图 3.3-3 为两次试验中两种指标与E_{vd}间的相关关系。可以发现，在 A、B 组填料中，CEV 指标与E_{vd}间的相关关系明显优于 CMV 指标，且其相关系数均大于 0.7，满足相关规范的要求。这表明，该指标与E_{vd}间具有较强的相关关系，可以用来反映路基的连续压实过程。在第一次试验中，CEV 指标与 CMV 指标的相关性系数别为 0.8764 和 0.6167，两者均满足瑞典压实规范中的要求。而在第二次试验中，填料的不均匀系数增大，CMV 的相关性较差，而 CEV 指标依然满足规范要求，具有较好的适应性。

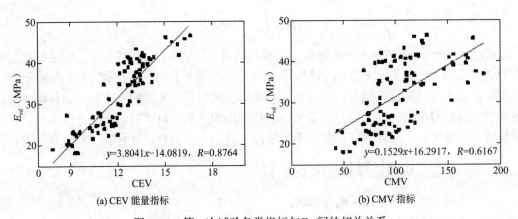

(a) CEV 能量指标 (b) CMV 指标

图 3.3-2　第一次试验各类指标与E_{vd}间的相关关系

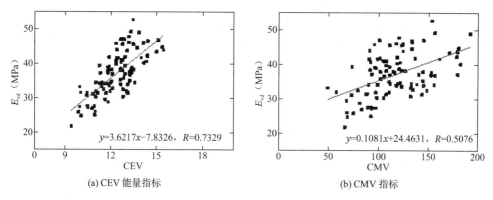

(a) CEV 能量指标　　　　　　　　　(b) CMV 指标

图 3.3-3　第二次试验各类指标与E_{vd}间的相关关系

2. 京滨城际铁路路基压实现场试验

根据现场试验，轻度、中度和重度压三种压实状态下试验条带平均 Omega 值分别为 480kJ、498kJ 和 503kJ，平均 CEV 分别为 26.6、29.0 和 29.7，均随填料压实度的增大而增大。

通过上述分析可以看出，三类连续检测指标均与填料压实状态相关。本节从三方面，即相关性系数、敏感度系数和变异系数对各指标进行分析，评价各连续检测指标对于路基填料的适用性。由于加速度频域指标 CMV、THD、CCV 彼此高度相关，选取其中一个指标进行分析即可，因此加速度类指标选取 CMV 与加速度幅值 A 进行适用性分析；力学类指标选取 VCV 与 k_s 进行适用性分析；能量类指标选取 CEV 与 Omega 进行适用性分析。

相关性分析是建立压实质量连续检测指标与常规检测指标关系的常用方法，相关性系数是判断指标是否适用的最直接评判标准。现场试验共得到有效数据 38 组。图 3.3-4（a）~（f）分别为加速度幅值 CMV、A、k_s、VCV、CEV 和 Omega 与填料动态变形模量 E_{vd} 的相关关系。

敏感度系数反映连续检测指标随常规检测指标的变化而变化的程度，计算公式如式(3.3-19)。敏感度系数越大，说明连续检测指标对常规检测指标的变化越敏感，若连续检测指标与常规检测指标之间的敏感度系数过小，则不利于压实质量评价。各连续检测指标与填料 E_{vd} 的敏感度系数计算结果见表 3.3-3。

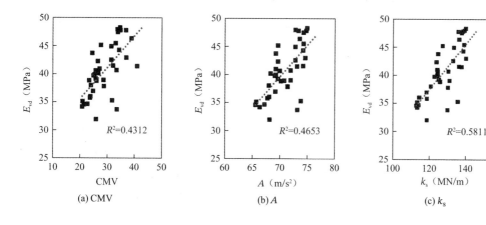

(a) CMV　　　　　　　　　(b) A　　　　　　　　　(c) k_s

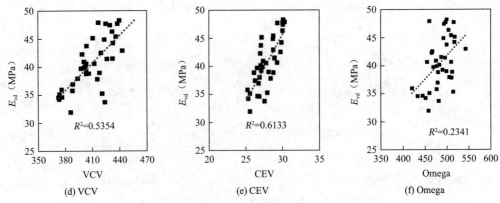

图 3.3-4　各压实质量连续检测指标与E_{vd}相关关系

$$SAF = \frac{\dfrac{\Delta V}{V}}{\dfrac{\Delta E_{vd}}{E_{vd}}}$$ (3.3-19)

式中：$\dfrac{\Delta V}{V}$——连续检测指标变化率；

$\dfrac{\Delta E_{vd}}{E_{vd}}$——常规检测指标$E_{vd}$变化率。

变异系数反映数据离散程度，计算公式如式(3.3-20)。变异系数越大说明数据离散性越大。连续检测指标不仅受填料压实度影响，还受含水率、级配等材料参数和压路机振动频率、车速等碾压参数影响，材料参数和碾压参数的离散性使连续检测指标也具有一定的离散性。若指标离散性过大，则不利于压实质量评价。各连续检测指标的变异系数计算结果见表3.3-3。

$$CV = \frac{\sigma}{\mu}$$ (3.3-20)

式中：σ——连续检测指标标准差；

μ——连续检测指标平均值。

压实质量连续检测指标各系数计算结果　　　　　　　　　　表 3.3-3

压实质量连续检测指标	A	CMV	k_s	VCV	CEV	Omega
与E_{vd}相关系数	0.71	0.66	0.76	0.73	0.78	0.53
敏感度系数（%）	28.97	112.68	61.03	46.26	45.32	18.77
变异系数（%）	2.48	10.41	3.61	3.48	2.30	5.70

从图3.3-4和表3.3-3可见，各指标中k_s和CEV两个指标与E_{vd}的相关性最好，相关系数超过0.75；加速度幅值A和VCV两个指标与E_{vd}的相关系数在0.70～0.75之间；CMV与E_{vd}相关性较差，相关系数小于0.70，Omega与E_{vd}的相关性最差，相关系数仅为0.53。

从指标敏感度系数分析，CMV的敏感度系数最大，超过了100%，k_s、VCV和CEV

的敏感系数均大于40%，加速度幅值A的敏感系数相对较小，为28.97%，这也是k_s、VCV和CEV三个指标与E_{vd}的相关性好于加速度幅值A的原因。各指标中Omega的敏感度系数最小，小于20%，说明Omega不能准确反映填料E_{vd}的变化，结合相关系数分析，Omega不适合路基填料压实质量连续检测。

从指标变异系数分析，CMV变异系数较大，超过了10%，属于中等变异水平，其余指标的变异系数均小于10%，属于弱变异水平，CEV的变异系数最小，为2.30%。这说明CMV受除填料压实度外的干扰因素（如振动压实参数波动）影响更大，因此虽然CMV的敏感度系数最大，但与E_{vd}的相关系数较小。

经综合分析可知，各类压实质量连续检测指标中，CEV与E_{vd}的相关系数最大且最稳定，建议采用CEV作为路基填料压实质量连续检测指标。

3. 黄骅铁路路基压实足尺模型试验

为分析碾压过程中路基压实质量变化情况，对路基进行连续8遍碾压，每一遍碾压过程中实时采集振动轮加速度，碾压后分别检测E_{vd}、K_{30}、K与沉降。图3.3-5为各常规检测指标平均值与碾压遍数的关系，可以看出，各常规检测指标均随着碾压遍数增大而增大，且在压实初期增长速率较大，随着碾压遍数增大，各指标增大速率逐渐减小，最终趋于稳定。

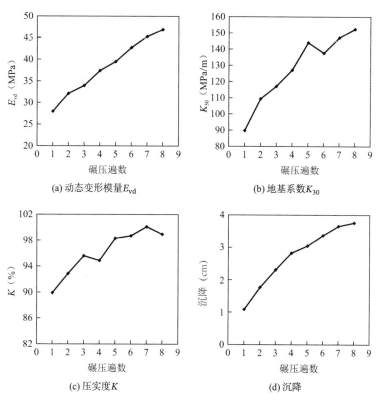

(a) 动态变形模量E_{vd}　　　　(b) 地基系数K_{30}

(c) 压实度K　　　　(d) 沉降

图 3.3-5　常规检测指标随碾压遍数变化情况

对0～100Hz频率范围内的边际谱幅值相加得到振动轮总振动能量，即振动能量值CEV。图3.3-6为试验条带平均CEV与碾压遍数关系。可以看出，CEV随着碾压遍数增大而增大，并逐渐趋于稳定，这是由于随着填料密度和刚度增大，填料与振动轮的相互作用增强，填料反馈给振动轮的能量增大，导致振动轮的振动能量增大。

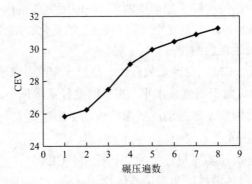

图 3.3-6　连续检测指标 CEV 随碾压遍数变化情况

从以上结果可以看出，压实质量连续检测指标 CEV 随填料压实逐渐增大并趋于稳定，变化规律与常规检测指标相似，可以反映路基压实状态。

路基压实质量连续检测通过建立 CEV 与常规检测指标的相关性关系评价路基压实质量。试验共得到 42 组 E_{vd} 和 K_{30}，46 组 K，根据常规检测位置计算对应的 CEV，采用一元线性回归方程建立 CEV 与 E_{vd}、K_{30} 和 K 的相关性关系。

图 3.3-7 为 CEV 与各常规检测指标相关性。从图中可知，CEV 与 E_{vd}、K_{30} 和 K 的相关系数 R 分别为 0.88、0.83 和 0.89，均具有强相关性，满足《铁路路基填筑工程连续压实控制技术规程》Q/CR 9210—2015 中 R 大于 0.70 的要求。

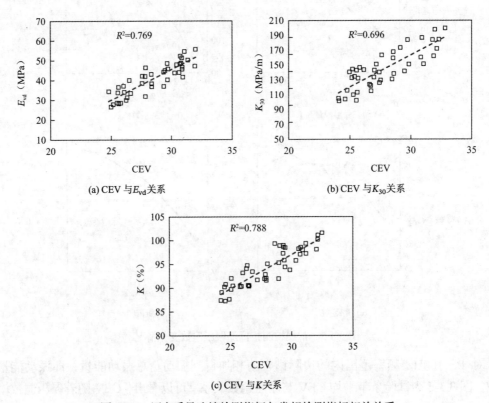

图 3.3-7　压实质量连续检测指标与常规检测指标相关关系

3.3.4 路基压实质量连续控制方法

1. 相关性分析

目前压实质量数据准确性分析主要连续检测指标与传统指标之间的相关性。压实程度控制是路基压实质量连续控制的核心，其中压实质量连续检测控制值的合理设定是进行压实程度控制的基础。压实质量连续检测通过建立连续检测指标（Measured Value，MV）与路基常规检测指标x（E_{vd}、K_{30}、K）的关系，从而根据 MV 判断路基压实质量是否合格。如图 3.3-8 所示，目前常用方法为采用线性拟合建立 MV 与x的相关关系即式(3.3-21)，然后根据常规检测指标合格值$x = [x]$与线性回归方程的交点，计算连续检测控制值$[MV]_1$：

$$x = a + bMV \tag{3.3-21}$$

$$[MV]_1 = ([x] - a)/b \tag{3.3-22}$$

式中：$[x]$——路基压实质量常规检测指标合格值；

$[MV]_1$——连续检测控制值。

但从图 3.3-8 中虚线圈区域可以看出，当$MV \geqslant [MV]_1$时，有一些测点的常规检测实际值x仍小于合格值$[x]$，不满足质量要求。这是由于采用式(3.3-22)计算得到的x是总体均值的估计值，没有考虑个别值的不确定性，因此会导致部分碾压面压实质量不合格，对路基安全造成安全隐患。

为保障路基压实质量，本书提出一种考虑预测区间的压实质量连续检测控制值确定方法。利用建立的回归方程，对于自变量的某一给定值，求出因变量的一个个别值的估计区间，这一区间称为预测区间。对于某一连续检测指标 MV，常规检测指标x的预测区间上下限为：

$$x = a + bMV \pm t_{\alpha/2}(n-2)S_x\sqrt{1 + \frac{1}{n} + \frac{(MV - \overline{MV})^2}{\sum\limits_{i=1}^{n}(MV_i - \overline{MV})^2}} \tag{3.3-23}$$

式中：$t_{\alpha/2}(n-2)$——t检测临界值；

α——显著性水平，取 0.10；

n——样本数量；

S_x——估计标准误差。

如图 3.3-8 所示，路基压实质量连续检测控制值取$x = [x]$与预测区间下限交点的横坐标$[MV]_2$，其含义为：当连续检测指标达到$[MV]_2$时，常规检测指标有 95% 概率大于$[x]$。将$[x]$代入式(3.3-22)得到式(3.3-24)，即可求解$[MV]_2$。

$$[x] = a + b[MV]_2 - t_{\alpha/2}(n-2)S_x\sqrt{1 + \frac{1}{n} + \frac{(MV - \overline{MV})^2}{\sum\limits_{i=1}^{n}(MV_i - \overline{MV})^2}} \tag{3.3-24}$$

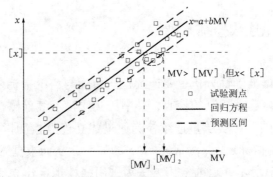

图 3.3-8　压实质量连续检测控制值计算方法

路基压实质量需同时满足E_{vd}、K_{30}和K控制要求，因此需分别计算E_{vd}、K_{30}和K对应的 CEV 控制值，并取其中的最大值作为采用的 CEV 控制值。图 3.3-9（a）～（c）分别为采用 CEV 预测E_{vd}、K_{30}和K的 90%置信水平预测区间。表 3.3-4 为计算结果，采用线性回归方程确定的 CEV 控制值为 28.60，采用预测区间下限确定的 CEV 控制值为 31.37。

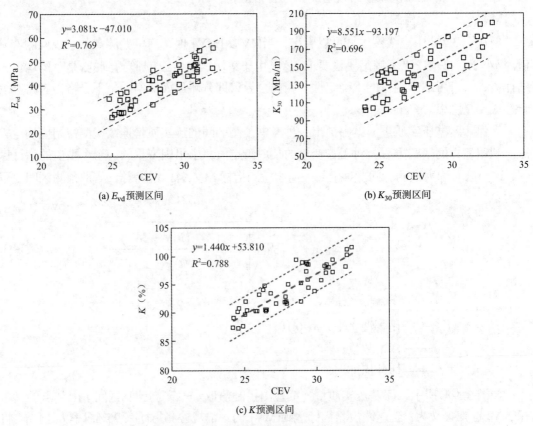

图 3.3-9　采用 CEV 预测常规检测指标的 90%置信水平预测区间

CEV 控制值计算结果　　　　　　　　　　　　　　表 3.3-4

控制值计算方法	E_{vd}	K_{30}	K	控制值选取
线性回归方程	28.24	28.44	28.60	28.60
预测区间下限	30.33	31.37	30.78	31.37

为验证压实质量连续检测控制值的合理性，在某 7m 长试验条带进行连续 12 遍碾压。每遍碾压过程中采集振动轮加速度信号，计算连续检测指标 CEV，条带包含 16 个检测单元，判断方式 1 以 CEV $\geqslant 28.60$ 作为合格标准，判断方式 2 以 CEV $\geqslant 31.37$ 作为合格标准。图 3.3-10 为两种判断方式下，试验条带 CEV 合格率随碾压遍数增大的变化情况。从图中可以看出，前 3 遍碾压两种判断方式 CEV 合格率均为 0，对于判断方式 1，第 4 遍碾压后出现 CEV 合格的检测单元，在 4～7 遍碾压 CEV 合格率迅速上升，第 7 遍碾压后达到 100%，之后合格率保持在 100% 不发生变化；对于判断方式 2，CEV 合格率明显小于判断方式 1，第 7 遍碾压才出现 CEV 合格的检测单元，8～10 遍碾压 CEV 合格率上升，在第 10 遍达到最大的 93.75%，继续碾压则 CEV 合格率下降，12 遍碾压后合格率减小为 75%，说明 11、12 遍碾压发生了过压，而采用判断方式 1 得到的 CEV 合格率结果无法说明过压现象。

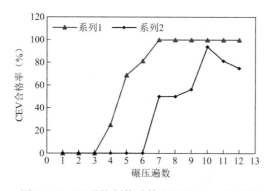

图 3.3-10　两种控制值计算方法下 CEV 合格率

碾压 12 遍后，在碾压面上随机抽样检测 42 组 E_{vd}，12 组 K_{30}，12 组 K，计算各常规检测指标合格率，结果如表 3.3-5 所示。

表 3.3-5

试验条带 12 遍碾压后各指标合格率

指标		总检测组数	合格组数	合格率
常规检测指标	动态变形模量 E_{vd}	42	36	85.71%
	地基系数 K_{30}	12	8	66.67%
	压实度 K	12	10	83.33%
CEV 合格率（判断方式 1）		16	16	100%
CEV 合格率（判断方式 2）		16	12	75%

从表 3.3-5 中可以看出，12 遍碾压后 E_{vd}、K_{30} 和 K 的合格率分别为 85.71%、66.67% 和 83.33%；判断方式 1 的 CEV 合格率为 100%，说明采用线性回归方程确定 CEV 控制值会过高估计路基压实质量，对路基压实质量控制不利；判断方式 2 的 CEV 合格率为 75%，与常规检测结果更接近，说明采用 90% 置信水平预测区间下限确定 CEV 控制值满足路基压实质量控制要求。

2. 稳定性控制

压实稳定性主要是从控制填筑体物理力学性能稳定性程度方面考虑的，是采用压实质量连续检测技术对路基压实质量进行的评价指标之一。为分析碾压过程中压实质量连续检测指标的稳定性情况，对试验条带进行连续 12 遍碾压，图 3.3-11 为条带平均 CEV 增长率随碾压遍数的变化情况，可以看出压实初期 CEV 增长率较大，达到近 6%，随着碾压遍数的增大，填料物理力学性质逐渐趋于稳定，CEV 增长率呈减小趋势，第 8、9、10 遍碾压的 CEV 增长率均小于 2%。第 11、12 遍碾压时，CEV 增长率为负值，说明此时发生了过压现象，路基压实质量下降。

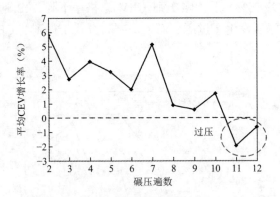

图 3.3-11　不同碾压遍数下的平均 CEV 增长率

对试验条带 16 个检测单元的 CEV 增长率进行分析，图 3.3-12 为不同碾压遍数下，CEV 增大检测单元占总检测单元的比例。可以看出，在前 7 遍碾压中，CEV 增大单元占比在 80%以上，此时路基面绝大部分部位的填料处于逐渐被压实状态；第 8 遍碾压后 CEV 增大单元占比快速下降约为 60%，此时仍有超过一半区域继续被压实；第 11、12 遍碾压，CEV 增大的检测单元占比约为 20%，试验条带约 80%检测单元出现松散，此时应该停止碾压。

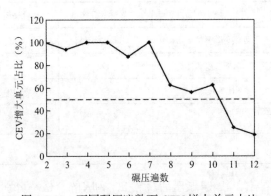

图 3.3-12　不同碾压遍数下 CEV 增大单元占比

根据试验结果，本书提出以下路基压实质量连续检测稳定性控制要求：

（1）当碾压区域 CEV 合格率达到 95%，且不合格区段不连续，平均 CEV 增长率小于 2%时，认为路基压实质量满足控制要求。

（2）当连续 2 遍碾压出现平均 CEV 减小（或碾压区域超过 50%检测单元 CEV 减小）现象时，应停止碾压。

3. 均匀性控制

路基采用粗粒土填料，离散性较大，若路基不同部位刚度相差过大可能导致不均匀沉降等病害发生，因此需要对路基均匀性进行控制。图 3.3-13 为第 1～12 遍碾压试验条带上 16 个检测单元的 CEV 变化情况。从图中可以看出，在压实初始阶段，试验条带中部的 CEV 要大于两侧。随着碾压遍数的增大，中部的 CEV 与两侧的 CEV 差别逐渐减小。

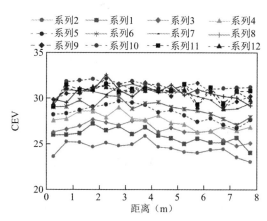

图 3.3-13　试验条带各检测单元 CEV 变化

采用变异系数评价试验条带 CEV 离散性，变异系数计算方法如下：

$$CV = \frac{\sigma}{\mu} \tag{3.3-25}$$

式中：σ——样本平均值；

　　　μ——样本标准差。

图 3.3-14 为变异系数随碾压遍数的变化情况，可以看出，1～10 遍碾压变异系数呈减小趋势，从 3.4%左右减小到 2.3%左右，说明压实过程中路基不同位置压实状态逐渐均匀，但 11、12 遍碾压变异系数有所增大，说明过压会导致路基压实状态不均匀。

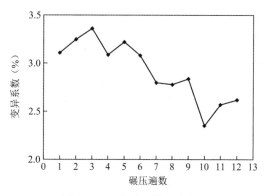

图 3.3-14　变异系数变化情况

碾压面上 CEV 过小或过大多可能导致质量问题：CEV 过小可能是填料中细颗粒过多，

导致路基刚度不满足要求，CEV 过大可能是发生了集料窝现象，大颗粒聚集导致局部刚度过大，两种现象均对路基压实不利。图 3.3-15 为 1～12 遍碾压，试验条带中的最大和最小 CEV 与平均 CEV 的比值，从图中可以看出，最大比值分布在 1.02～1.08 之间，最小比值分布在 0.92～0.96 之间。碾压结束后，碾压区域内各检测单元 CEV 值应在 0.80～1.20 倍区域平均 CEV 范围内。

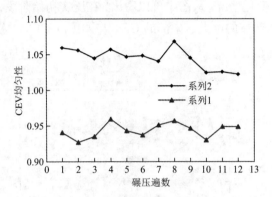

图 3.3-15　最大/最小值与平均值的比值

3.4　路基智能填筑成套技术与设备

随着自动化、信息化以及机械制造技术在不断发展，各类施工机械也逐步开展信息化、智能化升级，目前路基智能填筑技术形成了推、平、压、挖、桩基管理等系列智能软硬件设备，极大地提高了施工效率。

3.4.1　智能填筑技术发展概述

1. 无人驾驶

无人驾驶技术有着十分重大的意义。压路机的控制要求主要包括振动、行走、转向、制动和辅助控制。目前的无人驾驶技术主要基于 GPS 定位、超声波雷达、位移传感器、智能控制算法等，结合新型压路机和辅助控制软件，实现工程的自动化。在区域定位和压路机移动定位方面，一般使用 GPS 定位仪获取高精度坐标。在机械姿态感知方面，使用 GPS 接收机和角动量传感器实现对应功能。利用固定于压路机前车架的 GPS 接收机获取前车架位置和航向，利用角动量传感器获得后车架对应夹角，进而获得整机姿态情况。在行走转向控制方面，通过计算传递转向角度，实现自动转向，且能有人、无人驾驶随时切换，方便实地操作。压路机智能压实技术研究重点在于压路机根据不同填料性质和摊铺厚度，合理选择振动频率和振幅以适应填筑体的变化。智能压实技术致力于解决压路机如何动态调整自身的参数使压实工效发挥到最佳程度。应用智能压实技术可以实现路基碾压过程中的实时质量控制和高效碾压，能够有效提高路基压实的施工质量和效率。

2. 智能调控

智能压实控制技术主要特征是根据作业环境的变化可以实现反馈控制与自动调节振动压实工作参数，因此，反馈控制技术和自动调节振动参数技术是智能压路机的必备技术。

从 20 世纪 80 年代至今，国外智能化振动能压路机技术已发生跳跃性发展，比较有代表性的如德国、瑞士、瑞典、美国、日本的压路机厂家都在智能压实控制方面进行了研究和探索。目前，国外振动压路机厂家在自动调节振动参数技术研究上已趋于成熟，可以实现无级调幅调频，但在振动参数智能调节上，目前国外厂家技术均尚不成熟，且对振动频率的反馈控制技术研究较少，仅 ACE Plus 系统进行了研究和应用，通过控制激振力与振动轮位移之间的相位滞后在 140°～160°之间，但相位滞后测量方法处于技术封锁状态；而振动幅值的反馈控制技术研究方法基本一致，即为了避免振动轮发生跳跃或摇摆振动，通过振动传感器监控振动轮的跳跃或摇摆振动，调整振动幅值使振动轮恢复稳定运行。国内提出过"速频管理"系统可实现振动频率与行驶速度最佳匹配，控制行驶速度可以达到最佳的压实作业效果，相关技术还有待进一步发展。

3. 机身位置识别与路径规划

施工机械位置识别技术，是指运用技术对机械设备的位置进行自动识别，内部识别和外部识别是在当前机械自动化识别中应用较为普遍的两个方面内部位置识别，是指运用回转式角传感器及速度控制传感器将精确测定的设备数据传送到控制中心，从而测定设备的最终位置；而外部位置识别技术则是在预先设定的基准点的基础上，利用声波发射转置确定设备当前位置。在规划算法方面，国内外也提出了路径跟踪控制方法，建立了压路机整体运动模型和液压动力转向系统模型。机械设备具有的位置功能能够最大限度地帮助机械设备恢复既定路径，使用这种技术的基础是机械设备自身所具备的机身位置识别系统。这种技术以闭环控制系统作为载体，机械设备在应用这种技术时，按照事先设定好的路径进行作业，并且能够在作业过程中对照预先设定好的路径对产生的误差进行及时校准或消除。显然，通过自身具备的位置诱导功能来最大限度地恢复路径，得益于机械设备能够在自身路径发生偏离时进行自动复位。

4. 机群协作控制技术

机群协作控制技术是为了多种机械设备在联合作业的情况下加以妥善地控制所开发的技术。在联合作业现场，除了主要的建筑机械设备之外，还有一套机械设备运动轨迹和作业状况检测系统，用于获取众多机械设备在作业中的具体数据，以便了解机械设备的具体情况。这些数据信息都会被汇总给中央计算机系统进行分析和处理。中央计算机会通过计算，得出最佳作业方式，并将相关指令发给各台设备，协调设备自身作业和联合作业的情况。大型站场、水坝填筑过程中要使用多台套推平压设备，设备之间有效规划，使施工工序紧密衔接，能大幅提高施工效率。

现阶段，我国在机械自动化方面的研究越来越多，建筑机械自动化的发展也越加迅速。除了机械无人驾驶、规划引导、智能控制外，还在机械参数智能感知、故障自动化诊断等方面还在持续进步，为岩土工程施工智能化方面提供有力支撑。

3.4.2　路基推平压智能施工机械

1. 无人压路机

德国 BOMAG 公司在智能压实领域处于领先水平，智能压路机能根据压实质量指标实时反映土体的压实度，同时通过电子技术控制钢轮的振动方向偏心块的相对位置，产生垂直、斜向、水平扭转振动，适应填料性质以及压实状态，实现高效碾压。瑞士 Ammann、瑞典 Dynapac、美国 Ingersoll-Rand、日本 SAKAI 公司和德国 HAMM 等设备厂家在智能压实控制方面进行了研究和探索，初步实现无级调幅调频，开发了智能压实控制系统。国内一些大型的机械厂家也一直致力于智能化振动压路机的开发与试验工作，在压路机振动状态的转换技术方面、在压路机振幅调节技术方面，具有独立的知识产权，具备成套机械生产能力，取得了一定的进步。

目前国内已经应用第三代无人压路机技术（图 3.4-1），融合北斗定位、无线通信、自动驾驶、数字转向、智能压实等对压路机进行全方位智能化升级，采用电子围栏、主动避障、协同调度、远程急停等多种安全设计，为施工安全保驾护航。无人驾驶压路机可长时间连续作业，提高施工效率。

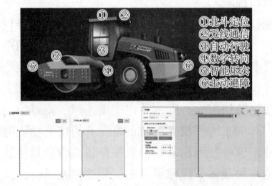

图 3.4-1　中国铁道科学研究院第三代无人压路机

2. 推土机智能引导

在推土机铲刀上安装定位接收机和角度传感器，实时监控并反馈铲刀的高程和角度信息，自动获取当前位置的超欠挖量，引导进行精细化作业。推土机智能引导系统主要包括定位接收机、倾角传感器、系统控制箱、数传电台、无线网关、阀控制模块等。定位接收机组件用于实时传输铲刀的位置信息；倾角传感器用于实时测量推土机铲刀的角度并传输角度信号；系统控制箱用于显示铲刀的位置和姿态，实时对铲刀位置姿态进行三维显示，以数字和指示灯相结合的方式引导操作手快速平整作业；实现了完全无桩化施工，推平精准、高效。智能引导摊铺精度±5cm。推土机智能引导系统如图 3.4-2 所示。

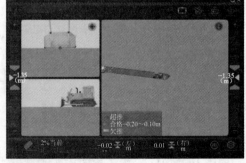

图 3.4-2　推土机智能引导系统

3. 平地机智能控制

为提高填料摊铺精度，解决填料摊铺平整度不足的问题，在平地机铲刀上安装定位接收机和角度传感器，获取方向、高程、铲刀高程等信息，自动获取当前位置的超欠挖量，实时自动调整当前刮刀的角度和高程，精平精度±3cm，大幅提升施工效率与准确性。平地机自动控制模块包括 GPS 基准站组件、平地机安装组件及系软件系统。系统运行时，通过控制箱导入工地设计，GNSS 接收机实时解算机械位置，数传电台、网关与控制箱进行通信并向后方平台传输数据，控制箱显示屏实时显示挖填值、高程等信息，指导操作员进行作业。平地机智能控制系统如图 3.4-3 所示。

图 3.4-3 平地机智能控制系统

4. 挖掘机智能引导

为解决路堤边坡整修过程中存在的盲挖、超挖、欠挖问题，在挖掘机上安装北斗定位系统，由系统屏幕实时显示挖斗姿态和边坡坡率，引导挖掘机修整边坡，实现了边坡平整度厘米级控制，智能控制边坡坡率施工。挖掘机智能引导模块包括 GPS 基准站组件、挖掘机安装组件及软件系统。系统运行时，通过差分信号进行实时厘米级定位；技术人员通过控制箱导入工地设计，GNSS 接收机实时解算机械位置，数传电台、网关与控制箱进行通信，控制箱显示屏实时显示挖填值、高程等信息，指导操作员进行边坡整形作业。挖掘机智能引导精平刷坡精度能够达到±3cm。挖掘机智能引导系统如图 3.4-4 所示。

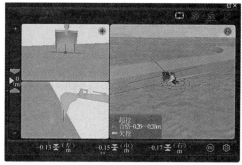

图 3.4-4 挖掘机智能引导系统

3.4.3 桩基信息管理系统

以往铁路建设中，桩基施工过程依靠施工单位、监理的现场记录进行监管，辅以承载力试验等手段抽样检测其成桩质量。受到人力不足等条件制约，监理不可能见证全部施工过程，而施工记录存在人为干扰、难以考证等弊端，承载力试验费时费力、难以大量开展。因此，桩基施工质量控制的关键环节在于采取有效的过程监管措施。通过开发铁路桩基施工管理系统，对桩基施工全过程进行即时记录，并采用自动化手段对桩长、桩位、桩身垂直度等重要施工参数进行同步监测，使桩基施工的每一环节有迹可循，为高速铁路施工质量管理和进度考核提供真实可靠的凭据，有利于提升我国铁路地基处理施工管理水平，为高速铁路运营安全提供技术保障。

CFG 桩北斗定位系统，应用桩基施工信息化监控系统，实时引导调整钻杆位置及角度，并同步孪生 BIM 模型，自动生成质量数字档案，实现 CFG 桩成孔过程中桩位、垂直度、深度、拔管速度、终孔电流值参数控制，桩身垂直度误差控制在 0.5%以内，深度误差控制在 5cm 以内，成孔效率提高约 25%。桩机信息管理系统如图 3.4-5 所示。

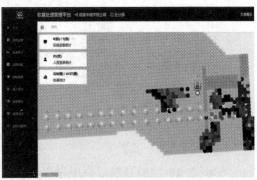

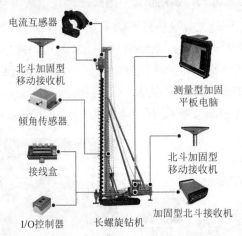

图 3.4-5　桩机信息管理系统

3.4.4　强夯质量智能检测设备

强夯质量智能连续检测系统通过北斗一体化卫星定位系统布置夯点，布点放样显示，计算夯击能量，通过强夯质量智能连续检测设备安装在强夯机的夯锤上对应位置，配合高精度定位天线，可以在锁定夯点后计算夯击遍数，实时记录每次夯击的夯沉量连续检测值（TSV）以及强夯质量智能连续检测值（CDTV）。站场路基强夯质量检测技术如

图 3.4-6 所示。

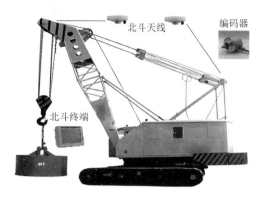

图 3.4-6　站场路基强夯质量检测技术

3.4.5　压实质量连续检测设备

　　针对高铁粗粒土填料连续检测精度不足的问题，中国铁道科学研究院集团有限公司通过机土耦合理论研究和大量室内外试验，创新提出了基于能量互馈的 CEV 路基压实质量连续检测技术，并在京雄、和若、京滨城际铁路等工点开展了大量工程应用。在京雄城际霸州段与固安段、京滨城际北辰站作为试验段，开展现场压实试验，建立了压实质量能量检测指标（CEV）与动态变形模量E_{vd}、填料密度之间的相关关系，并与 CMV 指标进行对比验证，细化了路基填筑工艺试验要求，相关性校验中补充了 CEV 压实振动连续检测指标并将相关系数调整为 0.75。从相关性系数、敏感度系数和变异系数三方面分析对比 CEV 与其他指标，表明 CEV 作为铁路路基填料压实质量连续检测指标具有较好的检测效果。

　　中国铁道科学研究院研发的高铁路基压实质量连续检测仪（CQCD-2000），由压实质量连续检测仪主体与固定支架组成，其中主体尺寸为 3cm×5cm×9cm，固定支架用于刚性连接振动压路机振动轮横梁与设备主体，见图 3.4-7。高铁路基压实质量连续检测仪内置高精度加速度传感器并配置有高性能计算模块，能够计算压实质量能量检测值（CEV）、振动压实值（VCV）与压实测量值（CMV）三种压实质量连续检测指标，且计算时间 < 1000ms，达到了振动压实过程中实时计算实时反馈的目的，实现了压实质量检测数据的实时上传平台；内置大容量充电电池，可供压实质量连续检测仪器独立工作 8h 以上；采用大容量 SD 卡对振动压路机的原始加速度数据及实时计算压实质量连续检测数据进行有效存储。为验证高铁路基压实质量连续检测仪（CQCD-2000），建立了振动压路机-填料足尺试验模型试验，开展了压实质量连续检测指标与E_{vd}、填料密度的相关性校验。如图 3.4-8 所示结果表明，CEV 与E_{vd}密度的相关性系数最高为 0.8965 与 0.8263，其中由高铁路基压实质量连续检测仪测算的压实质量连续检测指标（CEV、VCV）的相关性系数均超过 0.75，大于中国国家铁路集团有限公司企业标准《铁路路基智能填筑技术指南》Q/CR 9254—2023 的相关要求，达到国内外领先水平。

图 3.4-7　铁路路基压实质量连续检测仪（CQCD-2000）

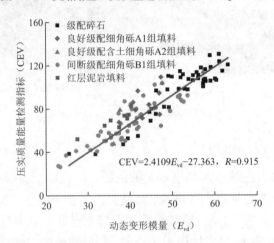

图 3.4-8　压实质量检测指标与动态变形模量的相关关系

3.4.6　级配连续检测设备

为了提高施工过程中土体颗粒级配识别的速率，保障施工过程中的施工质量，开发基于视觉信息的级配识别软件是关键所在。填料照片通过无人机飞行获得，利用 4G 或 5G 网络将图片信息传递至土体级配检测模块。主要通过将土体照片由彩图转化为灰度图（图 3.4-9），利用图像智能识别方法对图像进行二值化处理，同时进一步剔除噪声，采用图片的腐蚀与膨胀操作进一步提高图片的识别精度。图像处理完成后，需要识别图片的轮廓以进行土体颗粒的识别，采用 canny 方法对土体的边缘进行检测，在获得土体的轮廓之后，利用轮廓的尺寸信息获得土体的长度和宽度，并根据平面与三维的体积转化公式，获得填料的体积。根据土体颗粒的最大长度，判别属性（土或石）。根据属性的密度，计算填料的质量，形成级配曲线。目前已经实现级配识别连续采集，识别精度不低于 2mm。中国铁道科学研究院粗粒土填料级配连续检测软件如图 3.4-10 所示。

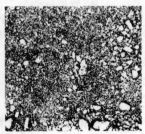

图 3.4-9　现场实测图像以及其灰度图

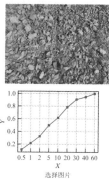

图 3.4-10 中国铁道科学研究院粗粒土填料级配连续检测软件

3.4.7 指挥管理系统

运用数字化施工技术及 BIM+GIS 技术，对路基建设实现信息化、智能化的管控体系。路基智能填筑指挥系统包括形象进度、施工组织计划、工程调度、数字化施工、质量管理等主要功能模块。形象进度模块实现对工程进度的三维展示（图 3.4-11）；施工组织计划模块实现对施工任务的安排，并将任务下发给现场作业人员及智能机械；工程调度模块可以实时查看机械位置（图 3.4-12），下发调度指令；数字化施工模块实时查看机械施工数据；质量管理模块展示质量检测数据。实现路基智能机械施工、质量连续检测与信息集中管理。通过采集分析路基填筑全过程施工数据，实现人机料的掌上调度，支持推土机、平地机、压路机和挖掘机的数字化施工接入，实现施工组织扁平化管理与质量进度形象化展示。

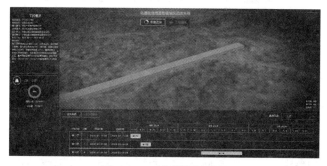

图 3.4-11 进度计划管理

图 3.4-12 机械位置状态管理

路基智能填筑指挥系统基于 BIM 的施工管理、自动化检测、自动化控制、GNSS 定位、压路机无人驾驶及智能调频调幅碾压等技术,实现推土机、平地机、挖掘机的三维引导,实现基于 BIM 技术的路基施工智能管理,为路基填筑全过程提供标准化、信息化的管理工具,实现人机料的掌上调度,支持推土机、平地机、压路机和挖掘机的数字化施工接入,实现施工质量与进度的形象化展示,分析施工大数据推演下阶段的施工计划并预测资源需求,实现填料运输、摊铺平整、分层碾压、质量检测、机械调度等任务的合理调度与高效衔接,工效整体提高 15%,大幅减少指挥、调度、测量等技术人员工作量。

填料生产管理模块:通过运料车管理手机 APP,分析填料制备、运输过程中运料车的位置信息,根据行驶数据分析车辆工作效率;所有的车辆实时显示位置,包括分布情况、各个车的运行情况及有无报警等,实现填料生产运输过程中,运输轨迹的科学决策与动态平衡管理(图 3.4-13)。创新研发智能布料系统,根据施工范围以及车辆填料质量自生成填筑网格并进行信息记录,电子网格部署及合理化的引导作业,解决运料堆填环节低效、现场协调难题。

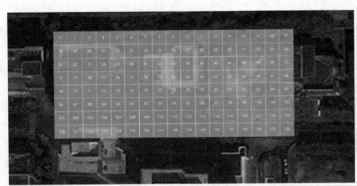

图 3.4-13　填料管理

3.5　技术应用案例

目前,铁路路基智能填筑技术已经实现了对常规路基填筑施工机械与工艺进行智能化升级,包含智能填筑指挥、机械智能引导控制、质量连续检测等系列技术,实现摊铺、平整、碾压、边坡整形等施工过程自动引导与控制,从填料生产-填料摊铺-级配含水率控制-压实质量的全链条质量管理,完成路基填筑的信息全面感知、过程质量控制与管理科学决策,保障路基填筑质量,显著提高填筑工效,路基建设提质增效,提高工程建设水平,现已成功应用于京雄高铁大纵坡路基区间、固安东站、霸州北站、和若铁路且末站、京滨城际铁路北辰站、包银高铁 2 标区间等工点路基工程建造,累计填筑约 312 万 m^3。

1. 京雄高铁 3 标大纵坡区间路基试验段(图 3.5-1)

京雄高铁大纵坡区间路基段长 225.1m,线路纵坡设计为 2%,基床以下路基采用连续渐变的压实层厚,每层均匀增加横坡,基床底层每层保持 4% 的横坡。常规施工工艺依靠放线和经验控制松铺厚度,路基分层厚度较难精准控制。采用路基智能填筑,预先对路基进行分层切割,自动引导推土机摊铺,自动控制平地机平整,精准实现了每层的横坡、纵坡均匀变化,实现了填筑压实过程的可视可控,提高了路基的填筑品质。

图 3.5-1 京雄高铁 3 标大纵坡区间路基试验段

2. 京雄高铁 4 标固安东站（图 3.5-2）

京雄高铁固安东站站场路基填筑方量 125.09 万 m³，由于站场路基宽度变化较大，每层每个作业区段填筑方量均不相同，常规施工方法难以精确计算每层每区段上料方量。采用路基智能填筑施工后，每层每区段的填筑方量由指挥系统根据路基 BIM 模型自动计算，有效地保证了不同层位的每层碾压厚度，同时应用路基智能填筑技术后将原计划 153d 的路基填筑工程缩短至 121d，确保了固安东站路基填筑工期。

图 3.5-2 京雄高铁 4 标固安东站

3. 京雄高铁 5 标霸州北站（图 3.5-3）

京雄高铁霸州北站站场长度为 1.43km，路基填筑方量 41.25 万 m³。由于该工点受到周围场地制约，实际施工时进度已严重滞后。采用路基智能填筑技术后，通过指挥系统下达运输料单任务，指挥推土机、平地机进行作业，指挥无人压路机自动规划路径智能碾压，减少了 25%～40%现场技术员和工人数量，同时实现了 24h 不间断的智能施工流水组织作业，提高了工效并为后续轨道工程的实施提供了条件。

图 3.5-3 京雄高铁 5 标霸州北站

4. 和若铁路且末站路基智能填筑（图 3.5-4）

和若铁路且末站位于塔克拉玛干沙漠南侧，路基采用粗圆砾土与风积沙填料。粗圆砾土和风积沙一旦失水就会松散，难以压实。通过建立且末车站路基智能填筑系统，对工程进度、施工组织计划、施工过程进行智能化管理，严格管控填料运输与摊铺，实现各工序高效衔接，缩短填料装车至碾压的时间，减少填料水分散失，确保填料含水率在最佳含水率范围内，保障了压实质量，提高了工效，创造了良好的技术、经济效益。

图 3.5-4　和若铁路且末站路基智能填筑

5. 京滨城际铁路北辰站路基智能填筑（图 3.5-5）

京滨城际铁路北辰站采用压实振动连续检测技术和粒径连续识别技术对基床底层路基填筑进行控制，进一步验证了连续检测技术的可靠性，有效保障了填料级配和压实质量；同时，开展了振动波场效应的研究，为压实质量连续检测新技术的研究提供支撑。

图 3.5-5　京滨城际铁路北辰站路基智能填筑

6. 包银高铁 2 标区间路基智能填筑（图 3.5-6）

包银高铁 2 标区间路基位于内蒙古巴彦淖尔市乌拉特前旗，设计速度 250km/h，路基段分布有松软土、地震液化、盐渍土等不良地质地段，且处于季节性冻土地段，最大填方高度 9.44m，施工难度较大。在包银高铁 2 标高质量地应用了 CEV 质量连续检测技术，获得路基面的整体碾压质量，与常规检测指标相关性系数达 0.92，优化了基站覆盖范围，统一了数据传输方式与协议，提高了整体技术水平，保证了路基的填筑质量。

图 3.5-6　包银高铁 2 标区间路基智能填筑

参考文献

［1］ 王同军. 中国智能高速铁路体系架构研究及应用[J]. 铁道学报, 2019, 41(11): 1-9.

［2］ 蔡德钧, 朱宏伟, 叶阳升, 等. 铁路路基工程信息化技术[J]. 铁道建筑, 2020, 60(4): 28-33.

［3］ Yoo T S, Selig E T. Dynamic of vibratory-roller compaction[J]. Journal of the Geotechnical Engineering, 1979, 105(10): 1211-1231.

［4］ Kordestani A. Ride vibration and compaction dynamics of vibratory soil compactors[D]. Montreal: Concordia University, 2010.

［5］ 叶阳升, 闫宏业, 蔡德钧, 等. 高速铁路路基压实参数对振动波演化特征的影响研究[J]. 铁道学报, 2020, 42(5): 120-126.

［6］ 蔡德钧, 叶阳升, 肖金凤, 等. 高速铁路路基不同虚铺厚度填料压实特性试验研究[J]. 铁道学报, 2020, 42(12): 135-141.

［7］ 叶阳升, 蔡德钧, 耿琳, 等. 考虑颗粒破碎的高铁路基粗粒土填料循环压密本构模型[J]. 中国铁道科学, 2020, 41(4): 11-20.

［8］ 叶阳升, 朱宏伟, 尧俊凯, 等. 高速铁路路基振动压实理论与智能压实技术综述[J]. 中国铁道科学, 2021, 42(5): 1-11.

［9］ 叶阳升, 蔡德钧, 朱宏伟, 等. 基于振动能量的新型高速铁路路基压实连续检测控制指标研究[J]. 铁道学报, 2020, 42(7): 127-132.

4 隧道岩土工程研究新进展

张顶立 [1]，孙振宇 [1]，汪波 [2]

（1. 北京交通大学城市地下工程教育部重点实验室，北京，100044；2. 西南交通大学交通隧道工程教育部重点实验室，四川成都，610031）

4.1 引言

进入 21 世纪以来，我国已修建了近 50000km 的铁路和公路隧道，已成为名副其实的隧道大国。然而，由于我国隧道建造条件的复杂多变以及系统理论研究的缺乏等原因，目前尚未形成完整的隧道设计理论和修建技术体系，这显然与我国如此大规模的工程建设是极不适应的。主要存在三个方面的突出问题：①理论研究与工程实践严重脱节，过于强调对岩体自身性质的细节描述，对复杂地层的工程力学行为未能形成系统的认识，因此缺乏对工程实践的有效指导；②工程经验的局限性日益凸显，随着工程建设条件的复杂化和多样性，工程经验在可靠性与经济性之间难以作出可靠的判断，实践证明信息化水平的提高未能解决这些问题；③学科发展对基础理论研究提出了更高的要求，目前仅是借助于诸如信息技术发展提升管理水平，隧道学科本身并未取得实质性的进展。现代科学技术的飞速发展也使隧道及地下工程学科面临空前严峻的挑战，与其他学科差距不断加大，由于建设周期的大量缩短，工程界普遍关注信息化管理的更新换代，而对作为智能建造基础核心内容的隧道设计理论则普遍被忽视，由此不仅影响到工程建设的安全性和经济性，而且也给日后隧道工程运营安全埋下隐患。

新奥法是 1950 年由奥地利学者 Rabcewicz 提出的隧道施工方法，强调采用柔性支护最大限度地发挥围岩自身的承载能力，挪威法则根据岩体质量指标Q值进行分类和选定支护，新意法是由意大利学者 Pietro Lunardi 在大量实践的基础上针对软弱破碎围岩提出的全断面隧道施工方法，其核心观点认为超前核心土是一切问题的根源，将该部分土体保护好作为基本原则。但这些设计理念多是以定性分析为主，多数停留在概念层面，对我国复杂多变的地质环境条件以及施工速度要求极高的隧道建设条件难以实现精细化设计与施工。

隧道工程建设对于工程经验的过度依赖，降低了工程建设的可靠性和经济性，同时也严重制约着隧道及地下工程科学化的进展，这使得隧道工程的信息化和智能化建造举步维艰。现行的隧道设计理念过于强化地质环境与工程条件的差异性（这是对工程经验依赖的主要原因），而对反映隧道工程本质特征的共性科学问题缺乏系统的分析。现行的理论研究则过于关注岩体质量及力学特性，而忽视最为本质的工程响应特点，使得复杂工程问题难以有效应对；同时研究手段主要为静力特性分析，过多关注其稳定状态而鲜有对其过程的深入研究，无法适应围岩变形以及"支护-围岩"关系的动态演化特性。不少学者对隧道施工影响下的围岩变形分析主要针对特殊断面形状下弹塑性变形阶段开展的，而事实上围岩变形尚处于弹塑性阶段的变形控制并不困难，因此对复杂隧道围岩变形控制的实践意义并不大。

理论研究脱离实践和对工程经验的过度依赖是对理论与实践的简单对立，成为制约隧道工程学科发展的根源，其本质就是没有遵从隧道工程学科的特点，关注各种工程的共性问题形成理论认识，并在解决个性工程问题时接受实践检验，进而形成系统的关键技术。因此，本书试图在理论研究与工程经验之间寻求一种新的思路，以地层与环境的工程响应为核心，在遵循科学原理的基础上忽略一些细节的影响，由此建立的工程理论才更有价值。

事实上，隧道围岩由施工扰动前的原始平衡直到在支护协助下形成新的平衡状态，其间经历了极其复杂的动态演化过程，主要表征就是围岩变形的持续增大，而隧道施工引起的不平衡力则是围岩运动和变形的根源。为此，本书从隧道围岩变形的本质特征出发，建立了隧道围岩复合结构模型和荷载确定方法，提出了以变形控制为目标的刚度设计原则，构建了"围岩变形控制为目标，支护刚度设计为核心和强度校核做保障"的刚度设计理论体系，形成了隧道围岩与支护体系协同控制设计的新思想，并在大变形隧道中进行了应用，为隧道支护体系的定量化设计提供了科学依据，可有望提升极端复杂条件下隧道工程施工的安全控制水平。

4.2 隧道围岩复合结构特性及其荷载效应

作为隧道设计的两个基本问题，隧道围岩结构形式和支护荷载确定方法一直都是研究的热点，而对此两问题回答方式的不同则形成了各种隧道设计理论和学说，这也客观上促进了理论发展和技术进步。针对隧道围岩结构特性和支护荷载的研究，至少经历了古典压力理论、塌落拱理论和弹塑性理论三个发展阶段，而目前实际工程中经常采用荷载结构模型和地层结构模型对隧道支护结构进行分析，这两种计算模型可认为是对上述三种理论研究的深化和工程应用化的发展。随着人们对隧道围岩力学特性认识的逐渐深入，普遍趋向于认为围岩内部结构的存在，但对其结构性的判定依据和描述方法尚处于探索阶段，尚无系统完整的认识，因此也给支护荷载计算带来困难。

本节基于围岩的渐进破坏、结构性及其工程影响特点，提出"复合围岩结构"的观点，并建立基于复合围岩结构的荷载效应分析模型，明确了深浅层围岩的荷载作用模式，获得了完整的围岩变形全过程特性曲线，提出了相应的荷载效应计算方法和步骤。

4.2.1 隧道围岩的复合结构特性

受施工扰动后，伴随着变形的发展，隧道围岩呈现由内向外渐进破坏的特点，内层围岩首先发生破坏和失稳，相应地，隧道上部围岩表现为垮落，而下部围岩则表现为滑移趋势，由此构成隧道围岩的松动区域，这部分围岩需要及时地加以控制，而在此区域以外的围岩则处于稳定或暂时稳定状态。

1. 隧道围岩变形破坏的结构性特点

由于地质材料结构的复杂性以及工程影响的时空演化特点，围岩强度与其所处应力状态处于不断变化之中[1]，部分围岩垮落以后应力得到了及时转移，因而伴随着应力调整，新的传力拱结构随即形成，如此循环（图 4.2-1，该图为模拟埋深为 10 倍洞径只考虑自重应力作用下的试验结果）。当围岩中形成的传力拱结构具有一定的自稳能力时，围岩垮落即行停止，可维持一定时间的稳定。在此时间内可对围岩实行有效的支护。事实上，这部分松动岩体已由及时施作的支护结构所支撑，因此通常并不会发生垮落和冒顶事故。

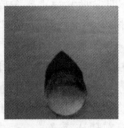

图 4.2-1　隧道围岩垮落的发展过程

考虑松动区边界内外围岩稳定性的差异性，可将隧道周边一定范围内丧失整体稳定性而无法实现长期自稳的松动区围岩划分为浅层围岩，这部分围岩荷载需要及时支护；在此范围以外整体稳定性较好而且能够承担地层荷载的围岩则为深层围岩，若对深层围岩采取及时有效的支护和干预则可保持其稳定性。显然，隧道围岩通常是由浅层围岩和深层围岩复合而成[2]。

2. 深层围岩的分组破坏特性

由于地层条件以及工程扰动效应的复杂性，围岩失稳具有显著的突发性和阶段性特点，如图 4.2-2 所示，数值试验中不同阶段的围岩垮落高度见图 4.2-3（图 4.2-3 与图 4.2-1 工况情况一致）。

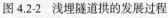

图 4.2-2　浅埋隧道拱的发展过程

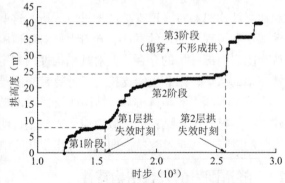

图 4.2-3　围岩复合结构

每组围岩失稳后都将保持相对较长时间的平衡。突发性表明了围岩变形破坏发展由量变到质变的累积过程，而阶段性则显然是围岩失稳和破坏的分组性特点，而处于同一组的围岩具有本质的共性特点。

作为一种天然材料的地质体，结构形式多样，围岩应力传递和变形传播的时效性以及工程影响的空间转化特点决定了围岩破坏的分组特性，如图 4.2-4 所示。

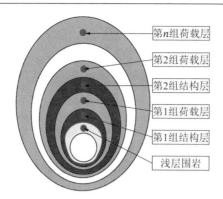

图 4.2-4　隧道围岩结构特性

深层围岩中处于同一组的岩层通常同时垮落，而最内侧的一组深层围岩是控制的关键，它不仅决定了隧道安全状态，而且是提高支护效率和结构耐久性的重要措施。

隧道内侧的岩层组失稳后，外部的拱式结构随即形成，以及承担传递的围岩压力，而通过支护对围岩变形的约束是控制围岩安全性的重要手段。

3. 深层围岩的结构层效应

每组深层围岩结构的同时或近乎同时失稳表明，在工程影响下这组岩层具有相似的力学行为。然而，由于地层材料参数的差异性、结构的空间尺度效应以及外部荷载分布性特点，每组围岩中各岩层的力学性能和承担拱也是不同的，通常内侧岩层具有较好的承载能力和稳定性，可将此具有承载作用的岩层称为"结构层"，而在此之外的岩层则稳定性较差，依托"结构层"而存在，可将其称为"荷载层"，可见每组深层围岩均有"结构层"和"荷载层"所组成。显然"结构层"的稳定性既决定了该组岩层的稳定性，也将成为控制的核心。但考虑到地层与工程条件的复杂性，每组围岩中"荷载层"并非总是存在的。在某些条件下整个围岩组均表现出"结构层"的性能，显然这对围岩组的稳定性是有利的。

4.2.2　深层围岩稳定性分析

在工程实践中，结构层是每组围岩稳定性的控制性岩层，如果第一组围岩的结构层能保持长期稳定，则浅层围岩范围不再扩大；反之，任何结构层的失稳都将形成新一轮的大范围的围岩失稳和破坏过程，表现为浅层围岩范围的扩大，直至发展到下一个结构层又达到一个新的相对稳定阶段。内侧结构层的失稳通常伴随着一定范围内围岩的垮落和松动，本质上是拱结构轴线的外移，实现地层荷载向外侧更大范围的岩层中传递，以实现新的平衡。

事实上，每组围岩中结构层的力学性态转化和失稳模式都是类似的，客观上也都将造成支护荷载的增大，但由于每组岩层的厚度、岩性构成以及细观结构的差异性，围岩失稳和破坏所产生的影响和控制的难度也会不同。

1. 传力拱轴线的确定

结构层通常是由具有一定厚度和近似曲率的岩层构成。如前所述，由于隧道拱腰上下围岩所受围岩压力的方向不同，因此以拱腰为界，分别对上下围岩中的拱轴线进行分析[3]。

对于上部围岩结构层，取拱腰以上围岩结构层为例进行分析，将结构层简化为三铰拱结构，见图 4.2-5。假设围岩形成的三铰拱倾向于较为稳定的无弯矩状态，据此可以得到一个最佳拱轴线分布形态。取三铰拱左半部分进行分析，见图4.2-6。

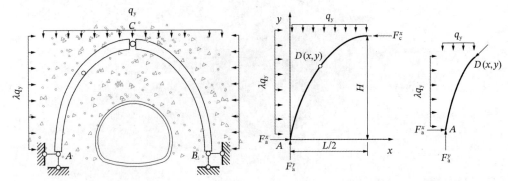

图 4.2-5　围岩复合结构　　　　　图 4.2-6　上部结构层受力简化图

根据体系平衡可得：

$$F_a^y = q_y L/2 \tag{4.2-1}$$

$$F_a^x = \frac{1}{H}(q_y L^2/8 - \lambda q_y H^2/2) \tag{4.2-2}$$

$$F_c^x = \frac{1}{H}(q_y L^2/8 - \lambda q_y H^2/2) + \lambda q_y H \tag{4.2-3}$$

再取拱轴线上任意一点$D(x, y)$，最佳拱轴线上弯矩为0，可得：

$$M_D = F_a^x y - F_a^y x + q_y x^2/2 + \lambda q_y y^2/2 = 0 \tag{4.2-4}$$

将荷载表达式代入式(4.2-4)，可得最佳拱轴线方程为：

$$x^2 + \lambda y^2 - Lx + \frac{1}{H}\left(\frac{L^2}{4} - \lambda H^2\right)y = 0 \tag{4.2-5}$$

式(4.2-5)是一个椭圆的一般方程，在侧压系数$\lambda < 1$的情况下，其长短轴分别为：

$$2a = \frac{L^2}{4H\lambda} + H \tag{4.2-6}$$

$$2b = \frac{L^2}{4H\sqrt{\lambda}} + H\sqrt{\lambda} \tag{4.2-7}$$

由此也可以得到隧道结构层合理矢跨比为：

$$\eta = \frac{a}{2b} = \frac{1}{2\sqrt{\lambda}} \tag{4.2-8}$$

对于下部围岩结构层，与上部类似，下部松动的浅层围岩对内侧结构层不施加压力，而是由外侧结构层承担，为此将松动荷载简化为均匀竖向荷载，见图4.2-7。浅层围岩的松动荷载施加于下部结构层内侧，对下部荷载进行了一定的抵消，根据上部结构的分析结论，其作用效果相当于侧向压力的增大。又因为拱轴线的形状与侧压系数密切相关，根据合理矢跨比计算公式，可得下部结构层合理矢跨比为：

$$\eta = \frac{1}{2\sqrt{\lambda'}} \tag{4.2-9}$$

式中：λ'——等效侧压系数，即考虑浅层围岩松动荷载影响后的等效侧压系数。

$\lambda' \geqslant \lambda$，这就导致下部结构层相较于上部结构层合理拱轴线更趋于扁平；当$\lambda' > 1$时，拱轴线长轴由竖向变为水平，结构层整体分布形状如图 4.2-8 所示。

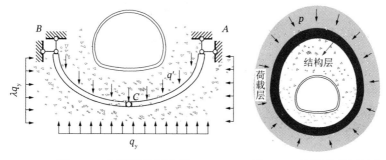

图 4.2-7　下部结构层分析　　　　图 4.2-8　围岩结构层轮廓

2. 结构层的破坏模式

如果结构层在荷载作用下发生变形，其变形分析如图 4.2-9 所示。

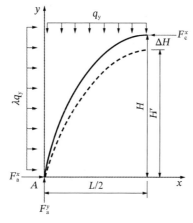

图 4.2-9　结构层变形分析

设结构层截面厚度为 h，结构层高度由初始 H 变化为 H'，下沉量为 ΔH。在最佳拱轴线的情况下，结构层内部没有弯矩，因此随着竖向荷载增大，拱轴线主要发生压缩变形，图 4.2-9 中椭圆拱轴线的长度计算公式为：

$$L = \frac{\pi b}{2} + (a - b) \tag{4.2-10}$$

由此得到沉降后拱轴线压缩量与其沉降量都为 ΔH，压缩应变增量为：

$$\Delta \varepsilon = \frac{\Delta H}{L} = \frac{\Delta H}{\pi b/2 + a - b} = \frac{\Delta H}{\pi L/4 + H - L/2} \tag{4.2-11}$$

由此可得：

$$\frac{\Delta q L}{2h} = E \Delta \varepsilon \tag{4.2-12}$$

$$\Delta q = \frac{2hE\Delta\varepsilon}{L} \tag{4.2-13}$$

根据荷载计算结果可得：

$$\Delta F_{\mathrm{a}}^{y} = \Delta F_{\mathrm{c}}^{x} = hE\Delta\varepsilon \tag{4.2-14}$$

又因为：

$$\frac{dF_a^x}{dH} = -\frac{q_y L^2}{8H^2} - \frac{\lambda q_y}{2} = -\lambda q_y \tag{4.2-15}$$

$$\Delta F_a^x = \lambda q_y \Delta H \tag{4.2-16}$$

因此，结构层在外荷载作用下发生较小的沉降ΔH后，F_a^y、F_c^x增大相同量值，F_a^x随着H的减小而逐渐增大。这表明结构层在沉降发生后，拱脚处的荷载会增大较快，当荷载增大到一定程度，超过岩体强度，则拱脚先发生破坏，拱脚的破坏进而导致整个拱结构的破坏。

3. 结构层极限变形量

设岩体抗压强度为σ_c。根据前文分析结果，拱顶沉降ΔH后，取单位宽度结构层进行分析，则拱脚处的应力和应力增量分别为：$\sigma_x = F_a^x/h, \sigma_y = F_a^y/h, \Delta\sigma_x = \Delta F_a^x/h, \Delta\sigma_y = \Delta F_a^y/h$。

当拱顶沉降达到一定程度，水平应力增加会导致拱脚处应力水平超过岩石抗压强度而破坏，此时的拱顶沉降量可视为极限沉降量。

以岩石单轴抗压强度为判据，拱脚临界破坏时满足如下关系：

$$(\sigma_y + \Delta\sigma_y)^2 + (\sigma_x + \Delta\sigma_x)^2 = \sigma_c^2 \tag{4.2-17}$$

代入各参数表达式并化简可得上部结构层极限沉降量$\Delta H_{1,\max}$表达式为：

$$\Delta H_{1,\max} = \frac{-A_1 B_1 + \sqrt{B_1^2 D_1^2 - C_1^2 A_1^2 + C_1^2 D_1^2}}{B_1^2 + C_1^2} \tag{4.2-18}$$

其中，$A_1 = \frac{q_y L_1}{2}$，$B_1 = \frac{hE}{\pi L_1/4 + H_1 - L_1/2}$，$C_1 = \lambda q_y$，$D_1 = \sigma_c h$。

同样的方法，只需将式(4.2-18)中参数计算过程中的q_y修正为$q_y - q'$，λ修正为λ'即可得到下部结构层极限沉降量$\Delta H_{2,\max}$表达式为：

$$\Delta H_{2,\max} = \frac{-A_2 B_2 + \sqrt{B_2^2 D_2^2 - C_2^2 A_2^2 + C_2^2 D_2^2}}{B_2^2 + C_2^2} \tag{4.2-19}$$

其中，$A_2 = \frac{(q_y - q')L_2}{2}$，$B_2 = \frac{hE}{\pi L_2/4 + H_2 - L_2/2}$，$C_2 = \lambda'(q_y - q')$，$D_2 = \sigma_c h$。

4. 围岩结构的相对性

如前述分析，第一组深层围岩结构层的稳定性通常是最为关键的，也是围岩控制设计的重点。但对于实际工程而言，围岩的结构性也是相对的，如果对深层围岩的支护不及时或控制不当而造成失稳，则本组深层围岩就转化为浅层围岩；同样地，如果对本属于浅层围岩范畴的岩层采取可靠的超前加固和预处理，则使其稳定性提高而成为深层围岩的一部分。因此，深层与浅层围岩是相对的，当外界条件改变时可以实现相互转化，因此在工程实践中应针对具有地层条件、工程尺度以及施工方法进行具体分析和预测。

由此可见，深、浅层围岩以及不同围岩组之间始终处于动态发展过程之中，深层围岩组失稳后客观上已属于浅层围岩的范畴，这结果造成深、浅层围岩边界将呈现阶段性发展。

围岩结构破坏的阶段性过程中包含着破坏发展的渐进性，当围岩发生阶段性破坏之后，深浅层围岩边界逐渐向围岩内部发展，也即浅层围岩范围是向外逐渐扩展的，扩展过程伴随着渐进性和阶段性。在某一阶段，浅层围岩发展体现出渐进性，而不同阶段则体现了发展的阶段性，见图 4.2-10。

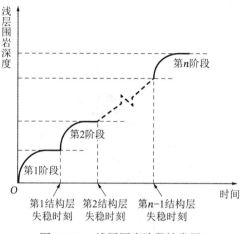

图 4.2-10　浅层围岩阶段性发展

此外，深层围岩组失稳顺序通常是由内向外的，即内层的围岩结构层失稳造成围岩组松动，进而波及外侧的围岩组及其结构层，然而由于岩层力学性能及空间尺度的综合作用将使结果复杂化，按照前述分析，内外侧结构层失稳的顺序取决于其结构层极限变形量的对比关系。因此在某些条件下或许外侧结构层先行失稳从而将本组围岩以荷载的形式施加到内侧的围岩结构层上，这样将使内侧围岩组的失稳概率大大提高。因此，在控制设计中应对深层围岩的诸围岩组结构层的极限变形量逐个分析，才能做到精细化设计。

4.2.3　围岩荷载确定方法

隧道围岩的荷载效应其本质就是为了维持围岩稳定而需要外部提供的干预能力和水平[4]，即隧道支护结构体系所分担的地层荷载。对于复合隧道围岩，其荷载效应主要由两部分组成，即浅层围岩的"给定荷载"和深层围岩的"形变荷载"，处于松动状态的浅层围岩所产生的荷载需要支护结构全部承担；而处于相对稳定状态的深层围岩所产生的荷载大小则取决于对其结构层的控制水平及传力效果，对结构层变形控制越严则其荷载越大，反之亦然。可见，复合围岩的荷载效应主要取决于浅层围岩的范围和对深层围岩变形的控制目标和标准[5]。

1. 支护荷载的计算模型

依据复合围岩荷载效应，可利用图 4.2-11 所示的计算模型对支护反力进行分析。

取一组结构层进行分析，重点关注支护径向荷载。假设支护反力为 p_a，结构层与浅层围岩界面接触反力为 p_b，荷载层施加于结构层荷载为 p_c。

支护荷载 p_a 分别来源于浅层围岩自重荷载 p_1 和结构层形变荷载 p_2。

$$p_a = p_1 + p_2 \tag{4.2-20}$$

其中自重荷载 p_1 直接作用于支护之上，结构层形变荷载 p_2 通过浅层围岩传递至支护结构。浅层围岩自重荷载为：

$$p_1 = \gamma_1 h_1 \qquad (4.2\text{-}21)$$

式中：γ_1——浅层围岩重度；

　　　h_1——浅层围岩厚度。

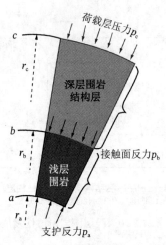

图 4.2-11　荷载计算模型

结构层形变荷载与荷载层压力以及复合围岩自身参数有关，可表示为：

$$p_2 = \alpha p_c + \beta u_i \qquad (4.2\text{-}22)$$

式中：α——荷载层压力传递系数；

　　　β——结构层形变荷载传递系数，两者都与分析问题的几何参数和材料参数相关；

　　　u_i——结构层变形量。

由此，支护荷载计算的重点转换为结构层和浅层围岩形变荷载传递参数α、β的确定。

2. 传递系数的确定

根据弹性-塑性软化-塑性残余三线性应力-应变模型，结合相关岩体压缩实验结论可知，当围岩荷载达到一定程度，岩体会产生扩容现象，出现负体应变，即岩体体积出现膨胀，并导致岩体材料参数弱化[6]。参照土体压缩曲线可知，压缩模量与体应变呈现指数关系，即围岩扩容越大其材料弱化越严重。因此假设围岩变形与变形模量之间具有如下近似关系[7]：

$$E_i = E_0 e^{k\frac{E_0}{p_0}} \qquad (4.2\text{-}23)$$

式中：E_0、E_i——围岩变形前、后的变形模量；

　　　k——体应变；

　　　p_0——初始地层压力。

为方便对荷载传递参数的计算，认为围岩应力状态与应力路径无关，这样可以在弹性解的基础上再考虑材料参数的弱化来确定浅层围岩和结构层的受力和变形。要将结构层变形量限定为u_i，则此时结构层内侧所需的浅层围岩约束力可通过下式进行确定：

$$u_i = \frac{1-2\mu}{E_i}\frac{r_b^2 p_b - r_c^2 p_c}{r_c^2 - r_b^2} r_b + \frac{1+\mu}{E_i}\frac{r_b r_c^2 (p_b - p_c)}{r_c^2 - r_b^2} \qquad (4.2\text{-}24)$$

即：

$$p_b = K_1 p_c + K_2 u_i \tag{4.2-25}$$

其中，

$$\begin{cases} K_1 = \dfrac{(2-\mu_{2i})r_c^2}{(1-2\mu_{2i})r_b^2 + (1+\mu_{2i})r_c^2} \\ K_2 = \dfrac{-E_{2i}(r_c^2 - r_b^2)}{(1-2\mu_{2i})r_b^3 + (1+\mu_{2i})r_b r_c^2} \end{cases} \tag{4.2-26}$$

式中：K_1、K_2——对应于荷载和变形，表明 p_b 由初始荷载和控制位移共同决定；

E_{2i}——结构层围岩变形后的变形模量；

μ_{2i}——结构层围岩变形后泊松比。

同理可得支护力 q_a 为：

$$q_a = K_3 p_b + K_4 u_i \tag{4.2-27}$$

其中，

$$\begin{cases} K_3 = \dfrac{(1-2\mu_{1i})r_b^2 + (1+\mu_{1i})r_a^2}{(2-\mu)r_a^2} \\ K_4 = -\dfrac{E_{1i}(r_b^2 - r_a^2)}{(2-\mu_{1i})r_a^2 r_b} \end{cases} \tag{4.2-28}$$

式中：E_{1i}——浅层围岩变形后变形模量；

μ_{1i}——浅层围岩变形后泊松比。

最终得到荷载层形变荷载为：

$$p_2 = K_3 K_1 p_c + (K_3 K_2 + K_4)u_i \tag{4.2-29}$$

即：

$$\alpha = K_3 K_1 \tag{4.2-30}$$
$$\beta = K_3 K_2 + K_4 \tag{4.2-31}$$

通常情况下，围岩弱化程度随着距洞周距离增大而减小，因此深层围岩结构层的弱化程度小于浅层围岩，这一差异可以通过围岩体应变 k 的取值进行表征。在得到传递系数的计算结果之后，就可以对结构层变形荷载进行有效计算，并结合浅层围岩自重荷载得到最终的支护结构受力。

3. 算例分析

对于一个实际的隧道工程，根据图 4.2-11 所示的计算模型以及支护荷载产生机制，可以对支护荷载进行有效计算。下面以一组算例进行分析，对该给定情况下的支护荷载进行计算，具体参见表 4.2-1。

计算参数取值

表 4.2-1

r_a（m）	r_b（m）	r_c（m）	q_c（MPa）	E_0（GPa）	μ	k_1	k_2
5	10	13	1	1.5	0.25	200	24

根据表 4.2-1 参数，可得最终给定变形下的支护荷载关系如图 4.2-12 所示。

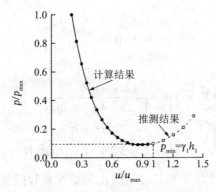

图 4.2-12　围岩荷载特性曲线

图 4.2-12 中曲线前半部分是通过本章所述方法计算得到，而后半部分虚线无法计算，表示的是失稳后浅层围岩范围不断发展，导致施加于支护上的自重荷载增加，然而其最大值则是该组深层围岩全部失稳所形成的地层荷载。

在围岩条件发生变化时，上述围岩特性曲线的形状和位置将发生相应的变化，围岩条件变好时曲线左移，围岩变差时则右移。而当围岩能够实现自行稳定时，随着应力释放围岩变形达到一定值后则不再发展，围岩荷载也将趋于稳定。

如果按照前文结构层与荷载层分组运动规律，即认为每组深层围岩的失稳事实上都造成浅层围岩范围的增大和阶段性扩展的结果计算，将得到如图 4.2-13 所示的荷载曲线。

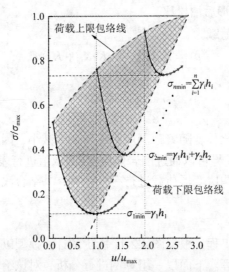

图 4.2-13　阶段性破坏情况下的围岩荷载关系曲线

图 4.2-13 中荷载上限包络线表示浅层围岩逐渐增大过程中,支护结构最大荷载的变化,可由计算得到。荷载下限包络线表示不同围岩组结构层起作用时的支护结构最小荷载，与支护体系的刚度有关。支护荷载曲线会分布在图 4.2-13 中网格所示区域，理论上不会超出该部分。荷载上限和下限包络线交汇于纵坐标为 1 的位置。

图 4.2-13 表明，在围岩中某一结构层即将失稳的临界位置，支护结构荷载存在两种可

能性：一种为结构层没有失稳的较小荷载状态，此时最小荷载为浅层围岩自重$\gamma_1 h_1$；另一种为结构层失稳，浅层围岩厚度增加，并附加深层围岩的变形荷载，随着变形的发展，新阶段最小荷载为$\gamma_1 h_1 + \gamma_2 h_2$。后续如结构层继续破坏，则重复以上过程。理论上当结构层持续破坏并发展到地表时，最终荷载将等于上覆围岩自重。

4.3 隧道支护结构体系的刚度设计方法

隧道围岩由施工扰动前的原始平衡直到在支护协助下形成新的平衡状态，其间经历了极其复杂的动态演化过程，主要表征就是围岩变形的持续增大，而隧道施工引起的不平衡力则是围岩运动和变形的根源。为此，本节从隧道围岩变形的本质特征出发建立了"支护-围岩"相互作用的动力学模型，由此获得了围岩变形演化的特征方程。以支护系统刚度与围岩变形的动态关系为基础，提出了以变形控制为目标的刚度设计原则。针对支护结构受力随支护刚度提升而增大的事实，提出了结构强度校核方法，并利用最优化原理对支护刚度和变形控制目标进行动态调整，由此构建了"围岩变形控制为目标，支护刚度设计为核心和强度校核做保障"的理论体系，从而为隧道工程的精细化设计奠定基础。

4.3.1 隧道围岩变形及其过程演化特征

隧道施工影响下的围岩变形是逐渐发展的，在向周边传递过程中不仅造成支护荷载的增大，也可诱发诸如地层坍塌、突涌水和结构破坏等各类安全事故，因此控制围岩变形应是隧道支护设计的核心内容。本质上，隧道围岩变形是在施工附加荷载作用下围岩运动的结果，受到地质条件和工程参数的影响，显然将变形控制在一定范围内则可避免其负面效应的发生，而对围岩变形机制和控制标准的深入认识则是实现可靠控制的基础。

1. 隧道围岩变形的过程演化特点

在隧道施工影响下，处于原始平衡状态的围岩发生运动和变形，并伴随着应力调整不断向周围扩展，试图尽快形成新的平衡状态。通常情况下，地质条件较好的围岩可实现自行平衡，而地质条件较差的围岩则需要通过施作支护来充分调动与协助围岩承载进而实现支护-围岩系统的力学平衡。

事实上，不同地层条件下的围岩变形量表现出较大的差异性，但围岩变形的持续增大则是其共同特点，并具有明显的阶段性[7]。图4.3-1给出了不同围岩条件下隧道围岩变形实测结果，从中可以看出围岩条件的差异性会导致最终变形量的巨大差异。为了实现不同围岩条件下变形特征的统一分析，现对所有变形曲线进行归一化处理，如图4.3-2所示。进一步分析可以发现，不同地质条件下的围岩变形都遵循相同或相似的演化规律，其变形过程可以划分为四个阶段（图4.3-3），分别为初始变形阶段、急剧变形阶段、缓慢变形阶段和稳定变形阶段。随着围岩变形的发展，参与变形的围岩范围不断扩展，表现为浅层围岩的增大，直到上覆岩层中形成稳定结构，围岩变形才趋于稳定。通常情况下，围岩不同变形阶段具有如下特征：

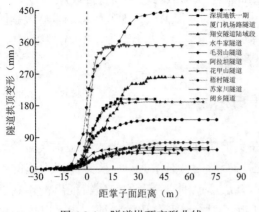

图 4.3-1 隧道拱顶变形曲线

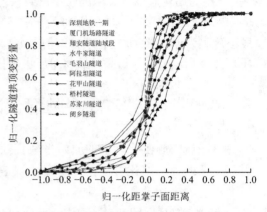

图 4.3-2 隧道拱顶变形归一化曲线图

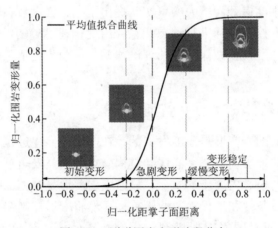

图 4.3-3 隧道围岩变形阶段分布

（1）初始变形阶段：该部分围岩位于隧道掌子面前方，此处围岩尚处于弹塑性阶段，尚未发生显著破坏，因此变形通常较小。

（2）急剧变形阶段：该部分围岩主要处于破碎区及隧道无支护段，由于掌子面附近围岩的残余强度较低且处于双向应力状态（隧道边界处径向应力为零），无法对上部岩体形成有效支撑，而支护结构尚未发挥有效/充分的作用，因而本区域的围岩基本上处于无支护状态，导致变形速度较大。

（3）缓慢变形阶段：该部分围岩主要处于初期支护施作段，是"支护-围岩"相互作用的核心阶段。此时支护与围岩逐渐形成有效接触，从而产生阻止围岩变形的支撑力。在与支护结构的博弈过程中围岩变形逐渐减缓，最终趋于稳定。

（4）稳定变形阶段：该部分围岩的变形速度已接近于零，支护与围岩的作用已趋于平衡，按照现行的支护方式，已适合施作二次衬砌结构。

但需要注意的是由于围岩条件不同，围岩变形四个阶段/区域仍会存在较大的差异性，围岩较为稳定时隧道开挖后瞬间稳定，整体变形量很小，分区也不明显；而围岩稳定性较差时在掌子面前方围岩就已发生严重的变形与破坏，通常需要超前加固和超前支护才能维持平衡，同时围岩变形达到稳定也需要持续较长时间且最终变形量很大。

2. 围岩结构特性的变形表征方法

由于围岩变形发展直接影响到围岩结构的稳定性，进而波及周围引发安全事故，因此在隧道设计中控制标准的确定是极为重要的。根据隧道围岩复合结构特性，随着结构层拱顶沉降的增大，拱脚荷载以较快的速度增加，当其超过岩体强度时拱脚先行破坏，进而导致结构层的整体失稳。据此可获得深层围岩结构层保持稳定的最大变形值 s_{max}，这是隧道围岩变形控制的基本准则。

深层围岩结构作为隧道纵向的传力拱，在掌子面前方就已形成，为不对称拱结构，隧道掌子面后方的拱脚位置低于前方，这正是结构层围岩发生沉降的结果。事实上，随着隧道掌子面向前推进，隧道两侧的围岩破坏范围不断增大，逐步形成破碎区、塑性区和弹性区，以此作为拱脚的支点不断向围岩深部转移，结果造成浅层围岩范围不断扩大，在这个过程中参与变形运动的围岩质量不断增加，直到弹塑性区边界趋于稳定，并形成稳定的结构层。结构层在上覆荷载的作用下发生沉降，在得到有效支护后趋于稳定，因而表现为深层围岩结构层沉降的逐渐发展，如图 4.3-4 所示。该沉降量在很大程度上即决定了隧道围岩的变形量，沉降的持续时间和最终沉降值则取决于对围岩的控制对策及其有效性。

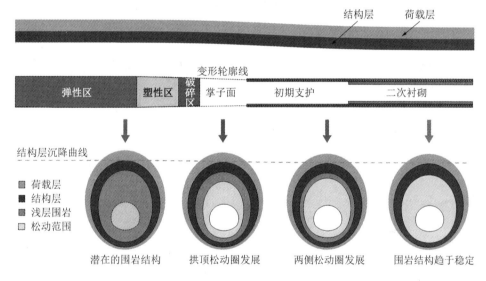

图 4.3-4　复合围岩结构的时空演化过程

由于围岩的渐进破坏和变形传播特性，当围岩变形波及周边水体时则易于诱发突涌水灾害，当较大变形传递到地表时则会造成环境安全事故。事实上，随着围岩变形的增大，隧道施工的危险性将逐渐提高，同时作为隧道工程灾害演化的过程表征参数，围岩变形在实际工程中易于准确获得，可以此为依据对围岩、支护结构与环境的破坏/失稳进程跟踪监测。综上所述，隧道围岩变形不仅与围岩荷载有关，也是评价隧道安全性的重要指标，尽管不同地层条件下的围岩变形量存在较大差异，但作为隧道围岩控制设计的主要指标是合理和有效的。

3. 隧道支护与围岩动态作用特点

当隧道围岩无法实现自行平衡时需要及时的外部干预，即对围岩进行加固以及各种形式的支护，而何时支护以及采取怎样的支护则需对围岩的支护过程和特点进行分析，并对其作用效果和可靠性作出评价。支护与围岩作用关系的本质就是支护结构体系的强度与刚度对围岩的变形破坏及时空演化特点的适应性,因此针对不同围岩条件选择适宜的支护方式是非常重要的,这也是隧道设计和支护质量控制的核心内容。

表征支护与围岩状态的基本指标就是围岩变形量和支护结构的受力状态,当然围岩变形的合理控制值以及支护结构的受力大小因围岩条件不同而存在较大差异,如图 4.3-5 所示。隧道围岩变形量通常可相差 5～10 倍,有时可能更大,但在支护结构与围岩相互作用下均先后经历不同的变形阶段,并最终趋于稳定。

初期支护施作并与围岩密贴后围岩变形得到遏制,变形速度迅速减小,从而产生形变压力作用于支护结构上,这样,随着结构的变形其受力状态相应地变化,图 4.3-6 为初期支护结构受力变化情况。

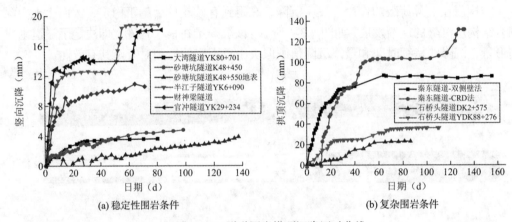

图 4.3-5 隧道围岩拱顶沉降历时曲线

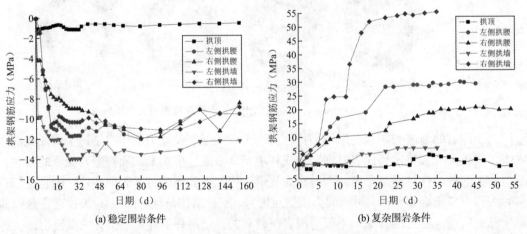

图 4.3-6 隧道初期支护拱架钢筋受力历时曲线

支护与围岩作用关系极其复杂,综合围岩变形与结构受力变形特点,其作用过程具有以下特点:

(1)动态特性。支护与围岩的相互作用关系具有很强的时空相关性,主要来源于隧道开挖及支护结构的施作过程、围岩的流变特性和混凝土材料的硬化特性。

　　支护与围岩的相互作用具有显著的时空特性，隧道开挖引起的应力释放不是一蹴而就的，会在一个较显著的空间范围内传导；地质材料通常具有一定的流变特性，因而"支护-围岩"体系的力学平衡过程可能持续较长的时间。同时，水泥类支护结构的硬化特性对支护结构强度、刚度的影响至关重要。支护结构的施作需要一定的时间和空间，各种支护结构不可能同时发挥支护效应。而且在隧道工程力学演化过程中，不时会有新的结构加入并参与到整个"支护-围岩"体系的力学平衡过程。

　　（2）阶段特性。支护-围岩体系不同阶段的主导因素不尽相同，导致重点问题和相应的核心变量始终处于动态转移和相互转化之中。

　　在支护与围岩的博弈中，考虑到围岩变形演化与支护结构体系的复杂性，通常会出现阶段性动态平衡，但由于围岩变形破坏过程的阶段性以及支护结构内涵的变化（新结构的加入以及结构硬化等），新一轮的博弈又重新开始，直至达到最终平衡。显然，在此过程中的"支护-围岩"作用呈现周期性，因而具有明显的阶段性特点。

　　（3）协调特性。支护与围岩是不可分割的整体，一方面，支护可直接承载一部分因隧道开挖而释放的应力或协助围岩充分调动自承载能力，防止围岩坍塌破坏，控制围岩变形；另一方面，围岩荷载以及因变形受到约束而产生的反力作用于支护结构，造成结构受载，这就要求支护结构具有足够的强度和刚度，从而实现稳定。

　　围岩变形、破坏与支护结构体系的作用表现出明显的非线性特点，两者变化发展的原则是保持整体变形协调。一方参数的变化对另一方的依赖性，也包括不同支护形式之间的叠加关系等。支护与围岩作用体系中任何构件的失效都有可能导致整个体系的失稳，须综合考虑。

　　作为一个复杂系统，隧道支护与围岩作用贯穿于隧道围岩变形控制的全过程，随着围岩条件、支护方式以及时空关系的变化两者的作用关系也处于不断转换之中，矛盾的主要方面相互转化，直到两者作用达到最终的平衡状态，实现对围岩变形的有效控制。

　　根据系统论的观点，若以隧道围岩系统为出发点，在隧道建造全过程中，围岩的超前支护施作、隧道开挖、初期支护结构施作、二次衬砌结构施作等施工措施以及现场实时监测与反馈使围岩系统与周围环境持续地进行信息交换与融合。最终，围岩系统由原始平衡状态进入更高层次的"支护-围岩"系统，进而为支护结构的量化设计提供指导。

　　根据前述分析，围岩变形分为四个阶段，每个阶段分别具有自身的发展特点，事实上在每个阶段的转换点都发生了显著的变化，因此根据"支护-围岩"体系力学演化规律，确定出几个关键节点，将"支护-围岩"相互作用过程划分为几个典型阶段，并将总控制指标分解至各个阶段，根据各个分目标制定相应的控制方案。

　　考虑到"支护-围岩"作用的阶段性特点，在确定关键节点时应遵循以下原则：

　　（1）一致性。每个作用阶段均应能体现支护与围岩相互作用的基本特点，不同阶段具有显著的差异性，而且阶段之间变形协调。

　　（2）普适性。对于不同围岩条件、支护方案和施工技术水平，阶段划分的原则和方法都普遍适用，其差别仅在于持续的范围不同。

（3）典型性。关键节点是支护-围岩体系力学演化过程的质变点，但在同一作用阶段内"支护-围岩"作用体系的关键问题和控制目标是相同的。

4.3.2 隧道围岩变形的动力学分析

隧道围岩变形本质上是在不平衡力作用下围岩运动的结果，原始地层受施工影响后发生应力调整，处于不平衡状态的围岩即按照牛顿第二定律原理开始运动，不平衡力的大小决定了围岩运动加速度，进而产生围岩变形，而将其控制在围岩稳定需求的范围之内则是隧道支护设计的基本准则。

1. 围岩变形加速度的基本表达式

图给出了不同地层与支护条件下隧道围岩变形实测结果的归一化表达，由图 4.3-7 中给出的加速度演化特点可知，围岩在不平衡力作用下先后经历了两次加速运动过程[8]：以掌子面前方的初始变形为起点，围岩变形速度先是不断增加（正加速度），直至掌子面附近达到最大值；随着支护施作并发挥作用，围岩变形受到控制，变形速度开始下降（负加速度），直至稳定状态。基于上述实测围岩变形的特征，本书假设变形加速度 a 沿隧道纵向分布近似符合正弦函数形式，即：

$$a = A \sin \pi(x + 1) \tag{4.3-1}$$

式中：a——隧道围岩变形加速度；

x——隧道断面纵轴线上的归一化坐标；

A——最大加速度值；A 反映了围岩荷载与支护抗力综合博弈的结果，因而与围岩荷载、支护结构刚度沿隧道纵向分布规律有关，可通过实测曲线拟合得到。

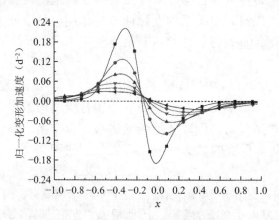

图 4.3-7 围岩变形的加速度曲线

2. 围岩变形的动力学模型

围岩结构通常包含荷载层、结构层与浅层围岩三个部分，其中浅层围岩是隧道变形的最主要参与部分，而上覆岩体自身的变形相较岩体的整体运动量值可以忽略。如图 4.3-8 所示，以浅层围岩作为研究对象进行动力学分析，掌子面后方的浅层围岩主要受到三部分外力的作用，分别为深层围岩结构层传递的形变荷载、浅层围岩的自重荷载以及支护结构形成的抗力。

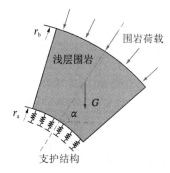

图 4.3-8 围岩变形的动力学分析模型

在这三种外力的综合作用下，会产生一个不平衡力，这个不平衡力就是导致围岩运动与变形的根本原因，其具体表达式为：

$$dF = F + G - ks \qquad x > 0 \tag{4.3-2}$$

式中：F——形变荷载；

$\quad$ G——浅层围岩自重荷载；

$\quad$ k——支护体系的综合刚度。

其中，形变荷载与浅层围岩重力的表达式为：

$$F = \chi p_0 - \kappa s = \psi \lambda p_0 - \kappa s \tag{4.3-3}$$

$$G = mg\sin\alpha \tag{4.3-4}$$

式中：χ——荷载系数；

$\quad$ λ、ψ——荷载纵向与横向传递系数；

$\quad$ κ——深层围岩等效刚度；

$\quad$ p_0——由深层围岩荷载层传递的原岩应力；

$\quad$ m——浅层围岩质量；

$\quad$ α——倾角。

根据复合围岩结构理论，可以将横向荷载传递系数ψ与深层围岩等效刚度κ的表达为如下形式：

$$\psi = \frac{(2-\mu)r_c^2}{(1-2\mu)r_b^2 + (1+\mu)r_c^2} \tag{4.3-5}$$

$$\kappa = \frac{E(r_c^2 - r_b^2)}{(1-2\mu)r_b^3 + (1+\mu)r_b r_c^2} \tag{4.3-6}$$

考虑到掌子面核心土对已开挖隧道的三维支撑作用以及围岩结构层的荷载传递过程，荷载纵向传递系数λ是一个沿着隧道纵向变化的函数，本书选择 Hoek 等人利用最优化拟合方法获得的经验公式：

$$\lambda = \left[1 + \exp\left(\frac{-Lx}{1.1r_b}\right)\right]^{-1.7} \tag{4.3-7}$$

对于掌子面后方已开挖的围岩，利用牛顿第二定律可以建立相应的动力学方程：

$$F + G - ks = ma \tag{4.3-8}$$

式中：m——参与运动围岩的等效质量，由浅层围岩质量与深层围岩等效质量两部分组成（浅层围岩为主要部分）。

将形变荷载表达式(4.3-3)、自重荷载表达式(4.3-4)以及加速度表达式(4.3-1)代入围岩变形的动力学方程式(4.3-8)中可得：

$$\chi p_0 - \kappa s + mg\sin\alpha - ks = mA\sin\pi(x+1) \tag{4.3-9}$$

求解上述方程，可以得到围岩的变形曲线表达式为：

$$s = \frac{\chi p_0 + mg\sin\alpha - mA\sin\pi(x+1)}{(\kappa+k)} \tag{4.3-10}$$

考虑到现行隧道支护施作的阶段性特点，在实际求解时需要对支护的综合刚度k进行阶段化表达。对于第i个支护施作阶段，围岩变形的动力学方程可以表达为：

$$\chi p_0 - \kappa s_i + mg\sin\alpha - k_i\Delta s_i - \sum_{j=1}^{i-1}k_j\Delta s_j = ma \tag{4.3-11}$$

式中：k_j——第j个阶段的支护总刚度；

Δs_j——第j个阶段的围岩变形。

此时，前i个阶段的累计围岩变形可以表达为：

$$s_i = \sum_{j=1}^{i}\Delta s_j = \frac{\chi p_0 + mg\sin\alpha + \left(k_i\sum_{j=1}^{i-1}\Delta s_j - \sum_{j=1}^{i-1}k_j\Delta s_j\right) - mA\sin\pi(x+1)}{\kappa+k_i} \tag{4.3-12}$$

对比式(4.3-9)与式(4.3-11)，可以得到支护综合刚度k的阶段化表达为：

$$k = \frac{1}{s_i}\left(k_i\Delta s_i + \sum_{j=1}^{i-1}k_j\Delta s_j\right) \tag{4.3-13}$$

对于掌子面前方的围岩，由于隧道尚未开挖，浅层围岩仍然受到掌子面核心土的支撑作用，此处浅层围岩受到的不平衡力为：

$$dF = F + G - ks - p \qquad x \leqslant 0 \tag{4.3-14}$$

式中：k——超前加固的综合刚度；

p——掌子面核心土提供的支撑力。

在掌子面前方的弹性区，核心土支撑力可由弹性分析给出；在塑性以及破碎区，核心土支撑力等于岩土材料的残余强度。

同样利用牛顿第二定律，可以获得掌子面前方的围岩变形表达式为：

$$s = \frac{\chi p_0 + mg\sin\alpha - p - mA\sin\pi(x+1)}{(\kappa+k)} \tag{4.3-15}$$

从围岩变形的表达式(4.3-12)与式(4.3-15)中可以看出，隧道围岩变形具有明显的时空效应，其变形不仅受到围岩情况、开挖方法以及支护体系刚度的影响，同时也与支护体系的施作时机、刚度空间分布等密切相关。

4.3.3 隧道支护系统的刚度设计理论

1. 支护刚度的空间分布形式

考虑到支护从施作到完全发挥承载作用的过程中刚度会随着材料特性（如：混凝土硬化）以及支护-围岩接触状态的改善而逐渐增强，因此本书假设支护刚度的空间分布具有如下形式：

$$k = aK\{1 - \exp[-\eta(x + 1)]\} \tag{4.3-16}$$

式中：K——支护系统的总刚度；

η——刚度的空间分布系数，系数 $a = 1/[1 - \exp(-2\eta)]$。

图 4.3-9 给出了不同支护刚度空间分布条件下的围岩变形规律，从中可以看出 K 与 η 两个参数的取值即决定了围岩变形的空间分布。因此，隧道支护系统的协同刚度设计本质上就是对 K 与 η 这两个特征参数的优化。

当支护系统包含多个不同支护形式且刚度分布需要分阶段描述时，支护刚度的空间分布可以改写为如下形式：

$$k = \sum_{i=1}^{n} k_i = \sum_{i=1}^{n} a_i K_i \{1 - \exp[-\eta_i(x - \overline{x}_i)]\} \tag{4.3-17}$$

式中：n——支护形式的数量；

k_i、η_i——第 i 个支护形式的总刚度与刚度空间分布系数；

$\overline{x}_i$——第 i 和支护形式的施作时机，系数 $a_i = 1/\{1 - \exp[-\eta(1 - \overline{x}_i)]\}$。

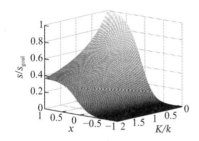

(a) 支护系统总刚度对围岩变形的影响   (b) 空间分布系数对围岩变形的影响

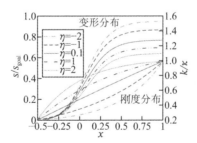

(c) 刚度分布与变形分布的对应曲线

图 4.3-9 支护刚度对围岩变形分布的影响

2. 隧道支护对围岩变形的影响分析

隧道支护设计的本质是通过合理控制围岩变形来促使其形成一个稳定的平衡状态而不发生任何形式的失稳或破坏。通常来说，支护设计方案的差异会对变形控制效果产生显著影响。为此，下面将开展具体的参数分析来进一步阐述支护方案对围岩变形的影响。

在现行的隧道支护设计规范中，通常包括超前支护、初期支护以及二次衬砌等结构。由于二次衬砌的施作时机通常靠后，此时围岩变形已经基本稳定，其作用主要在于提供安全储备而非控制围岩变形，因此这里仅分析前两者对围岩变形的影响。图 4.3-10 给出了超前支护与初期支护在不同参数取值下的围岩变形分布规律。从图中可以看出，对于支护时机而言，围岩变形对初期支护的敏感程度要大于超前加固；对于支护刚度而言则相反，围岩变形对超前加固的敏感程度要大于初期支护。产生这种现象的主要原因是围岩通常在掌子面附近处发生急剧变形，这部分变形可以占到总变形量的 50%以上，及时施作初期支护可以使隧道开挖后的无支护段减小，从而尽早抑制急剧变形量的增长。而超前支护通常在初始变形阶段施作，这个范围内围岩的变形量很小，因而超前支护的施作时机对围岩变形的影响较小。

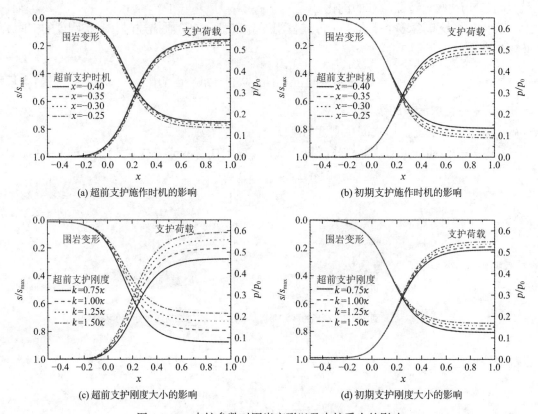

图 4.3-10　支护参数对围岩变形以及支护受力的影响

　　总体来说，较早的支护施作时机以及较高的支护刚度条件都可以有效地控制围岩变形，但相应的代价是支护受力增大。需要注意的是，如果支护受力超过其本身的承载能力，反而会导致结构的失效，最终引发围岩失稳。由此可见，隧道设计的核心内容就是如何确定支护参数的空间分布来有效控制围岩变形的发展，进而保证围岩稳定性与隧道安全性。

3. 隧道支护系统刚度的协同设计方法

　　从协同学的角度来讲，系统由无序状态转变为有序状态的本质为复杂开放系统中各个子系统的相互协作而产生的协同效应。在隧道围岩-支护系统中，围岩结构与不同支护构件之间按照人为设定的一种工作方式组合在一起，从而保证隧道安全与围岩稳定。

　　为定量化表征支护系统的协同工作效能，本书引入支护强度利用率和支护刚度空间协同效率两个参数进行描述。其中，支护强度利用率反映了支护体系整体力学性能的发挥程度，而支护刚度空间协同效率则反映了支护系统在不同时空位置上使用效能的一致性。这两个参数可以用围岩实际变形与容许变形比的加权平均值以及加强方差进行表达：

$$E(\xi) = \int_{-1}^{1} \omega(x)\xi(x)\,\mathrm{d}x \tag{4.3-18}$$

$$D(\xi) = \int_{-1}^{1} \omega(x)\left[\xi(x) - E(\xi)\right]^2 \mathrm{d}x \tag{4.3-19}$$

式中：$\omega(x)$——权重系数；

$\xi(x)$——围岩实际变形与容许变形的比值，其具体表达式为：

$$\xi(x) = \frac{s(x)}{[s(x)]} \tag{4.3-20}$$

式中：$s(x)$——x坐标处围岩的实际变形量；

$[s(x)]$——保证围岩-支护系统稳定性的最大容许变形。

通常来说，满足变形控制标准的围岩变形分布与支护刚度分布并不唯一，然而不同支护设计方案的协同效率却大相径庭，因而需要通过协同设计来优化围岩变形的分配以及支护刚度的空间分布。支护体系协同设计的具体流程如图 4.3-11 所示。

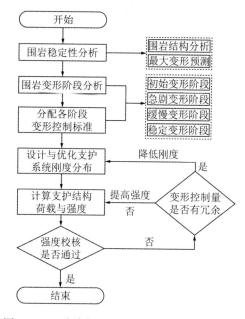

图 4.3-11　隧道支护系统的刚度设计流程图

（1）围岩稳定性的判定

首先利用理论计算或者现场监测数据分析等方法对围岩可能发生的最大变形量进行预测。然后根据深层围岩结构层稳定条件确定围岩变形控制标准。若最大变形量超过了控制标准，则说明围岩无法通过自身应力调整来达到平衡状态，需通过施作支护来调动与协助围岩承载。

考虑到围岩结构的稳定性，其变形控制标准可由第一组深层围岩结构层的临界失稳条件得到。设隧道拱顶沉降为Δh，以拱脚处岩体单轴抗压强度σ_c为判据，其临界破坏条件为：

$$\sigma_x^2 + \sigma_y^2 = \sigma_c^2 \tag{4.3-21}$$

式中：σ_x、σ_y——拱脚处水平和垂直应力。

根据各参数的几何关系，可得拱顶沉降总体控制标准为：

$$\Delta h_{\mathrm{c}} = \frac{\sqrt{B^2 d^2 \sigma_{\mathrm{c}}^2 - A^2 \lambda^2 q_{\mathrm{y}}^2 + \lambda^2 q_{\mathrm{y}}^2 d^2 \sigma_{\mathrm{c}}^2} - AB}{B^2 + \lambda^2 q_{\mathrm{y}}^2} \tag{4.3-22}$$

式中：$A = q_{\mathrm{y}} L / 2$，$B = \frac{4dE}{\pi L + 4H - 2L}$；

d——结构层截面厚度；

E——结构层弹性模量；

q_{y}——结构层上部荷载；

λ——侧压力系数；

L——围岩上部结构层跨度；

H——上部结构层高度。

（2）变形控制目标的分配

隧道围岩变形共经历了四个阶段，因此在进行支护设计时需明确不同阶段围岩变形控制标准，即按围岩需求进行变形分配。其中，初始变形阶段与急剧变形阶段的临界条件为围岩恰进入塑性残余阶段，对于应变软化围岩而言，采用 Mohr-Coulomb 准则进行判断时，塑性软化与残余阶段临界位移表达式为：

$$s_1 = \left[\frac{(1 + \mu)(p_0 \xi - p_0 + \sigma_{\mathrm{q}})}{E(1 + \xi)} + \frac{\sigma_{\mathrm{q}} - \sigma_{\mathrm{qr}}}{E'} \right] r_0 \tag{4.3-23}$$

式中：μ——围岩泊松比；

σ_{q}——岩体峰值强度，且 $\sigma_{\mathrm{q}} = 2c \cos \varphi / (1 - \sin \varphi)$；

c、φ——岩体软化阶段统一黏聚力和内摩擦角；

ξ——与岩体内摩擦角相关，且有 $\xi = (1 + \sin \varphi)/(1 - \sin \varphi)$；

E'——软化模量；

σ_{qr}——残余强度，且有 $\sigma_{\mathrm{qr}} = 2c_{\mathrm{r}} \cos \varphi_{\mathrm{r}} / (1 - \sin \varphi_{\mathrm{r}})$；

c_{r}、φ_{r}——残余区黏聚力和内摩擦角；

r_0——隧道半径。

急剧变形阶段围岩变形阈值则应考虑两方面因素，即超前支护作用下围岩稳定性以及超前支护自身的结构安全性，则围岩变形控制标准 s_2 表达式为：

$$s_2 = \min\{u_2, s_1 + u_{\mathrm{a}}\} \tag{4.3-24}$$

式中：u_2、u_{a}——超前支护作用下等效围岩与超前支护结构自身的极限变形量。

首先对超前支护-围岩系统的承载能力进行计算，设超前支护在围岩中形成的承载拱厚度为 d，并假定超前支护-围岩系统仍满足 Mohr-Coulomb 准则：

$$\sigma_1 = \sigma_3 \left(\frac{1 + \sin \varphi_1}{1 - \sin \varphi_1} \right) + 2c_1 \frac{\cos \varphi_1}{1 - \sin \varphi_1} \tag{4.3-25}$$

式中：c_1、φ_1——超前支护施作后围岩的等效黏聚力和等效内摩擦角。

初期支护施作前径向应力 $\sigma_3 = 0$，则对于该承载拱结构，沿隧道轴向单位长度上承载合力为：

$$N = 2c_1 \frac{\cos \varphi_1}{1 - \sin \varphi_1} \tag{4.3-26}$$

假定承载拱受均布荷载q作用，则由极限受力平衡条件可得：

$$2N - \int_0^\pi q(r_0 + d) \sin\alpha \, d\alpha = 0 \tag{4.3-27}$$

则承载拱极限承载能力为：

$$q = \frac{4c\cos\varphi}{(1 - \sin\varphi)(r_0 + d)} \tag{4.3-28}$$

考虑到该承载拱承受浅层围岩自重荷载$p_1 = \gamma d$和深层围岩形变荷载p_2，则当$q = p_1 + p_2$时承载拱失稳，如此则有：

$$u_2 = \frac{1}{n}\left[\frac{4c\cos\varphi}{(1 - \sin\varphi)(r_0 + d)} - \gamma d - mp_c\right] \tag{4.3-29}$$

式中：m、n——结构层和浅层围岩形变荷载传递系数。

进一步考虑超前支护结构安全性，设超前支护强度为σ_a，则：

$$u_a = \frac{\sigma_a}{k_a} \tag{4.3-30}$$

式中：k_a——超前支护刚度。

将式(4.3-30)和式(4.3-29)代入式(4.3-24)即可得到急剧变形阶段围岩变形控制标准s_2。对于锚杆以及喷射混凝土等初期支护结构也可利用上式计算缓慢变形阶段的变形控制标准s_3。

在获得不同围岩变形阶段的最大容许变形量$[s_i]$后，就可以根据稳定性/安全性的要求对围岩变形进行分配（图4.3-12）：

$$s = f(\text{SRC}, r, x), s_i < [s_i] \tag{4.3-31}$$

式中：s——围岩变形分布；

SRC——表征围岩条件；

r——工程尺度；

x——空间坐标。

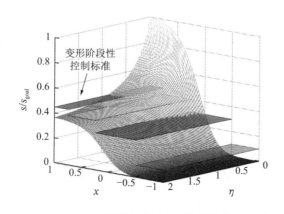

图4.3-12　围岩变形标准的阶段性分配

（3）支护刚度空间分布的优化

对于目前的隧道工程水平，隧道支护体系通常由具有一定时空顺序的超前支护、初期支护和二次衬砌组成，因此支护体系刚度呈阶段性增长特征，如图4.3-13所示。

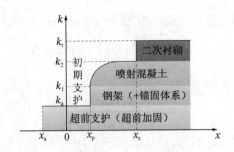

图 4.3-13　复杂隧道围岩支护体系刚度的阶段性

可见，支护刚度沿隧道轴向的增长表现为分段函数，根据前文中给出的刚度空间分布表达式可将支护体系刚度函数表示为：

$$k = \begin{cases} 0 & x < x_a \\ a_1 K_1 \{1 - \exp[-\eta_1(x - \overline{x}_1)]\} & x_a \leqslant x < x_p \\ \displaystyle\sum_{i=1}^{3} a_i K_i \{1 - \exp[-\eta_i(x - \overline{x}_i)]\} & x_p \leqslant x < x_s \\ \displaystyle\sum_{i=1}^{3} a_i K_i \{1 - \exp[-\eta_i(x - \overline{x}_i)]\} + K_4 & x \geqslant x_s \end{cases} \quad (4.3\text{-}32)$$

式中：K_1、K_2、K_3、K_4——超前支护、锚杆支护、喷射混凝土以及二次衬砌刚度；

η_1、η_2 与 η_3——超前支护、锚杆支护与初期支护的刚度空间分布系数。

由于二次衬砌通常为模筑混凝土，因此不考虑其空间分布。在进行刚度设计时，可先计算相应支护结构的总刚度 K_i，即最小临界支护刚度。之后，便可以此为初始值，对支护刚度的空间分布进行优化设计。

需要指出，无论对于何种支护形式，其临界支护刚度均与支护时机有关，且前后续支护刚度取值相互影响显著。因此，在实际工程中，可对围岩变形实施信息化监测和反馈，根据需要及时调整支护参数，进一步利用最优化方法找出协同效率最高的支护刚度设计作为最优解集。

（4）支护系统强度的校核

在获得围岩变形以及支护刚度分布之后，可以利用下式计算支护荷载的分布：

$$p(x) = \int_0^x k(x)\, s'(x)\, \mathrm{d}x \quad (4.3\text{-}33)$$

式中：$k(x)$——刚度分布；

$s'(x)$——变形分布对 x 的导数。

最后，以不同支护结构的强度值以及不同阶段围岩变形控制标准为依据进行强度校核，如不满足则有两种解决途径：①提高支护结构体系强度，也可考虑采用特种材料或结构，直至满足要求；②降低支护结构体系刚度，以减小结构体系所受到的荷载，直至满足强度要求，这样由刚度降低所带来的围岩变形增大则需重新考虑围岩稳定性，客观上将使围岩稳定的可靠性降低，因此需重新判断是否满足要求。

4.3.4　工程应用

基于本书提出的隧道围岩变形控制理论，可以对支护结构体系进行定量化刚度设计。

下面选取一组实际工程参数进行具体分析，工程参数如下：某半径为$r_a = 7\text{m}$的深埋圆形隧道，受到静水压力7MPa的作用；该隧道位于软岩地质条件地层中，围岩力学参数为弹性模量$E = 1.6\text{GPa}$，泊松比$\mu = 0.3$；软化模量$E' = 0.8\text{GPa}$，软化内摩擦角$\varphi = 30°$，软化黏聚力$c = 0.6\text{MPa}$；残余阶段内摩擦角$\varphi_r = 25°$，黏聚力0.3MPa。

1. 围岩稳定性判别

根据计算，开挖面处围岩变形约为65mm。而根据隧道设计规范中给出的预留变形量以及支护极限位移标准，开挖面变形的控制值应为40mm。由此可见，在当前工况下隧道将处于极不稳定状态。因此，需要在围岩变形的不同阶段施作相应的支护结构来保证施工安全。进一步计算分析可知，隧道变形的纵向影响长度$L = 80\text{m}$。若以掌子面作为坐标起点，则初始变形阶段的范围为$-30\sim-10\text{m}$，急剧变形阶段的范围为$-10\sim10\text{m}$，缓慢变形阶段的范围为$10\sim25\text{m}$，稳定变形阶段的范围为$25\sim50\text{m}$。

2. 变形控制目标的分配

参考相应的设计规范后可确定隧道允许的极限变形总量约为100mm。对于初始变形阶段的控制标准可由式(4.3-23)确定，其值约为$s_1 = 23\text{mm}$；对于急剧变形阶段的控制标准可由式(4.3-24)～式(4.3-29)确定，其值约为$s_2 = 83\text{mm}$，前两个阶段内主要由超前加固与锚固支护发挥作用，可以据此对超前支护与锚固支护的刚度进行初步设计；而缓慢变形与稳定变形阶段的变形控制标准与混凝土衬砌的刚度和强度相关，因此在刚度设计之前无法确定其控制标准，鉴于此可以直接依据极限变形总量对变形控制目标进行初步分配，其值为$s_3 = 95\text{mm}$，$s_4 = 100\text{mm}$。在后续的刚度设计过程中需要通过强度校核对这两个变形控制标准不断进行迭代更新，以达到最优化效果。

3. 支护刚度空间分布的优化

首先将各阶段的变形控制标准分别代入相应的动力学方程式(4.3-10)～式(4.3-15)中，可得超前加固、锚固体系和表面初支的临界支护刚度分别为$K_1 = 2.1 \times 10^7\text{Pa/m}$、$K_2 = 7.9 \times 10^6\text{Pa/m}$、$K_3 = 1.2 \times 10^7\text{Pa/m}$。利用前文建立的协同作用效果评价方法对支护刚度的空间分布进行优化设计。对比不同支护构件的主要作用，并参考既有研究成果，采用9标度法构造支护体系协同作用评价矩阵：

$$A = \begin{bmatrix} 1 & 1/2 & 1/3 \\ 2 & 1 & 1/2 \\ 3 & 2 & 1 \end{bmatrix} \tag{4.3-34}$$

通过求解上述矩阵最大特征值所对应的特征向量，并对其作归一化处理后可以得到支护体系协同效果评价的加权系数为：

$$\omega = \begin{bmatrix} 0.163 & 0.297 & 0.540 \end{bmatrix} \tag{4.3-35}$$

因此，协同作用效果评价式(4.3-18)与式(4.3-19)中超前支护、锚固体系与表面初支的加权系数分别为：16.3%、29.7%以及54.0%。

之后，通过协同效应评价函数式(4.3-18)与式(4.3-19)，就可以对不同支护参数的协同效率进行定量化计算，并结合最优化方法，寻找使支护强度利用率平均值最接近于1以及方差最小的支护参数，即：

$$K_i, \eta_i, \overline{x}_i; E(\xi) \to 1 、D(\xi) \to \min \tag{4.3-36}$$

4. 支护系统强度的校核

由于支护结构变形控制标准与其刚度直接相关，因此在完成一轮刚度优化设计后就需要更新相应的变形控制标准，然后再重新进行优化设计，直至结果收敛。按照上述刚度设计流程，可以得到当前隧道条件下的围岩变形分布如图 4.3-14 所示，相应的超前支护、锚固体系以及表面初支的刚度空间分布参数如表 4.3-1 所示。

优化后的支护刚度参数　　　　　　　　　　表 4.3-1

	K（Pa/m）	η	$\bar{x}$
超前加固	2.5×10^7	2	-0.4
锚固体系	4.0×10^6	10	0.05
表面支护	1.9×10^7	15	0.1

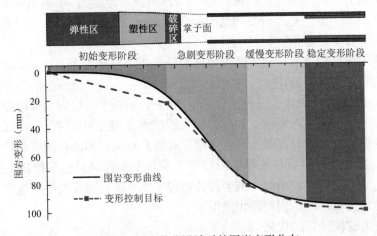

图 4.3-14　刚度优化设计后的围岩变形分布

4.4　隧道支护结构体系的协同作用原理

基于对围岩结构性及荷载效应的认识，国内外众多学者对于支护结构的本质作用进行了诠释，故而形成了各种隧道设计理论与方法。事实上，与地面结构相比，隧道支护结构在赋存环境和作用机理等方面均存在较大差异性，其支护对象和荷载构成也极为复杂，且存在相互作用的关系，因而其设计方法也大为不同。为此，本节从支护结构体系的协同作用原理出发，建立多目标、分阶段的协同作用动态分析模型，以形成隧道支护结构体系的协同优化设计方法。

隧道支护结构体系共同承担围岩附加荷载，即狭义荷载，各支护结构之间的协同作用可使支护作用的效率最高，而对协同效果的评价则应注重以隧道工程的安全性为目标，通常包括两类指标，即围岩变形量和支护结构受力值。可见，协同作用的本质就是多目标、分阶段的非线性优化，以满足总体目标和阶段目标最优的要求。

4.4.1　协同作用效果及其评价方法

由于隧道施工的时空相关性和各支护构件与围岩作用关系的差异性，隧道支护结构体系协同作用效果评价也极为复杂。对于不同阶段、不同形式的支护结构，其担任角色不同，因此作用目标也不尽相同。对于超前支护而言，其协同目标为急剧变形量累计值最小，并使得围岩有足够的自稳时间；对于初期支护和二次衬砌而言，其协同目标则是以最小的支护代价达到最优的围岩稳定性控制效果。

为了定量描述协同作用条件及其影响因素，提出采用围岩变形S与支护体系协同度ξ作为协同指标来表征，基于支护与围岩相互作用的3个阶段，可建立多目标、分阶段的动态优化模型如下式所示：

$$\begin{cases} S = f(\text{SRC}, r, x_i, k_i) \\ \xi = f(x_i, k_i, [p_i], \omega_i) \end{cases} \tag{4.4-1}$$

式中：SRC——表征围岩条件；

$\quad\quad r$——工程尺度；

$\quad\quad x_i$——支护时机，以支护施作时距开挖面距离表示；

$\quad\quad k_i$——支护刚度；

$\quad\quad [p_i]$——各支护构件极限强度；

$\quad\quad \omega_i$——各支护构件在支护体系中所占权重；下标$i = 1,2,3$分别表示超前支护、初期支护和二次衬砌，对于不同的支护构件尚需进一步细分。

显然，由于支护结构分阶段施作，函数S与ξ为分段函数，对于函数S采用两阶段分析法进行求解，如图4.4-1、图4.4-2所示。第一阶段，将无支护状态下的围岩特性曲线与纵向变形曲线进行耦合，由纵向变形曲线可知，距离开挖面x_1处的围岩径向位移为u_1，由围岩特性曲线可知，围岩发生径向位移u_1时虚拟支护力为p_1^*，从而求得任意分析断面的虚拟支护力大小；第二阶段，将支护特性曲线、围岩特性曲线与纵向变形曲线三者进行耦合，由无支护作用时的纵向变形曲线可知当支护时机为x_1时围岩位移为u_1，假定支护结构与围岩变形协调，由支护特性曲线可确定支护力与位移的关系，此时再由围岩特性曲线可确定围岩荷载与位移的关系，而围岩荷载由支护结构和第一阶段所得到的虚拟支护力共同承担，由此将三者进行耦合即可得到一次支护影响下纵向变形曲线，重复上述方法即可得到支护体系协同作用的全过程解答。

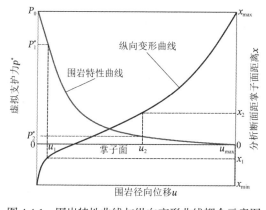

图4.4-1　围岩特性曲线与纵向变形曲线耦合示意图

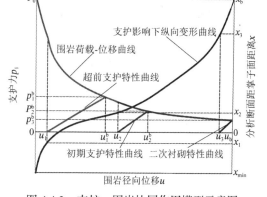

图4.4-2　支护—围岩协同作用模型示意图

基于图4.4-1和图4.4-2的思想，可确定函数S求解思路具体如下：

（1）根据现有研究成果总结归纳出围岩位移与纵向距离的关系，选取合适的位移释放系数表达式，对于弹性围岩可选择Panet等人的拟合公式如下[9]：

$$\lambda_x = \frac{u_x}{u_{\max}} = 0.25 + 0.75\left[1 - \left(\frac{0.75r_0}{x + 0.75r_0}\right)^2\right] \tag{4.4-2}$$

式中：r_0——隧道半径；

x——分析断面与开挖面的距离，负值表示开挖面前方，正值表示开挖面后方；

$u_{\max}$——无支护时隧道洞壁的最大径向位移；

λ_x——分析断面 x 处的位移释放系数。

对于弹塑性围岩，则可选择 Hoek（1999）采用最佳拟合方法得到的位移释放系数如下[10]：

$$\lambda_x = \frac{u_x}{u_{\max}}\left[1 + \exp\left(\frac{-x}{1.1r_0}\right)\right]^{-1.7} \tag{4.4-3}$$

（2）当支护时机 x_i 确定后，由步骤（1）可得到支护结构施作时围岩已发生的位移量 u_{x_i}，假定支护为线弹性构件，则对于某一分析断面，其支护反力与支护刚度之间的关系为：

$$p_1 = k_i(u_x - u_{x_i}) \tag{4.4-4}$$

式中：x_i——某支护结构施作时距开挖面的距离。

（3）根据岩土体的峰后行为选取合适的本构模型和屈服准则，从而得到围岩位移与支护力关系的弹塑性解答，形式如式(4.4-5)所示：

$$u = f(p_i) \tag{4.4-5}$$

对于不同的围岩条件，式(4.4-5)的具体形式也有所区别。一般来说，不同围岩峰后应力-应变行为可分为 3 种模式，即弹脆性、应变软化和理想弹塑性[11]，如图 4.4-3 所示，其中 GSI 为岩体地质强度指标。

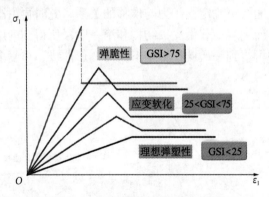

图 4.4-3　岩体不同峰后行为模式

以理想弹塑性模型为例，采用 Mohr-Coulomb 屈服准则时弹性阶段隧道洞壁径向位移为[12]：

$$u = \frac{1 + \mu}{E}(p_0 - p_i)r_0 \tag{4.4-6}$$

式中：p_0——原岩应力；

E——围岩弹性模量；

μ——围岩泊松比。

塑性阶段隧道洞壁径向位移为：

$$u = \frac{1+\mu}{E}(p_0 + c \cot \varphi) \cdot \left[\frac{(p_0 + c \cos \varphi)(1 - \sin \varphi)}{p_i + c \cos \varphi} \right]^{\frac{1 - \sin \varphi}{\sin \varphi}} \qquad (4.4\text{-}7)$$

式中：c——围岩黏聚力；

　　　φ——围岩内摩擦角。

显然，若直接令 $p_i = p_1$ 将上式联立，所得到的围岩位移结果与纵向距离无关，这显然只是一种状态，而无法描述支护-围岩作用过程，这是由于伴随着位移释放，隧道开挖面对围岩具有一定的约束效应，也就不难解释隧道开挖后围岩位移不会立即释放完毕，而是具有一定的时空相关性，因此计算时这种约束效应必须予以考虑，可将其用虚拟支护力 p^* 描述，显然随着位移释放 p^* 逐渐减小，故有：

$$p_i = p_1 + p^* \qquad (4.4\text{-}8)$$

当支护结构在围岩弹性变形阶段施作时，由式(4.4-2)和式(4.4-6)联立，可得虚拟支护力 p^* 的表达式为：

$$p^* = p_0 - \frac{u_{\max} \lambda_x}{m r_0} \qquad (4.4\text{-}9)$$

式中：m——中间参量，有 $m = (1 + \mu)/E$。

联立式(4.4-2)～式(4.4-9)可得围岩位移关于纵向距离 x 的表达式为：

$$S_1 = \frac{u_{\max}}{1 + k_1 m r_0}(k_1 m r_0 \lambda_{x_1} + \lambda_x) \qquad (4.4\text{-}10)$$

式中：λ_{x_1}——第一组支护施作时围岩位移释放系数；

　　　x_1——第一组支护施作时距开挖面距离。

同样地，联立式(4.4-3)～式(4.4-5)且位移公式选取式(4.4-7)可得当支护结构在围岩塑性阶段施作时，围岩位移关于纵向距离 x 的表达式为：

$$S_1' = \frac{n \left[\left(\frac{\lambda_x u_{\max}}{S_1'} \right)^{N_\varphi} - 1 \right]}{k_1 (\lambda_x u_{\max})^{N_\varphi}} + \lambda_{x_1'} u_{\max} \qquad (4.4\text{-}11)$$

式中：$N_\varphi = \frac{\sin \varphi}{1 - \sin \varphi}$，$n = (1 - \sin \varphi)(m r_0 \sin \varphi)^{N_\varphi}(p_0 + c \cot \varphi)^{\frac{1}{1 - \sin \varphi}}$。

式(4.4-10)和式(4.4-11)中，$u_{\max}$ 由弹塑性位移公式(4.4-6)或式(4.4-7)代入 $p_i = 0$ 得到，由于式(4.4-11)并非显式解，因此需要借助数值分析法求解。

对于后序支护构件，支护施作时已发生的位移由式(4.4-10)或式(4.4-11)得到，由于式(4.4-11)为隐式解，在后序支护施作时采用理论解析无法直接求得围岩位移，因此本章仅针对支护结构在弹性位移阶段施作时进行推导，对于其他工况可基于本章求解思路得到相应解答。

将 $x = x_2$ 代入式(4.4-10)可得第二组支护施作时围岩已发生的位移为：

$$S_{x_2} = \frac{u_{\max}}{1 + k_1 m r_0}(k_1 m r_0 \lambda_{x_1} + \lambda_{x_2}) \qquad (4.4\text{-}12)$$

式中：λ_{x_2}——第二组支护施作时围岩位移释放系数；

　　　x_2——第二组支护施作时距开挖面距离。

因此可得围岩位移关于纵向距离 x 的表达式为：

$$S_2 = \frac{u_{\max}\lambda_x + (k_1 + k_2)mr_0 S_{x_2}}{1 + (k_1 + k_2)mr_0} \tag{4.4-13}$$

对比式(4.4-10)和式(4.4-13)归纳总结其规律，并结合计算原理可得当支护结构在围岩弹性阶段施作时，围岩位移关于纵向距离x表达式的统一形式为：

$$S_n = \frac{u_{\max}\lambda_x + \sum\limits_{i=1}^{n} k_i mr_0 S_{x_i}}{1 + \sum\limits_{i=1}^{n} k_i mr_0} \tag{4.4-14}$$

式中：S_{x_i}——第i组支护施作时围岩发生的位移，由式(4.4-2)和式(4.4-12)可总结出其递推公式为：

$$S_{x_i} = \frac{u_{\max}\lambda_{x_i} + \sum\limits_{i=1}^{n} k_{i-1} mr_0 S_{x_{i-1}}}{1 + \sum\limits_{i=1}^{n} k_{i-1} mr_0} \tag{4.4-15}$$

此数列的首项为：

$$S_{x_1} = u_{\max}\lambda_{x_i} \tag{4.4-16}$$

由式(4.4-14)～式(4.4-16)即可求得函数S的分阶段解答，以上即为协同指标S的计算方法，而隧道支护体系协同度则包括两方面内涵，即各支护构件强度平均利用率以及支护体系组合效率，前者反映了支护构件力学性能整体发挥的程度，可由各支护构件强度利用率的加权平均值描述，而后者反映了各支护构件使用效率的一致性，可由各构件强度利用率的加权方差来表达，如式(4.4-17)所示：

$$\begin{cases} E(\xi) = \sum\limits_{i=1}^{n} \xi_i \omega_i \\ D(\xi) = \dfrac{1}{n} \sum\limits_{i=1}^{n} \left[\xi_i \omega_i - \dfrac{E(\xi)}{n} \right]^2 \end{cases} \tag{4.4-17}$$

式中：n——支护体系中各种支护形式数量；

ω_i——某种支护形式对应权重值；

ξ_i——某构件性能利用率，可由其实际受力最大值与其极限承载强度比值来表征，如式(4.4-18)所示：

$$\xi_i = \frac{p_{\max}}{[p_i]} \tag{4.4-18}$$

式中：$p_{\max}$——构件实际受力最大值，对于锚杆取其最大轴力，对于钢拱架和喷射混凝土取其最大应力值；

$[p_i]$——构件极限承载强度，对于锚杆取其抗拉强度，对于钢拱架和喷射混凝土取其极限抗压强度。

由于围岩变形破坏过程的阶段性以及支护结构的差异性，支护系统的协同作用体现在多个方面，就协同支护系统而言，其协同作用模式主要有支护结构协同、时空转化协同、接触状态协同和作用过程协同。

（1）支护结构协同。支护结构一经施作，则立即与围岩共同变形，支护刚度越大，其分担的荷载效应越大，在不同的施工阶段，支护刚度应与围岩变形发展相匹配，前序支护与后序支护的相对刚度应控制在合理范围内，从而保证围岩为承担荷载的主体结构。

（2）时空转化协同。由于隧道工程施工方法的复杂性和多样性，对于同一隧道，在同样的控制标准下，采用不同的施工工法时隧道轮廓线不同位置对支护需求必然不同，这是由于不同的施工工法影响下围岩的变形释放速率不同，隧道围岩稳定性有一定差别。因此，为了达到保证支护体系高效率运作，同一断面不同位置处的支护施作时机应与空间尺度和施工工序相协同。

（3）接触状态协同。在隧道施工过程中，支护系统不断有新的子系统参与其中，不同的子系统之间应做到无缝衔接、变形协调，当子系统之间接触不良时，常会诱发隧道病害，影响隧道结构的安全性。当然，各组结构之间的接触形式具有多样性，如锚杆与喷混凝土之间、超前支护与后序支护之间的接触状态均不同，在这些接触形式中，应保证支护结构与围岩接触良好，有利于其力学性能的发挥。

（4）作用过程协同。不同的支护构件对围岩的作用效果不同，超前加固和锚杆支护提高了围岩的强度及整体稳定性，初期支护承担改善后的围岩的全部附加荷载，而二次衬砌则作为安全储备。因此，超前加固和锚杆支护的范围和有效性、初期支护和二次衬砌的施作时机、结构强度和刚度应相互协同，保证支护体系力学性能的充分发挥。

4.4.2 隧道初期支护与二次衬砌协同作用原理

二次衬砌施作时初期支护与围岩系统已基本稳定，变形量增加很小，而从隧道长期稳定性而言，由于隧道围岩流变变形及支护-围岩系统的不确定性，二次衬砌也将按照"硬支多载"的原理参与荷载分配。

诚然，在进行支护设计时必然要考虑到隧道结构在全寿命周期的安全性，因此需要一定的安全储备，主要考虑以下 4 个方面的因素：

（1）支护结构的耐久性。隧道设计使用年限一般为 100 年，在此期间围岩可能发生蠕变变形，围岩参数弱化，隧道表面衬砌劣化，为了保证长期安全，在进行结构设计时需要保证支护结构具有一定的安全系数。

（2）特殊隧道围岩条件的影响。处于富水地层中的隧道，尽管采用堵水限排的方式对涌水量和水压力进行控制，但在极端情况下，若排水通道堵塞，则必然导致作用于隧道支护上的水压力增加，因此需要支护系统能够承载最不利的水荷载作用。

（3）不确定性条件的影响。实际隧道围岩中含有大量的不连续结构面，并受地应力、地下水、温度等赋存环境的影响，隧道围岩稳定性本身是一个复杂的非确定性问题，而在进行隧道设计时仅能对确定的围岩条件进行计算，其模型选择、材料参数确定以及围岩荷载计算等均存在一定的变异性。因此，为了降低隧道的失效概率，提高支护系统的可靠性，需要支护本身具有一定富余量。

（4）特殊荷载条件方面的考虑。由于隧道围岩的复杂性和隧址地理位置的特殊性，当地震、山体滑坡和泥石流等自然灾害发生时，会使得荷载效应突然猛增。因此，对于此类风险，在进行隧道设计时也应使支护具有一定的安全储备。

从我国目前众多隧道工程来看，大多把初期支护视为保证施工安全的"临时支护"，在进行支护设计时则将二次衬砌作为围岩荷载效应的主要承担者。而事实上在支护与围岩的相互作用过程中围岩荷载效应已大部分传递给周边岩体，少部分由初期支护协助承担，在二次衬砌施作后围岩变形已趋于稳定，尽管初期支护进入屈服，由于二次衬砌对初期支护的屏障作用，围岩荷载效应也不可能全部转移至二衬[13]，因此，不考虑初期支护作用的设计方法是偏于保守的。这也是诸多隧道结构检算不满足规范要求，却可以保障长期安全的原因所在。

为了分析初期支护与二次衬砌的协同作用原理，定义相对刚度κ为二次衬砌刚度k_2与初期支护刚度k_1的比值，对于一个实际的隧道工程，根据图 4.4-1 和图 4.4-2 所示的计算思路以及"支护-围岩"相互作用机理，可对初支和二衬的支护反力进行计算。下面以一组算例进行分析，对不同相对刚度和二衬支护时机下的初支和二衬协同作用关系进行计算，具体参数见表 4.4-1。

计算参数   表 4.4-1

围岩参数				支护参数	
E（Gpa）	μ	r_0（m）	p_0（MPa）	k_1（MPa/m）	x_1（m）
1.5	0.25	6	5	100	6

将表 4.4-1 中计算参数代入本章公式中计算，并分别研究二衬刚度和施作时机对围岩位移以及支护结构受力的影响，如图 4.4-4 所示。

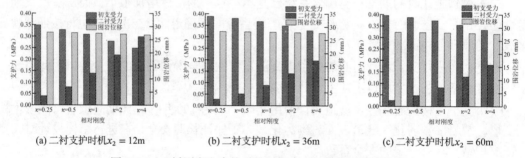

图 4.4-4　二衬刚度和支护时机对初支—二衬协同作用的影响

由图 4.4-4 分析可知：

（1）随着二次衬砌刚度的增加，二次衬砌结构自身受力明显增大，初期支护受力和围岩稳定变形量均有所减小，但后者变化并不明显；当二次衬砌施作时机延迟时，二衬结构受力显著降低，而初期支护受力和围岩最终变形量相对变化较小。这表明二次衬砌结构对围岩稳定性影响并不大，由此可确定初期支护的主体结构地位，而二次衬砌则仅作为安全储备。

（2）影响二衬结构受力的主要因素为其自身刚度，当其刚度大时较小的围岩变形量亦会使得二衬结构受力迅速增大，这显然不利于支护结构的长期安全性。因此实际工程中不仅要使得二次衬砌在围岩变形稳定后施作，更应根据隧道耐久性要求将其刚度控制在相对合理的水平。

实际工程中对二次衬砌进行检算时常认为二衬承担所有荷载，或人为给定荷载分担比，这显然与事实不符。为此，对不同支护时机下二衬刚度与荷载分担比关系进行分析，如图 4.4-5 所示。

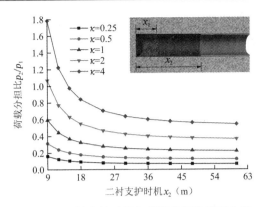

图 4.4-5 二衬支护时机与荷载分担比关系曲线

可见，对于不同的支护时机和支护刚度，二衬荷载分担比也具有明显差异，随着二衬支护时机的延迟以及支护刚度的减小，二衬所承担荷载也逐渐递减，当 $x_2 \geqslant 36\text{m}$ 后，二衬支护时机的滞后对于二衬荷载基本无影响，该稳定值即为二衬理应承担的围岩荷载。此外，当二衬紧跟时，尽管二衬刚度较小，其承担荷载仍然较大，此时初期支护承载能力未得到充分发挥，这必将造成材料浪费，显然是不合理的，因此二衬支护参数应与"支护-围岩"作用关系相协调，达到经济、合理的支护效果。

4.4.3 隧道支护体系协同作用过程

隧道支护体系的总体目标为保持围岩安全稳定，即提供支护以满足因施工引起的附加荷载的需求，而该附加荷载是随着应力释放逐渐形成的，可见附加荷载的大小与围岩条件以及支护作用的及时性有关[14]。而协同支护的根本目的在于满足上述要求的前提下支护体系的整体性能得到最大限度的发挥。因此，支护结构的施作应与围岩应力释放相协调，支护体系协同作用与围岩应力释放的关系可由图 4.4-6 说明，其中 P_s 为支护受力，P_i 为围岩应力释放值。

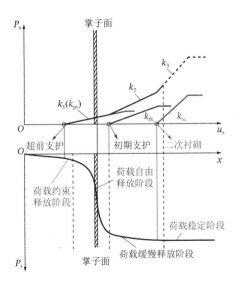

图 4.4-6 隧道支护结构体系的协同作用与应力释放的关系

一般来说，超前支护在荷载约束释放阶段施作，主要功能为维持开挖面稳定性，因此支护刚度k_1通常较小；隧道开挖后围岩荷载迅速释放，此时需要初期支护及时有效施作，使得围岩尽快稳定，初期支护作为隧道围岩附加荷载的承担者，可承担全部的附加地层荷载以及主要的水荷载，因此需要有较大的刚度和强度，与超前支护联合形成组合刚度k_2，作用于支护结构上的荷载也随着围岩变形迅速增加，此阶段支护与围岩博弈过程是隧道支护是否成功的关键；二次衬砌施作以后，隧道支护体系基本形成，支护总刚度为k_3，此时围岩变形基本稳定，本阶段主要表现为支护体系内部荷载的传递和分配，在此过程中围岩荷载的少许释放使支护体系整体荷载效应有所增加，但迅速达到新的平衡状态。

4.4.4 隧道支护体系协同设计流程

隧道初期支护作为隧道围岩附加荷载的承担者，可承担全部的附加地层荷载。在超前加固和超前支护共同作用下，围岩通常已具备一定的稳定性。因此，初期支护施作的时机和刚度应按照围岩的力学特性曲线进行确定。基于围岩的结构特性，同时考虑到围岩超前加固/支护的作用效果，这时计算初期支护结构荷载，再结合围岩结构层的稳定状态及变形控制值确定初期支护施作的时机和结构刚度。

对于隧道支护体系协同作用的多目标规划设计，采用分层排序法寻找其最优解集[15]，基本思想为：首先将多目标规划问题转化为一定次序的单目标优化问题，而后依次求解，最后一个单目标优化问题的最优解即为该问题的有效解。因此可确定隧道支护体系协同作用优化方法流程图如图4.4-7所示。

（1）开挖面稳定性评价：首先，基于隧道工程地质条件和相关施工因素预测超前变形量S_1^*，再采用工程类比、理论解析、现场实测等方法确定超前变形量控制标准$[S_1]$，将两者进行比较，从而判断隧道开挖过程中是否需要超前支护。

（2）超前支护优化设计：通过对超前破坏模式进行预测，根据前文分析选取相应合适的超前支护方式，并初步确定超前支护方案，对各支护参数进行敏感性分析，从而搜索出超前支护参数最优解的范围，将各参数取值区间进行组合后对开挖面变形量S_1进行预测，对于满足施工要求的方案，计算其协同度并进行比较，取协同度最大的方案为超前支护最优解集。

（3）施工安全性评价：选取步骤（2）得到的超前支护最优解集对隧道围岩结构性进行预测，若出现浅层围岩，则必须施作初期支护；若仅有深层围岩，则对施工期间围岩最大变形量S_2^*（主要为弹塑性变形）进行预测，并根据规范中对于隧道极限变形量的规定，参考相关工程案例制定围岩最大变形量控制标准$[S_2]$，将二者进行比较，从而判断是否需要施作初期支护。

（4）初期支护协同设计：根据前文荷载效应确定方法计算支护荷载，并对隧道中常用的初期支护形式的适应性进行分析，结合浅层围岩范围，选择适合于本工程的初期支护形式，并初步确定支护参数的变化范围，对各参数进行敏感性分析，搜索出参数最优解的存在范围，将各参数进行组合后对最大变形量S_2进行预测，将满足隧道施工期间安全性要求的方案比较其协同度，从而确定初期支护参数最优解集。

（5）长期安全性评价：地下空间往往具有不同的功能需求，因而对其耐久性和长期使用安全性的要求也不同，根据隧道所处的工程地质环境对围岩长期荷载效应和衬砌劣化程度进行预测，从而判断是否需要施作二次衬砌。

（6）二次衬砌安全设计：隧道中常用的二次衬砌为混凝土或钢筋混凝土结构，根据前文分析，二次衬砌施作原则为刚度与隧道长期安全性相匹配，支护时机与围岩变形相适应。据此初步拟定二次衬砌支护方案，计算不同方案的安全系数，并对长期作用过程中最不利荷载条件下围岩的稳定性进行校验，确定二次衬砌安全系数需求，从而选择符合条件的支护方案，对各方案中支护体系的协同度进行计算，选取协同度最高者为二次衬砌最优解集。

以上步骤完成后所得到的最优解集即为协同支护多目标、分阶段优化设计问题的有效解。当然，在隧道长期运营中，还应保证支护结构体系具有可修复性，以方便隧道定期检测和养护。

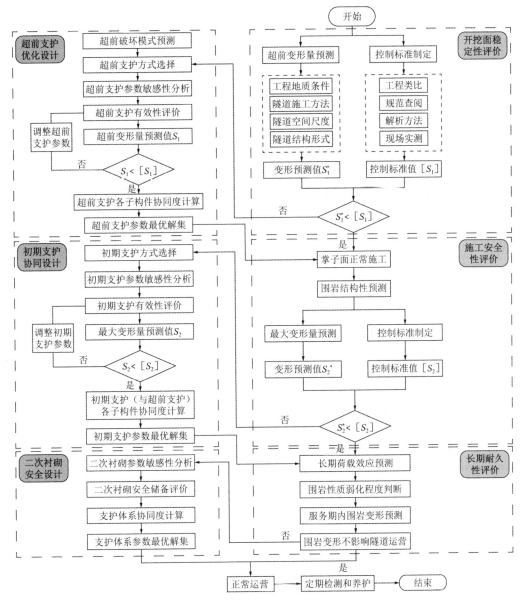

图 4.4-7　隧道支护体系协同优化设计方法

4.4.5　工程实例验证

贵广高铁牛王盖隧道位于广西壮族自治区贺州市境内,隧道起讫里程为 DK567＋795～DK568＋247。隧道位于剥蚀丘陵区,场区以构造剥蚀中低山为主,最大埋深 122m。隧道穿越断层、突泥涌水、溶洞暗河等复杂地质条件,节理裂隙发育,围岩级别以Ⅲ～Ⅳ级为主。选取Ⅳ级围岩段 DK568＋060、DK568＋080 以及 DK568＋100 三个典型断面进行监测,隧道埋深约 100m,断面大小和测点布置如图 4.4-8 所示。

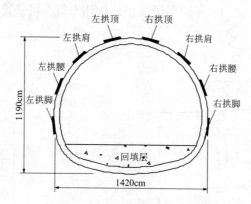

图 4.4-8　牛王盖隧道测点布置图

所选三个监测断面采用复合式衬砌结构,初期支护均为 40cm 厚 C25 喷射混凝土和 $4\phi25mm$ 格栅钢架,支护时机基本一致;二次衬砌为 C35 钢筋混凝土,其支护参数略有不同,如表 4.4-2 所示。

监测断面二次衬砌支护参数

表 4.4-2

断面里程	二次衬砌厚度t_2（cm）	二次衬砌施作时机x_2（m）
DK568＋060	40	40
DK568＋080	50	40
DK568＋100	40	70

现场实测二衬结构受力如图 4.4-9 所示。可见,对于三个监测断面,尽管在不同空间位置处二衬结构受力不同,但其最大值仍在 0.2MPa 以下,低于素混凝土的极限承载能力,因此二次衬砌作为安全储备的设计理念是完全可行的[16]。

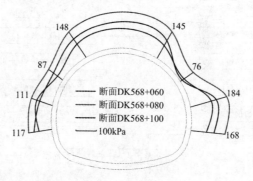

图 4.4-9　隧道二次衬砌受力分布图

此外，实测数据表明，二衬施作越早或刚度越大则其承担荷载也越大，这说明尽管二次衬砌在围岩变形基本稳定后施作。但由于其具有较大刚度，后续较小的围岩变形即使其分担较大围岩荷载。当支护时机较早时，这种荷载分配效应尤为明显。

4.5　高地应力软岩隧道主动/让压支护理论与应用实践

随着交通基础设施建设向艰险山区与青藏高原边缘及腹地延伸，隧道工程呈现出了"埋深大、地应力高、软岩分布范围广"等显著特点，由此带来的（极）高地应力软岩大变形问题十分突出，如已建成的南昆铁路家竹箐隧道、兰新铁路乌鞘岭隧道、木寨岭铁路与公路隧道、成兰铁路杨家坪隧道，以及在建的西成铁路甘青隧道、西十高铁马白山隧道、渝昆线宝云隧道等，都先后出现了不同程度和不同形式的软岩挤压型大变形问题，围岩变形量普遍达到"米级"及以上，最大收敛变形甚至高达 4385mm（木寨岭铁路隧道）[17]工程建设带来了严重困难和极大安全风险。

为应对软岩隧道中出现的大变形问题，多年来，国内外尤其是我国隧道工程界对于软岩大变形的治理一直沿用实时施作强力支护来"硬扛"的传统设计施工理念。在上述理念指导下，锚喷网、钢架和二衬等支护诸参数都大大突破了各行业设计规范中的推荐上限值；支护方式及其材料、工艺等方面，大多以"复合式刚性衬砌"为主：初衬采用"喷射混凝土 + 普通密布式的全长粘结型锚杆 + 纵向加密式钢拱架"来联合支护，二次衬砌则多采用增厚式模筑钢筋混凝土结构[18-19]。

基于各支护构件的承载特性可以发现，现行的我国隧道工程复合式衬砌结构中各组成构件（包含应用最为广泛的全长粘结型锚杆系统）若要发挥作用，均需依赖围岩产生向洞内的变形或破坏来"诱发"支护结构受力，属典型延时"被动支护"类型。"被动支护"由于无法起到及时恢复岩体三维应力状态、防止围岩力学性能劣化、保持或调动围岩尤其是深部围岩承载能力的作用，故以其为理念的强支护在处理较大变形尤其是"米级"以上变形时，因抑制了岩体形变能的释放反而诱发了更大的围岩压力，导致支护结构处于极高受力状态，致使锚杆拉断、钢拱弯扭或剪断，喷射网筋混凝土剥落掉块，二衬开裂等灾害现象频发，围岩"侵限"问题日益严重[20]，亟待开展基于新型支护理念的大变形灾害防控理论与支护设计方法研究。

4.5.1　高地应力软岩隧道主动及主动-让压支护基本原理与实现途径

1. 主动支护的基本内涵

综合高应力软岩隧道中的主动支护理念，提出其基本内涵如下：

（1）及时性：及早施加支护阻力（即预应力），尽可能早地恢复围岩三维应力状态；

（2）主动性：采用预应力构件进行主动支护，使施锚区尽快形成"拱效应"；

（3）强力性：在挤压型大变形隧道中需具备高强支护能力。

预应力主动支护的基本原理如图 4.5-1 所示，从图中可以看出，主动支护特性曲线②起点始于 P_0（即预应力），也即无须围岩产生位移即可提供初始支护力 [图 4.5-1（b）]，而在相同时机施作的被动支护初始支护力为 0，随后续围岩位移发展才能诱发支护力，无法有效维持围岩力学性能。因此，主动支护下的围岩特性曲线 2 较于被动支护下的围岩特性曲线 1 显著改善，围岩位移较被动支护下明显减小。

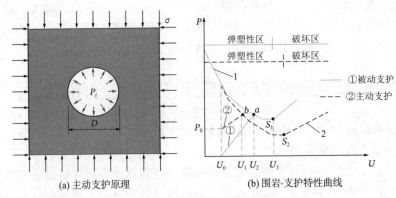

(a) 主动支护原理　　　　　　　(b) 围岩-支护特性曲线

图 4.5-1　主动支护基本内涵

2. 主动-让压支护的基本内涵

高地应力软岩大变形隧道主动-让压支护基本内涵如下：

（1）主动性：采用预应力措施主动提供支护力，尽快形成围岩"承载拱"；

（2）强力性：支护结构应具有高强度支护力；

（3）让压性：在保持支护恒阻条件下，允许其产生一定的位移量，支护具备让压功能。

主动-让压支护基本原理如图 4.5-2 所示，从围岩-支护特性曲线可以看出，主动-让压支护除具备主动支护特点外，支护特性曲线还具备了让压滑移功能［图 4.5-2（b）中让压量段］，即在支护力发展到让压力后，支护在维持稳定支护力的同时发生让压滑移，从而达到强力支护与围岩形变能适度可控释放的效果，进而实现大变形控制过程中"支让一体"的功效，而传统的刚性被动支护则无法实现上述功能。

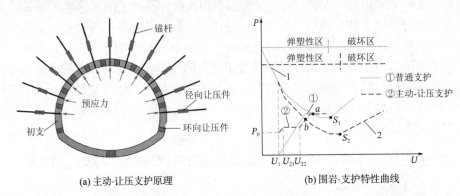

(a) 主动-让压支护原理　　　　　　(b) 围岩-支护特性曲线

图 4.5-2　主动-让压支护基本内涵

3. 主动及主动-让压支护的实现途径

从主动及主动-让压支护内涵出发，在地下工程中，若要实现及时主动支护，预应力锚杆（索）系统必将是核心载体。而在软弱破碎岩体中，因岩体强度低、完整性差，以机械式为主的传统预应力锚固系统拉拔过程中常出现滑脱现象，以低碳钢为材质的锚杆体在过大预应力状态下基本进入塑性状态，根本无法实现预应力强支护功能。为此，基于各构件间最佳协同受力的理念，研发了适宜高地应力软岩隧道大变形控制的主动（让压）型锚固系统。

（1）研发了兼具临时与永久支护功能的高强预应力（让压）锚索：该锚索由"树脂"和"注浆"两种锚固形式组合而成（图 4.5-3）；端部采用树脂锚固可快速凝结，进而可及时施加高强预应力（最高可达 1000kN，具临时支护功能）[21]；后期自由段采用注浆粘结，可起到永久支护功能[22]。并以此锚索为基础，研发了可根据变形控制需求设定让压力与让压量的大尺度预应力让压系列锚索，实现高强预应力支护的同时使得变形适度可控释放。

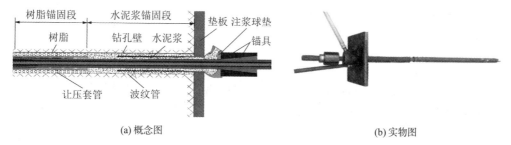

(a) 概念图　　　　　　　　　　　　　　　　(b) 实物图

图 4.5-3　大尺度预应力让压锚索系统

（2）提出了软岩隧道中与高强预应力（让压）锚索系统相适配的垫板形式与尺寸：通过对圆形、方形垫板力学特性与作用机制开展研究，揭示了垫板应力扩散效应，探明了垫板形状、几何尺寸、厚度等因素对高强预应力锚固系统受力的影响，提出了软岩隧道预应力锚固系统垫板的参数建议（表 4.5-1）[23]。

软岩隧道中预应力锚固系统垫板的参数设置建议　　　　表 4.5-1

锚固系统形式	适宜垫板形式	厚度优值（mm）	尺寸优值（cm）	备注
预应力锚杆	方碗形垫板	10～12	150×150～200×200	预应力/锚固系统受力<200kN
预应力锚索	方形平板垫板	25	250×250	预应力/锚固系统受力200～300kN

（3）探明了预应力锚固系统中球垫与钢带的作用效应：通过试验揭示了在锚杆（索）承受偏心载荷作用时，球垫能够显著改善锚固系统的受力状态，具体表现为锚固系统倾斜加载下，球形垫圈具维持杆体轴向受力状态，且能够显著减小垫板受力的突出作用，进而使得预应力锚固系统可靠性提升。此外，钢带作为软岩隧道锚固支护系统中的关键协同支护构件，具有联合多锚固系统协同承载及分散围岩荷载的双重作用[24]。为实现尽可能扩散预应力，达到更好的支护效果，科研团队提出了"锚网带"的主动支护形式。

基于上述研究，科研团队最终构建了高地应力软岩隧道中包含垫板、球垫等组件最佳协同受力的大尺度预应力让压（可达 2m）锚固系统（图 4.5-4）。

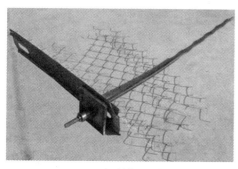

(a) 结构　　　　　　　　　　　　　　　　(b) 应用

图 4.5-4　主动支护技术组成

4.5.2 预应力主动-让压支护力学分析模型

1. 基于统一强度理论的围岩-主动（让压）支护耦合解析模型

高地应力软岩隧道中，主动-让压支护的核心目的是在控制围岩变形的同时确保支护系统的可靠性。预应力（让压）锚固系统作为唯一深入岩土体内部的支护构件，其主动支护效应无须围岩变形的诱发，但其被动支护作用离不开与围岩的相互耦合作用（图 4.5-5）。锚固系统在限制围岩变形的同时，自身也会相应发生变形。然而，由于地质条件的多变性和结构协同分析的复杂性，目前对围岩-预应力让压锚固系统弹塑性耦合作用的研究较少。现有的锚固支护设计方法大多基于经验和简化模型，难以准确反映预应力让压锚固系统与围岩的变形协同作用。因此，建立能够准确反映预应力让压锚固系统与围岩相互作用关系的力学解析模型至关重要。

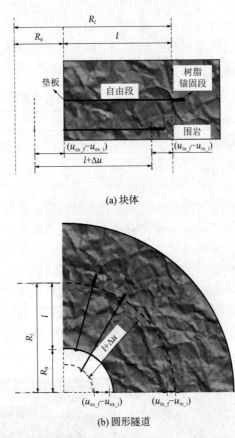

(a) 块体

(b) 圆形隧道

图 4.5-5　围岩-锚固系统相互作用模型

此外，预应力主动支护下带来围压改变的同时，中主应力也会发生改变，而当前岩土体分析时广泛采用的莫尔-库仑准则忽略了中间主应力的作用对围岩的承载能力和变形特征的影响。为此，汪波教授团队针对高地应力软岩隧道中锚索支护问题，基于收敛-约束原理，考虑统一强度（UST）屈服准则，开发了围岩应变软化-预应力让压锚索协同耦合状态下的弹塑性解析模型与计算方法[25]。

其中，围岩应变软化模型考虑了中间主应力的影响效应，可以根据实际情况退化为

Mohr-Coulomb 准则和双剪强度理论；锚索模型则很好地集成了预应力支护和让压支护特性，并反映了进入塑性阶段后锚索变形量与应力的单一映射关系（图 4.5-6）。该解析模型实现了围岩与锚索的变形协同耦合作用，即当锚索不处于让压阶段时，围岩变形会诱发锚固结构的被动支护力增加，从而进一步抑制围岩变形；而在锚索处于让压阶段时，尽管围岩变形协同作用会导致锚索延伸率增加，但锚索支护力保持恒定，直到达到设定的让压量后才会进一步增大。上述模型的可靠性已经通过工程实例验证；同时，该解析模型为基于位移差的预应力锚固系统设计方法的建立奠定了理论基础。

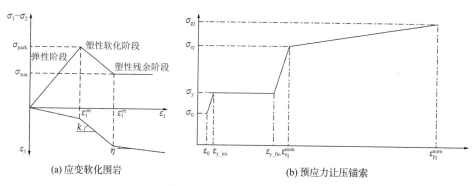

(a) 应变软化围岩　　　　　　　(b) 预应力让压锚索

图 4.5-6　围岩及锚索本构

2. 及时主动支护效应的分析模型

由前述可知，隧道开挖后，在及时主动支护下，施锚区内的岩体因受到压缩作用而能较好地保持其原有的力学性能，这一点与传统的被动支护是完全不同的。因此，如何科学准确地反映出及时主动支护效应，是研究过程中亟待解决的难题之一。

为此，科研团队针对各类软弱岩体开展了不同围压条件下岩体力学特性相关试验研究，试验研究表明：大部分软岩的弹性模量E随围压增加而变大，且当围压超过某一量值后，弹性模量E将趋于定值；软化阶段和残余阶段的强度与围压间存在强关联性，表现为围压越大，软化与残余阶段的强度越高；广义内摩擦角$\overline{\varphi}$主要受围压σ_3影响，表现为当σ_3增加，$\overline{\varphi}$小幅减小；广义黏聚力$\overline{c}$受围压σ_3与第一塑性主应变ε_1^p双重影响，表现为当σ_3增加或ε_1^p减小时，$\overline{c}$变大（图 4.5-7）。因此，在主动支护研究过程中，若不考虑主动支护引起围压变化而导致的岩体力学特性改变，将难以反映出预应力支护的主动控制效果，并可能导致相关研究成果与实际偏离。

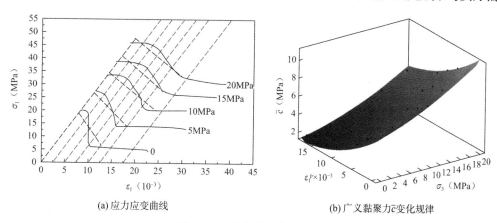

(a) 应力应变曲线　　　　　　　(b) 广义黏聚力$\overline{c}$变化规律

图 4.5-7　软岩应力应变曲线

汪波教授团队基于大量试验研究揭示的弹性模量E随围压σ_3的变化规律、广义黏聚力$\bar{c}$随围压及第一塑性主应变ε_1^p的变化规律，修正了既有应变软化模型，开发了具备描述主动支护效应的软弱围岩本构模型（表4.5-2）[26]，并基于工程实例验证了模型的可靠性，为及时主动支护体系关键参数设计奠定了理论基础。

不同围岩本构模型异同点 表 4.5-2

模型名称	相同点	不同点
主动支护效应模型	均基于莫尔-库仑强度准则的剪切破坏法则，以及拉应力破坏法则	E随围压变化；c随软化参数及围压变化
应变软化模型		E不变；c随软化参数变化
弹塑性模型		E、c、φ不变

3. 高地应力软岩隧道中主动支护方式的选择

截至目前，强力被动、主动与主动-让压支护模式在大变形防治过程中均取得了相关成功经验，但3种支护模式在软岩大变形隧道中究竟该如何选择，尚未给出相关建议，也未开展过深入探讨。由此致使设计人员在面临软岩大变形隧道支护系统选型与参数制定过程中往往出现很大的随意性和不确定性，最为典型的情形是即使在大变形等级相同的软岩隧道中，支护参数设计所秉承的支护理念也存在着较大差异。上述状况在给工程技术人员设计、施工带来极大困惑的同时，也给软岩隧道大变形治理带来了造价增高、风险加大等问题。

鉴于此，科研团队以高地应力软岩隧道中挤压因子为主控指标，建立了各类支护模式的择用标准：

（1）对于非严重挤压变形隧道（$N_c \geqslant 0.20$），现行的强力刚性支护模式可对围岩进行有效支护；

（2）对于严重挤压变形隧道（$N_c < 0.15$），当支护强度达到一定程度后，再增加支护参数对围岩变形控制的增益效果下降（图4.5-8）。故采用强力支护是行不通的，主动及主动-让压支护将是必然选择；

（3）当$N_c = 0.15 \sim 0.20$时，支护模式的选择将可根据现场围岩变形情况进行综合考虑。

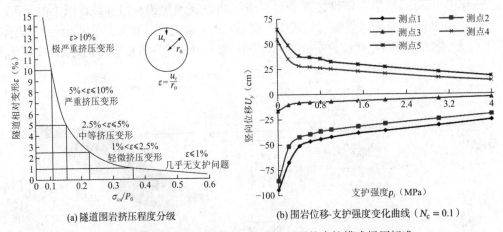

(a) 隧道围岩挤压程度分级   (b) 围岩位移-支护强度变化曲线（$N_c = 0.1$）

图 4.5-8 软岩大变形隧道中基于挤压因子的支护模式择用标准

预应力（让压）锚固系统材料性能（强度极限、延伸率等）对支护形式的选择同样具有决定作用，为此，团队融合当前锚固系统常用材料性能及资料调研分析提出如下建议：

对于所需控制的围岩变形较小的软岩隧道（变形量 60cm 以内），可采用预应力锚杆系统（$F_p \leqslant 200\text{kN}$），而对于所需控制变形较大的软岩隧道（变形量 > 60cm），建议采用预应力锚索系统（$F_p > 200\text{kN}$）。

当采用预应力锚索系统进行主动支护时，为有效发挥锚索系统支护作用，应允许索体工作状态处于塑性阶段，但索体延伸率 ε_a 不应超过 2.3%（取 1.5 倍安全系数时）；当上述限值被超过，单纯的主动支护不再适用，合理支护形式应当是具有更大变形能力的主动-让压支护形式。

4.5.3　高地应力软岩大变形隧道主动-让压支护设计理论与方法

1. 基于位移差的预应力锚固系统设计原理

从及时主动支护的支护参数设计来看，最核心的是预应力锚固系统参数设计，其涉及锚固系统长度、预应力、间距等。多年来，锚杆（索）参数设计都源于规范中的参考值，而相关规范中关于锚杆（索）长度的取值大多依赖于工程经验，并无明确的计算理论与方法。

实际上，锚杆（索）支护效果最直观反映是围岩位移场，预应力锚杆（索）长度等参数设计与围岩位移场息息相关，理论上讲，最佳的锚固系统长度是将内锚固段置于原岩位移为零处 [图 4.5-9（a）]，但这样做将会导致锚固系统长度很长，带来造价增高与施工困难，且也无必要。一般来说，锚固系统要产生拉力只需其两端的位移产生一定的差值即可，且锚固系统的受力会随此差值的变化而变化，基于上述思想，汪波教授团队提出基于位移差的锚杆（索）长度设计原理与方法 [图 4.5-9（b）]，其概念如下：

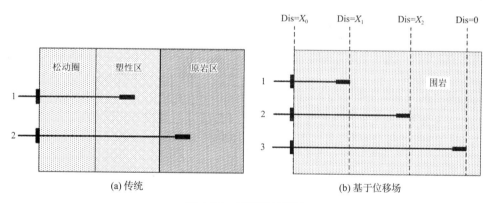

图 4.5-9　锚固设计理论

根据隧道开挖后围岩位移场（尤其是径向位移场）变化特征，建立围岩位移差（$\Delta\delta_x$）与锚杆两端位移差及锚杆受力间的相互关系（图 4.5-10），并结合以下"三控"原则对锚固系统参数进行设计：

（1）以锚杆（索）材料延伸率为控制指标，确保杆体位移差不超过杆体材料延伸率，并具有一定安全余度；

（2）以杆体强度极限为控制指标，确保一定位移差下锚杆（索）所受轴力不超过杆体材料的强度极限，并确保有一定安全度。

（3）以施工工效为控制指标：隧道工程尤其是软岩隧道中锚杆合理长度的确定还需考虑现场施工工效的问题，锚杆长度的增加带来的是锚孔深度的增长，锚孔越深，无论是人工还是机械，其工效会愈发低下。因此，在隧道工程中从工效角度而言，有个最佳的锚杆长度设计值,故此,能将锚杆长度控制在最佳值范围内,且达到变形控制要求是最为理想的。

需要指出的是,上述三控准则中,施工工效是作为辅助性准则来考虑的。基于位移差的设计方法的建立为锚固系统核心参数的定量设计提供了科学途径。

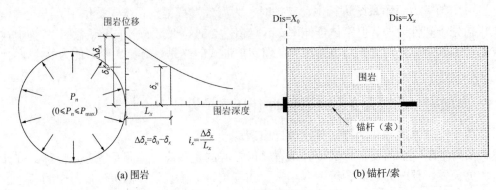

图 4.5-10　位移差概念

2. 基于蠕变效应与材料性能的预应力让压支护设计方法

与预应力主动支护相比,预应力让压支护关键参数还包含让压力和让压量。其中让压力的设定最为重要,其是让压量的确定基础。因让压力与加载的预应力息息相关,且让压力值一定要大于预应力值,才能先发挥高强预应力的及时主动支护效应;其后,随着围岩变形的持续增大,锚固系统受力将持续增加,当其达到人为设定的拉力值后,便在保持支护力不变的条件下开始自动滑移,实现让压功能。为此,让压力设计时,应综合经济性与支护需求来确定让压支护构件(基础)的材料组成,以及其在具体岩土体环境中能达到的最大拉拔力[27]。结合变形控制需求,综合安全性、材料性能发挥率、施工便捷性等因素,确定出适宜的预应力值与让压力值。

在初步确定预应力、让压力后,即可结合通过基于位移差的锚固系统设计方法已确定的锚固系统几何参数和常规支护构件系统参数,并引入高地应力下的围岩体蠕变特性,开展不同让压量下围岩-支护结构的试算过程(图 4.5-11)。重点需要说明的是,试算以调整让压量为主,必要时可调整预应力(涉及锚固构件材料与锚固力)与让压力,以期从经济性、安全性等多方面寻求出"让压力-让压量(扩挖量)-结构安全性"的最优平衡点,进而确定出经济、合理的关键性让压参数。

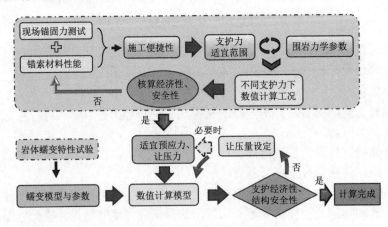

图 4.5-11　预应力让压支护设计方法

4.5.4 预应力主动-让压支护技术在木寨岭特长公路隧道中的应用

木寨岭特长公路隧道是渭源至武都高速公路的控制性工程，全长 15226m，为双向四车道隧道，最大埋深约 629.1m，隧址区内岩性主要为炭质板岩，围岩强度应力比均小于 4，属极高应力区。线路走向与兰渝铁路木寨岭隧道基本平行（图 4.5-12），水平距离仅为 900～1200m，施工中"米级"以上大变形频发，传统的强力被动支护陷入了"无可奈何"的困境。

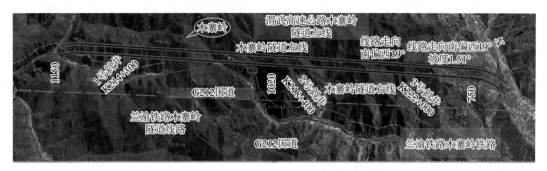

图 4.5-12　木寨岭铁路、公路隧道走向图

为此，依托甘肃省重大专项《渭武高速公路木寨岭隧道极高地应力极软岩控制技术》及甘肃省交通科技项目《木寨岭公路隧道大变形段让压支护体系关键技术研究》等课题，在木寨岭公路隧道开展了以预应力（让压）锚（索）为核心的主动（让压）支护体系研究。

以团队前述前期研究成果为基础，通过系统攻关，成功攻克了渭武高速木寨岭公路隧道"米级"以上大变形控制难题（图 4.5-13），彻底扭转了传统强力刚性支护下频繁拆换拱困境，开创了软岩大变形隧道中应用预应力锚固让压支护技术的先例。

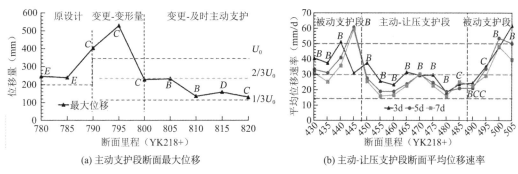

(a) 主动支护段断面最大位移　　　(b) 主动-让压支护段断面平均位移速率

图 4.5-13　木寨岭公路隧道主动（让压）支护效果图

4.6　本章小结

（1）施工影响下，复杂隧道围岩呈现显著的渐进破坏特点，应力释放本质上是压力转移的过程，而压力转移通常是以一系列的拱结构来实现传递的，该结构以内为浅层围岩，而以外的为深层围岩。每组深层围岩通常由结构层和荷载层两部分组成，其中结构层稳定性决定着整个岩层组的稳定性，而荷载层则以荷载的形式作用在结构层之上，从而影响着结构层的稳定性。复合隧道围岩的荷载效应由浅层围岩的给定荷载和深层围岩的形变荷载

复合而成，浅层围岩荷载需由支护结构全部承担，而深层围岩荷载大小则取决于对结构层变形量的控制标准、浅层围岩的传递刚度以及两者耦合作用效果。

（2）针对隧道围岩结构性特点，揭示了围岩结构层状态的纵向演化机制，提出了围岩变形表征方法和形变荷载的确定方法，并发现了围岩变形加速度沿隧道纵向遵循正弦函数分布的规律。明确提出了围岩变形是隧道施工引起的不平衡力作用的结果，建立了"支护-围岩"相互作用的动力学模型，从而获得了围岩变形的显式表达。建立了隧道支护刚度与围岩变形的动态关系，据此可以计算不同支护刚度分布 k 下的围岩变形控制效果。结果表明，早期的强支护可获得更为显著的变形控制效果。建立了隧道支护系统刚度协同设计方法，形成了"围岩变形控制为目标，刚度设计为核心和强度校核作保障"的理论体系，突破了传统强度设计方法的局限性。

（3）针对隧道围岩的复合结构特性，提出了隧道支护的本质作用为"调动围岩承载"和"协助围岩承载"，并基于对围岩荷载效应演化特点明确了其工作对象和控制标准。进一步明确了超前支护的保障作用、初期支护的核心作用以及二次衬砌的安全储备作用，并建立了相应的设计方法和评价体系。建立了两目标、三阶段（超前支护、初期支护和二次衬砌）协同作用优化模型，并建立了基于协同作用的隧道支护体系设计方法，通过实际工程的分析和应用，表明了该设计方法的可行性和先进性。

（4）以充分"提高"和"调动"围岩自承能力及大变形控制过程中形变能适量可控释放为指导思想，明确提出了高地应力软岩隧道中"主动"及"主动-让压"支护的基本概念与内涵；建立了可准确反映与模拟主动及让压支护效应的力学分析模型；构建了垫板、球垫等各组件最佳协同受力的预应力（让压）锚固系统；建立了软岩隧道中融合挤压因子与材料性能的不同支护模式择用标准；提出了基于位移差的预应力锚固系统及考虑蠕变效应的让压支护设计方法；初步构建了以预应力（让压）锚固系统为核心的主动及主动-让压支护理论与技术体系。

参考文献

[1] 李英杰, 张顶立, 刘保国, 等. 考虑围岩性质劣化的深埋软弱隧道破坏机制数值模拟研究[J]. 土木工程学报, 2012, 45(9): 156-166.

[2] 张顶立, 陈立平. 隧道围岩的复合结构特性及其荷载效应. 岩石力学与工程学报. 2016, 35(3): 456-469.

[3] 陈立平. 砂性隧道围岩宏细观破坏机理及控制[D]. 北京: 北京交通大学, 2015.

[4] 侯公羽. 围岩-支护作用机制评述及其流变变形机制概念模型的建立与分析[J]. 岩石力学与工程学报, 2008, 27(S2): 3618-3629.

[5] 张顶立. 隧道及地下工程的基本问题及其研究进展[J]. 力学学报, 2017, (1): 1-19.

[6] 左建平, 谢和平, 吴爱民, 等. 深部煤岩单体及组合体的破坏机制与力学特性研究[J]. 岩石力学与工程学报, 2011, 30(1): 84-92.

[7] 张顶立, 台启民, 房倩, 等. 复杂隧道围岩安全性及其评价方法[J]. 岩石力学与工程学报, 2017, 36(2): 270-296.

[8] 张顶立, 方黄城, 陈立平, 等. 隧道支护结构体系的刚度设计理论[J]. 岩石力学与工程学报, 2021, 40(4): 649-662.

［9］ Panet M. Le calcul des tunnels par la methode convergence-confinement[M]. Paris: Press de iecole Nationale des Ponts et Chaussres, 1995: 75-100.

［10］ Carranza-torres C, Fairhurst C. Application of the convergence-confinement method of tunnel design to rock masses that satisfy the Hoek-Brown failure criterion[J]. Tunnelling and Underground Space Technology, 2000, 15(2): 187-213.

［11］ Hoek E, Brown E T. Practical estimates of rock mass strength[J]. International Journal of Rock Mechanics and Mining Sciences, 1997, 34(8), 1165-1187.

［12］ 蔡美峰, 何满潮, 刘东燕. 岩石力学与工程[M]. 北京: 科学出版社, 2002.

［13］ 仇文革, 冯冀蒙, 陈雪峰, 等. 深埋硬岩隧道初期支护劣化过程衬砌力学特性试验研究[J]. 岩石力学与工程学报, 2013, 32(1): 72-77.

［14］ 孙毅. 隧道支护体系的承载特性及协同作用原理[D]. 北京: 北京交通大学, 2016.

［15］ 黄红选, 韩继业. 数学规划[M]. 北京: 清华大学出版社, 2006.

［16］ 张顶立, 孙振宇, 侯艳娟. 隧道支护结构体系及其协同作用[J]. 力学学报, 2019, 51(2): 577-593.

［17］ 何满潮, 任树林, 陶志刚. 深埋隧道灾变防控方法[J]. 工程地质学报, 2022, 30(6): 1777-1797.

［18］ 王建宇. 复合式衬砌若干问题的探讨[J]. 现代隧道技术, 2019, 56(1): 1-5.

［19］ 肖明清. 复合式衬砌隧道的总安全系数设计方法探讨[J]. 铁道工程学报, 2018, 35(1): 84-88.

［20］ 徐国文, 何川, 代聪, 等. 复杂地质条件下软岩隧道大变形破坏机制及开挖方法研究[J]. 现代隧道技术, 2017, 54(5): 146-154.

［21］ 汪波, 王振宇, 郭新新, 等. 软岩隧道中基于快速预应力锚固支护的变形控制技术[J]. 中国公路学报, 2021, 34(3): 171-182.

［22］ 孙钧, 江宇, 李宁, 等. 滇中引水工程海东隧洞围岩"小变形"试验段前期研究——兼及采用普通预应力锚索的风险与对策[J]. 隧道建设, 2022, 42(8): 1321-1330.

［23］ Wang B, Yu W, Chen G Z. Effect of anchor plate on the mechanical behavior of prestressed rock bolt used in squeezing large deformation tunnel[J]. Acta Geotechnica, 2022, 17(8): 3591-3611.

［24］ 李金津, 汪波, 喻炜, 等. 软岩隧道预应力锚固系统中钢带的结构效应研究[J]. 防灾减灾工程学报, 2023, 43(1): 41-49.

［25］ 汪波, 喻炜, 訾信, 等. 基于统一强度理论的围岩-锚杆（索）弹塑性耦合分析[J]. 岩石力学与工程学报, 2023, 11(42): 2613-2627.

［26］ Yu W, Wang B, Zi X, et al. Effect of prestressed anchorage system on mechanical behavior of squeezed soft rock in large-deformation tunnel[J]. Tunnelling and Underground Space Technology, 2023, 131.

［27］ 郭新新, 汪波, 刘锦超, 等. 软岩隧道锚固系统预紧力匹配性设计方法与实践[J]. 铁道科学与工程学报, 2023, 20(2): 651-660.

5　桥梁岩土工程新进展

王仁贵[1]，韩冬冬[2]

（1. 中交公路规划设计院有限公司，北京，100010；2. 中交公路长大桥建设国家工程研究中心有限公司，北京，100011）

5.1　概述

自 20 世纪 80 年代改革开放以来，中国桥梁建设水平发展迅速，经历了 20 世纪 80 年代的学习与追赶、20 世纪 90 年代的跟踪与提高以及 21 世纪以来的创新与超越发展阶段[1]。根据公开的数据统计，截至 2023 年底，中国公路桥梁 107.93 万座，加上铁路桥梁数量约 10 万座，中国桥梁数量已是美国桥梁总数 61.7 万座的近两倍。目前在建和已建成世界排名前十的斜拉桥中、悬索桥、拱桥、梁桥和跨海大桥排名中，中国桥梁均占到一半以上，中国长大桥梁建设水平的飞速发展也是中国近年来综合国力的一个缩影。

桥梁基础作为桥梁的重要组成部分，近 40 多年来其形式、施工技术与装备发展迅速。在基础形式方面，桥梁桩基础、沉井基础、锚碇基础和设置基础均取得了快速发展。在桥梁基础施工技术与装备方面，研发了包括大直径钻孔桩、大直径钢管桩、预应力高强混凝土（PHC）管桩、钢管复合桩、大型群桩基础、大型沉井基础、超深地下连续墙基础等施工技术。自主研发的装备包括打桩船、液压打桩锤、钻机、混凝土搅拌船、双轮铣槽机等在内的基础施工装备。接下来，根据桥梁基础发展和创新的特点，分别从悬索桥锚碇基础、沉井基础、桩基础和设置基础四个方面对桥梁岩土工程建设的新进展进行介绍。

5.2　悬索桥锚碇基础

大跨悬索桥因其跨越能力强，目前已广泛应用于跨越江河湖海工程。2022 年土耳其恰纳卡莱大桥建成通车，悬索桥主跨最大跨度已从 1991m 提升到 2023m。随着狮子洋大桥（主跨 2180m）、张靖皋长江大桥南航道桥（主跨 2300m）的开工建设以及锦文路过江通道（主跨 2186m）和苏通二通道（主跨 2300m 斜拉-悬索协作体系桥）的设计开展，中国的悬索桥跨度即将跨入 2000m 级建设时代。

悬索桥锚碇基础是桥梁基础中比较特殊的基础构件，不同于梁桥、斜拉桥或悬索桥主塔等基础以竖向承载为主，锚碇的作用是抵抗悬索桥巨大的水平方向缆力。随着悬索桥跨度的增加，传递到锚碇基础的荷载指数级增长，势必对锚碇基础设计带来更大的挑战，特别是对于特殊地质条件和复杂建设环境，往往需因地制宜，选择一种受力安全经济合理的基础形式。如跨越高山峡谷的矮寨大桥[2]、雅康高速大渡河特大桥[3]等因岸侧岩体稳定、强度高，锚碇基础采用了隧道锚方案；西堠门公铁两用大桥金塘岛侧为Ⅰ类围岩，采用了岩锚设计方案[4]；处于岩层埋置浅条件的西堠门大桥[5]、燕矶长江大桥北锚碇[6]等，则采用更为经济合理的扩大式重力锚碇基础。而对于上覆土较厚，岩层埋置较深的条件，常选择沉井基础、地下连续墙基础（简称地连墙基础）或复合锚碇基础。地连墙基础因其受力性能好、整体性强、工效高、地质适应性强等优点，目前已成功应用于阳逻长江大桥[7]、虎门大桥[8]、南京四桥[9]、棋盘洲长江大桥[10]等工程。

5.2.1　张靖皋长江大桥南航道桥——支护转结构地下连续墙复合锚碇基础

1. 桥梁设计方案

张靖皋长江大桥主航道桥（即南航道桥）为双塔双跨吊钢箱梁悬索桥，其桥梁跨径布置为2300＋717＝3017m，缆跨布置为660＋2300＋1220＝4180m（图5.2-1）。主塔采用钢箱-钢管约束混凝土组合索塔，辅塔采用钢壳混凝土组合索塔，塔基均采用钻孔灌注桩群桩基础，锚碇基础采用支护转结构复合地下连续墙基础，锚体采用框架式混凝土锚体结构，主缆采用标准强度为2200MPa的高强度钢丝，加劲梁采用整体式钢箱梁结构。

大桥采用双向八车道，设计荷载为公路Ⅰ级，设计速度为跨江段100km/h，设计使用寿命为100年[11]。

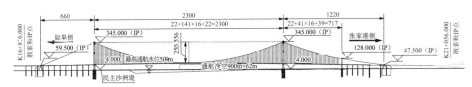

图 5.2-1　张靖皋长江大桥南航道桥主桥立面图（单位：m）

2. 锚碇基础建设条件

南航道桥工程地质纵断见图5.2-2，总体上处于长江下游深厚软弱地层上，基岩埋深超过140m，67m以内没有理想持力层。

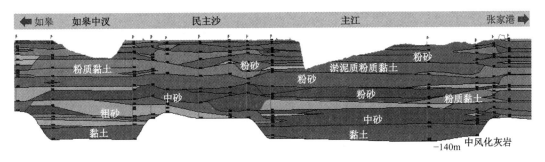

图 5.2-2　南航道桥工程地质纵断

根据勘察报告，南锚锚址周边区域地势均比较平坦[11]，锚碇位于长江大堤南侧，地勘钻孔资料显示，锚址处覆盖层较厚，地表以下67m范围内各地层物理力学指标较差，中间夹杂着厚约40m的粉质黏土层，为不透水层；67m往下有密实的粉砂、中砂，地层物理力学指标相对较好，但均为承压水分布层；勘察孔钻孔深度（140m）范围内无岩石层。南锚碇潜水含水层主要岩性为粉砂，水位埋深0.32～1.50m，下部承压水主要岩性为粉砂、中砂、粗砂，承压水位埋深1.61～1.71m。

北锚碇位于民主沙，周边为农田和林地，地面标高 2.60～5.00m，地质条件与南锚类似。不同之处在于中间粉质黏土层相对较薄，含承压水的密实粉砂层埋深约 50m。

3. 锚碇基础方案构思

在深厚冲积地层软弱地基下，锚碇基础常用的基础形式包括沉井基础、地下连续墙基础。

沉井基础先地面制作后排水下沉，整体性好，承载能力高。但沉井基础施工工期较长，对粉砂、细砂类土在井内抽水时易发生流砂、翻砂等现象，造成沉井倾斜失稳；遇深厚黏土层、孤石等，下沉会有较大的难度，不可预测的施工风险较高。

常规地下连续墙锚碇基础常用于嵌岩或具有良好隔水层的地质条件下，地下连续墙作为基坑开挖围护结构，基坑内降水干开挖到基础底面，然后浇筑底板、隔墙、顶板，具有对周边环境影响小，施工简便、工期短等优点。本项目南锚处岩层埋藏深，−67～−27m 范围内为软塑或可塑状粉质黏土层，虽为不透水层，但地基承载力低，不宜作为持力层，而−67m 以下虽然地基承载力有所提高，但均为承压水层。如采用传统地下连续墙基础，需对 40m 厚粉质黏土层进行大范围的地基加固，提高其承载能力。

为克服沉井基础及传统地下连续墙中的技术难点，该项目提出了支护转结构复合地下连续墙基础方案[12]。

4. 锚碇设计方案

南锚碇采用支护转结构复合地下连续墙基础（图 5.2-3），地下连续墙长为 110.05m，宽 75.05m，地下连续墙厚 1.55m，顶板高程+1.0m，外围双层地下连续墙深 83m，墙底为密实粉砂，双层墙净间距 4.25m。南锚碇锚体主缆入射角为 7.572°，锚跨与水平面夹角为 26.5°，主缆 IP 点标高 47.5m，成桥阶段单根主缆缆力为6.1×10^5kN，运营阶段单根主缆最大缆力为6.84×10^5kN。

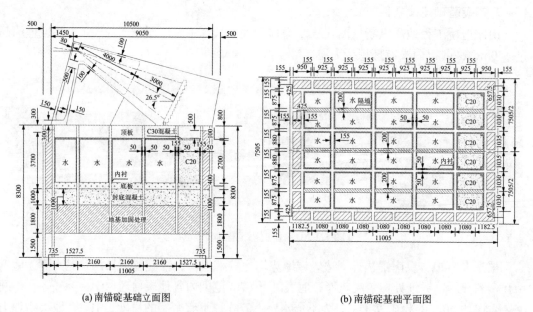

(a) 南锚碇基础立面图　　　　　　　　(b) 南锚碇基础平面图

图 5.2-3　南锚碇基础总体布置（单位：cm）

双层墙间采用地下连续墙分隔长边方向形成 8 个 9.25m×4.25m 和 2 个 9.5m×4.25m 矩形隔舱，短边方向形成 2 个 8.8m×4.25m 和 4 个 8.75m×4.25m 矩形隔舱。双层墙间水下开挖土体至−49m后，水下10m厚混凝土封底，边抽水边安装钢支撑，凿除地下连续墙松散混凝土，清理表面，之后浇筑双层墙间夹层混凝土，与双层地下连续墙形成7.35m厚墙体，作为基坑开挖时围护结构。

外围地下连续墙与内部地下连续墙形成格构式框架结构，同时内部地下连续墙将基坑划分为15个矩形隔舱，最大隔舱20.05m×19.15m，隔舱内先坑内排水干开挖至−9m，破除内部地下连续墙二期槽段上部8m素混凝土段和外侧双层墙二期槽段上部3m素混凝土段，搭设施工平台；之后水下吸泥取土开挖，所有隔舱分层带水开挖，每层开挖深度3m，开挖至基坑底面标高−49m后，浇筑10m厚水下封底混凝土，之后按相邻隔舱2m水头差均匀抽水，直至抽干隔舱内部水，接着干浇4m厚底板，大隔舱内部干作业施工0.5m厚内衬以及三道顺桥向2m厚隔墙，后趾隔舱用C20填充，其他隔舱采用清水填充。

北锚碇基础形式与南锚碇类似（图5.2-4），地下连续墙长为118.05m，宽75.05m，地下连续墙厚1.55m，顶板高程+1.0m，外围双层地下连续墙深68m，墙底为中砂层，双层墙净间距4.25m。北锚碇锚体主缆入射角为21.523°，锚跨与水平面夹角为39.5°，主缆IP点标高59.5m，成桥阶段单根主缆缆力6.49×10⁵kN，运营阶段单根主缆缆力7.26×10⁵kN。

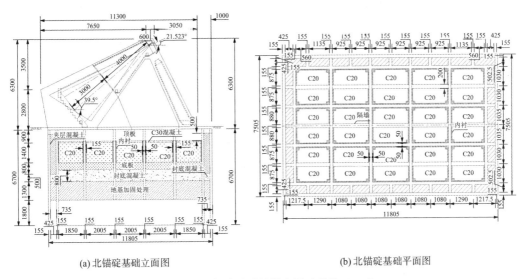

(a) 北锚碇基础立面图 　　(b) 北锚碇基础平面图

图 5.2-4　北锚碇基础总体布置（单位：cm）

5. 支护转结构锚碇建设特点

张靖皋长江大桥南航道桥南北锚碇采用超大支护转结构复合地下连续墙基础，该方案兼具沉井和地下连续墙优点，有效降低施工风险，适应软弱地基上建造超大规模锚碇基础的建设需求。为提高地下连续墙施工工效和质量，项目现场创新提出了刚性接头高精度控制、质量控制等施工工艺[13]。具体设计与施工创新特点包括以下几个方面：

（1）采用格构式地下连续墙，地下连续墙之间采用可传递剪力和弯矩的刚性接头[14][图5.2-5（a）]，保证地下连续墙结构的整体性，既作为临时围护结构也是永久受力结构，永临结合，降低造价。

（2）基础外侧地下连续墙采用双层地下连续墙，地下连续墙施工完成后，开挖小隔舱土体，并浇筑钢筋混凝土填芯形成双层地下连续墙＋混凝土填芯的复合结构体，以保证结构整体性和基坑开挖期间基坑安全性。

（3）双层地下连续墙形成复合结构后，大隔舱分舱进行水下开挖、水下封底，降低基坑开挖的风险。同时内侧墙增设剪力墙、内衬，受力钢筋通过接头连接，增强基础的整体性。

（4）南北锚碇分别在−67～−49m 和−48～−35m 深度范围采用直径 2.2m 超高压旋喷桩进行深层地基加固（图 5.2-6），减小了基坑开挖深度，降低了施工风险，同时有利于增大基地摩擦系数，提高地基承载力，减小锚碇运营期结构变位和土体蠕变。开展了旋喷桩加固工艺试验，确定了施工参数[15]。

（5）通过对地下连续墙基础墙侧、墙底压浆，可以解决抗突涌及墙土接触面抗渗问题，弥补施工缺陷，提高承载力，进一步提升基础整体受力性能。

（6）在超深异形槽段的成槽施工过程中，采用抓铣结合工艺，并引入加长型孔口导向架，可在控制槽壁垂直度的同时实现降本增效，实现垂直度控制 1/800 的控制目标[16]。

（7）将中间隔墙地下连续墙三幅槽段优化成一幅 15m 超长槽段施工［图 5.2-5（b）］，针对超长槽段施工过程中槽壁易失稳的难题，采用优化施工顺序、压缩晾槽时间、调整泥浆相对密度等手段，有效维持了槽壁的稳定性，避免出现塌孔的情况。首次完成了 15m 超长槽段安全施工与质量控制。

（8）为确保刚性接头的安装精度，在钢箱吊装下放过程中采用倾角仪和三维液压千斤顶进行接头姿态调整，并利用导向装置辅助入槽，可有效控制钢箱的入槽精度[17]；以钢箱的最终平面位置为依据，对后行幅钢筋笼进行匹配制造，可有效控制钢箱和钢筋笼的相对位置，确保接头的搭接长度和搭接间距。

（9）在混凝土浇筑前采用多种专用刷壁器进行刷壁，有效提高刷壁质量。在浇筑环节应用混凝土同步浇筑技术（图 5.2-7），确保混凝土浇筑质量，更有利于控制接头的变形和姿态。通过布设防绕流水带，可填补钢箱和槽壁间的空隙，更高效地避免混凝土绕流（图 5.2-8）。

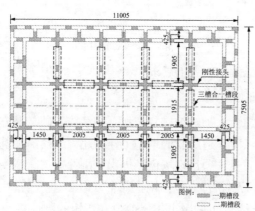

(a) 南锚碇地下连续墙槽段平面图（单位：cm）

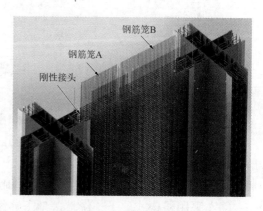

(b) 三槽合一槽段及刚性接头示意

图 5.2-5　南锚碇地下连续墙槽段

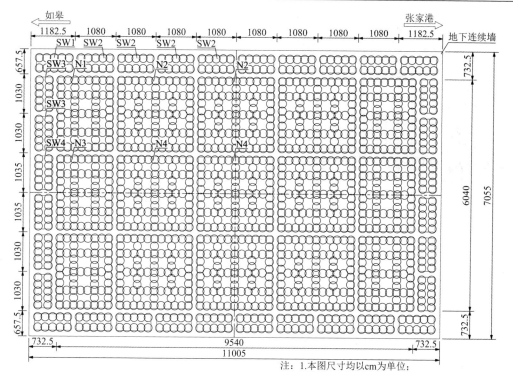

注：1.本图尺寸均以cm为单位；
    2.编号:SW为双层夹层地基加固；N为内侧地基加固。

(a) 南锚碇旋喷桩布置图

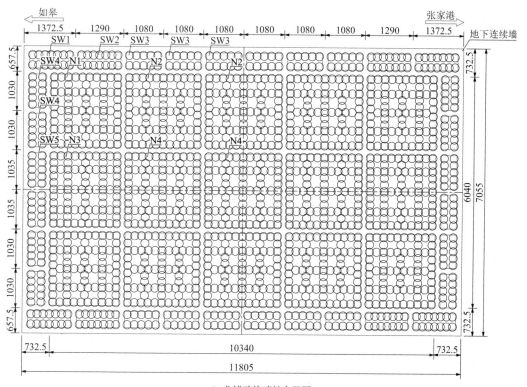

(b)北锚碇旋喷桩布置图

图 5.2-6　南北锚碇深层地基加固旋喷桩布置图

图 5.2-7　混凝土同步浇筑

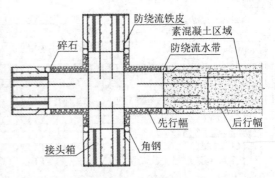

图 5.2-8　防绕流示意图

5.2.2　深中大桥——离岸海相淤泥区水中锚碇基础

1. 桥梁设计方案

深中大桥为主跨 580m + 1666m + 580m 三跨全漂浮体系钢箱梁悬索桥（图 5.2-9、图 5.2-10）。主塔采用门式造型，塔顶高程+270m，采用钢筋混凝土结构。桥塔基础采用 56 根直径 3m 的钻孔灌注桩，配圆形分体式承台。海中锚碇基础采用筑岛围堰和 8 字形地下连续墙方案，连续墙直径 65m，基础顶面高程+3.0m，设置 1.5m 厚的地下连续墙和内衬结构。基坑最大开挖深度 50m，坑底设置碎石盲沟及抽水井，底板设置泄压孔。主缆采用标准抗拉强度为 2060MPa、直径 6mm 的新型锌铝多元合金镀层平行钢丝索，共 199 股 × 127 丝。大桥采用双向八车道，设计荷载为公路 I 级，设计速度为跨江段 100km/h，设计使用寿命 100 年[18]。

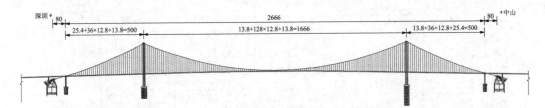

图 5.2-9　深中大桥立面布置图（单位：m）

图 5.2-10　深中大桥效果图

2. 锚碇基础建设条件

深中大桥为跨海桥梁，桥址范围地表水主要为海水，位于珠江入海口，与外海联通，海水深度受潮汐影响较大。东锚碇水下地形高程为-5.15～-4.66m；西锚碇位置海床面标高-3.200～-2.610m。

锚碇区域下伏基岩为花岗岩，东锚碇区域基岩埋深起伏较大，全强风化层厚度为3.8～22.9m，中风化岩面起伏较大，中风化岩顶面标高在-59.46～-38.84m之间；西锚碇区域基岩埋深起伏较小，全强风化层厚度为1.5～7.4m，中风化岩面起伏较小，中风化岩顶面标高在-44.43～-38m之间。下伏中风化基岩物理性质较好。

3. 锚碇及围堰设计方案

由于桥位所在区域大构件出运繁忙，预制构件运输风险较高，且地质不均匀。故锚碇基础采用地质适应性最好，抗风险能力强，对航道影响小，造价低的围堰筑岛施工地下连续墙方案。基础顶面标高与最高潮水位相当，取+3.0m。为了避免开挖中风化岩层，基础底标高取中风化岩顶面最高点，东锚碇基底标高-39.0m，西锚碇基底标高-38.0m。

防洪要求锚碇基础阻水宽度不大于70m，锚碇基础采用横向8字形地下连续墙基础，直径2×65m，相比于常规（圆形和顺桥向8字形）地下连续墙结构，阻水率减小28%以上，有效解决了桥梁结构受力安全与水流断面阻水率的矛盾（图5.2-11）。地下连续墙厚1.5m，为避免地下连续墙底脚发生渗流以及踢脚破坏，保证基坑的稳定性，确定地下连续墙嵌入中风化花岗岩深度不小于4m。为了满足地下连续墙开挖阶段的受力要求，在地下连续墙内侧设置钢筋混凝土内衬，内衬作为地下连续墙的弹性支撑设置在地下连续墙内侧，内衬厚度1.5m/2.5m/3m[19]。

锚体采用切面设计，使其看起来很有动感，与桥梁其他元素的刻面设计也相吻合。锚体总长81.2m，宽82.1m，高51.5m。散索鞍间距42.1m，IP点标高48.6m。

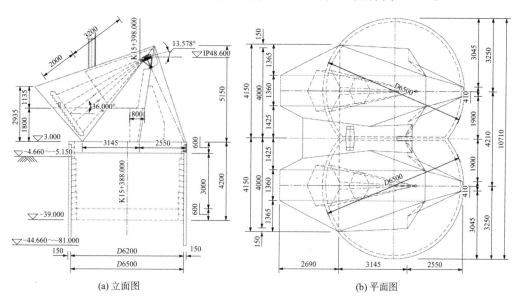

(a) 立面图   (b) 平面图

图 5.2-11　锚碇及基础示意图（尺寸单位：cm，标高及桩号单位：m）

东锚碇水中筑岛方案采用锁扣钢管桩围堰方案［图5.2-12（a）］，该方案工程量小，阻水断面小，施工速度快[20]。采用锁扣钢管桩与工字形板桩组合方案，围堰成直径150m圆形。锁扣钢管桩采用φ2000mm×18mm，数量158根，桩长38.00m，钢管桩中心间距2.94m。钢管桩之间通过锁扣与工字形板桩连接。钢管桩顶标高+6.50m，桩底标高−31.50m，钢管桩顶部设置环向围箍。围堰内回填砂后做混凝土硬化路面，最终路面顶标高+3.50m。围堰外侧抛填袋装砂护坡并在其表面铺设土工布滤层，上部设置60cm厚膜袋混凝土，顶标高为+2.00m。围箍采用187股、直径5mm平行钢丝索围箍，设置高度+3.00～+4.50m，共设置7道，一道总长度约471.6m（含接头长度），共分6段拼接。

软基处理采用水下塑料排水板，施工范围为围堰中心200m直径圆形区域。其中地下连续墙环形8字形区域内不施工排水板。施工塑料排水板之前，先水下清淤约2m后围绕锚碇围堰中心以约220m直径吹填约2m厚砂垫层，后回填1m厚碎石子（防冲刷），保证碎石垫层顶标高不高于−4.00m。

西锚碇方案采用DCM地基处理并结合上部吹填抗浪砂袋形成围堰[图5.2-12（b）]，内部吹填砂筑岛的施工方案[21]。DCM施打完成后，岛体依次铺设单向土工格栅1层（前沿线约52m范围）及软体排1层（整体铺设，软体排采用砂肋软体排＋雷诺护垫的组合形式）。围堰采用斜坡堤结构，外边坡斜率采用1∶2，上部结构采用抗浪砂袋形成堰体，堰体内部吹填中粗砂。堤顶设置抗浪砂袋防浪墙，顶高程6.50m，堤前防护结构采用软体排＋雷诺护垫的组合形式，其中雷诺护垫软体排结构，宽度不小于15m（铺设位置为抗浪砂袋坡脚外侧1m）。岛体内采用混凝土路面，路面高程3.50m，从上往下依次为300mm厚钢筋混凝土路面、150mm厚碎石垫层、150mm厚格室碎石层。

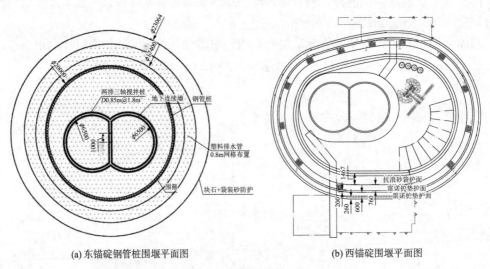

(a) 东锚碇钢管桩围堰平面图　　　　　(b) 西锚碇围堰平面图

图5.2-12　深中大桥东西锚碇围堰平面示意图（单位：cm）

4. 海中离岸锚碇建设特点总结

深中大桥两个巨大锚碇均位于海中，设计采用地下连续墙重力式锚碇基础，地下连续墙横桥向采用8字形，以减小锚碇基础的阻水面积。为形成地下连续墙施工所需的干环境，构筑临时人工岛作为地下连续墙和锚碇的施工平台，并在锚碇施工完成后拆除。东锚碇是国内首次采用水中钢管桩筑岛施工地下连续墙锚碇基础的工程，提出了锁扣钢管桩及平行钢束围箍围堰筑岛＋地下连续墙集成技术方案[22]。其建设特点包括以下几个方面：

（1）采用锁扣钢管桩与工字形板桩组合围堰筑岛结构形式，围堰直径 150m，筑岛回填高度 8.0m，锁扣钢管桩与工字形板桩采用 C 形锁扣连接。

（2）研制了自适应圆形组合围堰变位的平行钢丝索柔性约束装置，平行钢丝索（直径 91mm）布置在围堰外侧顶部，与锁扣钢管桩通过卡槽连接固定，设置张拉及锚固系统，垂向共布置 7 层，间距 0.25m。

（3）提出了兼作圆形筑岛围堰反压护道的水下模袋混凝土防护构筑物，水下模袋混凝土厚 60cm，宽 39.15m，设两级斜坡和两级反压护道。

（4）研发了离岸、深厚软土覆盖层围堰筑岛地基快速处理技术，采用水下塑料排水板结合砂石垫层排水固结方案，借助围堰筑岛回填土体加快软土承载力增长，相比复合地基方案具有适用性好、施工快捷、成本较低等优点。

（5）形成了海中锚碇基础超深地下连续墙施工技术，在围堰内振冲施工完成后，进行地下连续墙内、外环形施工平台基础的碎石回填和水稳层铺设及混凝土面层施工。

（6）研制了适应圆形组合围堰的快速施工导向定位装置及合龙方法，采用液压夹钳"骑跨式"施工导向定位装置，实现锁扣钢管桩与工字形板桩交替、快速施沉，钢管桩施工精度均满足"平面位置≤5cm，垂直度≤1/400"的要求，圆形围堰可一次准确合龙。

（7）研发了混凝土生产管理系统，对混凝土生产各环节进行数据采集，对混凝土结构件的全过程质量进行信息追溯，同时建立混凝土智能养护技术及控制系统，实现了混凝土温度控制的智能化。

（8）建立了离岸筑岛施工信息化监控平台，实现了筑岛施工全过程的可视、可控，明确了岛体不同阶段关键参数及控制指标，提出了海中锚碇基础施工工艺下地下连续墙施工时地基基础的关键参数。

5.2.3　广西龙门大桥锚碇——桩墙组合圆形支护锚碇基础

1. 桥梁设计方案

广西龙门大桥位于广西钦州市境内，主桥为 1098m 单跨双绞全漂浮体系钢箱梁悬索桥（图 5.2-13、图 5.2-14），主塔采用钢筋混凝土结构，塔基采用钻孔灌注桩群桩基础，大桥采用双向六车道，设计荷载为公路 I 级，设计速度为跨江段 100km/h，引桥桥宽 33m，主桥桥宽 38.6m。

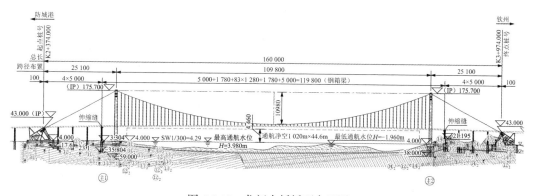

图 5.2-13　龙门大桥桥型布置图

图 5.2-14　龙门大桥效果图

2. 锚碇基础建设条件

东锚碇钻孔揭露上覆第四系地层为角砾及碎石，部分地段基岩裸露，出露基岩为志留系下统连滩组强风化砂岩、中风化砂岩、强风化页岩、中风化页岩，其中强风化岩厚度大，发育层底标高为 −88.40～−21.90m（埋深 24.70～91.20m），起伏较大，横纵方向砂岩、页岩交错分布，该区域中等风化层顶埋深 24.70～50.60m，层顶标高：−35.74～−17.42m，层位相对稳定，锚碇以中风化页岩、中风化砂岩作为天然地基持力层。

西锚碇钻孔揭露上覆第四系地层为海陆相交互沉积的表层淤泥，层厚在 2.0～10.70m 之间，下伏基岩为侏罗系中统强风化泥质粉砂岩、中风化泥质粉砂岩、强风化砂岩、中风化砂岩，其中淤泥承载力低、强风化岩节理裂隙发育，均不宜作为锚碇基础的天然地基持力层，该区域中风化岩：层顶埋深 11.20～18.00m，层顶标高：−18.08～−11.07m，层位相对稳定，锚碇基础以中风化泥质粉砂岩或中风化砂岩作为天然地基持力层。

锚碇处潜水主要埋藏于桥位区陆地及岛屿第四系覆盖层中的孔隙水和上部强风化基岩中裂隙水。含水层主要为裂隙承压含水，主要在砂岩的垂向裂隙中，地面出露裂隙宽度为 1～6cm。通过前期勘察进行抽水试验，锚碇区地层判定为弱～中等透水层。

3. 锚碇设计方案

龙门大桥锚碇基础为圆形结构（图 5.2-15），直径 90m，深 14～16m。锚碇基础基坑内为 8m 厚 C20 填芯混凝土及 6～8m 厚 C40 顶板混凝土，其设计方量分别为 46998m³ 和 41135.8m³。锚碇基础采用大直径桩与地下连续墙咬合支护结构，桩基直径 3.5m，二期地下连续墙槽段长 2.8m，宽 1.5m，该组合支护结构尚无相关施工经验可以参考，属世界首创[23]。与常规地下连续墙结构需要施工内衬才能开挖锚碇基坑相比，圆-矩咬合桩结构形式可以直接开挖基坑，高效推进施工进度，施工效益显著（图 5.2-16）。

图 5.2-15　锚碇及基础示意图

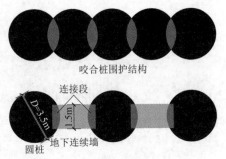

图 5.2-16　桩墙咬合复合支护结构形式

4. 锚碇施工方案

1）桩墙咬合支护结构优化

钻孔灌注桩通常使用圆形截面的钢筋笼，如图 5.2-17 所示。本工程中为确保桩墙咬合施工中铣槽作业的顺利实施，将桩孔内下放的钢筋笼截面设计为圆形＋矩形的复合截面，从而有效避免了铣槽过程中存在的诸如连接段距离短、铣槽过程中钢筋笼遭遇切割破坏等现象的发生。

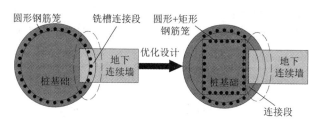

图 5.2-17　钢筋笼结构形式优化设计

2）桩与地下连续墙咬合铣槽施工工艺

通过在前期施工的灌注桩混凝土中掺入缓凝减水剂，延缓混凝土的初凝时间，在桩基础处于未初凝状态下时，完成地下连续墙导沟、导墙、成槽及泥浆制备的施工，并根据施工要求进行槽段的划分，再利用铣槽机及连续墙抓斗进行槽孔施工，从而提高后续地下连续墙咬合施工的成槽效率。

3）桩和地下连续墙的垂直度控制

钢筋笼垂直度作为桩墙咬合施工顺利实施的一个重要指标，桩钢筋笼垂直度控制方法包括限位块法和外包层法两种方法，两种方法分别如下：

（1）限位块法：桩孔成型后，在图 5.2-18 所示限位块预设位置处可放置一定深度（以4m 为例）的预制限位块作为钢筋笼下放的导向限位装置，确保钢筋笼下放过程中满足垂直度控制要求。

（2）外包层法：如图 5.2-19 所示，制作钢筋笼时，在钢筋笼外围添加低强度玻璃纤维材料外包层，从而使外包层尺寸与桩孔尺寸相匹配，该施工方法不仅有利于钢筋笼下放的垂直度控制，且方便后期铣槽施工过程中对连接段处外包纤维层进行切削成槽，提高后期地下连续墙的施工效率。

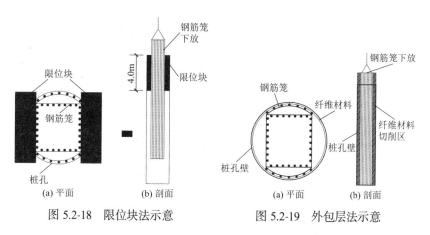

图 5.2-18　限位块法示意　　　　图 5.2-19　外包层法示意

连续墙的垂直度控制方法为限位块法，减少了传统地下连续墙施工中需提前浇筑素混凝土导墙的施工工序，缩短了连续墙施工工期。基于限位块法施工垂直度控制工艺，进行预制地下连续墙钢模导墙，控制地下连续墙钢筋笼下放过程中的位置，使其垂直度满足要求，此外导墙采用预制装配式结构，易安装、易拆卸，进一步提高了施工效率。

5. 桩墙咬合式支护建设特点总结

相较于地下连续墙，桩墙咬合式支护具有无需施工内衬，可直接开挖基坑的优势；组合截面形式受力优良，咬合桩与锚碇基础共同构成锚碇复合结构，共同受力；进度对比上，圆矩咬合桩基础比地下连续墙＋内衬基础在支护结构及开挖施工耗时上节省 3 个月时间，整体进度快；成本对比上，圆-矩咬合桩比地下连续墙节省 10% 的钢筋混凝土，且施工时可采用旋挖钻进行施工，相比地下连续墙施工节约成本 800 万元。

5.2.4 苍容浔江大桥锚碇——桩墙组合浅开挖锚碇基础

1. 桥梁设计方案

苍容浔江大桥是世界最大跨径的三塔空间缆地锚式悬索桥（图 5.2-20、图 5.2-21），也是苍容高速全线关键控制性工程，大桥位于梧州市藤县与苍梧县交界处，跨越浔江，全长 1688m，采用中央独塔设计，跨径布置为两个 520m 主跨与两个 55m 边跨，中塔位于浔江中央，塔高 108.9m，两岸边塔位于浔江岸上，塔高 108.8m。主缆采用标准强度为 2100MPa 的高强度钢丝，加劲梁采用整体式钢箱梁结构。大桥采用双向八车道，设计荷载为公路 I 级，跨江段设计速度为 100km/h，设计使用寿命为 100 年。

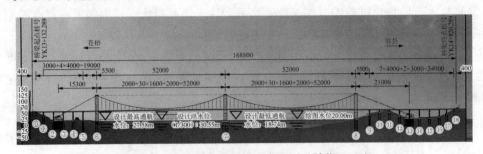

图 5.2-20 苍容浔江大桥桥型布置图（单位：cm）

图 5.2-21 苍容浔江大桥效果图

2. 锚碇基础建设条件

桥址位于苍梧县岭脚镇上大义村附近至藤县维定村附近，路线与浔江交角接近 90°，江面宽约 1020m。锚碇开挖范围内覆盖层（素填土、淤泥质土、软塑状粉质黏土）土石工程等级为Ⅰ级松土，土石方比例为 70%，可塑状粉质黏土土石工程等级为Ⅱ级普通土，土石方比例为 30%。根据锚碇区域目前完成钻孔统计，钻孔揭露上覆第四系地层为素填土、冲洪积可塑粉质黏土、软塑状粉质黏土、软塑淤泥质土，下伏基岩为强风化岩、中风化岩及微风化岩。其中，第四系覆盖层承载力低、强风化岩节理裂隙发育、埋深深，均不宜作为锚碇基础的天然地基持力层，该区域中、微风化岩层位相对稳定，强度高、埋深大，可作为锚碇基础端承桩持力层。

3. 锚碇设计方案

锚碇为大直径桩墙组合锚碇基础，锚体采用实腹式结构，锚体高 17.0m，主缆 IP 点标高 42.0m。锚体平面采用前小后大的梯形，后锚室位于高水位线以上，保证锚固系统的耐久性，前锚室侧墙、前墙厚度 0.80m，顶板厚度 1m。锚体采用 C40 混凝土。边跨为空间缆，IP 点横向间距 46m，锚体与主缆方向相同，相对于路线中心旋转 8.366°。锚碇基础采用大直径桩基与铣接头地下连续墙咬合方案。根据地质情况及锚体设计需要，采用桩基与二期槽形成的剪力墙结构，桩基直径 3m。每岸单侧锚碇基础纵桥向采用 3 列桩，每列 8 根，共 24 根桩基，基底嵌入中风化岩层不少于 5m，桩基之间采用铣槽机铣槽，形成二期槽段，与桩基搭接，桩基与二期槽形成剪力墙，顶部设 7m 厚承台。承台下设 1m 厚垫层。二期槽段长 2.8m，宽 1.5m，二期槽段与桩基在轴线处搭接长度为 0.5m。承台顶高程 +28.00m。锚碇总体构造及三维效果图如图 5.2-22 所示。

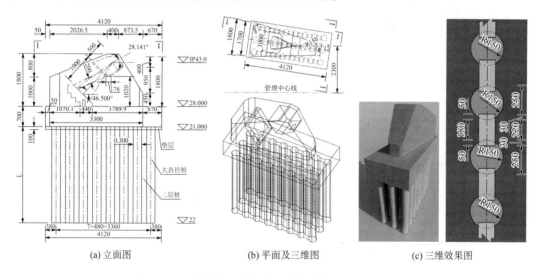

(a) 立面图　　　　　　　　(b) 平面及三维图　　　　　　　(c) 三维效果图

图 5.2-22　锚碇总体构造及三维效果图（单位：cm）

4. 锚碇施工方案

桩基施工采用旋挖钻施工，倾斜度不大于 1/400。地下连续墙采用铣槽机成槽，成槽垂直偏差不大于 1/400 墙高，接头处相邻槽段与桩基的中心线在任一深度的偏差均不大于 60mm，墙厚度误差为 0～30mm，平面误差小于±30mm。二期槽段钢筋笼的制作在同一平台上整体制作或预拼，钢筋连接采用直螺纹套筒连接，接头位置相互错开。

5. 桩墙组合式浅开挖锚碇基础建设特点

苍容浔江大桥在国内首次应用大直径桩墙组合锚碇基础，该项目开展了大直径桩墙组合锚碇基础关键技术研究，揭示了大直径桩墙组合锚碇基础桩墙连接特性，研发了大直径桩墙组合锚碇基础高效施工工艺，显著提升施工效率，较常规地下连续墙基础方案节省工期 7 个月，节约造价 6000 万以上。

5.2.5 恰纳卡莱亚洲侧锚碇——板墙式基础

1. 桥梁设计方案

土耳其 1915 恰纳卡莱大桥位于恰纳卡莱市区以北约 40km 处，跨越达达尼尔海峡（图 5.2-23）。主体结构为 3 跨钢悬索桥，大桥主跨 2023m，两侧边跨均为 770m，欧洲侧引桥长度 365m，亚洲侧引桥长度 680m，大桥含引桥全长为 4608m。恰纳卡莱大桥主塔高 318m，主塔采用 83m×74m 的隔舱式混凝土沉箱基础，沉箱基础下采用钢管桩地基加固，并铺设 3m 厚碎石垫层[24]。

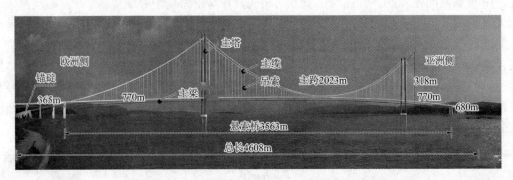

图 5.2-23　恰纳卡莱大桥桥型布置图（单位：m）

2. 锚碇基础建设条件

桥址处亚洲侧锚碇 0～15m 以及欧洲侧锚碇 0～33.5m 为第四纪全新世覆盖层，主要为粉砂、淤泥、砂，在地震作用会产生液化，覆盖层以下为第三纪中新世地层，为泥岩、砂岩和黏土岩相间；本桥地震动参数 50 年超越概率 10%的峰值加速度为 0.44g，100 年超越概率 4%的峰值加速度为 0.73g。

3. 锚碇设计方案

恰纳卡莱单根主缆拉力为 $5×10^4$t，为了抵抗主缆巨大的水平拉力，锚碇的地质条件非常关键。欧洲侧和亚洲侧海岸附近均存在软弱土，为此加大了悬索桥边跨跨径，以寻求锚碇地质条件更好，落在远离海岸的第三纪中新世岩石上。

锚碇的设计目的是将其高度降至最低，从而将拉力直接传递至基础构件，减少倾覆力矩。设计时将锚碇 IP 点低于引桥桥面标高，使锚碇位于悬索桥 770m 边跨的后方（亚洲侧锚碇距离边跨之后 350m，欧洲侧位于边跨之后 250m）。

亚洲侧锚碇采用板墙式基础方案，板墙上部为锚碇基础底板（图 5.2-24）。基础底板采用放坡开挖方式，基坑开挖深度 16m，开挖底标高−2.5m，保证开挖基坑开挖期间没有地下水流入。下部采用 7 排 51.5m 长、深 13m、厚 1.2m 的板墙与锚碇基础底板共同受力组成复合锚碇基础。每排板墙由 8 幅宽 5.9m 的地下连续墙组成，地下连续墙接缝间距 0.5m。

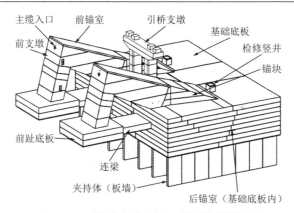

图 5.2-24　恰纳卡莱大桥亚洲侧锚碇设计图

4. 锚碇施工方案

亚洲侧锚碇首先采用放坡方式开挖（图 5.2-25），开挖深度 16m，开挖底标高−2.5m，开挖完成后采用液压抓斗施工地下连续墙（板墙），板墙钢筋笼采用钢型材加固（图 5.2-26），每个重 35t，宽 6m。在板墙正式施工前，在锚碇旁边场地采用 5200t 的专用千斤顶进行了双向水平预加载的试桩试验。

图 5.2-25　亚洲侧锚碇现场开挖图　　　　图 5.2-26　板墙钢筋笼加工

5. 板墙式锚碇基础建设特点

恰纳卡莱亚洲侧锚碇采用板墙式锚碇方案，减少了锚碇开挖深度，避免了重力式基础水下开挖的难题，板墙采用地下连续墙工艺施工，嵌入第三纪中新世岩石，充分发挥了其水平抗力，板墙上部采用放坡开挖，基础底板分层分块浇筑，上部混凝土顶板与板墙共同受力，抵抗主缆拉力，充分发挥了基础底板和板墙的优势，降低了施工难度。

5.2.6　燕矶长江大桥——四主缆锚碇基础

1. 桥梁设计方案

燕矶长江大桥跨江主桥采用主跨 1860m 不同垂度四主缆双层钢桁梁悬索桥（图 5.2-27、图 5.2-28），主桁为华伦式桁架。四根主缆及其悬吊、索鞍、锚固系统分内外两组，外缆放置于双层钢桁梁桥面以下，设计新颖，为超大跨度悬索桥世界首创[6]。大桥上层为 6 车道高速公路，设计车速 100km/h，下层为 4 车道城市快速路，设计车速 80km/h。

内主缆跨度布置为(550 + 1860 + 450)m = 2860m。外主缆跨度布置为(510 + 1860 + 410)m = 2780m。内主缆垂跨比 1/13.058，外主缆垂跨比 1/12.130。大桥于 2022 年 3 月开

工，建设工期四年半，预计 2026 年 9 月建成通车。

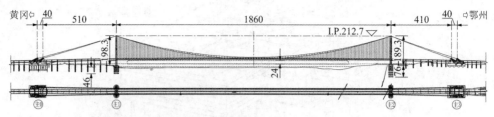

图 5.2-27　燕矶长江大桥主桥桥型布置图（单位：m）

图 5.2-28　燕矶长江大桥效果图

2. 锚碇基础建设条件

燕矶长江大桥黄冈侧锚碇位于长江大堤外侧，锚碇最前端距离堤脚约 100m，场地地形较平坦。上覆土层为第四系全新统杂填土、冲洪积成因的粉质黏土、粉细砂、圆砾等。下伏强风化泥质粉砂岩承载力较高，中风化泥质粉砂砂岩、中风化钙质砂岩承载力高，工程地质条件良好。地下水包括上层滞水、松散岩类孔隙水、基岩裂隙水三种类型。其中上层滞水赋存于人工填土中，无统一自由水面；抽水试验显示松散岩类孔隙水水量丰富，与江水水力联系紧密，松散岩类孔隙水水头埋深为 16.50m（勘察期间水头，实际水头随季节变化较大），下部基岩，透水性轻微，其水量受节理裂隙发育程度控制，水量一般。

鄂州侧锚碇位于长江鄂州侧防汛通道（自然高地）远江侧，该区域属构造剥蚀残丘区，呈低矮或平缓的起伏地形。海拔高度 18.0~35.0m 不等，总体山势平缓，相对高差较小，局部山势较陡。植被发育，多以农作物和灌木为主。该区基岩埋藏深浅不一，表层多为第四系冲洪积层、中上更新统残坡积层掩盖，局部山体顶部直接裸露。覆盖层主要为全新统冲洪积层（Q_4^{al+pl}）和中更新统残坡积黏性土（Q_4^{el+dl}）；基岩主要为白垩-第三系（K-R）泥质粉砂岩、含砾砂岩。基岩强度较高，属较软~较硬岩，透水性轻微。锚碇下游侧山体局部岩石裸露，上游侧地表覆盖层较厚，覆盖层厚度桥轴线横向呈现明显减少趋势。地下水包括上层滞水、基岩裂隙水两种类型。其中上层滞水赋存于人工填土中，无统一自由水面。下部基岩透水性轻微，其水量受节理裂隙发育程度控制，水量一般，与长江水无直接联系。

3. 锚碇设计方案

燕矶长江大桥为国内外最大跨四主缆悬索桥，四根主缆中内缆靠后、外缆靠前进行锚固，前后相距 40m，锚碇设置前后左右共四个锚室，锚室、支墩、锚块构成封闭空间。锚室中转索鞍位于上层桥面以上，行车道从左右侧锚室、锚块中间穿过；前锚支墩支撑于扩大基础，后锚支墩支撑于前锚锚块。前锚块与前支墩之间设置压重块，兼作城市快速路行车道。前后左右四个锚块连为一体。

根据地质情况及锚体设计需要，黄冈侧锚碇基础为支护开挖深埋扩大基础（图 5.2-29），基坑采用地下连续墙支护结构体系，墙厚 1.2m，平面布置采用与锚体相匹配的 8 字形，由两个半径为 37.5m 的圆弧组成，顺桥向全长 125.5m，横桥向最大宽度处 75m。基础顶底板厚均为 6.0m。8 字形地下连续墙中间设置一道隔墙，将基础分隔成锚碇前、后舱两大部分，前、后舱基础底部均设有混凝土垫层、底板。地下连续墙内侧沿竖向设置不等厚的内衬支护。为提高基底应力分布的均匀性，前舱内除前趾位置一个隔舱内采用混凝土填筑外其余隔舱内均注水填满，隔舱平面呈蜂巢状布置；后舱全部采用混凝土填筑。

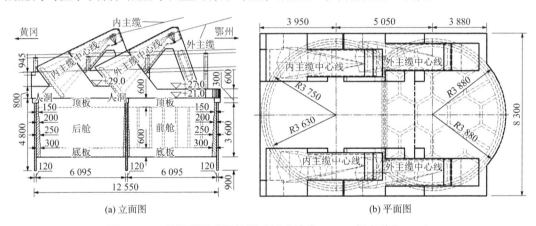

图 5.2-29　黄冈侧锚碇设计图（尺寸单位：cm，标高单位：m）

鄂州侧锚碇为重力式锚，锚碇对主缆水平力的抗力依靠锚碇基底与岩石之间的摩阻力和锚碇基础对基岩的承压力来平衡。

锚碇基础采用扩大基础，平面尺寸为 120.0m×83.0m，锚碇基底持力层选择为中风化泥质粉砂岩层，锚碇基底纵向设置了三级台阶：标高+6.000、+11.000（16.000）、+21.000，通过锚碇基础对基岩的承压力来提高锚碇抗滑力，同时减小了基坑开挖工作量，对周围山体开挖小、对周围建筑物影响小。鄂州侧锚碇设计图如图 5.2-30 所示。

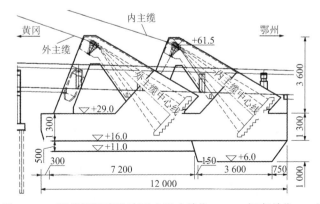

图 5.2-30　鄂州侧锚碇设计图（尺寸单位：cm，标高单位：m）

4. 锚碇施工方案

黄冈侧锚碇为 8 字形地下连续墙锚碇，首先施工地下连续墙，待地下连续墙施工完成后，采用逆作法分层开挖土体，分层施工内衬。各层施工工期由土体开挖控制，内衬及土体分层高度为 3.0m，采用岛式开挖法分区进行对称开挖并浇筑内衬混凝土。开挖至基底后，浇筑底板混凝土。

鄂州侧锚碇最大开挖深度为 25.148m。综合考虑地质条件及基坑周边环境，基坑开挖主要采用放坡开挖及喷射混凝土封闭作为支护措施。边坡主体为岩质边坡，中风化泥质粉砂岩边坡岩体类型 II 类，故中风化泥质粉砂岩层边坡坡率采用 1：0.5，强风化泥质粉砂岩边坡坡率采用 1：0.75，土质边坡坡率为 1：1.25，坡顶设置 1.5m 台阶。基坑顶部设置相应的截水沟；基坑底部设置相应的汇水沟及集水井；边坡开挖过程中采用 C20 喷射混凝土封闭防护的同时，设置相应的泄水孔，确保排水通畅。

5. 四主缆锚碇基础建设特点

燕矶长江大桥为国内外最大跨四主缆悬索桥，提出了四主缆分前后两组锚固的新型锚固体系，内外两组主缆纵向前后锚固，使锚碇基础受力更均匀，锚碇基础的占地规模和总体工程规模得到优化。

5.2.7 宜都长江大桥锚碇——巨尺度浅埋扩大基础

1. 桥梁方案简介

湖北宜都长江大桥（原名白洋长江公路大桥）是 G59 呼北高速宜昌至张家界高速公路段跨越长江的控制性工程（图 5.2-31、图 5.2-32），位于宜昌长江大桥和枝城长江大桥之间。

大桥采用 6 车道高速公路标准建设，设计速度 100km/h，跨江主桥采用主跨 1000m 钢桁梁悬索桥，北边缆跨度 276m，南边缆跨度 269m[25]。项目于 2016 年 11 月开工，2020 年 10 月建成通车。

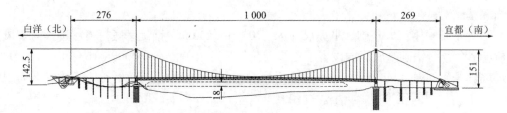

图 5.2-31 宜都长江大桥主桥桥型布置图（单位：m）

图 5.2-32 宜都长江大桥建成实景图

2. 锚碇基础建设条件

宜都长江大桥宜都岸（南岸）锚碇位于长江南岸，属河流堆积阶地平原地貌，基岩埋藏较深，堆积巨厚的第四系沉积物。锚碇基坑前边缘距离长江大堤约154.4m，覆盖层上部为粉质黏土，平均厚度4.5m，中下部为大粒径砂卵石，平均层厚47m，下伏基岩为强风化泥质砂岩。上覆黏土层及下伏泥质砂岩层透水性弱，而卵石层与长江连通，透水性强，地下水受到上、下相对隔水层的阻隔，雨季长江水位高于堤内地面时成为孔隙承压水，枯季水位下降成为孔隙潜水。宜都长江大桥地质纵断面图如图5.2-33所示。

图5.2-33　宜都长江大桥地质纵断面图

3. 锚碇设计方案

国内类似水文地质条件下悬索桥锚碇多采用地下连续墙或沉井等深基础方案。但本项目桥址范围卵石中存在大量大粒径漂石（地勘揭示最大粒径达74cm），若采用地下连续墙基础，墙体深度65m，需穿越近50m卵石层，成槽困难，深基坑开挖难度大，风险高；若采用沉井基础，深度需35m，卵石层沉井下沉困难，且汛期涌水风险大。且由于汛期（5～10月）无法开展深基坑施工，地下连续墙工期合计需17个月，沉井需14个月。两种基础均存在基坑围护措施工程规模大、施工风险高、经济性差、工期长的问题。

针对宜都长江大桥侧址处卵石层摩阻系数大，后期压缩量小、枯水期长江水位低的特点，锚碇基础采用浅埋扩大基础方案（图5.2-34），基础平面尺寸101m×71.5m，开挖深度8.0m，基底进入卵石层约3m，基础开挖底标高高于枯水期地下水位[26]。

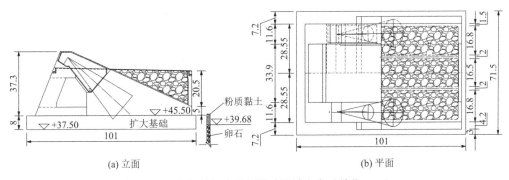

(a) 立面　　　　　　　　　　　　　　　(b) 平面

图5.2-34　宜都长江大桥侧锚碇设计方案（单位：m）

4. 锚碇施工方案

锚碇采用明挖扩大基础方案，基坑开挖深度8.0m，采用两级放坡，边坡坡率为1∶1.25；

卵石层采用 C20 喷射混凝土封面。

基坑采用分块开挖，先开挖基坑前后趾，后开挖基坑中间段；锚碇前后趾混凝土分块浇筑，分块之间设置后浇段。

5. 巨尺度浅埋扩大基础建设特点

宜都长江大桥锚碇基础利用卵石层摩阻系数大、后期压缩量小、枯水期长江水位低的特点，首次在富水巨厚砂卵石地层上采用浅埋基础锚碇，开挖深度仅 8.0m，基底进入卵石层约 3m，高于枯水期地下水位，基坑开挖过程不涉及降水。该锚碇建设亮点包括以下几个方面：

（1）首次将悬索桥锚碇基础置于第四系浅层卵石层基础上，通过概化悬索桥锚碇受力特点和大水位变动强渗流地层地基特性，建立了基于位移控制的悬索桥锚碇超大体积混凝土巨尺度浅埋扩大基础设计方法，拓展了悬索桥锚碇浅基础的应用。

（2）通过开展大水位变动强渗流地层卵石土三轴流变试验，提出了卵石土 11 参数流变计算模型，有效模拟了卵石土流变特性，揭示了悬索桥锚碇大型浅埋基础荷载作用下砂卵石土地基的长期变形规律。

（3）巨尺度浅埋扩大基础方案回避了富水卵石层中大范围深基坑开挖风险，在一个枯水期（6 个月）即完成施工，该方案较沉井或地下连续墙方案在施工安全性、便利性、工期、环保性等方面具有明显优势。白洋长江大桥浅埋扩大基础方案锚碇总造价仅 1.33 亿元，相比于深基础方案，节约工程造价超 1.5 亿元，经济优势显著。

5.3 沉井基础

随着国内大型桥梁建设，大型沉井基础因其承载能力高、稳定性好等特点得到更加广泛应用，尤其长江流域中下游砂质、粉质地层为沉井应用提供了得天独厚的条件。由于桥梁跨度、宽度以及承载荷载增加，使得沉井尺寸也相应逐步增加，大型、特大型沉井建设逐步成为趋势。已建成江阴长江大桥、泰州长江大桥、南京长江四桥、马鞍山长江大桥、五峰山长江大桥等主塔或锚碇采用了沉井基础形式，目前沉井平面尺寸、高度均达到了百米级，无论大型沉井体量、数量，还是建设难度，我国均达到了世界领先的水平。典型大型水陆沉井工程如图 5.3-1 所示，已建大型沉井尺寸及地层如表 5.3-1 所示。

(a) 江阴长江大桥北锚碇沉井（69m×51m×58m，
当时世界最大陆上沉井，1997）

(b) 泰州长江大桥中塔沉井（58m×44m×76m，
当时世界最深水上沉井，2008）

(c) 马鞍山长江大桥北锚碇沉井
（60.2m×55.4m×41m，2011）

(d) 五峰山长江大桥北锚碇沉井（100.7m×72.1m×
56m，世界最大陆上沉井，2017）

(e) 瓯江北口大桥南锚碇沉井（70.4m×63.4m×
67.5m，首个深厚淤泥层沉井，2020）

(f) 常泰过江通道5号墩沉井（95m×57.8m×
64m，首个台阶型大型水上沉井，2021）

图 5.3-1　典型大型沉井工程

已建大型沉井工程　　　　　　　　　　　　　　　表 5.3-1

项目名称	沉井尺寸（m）	施工阶段	下沉深度（m）	下沉方式	主要土层
江阴长江大桥 北锚碇陆上沉井	69×51×58	首次开挖下沉	8.33	排水下沉	粉质黏土与砂质粉土互层
		第二次开挖下沉	6.1	排水下沉	砂质粉土与粉质黏土互层
		第三次开挖下沉	12.38	排水下沉	砂质粉土与粉质黏土互层
		第四次开挖下沉	27.8	不排水下沉	硬塑或半坚硬粉质黏土层
泰州长江大桥 中塔水中沉井	58×44×76	首次开挖下沉	15	不排水下沉	砂性土
		第二次开挖下沉	10		
		第三次开挖下沉	20		
		第四次开挖下沉	10		
泰州大桥 南锚碇陆上沉井	67.9×52×41	首次开挖下沉	16	排水下沉	淤泥质粉质黏土
		第二次开挖下沉	10	排水下沉	砂性土
		第三次开挖下沉	16	不排水下沉	砂性土
南京长江四桥 北锚碇陆上沉井	69×58×52.8	首次开挖下沉	19	排水下沉	淤泥质粉质黏土
		第二次开挖下沉	10	4m排水+6m 不排水	粉砂
		第三次开挖下沉	10	不排水下沉	细砂
		第四次开挖下沉	13.8	不排水下沉	中砂、细砂、圆砾

项目名称	沉井尺寸（m）	施工阶段	下沉深度（m）	下沉方式	主要土层
马鞍山长江大桥 北锚碇陆上沉井	60.2×55.4×41	首次开挖下沉	14.2	排水下沉	淤泥质粉质黏土
		第二次开挖下沉	10	不排水下沉	粉砂
		第三次开挖下沉	15.8	不排水下沉	中、细砂
马鞍山长江大桥 南锚碇陆上沉井	60.2×55.4×48	首次开挖下沉	20	排水下沉	淤泥质粉质黏土 7m； 砂性土 13m
五峰山 北锚碇陆上沉井	100.7×72.1×56	首次开挖下沉	15	排水下沉	淤泥粉质黏土
		第二次开挖下沉	17	不排水下沉	粉砂
		第三次开挖下沉	25	不排水下沉	粉细砂
沪苏通长江大桥 28 号墩水中沉井	86.9×58.7×105	正常下沉	11.47	不排水下沉	粗砂、细砂
		翻砂突沉	6.12	不排水下沉	细砂
		难沉阶段	3.84	不排水下沉	粗砂
北口大桥 南锚陆上沉井	70.4×63.4×67.5	首次开挖下沉	16	排水下沉	淤泥质土
		第二次开挖下沉	12	不排水下沉	
		第三次开挖下沉	34.5	不排水下沉	
常泰过江通道 5 号墩水中沉井	95×57.8×72	首次开挖下沉	3.44	不排水下沉	黏土层 11.91m（硬塑粉质黏土 5.52m 开挖；软塑粉质黏土层 6.39m）；砂性土层 35.88m（中密粉砂、细砂、中砂、粗砂）
		第二次开挖下沉	9.42	不排水下沉	
		第三次开挖下沉	16.48	不排水下沉	
		第四次开挖下沉	7.12	不排水下沉	
常泰过江通道 6 号墩水中沉井	95×57.8×72	首次开挖下沉	10.1	不排水下沉	黏土层 18.2m（硬塑粉质黏土 2.13m；软塑粉质黏土层 16.07m）；砂性土 16.8m（中密粉砂、细砂、中砂、粗砂）
		第二次开挖下沉	12.28	不排水下沉	
		第三次开挖下沉	10	不排水下沉	
仙新路过江通道 北锚碇陆上沉井	70×50×50	首次开挖下沉	23	排水下沉	粉质黏土 7.6m
		第二次开挖下沉	10	半排水下沉	砂性土
		第三次开挖下沉	16.9	不排水下沉	砂性土
龙潭过江通道 南锚碇陆上沉井	73.4×56.6×50	首次开挖下沉	15	排水下沉	淤泥质粉质黏土/粉质黏土
		第二次开挖下沉	18	不排水下沉	粉质黏土 13.14m/粉砂夹粉土 4.86m
		第三次开挖下沉	16	不排水下沉	粉砂、中粗砂

在建设世界级大型沉井工程的过程中，无论是沉井设计以及施工都面临着重大挑战，众多专家、学者也广泛开展了关键技术攻关。沉井基础设计主要依托既有规范，但规范对于大型沉井存在一定不适应性，比如：我国桥梁基础设计规范对于沉井深基础地基承载力计算依旧是基于浅基础理论，如果直接用于超大、超深沉井基础，会因基础破坏机理不同而产生偏差[27]。在沉井结构设计时，不仅应控制最不利工况下的结构安全，更应通过基础结构的内力变形分析，找到基础设计优化的方向和切入点[28]。但由于大型沉井的平面尺寸巨大、下沉深度深，施工控制远比中小沉井复杂。从目前我国大型沉井的工程实践情况来

看，虽然大型沉井都能下沉施工，但是在下沉过程中常遭遇到开裂困扰[29]，如图 5.3-2 所示。尤其是大型陆上沉井首次排水下沉阶段，其安全控制因素有别于以往的中小型沉井。为减小工程实施风险，需对其结构进行安全监控，确保沉井顺利下沉[30]。在大型沉井开裂原因方面，曹双寅[31]认为沉井不均匀下沉时，若沉井在变形前的任一水平面变形后不能保持平面，产生扭曲差异沉降，此时由于扭曲变形，在井壁和井内的支撑构件上产生较大的局部作用，导致产生裂缝甚至局部破坏。除了上述开挖不均匀导致沉井发生开裂以外，沉井地基承载力、侧摩阻力地勘给值偏于保守，导致沉井所需开挖面积增大，悬空跨度增加，沉井在自重作用下结构应力超标。为了降低沉井开裂风险，增加沉井侧面约束，建设者们在南京长江四桥北锚碇沉井下沉前在沉井周边进行了大范围的堆砌砂袋，以增强侧面约束力[32]。

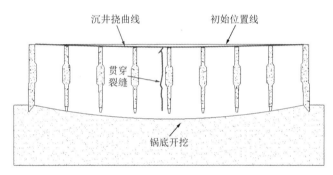

图 5.3-2　沉井结构开裂

随着沉井平面尺寸逐渐增大，井壁及隔墙底面积也随之增大，传统的垂直取土会形成较大的取土盲区，对硬质土层的破土方法以及沉井刃脚取土设备进行探讨，提出了一种适用于桥梁沉井基础的盲区取土方法[33]。为解决传统沉井施工中机械化程度低、人力消耗大，安全风险高等问题，研发了一种沉井潜入式竖井掘进机，实现了开挖、出渣、支护同步作业，自动、高效施工[34]。

虽然随着大型沉井的不断建设，取得了较为丰富的研究成果，但相比桥梁上部结构的发展，我国沉井基础的发展略显滞后，理论研究深度不足，原创技术较少，形式较单一，在设计理念、规范标准、施工机械、智能化等方面还有一定差距[35]。

5.3.1　大型沉井基础设计与施工技术研究

大型沉井相较小型沉井设计与施工过程中面临着众多的新的问题与挑战，尤其在沉井施工过程中变形及应力控制、沉井快速开挖装备研发、信息化控制技术方面。但在已开展的相关研究，多基于工程经验的积累进行定性的判断，缺乏理论支撑。

1. 江阴长江大桥北锚锭沉井基础

江阴长江大桥北锚锭沉井基础，沉井长 69.2m、宽 51.2m、高 58m，为当时世界第一大沉井，沉井初始采用砂桩对下卧层的地基进行加固处理，以确保沉井接高稳定性。沉井取土采用高压射水进行破土，将砂土形成泥水混合物由泥浆泵抽送到井外泥浆池中。下沉以纠偏为主，主要监测控制沉井四角高差。沉井由内向外分为 A、B、C 区，取土按照由内而外锅底开挖进行下沉[36]，如图 5.3-3 所示。

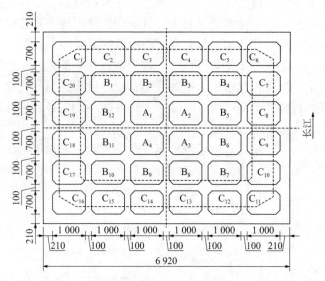

图 5.3-3　沉井锅底开挖下沉（单位：cm）

为了解决沉井下沉后期难沉的风险，在沉井结构上布置了管线和气龛，采用空气幕减阻助沉的方法。为了削弱沉井端阻，在井壁下端布设了高压水管，但未在隔墙端部布置高压水管，施工过程中通过采用加深取土深度来迫使土体侧向失稳，以达到降低承载力的目的[37]。

2. 泰州长江大桥中塔沉井基础

泰州长江大桥中塔沉井标准断面尺寸为 58m×44m，高 76m，入土深度达 55m。为当时世界上体积最大、入土最深的深水沉井。在该沉井施工过程中，针对深水沉井难以精准定位和平稳着床的难题，首次提出"沉井钢锚墩 + 锚系"半刚性定位系统，并形成相关定位及着床技术，解决了工程实际问题。为了防止沉井终沉阶段突沉、超沉，提出"分孔清基、分舱封底"的原则，成功解决了深水超大型沉井终沉控制难题。不同于之前沉井人工监测沉井姿态方法，该沉井研发了信息化监控系统，首次对沉井施工全过程的几何状态、受力状态、河床冲淤变化等进行实时可视化监控，确保了深水超大型沉井精确平稳下沉到位。

3. 鹦鹉洲长江大桥北锚碇沉井基础

鹦鹉洲长江大桥北锚碇开创性地设计了一种多圆孔环形截面的新型沉井结构。沉井中间大圆孔内设置十字形隔墙，圆环内沿圆周均布有小直径井孔。沉井标准节外径 66m，内径 41.4m，周边均匀布置 16 个小圆孔，圆孔直径 8.7m。该沉井结构形式充分发挥了圆形截面拱效应，充分利用了混凝土抗压强度高的特点。且沉井全截面为中心对称结构，易于定位，解决了沉井下沉中的扭转问题[38]，如图 5.3-4 所示。

图 5.3-4　鹦鹉洲长江大桥北锚碇沉井

北锚碇沉井地表杂填土承载力低，无法满足承载沉井底节接高对地基承载力要求，在拼装钢壳前需进行地基处理。为了兼顾沉井后续开挖下沉，常规多采用砂桩加固方法，但考虑挤密砂桩对周边环境的影响，地基加固实施中采用水泥搅拌桩的方案[39]，但对搅拌桩的强度进行了限制。

4. 马鞍山长江大桥北锚碇沉井基础

马鞍山长江大桥北锚碇沉井标准断面尺寸为 60.2m×55.4m，高 41m。沉井施工过程中对沉井姿态、土压力、结构应力、沉井泥面及周边大堤等重要构筑物沉降进行了系统监测，并实现了自动预警预报功能。在沉井涌砂风险防控方面，提出井壁刃脚部位预留 2～3m 宽土堤，沉井内水位比沉井外水位高 2m 控制指标，有效地防止了沉井涌砂[40]。

5. 沪通长江大桥主塔沉井基础

沪通长江大桥是新建沪通铁路的控制性工程，主航道桥 26～31 号墩均采用沉井基础。其中 28 号和 29 号主墩采用倒圆角的矩形沉井基础，沉井顶平面尺寸为 86.9m×58.7m，倒圆半径为 7.45m，平面布置 24 个 12.8m×12.8m 的井孔，沉井总高分别为 105m 和 115m，钢沉井高分别为 50m 和 56m。为解决在巨大水流力下钢沉井的浮运、定位、着床等难题，钢沉井在工厂整体制造，采取临时封闭 12 个井孔的助浮措施，整体出坞浮运，并采取了大直径钢管桩锚碇系统及液压千斤顶多向快速定位技术[41]。

沉井基底位于水下 100～110m，为判断沉井基底是否满足设计及规范要求，除采用常规测绳测量基底泥面外，同时采用单波束声纳检测进行校核；沉井底井壁清洁度采用水下机器人进行检测；外井圈刃脚埋深采用超声波检孔仪检测；隔墙底是否脱空采用超声波检孔仪检测，并采用水下机器人验证；基底浮泥厚度和基底地质采用了海床式静力触探（CPT）系统进行检测[42]，在水下超百米探测技术方面取得了长足的进步。

6. 杨泗港长江大桥 1 号塔沉井基础

武汉杨泗港长江大桥基础采用圆端形沉井，标准段井身平面尺寸为 77.2m×40.0m（长×宽），总高 38m，圆端半径为 12.9m，沉井平面布置为 18 个 11.2m×11.2m 的井孔。沉井施工区域自上而下地层分布依次为：素填土、粉质黏土、粉砂、中砂、圆砾土、硬塑黏土等。由于沉井终沉阶段，刃脚全部进入到硬塑黏土层，硬塑黏土层强度高，无法在沉井自重作用下进行切削下沉，首次在刃脚区域进行松动爆破，配合弯头吸泥机和高压射水完成刃脚区域取土[43]。在沉井隔舱内取土形成锅底后，开启空气幕降低沉井侧面摩阻力，保证沉井顺利下沉。

7. 五峰山长江大桥北锚碇沉井基础

五峰山长江大桥为主跨 1092m 的钢桁梁悬索桥结构，北锚碇采用矩形沉井基础，沉井平面尺寸为 100.7m×72.1m（长×宽），高 56m。地层从上到下分别为淤泥质黏土、粉砂夹粉土、粉砂、粉细砂层。

上部淤泥质黏土层承载力低，采用砂桩进行加固，随着沉井钢壳拼装、钢筋绑扎及混凝土浇筑施工，沉井上部荷载逐步增加，软弱地基发生固结，地基承载力进一步提升。通过现场荷载板试验，如图 5.3-5 所示，沉井区域端阻力约为 700kPa，相比钢壳安装前未固结时端阻力 350kPa 增加了 1 倍，土层固结对地基承载力提升不容忽视。

图 5.3-5　现场荷载板试验

根据不同规范，沉井结构配筋主要有井壁两点支撑、四点支撑、八点支撑及大锅底支撑四种验算工况，如图 5.3-6 所示。但该设计方法较适宜于小型沉井，对于大型沉井长几十米甚至百米级，按照规范规定将无法配筋，需要研发新型开挖下沉工艺，解决大型沉井开裂的难题。

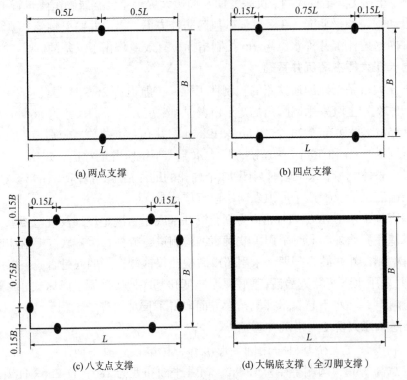

(a) 两点支撑   (b) 四点支撑

(c) 八支点支撑   (d) 大锅底支撑（全刃脚支撑）

图 5.3-6　沉井结构验算工况

创新提出了全节点开挖下沉方法[44]，沉井各个节点及井壁隔墙端部位置土体支撑，很好控制沉井悬空跨度，达到排水下沉阶段结构应力有效控制。提出了中心块状开挖下沉方法，预先对沉井隔舱区域块状划分，先开挖周边隔舱土体，之后开挖中心隔舱，实现沉井水下安全高效下沉。新型开挖下沉工艺如图 5.3-7 所示。

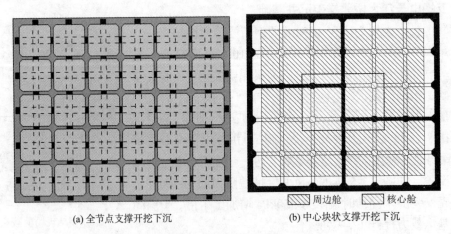

(a) 全节点支撑开挖下沉   (b) 中心块状支撑开挖下沉

图 5.3-7　新型开挖下沉工艺

在沉井结构安全控制方面，通过布置 9 个监测点，监测获得沉井结构相对变形，来辅助反应沉井结构受力状态。结合沉井姿态、结构受力情况，将沉井相邻隔舱进行分区集中控制，可降低沉井控制单元数量，更有利于指令下达、执行，如图 5.3-8 所示。大型沉井水下开挖干扰多、泥面监测困难，本沉井项目首次采用了沉井水下泥面三维全景成像声纳扫描技术，实现了沉井水下泥面快速三维获取、沉井水下泥面三维立体成像及图像数字化技术，如图 5.3-9 所示。

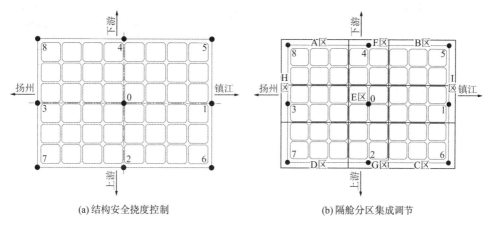

(a) 结构安全挠度控制　　　　　　　　　　(b) 隔舱分区集成调节

图 5.3-8　新型开挖下沉调控方法

(a) 三维声纳探测设备　　　　　　　　　　(b) 水下泥面探测效果

图 5.3-9　水下泥面三维声纳探测

8. 瓯江北口大桥南锚碇沉井基础

温州瓯江北口大桥为世界首座三塔四跨双层悬索桥，南锚碇采用矩形沉井基础，沉井尺寸长 70.4m、宽 63.4m、高 67.5m。上部约 40m 为淤泥、淤泥质黏土、淤泥土夹粉砂等软弱地层，下部为板结砂、卵石高地基承载力地层。本工程上部软弱地基加固时，考虑了砂桩加固软弱土层固结效应对地基承载力提升作用，提出了基于含水率变化的砂桩复合地基优化算法，对砂桩加固处理方案进行优化，大大降低了施工成本与工期[45]。

上部深厚软弱地层具有较好的整体性，传统的空气吸泥设备取土工效低，取土设备需增加破土功能，本工程研制了集高压射水辅助绞刀破土、空气吸泥取土、设备扭转自平衡等多功能于一体的四绞刀快速破、取土，实现了深厚淤泥地层大型沉井高效取土施工，如图 5.3-10 所示。针对下部大水深、高承载力地层研制了可自移动式快速取土设备，解决了传统设备转点移舱耗时长的难题，如图 5.3-11 所示。

图 5.3-10　四绞刀取土设备

图 5.3-11　可自移动式快速取土设备

9. 常泰过江通道沉井基础

常泰过江通道主航道桥其主跨 1176m 双层斜拉桥，主塔采用圆端型沉井基础，沉井底面尺寸 95.0m×57.8m，圆端半径 28.9m，沉井总高 72.0m。沉井所处地层为粉砂、粉质黏土、中砂、粗砂地层。

为了防范沉井难沉风险，相较其他沉井在设计阶段增大了沉井重量，使得沉井重量与井壁入土面积的比值达到了 220.7kPa，远高于传统沉井 101.9～137.6kPa，如表 5.3-2 所示，通过该方法实现了沉井顺利下沉至指定标高位置，但同时井壁或隔墙的厚度与隔舱数量的增加，导致了沉井开挖盲区占比增大的问题[46]。

为了实现智能化盲区取土，提升取土效率，研发一套气举取土设备及智能控制系统，其集成了高压射水装置、吸泥管位置监测、吸泥口高程自动调整、沿预设路径自动移位吸泥、泥面高程自动测量等功能，实现了取土设备数据实时采集、实时分析和设备集群化控制，如图 5.3-12 所示。研制了水下智能开挖机器人及其控制系统，该系统可实现沉井隔舱可控取土，避免超挖带来的涌砂、突沉等安全风险[47]，如图 5.3-13 所示。

已建大型沉井重量与井壁入土面积比值　　　　　　　　　　　表 5.3-2

工程项目	沉井尺寸（m）			重量/入土面积（kPa）
	长	宽	高	
泰州长江公路大桥中塔	58	44	76	132.7
泰州长江公路大桥北锚碇	67.9	52	41	101.9
江阴长江公路大桥北锚碇	69	51	58	104.1
马鞍山长江大桥北锚碇	60.2	55.4	41	127.8
马鞍山长江大桥南锚碇	60.2	55.4	48	126
南京长江四桥北锚碇	69	58	58.2	125.6
杨泗港长江大桥 2 号主塔	77.2	40	50	137.6
五峰山长江大桥南锚碇	100.7	72.1	56	130.2
瓯江北口大桥南锚碇	70.4	63.4	67.5	121.9
瓯江北口大桥中塔	66	55	68	131.1
沪通长江大桥 29 墩	86.9	58.7	115	127.5
常泰过江通道 5 号墩	95	57.8	67	220.7

图 5.3-12　设备集群远程控制　　图 5.3-13　机械臂水下定点取土机器人

基于装配式设计理念，将取土平台与供气管、供水管、排泥管、施工电缆桥架等进行了集成化设计，如图 5.3-14 所示，在满足取土下沉施工全过程功能需求的前提下，实现了取土平台及管线的模块化安拆，提高了取土平台及管线的安拆效率和安全文明程度，保障沉井下沉阶段设备设施长期稳定使用。

图 5.3-14　装配化施工平台

5.4　桩基础

桩是桥梁工程中最常用的基础形式，具有承载力高、沉降小、施工效率高、经济性好等优点，目前桥梁工程中有半数以上均采用桩基础。桥梁工程具有荷载大的特点，一般桩基础以钻孔灌注桩或打入式群桩基础为主，钻孔灌注桩可应用于陆地或水域施工，目前桥梁工程最大的灌注桩为直径 6.3m 的西堠门公铁两用大桥 5 号桥塔桩基础[48]，国内桥梁最长的灌注桩为宁德至上饶高速东吾洋特大桥（桩径 4.5m，桩基钻孔深度 155.5m），该项目同时也是最大水深的桩基（最大水深超过 63m[49]）。为了更进一步提升桩基承载力，在钻孔灌注桩基础上发展了桩基后压浆、支盘桩和扩底桩基础等新型桩基础。

5.4.1　钻孔灌注桩基础

1. 苏通大桥群桩基础

苏通大桥主跨 1088m，为世界上首座主跨超千米的斜拉桥。苏通大桥 4 号主墩基础共布置 131 根变直径钻孔灌注桩，桩径由上部 2.8m 缩小到下部的 2.5m，桩长接近 120m，是世界最大规模的群桩基础[50]；桩身上部近 60m 设置钢护筒，钢护筒壁厚 2.5cm，参与桩基础受力，桩身采用 C35 水下混凝土，桩体以上更新统粗砾砂层作为基础持力层，施工完毕后进行桩底压浆；整个桥墩承台宽度为 113.75m，呈哑铃形分布，每个塔柱下承台平面尺寸为 50.55m×48.1m，承台厚度由边缘的 5m 变化到最厚处的 13.324m（图 5.4-1）。苏通大桥中首次提出了钢护筒与灌注桩所形成的组合桩概念，并建立了组合桩截面抗压、抗弯和抗剪复合刚度计算公式；同时，首次在大跨桥梁中应用后压浆技术提升桩基承载力[51]，积累了宝贵的后压浆基桩承载力提升系数的修正经验。上述两项重要成果均纳入了新版《公路桥涵地基与基础设计规范》JTG 3363—2019。

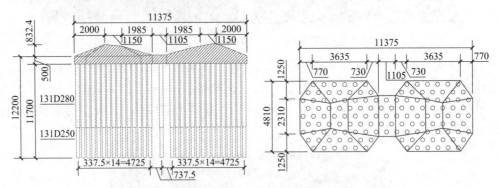

图 5.4-1　苏通长江大桥 4 号主塔基础图（单位：cm）

2. 嘉绍大桥单桩独柱基础

嘉绍大桥南起沽渚枢纽，跨越杭州湾，北至南湖枢纽，全长 10.137km，其中主航道桥跨度为 70m+200m+5×428m+200m+70m。嘉绍大桥是人类第一次在世界三大强涌潮河口（中国钱塘江、巴西亚马孙河、印度恒河）之一的钱塘江入海口建设的一座世界级桥梁，大桥引桥总长占全桥 70% 以上，在强涌潮环境下其结构形式及施工方法对阻水面积和施工风险影响巨大。为此，在国际上首次研究提出了 3.8m 大直径单桩独柱 70m 跨径连续刚构桥新型结构[52]，上部结构左右幅墩顶设置横系梁，形成纵横向框架结构体系（图 5.4-2），提高了桥梁整体稳定性和抗震性能。桩基钢护筒同时作为桥墩施工挡水和抗泥砂冲磨结构，大大降低了涌潮给大桥带来的风险。

单桩独柱结构形式决定了桩基孔位的唯一性，不容许失败发生，且 3.8m 大直径桩钢护筒自重达 132.5t，单桩混凝土用量达 1300m³，质量要求高、施工难度大，国内外均无先例。为此，首次研发了单桩独柱墩施工工法，发明了钢管支承桩插打时快速定位和连接系统及施工方法，提高了施工平台的周转效率。嘉绍大桥施工表明，全部桩基均为 I 类桩，桩顶平面误差控制在 5cm 以内，仅为允许误差的一半。

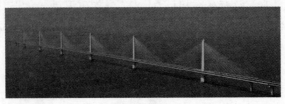

（a）嘉绍大桥

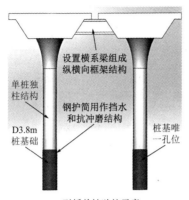

(b) 引桥单桩独柱示意

图 5.4-2　嘉绍大桥及引桥单桩独柱示意

3. 西堠门公铁两用大桥

西堠门公铁两用大桥为甬舟铁路及甬舟高速公路复线跨越西堠门水道的共用跨海桥梁，桥长 2664m，孔跨布置为（70 + 112 + 406 + 1488 + 406 + 112 + 70）m，大桥采用主跨 1488m 斜拉—悬索协作体系，主梁采用分离式钢箱梁，公铁平层布置，中间箱通行铁路，两边箱通行公路，公路箱和铁路箱间通过箱形横梁连接（图 5.4-3）。主梁全宽 68m、高 5m。桥塔采用 A 形混凝土塔，塔高 294m，塔柱从主梁箱间穿过[48]。

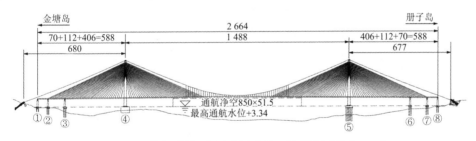

图 5.4-3　西堠门公铁两用大桥主桥立面布置图（单位：m）

桥址区水域宽约 2.7km，5 号桥塔处水下地形起伏较大，基础范围海床面高程约为−60～−45m（直径 80m 圆范围内），最大水深约 60m，平均水深约 55m。推荐的桩基础方案范围内海床面高程为−55～−48m。西堠门水道 300 年一遇最高潮位为+3.82m，最低潮位为−2.69m，最大潮差为 4.87m。5 号桥塔墩位处 300 年一遇最大流速为 3.47m/s，100 年一遇最大浪高为 7.80m。西堠门水道航道等级为 3 万吨级；最高通航水位为+3.34m，最低通航水位为−2.22m，5 号桥塔基础设计船舶撞击力为 68.8MN（设置防撞设施消能后）。钻探成果显示，5 号桥塔墩位处基本无覆盖层，基岩均较破碎，为花岗斑岩、流纹岩以及受构造影响形成的流纹质角砾岩、碎裂岩，个别钻孔表层存在厚度小于 5m 的强风化花岗斑岩或角砾土。

5 号桥塔墩位处流急浪高、上部结构所受风荷载较大，基础需要抵抗较大的水平力；同时最大水深达 60m，桩身自由长度较长。因此，钻孔桩应尽可能采用较大的桩径。根据平潭海峡公铁大桥 4.5m 钻孔桩施工经验与钻机施工能力、海上风电基础 6～8m 大直径桩工程实践与钻机开发研究现状，结合桩基布置，经方案比选，最终提出了大直径群桩基础方案（图 5.4-4）。采用 18 根 ϕ6.3m 的钻孔灌注桩（桩顶设 ϕ6.8m 钢护筒），桩长 88m。承台平面尺寸为 68.0m × 46.4m，厚 10.0m。承台顶高程为+4.0m，桩底高程为−94.0m。桩身采用 C45 混凝土。

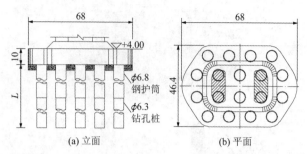

图 5.4-4　西堠门公铁两用大桥 5 号桥塔 18 根ϕ6.3m 钻孔灌注桩方案（单位：m）

大直径钻孔桩基础采用先平台后围堰的方案施工[53]，钻孔平台采用导管架＋钢管桩＋贝雷梁结构，钻孔区采用钢面板、其他区域采用混凝土面板，承台采用防撞箱与围堰结合的双壁钢吊箱围堰施工。大直径钻孔桩基础施工流程为：先利用大型浮吊分块安装导管架，再搭设钻孔平台，插打钢护筒，安装平台桁架及面板→采用大直径钻机进行钻孔桩施工→钢围堰工厂加工后利用大型浮吊分块安装，钢围堰安装完成后进行封底，然后抽水进行承台施工。

5.4.2　打入式桩基础

打入桩又称沉入桩，是指采用锤击、振动、静压或上述组合方式将成品桩沉入土体的桩，打入桩属于挤土桩，是桥梁工程中常用的桩型之一。打入桩具有桩身质量可控、工效快等优点，由于桥梁桩基荷载大，一般桩长和直径都较大，故桥梁打入桩以钢管桩为主。钢管桩由于制作及施工工艺简单、施工速度快、承载力高、直径可灵活调整等优点，是海洋与深水桥梁工程应用最广泛的基础形式之一；同时，也是深水栈桥、水中作业平台等临时支撑体系的首选基础。特别是组合桩应用技术的推广，在钢管桩浅层段回灌混凝土，显著提升了钢管桩抵抗风、浪、流以及船撞等水平荷载的能力。

钢管桩基础在深水桥梁工程中主要应用方式是由一系列不同倾斜角度布置的钢管桩组成钢管群桩基础，例如跨径 240m 的日本滨名大桥，该桥每个主墩采用了 49 根直径 1.6m 的钢管桩，组成水上承台基础；我国的杭州湾大桥（图 5.4-5）中引桥每个墩台下采用 9 根直径 1.5m、斜率为 9：1～6：1 的钢管桩组成的群斜钢管桩支撑，南引桥每个墩台下采用 10 根直径 1.6m、斜率为 16：1～6：1 的钢管桩组成，相应的钢管桩长度已超过 85m。我国的舟山主通道建造过程中的钢管桩基础直径为 2m，长度达到 110m，创造了我国深水钢管桩基础应用长度新纪录，由于大量采用钢管桩基础，极大地缩短了施工周期。我国承建的孟加拉国帕德玛大桥的主桥墩钢管桩基础直径达 3m、长度近 120m，是全新的钢管桩基础应用纪录。

图 5.4-5　杭州湾大桥引桥钢管群桩基础

5.4.3 灌注桩后压浆

1. 后压浆定义及工艺分类

后压浆（又称后注浆）技术是指成桩后，由预埋的压浆通道用高压注浆泵将一定压力的水泥浆压入桩端土层和桩侧土层，通过浆液渗透、填充、压密、劈裂、固结等作用来增强桩端土和桩侧土的强度，从而提高桩基承载力、减小沉降量的技术措施，从而达到提高桩基承载力、减少沉降量的一项技术。

桩基后压浆方式包括桩端压浆、桩侧压浆以及桩端桩侧组合压浆等。其中桩端后压浆按压浆埋设方法可分为桩身预埋压浆管压浆法（单向压浆和 U 形管压浆）、钻孔埋管压浆法、钻杆压浆法和孔口封闭压浆法几种；按压浆工艺可分为开式压浆和闭式压浆两类。桩侧后压浆按桩侧压浆管埋设方法可分为桩身预埋管压浆法（环管压浆和分布式压浆）和钻孔埋管法。桩端桩侧组合压浆指在桩侧沿着桩身某些部位和桩端均进行压浆。常见的压浆管类型如图 5.4-6 所示。

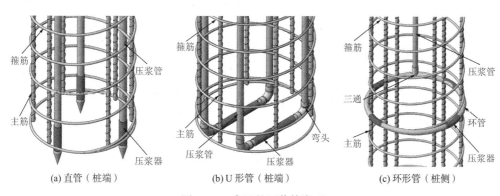

(a) 直管（桩端）　　　(b) U 形管（桩端）　　　(c) 环形管（桩侧）

图 5.4-6　常见的压浆管类型

2. 加固机理

后压浆浆液加固土体的作用包括物理作用和化学作用，物理作用包括渗透作用、压密作用和劈裂作用三个方面，化学作用主要包括水泥浆的水解水化作用、水泥与土的离子交换作用、水泥与土的固化作用以及水泥浆与土体之间的物理化学反应。

在土层中往往以充填、挤密、渗透和劈裂等多种形式与土体相互作用，其作用方式随土层类别、浆液种类、压浆工艺、浆液参数及边界条件等变化。在实际压浆过程中，并不是某一种浆液扩散形式单独作用，而是以一种或两种扩散形式为主，其他形式为辅，同时作用。大量试验证明：浆液总是以某一种运动方式为主，在渗透性比较大（$k > 0.1\text{cm/s}$）的砂土中，通常以渗透作用为主；在当渗透性较小（$k < 10^{-5}\text{cm/s}$）黏土中，通常以劈裂作用为主。

后压浆对桩基承载力的提升包括桩端后压浆和桩侧后压浆两个方面的提升。桩端压浆提高桩基承载力的机理不是单一的，而是诸多方面共同作用的结果。采用桩端后压浆对桩基工程特性的加固作用主要表现在以下几个方面：一是压浆对桩端土体的加固作用，主要是浆液注入后在桩端的渗透、压密、劈裂等作用对桩端土体和沉渣进行加固，提高了桩端土的强度和刚度，从而提高桩端阻力，促进桩端力的发挥，是桩端后压浆桩最主要的加固机理；二是压浆形成桩端扩大头，从而进一步增加桩端阻力；三是浆液上返对桩侧的加固作用，浆液沿着桩土界面上返，加固和挤密桩侧泥皮和土体，提高桩侧土强度和刚度，提高桩土界面剪切强度；四是桩端压浆引起的桩身负摩阻力，桩端压浆将会造成桩基预压缩，产生负摩阻力，可以提高桩侧摩阻力，促进端阻力的提前发挥，进而提高桩基承载特性。桩端压浆加固示意图如图 5.4-7 所示。

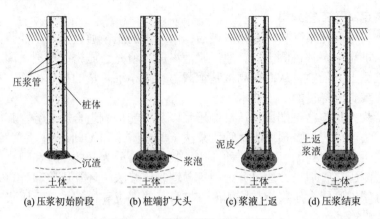

(a) 压浆初始阶段　　(b) 桩端扩大头　　(c) 浆液上返　　(d) 压浆结束

图 5.4-7　桩端压浆加固示意图

桩侧后压浆对提高桩侧承载力的作用主要包括以下两个方面：①浆液对桩侧泥皮的加固作用，压力浆液固化桩侧泥皮并充填挤密桩土间的间隙，有效地改善桩侧与土体的边界条件，提高桩侧土的抗剪强度。②压浆对桩侧土体的固化效应，浆液与桩周土体混合固化，改变土体的物理力学性质，增加桩周土体的水平有效应力。桩侧后压浆通过上述的加固作用改善桩土界面的性状，增强桩侧摩阻力，进而提高桩基承载力。桩侧压浆加固示意图如图 5.4-8 所示。

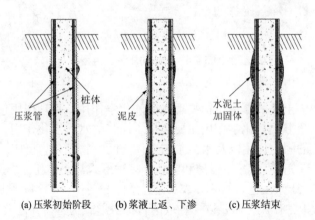

(a) 压浆初始阶段　　(b) 浆液上返、下渗　　(c) 压浆结束

图 5.4-8　桩侧压浆加固示意图

3. 后压浆在桥梁桩基中的应用

国外桩基后注浆技术最早应用于 1958 年的委内瑞拉的 Maracaibo 大桥，21 世纪初，国内桥梁桩基开始采用后压浆工艺提升承载力，包括乐清湾高架桥[54]、苏通长江大桥、东海大桥及杭州湾大桥开展了桩基后压浆工艺试验，根据现场结果，后压浆后，桩基承载力较原钻孔灌注桩方案均有不同幅度提升，桩基承载力至少提升 20%以上，部分桩基承载力提升 50%～100%[55]。目前，桩基后压浆已经列入公路桥梁基础设计规范，并列入铁路桥梁基础设计规范中，加快了该技术的应用和推广。已经应用的项目介绍如表 5.4-1 所示。

国内桥梁桩基后压浆典型工程应用汇总表　　　　表 5.4-1

项目	地点	桥梁跨度	桩径	经济效益
张靖皋长江大桥	江苏省苏州市	主跨 2300	2.0m	主塔减桩长 12~15m引桥减桩长 8~12m
安阳至罗山高速公路黄河特大桥	河南省郑州市	主跨 520m	2.2~2.7m	主墩减桩长 15m引桥减桩长 20m
沪苏湖特大桥	江苏省苏州市	主跨 125m	2.5m	减桩长 18m
兰原高速黄河特大桥	河南省兰考县	副桥 100m	3.0m	副桥减桩长 12m跨堤减桩长 9m
崇启公铁长江大桥	江苏省南通市	主跨 400m	2.5m	主塔减桩长 15m
杭州湾跨海铁路桥	浙江省嘉兴市	主跨 450m	2.5m	主塔减桩长 20m
乐清湾跨海大桥	浙江省温州市	主跨 695m	1.2~2.5m	减桩长 15~30m
石首长江公路大桥	湖北省石首市	主桥跨 820m引桥跨 40m	主墩 2.5m引桥 1.4~2.0m	柱墩桩减 5m引桥桩减 8~14m
六威高速 LWJ-15 标李子沟大桥	贵州省威宁县	主跨 530m	2.0m	主墩桩长减 5m
宜宾至毕节高速公路簸箕坝互通	云南省威信县	跨 40m	1.6~2.0m	减桩长 15~20m
荣乌高速琉璃街特大桥	河北省高碑店市	跨 30m	1.6m	减桩长 12m
宁梁路滞洪区特大桥	山东省东平县	跨 30~40m	1.4~2.0m	减桩长 10~14m
沾临高速公路一标	山东省滨州市	跨 30~40m	1.6~2.0m	减桩长 10~15m

5.4.4　支盘桩

1. 支盘桩定义

支盘桩是在原普通灌注桩基础上增加设置承力盘或整理分支而成。技术原理为将相对软弱土层中普通的摩擦桩或者摩擦端承桩在有限的桩身土层范围内通过设置承力盘或承力分支提高桩端承载力,充分利用桩身范围内各层土体的桩端承载力提高单桩承载力,达到提高单方混凝土承载力的目的从而节省造价或缩短工期。支盘桩技术示意图如图 5.4-9 所示。

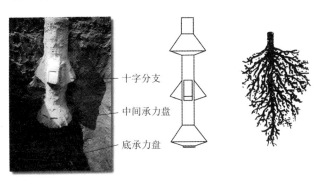

(a) 挤扩支盘混凝土承载桩桩身　　　(b) 基础桩形体　　(c) 树根构造示意图

图 5.4-9　支盘桩技术示意图

2. 支盘桩发展历程

20世纪40年代末，Jennings率先在南非进行了扩盘类桩基础的应用与研究。20世纪50年代后期，印度率先开始在黑棉土地区采用，并于1980年制定了印度国家标准 *Code of Practice for Design and Construction of Pile Foundations Part Ⅲ Under-reamed Piles* IS: 2911（PART 3）—1980。20世纪60年代、70年代，英国和苏联等国家也纷纷使用这一桩型。我国在1978年初开始相关的施工工艺及静载试验研究，1979年在北京研制出第一代盘腔挤扩成孔设备，1990年初研制出第二代支盘挤扩产品。1998年我国研制开发出新型的多功能液压挤扩装置，由该设备挤扩形成的桩称为挤扩支盘桩和DX桩（图5.4-10）。

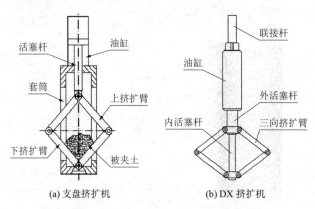

(a) 支盘挤扩机　　　　　　　(b) DX挤扩机

图 5.4-10　挤扩支盘桩与DX桩图示意图

自20世纪80年代末挤扩支盘桩发明至今已有30多年应用历史，该技术从1992年开始在工业与民用建筑中使用，几十年以来在北京、天津、河南、河北、湖北、安徽、江苏、浙江等十多个省市的数百项工程中采用，在提高桩基承载力、减少沉降、增加桩基安全性、降低工程造价和缩短工期等方面都取得了显著效果。

在交通工程领域，1998—2003年，完成了挤扩支盘桩北京城市轨道交通工程中应用与研究，开创了支盘桩在较大动载工作条件下、超小沉降变形的理论设计和施工技术；依托宁波绕城匝道桥工程中的成功应用，浙江省颁布了《公路桥涵挤扩支盘桩工程技术规范》DB33/T 750—2009地标，首次对大直径挤扩支盘桩设计、施工、设备及验收等作出规范性说明，但宁波绕城仅在部分匝道桥应用了该技术[56]，表明业界对新技术的应用和推广尚存疑虑；在2013年，交通运输行业标准《桥梁挤扩支盘桩》JT/T 855—2013发布，标志着该桩在桥梁桩基应用条件趋于成熟。但直到2018年潮汕环线高速公路项目，才开始大范围应用于主桥，该项目全线共792根支盘桩，桩径最大达1.8m，盘径2.5m[57]，同时依托工程针对支盘桩理论研究、检测技术滞后的问题，开展了大量设计、施工及检测等方面课题研究。近几年陆续在汕头市汕北大道（凤东路）段、潮汕线三期工程京灶大桥项目、深圳滨海大道（总部基地段）、汕头南澳联络线、南中高速、中江高速改扩建[58]等桥梁桩基项目中得到了进一步应用。挤扩支盘灌注桩施工工艺流程如图5.4-11所示。

针对挤扩支盘桩硬质土层无法挤扩的问题，2008年北京中阔地基基础技术工程公司又推出了最新一代的DX旋转挤扩设备（图5.4-12）。该设备采用了边旋转边挤扩的设计思想，在连续旋转的过程中三对挤扩臂逐渐向外打开。而且挤扩臂上设计弧形切刀，可根据土体情况选择不同的挤扩臂和施工方式。对于一般土体，通常采用碾压挤扩与切削碾压挤扩一相结合的方式，挤扩臂正向旋转，切刀的刀口对土体进行少量切削，同时切刀的外弧面对土体进行碾压，反转时外弧面对土体进行碾压挤扩，不进行切削。

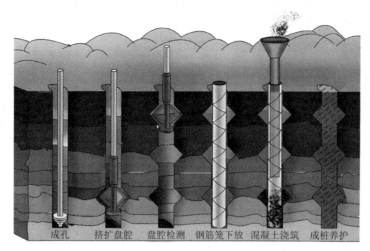

图 5.4-11 挤扩支盘灌注桩施工工艺流程

 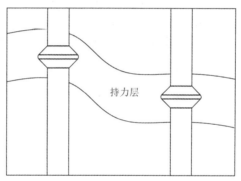

图 5.4-12 DX 旋转挤扩设备及盘体形态

支盘灌注桩的施工时间要比普通灌注桩长，挤扩需要分 8～12 次旋转依次成型，施工效率低，并要有专用挤扩设备，不适用于硬质岩。对土层要求较高，比如对于土层强度较高的卵石层，由于液压设备挤扩能力限制，经常无法在设定土层标高处正常挤扩；而对于黏粒含量较少的砂性土，挤扩后塌孔风险较高，对于黏性较大的粉质黏土和黏土层，由于挤扩孔隙水无法及时消散，易引起缩颈及盘腔不完整。

对此，广东磐石基础工程技术有限公司于 2019 年提出了一种固结扩盘桩新型桩基技术，固结扩盘桩是在扩盘类桩基础上发展而来，在盘位标高处提前采用 RJP 或是 MJS 工艺加固盘周土体，即水泥土固结体，养护一周后，结合旋挖钻机进行成孔并同步进行盘腔成形的工艺，即从浅层向深部依次成孔—固结体内旋切成盘腔—继续成孔—下一固结体内旋切成盘腔的工艺（图 5.4-13）。该工艺彻底解决了常规扩盘类桩基础扩孔过程中导致的塌孔风险，确保了盘腔的完整性和稳定性。

固结扩盘施工工艺，通过将桩体扩盘技术和复合地基处理技术有机地融合为一体，创新成为一种全新的桩基础工艺技术，固结扩盘桩技术的核心是在预先设置的固结体中进行扩盘的成桩工艺，以形成突出于桩身的盘体，且盘体嵌于固结体内并与固结体融为一体的复合桩结构。该工艺近年来在河北荣乌高速新线、德郓高速德州（德阳）至高唐段、东阿至阳谷高速、沾化至临淄高速引黄济青干渠大桥、京台高速公路改扩建齐河至济南段等项目桥梁桩基工程中得到了应用。

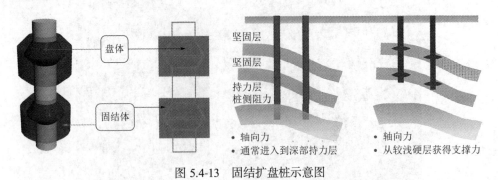

图 5.4-13　固结扩盘桩示意图

5.5　设置基础

自 1980 年以来，国外在深水及海峡地区修建的一些特大型桥梁，其深水基础在向基础结构的大型化及整体化、施工工艺的工厂预制化及现场施工机械化的方向发展。基础采用整体预制，一般采用沉井或沉箱的形式，通过浮运或浮式起重机吊装的方式，将基础放置在已整平的地基上，称为设置基础。

5.5.1　国外设置基础介绍

1. 明石海峡大桥

明石海峡大桥墩位处水深 45m，墩位处最大潮流流速 3.5m/s，最大浪高 9.4m，设计基准风速为 46m/s。每日有 1400 艘船通过。为尽量减少海上施工作业，采用了工厂预制、浮运下沉的预制沉井（箱）基础技术。钢沉箱的形状考虑到耐冲击，降低潮流冲击力，以及在下沉设置时的稳定性、无方向性等设置上的方便等因素，采用了圆筒形的双层壁构造。主塔墩 2P 和 3P 均为圆形双壁钢沉井，其尺寸为外径 80m × 高度 65m 和 78m × 62m，本体质量约为 15000t，如果加上装配件以及与海底连接的刃脚部的混凝土，总质量大约达到 19000t。如图 5.5-1 所示。根据不同挖掘地层、部位和挖掘作业的极限潮速，采用不同重量的抓斗进行挖掘，挖掘平均精度在 −10～0cm 范围内，浮运下沉就位后沉井内填充水下不离析混凝土。

图 5.5-1　明石海峡大桥设置式沉井基础

2. 大贝尔特海峡西桥

大贝尔特海峡西桥的海上沉箱基础开挖约 10m 深基坑，由海上自升式平台完成清基、铺设 1.5～4.0m 厚碎石垫层及平整夯实，用 6500t "天鹅" 号大型浮式起重机直接运输及沉放（与墩身起始段一起），碎石垫层上部 0.3m 未经夯实，但碎石面要求非常平整，基础下落中自然压紧，基底以下不灌浆，基础内填砂土。大贝尔特海峡东桥的引桥沉箱基础重量超过 3000t 者浮运安放（图 5.5-2），小于 3000t 者用拖船辅助 3000t 吊船运输到墩位后吊装就位，沉箱底的碎石层压浆填实；主塔墩沉箱基础 78.1m×35m、高 20m、重 3.2 万 t，在离桥约 56km 处的干船坞制造，吃水 11.5m，浮运靠于墩位处预抛锚好的定位船灌水下沉，基础底部 0.5m 高的裙边放下时压入 5m 厚的碎石层 0.3m，沉箱底同样压浆填实；锚碇基础设计非常有特色，基础水深约 10m，需要承受大约 600MN 主缆力，浮运时尺寸为 121.5m×54.5m×16.5m，重 3.6 万 t，吃水 9m，沉放设置在水下 V 形基坑填石整平的楔槽上，以抵抗水平力。

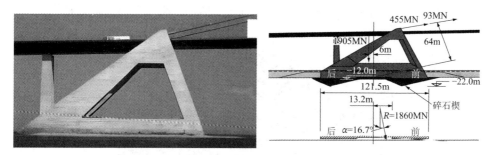

图 5.5-2　大贝尔特东桥设置沉箱基础

3. 瑞典厄勒桑特跨海大桥

瑞典厄勒桑特跨海大桥为公铁两用斜拉桥，全长 16km，主桥为主跨 490m 的 5 跨钢斜拉桥，两侧引桥为跨度 140m 的钢桁梁桥。其中 51 个引桥墩基础和两个主墩基础，均采用钟形设置基础技术。

厄勒海峡大桥的主塔墩基础底面 35m×37.18m、高 20m、重约 2 万 t，在干船坞预制后，用 2 艘浮箱联结组成一个浮驳组合体提升沉箱拖出船坞，浮运至墩位处定位下沉、支承在事先设置固定找平的 3 个混凝土垫块上，底面约 1m 空隙压注充填混凝土，沉箱回填压重、防护；边跨引桥墩的沉箱基础底面为 18m×20m 和 18m×24m，采用改造后的 8700t 长颈 "天鹅" 号浮式起重机从预制厂吊运到墩位安装（图 5.5-3），重量按 "天鹅" 号浮式起重机的起吊能力控制，沉箱顶面在安装后高于海面 4m。

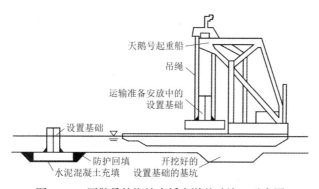

图 5.5-3　厄勒桑特海峡大桥主墩基础施工示意图

4. 加拿大诺森伯兰海峡海湾大桥

诺森伯兰海峡水深 15～20m，诺森伯兰海峡海湾大桥为预应力混凝土箱梁桥，由 44 孔跨度为 250m 的预应力混凝土箱梁组成，主桥桥孔为 43m × 250m。该桥所处的海峡冬季气象条件极为恶劣，基础施工只能在没有冰冻的 5～8 月份进行。设计中对桥梁结构的最大制约条件为冰块与风产生的横向荷载。该桥的桥墩、基础、梁体全部都是在岸上工厂预制，然后用大型吊船现场安装。在海中安装的基础及桥墩分为两大件分别吊装。

基础高 31～42m，分为圆锥部分和圆柱部分，环形底板直径 22～28m，圆柱部分直径 10m，高度随基础深度变化，再上为圆锥部分以套装墩身（图 5.5-4）。基础质量为 3500～5500t，由大吨位油压式运输车搬运到栈桥，再由长颈"天鹅"号自行式浮式起重机搬运到现场架设。施工时先开挖到基岩，在基岩面挖下一圈环槽，将以钢结构连接的三块混凝土板放入环槽内，形成三点稳定的支承点，然后将基础吊放支承于混凝土板，应用 GPS 使基础安放精度在 6mm 以内。基础底的空隙浇筑高耐久性的水下混凝土。其制作过程如图 5.5-4 所示。

图 5.5-4　诺森伯兰海湾大桥预制基础施工过程

5. 法属留尼旺岛新沿海高架

法属留尼旺岛新沿海高架全长 12.5km，其中 5.4km 位于海上，项目总造价 7.15 亿欧元。该桥集合了法国最新的重力式基础与桥墩预制拼装技术，预制重力式基础构造见图 5.5-5。大体量的基础采用多功能新型海上施工装备进行大型墩身和基础的运输安装，实际的安装精度达到了 200mm，而基础顶部的误差控制在了惊人的 1mm。

- 上节墩帽，平面为10m×7.4m椭圆

顶节重量2000t

- 墩身截面为10m×7.4m椭圆，壁厚1.1m

底节重量3700～4660t

- 基础直径20～23m

图 5.5-5　法属留尼旺新沿海高速预制桥墩及基础图

6. 希腊里翁-安蒂里翁大桥

希腊的里翁-安蒂里翁（RION-ANTIRION）大桥连接伯罗奔尼撒半岛和希腊大陆，主桥为跨径为 286m + 3 × 560m + 286m 的四塔斜拉桥，其关键技术之一为建在强地震带和深水深厚沉积层上的复合基础。该桥所处的建设条件复杂，水深 65m，主塔基础处的水深约 45m，海床表面为深厚的软弱土层，地震设防等级高，地壳运动使伯罗奔尼撒半岛以每年 8~11mm 的速度漂离希腊大陆，海床处上层 4~7m 土层由砂砾构成，其下分布着砂层、淤砂层、淤泥土层等，而在 30m 以下时，土层逐渐变得均匀，主要以淤泥土和黏土组成，考虑了地壳板块漂离和地震时产生位移，要求设计考虑可能的地质构造水平和竖向各 2m 的变位，由于海床 20m 深范围的土层力学性能不好，为提高土的性能，用长度为 25~30m、直径 2m 的钢管以 7~8m 的间距进行土体加固，每个桥墩下有约 250 根钢管桩。为了适应基础与地基之间的滑动，在钢管顶部铺设 50cm 厚反滤砂层，其上铺设 2m 厚直径 10~80cm 的鹅卵石层，最上面铺设 50cm 厚的碎石层。桥梁基础直接放置在上述 3m 厚的砂砾层上，基础和砂砾层间没有连接，可以在大地震时产生向上及左右方向移动，但在运营期及小地震时不会滑动，基础与钢管桩之间的垫层起到了隔震的作用（图 5.5-6）。

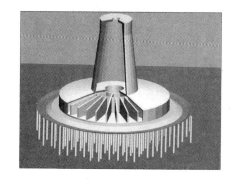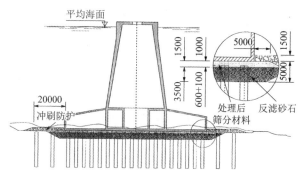

图 5.5-6　希腊里翁-安蒂里翁大桥与主塔隔震沉箱基础

7. 土耳其伊兹米特大桥

土耳其伊兹米特（Izmit）大桥横跨马尔马拉海，为主跨 1550m 的两塔三跨悬索桥，基础处水深 40m，为减少强震时传递给桥梁上部结构的荷载，主塔采用沉箱基础（图 5.5-7）。沉箱下设置碎石填充的垫层作为隔震层，地基采用 195 根钢管桩加固形成复合地基，钢管桩直径 2m，壁厚 20mm，桩长 34.5m。桥塔基础由混凝土沉箱、钢混组合墩身、墩帽和横梁四部分组成。预制钢筋混凝土沉箱长 68m，宽 54m，高 15m。主塔沉箱基础在岸边的船坞预制，施工完沉箱底板、外墙及部分高度的内隔墙后，注水起浮，拖出船坞，在深水区继续施工剩余隔墙、安装下沉用的注水系统、浇筑沉箱顶板、安装桥墩的双壁钢护筒。钢护筒吊装就位后，通过竖向预留螺栓和剪力键与沉箱连成整体，然后在双壁之间浇筑 4m 高的自密实混凝土。

墩位处河床同步疏浚，钢管桩采用驳船辅助水下液压振动锤插打。钢管桩插打完毕后，在基坑内的桩顶铺设砾石层，砾石由布料船上的抓斗转移至传送系统上并通过送料管下方间隔铺设到开挖的海床基坑上，铺设完毕后对砾石垫层整平，每 2m × 2m 内的最大高差±50mm。沉箱由拖轮浮运至墩位并精确定位后注水下沉，边下沉边调整沉箱直至着床。

图 5.5-7 土耳其伊兹米特海湾大桥与主塔隔震沉箱基础

5.5.2 国内设置基础介绍

1.大连星海湾跨海大桥

大连星海湾跨海大桥主桥的跨径为（180＋460＋180）m，桥宽 24.8m。主缆由多股平行钢丝成品索组成，呈抛物线形，跨中矢高为 69m。主桥为双向 8 车道，上、下 2 层均单向行车，以利于与两端接线的连接；上层两侧设 2.5m 宽的人行道，成为主要旅游线路——滨海路向西的延伸（图 5.5-8）。

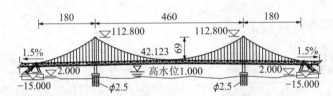

图 5.5-8 大连星海湾跨海大桥主桥桥型布置示意（单位：m）

锚碇采用空腹三角形框架结构形式，锚碇上部锚体部分包括锚块、锚室、散索鞍支墩、底板等部分；下部为沉箱和碎石升浆基床。锚体部分的散索鞍支墩向外倾斜，最终与锚室相连，形成三角形稳定结构，增强了锚体结构的整体性[59]。

锚碇采用碎石升浆基床，先将海床开挖至中风化岩面，接着采用潜水水下刮道整平的施工方法进行基床的整平，然后在基床上铺设土工布，以防止在升浆过程中发生漏浆现象。该桥基床抛石所采用的石料为 10～100kg 块石，饱和单轴极限抗压强度不低于 50MPa，采用方驳配反铲的施工方法进行抛石，抛石后自然形成的孔隙率约为 40%。为保证升浆的要求，不进行夯实处理。东锚碇的基床比西锚碇深，最终形成的碎石基床的厚度为东锚碇 10m、西锚碇 3m。待锚碇沉箱浮运就位后，在沉箱上搭设升浆平台，利用已经预埋好的预埋管进行钻孔，钻孔深度钻至基床底面以下 0.5m，钻孔后再将注浆管和观测管打至基岩面，然后进行基床升浆作业。升浆采用平升工艺，砂浆从底部向上升起，逐渐充满整个碎石基床（图 5.5-9）。基床底面不用设计成楔形，既方便施工，又能够达到抵抗水平力的要求。锚碇的基础为预制混凝土重力式沉箱结构，单个沉箱尺寸为 69m×44m×17m，重达 26000t。沉箱内的舱格部分采用抛填块石升浆混凝土结构。为了提高锚碇的抗滑移安全系数，增加锚碇的抗滑移能力，在沉箱与碎石基床的接触面间增设钢锚杆。

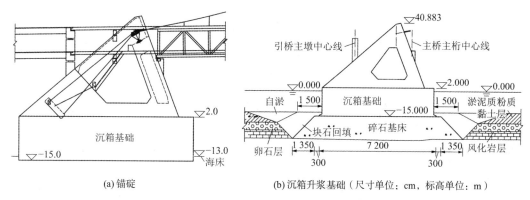

(a) 锚碇   (b) 沉箱升浆基础（尺寸单位：cm，标高单位：m）

图 5.5-9   大连星海湾跨海大桥锚碇及沉箱升浆基础

2. 芜湖长江公铁大桥

商合杭铁路芜湖长江公铁大桥主桥采用双塔双索面箱桁组合梁斜拉桥，跨度布置为 (99.3 + 238 + 588 + 224 + 85.3)m，2 号、3 号墩为桥塔墩，采用门形桥塔，两岸高、低塔不对称布置。3 号桥塔墩采用设置式钢沉井基础（图 5.5-10），沉井设计为圆端形双壁结构，壁厚 2m。沉井平面尺寸为 65m × 35m，沉井高 19.5m（刃脚底高程 −25.0m）。沉井上接 10.5m 高的双壁围堰和 4.5m 高的单壁围堰；沉井下部设 2 道横桥向底隔舱和 6 道顺桥向底隔舱，底隔舱将沉井分为 21 个井孔[60]。

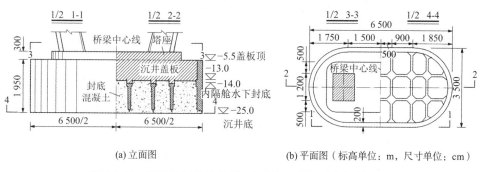

(a) 立面图   (b) 平面图（标高单位：m，尺寸单位：cm）

图 5.5-10   芜湖长江公铁大桥 3 号桥塔墩设置式钢沉井基础

3 号桥塔墩位于长江河槽近芜湖岸一侧，距芜湖长江大堤约 390m。该墩处的弱风化、微风化基岩直接裸露于河床底部，岩性为燕山期侵入闪长玢岩。上层为弱风化闪长玢岩，基岩厚度一般为 2~6m，个别地段基岩厚 8~10m，岩石单轴抗压强度 25MPa；下层为微风化闪长玢岩，岩石饱和抗压强度 90MPa。该墩设置式钢沉井基础底部整体嵌入裸露光板玢岩河床最深达 15m。

3 号桥塔墩的设置式钢沉井基础总体施工工艺如下：采用钻爆法进行基坑整体水下爆破成型（钻爆期间同步在桥位上游组拼钢沉井，采用气囊断缆法下水，将钢沉井浮运至墩位上游 110m 处，临时锚泊）→基坑水下清渣→在基坑验槽合格后，将钢沉井溜放至墩位处→采用混凝土锚碇系统对钢沉井进行初步定位→接高钢围堰→注水下沉，沉井精确定位后着床→沉井外壁周圈抛填防护→清基→灌注水下封底混凝土和钢沉井壁舱混凝土→抽水→施工沉井混凝土盖板。3 号桥塔墩沉井基坑布置如图 5.5-11 所示。

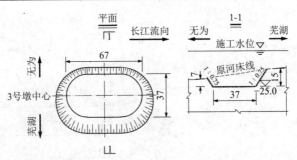

图 5.5-11　芜湖长江公铁大桥 3 号桥塔墩沉井基坑布置（单位：m）

3. 西堠门公铁两用桥

西堠门公铁两用桥金塘岛侧 4 号主墩基础水深 20.7～24.7m（爆破整平后水深 36.1m，潮位 +3.13m 时），采用嵌入式设置沉井基础（中间带十字隔墙的双壁圆筒形结构），外径 58m、高 37m（图 5.5-12），沉井外井壁厚 2m，内井壁及隔墙厚 1.2m，平面分为 20 个井孔（4 个大井孔、16 个小井孔），基础持力层为微风化英安岩。沉井钢壳采用 Q355C 钢，钢沉井井壁填充 C35 混凝土，井筒填充 C20 混凝土，沉井盖板采用 C45 混凝土，水下封底采用 C35 混凝土。

4 号主墩基础位于水下暗礁碗盏礁上，最大水深 24.7m（潮位 +3.13m 时），水深、流急，基岩裸露且强度大（基岩单轴抗压强度达 70MPa），大面积深基坑水下爆破开挖量大，技术要求高，安全风险大；钢沉井结构长距离运输，复杂海况下沉井精准平面定位及快速下沉着床控制要求高。4 号主墩基础采用板凳式栈桥 + 设置沉井方案施工[48]。4 号主墩钢沉井结构在船坞整体制造，整体浮运至墩位后快速完成过缆初定位，随后注水下沉至距离海床约 2m 处进行沉井精准定位，最后完成沉井快速着床。

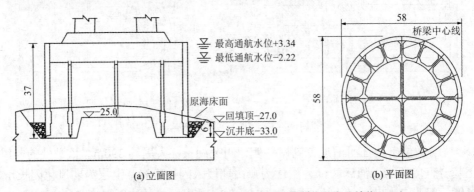

(a) 立面图　　　　　　　　　　　(b) 平面图

图 5.5-12　西堠门公铁两用桥 4 号主墩设置沉箱基础（单位：m）

5.6　总结与展望

我国的桥梁建设经过四十多年的快速发展，桥梁基础在很多方面的建设水平接近或达到国际领先水平。在桩基建设方面，目前直径最大、最长和水深最深的桩基均在中国；在锚碇基础方面，国内的锚碇已覆盖了所有的基础形式，且创新性提出了支护转结构、桩墙咬合式等新型锚碇基础建设方案；在沉井施工方面，沉井智能化取土、下沉过程中实施监控已经实现；在设置基础方面，沉井和沉箱大型预制、浮运、吊装及基槽整平等大型装备的自动化、智能化水平与发达国家的差距越来越小。

　　未来，随着科技进步和桥梁进入存量时代，新建桥梁大型基础标准化、预制化和智能化是一个趋势。既有桥梁基础冲刷问题、承载力和耐久性评定及加固问题需求迫切，旧桥改扩建也催生了新旧桩基协同受力的研究问题。此外，随着桥梁建设走向高山峡谷和深远海，桥梁基础将成为能够桥梁建设能否顺利完成的制约因素，未来深山峡谷桥梁基础技术发展的重点是如何在高陡坡、受限场地开展桥梁大型基础装配化、快速化施工问题，深远海桥梁基础发展的重点是大型深水基础预制、长途浮运和精准下放等施工技术和装备的研发，以及水深超 200m 浮式基础合理形式、施工关键技术及装备的前瞻性研究问题。

　　致谢：感谢中交第二公路勘察设计研究院有限公司彭元诚副总工，中交第二航务工程局有限公司夏欢、李德杰提供部分设计与施工资料。

参考文献

[1] 周绪红, 张喜刚. 关于中国桥梁技术发展的思考[J]. Engineering, 2019, 5(6): 1120-1130+1245-1256.

[2] 方联民, 谢立新, 喻波. 矮寨大桥施工技术创新[J]. 公路工程, 2016, 41(6): 308-313.

[3] 周咏凯, 张润泽. 雅康高速大渡河特大桥猫道设计与架设[J]. 城市道桥与防洪, 2017(11): 143-148+16.

[4] 严爱国, 樊少彻, 王鹏宇, 等. 西堠门公铁两用大桥岩锚锚碇承载特性研究[J]. 桥梁建设, 2023, 53(3): 33-39.

[5] 宋晖, 王晓冬. 舟山大陆连岛工程西堠门大桥总体设计[J]. 公路, 2009(1): 8-16.

[6] 彭元诚, 丁少凌, 任蒙, 等. 湖北燕矶长江大桥体系构思与总体设计[J]. 桥梁建设, 2022, 52(3): 1-7.

[7] 徐国平, 刘明虎, 刘化图. 阳逻长江大桥南锚碇圆形地下连续墙设计[J]. 公路, 2004(10): 11-14.

[8] 王志仁, 张东曾, 易金明. 虎门大桥东锚碇基坑的深开挖及防护[J]. 桥梁建设, 1995(2): 48-52.

[9] 崔冰, 贾立峰, 李丹. 南京长江第四大桥南锚碇地下连续墙支护结构设计[J]. 中国工程科学, 2013, 15(8): 26-30.

[10] 王志诚, 梁振有, 闫永伦, 等. 棋盘洲长江公路大桥南锚碇地下连续墙设计[J]. 桥梁建设, 2018, 48(2): 89-93.

[11] 蒋振雄. 张靖皋长江大桥建设综述[J]. 公路, 2023, 68(6): 1-7.

[12] 王仁贵. 张靖皋长江大桥南航道桥设计创新[J]. 东南大学学报（自然科学版）, 2023, 53(6): 979-987.

[13] 夏欢, 王通, 朱其敏, 等. 张靖皋长江大桥南航道桥南锚碇刚性接头地下连续墙施工工艺试验研究[J]. 桥梁建设, 2023, 53(5): 1-8.

[14] 戴俊平, 朱尧于, 梁振有, 等. 大跨悬索桥锚碇地下连续墙基础不同刚性接头形式对比研究[J]. 公路, 2023, 68(5): 73-79.

[15] 戴俊平, 曾旭涛, 夏欢. 超深黏土层超高压旋喷桩工艺试验[J]. 公路, 2023, 68(6): 115-121.

[16] 朱其敏, 朱俊涛, 夏欢, 等. 超深异型地下连续墙成槽施工关键技术研究[J]. 公路, 2023, 68(6): 107-114.

[17] 夏欢, 朱其敏, 王通, 等. 超深锚碇地下连续墙钢箱垂直度控制关键技术[J]. 公路, 2023, 68(6): 92-99.

[18] 徐军, 吴明远. 考虑特殊桥位的深中通道伶仃洋大桥总体设计[J]. 交通科技, 2020, (3): 6-10+25.

[19] 姚志安, 陈炳耀. 深中通道伶仃洋大桥东锚碇基坑支护施工关键技术[J]. 桥梁建设, 2020, 50(3): 6.

[20] 黄修平, 杨苏海, 王孝兵. 深中通道海上大型锚碇施工筑岛围堰设计[J]. 中国港湾建设, 2020, 40(11): 5.

［21］ 王晓佳, 贺炜. 伶仃洋大桥西锚碇筑岛施工柔性围堰结构稳定性研究[J]. 桥梁建设, 2021, 51(2): 85-90.

［22］ 黄厚卿, 李冕, 刘建波. 深中通道伶仃洋大桥东锚碇筑岛围堰施工方案优化[J]. 桥梁建设, 2020, 50(6): 6.

［23］ 何锦章, 崔立川, 王昊, 等. 广西滨海公路龙门大桥东锚碇基坑支护分析[J]. 公路, 2021, 66(8): 152-157.

［24］ Caner A, Gülkan P, Mahmoud K. Developments in international bridge engineering[J]. Springer Tracts on Transportation and Traffic, 2016.

［25］ 舒江, 刘琪, 彭元诚. 白洋长江公路大桥主桥设计[J]. 桥梁建设, 2019, 49(1): 77-82.

［26］ 罗勇, 姜炜, 易龙, 等. 宜都长江大桥南岸重力式锚碇基础方案比选[J]. 桥梁建设, 2023, 53(S1): 127-133.

［27］ 秦顺全, 谭国宏, 陆勤丰, 等. 超大沉井基础设计及下沉方法研究[J]. 桥梁建设, 2020, 50(5): 1-9.

［28］ 高文生, 梅国雄, 周同, 等. 基础工程技术创新与发展[J]. 土木工程学报, 2020, 53(6): 97-121.

［29］ 穆保岗, 肖强, 张立聪, 等. 土体支承刚度对下沉期沉井内力的影响分析[J]. 东南大学学报（自然科学版）, 2012, 42(5): 981-987.

［30］ 朱建民, 龚维明, 穆保岗, 等. 南京长江四桥北锚碇沉井下沉安全监控研究[J]. 建筑结构学报, 2010, 31(8): 112-117.

［31］ 曹双寅. 沉井下沉过程中裂缝形成原因的分析[J]. 特种结构, 1998, 15(4): 49-52.

［32］ 朱建民, 龚维明, 穆保岗, 等. 超大型沉井首次下沉关键问题研究[J]. 公路, 2011, 4:13-18.

［33］ 景奉韬, 刘修成, 管政霖. 硬质土层沉井不排水下沉破土方法探讨[J]. 中国港湾建设. 2020, 40(11): 56-60.

［34］ 徐光亿, 肖威, 赵飞, 等. 一种沉井潜入式竖井掘进机结构设计与研究[J]. 隧道建设, 2021, 40(6): 1-10.

［35］ 李军堂, 秦顺全, 张瑞霞. 桥梁深水基础的发展和展望[J]. 桥梁建设, 2020, 50(3): 17-24.

［36］ 胡冬勇. 江阴长江公路大桥北锚碇基础特大沉井施工方法[J]. 广西交通科技, 2003, 3(28): 52-55.

［37］ 陈光福. 江阴长江公路大桥特大型沉井施工述评[J]. 土工基础, 1999, 13(3): 24-28.

［38］ 李明华, 杨灿文. 武汉鹦鹉洲长江大桥北锚碇新型沉井基础设计[J]. 桥梁建设, 2011, 4: 1-4.

［39］ 冯广胜. 鹦鹉洲长江大桥主桥基础施工方案设计与施工[C]//中国土木工程学会桥梁及结构工程分会. 第二十届全国桥梁学术会议论文集（上册）. 中铁大桥局集团有限公司, 2012: 8.

［40］ 王永东, 汪学进. 马鞍山长江公路大桥北锚碇沉井下沉施工技术[J]. 世界桥梁, 2011, 3: 25-32.

［41］ 李军堂. 沪通长江大桥主航道桥沉井施工关键技术[J]. 桥梁建设, 2015, 45(6): 12-17.

［42］ 张贵忠, 马辉贵. 沪通长江大桥巨型沉井超深基底水下检测技术[J]. 桥梁建设, 2016, 46(6): 7-12.

［43］ 李一石. 武汉杨泗港长江大桥 1 号塔沉井基础施工关键技术[J]. 山西建筑, 2018, 44(32): 174-176.

［44］ 潘桂林, 李德杰, 冯龙健. 五峰山长江大桥北锚碇沉井基础首次下沉方法研究[J]. 铁道建筑, 2021, 61(12): 48-51+57.

［45］ 郑锋利, 张永涛, 陈培帅, 等. 瓯江北口大桥南锚碇大型陆上沉井首次下沉支撑拆除方法研究[J]. 施工技术, 2018, 47(23): 105-108.

［46］ 张鸿, 蒋振雄, 李镇, 等. 深水超大沉井基础建造的创新突破[J]. 中国公路, 2023, (11): 56-63.

［47］ 管政霖, 郭万中, 刘修成. 常泰长江大桥 5 号墩沉井取土下沉施工技术研究[J]. 施工技术（中英文）, 2024, 53(8): 66-71+80.

［48］ 张敏, 王东辉. 西堠门公铁两用大桥主桥主墩基础施工关键技术[J]. 桥梁建设, 2023, 53(6): 1-9.

［49］ 林茂盛. 东吾洋特大桥主桥深水基础设计[J]. 福建交通科技, 2023, (6): 46-50.

［50］ 蒋建平, 高广运, 王同, 等. 苏通大桥深厚土层区桩基持力层量化优选[J]. 建筑结构, 2004, (12): 27-28.

［51］ 李昌驭, 龚维明, 黄生根. 桩端后压浆技术在苏通大桥等超长大直径桩中的应用[J]. 岩土工程界, 2005, 8(2): 56-58.

［52］ 宋卫国, 伏首圣, 程德林. 嘉绍跨江大桥水中区引桥单桩独柱墩设计[J]. 桥梁建设, 2010, (S1): 15-17.

［53］ 朱振新, 吴斌, 熊明强, 等. 西堠门公铁两用桥超大直径桩基钻孔装备及工艺[J]. 建筑机械化, 2024, 45(4): 43-47+115.

［54］ 黄励鑫, 姚海林. 软土地区高速公路桥梁钻孔后压浆灌注桩对比试验研究[J]. 交通科技, 2002(4): 34-37.

［55］ 龚维明, 戴国亮, 张浩文. 桩端后压浆技术在特大桥梁桩基中的试验与研究[J]. 东南大学学报（自然科学版）, 2007(6): 1066-1070.

［56］ 王燕, 曾宇. 挤扩支盘桩在公路桥梁中的应用[J]. 公路, 2012, (7): 77-82.

［57］ 李勇, 易绍平, 贺冠军. 桥梁挤扩支盘桩沉降分析与抗变形能力[J]. 广东公路交通, 2019, 45(5): 49-54.

［58］ 王安福, 熊力, 李国维, 等. 支盘桩极限承载力现场破坏性试验及理论分析[J]. 公路交通科技, 2023, 40(10): 95-103.

［59］ 檀永刚, 陈亮, 张哲. 大连星海湾跨海大桥主桥总体设计[J]. 世界桥梁, 2015, 43(2): 6-10.

［60］ 刘爱林. 芜湖长江公铁大桥设置式沉井基础施工关键技术[J]. 桥梁建设, 2017, 47(6): 7-11.

6 机场岩土工程新进展

余虔[1]，李飞龙[1]，韩进宝[1]，张印涛[1]，吴彪[1]，董慧超[1]，吴民晖[1]，任华平[1]，江凯[1]，杨仲国[2]

（1. 民航机场规划设计研究总院有限公司，北京，100029；2. 中国建筑西南勘察设计研究院有限公司，四川成都，610052）

6.1 勘察测量新技术

机场属于大型建设工程项目，在机场工程的建设过程中，所涉及的内容较多，任何一个环节出现问题都会对工程建设造成影响。为了进一步提高机场的整体质量、加快设计和施工质量，节约建设成本；近些年来，在机场建设中出现了大量勘察测量新技术。接下来，本小节将对机场勘察测量新技术作具体介绍。

6.1.1 多源多期遥感卫星影像 AI 识别分析技术

多源多期遥感卫星影像 AI 识别分析是一个高度跨学科的领域，它结合了遥感学、地理信息系统（GIS）、计算机视觉和机器学习等多个领域的技术和方法。这种分析可以用于多种应用，包括但不限于环境监测、城市发展规划、农业管理、灾害评估和地质调查等。

通过多源遥感数据融合，整合来自不同传感器和不同时间的遥感数据，提供更全面的机场周边土地覆盖和土地使用信息；分析多期遥感数据的时间序列，可以监测和评估机场周围地表变化及地灾分析判别。多源多期遥感卫星影像 AI 识别分析技术在机场选址、建设、运营、安全管理等方面发挥着重要作用，为机场提供科学、高效的决策支持。其中图 6.1-1 为珠三角枢纽（广州新）机场地表变化分布图，图 6.1-2 为利用高分辨率光学影像识别地面具有明显变形迹象的区域。

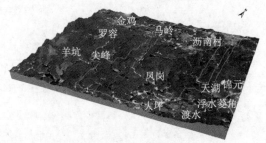

(a) 2006 年、2010 年、2014 年、2021 年场址
地表变化分布图三维显示

(b) 2006 年至 2021 年地表变化分布图三维显示

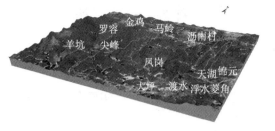

(c) 2010 年至 2021 年工区地表变化分布图三维显示　　　(d) 2014 年至 2021 年地表变化分布图三维显示

图 6.1-1　珠三角枢纽（广州新）机场地表变化分布图

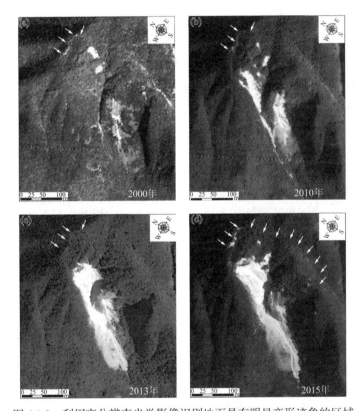

图 6.1-2　利用高分辨率光学影像识别地面具有明显变形迹象的区域

6.1.2　InSAR 技术

1. InSAR 技术与优点

InSAR 技术是一种利用卫星雷达大数据干涉相干原理，通过观测地面上同一目标的两次 SAR 雷达回波信号的相位差，获取该目标的高程信息或形变信息的空间对地观测新技术，称为合成孔径雷达干涉测量技术。目前，应用于机场规划选址、工程建设过程中的地形图、地表形变研究，滑坡监测、地灾探测、机场运营过程中场区大范围形变监测等。InSAR 技术具有一系列显著的优点，这些优点使其在地表形变监测、地质灾害评估、地形测绘等领域得到广泛应用。以下是 InSAR 技术的一些主要优点：

（1）高精度监测：InSAR 技术能够提供毫米级精度的地表形变监测。

（2）大范围监测能力：搭载于卫星或飞机上的雷达系统可以覆盖广阔的区域，一次监测可以达到上百至上千平方千米的范围。

（3）连续性监测：雷达系统能够周期性或非周期性地对同一地面目标进行长期观测，实现对地表形变过程的连续监测。

（4）全天候监测：由于雷达技术不受光照和气候条件的限制，可以实现全天候的监测，即使在夜晚、大雾、云和雨等条件下也能获取数据。

（5）实施方便：与传统的航测方法相比，InSAR 技术不需要布设水准点，只需卫星获取地表影像，简化了监测流程。

（6）成本效益：由于省去了观测网布设和维护的费用，InSAR 技术在进行大面积、长期监测时具有较低的成本。

（7）无需地面测站：InSAR 技术无需地面测站即可进行监测，提高了监测的自由度和方便性。

（8）高观测点密度：InSAR 技术能够提供高达每平方千米 20000 个观测点的密度，为区域内不同目标的形变分析提供客观数据支持。

（9）全自动化观测：InSAR 技术的数据采集工作可以自动进行，实现全自动化监测，降低成本并提高数据可靠性。

（10）毫米级精度：InSAR 技术的毫米级精度可以满足大多数地表形变监测的需求，尤其在地质灾害监测中显示出其有效性。

InSAR 技术在机场选址、监测以及净空保护方面的应用具有显著的优势，尤其是在山区地区对于滑坡和泥石流变化的预监测以及运营机场场地沉降变形的监测。以下是 InSAR 技术在这些方面的具体应用情况。

2. InSAR 技术在机场中的应用

1）InSAR 技术在机场选址中的应用

（1）地形和地质条件评估：InSAR 技术可以提供大范围、高精度的地形数据，帮助评估潜在机场选址区域的地形和地质条件。这对于确定机场跑道的布局、坡度以及可能影响飞机起降安全的地质结构至关重要。

（2）地表稳定性分析：通过监测地面沉降、地壳运动等地表形变，InSAR 技术能够评估区域的地质稳定性，确保机场选址不会受到地质灾害的影响。

（3）净空条件监测：InSAR 技术可以监测机场选址区域的净空条件，包括周围建筑物的高度和分布情况，预防未来可能出现的净空侵犯问题。

（4）环境影响评估：InSAR 技术还可以用于评估机场建设对周边环境的影响，如地表形变对生态系统的潜在影响。

（5）优化选址决策：结合 InSAR 技术获取的数据，可以建立数字地表模型，提取地质、地貌和城市环境要素，辅助进行多源数据融合分析，从而优化机场选址决策。

（6）持续监测与风险管理：即便在机场选址确定后，InSAR 技术也可以持续监测选定区域的地表形变，及时发现并管理可能的风险，确保机场建设的顺利进行。

综上所述，InSAR 技术为机场选址提供了一种高效、精确的监测手段，有助于评估和选择最佳的机场建设地点。

2）InSAR 技术在山区地区对于滑坡和泥石流变化的监测应用

InSAR 技术能够覆盖大范围的观测区域,对于山区等复杂地形中的滑坡和泥石流现象,InSAR 技术可以提前发现地表微小形变,从而预警可能发生的地质灾害。例如,在复杂艰险山区,DS-InSAR 技术能够提高时序 InSAR 相干点密度,对滑坡形变进行监测,具有重要的参考价值。

（1）形变监测与灾害预警:InSAR 技术能够监测山区地表的微小形变,这对于预警滑坡和泥石流等地质灾害至关重要。通过分析地表形变的时间序列数据,可以预测潜在的滑坡活动和泥石流发生的风险。

（2）地形测绘与地质结构分析:InSAR 技术可以获取高精度的地形数据,有助于分析山区的地质结构和地形条件,为地质灾害的评估和防治提供基础信息。

（3）滑坡动态识别与分析:InSAR 技术能够识别滑坡的活动状态,包括滑坡的速度、范围和动态变化,有助于对滑坡灾害进行分类和风险评估。

（4）泥石流路径与影响范围监测:InSAR 技术可以监测泥石流的运动路径和影响范围,为灾害应急管理和救援行动提供重要的决策支持。

（5）复杂山区环境的适应性:InSAR 技术具有全天候、大范围监测的能力,特别适用于地形复杂、交通不便的山区环境。

（6）提高监测效率与精度:与传统的地面测量方法相比,InSAR 技术可以大幅度提高监测效率,并具有更高的空间分辨率和精度,有助于更准确地评估地质灾害的威胁程度。

（7）多时相监测与历史数据分析:InSAR 技术可以进行多时相的监测,通过分析不同时间的形变数据,可以研究地质灾害的长期趋势和周期性特征。

（8）辅助决策与规划:InSAR 技术提供的数据可以辅助政府和相关部门制定防灾减灾措施,优化地质灾害防治规划和应急响应策略。

通过这些应用,InSAR 技术成为山区地质灾害监测和管理的重要工具,有助于提高对滑坡和泥石流等灾害的应对能力。

3）InSAR 技术在运营机场场地沉降变形监测应用

对于运营中的机场,场地沉降变形监测至关重要,以确保飞行安全。InSAR 技术可以提供高精度、大范围的监测数据,帮助管理者及时发现并处理潜在的地面沉降问题。例如,一项研究使用时序 InSAR 技术对机场区域进行了三年的监测,发现最大沉降率小于70mm/a,变形率集中在−13.34mm/a～14.54mm/a 之间,这表明机场地基相对稳定。北京大兴国际机场利用 InSAR 技术监测到的场地沉降情况,最大沉降速率为−47.5mm/a,这有助于及时采取措施保障机场安全运行。

4）InSAR 技术在机场净空保护的应用

InSAR 技术不仅可以监测地面形变,还可以用于净空保护,即监测机场周边的地形变化,确保飞机起飞和降落的安全视域。通过 InSAR 技术,可以及时发现影响净空的地形变化,如滑坡、地面沉降等,从而采取相应措施。

InSAR 技术在机场净空保护方面的应用主要体现在以下几个方面:

（1）建筑物高度监测:InSAR 技术可以对机场周边建筑物的高度变化进行监测,自动识别和判断超高障碍物，为机场净空管理提供科学依据。

（2）周期性监测：通过周期性获取卫星遥感数据，InSAR 技术能够实现对净空保护区内建筑物的连续监测，及时发现新建或高度变化的建筑物。

（3）自动预警系统：InSAR 技术结合预警阈值模型，可以对接近限制高度或可能影响净空环境的物体提前自动预警，提高净空管理的效率和准确性。

（4）三维地理信息数据库：InSAR 技术可以建立净空保护区内建筑物的三维地理信息数据库，为净空管理提供三维可视化支持。

（5）提高巡视效率：InSAR 技术的应用可以减少人工巡视的工作量，提高巡视的针对性和效率。

（6）科学化管理：InSAR 技术的应用推动了机场净空管理向科学化、智慧化发展，提升了净空管理水平。

（7）技术创新：InSAR 技术在机场净空保护的应用是遥感技术与净空管理的首次跨界合作，是行业内的创新尝试。

（8）经济效益：通过提前发现超高建筑物，InSAR 技术可以避免对飞行安全造成严重影响和因拆迁带来的巨大经济损失。

（9）系统建设：InSAR 技术的应用促进了净空监测管理系统的建设，集成了净空计算、限高分析等多项功能，实现对保护区内建筑物的分类动态管理。

综上所述，InSAR 技术在机场净空保护方面的应用具有重要的实际意义和广泛的应用前景。

InSAR 技术的应用，为机场选址、运营安全以及净空保护提供了有效的科学支持和决策依据。通过持续的监测和数据分析，可以大大提高机场安全管理水平，预防地质灾害，确保航班运行安全。

3. InSAR 技术在工程实例应用

1）监测结果分析

如图 6.1-3 所示，利用 33 景 Sentinel-1A SAR 影像，基于 SBAS-InSAR 原理，获得徐家山场址在监测时段（2020 年 1 月 4 日至 2021 年 2 月 3 日）内的年平均形变速率图，徐家山场址共获取到 25437 个地表时序点。不同点的数值代表不同形变速率，其中 $-2\sim2$ cm/a 代表较弱的年平均形变速率（该形变速率数值适用于山区环境），$-4\sim-2$ cm/a 和 $-6\sim-4$ cm/a 代表显著的远离卫星视线运动（多数情况下可理解为地表沉降），$2\sim4$ cm/a 和 $4\sim6$ cm/a 代表显著的靠近卫星视线运动（多数情况下理解为地表隆起）。

徐家山场址年平均形变速率图显示徐家山场址及其周边地表，包括四条重要冲沟区域都呈现弱形变，无显著形变区域，形变速率处于 $-2\sim2$ cm·a^{-1} 之间变化。

由此可见，徐家山场址的地表整体上较为稳定，为进一步分析场址地表的形变趋势，在场址提取地表时序点的累计形变数据。如图 6.1-4 所示，在跑道北端、中点和南端分别提取一点，在航站楼区域提取一点。针对四条冲沟的稳定性，在每一条冲沟中提取两点。根据 SBAS 形变模型，基于时间序列，计算提取的地表时序点的累计形变量，得到形变趋势曲线图。

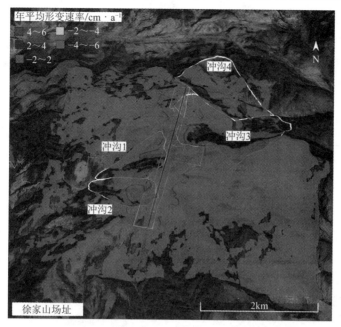

图 6.1-3 徐家山场址 SBAS-InSAR 年平均形变速率图（2020 年 1 月 4 日至 2021 年 2 月 3 日）

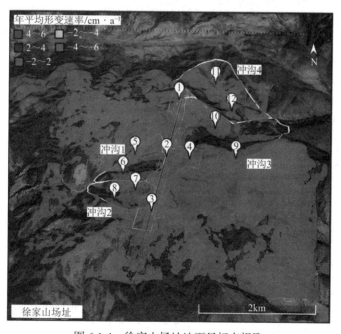

图 6.1-4 徐家山场址地面目标点提取

如图 6.1-5 所示，从徐家山场址中提取了 16 个目标点的累计形变量。通过统计，在一年的监测时段内，区域内的平均累计形变量达到 1.2mm。对于跑道、航站楼等区域，从 1～4 号时序点曲线图的变化趋势可知，所有曲线无显著的线性沉降趋势，表明地表形变呈现稳定趋势［图 6.1-5（a）］。累计形变量随时间在±1cm 之间微弱波动变化，其中跑道南端的 3 号时序点在 2020 年 8 月 30 日至 2020 年 12 月 17 日之间有一段小量级沉降，但随后曲线又趋于稳定变化，表明其形变非持续显著沉降形变，地表较为稳定。

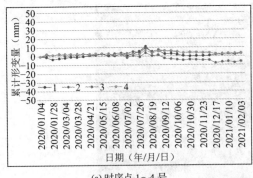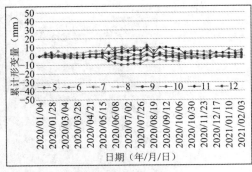

(a) 时序点 1～4 号   (b) 时序点 5～12 号

图 6.1-5　徐家山场址地表时序点的累计形变

对于场址邻近的四条冲沟，从 5～12 号时序点曲线图的变化趋势可知，所有曲线无显著的线性沉降趋势，表明地表形变呈现稳定趋势 [图 6.1-5（b）]。累计形变量随时间在 ±1cm 之间微弱波动变化，受噪声影响，在 2020 年 5 月 15 日至 2020 年 12 月 17 日之间，累计形变量波动相对较大，但也未出现显著的线性沉降趋势，表明地表较为稳定。

2）结论

时间序列 InSAR 技术的发展，使得人类可以对地表形变进行大范围、长时间的连续监测，本书利用 SBAS-InSAR 技术，对徐家山址潜在地质灾害进行了大范围识别和提取。并通过 SBAS 监测结果和数字地形分析对机场选址区域及其周边区域的地表形变特征进行了详细分析，获得了以下结论：

（1）SBAS-InSAR 监测结果表明，徐家山场址场址地表形变整体稳定，无显著形变区域，基本适宜机场建设。

（2）数字地形分析表明，甘洛机场徐家山场址临近区域存在四条大型冲沟，根据 SBAS-InSAR 监测结果可知，四条冲沟的地表形变在监测时段（2020 年 1 月 4 日至 2021 年 2 月 3 日）内，整体处于稳定状态。但是，受相干性影响，监测结果并未完全覆盖地表，并且冲沟所处位置为场址填方区域，因此冲沟边坡、地层的稳定性对场址的稳定性具有重要意义，建议后期对其进行详细的地质勘察。

6.1.3　LiDAR 技术

1. LiDAR 技术定义及优点

LiDAR 技术，即光探测与测距技术（Light Detection and Ranging），是一种使用激光来测量距离和速度的遥感技术。它通过发射激光脉冲并接收反射回来的光束，来测量激光发射器与目标物体之间的距离。LiDAR 技术具有以下优点：

（1）超高分辨率：LiDAR 技术具有极高的分辨率，能够精确到 0.1 毫弧度级别的角度分辨率和厘米级别的距离分辨率。

（2）三维成像能力：LiDAR 技术能够创建高质量的三维点云数据，为自动驾驶车辆判断路况、避障以及构建周围环境地图提供重要信息。

（3）精确测距与速度测量：LiDAR 利用激光飞行时间原理，可以非常准确地测量目标的距离和速度，不受颜色、光照条件等因素的影响。

（4）全天候工作能力：LiDAR 在夜晚或低光照条件下仍能保持稳定工作，具有较强的穿透雾霾、烟雾的能力。

（5）稳定性与可靠性：固态激光雷达结构紧凑，无机械旋转部件，具备较高的可靠性和较长的使用寿命。

（6）主动遥感技术：LiDAR 作为主动遥感技术，不依赖于环境光线，可以获取地物三维空间信息快速、直接。

（7）方向性好：LiDAR 具有高的角度、距离和速度分辨率，可以提供精确的测量数据。

（8）抗干扰能力强：LiDAR 对电磁干扰不敏感，具有强大的抗干扰能力。

（9）低空探测性能好：LiDAR 在低空探测方面表现出色，能够提供详细的地表信息。

（10）穿透性强：LiDAR 具有较强的穿透性，可以用于植被茂密地区的地形测绘。

2. LiDAR 技术在机场中的应用

1）地形测绘，建立三维模型

LiDAR 技术可以获取高精度的地形数据，即使在植被茂密的地区也能通过激光脉冲穿透植被并触及地面，然后根据激光的反射回来的时间计算出地形的高程信息。快速收集大范围地区的地形数据，测量地形图，建立三维模型，这些数据对于机场的基础设施规划和建设至关重要。

2）LiDAR 遥感勘察技术

对山区机场工程建设而言，工程地质测绘是机场工程勘察非常重要、关键的方法之一，传统工作以技术人员对现场进行踏勘与调访为主，对山区、丘陵区机场建设场地范围内通常涉及较多不良地质作用，且原地貌往往地表植被茂密，大大限制了工程地质技术人员的视野，导致技术人员容易漏查不良地质作用体，给机场建设计与施工带来较多变更，严重影响机场工程建设的建设工期与造价。

在茂密植被山区，机载 LiDAR 技术可以获取地面反射的三维激光点云，并通过滤波算法有效去除地表植被的影响，获取真地面高程数据信息，建立三维立体影像图，利于工程地质测绘技术人员在室内即可实现对拟建场地分布的不良地质体进行快速、全面的分析，有助于地质灾害的早期识别和调查，大大提高工程地质测绘的工作效率与准确率，提高机场工程勘察质量。图 6.1-6 为某地高位滑坡隐患 LiDAR 识别结果。图 6.1-7 为未去植被与去除植被的 LiDAR 地质调查。

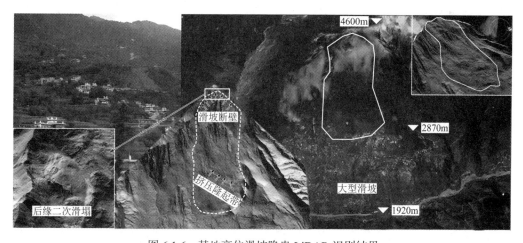

图 6.1-6 某地高位滑坡隐患 LiDAR 识别结果

 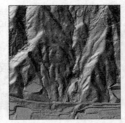 

(a) 未去植被   (b) 去除植被后的 DEM

图 6.1-7 未去植被与去除植被的 LiDAR 地质调查

6.2 地基处理与边坡工程新技术

6.2.1 填海机场深厚开山石加固处理

填海机场工程面积大、所需填方量大，达到数千万方甚至上亿方，常用的填料包括砂、石料、疏浚土等，填料不同所采用的陆域形成、地基处理方式往往不同。对于砂料，工程中常采用清淤＋吹填砂＋振冲组合方式（如深圳机场二、三跑道，清淤后吹填砂成陆，再采用振冲法对吹填砂进行处理）、吹填砂＋排水固结＋振冲或强夯组合方式（如在建的厦门翔安机场二期、三期填海工程，吹填砂成陆后，采用排水固结法对软土进行处理，然后对吹填砂进行强夯或振冲处理）。对于疏浚土料，工程中主要采用吹填后排水固结处理。对于石料，工程中常用清淤换填法，厚度不大时分层碾压填筑（如深圳机场一跑道），但对于换填深厚的情况，虽可采用强夯或振冲处理，但面临普通强夯有效加固深度不足、振冲法施工困难加固效率低且费用高的难题。随着国内高能级强夯设备制造发展，目前国产高能级强夯机能级最高可达 30000～50000kN·m，为深厚抛填开山石地基处理提供了解决途径。

本书以世界上最大的人工岛机场大连金州湾国际机场工程建设为背景，以清淤换填区厚度超过 20m 的抛填开山石地基为研究对象，结合现场试验分析对比了高能级强夯和引孔振冲工艺的可行性，在此基础上提出了深厚抛填开山石的高能级强夯处理方案。

1. 工程概况

大连金州湾国际机场工程位于辽东半岛西侧金州湾内，甘井子区大连湾街道毛茔子村养殖场西北侧人工岛。本期工程以 2035 年为目标年，规划建设 2 条远距平行跑道，可满足年旅客吞吐量 4300 万人次、货邮 55 万 t、航班起降 33 万架次的需求；远期规划扩建 2 条跑道，可满足年旅客吞吐量 8000 万人次、货邮 150 万 t、航班起降 54 万架次需求。

大连金州湾国际机场人工岛长 6183m、宽 3440m，总面积约 20.63km²。陆域形成分为 3 个区域（图 6.2-1），分别为直接回填区、清淤换填区和纳泥区。人工岛东侧南侧为直填区，该区不清淤、由陆上直接填筑开山石形成陆域，作为机场本期东工作区用地，填海交地标高 3.1～4.85m，中间"工"字形区域为清淤换填区，该区将淤泥层清除，吹填至纳泥区，清淤后填筑开山石形成陆域，填海交地标高 2.7m，该区作为机场本期跑道、滑行道及航站楼用地；与清淤换填区南北西三侧相邻的为纳泥区，该区利用清淤淤泥吹填形成陆域，填海交地标高 5.0m/5.5m，机场本期机坪、西工作区位于纳泥区。

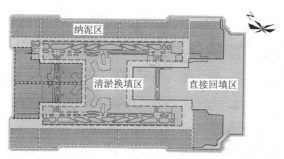

图 6.2-1　陆域形成分区图

大连金州湾国际机场人工岛填海造地工程 2013 年 3 月开工，截至 2024 年 3 月，已形成陆域面积 14.8km²（占总面积 73%），回填土石方 1.54 亿 m³（占总量 63%），清淤 6480 万m³（占总量 98%）。图 6.2-2 为不同时期陆域形成卫星影像图，图 6.2-3 为陆域形成现状。

(a) 2012 年 12 月 31 日卫星影像图

(b) 2013 年 12 月 31 日卫星影像图

(c) 2014 年 12 月 31 日卫星影像图

(d) 2015 年 12 月 31 日卫星影像图

(e) 2016 年 12 月 31 日卫星影像图

(f) 2017 年 12 月 31 日卫星影像图

图 6.2-2　不同时期陆域形成卫星影像图

填海完成后地基不均匀性明显，沉降和不均匀沉降问题突出，主要表现为：清淤换填区深厚抛填体性质松散；纳泥区性质软弱，承载力低，沉降大；直接回填区填筑体厚薄不均，形成多处淤泥包。

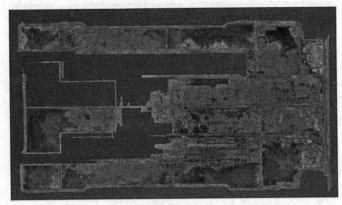

图 6.2-3　陆域形成现状（2024 年 3 月）

本小节以清淤换填区为研究对象，分析解决深厚抛石加固、下卧层沉降影响问题。本研究先概述清淤换填区地基条件，然后介绍地基处理现场试验及下卧层沉降监测情况，在此基础上比选确定了高能级强夯、高能级强夯＋堆载预压处理方案。

2. 地质条件及地基问题

1）工程地质条件

在勘探深度范围内，清淤换填区场地地基土主要由素填土、第四系（Q_4^{dl+pl}）黏性土层及基岩层组成。地层划分主要考虑成因、时代以及岩性，划分依据根据野外原始编录、土工试验结果，同时参照原位测试指标的变化。自上而下依次描述如下，清淤换填区典型地质剖面见图 6.2-4。

①$_{1-0}$块碎石人工填土（Q_4^{ml}）：灰色，松散～稍密。回填母岩多为中风化岩石，呈块状、尖棱状，回填物的粒径多为 20～200mm，少有充填物，钻孔中回填以中风化为主，粒径一般 10～80mm，局部岩芯长 130mm，个别钻孔中回填层中局部夹少量黏土。该层从 2012 年开始回填至 2017 年结束，层厚 20.0～23.6m。

②$_{0-2}$黏土（Q_4^{mc}）：灰～灰褐色，可塑状，无摇振反应，有光泽，干强度高，韧性高，含少量有机质，局部夹粉质黏土、粉土或粉细砂薄层，土质较均匀。层厚 1.20～13.40m，层底埋深 19.50～36.50m，层底标高 -33.20～-15.56m。

②$_{0-3}$黏土（Q_4^{mc}）：灰～灰褐色，硬塑状，无摇振反应，有光泽，干强度高，韧性高，含少量有机质，局部夹砂斑和粉土团，局部夹粉质黏土、粉土或粉细砂薄层，土质较均匀。层厚 1.00～5.50m，层底埋深 23.00～32.00m，层底标高 -29.37～-18.81m。

②$_{1-2}$粉质黏土（Q_4^{mc}）：灰褐～灰黄色，可塑状，稍有光泽，干强度中等，韧性中等，夹砂斑、粉土团，含少量砂粒及碎贝壳，局部夹粉细砂薄层。层厚 1.00～15.00m，层底埋深 26.50～35.90m，层底标高 -32.56～-23.21m。

②$_{1-3}$粉质黏土（Q_4^{mc}）：灰褐～灰黄色，硬塑状，稍有光泽，干强度中等，韧性中等，夹砂斑、粉土团，含少量砂粒及碎贝壳，局部夹粉细砂薄层。层厚 0.40～8.50m，层底埋深 26.00～36.50m，层底标高 -34.25～-22.60m。

②$_{3-0}$粉细砂（Q_4^{mc}）：褐灰色、褐黄色，松散～稍密，饱和，主要成分为石英、云母、长石，颗粒较均匀，级配差。层厚 0.40～5.00m，层底埋深 24.50～37.00m，层底标高 -34.85～-21.08m。

③$_{1-0}$黏土（Q_4^{dl+pl}）：黄褐色、褐色、灰黄色，可塑～硬塑状，无摇振反应，有光泽，干强度高，韧性高，夹砂斑和小姜石，土质较均匀，局部夹粉细砂薄层。层厚1.10～32.50m，层底埋深31.80～57.00m，层底标高−53.58～−27.86m。

③$_{2-0}$粉质黏土（Q_4^{dl+pl}）：黄褐色、褐色、灰黄色，硬塑状，稍有光泽，干强度中等，韧性中等，局部夹粉土、粉细砂薄层。层厚0.82～24.20m，层底埋深35.60～68.40m，层底标高−65.45～−31.66m。

③$_{3-0}$黏土（Q_4^{dl+pl}）：黄褐色、褐色、灰黄色，硬塑状，无摇振反应，有光泽，干强度高，韧性高，夹砂斑和小姜石，土质较均匀，局部夹粉细砂薄层。层厚0.60～25.90m，层底埋深39.00～83.80m，层底标高−81.25～−35.06m。

③$_{5-0}$粉细砂（Q_4^{dl+pl}）：褐灰色、褐黄色，松散～稍密，饱和，主要成分为石英、云母、长石，颗粒较均匀，级配差。层厚0.50～5.80m，层底埋深33.70～71.80m，层底标高−69.17～−29.76m。

③$_{6-0}$中粗砂（Q_4^{dl+pl}）：褐灰色、褐黄色，中密～密实，饱和，主要成分为石英、云母、长石，颗粒较均匀，级配差。层厚0.50～2.70m，层底埋深40.20～59.50m，层底标高−54.67～−35.88m。

④$_{1-0}$全风化页岩（Zs）：紫色，岩石大部分已经风化成土状，遇水软化。层厚3.50～7.50m，层底埋深51.5～59.80m，层底标高−56.03～−47.19m。

④$_{1-1}$强风化页岩（Zs）：紫色，岩石大部分已经风化成土状，遇水软化。层厚0.70～13.40m，层底埋深48.70～74.30m，层底标高−70.21～−46.01m。

④$_{1-2}$中风化页岩（Zs）：紫色，岩芯呈块状和短柱状，粒径2～6cm不等，岩体质量很差，具薄片状层理，遇盐酸不起泡。岩芯采取率72%。层厚2.00～2.90m，层底埋深51.42～76.31m，层底标高−72.22～−48.73m。

④$_{2-0}$全风化辉绿岩（Zs）：灰绿色，辉绿结构，块状构造，大部分矿物已风化，原岩结构可见，手掰易碎，层厚7.10～8.50m，层底埋深71.60～73.50m，层底标高−68.43～−67.32m。

④$_{2-1}$强风化辉绿岩（Zs）：灰绿色，辉绿结构，块状构造，大部分矿物已风化，原岩结构可见，手掰易碎，层厚1.90～4.30m，层底埋深72.80～81.30m，层底标高−77.18～−67.33m。

④$_{2-2}$中风化辉绿岩（Zs）：灰绿色，辉绿结构，块状构造，主要矿物成分为角闪石，长石，石英，黑云母等，岩芯呈短柱状，锤击不易碎。层厚1.84～2.49m，层底埋深74.79～83.14m，层底标高−79.02～−69.32m。

④$_{3-1}$强风化石灰岩（Zs）：灰褐色，结构构造已基本破坏，尚有残余结构，岩芯呈土状、砂土状，手掰易碎。层厚1.90～3.70m，层底埋深69.20～86.20m，层底标高−83.65～−64.57m。

④$_{3-2}$中风化石灰岩（Zs）：灰褐色，灰色，青灰色，隐晶质结构，块状构造，主要矿物成分为钙质，节理、裂隙发育，岩芯呈柱状，局部可见方解石脉。层厚2.05～2.68m，层底埋深88.25～71.48m，层底标高−85.70～−66.85m。

④$_{4-1}$强风化泥灰岩（Zs）：灰褐色，泥晶结构，块状构造，裂隙很发育，岩芯呈碎块状、柱状，一般块径10～30mm，最大块径45mm，柱长3～4cm，锤击易碎。层厚3.00～25.00m，层底埋深51.50～89.20m，层底标高−85.80～−48.74m。

④$_{4-2}$中风化泥灰岩（Zs）：灰褐色，泥晶结构，块状构造，裂隙很发育，岩芯呈碎块状、柱状，一般块径20～40mm，最大块径50mm，柱长7～12cm，锤击不易碎。层厚2.00～

3.60m，层底埋深 56.70～91.43m，层底标高−88.03～−53.84m。

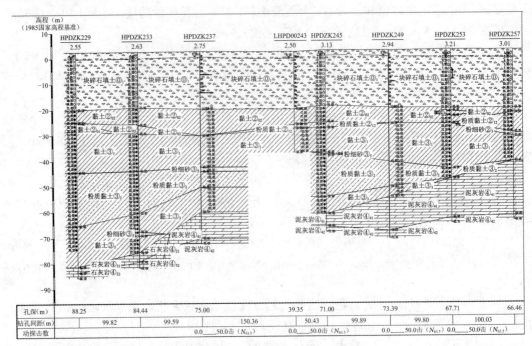

图 6.2-4　清淤换填区典型地质剖面

2）水文地质条件

（1）勘察期间地表水分布情况

本场是由填海造地形成的离岸人工岛，场地四周为渤海金州湾海域。该海域潮汐属不正规半日潮型，每日潮位两涨两落，以 1985 国家高程基准为起算面，本工程区域的主要潮汐特征值为：年最高高潮位为 1.45m，年最低低潮位为−2.05m，年平均高潮位为 0.58m，年平均低潮位为−0.66m，年平均海平面：−0.04m，年最大潮差为 2.60m，年平均潮差为1.27m。

（2）勘察期间地下水分布情况

拟建场地位于海上人工填土形成的人工岛，现阶段填海未完成，直接回填区与海洋直接相接，因此本场地的地下水位受潮汐影响明显。

清淤换填区为浅海区清除海相沉积的淤泥后进行筑填造陆，厚度达 20 多米，回填材料主要为块、碎石，结构松散～稍密，粒径大，充填物少，该回填层填料之间的孔隙大且相互连通，孔隙率高、渗透极强，清淤换填区地下水位与潮汐水力联系紧密，随海水潮汐升降趋于同步，观测期间水位介于−1.23～1.09m 之间。

3）主要地基问题

清淤换填区由清淤后抛填开山石形成，开山石厚度 20～23.6m，其中北跑道及北滑行道区域下部 10～16m 厚度范围已经过爆夯处理，其他清淤换填区范围开山石性质松散～稍密，由于场区地下水位高且受潮汐影响，开山石回填体加固难度大。

3. 现场试验及监测情况

2015 年 10 月至 2016 年 10 月现场进行了不同能级的强夯试验、引孔振冲试验，具体试验情况如下：

（1）高能级强夯试验

强夯试验段采用高能级和超高能级强夯法施工，根据强夯夯击能的不同共分为 5 个试验小区，其中，1-1 区夯击能 18000kN·m、1-2 区夯击能 6000kN·m、1-2a 区夯击能 30000kN·m、2-1 区夯击能 10000kN·m、2-2 区夯击能 25000kN·m。强夯试验区分布如图 6.2-5 所示。

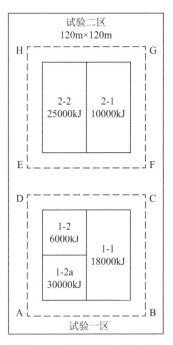

图 6.2-5　强夯试验区布置图

①试验参数（表 6.2-1）

强夯试验参数表　　　　　　　　　　　　　表 6.2-1

处理方案	夯型	单击夯击能（kN·m）	布置形式	夯击遍数	单点击数	收锤标准
6000kN·m 能级强夯	点夯	6000	正方形，间距 7m	2	18～20	≤150mm
	点夯	3000	等腰三角形	1	14～16	≤100mm
	满夯	1500	d/4 搭接	1	2～3	≤80mm
10000kN·m 能级强夯	点夯	10000	正方形，间距 9m	2	18～20	≤200mm
	点夯	6000	等腰三角形	1	14～16	≤100mm
	满夯	1500	d/4 搭接	1	2～3	≤80mm
18000kN·m 能级强夯	点夯	18000	正方形，间距 10m	2	18～20	≤300mm
	点夯	8000	等腰三角形	1	14～16	≤200mm
	满夯	1500	d/4 搭接	1	2～3	≤80mm

处理方案	夯型	单击夯击能 （kN·m）	布置形式	夯击遍数	单点击数	收锤标准
25000kN·m 能级强夯	点夯	25000	正方形，间距10～12m	2	20～22	≤300mm
	点夯	10000	等腰三角形	1	18～20	≤200mm
	满夯	1500	d/4搭接	1	2～3	≤80mm
30000kN·m 能级强夯	点夯	30000	正方形，间距12m	2	20～25	≤300mm
	点夯	15000	等腰三角形	1	18～20	≤200mm
	满夯	1500	d/4搭接	1	2～3	≤80mm

注：d为桩径。

②监测检测

试验时在地基内埋设设备监测强夯地基变形特征，测量夯后地面高程计算地基夯沉量，同时采用超重型动力触探、瞬态面波法评价地基加固效果，监测检测结果如表6.2-2所示。

不同强夯能级监测检测数据对比表　　　　　表6.2-2

检测项目		6000 kN·m	10000 kN·m	18000 kN·m	25000 kN·m	30000 kN·m
回填碎石土层厚度（m）		22.8	22.6	22.9	22.8	22.6
土体深层水平位移	土体深层水平位移（mm）	65	99.5	133	240	249.9
	最大土体垂直位移点（m）	5.5～6.5	5	6	6.5～7.5	7.5
深层沉降发生位置（m）		8～10	12	12	13～17	15m以上
夯沉量（m）		1.3	1.58	1.85	1.89	2.12
超重型动力触探查明的加固效果明显的深度（m）		9	10	13	15	16
多道瞬态面波试验查明的加固效果明显的深度（m）		9	10	13	15	16

通过上述试验小区发现强夯能级越大，地基土加固效果越好。6000kN·m、10000kN·m、18000kN·m、25000kN·m夯击能处理回填土范围内仍有缺陷点存在；30000kN·m夯击能处理后，回填土范围内没有明显缺陷点存在。

在强夯30000kN·m、25000kN·m、18000kN·m、10000kN·m夯击能和6000kN·m夯击能条件下，清淤换填区场地平均夯沉量分别为2.12m、1.89m、1.85m、1.58m和1.30m，有效加固深度分别为16m、15m、13m、10m、9m。

③工效及费用

6000kN·m能级强夯日处理面积63m²，处理单价75元/m²；10000kN·m能级强夯日处理面积102m²，处理单价103元/m²；18000kN·m能级强日处理面积89m²，处理单价255元/m²；25000kN·m能级强日处理面积55m²，处理单价442元/m²；30000kN·m能级强日处理面积42m²，处理单价487元/m²。

（2）引孔振冲处理试验

引孔＋高能量振冲试验按 2 个小区进行，Ⅰ区面积 98.4m²，Ⅱ区面积 73.8m²，试验区布置情况如图 6.2-6 所示。

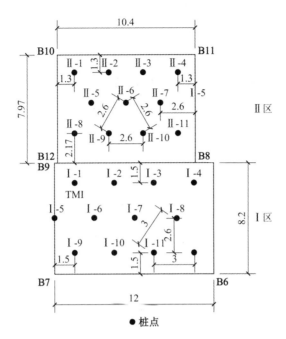

图 6.2-6 引孔振冲试验区布置图

①试验参数

Ⅰ区间距 3m，三角形布置，共 12 个振冲点，Ⅱ区间距 2.6m，三角形布置，共 11 个引孔点，合计 23 个引孔点位。

②试验施工

a. 引孔施工

将引孔设备整体下沉至预定处理深度，引孔深度为 21m；将引孔设备整体拔出，利用形成的孔洞，立即进行振冲施工。引孔结束后孔位中心呈锅底状，未填平。

b. 振冲施工

施工机具就位后，振冲器对准桩点。打开水源和电源，检查水压，水量、电压和振冲器的空载电流是否正常；启动吊机，水压、电流通过试验确定；使振冲器在水平振动的同时利用其振动、高压水泵的冲击力量，振冲器慢速下沉至处理深度底；振冲器提升：提升高度及密实高度通过试验确定；在振冲过程中挖掘机及人工同步回填就地石料；一组振冲结束，关机、关水和移机定位，移至下一组施工。

c. 监测与检测

超重型动力触探：加固前场地地基土超重型动力触探击数在 1～6 击之间，平均约为 2.7 击，经振冲地基处理后，桩间击数增加到 4～14 击，平均约为 9.7 击；桩点位置击数增加到 5～17 击，平均约为 13 击。综合认为除表层 2.0～3.0m 深度范围因振动变得更为松散外，回填层的超重型动力触探锤击数在全部回填层范围内增长明显。

地基下沉量：振冲处理后振冲引孔间距 3m 沉降量为 2.7m，振冲引孔间距 2.6m 沉降量为 4.1m。

d. 工效及费用

振冲间距 2.6m 处理区日处理面积 18.7m²，处理单价 545 元/m²。

4. 清淤换填区地基处理方案

1）方案比选（表 6.2-3）

清淤换填区地基处理方案比选　　　　　表 6.2-3

处理方法	技术特点		造价（元/m²）	工期	实用性
	优点	缺点			
高能级强夯	①适用范围广；②加固效果显著；③有效加固深度深；④强夯施工机具简单；⑤节省材料；⑥节省造价	①施工过程中振动比较大；②对于土方含水量比较敏感；③施工场地不易太小；④施工中要掌握好机具的稳定性	428（含补填料）	适中	①适合较大厚度松散填石层处理；②效果好；③造价适中
引孔+高能量振冲法	①有效加固深度深；②适用范围广；③节省材料	①施工速度慢；②碎石层较厚时需要引孔；③回填料密实程度高，荷载大，下卧层沉降略大；④造价较高	1007（含补填料）	长	①进行现场试验，具备可行性；②适合大厚度填石层处理

大连金州湾国际机场深层地基处理初步设计阶段，对高能级强夯、引孔振冲进行了经济技术比较如表 6.2-3 所示。

根据中国国际工程咨询公司关于《大连临空产业园填海造地工程清淤换填区地基处理的咨询报告》专家意见，18000kN·m 能级强夯技术经济性较好，可作为清淤换填区道面范围地基处理的首选。

2）大面积地基处理方案

清淤换填区的飞行区道面影响区范围，大面积地基处理主要采用 18000kN·m 强夯处理，具体处理方案如下：

点夯 3 遍，第 1、2 遍单点夯击能为 18000kN·m 夯点，间距 10m，正方形布置，每点夯击 18~20 击，最后两击平均夯沉量≤300mm；第 3 遍单点夯击能为 8000kN·m，夯点间距 10m，排距 5m，等腰三角形布置，每点夯击能 14~16 击，最后两击平均夯沉量≤200mm 全部点夯结束后进行一遍普夯处理，夯击能为 1500kN·m，满夯两遍，每遍 2 击，夯印搭接不小于夯锤底面积的 1/4。强夯全部结束后采用激振力 200~400kN 的振动压路机碾压，碾压 8 遍，达到无轮痕。图 6.2-7 为 18000kN·m 能级夯点布置示意图。

5. 小结

（1）针对深厚开山石抛填地基，高能级强夯法显著降低了地基土的压缩性，减少工后沉降。相较于复合地基、引孔振冲法，高能级强夯具有地基处理成本低、工艺简单优点，大大缩短了工程工期，特别适用于石料资源丰富的沿海地区工程建设。

（2）高能级强夯在深度和广度上拓展了强夯法的应用范围，促进了地基处理技术进步，社会效益显著，在机场、港口、石化工程中具有良好的应用前景。

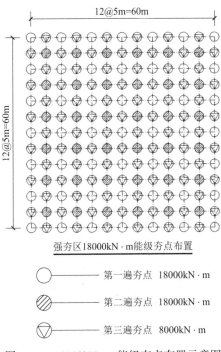

12@5m=60m

12@5m=60m

强夯区18000kN·m能级夯点布置

○────第一遍夯点 18000kN·m

◉────第二遍夯点 18000kN·m

▽────第三遍夯点 8000kN·m

图 6.2-7 18000kN·m 能级夯点布置示意图

6.2.2 不同区域粉土道基处治技术

粉土广泛分布于我国的西北华北等地，是一种区域性特殊土，回填土由于经过开挖搬运以及填筑使得天然土原有的结构发生破坏，物理力学状态改变，使其具有不同于原状土的力学特性。其粒径比较单一具有可压实性（土体在不规则荷载作用下其密度增加的性状）和水敏性（压实土遇水饱和会发生附加压缩，其强度有潜在下降的一面，即浸水软化使其强度降低）。最密实的压实状态下，粉土的孔隙率仍较大，因此，极易产生毛细现象，尤其在动力荷载作用下易发生液化或强度降低，导致机场道面的损坏。目前场区地下水类型为潜水，埋藏深度较小，主要受大气降水补给，深层土体为饱和状态，浅层土体随季节更替含水量不断发生变化。华北地区冬季气温普遍较低，机场粉土道基在低温及高水位状态下冻胀性能及冻融循环状态下的服役性能、干湿循环会导致土体孔隙结构的改变、冻融循环会导致粉土道基的强度降低，加快道面损坏，缩短道面使用寿命。同时粉土道基还需承担道面传递的飞行器荷载，并直接影响道面结构层的安全与稳定；因此道基填料的工程性能对道面能否健康服役起到至关重要的作用。飞行区粉土道基的压实质量、道基水理、变形和强度特性及其稳定性与道基的服役性能密切相关。

1. 粉土道基压实特性及方法

关于粉土的压实机理已有大量研究。在实际工程方面，麻春亭[1]对冲击碾压技术在粉土道基压实进行了研究，指出冲击碾压技术可有效地压实含砂低液限粉土；闫吉成等[2]结合现场数据对粉土地基强夯加固效果影响因素数值模拟研究，指出夯击次数、夯击能、夯锤落距和地下水位等因素对夯击效果的影响，对工程建设具有借鉴意义；安鸿飞等[3]对粉土道基压实控制指标进行了分析研究，提出含气量应该作为粉土道基压实的第二指标。申爱琴等[4]基于实际工程，研究粉土填筑道基的压实机理及影响因素，提出一可行性道基压实施工工艺。

以上研究内容都充分验证了强夯、冲击碾压和振动碾压工艺在粉土地基压实处理的可行性，鉴于不同区域粉土的成因、含水量、气候条件等因素的差异，压实工艺的参数会有所不同。近年来，一些学者[5-6]通过系列试验验证，指出制样对土体表观物理特征产生差异性的本质原因是其微观孔隙结构的改变。例如，高游[5]等研究了压实样与固结样的孔隙结构差别，指出固结样比压实样的进气值要高；Wang 等[7]通过进行控制吸力的方法，研究固结样的排水剪切试验，认为有必要研究不同制样方法得到的试样来扩大测试数据库；孙德安等[8]指出压实样与固结样由于孔径分布不同，其压缩和剪切特性也有不同。不同的制样方法对土体的物理力学性质有明显影响。

2. 粉土道基冻融性质

粉土广泛分布在华北地区，季节性冻融对机场道基的服役性能影响重大。冻融循环作为一种特殊的温度变化形式，对土的物理力学性质有着强烈的影响[9-11]。冻融作用一直以来被认为是一个有害的作用过程，在冻结过程中由于在土中冻结面上形成冰透镜体而产生冻胀，季节性冻土融化时又会导致承压能力降低。土性的不同，其冻融循环过程中，土体的结构性破坏也不同。在冻融循环的作用下，冻土的温度场、水分场、应力场相应发生着变化。因此，土体的内在性质发生显著的改变，这些变化导致道基的冻胀和融沉变形。冻融循环的周期性作用加剧了土体内水分的变化，造成道基的冻胀、开裂、翻浆等病害问题。寒旱区的机场具有一定的特殊性，冻土中固相冰的存在会显著改变土体的物理、力学性质。当温度低于冻结温度时，土中的水分会冻结成冰晶，若水分充足时甚至会发生冻胀，造成跑道产生不均匀变形；当温度高于冻结温度时，冻土融化，会破坏冰晶与土颗粒之间的结构，产生融化变形。冻胀和融沉是寒旱区机场道面常见的工程病害，这种变形会严重影响机场的运营安全[12]。干旱和半干旱区域主要分布在我国西北地区，与多年冻土和季节性冻土地区，尤其是新疆大部、内蒙古高原及青藏高原大部等重合度非常大。位于寒旱区的山区支线机场具有独特的气候、地质和水文条件，应当给予足够的重视。

李强和姚仰平等[13]也发现，在我国西北部某机场填方内存在软弱带，该区域的含水率非常大，甚至达到饱和，表观上呈泥浆状，并把这种现象称为"锅盖效应"，并指出锅盖效应广泛存在于我国寒旱区的高填方机场，会使机场填方的强度和稳定性下降，导致跑道发生不均匀沉降，甚至开裂、脱落，最严重时导致整个跑道损坏，如图 6.2-8 所示。滕继东等[14-15]深入探讨锅盖效应的损伤机理，将锅盖效应分为两类，并指出第二类锅盖效应是机场跑道盖板损伤的关键。因此，我们需基于西部机场的特殊工程现象，从微观结构分析冻融循环对机场道基的损伤，指导机场跑道全寿命周期的设计与维护。

(a) 不均匀沉降   (b) 跑道损坏

图 6.2-8　西部机场常见工程病害

Zhang 等[16]认为，第一类锅盖效应属于常见的返潮现象，是指覆盖层下部水气遇冷凝结集聚的现象。涉及非饱和土中的水分蒸发、冷凝相变及水气耦合迁移，目前国内外开展的试验研究相对较多。例如，Smith[17]通过试验发现，当两端边界通量为 0 时，水分运动方向与温度梯度方向相同，且液态水迁移占主导作用，但 Gurr 等的试验结果与此相反，即气态水的作用更大，因此这些研究表明：土壤水分迁移复杂，与其初始含水量等因素密切相关。Jackson[18]进行的非饱和土蒸汽扩散-吸附试验，在一定程度上发现了蒸汽扩散是土中主要的水分迁移方式。Miyazaki[19]进行的一维非饱和土柱体蒸汽迁移试验，发现在上部蒸汽补给的条件下，30d 后土柱底部含水量增大约 10%。Dobchuk 等[20]通过试验发现影响气态水迁移的因素主要为干密度、孔隙率以及扩散系数等。王铁行等[21]针对非饱和砂土和黄土开展了等温条件下气态水迁移的试验研究，结果表明土质、含水量梯度和含水量水平等因素对气态水迁移有显著影响。

3. 粉土道基动力特性研究

粉土道基液化是机场工程重点关注问题，华北地区以及中亚部分地区的粉土机场都处于地震带上。阮永芬等[22]研究饱和粉土的动力特性受不同因素的影响，给出一个较为全面的认知；崔伟等[23]通过试验分析，认为一定改性材料的加入，可以提高粉土的强度，提高道基稳定性。田竞等[24]在对饱和粉土的动力特性研究中，指出饱和粉土的动应力-应变的发展与动强度的影响因素有关，并提出一定的变化规律。张艳美等[25]通过固结不排水的三轴压缩试验，根据有效应力路径建立了流滑面作为饱和粉土稳定区与非稳定区的分界面。封喜波[26]在分析低液限粉土作为道基填料的力学性质后，认为提高低液限粉土的压实度调整颗粒级配，可以有效地保证粉土道基稳定的长期性。刘干斌等[27]在对黏质粉土进行一系列动三轴试验后，建立可以用于长期荷载作用下的粉土动弹性模量和弹性应变计算公式。安亮等[28]通过微细观及动力学试验，探索了土体液化的本质和影响因素，进一步完善了土体动力特性的研究成果。研究动荷载作用下机场道基服役性能的演化规律，提出粉土道基服役状态的评估指标与预警值具有重要的现实意义。

4. 机场粉土道基处理技术

地基粉土道基处理主要目的是提高粉土道基密实度，消除液化、湿陷性以及防止冻融破坏。

1）粉土压实

粉土道基压实重点在于最优含水率的控制，华北地区旱季蒸发量大，粉土表层失水松散，压实度难以控制，部分机场地下水位高，强夯施工时不收锤，夯坑出现粉土液化。国内外典型粉土机场压实处理方案详见表6.2-4。

国内外粉土机场压实处理方案   表 6.2-4

机场名称	主要地层	主要地基问题	主要处理方案	施工主要问题	辅助解决方案
北京大兴国际机场	粉土、粉砂	液化、松散	强夯、冲击碾压	表层土失水松散	洒水静压
济南遥墙国际机场	粉土、粉质黏土	液化、松散	强夯、液压夯、冲击碾压	水位高，强夯不收锤	真空降水、垫层强夯

机场名称	主要地层	主要地基问题	主要处理方案	施工主要问题	辅助解决方案
呼和浩特盛乐机场	粉土、粉质黏土	液化、湿陷、松散	强夯、冲击碾压	表层土失水松散，局部水位高强夯不收锤	垫层强夯
石家庄正定国际机场	粉土、粉砂	湿陷、松散	强夯、冲击碾压	表层土失水松散	—
瓜达尔新国际机场	粉土	湿溶陷、松散、盐渍土	强夯、冲击碾压	土体干燥，难以压实	挖坑注水增湿

从上表可以看出，国内粉土机场处理液化、湿陷性以及松散问题主要采用强夯和冲击碾压等工法；对于施工中遇到的表层湿水通常采用洒水、注水方案；对于高地下水位可采用降水或者增加垫层等方案；图 6.2-9 为粉土道基施工现场图。

(a) 强夯施工

(b) 冲击碾压施工

(c) 液压夯施工

(d) 增湿注水

图 6.2-9　粉土道基施工现场图

2）粉土道基冻融防治

粉土道基冻融防治在以前的机场设计中未引起足够的重视，近些年通过调研发现在地下水位埋深较大的西北和东北部分机场出现了道面破坏和地基劣化现象，修复道面时发现道基积水严重，出现冬季冻胀、春夏季融沉和唧泥现象。道基冻融防治的核心在于水的治理，目前机场普遍采用"疏堵结合"的思路。

机场道基的积水来源主要包含道面开裂或者嵌缝料失效导致的下渗水；高地下水位地

区的地下水和干旱地区由于"水气迁移"造成的积水,也称"锅盖效应"。

(1)对于堵水方案,主要为防止上部雨水下渗,目前通常在道面结构层与水稳基层之间设置沥青封层或者土工膜进行封堵,见图6.2-10。

(a) 沥青封层施工　　　　　　　　　　　(b) 两布一膜施工

图6.2-10　道面防水隔离层施工图

(2)对于疏水方案,目前通常采用渗透性强的碎石垫层进行排水,但由于机场特有的道面+道肩结构形式,见图6.2-11;由于道面厚度(通常82cm)与道肩厚度(通常36cm),道面基底积水无法通过道肩基底排除,见图6.2-12。

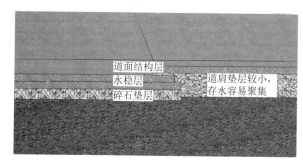 

图6.2-11　道面道肩示意图　　　　　　图6.2-12　道面边缘积水膨胀

对于道基积水,目前机场采用"垫层+盲沟"方案进行排水,通过在道肩下部设置盲沟解决了厚度差异导致的积水问题,见图6.2-13,图6.2-14为机场"垫层+盲沟"现场施工图。

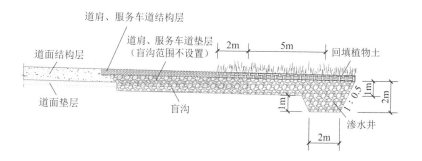

图6.2-13　机场"垫层+盲沟"设置示意图

(a) 基坑开挖　　　　　(b) 铺设土工布　　　　　(c) 回填级配碎石

图 6.2-14　机场"垫层＋盲沟"现场施工图

6.2.3　深厚软弱土处理技术

对于深厚软弱土，在天然条件下有一定的强度，在被扰动后结构会发生破坏，同时强度丧失，重新恢复稳定的结构及强度时间非常长，这种现象即深厚软弱土的结构性。软弱土的承载力低，压缩性高，在附加应力（大面积堆载和飞机荷载）的作用下容易发生工后沉降。由于变形控制是工程建设的关键，因此应进行机场深厚软弱土的地基处理。由于深厚软弱土地基处理技术受软弱土的特性、软弱土大面积堆载和飞机荷载作用的影响较大，接下来基于实际案例介绍机场深厚软弱土处理新技术。

1. 上海浦东机场跑道地形特征及主要地层岩性

图 6.2-15 显示了跑道的相对位置。一跑道至四跑道基本概况描述如下：

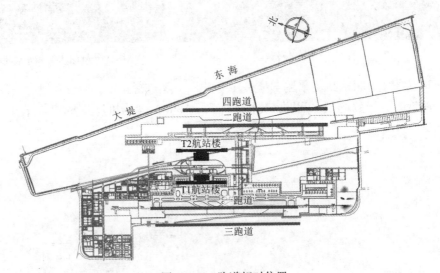

图 6.2-15　跑道相对位置

一跑道场地原地形较为平坦，场地主要有果园、农田，地面标高（吴淞高程）为 3.5～4.0m，平均高程约为 3.8m。沟、河、浜及暗浜分布较多，形成错综复杂密集的网状水系。

二跑道位于机场东部，场地原为海边的浅滩，地势较为平坦，中部主要为沟塘，南西部主要为耕地，场区南高北低，高程为 1.8～3.2m，平均高程约为 2.5m。

三跑道紧邻一跑道，场地成陆历史已近百年，成陆时间较早，地势平坦，河网纵横密布，地面标高一般在 3.3～4.5m 之间，平均高程约为 3.9m。

后期新建的四跑道全长为 3800m，跑道宽度为 75m，跑道两侧各设置一条平行滑行道，跑道和平滑之间通过若干垂直联络道、快速出口滑行道连接，四跑道系统道面铺筑面积约 127 万 m²，见图 6.2-16。四跑道位于二跑道东侧，濒临东海，地面原始标高与二跑道相近，拟建场地内有较多沟、塘分布，局部为临时蔬菜田，平均高程约为 2.5m。

图 6.2-16 四跑道系统平面图

浦东机场区域在埋深 40m 深度内主要由淤泥质黏性土、砂质粉土及粉细砂组成，普遍为水平向层理，通过对土层埋藏的深度、物理及力学性质的分析，可将地基土层归纳为以下四个主要层组。

（1）地表层组，埋深为 0～2m，此深度内为全新世第四纪 Q_4^3 沉积物，土层的组成成分非常复杂，该层组主要为吹填及冲填形成。

（2）浅部层组，埋深为 2～10m，此深度范围为全新世第四纪 Q_4^2～Q_4^3 沉积物，此深度区间内土层的工程性质变化较大。

（3）中部层组，此层组埋深在 10～30m，有古河道流经的区域埋深在 10～56m，此区域为全新世第四纪 Q_4^1～Q_4^2 沉积物，成因类型为滨海～浅海、滨海～沼泽相沉积，以饱和软黏性土为主。

（4）深部层组，此层组埋深 30m 以下，有古河道的区域埋深在 41～56m 以下，此区域为上更新世第四纪 Q_3^2 沉积物，成因类型为河口～滨海相沉积。

通过对浦东机场区域内深厚软弱土的特性进行分析发现：对于浅部土层，从西向东越靠近海堤，浅部软弱土足的厚度越大、成分越复杂、强度越低，四跑道靠近海堤，浅层软弱土的处理难度最大。对于深部土层（主要是④层淤泥质黏土），区域内④层淤泥质黏土层的埋深从西向东（三跑道至四跑道方向）逐渐增加，四跑道处第④层土的超固结比小于1，为欠固结土，即在相同的工程荷载条件下，四跑道处④层土的沉降量会大于其他跑道。对第④层淤泥质黏土埋深范围内进行十字板试验发现，第④层土的强度是随着埋深的增加而变化的，其所测得的峰值强度、残余强度均随着埋深的增加逐渐增加，在第④层土的顶面，峰值强度在 25kPa 左右，残余强度平均值在 7kPa 左右，在第④层土的底面，峰值强度在 30kPa 左右，残余强度在 10kPa 左右。四跑道处第④层淤泥质黏土的先期固结压力，平均值约为 126kPa，孔隙比 1.3 以上，在压缩试验中即使加荷至 400kPa 时，土样孔隙比仍在 0.98 以上，土样的压缩性仍较大。通过离心试验发现，浅部硬壳层越大，地基的总沉降越小；场地内④层淤泥质黏土的变形量在 348.4～402.3mm 之间，④反淤泥质黏土厚度越大的区域变形量越大。综合分析认为，浦东机场区域从二跑道向四跑道方向（由西向东），软弱土原的工程特性逐渐变差，沉降变形控制的难度逐渐增大。

2. 浦东机场既有跑道深厚软弱土地基处理技术分析

一跑道软基处理采用强夯法。其地基处理思想为：通过强夯使地表一定深度范围内土层的强度得到有效提高、整体变形协调性增强，即使深部软弱下卧层出现一定沉降变形时，亦不至于发生过大的不均匀性沉降。但强夯过程中对一定深度内高灵敏度的软弱土产生了极大扰动，软弱土强度恢复过程较长，在强度恢复的过程中又产生了较大变形，同时强夯未影响到的下卧层仍会发生变形。

二跑道所在区域地质条件较差，在 2000 年以前，还是一片滩地；其地基处理思想为，先采用堆载预压方法解决土层变形量大的问题，再采用强夯方法处理软弱土强度低的问题，但在强度处理过程中采用强夯方法，反而对变形控制不利。

三跑道位于一跑道西侧，场地成陆时间早，地质条件最好，四条跑道中原地面地势最高，工程荷载最小，变形量非常小。因此，三跑道变形控制的难度较小，大部分场地仅采用冲击碾压进行强度处理。

3. 浦东机场四跑道深厚软弱土地基处理新技术

由于浦东机场软弱土在区域分布上，越靠近海堤，软弱土的厚度越大，成分越复杂，表层强度越低，工程特性越差，预示着四跑道软弱土变形控制的难度非常大。跑道作为飞机起降的平台，通航后主要受飞机荷载的影响，因此软弱土变形控制对策需要考虑飞机荷载的影响，其影响深度主要在 10m 以内，土基顶面附近为高附加应力集中区域，在土基顶面 20m 以下附加应力的影响很小。

最终四跑道多层深厚饱和软弱土的地基处理采用"堆载预压联合塑料排水板"方案，有堆载时间的区域可以仅采用堆载预压方法。而软弱土强度低的地基处理采用"真空降水＋铺设山皮石垫层＋冲击碾压"结合工法。表 6.2-5 为四跑道深厚软弱土控制变形的地基处理方法。

四跑道深厚软弱土控制变形的地基处理方法　　　　表 6.2-5

荷载	特点	存在的主要问题	控制指标	深厚软弱土控制变形措施
（1）填土 1～2m，填土荷载 18.6～37.2kPa；（2）道面结构荷载约 20kPa；（3）飞机荷载，根据经验按 20kPa 考虑	多层深厚饱和软弱土的变形量大	（1）饱和软弱土厚度在一般区超过 30m，在古河道区超过 40m，在荷载的作用下变形最非常大；（2）由于古河道区和一般区软弱土厚度差别较大，在交界处存在差异沉降；（3）场区在埋深 8～10m 有厚度较大的淤泥层，厚度约 10m，此处变形量对工程的影响较大；（4）变形处理过程中需考虑时间因素；（5）浦东机场内，现有跑道由飞机荷载引起的变形，最大值已超过 100mm	（1）水泥混凝土跑道工后沉降量小于 35cm；（2）差异沉降小于 1.8‰（水平度量距离为 50m）	（1）采用超载预压的方法对过大的沉降变形进行处理，古河道区超载 60%，一般区超载 50%；堆载荷载的确定考虑了飞机荷载；（2）超载预压时间为 10 个月，满载放置时间不少于 8 个月；（3）对于时间有严格要求的区域，搭设塑料排水板，间距为 1.5m，正三角形布置，塑料排水板长度为 25m，塑料排水板穿透第④层土进入第⑤₁₋₁层；（4）在古河道区和一般区交界处设置过渡段，通过插板长度及超载荷载实现过渡处理

荷载	特点	存在的主要问题	控制指标	深厚软弱土控制变形措施
（1）填土1～2m，填土荷载18.6～37.2kPa； （2）道面结构荷载约20kPa； （3）飞机荷载，根据经验按20kPa考虑	软弱土强度低	（1）浅部土层承载力较低，表层土承载力仅为20kPa； （2）即使经过堆载预压处理后，进行浅层处理过程中仍会发生沉降变； （3）地下水位埋深在0～0.5m，软基处理过程中应首先考虑地下水对大面积施工的影响，地基处理难度较大； （4）飞机荷载引起的高附加应力主要影响浅部，尤其是浅部5m以内	（1）道基反应模量大于等于60MN/m³； （2）土基顶面下5m深度内平均标贯击数大于5击	（1）采用"真空预压联合冲击碾压"组合工法； （2）通过真空降水降低施工区地下水位，降水时间为5～7d，降低地下水位的同时表层土的含水量也相应降低，在施工期外围封管始终抽水； （3）为保证冲碾效果，冲击碾压施工在铺筑的粗颗粒填料上进行； （4）冲击碾压采用三边形和五边形冲击轮，冲碾遍数为20遍（12+4+4），每轮冲碾前后应有一定的时间间隔，时间间隔以超孔压消散70%为准

（1）塑料排水板布置方式

塑料排水板布置方式采用三角形，间距a为1.5m，长度为25m，塑料排水板布置示意图如图6.2-17所示。

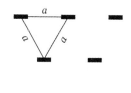

图6.2-17 塑料排水板布置示意图

（2）堆载体围堤示意图

堆载体材料为粉细砂，堆载体四周采用土工布包裹，既能保证堆载体的稳定性，又能防止扬尘影响机场安全运行，围堤边坡坡比为1:1.5。在堆载体外5m的位置设置排水沟。堆载体围堤及排水沟设置的剖面图见图6.2-18。

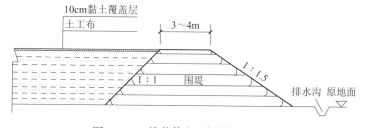

图6.2-18 堆载体积围堤剖面示意图

（3）真空降水井点布置示意图

在进行浅层地基处理时，由于地下水位较高，无法直接冲碾，因此在冲碾之前设置真空降水井点，以降低地下水位及浅层土的含水量，浅层井点采用正方形布置，深层井点和浅层井点相间布置，深层井点深度为8m；浅层降水井管深度为4～6m，真空降水布置示意图见图6.2-19。

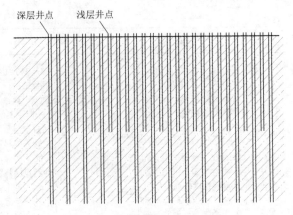

图 6.2-19　真空降水布置示意图

4. 浦东机场四跑道深厚软弱土地基处理效果

1）四跑道软基变形控制效果

在四跑道道面主体结构完工后，即开始进行道面沉降观测，截至 2016 年 4 月 15 日，四跑道道面的沉降变形情况见图 6.2-20。图中 ST2 代表面层，ST3 代表上基层，ST5 代表下基层，ST6 代表土基层。

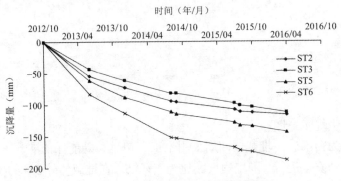

图 6.2-20　四跑道道面的沉降变形曲线

从图 6.2-20 中可以看出，在其初期的沉降变形速率快，随着时间的增加，沉降变形速率逐渐减小，从 2012 年 10 月道面结构完工至 2016 年 4 月的约 3 年半时间，沉降量平均值约为 139.73mm，目前的沉降速率约为 16.8mm/年。

对沿四跑道中心纵向的沉降情况进行分析，沉降情况见图 6.2-21。从图 6.2-21 可知，目前四跑道整体沉降变形量较小，沉降较为均匀，北端沉降量相对较大，南端沉降量小，通过对地质情况进行分析发现，四跑道北端距离海堤较近，且有古河道分布，因此沉降量较大，而南端地质条件较好，因此沉降量相对较小。

2）浦东机场四条跑道深厚软弱土地基处理效果对比

为进一步了解四跑道的沉降变形控制效果，将四跑道的沉降变形情况与浦东机场已有的三条跑道进行对比。浦东机场已有跑道的沉降变形情况如下：

（1）一跑道沉降变形情况

一跑道工程于 1998 年 2 月竣工验收，工程验收后即对它的沉降变形情况进行观测，一跑道中心线上整桩号测点的沉降变化情况见图 6.2-22。

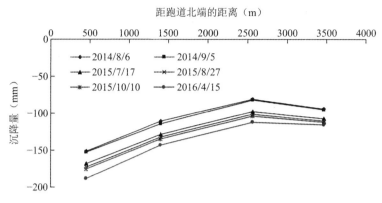

图 6.2-21　跑道中线纵断面观测点高程图

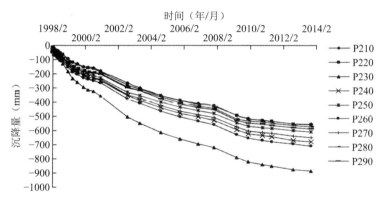

图 6.2-22　一跑道沉降变形曲线

从图 6.2-22 中发现，一跑道工后沉降变形量大，且固结沉降时间长。一跑道采用强夯方法进行软弱土地基的处理，通过垫层强夯在地表形成了一层"硬壳层"，有利于道面结构层的稳定，有利于应力传速。但缺点也非常明显，强夯的影响深度有限，无法解决深厚软弱土层的变形问题，软土通常具有结构性，灵敏度高，采用强夯方法进行地基处理时，破坏了软土的原有结构，强夯破坏后软土层的强度更低，更易发生较大的变形。从一跑道近 16 年的沉降观测曲线可以看出，在第 11 年（2009 年）以后沉降才逐步趋于平缓，截至 2013 年 10 月，一跑道的沉降速率平均为 3.2mm/a，沉降变形已经稳定。

（2）二跑道沉降变形情况

二跑道于 2005 年 3 月开放通航，在通航后即对其沉降变形情况进行观测，二跑道中心线上整桩号测点的沉降历时曲线见图 6.2-23。

相比较一跑道，二跑道的场地条件非常差，原为围海形成的滩地，二跑道首先采用堆载预压方法进行地基深层处理，以解决地基变形量过大的问题，浅层采用强夯方法进行地基处理，通过强夯增大了浅部土层的强度。从图 6.2-23 的沉降情况看，二跑道的沉降控制情况较好，但沉降速率至目前为止仍较大，在通航 8 年后，截至 2013 年 10 月，二跑道的沉降速率为 15.7mm/a。

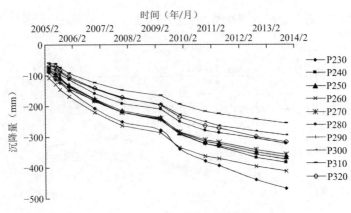

图 6.2-23　二跑道沉降变形曲线

（3）三跑道沉降变形情况

三跑道于 2008 年 3 月通航，在三跑道通航后即对其沉降变形情况进行观测，三跑道中心线上整桩号测点的沉降历时曲线见图 6.2-24。

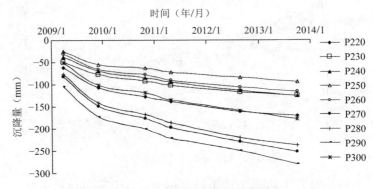

图 6.2-24　三跑道沉降变形曲线

相比较一跑道及二跑道，三跑道的场地条件最好，地势高、工程荷载小，且采用了较为适宜的地基处理方法，所以工后沉降量及工后沉降速率均较小，三跑道目前的沉降速率为 13.5mm/a，从沉降变形曲线上看，仍在发生变形，沉降还未稳定。

（4）四跑道沉降变形情况

对四条跑道通航后的沉降量以及沉降速率进行比较，比较结果见表 6.2-6，其中一、二、三跑道的观测截止时间为 2013 年 10 月。

四条跑道工后沉降对比表　　　　　　　　　　　　　　表 6.2-6

跑道	开始时间（年/月）	截止时间（年/月）	沉降最大值（mm）	沉降最小值（mm）	沉降平均值（mm）
一	1999/10	2013/10	882	507	623
二	2005/3	2013/10	552	232	359
三	2008/3	2013/10	312	76	179
四	2012/10	2016/4	188	112	140

将四条跑道的沉降变形情况进行对比，如图 6.2-25 所示。

从图 6.2-25 可以看出，假设四条跑道同时通航，从对比中可以发现，四跑道沉降变形控制效果较好，建成约 3 年时间，平均沉降量约为 139.73mm，沉降速率约为 16.8mm/a，通过横向对比的方式发现，四跑道的沉降变形量及变形速率均较小，沉降变形控制达到了预期效果。

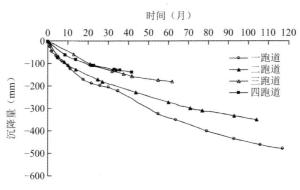

图 6.2-25　四条跑道沉降曲线对比

6.2.4　超大高填方边坡处理

随着我国民航业发展和平原地区土地资源日趋紧张，山区机场越来越多，大面积的开山填谷形成了较大的填方高度，其中重庆江北机场边坡高度达到了 164m。在民用机场建设领域，已逐渐攻克了超大高填方边坡处理的难题。下面以重庆江北机场东航站区及第三跑道工程高填方边坡为例，介绍超大高填方边坡处理技术。

1. 重庆江北机场超大高填方工程地质与水文条件

重庆江北机场东航站区及第三跑道工程主要建设内容包括：第三条跑道、滑行道、停机坪、航站楼、综合交通枢纽、货运设施、工作区设施、进出场交通等的建设，建成后机场飞行区容量、机位数、航站区容量和空、陆侧交通保障能力基本相匹配，可满足重庆机场目标年 2020 年旅客吞吐量 4500 万人次、货邮吞吐量 110 万吨、高峰小时飞机起降 98 架次的需要。

拟建场区位于渝北区，原始地形为构造剥蚀浅丘斜坡地貌，场地地形标高介于 276～455m，地形总体上呈中间地势较高，东、南、北三侧地势较低。

场地的地层有：第四系人工素填土、第四系坡残积粉质黏土，侏罗系中统沙溪庙组砂质泥岩、泥岩、砂岩。现从新至老分述如下：

（1）第四系全新统人工填土（素填土）：杂色，主要由砂泥岩碎块石、粉质黏土组成。碎石含量 30%～50%，粒径一般为 3～60mm，间隙充填可塑状粉质黏土，系平场回填而成，回填时间约 5 年。松散～稍密，稍湿。表层为新近堆填，主要分布于场地东侧、中部。厚度 0.50～1.80m。

（2）第四系全新统坡残积层（Q_4^{dl+el}）：褐色，软塑-硬塑状态，表层为耕土，分布场地冲沟地带及残丘坡顶斜坡地带，干强度中等，无光泽，无摇振反应，韧性中等，厚度 0.50～7.00m。

（3）砂质泥岩（J_2s）：紫褐色，由黏土矿物组成，粉砂泥质结构。局部夹灰绿色团斑、砂质条带，薄～中厚层状构造，强风化呈碎块状，中等风化带岩芯较完整，一般呈柱状，整个场地均有分布。

（4）砂岩（J_2s）：褐灰色、灰白色，主要由长石、石英、云母及少量暗色矿物组成，细～中粒结构，薄～中厚层状构造。强风化带岩芯破碎，中风化带岩芯较完整，一般呈柱状，在场地范围内与砂质泥岩互层分布。

（5）泥岩（J_2s）：紫红色，由黏土矿物组成，局部夹灰绿色团斑、砂质条带，泥质结构，中厚层状，强风化呈碎块状，中等风化带岩芯较完整，一般呈短柱状及柱状。

飞行区东部地势总体相对较低，按照初步确定的地势设计方案，土石方填筑高度较高，且存在顺坡填筑，高填方边坡的稳定性问题在场区表现尤为突出。飞行区边坡最高达160m左右，图6.2-26为第三跑道南端高填方边坡剖面示意图，工作区周边也存在十几米到四十几米的边坡。填方高度超过20m的边坡长度超过3000m，主要高边坡段处于两个深大冲沟的交汇处，地形呈喇叭口状，冲沟两侧的沟壁对坡体的侧限约束小，且沟底部有流水线通过。另外，场内填料主要是砂泥岩，泥岩的力学性质指标浸水后会显著降低。上述条件对边坡的变形及稳定性具有不利影响。

青山沟呈"Y"形展布，位于新建第三跑道东南侧，形成场区内最高的填方边坡，边坡高度约为160m，成为飞行区内影响场地稳定的关键边坡地段。

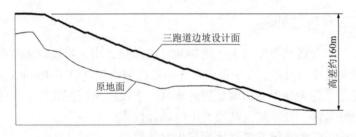

图6.2-26　第三跑道南端高填方边坡剖面示意图

青山沟为一较大的自然冲沟，沟内汇水面积大，且有多条支沟水流均汇聚于此。青山沟内水流量较大，且沟谷两侧存在多条小型冲沟，沟内均有水流，最终都汇聚至青山沟内，说明该区地表水受大气降水影响较大。因此，该填方边坡需考虑水流影响，以避免大气降水渗入填方边坡后，降低坡体稳定性，产生严重危害。

青山沟内岩层以厚层砂岩在上、薄层泥岩在下的形式为主，部分地段出露岩层。岩性以厚层砂岩为主，局部可见砂岩、泥岩互层，砂岩为浅灰色，完整性较好，层理清晰，两组陡倾角节理面发育，将岩层切断，呈块状；泥岩为紫红色，风化较强，为相对隔水层，在ZX117钻孔右侧坡面以夹层的薄层状产出。由于以上地层的产出情况，加上该段为填方地段，坡顶部加载后，坡体稳定度降低，坡面可能沿下方薄层泥岩产生滑动变形。图6.2-27为典型断面的坡型设计展示图。

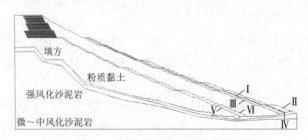

图6.2-27　典型断面的坡型设计展示图

2. 重庆江北机场超大高填方工程变形与稳定性处理措施

针对青山沟超高填方边坡开展了专项研究，运用 GEO-Slope、理正和 midas GTS 程序综合计算分析各断面在 6 种坡型下的边坡稳定性状态。采用 midas GTS 有限元软件的边坡稳定分析模块和施工阶段分析模块来研究坡体稳定性和施工过程中的变形情况，采用 FLAC3D 有限差分软件的边坡稳定分析模块，研究青山沟复杂地形地貌下的填筑体在三维应力状态下的稳定性和变形情况。

（1）经计算分析，采用坡率法进行设计，自上而下坡比逐渐变缓，综合坡比约 1：2.8，边坡高度约 164m。

（2）清除青山沟大边坡稳定影响区表层的粉质黏土，粉质黏土清除后应验收，并在土石方填筑前开挖台阶。为提高青山沟及其他冲沟处边坡稳定性，在边坡填筑时，原地面以上第一层（按松铺厚度 4m 计）应采用中风化砂岩强夯填筑。

（3）为有利于地下水排出，保证填筑体稳定，在天然沟底流水线处设置排水盲沟。排水盲沟系统应根据原有水系情况设置，结合地形具体情况，以不改变或破坏原有水系为原则。排水盲沟具体位置应根据现场情况确定。盲沟出水口应延伸至边坡以外，并与坡脚外排水沟相连接。

（4）为保证填筑体完成后和施工期间的稳定性，应在填筑体内部采取排水措施。填筑体内部排水采用水平排水滤层的方法。每填筑一定厚度（对应马道），采用透水性、透气性良好的碎石作为填料，设置一层排水滤层。在对应于马道的上层填筑一层厚 0.6m 的中风化砂岩作为透水层，最大粒径不应大于 0.4m，级配应良好（不均匀系数 $C_u \geqslant 5$，曲率系数 $C_c = 1 \sim 3$），含泥量不应大于 10%。填筑后采用冲击碾压进行压实。冲击碾压完成后进行整平并对表层进行振动碾压密实。透水层应缓倾坡外，坡度 1%～2%，以利于将填筑体内的水排入马道上的排水沟，图 6.2-28 为青山沟排水盲沟布置图。

图 6.2-28　青山沟排水盲沟布置图

（5）填方边坡坡面主要采用菱形骨架浆砌防护，坡面覆土以便绿化。边坡坡顶、坡脚和每一级马道均设截、排水沟，坡面竖向设置急流槽，及时排走地表水。

6.3　不停航施工新技术

6.3.1　液压夯新技术

常规的强夯施工振动大，需要离开建筑物一定的范围施工；分层碾压不仅施工周期长，而且对土质特征含水量等要求严格，迫切需要一种介于两者之间的一种工艺来有效加固地基。因此，液压快速夯实地基工法的夯实技术形成于20世纪90年代，目前该技术在机场不停航施工中逐步推广使用。

液压快速夯实地基技术需要的机械设备为：以液压挖掘机、轮胎式装载机和履带式吊车为基础车，在其臂架上安装液压高速夯实机（图6.3-1），辅助设备为推土机、压路机、水准仪、全站仪等。

图6.3-1　快速液压夯机械

1. 快速液压夯施工原理

快速液压夯实方法可称为"动力压实法"，动力指动态力和液压力。它用液压缸将夯锤提升至一定高度后自由释放，夯锤在重力和液压蓄能器的共同作用下加速下落，落下后打击静压在地面上带缓冲垫的夯脚，再通过夯脚夯击地面。由于夯锤对地面的作用是通过静压在地面上带缓冲垫的夯脚实施的，在液压加力装置的持续作用下，利用夯实机器重力的合力压缩土体。动力压实技术是区别于静力压实、振动压实和冲击夯实等传统压实技术和夯实技术的新技术。它是在静力压实的基础上，施加更大的动态力，提高压实效果，它的冲击峰值虽小，但夯击的频率高且持续的时间长，能量释放充分，夯击土体这种硬度不高的非刚体时，不易产生水平波、剪切波，高频率、连续作用使被压缩的土体趋于密实稳定。

2. 快速液压夯技术特点

（1）夯锤的运动轨迹平稳，落锤点准确，夯击速度快，压实效果好。

（2）机型小，移动方便，在狭小的场地也可施工，机动性好。

（3）安全、环保，可靠近建筑物施工，夯击时没有扬尘，无击飞的土块石块，对周边环境振动小。

（4）智能化作业，便于操作，质量可控，管理方便。

（5）填补了传统的表层压实技术如碾压，振动压实和传统强夯之间的空白，其效果更接近于强夯。

3. 施工工艺流程及操作要点

1）快速液压夯施工流程

测量放线—设备就位—设置参数—开始夯击—夯击终止—移位—夯击—夯坑整平—满夯—质量验收。

2）操作要点

（1）施工前要根据夯点布置图测放夯点，夯点一般采取梅花形布置，两遍点夯，第二遍夯点布置在第一遍夯点的中间（图6.3-2）。

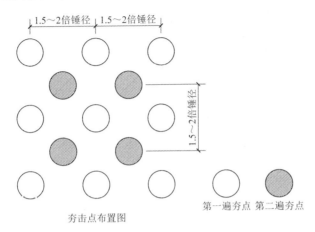

图 6.3-2 快速液压夯夯点布置示意图

（2）设备就位：液压夯实机按测量放样的位置就位，使夯锤对准夯点。

（3）设置参数：夯实设备提供了自动监测控制系统，进行作业记录，击数分低、中、高三档，可根据需要设置具体的击数。

（4）夯击：夯锤对准夯点后，按设置好的参数进行夯击，最后3锤的平均夯沉量不大于要求值后，移击进行下一点位夯击。

（5）点夯夯击完成后，对场地满夯一遍，满夯能量一般不低于点夯的1/2。

4. 工程应用案例

该技术在昆明长水国际机场改扩建工程东二跑滑系统中得到应用，处理范围为一期工程填筑形成的、位于现状围界内的素填土，属于不停航施工区，不便于采取强夯处理，拟采用快速液压夯处理。经试验验证后，确定道面区、道肩区快速液压夯的能量分别为150kJ、110kJ，采用2遍点夯、1遍满夯处理，第二遍点夯布置在第一遍点夯的正方形中心位置处，满夯能量为点夯能量的1/2，设计参数见表6.3-1。

快速液压夯设计参数   表 6.3-1

分区	夯点形式	夯点间距	夯点布置	单点击数	遍数
道面区	点夯	3.0m	正方形	≥40	2
	满夯	3d/4	搭接型	≥20	1
道肩区	点夯	3.0m	正方形	≥40	2
	满夯	3d/4	搭接型	≥20	1

注：1. 夯板直径 d 为 1.5m；

2. 当达到最小的相应夯击次数时，点夯最后 10 击的夯沉量（贯入度）不大于 12cm；满夯最后 10 击的夯沉量（贯入度）不大于 6cm，可停止夯击，否则应继续夯击，直至满足收锤标准。

5. 快速液压夯技术优势

（1）快速液压夯实技术提供了一种新型的夯实技术，填补了传统的表层压实技术和强夯之间的一个空白，丰富了地基处理的施工手段，它的快速、灵活，能够靠近建（构）筑物施工，一次性处理填土能达到 4m 以上，有广泛的应用前景。

（2）在社会越来越重视环境、节约能源的今天，快速液压夯实地基技术是绿色建筑的重要体现，采用液压系统，耗能小，对周边环境振动小，可在市区作业。

（3）对软土地基夯实时可消纳大量的建筑渣土。

（4）以快速动力夯实为手段，没有物料（砂石、水泥，钢筋）消耗，施工简单、灵活、智能操作、用人少、节约了成本，与水泥土桩、注浆法比较，只有其造价的 30%；与灰土垫层、砂石垫层比较，不到其造价的 50%，大大节约了工程造价。

6.3.2 浅埋大直径盾构

1. 飞行区下穿通道建设必要性与常用工法

1）飞行区下穿通道建设必要性

飞行区下穿通道指飞行区地势面以下供机场运营保障车辆或兼有行人通行的地下道路，目前国内已实施的实际工程主要是建立空侧被跑滑系统分割的功能分区、设施之间的车辆联系通道。随着国内民用运输机场布局规模及跑滑系统的不断扩展，越来越多的机场通过建设飞行区下穿通道实现航站楼机坪小区与卫星厅、货运区、远机位、航空公司基地等不同交通小区及以跑滑系统为界限的两侧飞行区之间的车辆联通，以解决飞机运行与空侧服务车辆存在的交叉问题。图 6.3-3 为飞行区下穿通道工程图。

图 6.3-3　飞行区下穿通道工程图

2）下穿通道的常用工法及适应性分析

地下穿越施工工法主要有明挖法、管幕箱涵法、矿山法和盾构法等。下表列举了国内外铁路、城市道路、城市轨道交通工程穿越飞行区工法，见表 6.3-2。

部分机场飞行区穿越工程工法　　　　　　　　　　　　　表 6.3-2

施工工法	工程名称
明挖法	浦东机场 T1-S1、T2-S2 下穿越工程
	成自高铁下穿新建天府机场滑行道及跑道
管幕箱涵法	北京首都机场地下服务车道穿越 L 形滑行道
矿山法	贵阳枢纽龙洞堡机场隧道
	重庆轨道交通轻轨三号线下穿江北机场
	美国埃迪森机场收费公路隧道下穿机场跑道

施工工法	工程名称
盾构法	上海仙霞西路隧道下穿虹桥机场北绕滑
	上海迎宾三路隧道下穿虹桥机场南绕滑
	上海地铁 10 号线下穿虹桥机场跑道及滑行道
	上海地铁 2 号线下穿虹桥机场跑道及滑行道
	昆明地铁首期工程下穿巫家坝机场跑道
	重庆地铁 10 号线下穿江北机场跑道
	天津地铁 2 号线机场延伸线地下区间盾构隧道
	南京至高淳城际铁路下穿禄口机场
	成都地铁 10 号线下穿双流机场停机坪及滑行道
	穗莞深城际轨道交通 9 号线下穿宝安国际机场停机坪及滑行道
	英国希斯罗机场空侧服务车道下穿机位滑行道

首先,明挖法工程本身施工安全性较高,为飞行区下穿通道最常用的工法,但不停航施工情况下施工管理复杂;其次,管幕箱涵法施工距离短,不宜采用;再次,与铁路、城市轨道交通等工程相比,飞行区下穿通道长度较短,且爬坡能力有限,导致埋深较浅,通常在第四系土层中,采用矿山法可能对机场跑道造成较大沉降,因此不宜采用;最后,盾构法施工技术成熟,沉降控制能力最强,在合适埋深下,可适用于各种软岩环境条件施工。

2. 盾构法下穿通道技术新进展

随着我国基础设施建设日益增多,铁路、城市道路、城市轨道交通工程盾构隧道穿越机场飞行区工程越来越多。不同于上述领域,民航机场飞行区下穿通道采用盾构法施工有自身特点,主要表现在隧道断面大(隧道直径一般 11m 级),隧道埋深浅(隧道覆土一般不超过 1 倍盾径),且穿越机场跑道沉降要求严格,导致施工难度大、施工风险高。下面以广州白云国际机场飞行区 2 号下穿通道为例,介绍盾构技术在民航领域应用的新进展。

3. 工程概况

2 号下穿通道位于东四指廊东侧,整体呈东西走向,按对向四车道布置断面,主要功能为连接第一航站区与第二航站区、东货运区间的地面交通。盾构段采用双洞双线隧道,管片外径 11.3m,内径 10.3m,管片环宽 2m,厚度 0.5m;见图 6.3-4。盾构段总长约 1128m,盾构依次下穿东一、东二跑道及配套滑行道系统,拱顶覆土厚度 6～8m。

图 6.3-4 隧道结构断面布置图

东一、东二跑道宽 60m,道面结构为 380mm 水泥混凝土面层 + 380mm 水泥碎石基层,两侧道肩结构为 150mm 水泥混凝土面层 + 180mm 水泥碎石基层;滑行道宽 25m,道面结构为 420mm 水泥混凝土面层 + 380mm 水泥碎石基层,两侧道肩结构为 140mm 水泥混凝土面层＋160mm 水泥碎石基层；道面板分块尺寸为 5m×4.5m。

4. 工程重难点

（1）盾构下穿白云机场 2 条跑道和 9 条滑行道，区间覆土厚度均在 6～8m，小于 0.7 倍盾构直径，属超浅覆土；穿越区域地层条件复杂，地下水位较高，主要在粉质黏土、中砂、粗砂及砾砂层中穿越，局部因基岩突起需穿越上软下硬地层；区间下穿重要管线多。因此沉降控制要求高，地表沉降反应灵敏，施工难度大。

（2）盾构始发与接收施工风险高。盾构始发端和接收端地质主要为粉质黏土层、砂层，地层稳定性差，且覆土厚度均小于 1 倍洞径，最小覆土厚度仅 5.6m。盾构始发及接收过程中易出现涌水涌泥、地面冒浆和地表沉降超限等问题。

（3）盾构机在上软下硬地层中掘进，刀具易产生偏磨，增加换刀风险；盾构机推进速度慢，上部软土地层扰动大，地面沉降不易控制；盾构掘进姿态控制较难；掘进过程中可能出现大石块，发生滞排堵舱。

5. 主要技术创新

1）盾壳壁后注浆采用克泥效工艺

本工程刀盘直径 11.76m，中盾直径为 11.69m，在掘进过程中，开挖面会与中盾形成约 70mm 的间隙，造成一定土体损失，是导致土体沉降的直接因素。另外，由于拱顶覆土仅 6～8m，地表沉降反应将异常灵敏。

克泥效工法原理是黏土与强塑剂以一定比例混合后，瞬间形成高黏度、不硬化的可塑性材料，及时填充盾构掘进施工引起的盾体环向间隙。盾构穿越跑滑道前 10～15 环，通过从盾构机中盾位置的径向孔处同步注入克泥效，及时填充盾构施工过程中由于刀盘超挖造成的盾体与土体之间的空隙，同时起到隔离前部土仓掘进压力和盾尾同步注浆的压力的作用，更好地管控施工过程中的各种压力，注入率为 140%，根据盾构机正上方地面的沉降量及时调整。克泥效的注入点在 11 点到 1 点钟位置，可从两点交替注入。图 6.3-5 为克泥效施工原理示意图。

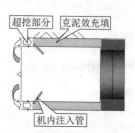

图 6.3-5　克泥效施工原理示意图

2）同步注浆采用双液浆技术

同步注浆是盾构掘进过程中控制地层沉降和成型隧道变形的重要手段，也是提升隧道防水质量的重要环节。尤其是在富水环境中，传统同步注浆浆液易发生稀释、离析现象，存在凝结时间长、防水性弱、后期强度低等缺点，导致隧道存在沉降周期长、隧道上浮、隧道渗水等问题。水泥＋水玻璃双液浆具有更优秀的黏聚性、抗渗性和耐久性，加之快凝、早强的特点，在机场复杂地面环境条件下，施工中能够很好地保持地层的稳定性，可以更好地实现微扰动掘进，降低施工风险；同时双液浆快速凝结并达到一定强度，可以很好地控制管片脱出盾尾后的上浮问题，更有利于控制成型隧道的位移变形，从而提升成型隧道的线型质量和防水质量。

壁后注浆装置由柱塞式注浆泵、清洗泵、储浆槽、管路、阀件等组成，拼装在后续台车上。当盾构掘进时，注浆泵将储浆槽中的浆液泵出，通过 4 条输浆管道，通到盾尾壳体内的 4 根同步注浆管,对管片外表面的环形空隙中进行同步注浆;图 6.3-6 为柱塞式注浆泵。

图 6.3-6 柱塞式注浆泵

3）上软下硬地层掘进施工技术

盾构在上软下硬地层掘进，上部软土地层扰动大，地面沉降不易控制；刀盘受力不均易造成刀具异常损坏；仓内易堆积石块，造成滞排。主要控制措施：

（1）进入上软下硬地层前，掘进参数提前 5 环按照上软下硬地层进行设定，具体实际按照渣样进行判断。

（2）穿越上软下硬地层段，控制掘进速度为 5～10mm/min，每推进 500mm，停止掘进，环流携渣 5min，同时安排专人测量出渣量及渣样中石块含量。其余地层段掘进速度控制在 10～20mm/min。

（3）每环掘进前测量泥水指标，泥浆黏度不低于 25Pa·s，相对密度控制在 1.15～1.25之间，含砂率 2%以内，pH 值为 8±0.000.5。

（4）增加泥浆循环流量，控制在 2200～2400m³/h，增强冲洗泵流量 750m³/h，排浆口压力降低 0.5bar，及时停止掘进，环流携渣。

（5）每一环推进前，开启泥水环流系统，通过排浆口压力控制在 2.2～2.3bar、流量波动控制在 10%以内、破碎机行程达到 700mm，确认底部滞排情况。掘进期间破碎机持续破碎。

（6）推进结束后保持刀盘中心冲洗不停，冲洗时间控制在 15min，保证冲洗泵出口压力控制在 1.6bar 左右。

4）机场跑道沉降监测技术

监测方案以全站仪自动监测为主（通航期间），人工监测为辅（夜间航后期间），加以采用"三维地质雷达扫描"技术对道面区地层变形进行扫描，对相关数据进行对比分析，以确保监测数据的准确性和可靠性。

（1）道槽区全站仪自动化监测

监测点位布设：道槽区内不制作实际的监测点，采用全站仪无棱镜扫描。监测台站点布设：在距离滑行道中心线 51m 外，跑道中心线 140m 外，预埋 2m 高不锈钢测量监测台，在监测台上安装测量机器人作为监测台测。其中图 6.3-7、图 6.3-8 分别显示了监测点示意图和监测台布置图。

图 6.3-7　监测点示意图　　　　　　　　图 6.3-8　监测台布置图

（2）电子水准仪人工检测

在夜间航后时间，监测人员进入飞行区使用电子水准仪（图 6.3-9）进行监测，跑道及滑行道表面不做常规的沉降监测点，用喷漆、油性笔等形式做出标记，每次用同一个尺垫放入特定标记处替代监测点（图 6.3-10）。对于土面区，采用特制的塑料材质的监测点埋入土体中。

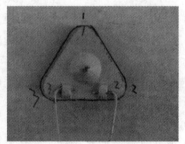

图 6.3-9　电子水准仪　　　　　　　图 6.3-10　水准点布置图

（3）三维地质雷达扫描

盾构穿越前采用三维地质雷达对现状滑行道、跑道进行扫描，穿越跑滑道期间，每掘进 30m 对穿越区域进行扫描，发现不密实区域及时通过地面注浆及洞内注浆结合的方案进行注浆加固。

6.3.3　装配式基坑支护

1. 装配式基坑支护的优点

传统土钉墙因其造价低、工期短及施工简便的特点，广泛应用于基坑支护工程中，但该技术普遍存在施工工艺现场环境污染、工程材料碳排放量高、资源浪费等缺点与环境保护的需求矛盾日益突出。随着 2020 年"四型机场"的提出，绿色机场要求在全寿命周期内，实现资源节约、环境友好、运行高效、以人为本，为公众提供健康、便捷、舒适的使用空间。绿色装配式基坑支护技术因其具有强度高、延展性好、适应性强、可装配性、高效性、可回收性等特点，缓解了传统土钉墙技术应用与"绿色机场"需求的矛盾，能够最大限度地保护环境、减少污染。

绿色装配式基坑支护技术是在传统土钉墙支护机理的基础上，采用绿色、高环保、标准型构件取代现浇构件,同时使用装配式(可回收)施工工艺取代传统现浇(污染性)施工工艺的,形成绿色环保、施工效率高、面层抗变形能力强的创新性支(防)护体系。

绿色装配式支护体系中包括绿色装配式复合面层、连接构件和紧固构件等,由配套构件配合面层形成整体受力结构对边坡进行支(防)护,其中装配式面层具有加筋、防护等功能,是通过不同性能高分子材料复合而成,其主要性能针对受力、防水、反滤、变形、耐久性、防侵蚀等功能设计,具有质轻、耐温、耐久且绿色环保的特点。该技术适用范围广,受环境制约条件影响小,近年来在各大机场中大量应用。

2. 装配式基坑支护的工程应用与效果

兰州中川国际机场扩建项目基坑开挖深度 9～12m,基坑开挖影响范围内主要为细砂、黄土状粉土及粉土,地下水位较深,基坑开挖不受地下水影响,采用二级放坡土钉墙支护形式,第一级坡 1:1 放坡、第二级坡 1:0.75 放坡,铺设装配式面层,配合钢花管土钉锚固,造价节省了约 20%,工期缩短了约 40%。图 6.3-11 展示了装配式基坑支护施工的流程图。

(a) 面层铺设

(b) 紧固构件安装

(c) 施工过程图

(d) 施工完成图

图 6.3-11 装配式基坑支护施工流程图

大兴机场项目基坑开挖深度 10～12m,基坑开挖影响范围内主要为细砂、粉质黏土,地下水位较深,基坑开挖不受地下水影响,采用二级放坡土钉墙支护形式,坡比 1:1 放坡，铺设装配式面层，配合土钉锚固，综合造价节省了约 22%。

6.3.4 微型桩复合地基

1. 传统机场复合地基的缺陷

由于受运行机场特殊环境的限制，常规地基处理手段包括强夯、强夯置换和复合地基等无法有效实施，针对机场运行影响区尤其是机场现状围界内的地基处理通常采用换填法进行处理，换填法施工工序繁琐、周期长、处理深度有限（一般最大深度为 3～4m），机场运行影响区的地基处理尚无较好的方法解决。首先介绍一下各种地基处理方法在机场飞行区应用的缺点，如下所述：

1）强夯和强夯置换法

（1）机场飞行区存在大量既有保障机场运行的设施，包括道面、管线、排水沟和导航设备，强夯或强夯置换施工会对现有设施破坏；

（2）强夯和强夯置换设备高大，受机场净空要求，强夯和强夯置换处理范围有限。

2）冲击碾压法

（1）机场飞行区存在大量既有保障机场运行的设施，包括道面、管线、排水沟和导航设备，冲击碾压施工会对现有设施破坏；

（2）冲击碾压施工需要较大的施工作业面（通常大于 100m），机场飞行区内地基处理范围零散且单个处理范围较小；

（3）冲击碾压地基处理深度通常为 1～1.5m，通常不能满足处理深度要求。

3）复合地基法

（1）复合地基打桩机设备高大（通常高度大于 20m），受机场净空要求，复合地基处理范围有限。

（2）打桩机设备笨重，需现场组装（组装周期通常需 2～3d），不能满足机场停航后施工窗口期的要求。

综上所述，由于受运行机场特殊环境限制，常规地基处理手段包括强夯、强夯置换和复合地基等无法有效实施，通常采用换填处理，具体实施步骤见图 6.3-12～图 6.3-15，图 6.3-16 为现场换填施工图。

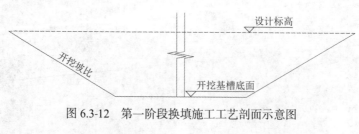

图 6.3-12 第一阶段换填施工工艺剖面示意图

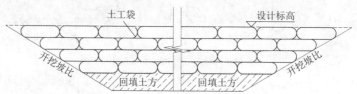

图 6.3-13 第二阶段换填施工工艺剖面示意图

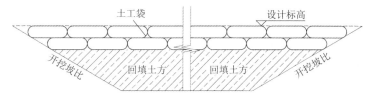

图 6.3-14　第 N 阶段换填施工工艺剖面示意图

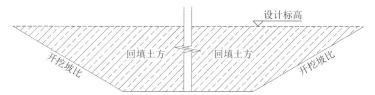

图 6.3-15　第 $N+1$ 阶段换填施工工艺剖面示意图

图 6.3-16　现场换填施工图

2. 微型桩复合地基的优点

针对靠近机场跑道范围，在机场运行时需满足场地平整要求，此外受到夜间停航施工窗口期短的影响，一个独立窗口期无法独立完成场地开挖和回填压实，对于无法压实回填时需填筑土方充填的土工袋以满足第二天机场运行时场地平整的要求。因此，该区域地基处理施工需多次进场施工，施工周期长，效率慢。

机场运行影响区的微型桩复合地基施工方法，采用挖掘机牵引的小螺旋机械成孔，包括小直径刚性桩（刚性桩为素混凝土桩，它具有刚性桩桩顶和刚性桩桩端）和复合褥垫层（复合褥垫层包括土工格栅和中粗砂，刚性桩桩顶能刺入到中粗砂褥垫层）。该微型桩复合地基能够解决机场运行影响区地基处理技术中只能采用换填法的技术问题。

适用于机场运行影响区的微型桩复合地基是一种新型的小直径桩，由于桩径小，成桩速度快，施工工艺简单，可以有效解决运行机场特殊环境的地基处理要求，运行机场微型桩复合地基施工步骤如下，其中图 6.3-17 和图 6.3-18 分别为微型桩成孔钻机和微型桩处理的复合地基示意图。

（1）微型桩复合地基施工机械设备在机场道口安全检查进入实施区域；

（2）成孔机械设备到达指定位置进行微型桩成孔施工；

（3）往孔中倒放商品混凝土，直至满出孔口；

（4）素混凝土桩质量检测；

（5）在桩体顶面铺设一层土工格栅；

（6）铺设中粗砂垫层碾压密实并进行质量检测；

（7）在中粗砂垫层顶面铺设一层土工格栅。

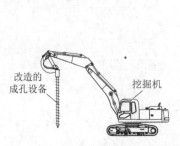  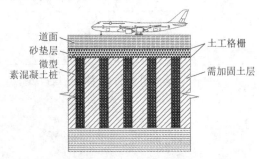

图 6.3-17　微型桩成孔钻机示意图　　　图 6.3-18　微型桩处理的复合地基示意图

适用于机场运行影响区的微型桩复合地基是一种新型的小直径桩，由于桩径小，成桩速度快，施工工艺简单，可以有效解决运行机场特殊环境的地基处理要求，运行机场微型桩复合地基施工步骤如下，其中图 6.3-17 和图 6.3-18 分别为微型桩成孔钻机和微型桩处理的复合地基示意图。

3. 工程应用案例

在西安咸阳国际机场三期扩建工程南一跑道不停航施工过程中，施工区内包含大量的重要管线。其中，施工期间要求保证管线正常通畅，且这些管线后期需迁改。根据勘探揭露，场地的地层从上至下依次为人工填土（Q^{ml}）、第四系上更新统风成黄土（Q_3^{2eol}）、残积古土壤（Q_3^{lel}）及中更新统晚期风成黄土（Q_2^{2eol}）。各土层的特征描述如下：

①$_1$ 植物层（Q^{pd}）：主要由黏性土组成，含大量植物根系，结构松散，平均层厚约 0.30m，分布范围较广。

①$_2$ 素填土（Q^{ml}）：主要由黏性土组成，偶见建筑垃圾，较松散。层厚 0.50～10.30m，层底埋深 0.50～10.30m，层底标高 454.78～471.13m。

①$_3$ 杂填土（Q^{ml}）：主要由黏性土、砖块等建筑垃圾及生活垃圾组成，成分杂乱不均，较松散。主要分布于场地中部的老营区及底张村旧址区域。层厚 0.50～13.30m，层底埋深 0.50～16.80m，标高 453.10～471.69m。

①$_4$ 碾压填土（Q^{ml}）：由黏性土组成，土质均匀，较密实。该层位于场地中部的老营区区域，为东联络通道施工弃土分层碾压形成。层厚 2.30～6.50m，层底埋深 2.30～6.50m，层底标高 457.57～463.22m。

②黄土（Q_3^{2eol}）：黄褐色，大孔结构，含少量钙质条纹及蜗牛壳，土质均匀，坚硬状态。该层遍布整个场地，层厚 1.20～13.90m，层底埋深 6.70～17.30m，层底标高 444.85～464.15m。

③古土壤（Q_3^{lel}）：棕红色，可见大量孔隙，含钙质结核及钙质条纹，团粒结构，硬塑状态。该层遍布整个场地，层厚 1.60～4.70m，层底埋深 3.00～20.00m，层底标高 441.95～462.33m。

④黄土（Q_2^{2eol}）：黄褐色，土质均匀，顶部可见少量针状空隙，含少量钙质结核及零星蜗牛壳，硬塑状态，该层层厚约 10.0m。

拟建场地为自重湿陷性黄土场地，地基湿陷等级为Ⅲ级（严重）或Ⅳ级（很严重）。到进、出口滑行道部分区域靠近现状南跑道，位于现状围界以内。根据《民用机场岩土工程设计规范》MH/T 5027—2013：湿陷等级为Ⅱ级（自重湿陷性场地）、Ⅲ级和Ⅳ级区域地基处理厚度分别不小于 2.5m、3m 和 4m。因施工期间要求保证管线正常通畅，不停航施工范围内常规的换填法处理不能满足管线正常通畅的要求，管线及周边保护区域采用微型桩复合地基进行处理（图 6.3-19）。现场微型桩施工图如图 6.3-20 所示。

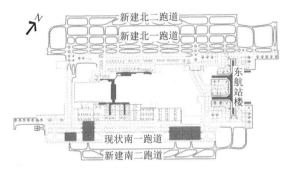

图 6.3-19　微型桩复合地基处理平面示意图

(a) 现场管线探挖图　　　　　　　　　(b) 微型桩复合地基成孔现场

图 6.3-20　现场微型桩施工图

处理效果分析：

采用微型桩复合地基施工，处理深度按 6m 考虑，每根素混凝土桩约 2min，100m² 约 100 根桩，按照投入两台成孔机械考虑，累计施工周期 100min，褥垫层施工时间 60min，总计施工约 160min，远大于换填处理深度。

地基处理检测指标为桩身强度无侧限抗压强度和地基承载力，均能满足设计要求。

参考文献

［1］麻春亭. 冲击碾压技术在高速公路粉土路基填筑中的应用[J]. 交通世界, 2018, (Z1): 46-47.

［2］闫吉成, 余湘娟, 陈永辉, 等. 粉土地基强夯加固效果影响因素数值模拟研究[J]. 能源与环保, 2018, 40(2): 150-155.

［3］安鸿飞, 商玉洁, 李婕, 等. 粉土路基压实控制指标的分析研究[J]. 广西大学学报（自然科学版）, 2019, 44(1): 206-211.

［4］申爱琴, 郑南翔, 苏毅, 等. 含砂低液限粉土填筑路基压实机理及施工技术研究[J]. 中国公路学报, 2000, (4): 14-17.

［5］ 高游, 孙德安. 制样方法对非饱和土力学特性的影响[J]. 岩土工程学报, 2016, 38(8): 1529-1534.

［6］ 任克彬, 王博, 李新明, 等. 制样方法对粉土力学特性及孔隙特征的影响[J]. 岩石力学与工程学报, 2019, 38(4): 842-851.

［7］ Wang Q, Pufahl D E, Fredlund D G. A study of critical state on an unsaturated silty soil[J]. Canadian Geotechnical Journal, 2002, 39(1): 213-218.

［8］ 孙德安, 高游. 不同制样方法非饱和土的持水特性研究[J]. 岩土工程学报, 2015, 37(1): 91-97.

［9］ 杨胜波. 冻融循环对改良粉土力学特性影响的试验研究[J]. 中外公路, 2018(5): 270-274.

［10］ 刘晖, 刘建坤, 邰博文, 等. 冻融循环对含砂粉土力学性质的影响[J]. 哈尔滨工业大学学报, 2018, 50(3): 135-142.

［11］ 刘良, 曹阳, 张才明, 等. 黏质粉土冻胀特性及微观机理研究[J]. 内蒙古大学学报（自然科学版）, 2018, 49(6): 667-672.

［12］ 董军, 杨祺. 高寒地区机场道面病害及温度场影响因素分析[J]. 道基工程, 2010, (5): 220-222.

［13］ 李强, 姚仰平, 韩黎明, 等. 土体的"锅盖效应"[J]. 工业建筑, 2014, 44(2): 69-71.

［14］ 贺佐跃, 张升, 滕继东, 等. 冻土中气态水迁移及其对土体含水率的影响分析[J]. 岩土工程学报, 2018, 40(7): 1190-1197.

［15］ 张升, 贺佐跃, 滕继东, 等. 非饱和土水气迁移与相变: 两类"锅盖效应"的试验研究[J]. 岩土工程学报, 2017, 39(5): 961-968.

［16］ Zhang S, Teng J, He Z, et al. Canopy effect caused by vapour transfer in covered freezing soils[J]. Géotechnique, 2016, 66(11): 927-940.

［17］ Smith W O. Thermal transfer of moisture in soils[J]. Eos Transactions American Geophysical Union, 1943, 24(2): 511-524.

［18］ Jackson R D. Water Vapor Diffusion in Relatively Dry Soil: I. Theoretical Considerations and Sorption Experiments1[J]. Soil Science Society of America Journal, 1963, 28(2): 172-176.

［19］ Miyazaki T. Condensation and movement of water vapour in sand under temperature gradient[J]. Transactions of the Japanese Society of Irrigation Drainage & Reclamation Engineering, 1976: 1-8.

［20］ Dobchuk B S, Barbour S L, Zhou J. Prediction of Water Vapor Movement through Waste Rock[J]. Journal of Geotechnical & Geoenvironmental Engineering, 2004, 130(3): 293-302.

［21］ 王铁行, 贺再球, 赵树德, 等. 非饱和土体气态水迁移试验研究[J]. 岩石力学与工程学报, 2005, 24(18): 3271-3275.

［22］ 阮永芬, 巫志辉. 饱和粉土的若干动力特性研究[J]. 岩土工程学报, 1995, 17(4): 100-106.

［23］ 崔伟, 吕高航, 刘春阳. 低液限粉土的力学性能改善及试验分析[J]. 科学技术与工程, 2018, 18(8): 302-306.

［24］ 田竞, 杜春雪, 王江锋, 等. 动荷载作用下饱和粉土动力特性研究[J]. 人民黄河, 2018, 40(8): 141-144.

［25］ 张艳美, 万丽丽, 张旭东, 等. 饱和粉土静态液化性能试验研究[J]. 工程地质学报, 2018, 26(4): 861-865.

［26］ 封喜波. 含水率及压实度对低液限粉土力学特性影响的试验研究[J]. 交通世界, 2018, 483(33): 176-178.

［27］ 刘干斌, 谢琦峰, 高京生, 等. 动荷载作用下重塑黏质粉土的弹性变形研究[J]. 振动与冲击, 2018, 37(10): 255-260.

［28］ 安亮, 邓津, 王兰民. 黄土液化微细观特性试验研究[J]. 地震工程学报, 2018(4): 752-758.

7 水运港口岩土工程新进展

蔡正银，关云飞，朱洵，韩迅

（南京水利科学研究院岩土工程研究所，江苏南京，210024）

7.1 引言

我国海域辽阔，海岸线漫长，海洋资源的开发和海洋经济的发展具有广阔的空间和良好的前景。2013 年，我国海洋生产总值达 99097 亿元，占国内生产总值的 7.9%，海洋经济已成为拉动我国经济的新引擎[1-2]。港口作为联系陆地和海洋的重要节点和交通枢纽，同时承载着"海洋强国"和"交通强国"两大国家战略，在支撑和拉动经济社会发展、对外开放、维护国家经济安全中发挥积极的作用。目前，我国正致力于从海洋经济大国向海洋经济强国的转变，但由于近海经济的持续发展，自然条件优越的海域已被开发殆尽，原有基础设施已趋于饱和，将不得不在自然条件较为复杂的近海海域建设新的港区。近海海域自然条件的复杂性，缺少天然掩体导致风大浪高、环境恶劣，造成工程施工难度大、建筑物的长期安全受到严重威胁，是港区码头、防波堤和护岸等基础设施建造与安全运行面临的主要技术难题[3-4]。

码头泊位是港口建设的核心，相较同级别的重力式和高桩承台式码头结构，板桩码头造价要节省 25% 以上，特别适合粉砂质地区采用挖入式港池建港。新中国成立 75 年来，中国建设的板桩码头近 300 个，其中 200 多个是中小型码头泊位。20 世纪末在唐山港建成的 3.5 万吨级地下连续墙式码头，是当时国内最大的板桩码头。此后板桩码头的发展一直停滞不前，远远落后于重力式和高桩码头。现代港口的发展要求码头泊位必须深水化，能否建成深水泊位成为板桩码头结构生存的关键。对于板桩式码头，水深的变化对其强度和稳定性的影响是极其敏感的：当码头前沿水深加大以后，作用于前墙上的土压力急剧加大，导致前墙的内力和变形随之增大[5-6]，当达到某一水深时前墙由于过大的内力和变形就会发生破坏。对此单靠加大前墙的断面已不能解决上述问题，换言之，已设计不出经济合理的深水单锚式板桩码头结构，这也正是国内外板桩码头徘徊不前的主要原因。因此要发展深水板桩码头泊位，必须研发新的板桩结构。

此外，我国从北到南广泛分布着淤泥质海岸，总长约 4000km，约占大陆海岸线的四分之一，如天津、连云港、宁波舟山、温州、厦门、深圳、珠海等地区。以连云港徐圩港区为例，水深 5～10m，海床表层淤泥厚度 10～20m，地基软土具有高含水率、高孔隙比、高压缩性和超低强度等特点，在港区防波堤、护岸建设中，如采用传统的砂石斜坡堤结构，无论是爆破挤淤换填块石方案还是地基排水固结后抛石筑堤方案，由于软土层厚度和水深的增加，结构断面随之加大，均会导致工程量巨大、工期长、建造成本高，且占用海域面积多、大量消耗砂石料资源对生态环境影响显著，在建设成本、工期、绿色环保等诸多方面无法适应绿色水运平安水运的要求，更不符合"创新、协调、绿色、开放、共享"的新发展理念。随着人们对"绿水青山就是金山银山"科学论断的深入理解，开山采石带来的生态破坏和环境污染越来越引起社会关注。因此，在淤泥质海域港口及近海建筑物建设中，亟须摒弃传统的资源消耗型建造方式，贯彻创新、绿色的发展理念，提出经济合理、环境友好的工程建设方案。

7.2 深水板桩码头模拟与测试新技术

常见的板桩墙的墙身总高度不超过 18～20m，即板桩结构主要应用于中小型码头，这是因为应用于深水港池泊位，需要设计非常厚的板桩墙，才能承受巨大的侧向土压力作用，以满足码头结构对稳定和变形的要求，导致施工难度大、经济性较差，因此应用范围受限。为了突破板桩码头结构应用的局限性，以适应港口码头向深水大泊位的发展需要，经过多年对板桩码头结构的设计实践和探索，中交第一航务工程勘察设计院有限公司于 2002 年提出了一种遮帘式板桩结构，可作为大型深水泊位的码头结构。目前采用此结构的京唐港 31 号和 32 号 10 万吨级通用散货大泊位及曹妃甸 10 万吨级通用散货大泊位已相继建成。可见，这一结构形式拓宽了板桩墙码头结构的应用范围，具有很强的生命力和良好的应用前景[7-11]。

与一般的板桩墙码头结构相比，这种新型板桩码头结构中增加布置了一排钢筋混凝土灌注桩，介于板桩地下连续墙（以下称前墙）和锚碇墙之间，靠近前墙但与前墙保持 3～5m 的间距；遮帘桩与前墙和锚碇墙三者上端则由钢拉杆相连接。遮帘桩的截面呈长方形，最常采用的尺寸是 2m×1m，截面抗弯强度大。设置遮帘桩的目的是让其承担一部分挡土荷载，减小前墙所承受的土压力，使得前墙的厚度在合理范围内。这一新型码头结构刚刚面世不久，因此，对这一结构工作机制的认识尚需深入。本节通过离心模型试验以及相应的数值仿真研究开挖前的静止土压力分布，探讨遮帘桩分担前墙荷载的工作机理，为设计方案优化提供支撑和参考。

7.2.1 遮帘式板桩结构码头离心模拟技术

基于土工离心模型试验在半遮帘式板桩码头结构开发中所发挥的独特作用，结合唐山曹妃甸实业港务有限公司拟建的深水泊位遮帘式板桩码头结构优化设计的需要，开展了大量土工离心模型试验，对设计方案进行验证和优化。

1. 模型试验设计

曹妃甸 5 万吨级通用散货泊位水工结构拟预留为 10 万吨级泊位，根据总体平面布置，码头区域原泥面标高较高，规划为挖入式港池，码头面标高 4.8m，泥面标高 15.5m（考虑超挖等因素，模型试验模拟至 16.5m），直立凌空面高度达 20.3m（试验模拟至 21.3m）。码头结构拟采用深水遮帘式板桩方案，前墙厚 1.0m，底端标高 28.0m，墙身总高度达 32.8m。码头地基主要由细砂层和粉质黏土层、粉土层及粉细砂层构成，其主要物理力学性质如表 7.2-1 所示。其中，粉质黏土层和粉土层压缩性较大，承载力较低。在设计确定遮帘桩桩长时，即选择桩底端持力层时，需要注意地基各土层的压缩特性和承载特性。

原型地基主要物理力学指标统计表（BMS 钻孔）　　　　表 7.2-1

| 土层编号 | 土层名称 | 土层厚度（m） | 天然重度 γ（kN/m³） | 固结快剪 | | 压缩模量 $E_{S0.1-0.2}$（MPa） | 泊松比 ν | 变形模量 E_0（MPa） | 标贯击数 |
				c（kPa）	φ（°）				
①₁	细砂	5.0	18.7	5.9	28.5	35.0	0.22	31.7	14～27
①₂	细砂	17.0	19.0	12.2	27.1	39.8	0.22	34.9	12～54
②₁	粉质黏土	3.3	18.8	28.5	17.6	4.8	0.30	3.6	9～14
③₂	粉土	4.7	19.5	21.2	23.2	12.5	0.25	10.4	13～43
④	粉细砂	＞4.4	19.7	15	28.4	21.3	0.24	18.1	47～50

采用 4 组模型对原方案进行验证，对优化后提出的新方案则计划用 2 组模型进行验证，这 7 组模型所对应的原型条件如表 7.2-2 所示，表中 GCFD 表示曹妃甸工程。从表中可知，遮帘桩与前墙间距为 3.0m，遮帘桩自身间距为 2.75m，但遮帘桩长度分有 2 种，前 5 组对应 30.0m 原型桩长，桩端位于在③₂ 土层中。如前所述，粉土层土体压缩性较大，而承载力较低，故建议遮帘桩桩端着陆在④粉细砂层中，相应的遮帘桩桩长向下增长 1.8m，这样后两组模型所模拟的原型桩长就为 31.8m。

遮帘式板桩结构验证试验方案　　　　表 7.2-2

模型	GCFD M9、M10、M11、M14	GCFD M12	GCFD M15、M16
地基土层	同原型	纯砂土层	同原型
墙桩间距（m）	3.0	3.0	3.0
遮帘桩间距（m）	2.75	2.75	2.75
遮帘桩长度（m）	30.0	30.0	31.8

在该工程实践中，模型试验研究和码头设计方案优化是同步进行的。首先，完成了 5 组 30.0m 遮帘桩的板桩方案离心模型试验，对其结果进行了分析讨论，获得了前墙、遮帘桩和锚碇墙所受到的土压力和弯矩反应及拉杆内力反应，初步掌握了码头结构的水平位移和整体稳定性状。其次，设计方依据试验结果对原方案做了适当修改，将遮帘桩的长度调整至 31.8m，使桩端着陆于④粉细砂土层内，以控制遮帘桩最大弯矩值在允许范围内。为此又开展两组模型试验，进一步验证了新设计方案的可行合理性。

本项离心模型试验由 NHRI400gt 大型土工离心机完成（图 7.2-1、图 7.2-2）。采用一只大型平面应变模型箱容纳模型，其箱体净空尺寸为 1100mm（长）×400mm（宽）×550mm（高）。根据曹妃甸 10 万吨级通用散货泊位板桩方案的结构断面几何尺寸，预计码头荷载和陆侧土压力主要作用影响范围位于 40m 厚的地基土层内。综上，本次离心模型试验的模型率为 75。

图 7.2-1　NHRI400gt 大型土工离心机

图 7.2-2　离心机挂斗和置于其中的模型箱

模型板桩码头结构各构件如前墙、遮帘桩、锚碇墙和拉杆的几何尺寸，均根据各自的原型尺寸按模型率计算确定。原型前墙为钢筋混凝土地下连续墙，总高度为 28.3m、厚度为 1.0m，根据模型率 $N = 75$，模型墙板的高度为 377mm、墙身厚度为 13.3mm。若用原型材料，即钢筋混凝土所制作的模型前墙板不仅精度差，而且难以在上面布置测量弯矩的应变计单元，故改用替代材料，即用合金铝板制作模型前墙板。前墙在码头结构中为受弯构件，采用替代材料设计受弯构件的方法，其调整后厚度按式(7.2-1)计算：

$$d_m^{al} = \frac{d_p^c}{N} \sqrt[3]{\frac{E_m^c}{E_m^{al}}} \tag{7.2-1}$$

式中：变量的上标al、c——含金铝材料和钢筋混凝土材料；

$\qquad\qquad E_m$——受弯构件的弹性模量；

$\qquad\qquad d_p$——受弯构件的截面厚度。

这里取混凝土弹性模量 $E = 28\text{GPa}$，合金铝弹性模量 $E = 70\text{GPa}$，则模型钳制板厚度为 10mm。

模型遮帘桩和锚碇墙也采用合金铝材制作，它们主要在垂直码头岸线方向受力而发生弯曲，因此，其截面厚度可采用相同的公式(7.2-1)计算。这样，30.0m（长）× 1.0m（宽）× 2.0m（截面厚度）的原型钢筋混凝土遮帘桩用 400mm × 13.3mm × 20mm 的合金铝材模拟，而另一种 31.8m × 1.0m × 2.0m 的原型遮帘桩则用 424mm × 13.3mm × 20mm 的合金铝材模拟。模型桩布置间距 $S_m = 2750/75 = 36.7\text{mm}$。对于尺寸为 14.5m（高）× 1.2m（厚）的原型钢筋混凝土锚碇墙，其模型尺寸就为 193.3mm × 12mm。

原型码头结构中，拉杆为直径 95mm 的 Q345 钢棒，沿岸线方向按等间距 1.375m 布置。拉杆材料的弹性模量为 200GPa，采用相同材料的钢丝，按模型相似律计算后，模型拉杆直径应为 1.27mm。鉴于如此小直径的钢丝不易获得，拟用 1 根钢丝模拟 2 根原型拉杆，如此调整后的模型拉杆直径有所增大，应为 1.79mm。实际采用的拉杆直径为 1.90mm，与要求相当接近。

原型地层自上而下为海相沉积松散～稍密细砂；中密～密实细砂；海相沉积粉质黏土、粉土；陆相沉积粉质黏土、粉土；陆相沉积粉细砂；海相沉积粉质黏土；局部孔中见薄层粉砂、粉土透镜体层。为了使所制作模型地基土层能再现原型地基土层的力学性状，同时能够使其主要力学性状用物理力学特性指标定量表征出来，以便对试验结果作进一步的分析。因此，在模型制作时，根据原型地基土层（表 7.2-1）作适当合并和简化。

30.0m 和 31.8m 这两种长度的遮帘桩板桩结构设计方案的模型布置分别如图 7.2-3 和

图 7.2-4 所示。试验程序主要包括天然地基土层的形成、码头构件的设置、天然泥面以上土层回填、港池开挖和面载的施加。

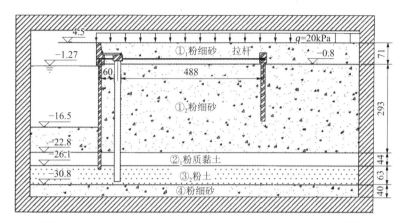

图 7.2-3 模型布置（GCFDM9～GCFDM14）（GCFDM12 地基土层全部为粉细砂土）

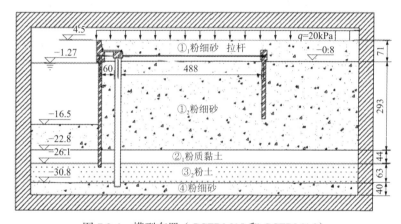

图 7.2-4 模型布置（GCFDM15 和 GCFDM16）

2. 试验结果分析

如表 7.2-3 中所列，为了验证原设计方案，开展了 4 组模型布置完全相同的试验，依次是模型 GCFDM9、GCFDM10、GCFDM11 和 GCFDM14，它们的模型布置如图 7.2-3 所示，所模拟的遮帘桩长度为 30m，桩端正好位于③₂粉土层内。为了验证改进后的设计方案，又进行 2 组模型试验，分别是模型 GCFDM15 和 GCFDM16，模型布置如图 7.2-4 所示，所模拟的遮帘桩长度比原方案延长了 1.8m，桩长达到 31.8m，桩端着陆于④粉细砂土层内。这样，前后两批结构验证研究共开展了 6 组土工离心模型试验，其简要情况汇总予表 7.2-3，下面就遮帘式板桩码头结构各构件的受力情况试验结果，依次予以介绍，同时对实测结果作简要的分析。

结构验证模型试验汇总表　　　　　　　　　　　　　　　　　　　　　　表 7.2-3

模型	遮帘桩长度（m）	前墙最大正负单宽弯矩（kN·m/m）	遮帘桩最大弯矩（kN·m）	锚面主墙最大单宽弯矩（kN·m/m）	拉杆内力（kN）	前墙锚着点位移（cm）	锚碇墙锚着点位移（cm）
GCFDM9（初始张紧力大）	30.0	550/−350	4700	−560	1200	—	—

续表

模型	遮帘桩长度（m）	前墙最大正负单宽弯矩（kN·m/m）	遮帘桩最大弯矩（kN·m）	锚面主墙最大单宽弯矩（kN·m/m）	拉杆内力（kN）	前墙锚着点位移（cm）	锚碇墙锚着点位移（cm）
GCFDM10（初始张紧力小，拉杆有垫块）	30.0	350/−310	5300	—	563	—	4.6
GCFDM11（初始张紧力大）	30.0	690/−200	4800	−970	1087	—	—
GCFDM14（初始张紧力小）	30.0	470/300	5100	−650	628	12.3	8.1
GCFDM15（初始张紧力适中拉杆有垫块）	31.8	840/−110	4300	—	668	7.7	2.4
GCFDM16（初始张紧力适中拉杆有垫块）	31.8	830/−100	4400	—	640	—	—

前墙受力情况体现在陆侧和海侧总土压力分布及墙体弯矩反应分布。图 7.2-5 给出了前墙两侧总土压力随墙体随标高的分布图，图中的标高起点即对应原型的标高零点。

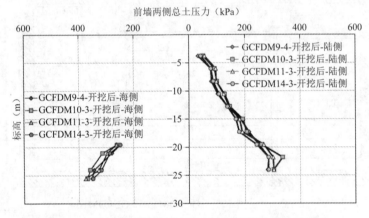

图 7.2-5　前墙两侧总土压力分布（遮帘桩长 30m 方案）

根据各模型港池中水位，扣除两侧的水压力，即得到前墙两侧的有效土压力分布，如图 7.2-6 所示。可以看到，无论是陆侧还是海侧，其有效土压力都随深度增加而增大，对于陆侧而言，这种增长的趋势并不是十分显著，直到开挖面以下才表现得比较明显。这是因为泥面以下的侧压力包括遮帘桩向前位移所产生的弹性抗力。其次，陆侧土压力随标高仍有忽大忽小的变化，例如，在标高 6.0m 和 −15.0m 两处，其土压力值均高出各自上下相邻测点处的土压力测值，尽管这种突出特征并不是十分明显，但这仍与墙桩之间的土体相对墙桩向下位移及墙桩阻碍这种位移趋势有关。

模型 GCFDM9、GCFDM10、GCFDM11 和 GCFDM14 中前墙实测弯矩分布如图 7.2-7 所示，图中的标高起点仍对应原型标高零点，弯矩数值以墙体海侧受拉为正。这些弯矩图都有一个共同特点，就是前墙上半部分的弯矩值大，且为正值，即上部墙体海侧受拉；而前墙下半部分，尤其是靠近墙底端的一部分，其弯矩为负值，即下部墙体陆侧受拉。

对于遮帘桩长度为 31.8m 的两组模型 GCFDM15 和 GCFDM16，如图 7.2-7 所示，其前墙弯矩分布图极其相近，最大单宽正弯矩值数值增大，在 840kN·m/m 左右，其位置明显

下移至标高 −15.0～−11.0m 处：最大单宽负弯矩值明显减小，仅为 100kN·m/m 左右，位置点较低，在标高 −25.0m 处，距离前墙底端 2.0m。

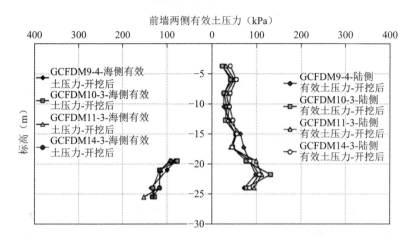

图 7.2-6　前墙两侧有效土压力分布（遮帘桩长 30m）

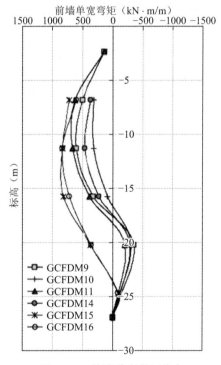

图 7.2-7　前墙单宽弯矩分布

　　遮帘桩两侧土压力分布及其弯矩分布是遮帘式板桩码头结构设计的重要依据，了解和掌握其真实分布，尤其是桩侧土压力的分布，具有十分重要的研究价值。

　　图 7.2-8 给出了港池开挖前遮帘桩海侧与陆侧的土压力分布曲线，此时遮帘桩前后侧天然泥面以上为①$_1$粉细砂土回填，土层面达码头面标高 4.5m 处。从图中的两条分布曲线可以看到，它们均随深度增加而呈近似的线性增长，且两条土压力分布线偏离纵坐标轴的距离大体一致，表明港池开挖前作用于遮帘桩两侧的土压力，其分布相当接近。

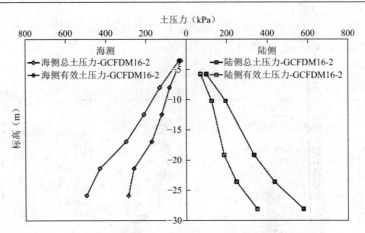

图 7.2-8　港池开挖前遮帘桩两侧总土压力和有效土压力分布

　　根据图 7.2-8 土压力的实测点分布，可以发现，对于遮帘桩上某一标高位置，陆侧有效土压力值总是明显大于海侧有效土压力，即遮帘桩两侧有着明显的压力差，而遮帘桩的工作机制正是基于这一压力差。凭此压力差，遮帘桩发挥了遮帘、屏蔽来自陆挡土的侧向压力的作用，即遮帘桩承担了相当一部分的侧向土压力，从而大大减小侧向土压力对前墙的作用。

　　从前面遮帘桩两侧的土压力分布可知，遮帘桩两侧有着明显的压力差，同时遮帘桩顶端承受拉杆的牵引，受这两种外力作用，在桩体内产生了弯矩。从原型施工程序和模型试验的角度看，遮帘桩弯矩包括两部分，一是给拉杆施加预拉力（原型为 50kN）引起的弯矩；二是开挖形成港池和码头面上堆载作用引发的弯矩。为了尽量消除初始张紧力大小不确定的影响，在整理模型试验遮帘桩弯矩时，将遮帘桩弯矩分为初始弯矩部分和开挖港池及施加堆载引发的部分，然后两部分叠加。下面仍按模型试验所模拟的原型遮帘桩长度，分两种情况来讨论遮帘桩弯矩分布特征。图 7.2-9 给出了对应遮帘桩长度为 30.0m 的 4 组模型中所测得的桩身弯矩，图中的标高起点仍对应原型标高零点，弯矩数值以海侧受拉为正。

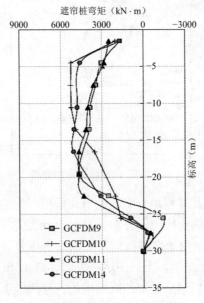

图 7.2-9　遮帘桩弯矩分布图（遮帘桩长度 30.0m）

图 7.2-9 所示的弯矩分布曲线有一个共同特点,就是遮帘桩上部弯矩为正值,且数值较大,表明遮帘桩上部海侧受拉;遮帘桩下部,特别是靠近桩底端部分,其弯矩为负值,即这部分桩体陆侧受拉。

图 7.2-9 所示的弯矩分布的另一特征,就是在标高位置为 $-22.5\sim-16.5$m 这一段的遮帘桩的弯矩比较大,最大正弯矩在 $4700\sim5300$kN·m。而在所观测到最大负弯矩中,只有 1 组模型遮帘桩出现了 -1400kN·m 的弯矩值,标高位置是 -25.5m,距离桩端较近。

模型 GCFDM15 和 GCFDM16 所模拟的遮帘桩长度为 31.8m,其桩端位于④粉细砂土层中。图 7.2-10 给出这两个模型的遮帘桩桩身弯矩分布,最大正弯矩值在 $4300\sim4400$kN·m,其标高位置是 -22.5m;最大负弯矩约 -850kN·m,标高位置在 -30.0m。

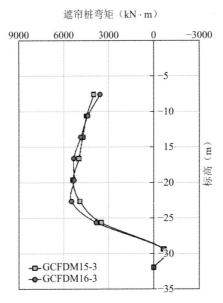

图 7.2-10　遮帘桩弯矩分布图(遮帘桩长度 31.8m)

比较两种长度的遮帘桩模拟结果,可以发现,遮帘桩长度加长后,桩身正弯矩显著减小,最大平均值大致由 30m 时的 5000kN·m 减至 31.8m 时的 4500kN·m 以内。同时,最大正弯矩值对应的位置也有所下移。

遮帘桩长度加长对桩身弯矩所产生的明显效果,一是与桩身长度有关;二是与桩端土层所提供的约束相关。遮帘桩长度由原来的 30m 增至 31.8m,桩端土层由原来的粉土层变为粉砂层,所受的约束大为增强,故对桩身弯矩大小及分布起到了调整改善的作用。

受数据采集系统通道数限制,只在锚碇墙海侧布置了土压力盒,图 7.2-11 和图 7.2-12 分别给出锚碇墙海侧总土压力和有效土压力随标高的分布情况。

尽管各测点的总土压力随其标高值增大而增大,但有效土压力随标高变化不大,墙体上端有效土压力值较大。比较而言,模型 GCFDM11-3 因拉杆初始张紧力较大,锚碇墙海侧有效土压力总体较大,而模型 GCFDM10-3 和 GCFDM14-3 因拉杆初始张紧力较小,锚碇墙海侧有效土压力相对较小。

247

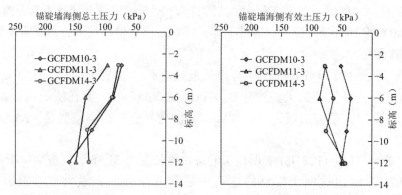

图 7.2-11　锚碇墙海侧总土压力分布　　图 7.2-12　锚碇墙海侧有效土压力分布

锚碇墙弯矩随标高分布如图 7.2-13 所示，最大弯矩值如表 7.2-3 所示。从图 7.2-13 中弯矩分布曲线的趋势可以发现，锚碇墙上部弯矩为负值，即墙身陆侧受拉，仅靠近墙底端一小部分可能是正弯矩。最大单宽负弯矩绝对值均在 1000kN·m/m 以内，其位置标高在 −7.0～−5.0m。比较而言，模型 GCFDM11-3 中因拉杆初始张紧力较大，锚碇墙陆侧负弯矩值总体较大，最大单宽负弯矩值接近 1000kN·m/m。而其他模型可能因拉杆初始张紧力较小，单宽负弯矩值总体较小，实测值均不超过 600kN·m/m。

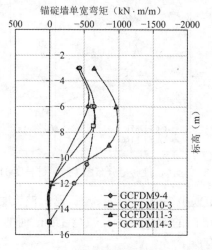

图 7.2-13　锚碇墙单宽弯矩分布

前墙和锚碇墙的水平位移可直接反映遮帘式板桩码头结构的整体稳定程度，是其工作性状中的一个重要指标。两者水平位移差包括：①拉杆受力后的伸长量；②拉杆在自重和上覆荷重作用下从初始状态（上凸或下凹）到最终状态之间的姿态调整所引起的水平向延展或缩短量。表 7.2-3 中列出了一些模型前墙和锚碇墙水平位移，是模型位移实测值经换算后的原型位移值。其中，采用长遮帘桩的码头结构设计（模型 GCFDM15），其前墙和锚碇墙所发生的水平位移分别在 80mm 和 30mm 内，在规范允许的范围内。

试验发现，准确模拟和控制这些因素，目前尚有一定的难度。例如，在调整和控制拉杆初始张紧程度时，就有这样的感受，只要其中任何一根拉杆张紧程度发生变化，其他拉杆的张紧程度也随之变化。拉杆与拉杆之间张紧程度相互影响。因此，不容易将模型所有拉杆的初始张紧程度调整至同一水平。另外，目前尚不能实现对拉杆初始张紧程度的定量测量和控制，由此看来，需继续深入这方面的研究，才能明晰拉杆力发展的规律，达到优化设计和运行的目的。

3. 遮帘式板桩码头结构工作性状

通过 16 组土工离心模型试验，对曹妃甸遮帘式板桩码头结构设计方案从土压力作用规律到码头结构设计方案整体稳定性状和各构件的受力情况及其同作用机制进行了研究和验证。根据两种遮帘桩长度方案的前墙、遮帘桩、锚碇墙和拉杆受力情况，结合考虑码头结构整体稳定性状和前墙、锚碇墙的水平位移量，认为采用遮帘桩桩长为 31.8m 的码头结构设计更为安全合理。

模型试验研究结果归纳如下。

1）为进一步完善深水遮帘桩板桩方案的设计计算理论，开展了 6 组风干细砂地基土层中土压力研究离心模型试验，取得如下结果。

（1）无遮帘桩条件下，前墙两侧土压力随深度增长呈线性分布，平均侧压力系数值$\overline{K}$与 Jaky 经验公式计算值相一致。

（2）设置遮帘桩后，前墙两侧土压力分布完全不同于无遮帘桩情形下的线性分布，总体平均侧压力系数$\overline{K}$小于无遮帘桩情形下的$\overline{K}$值。但由于受制模工序的影响，墙桩之间的土体在设计加速度条件下受力时，相对于两侧墙和桩有向下的位移，故在自重压缩下沉过程中会形成应力拱，受其影响，前墙两侧土压力分布发展具有一大 小的往复变化特征。

（3）在墙桩距离一定时，港池开挖前，前墙某一标高位置以上部分的土压力比同深度处的静止土压力大，而这一位置以下土压力值均比同深度处的静止土压力值小：港池开挖后，墙体上部土压力显著减小，下部土压力明显增大。

（4）当前墙与遮帘桩距离由小到大改变时，$\overline{K}$值发生由大到小再大的变化，墙桩间距 5.0m 左右时，$\overline{K}$值最小，这一间距对应理论上的最佳墙桩距离。然而，具体确定墙桩间距时，有诸多因素需要考虑。

（5）最后需要指出的是，受模型制备工序的影响，墙桩之间的土体在设计加速度条件下受力时，有相对墙桩的向下位移，这与原型地基土层受力程序和变形条件有所不同，故模型和原型在性状上会有所差异。

2）为了充分考虑各种不确定因素，特别是拉杆初始张紧程度的影响，对两种桩长的深水遮帘桩板桩方案，用 6 组模型进行了验证，就两种遮帘桩桩长方案的前墙、遮帘桩、锚碇墙受力情况，以及码头结构整体稳定性状和前墙、锚碇墙的水平位移，得到如下主要结论。

（1）根据码头结构的位移测量结果和试验停机后的外观检查情况来看，可以推测，在设计低水位 −1.27m 和港池开挖至 −16.5m 的极限状况下，两种桩长的深水遮帘桩板桩方案整体上都是稳定安全的。其中，采用桩长 31.8m 的遮帘桩的码头结构设计模型，其前墙和锚碇墙所发生的水平位移较小，分别在 8.0cm 和 3.0cm 内，在规范推荐的常规范围内。

（2）前墙两侧土压力分布如下：陆侧有效土压力随深度增加而增大，开挖面以上压力值一般从 30kPa 逐渐增至 60kPa，增长缓慢。开挖面以下土压力增大明显是由于墙体位移的影响，数值在 60～115kPa。海侧有效土压力随深度的分布曲线近似呈直线，实测值在 85～140kPa。

（3）前墙弯矩分布与拉杆初始张紧程度，特别是与前墙与遮帘桩之间的小拉杆的初始张紧程度有关。从两种桩长的试验结果看，实测到的前墙最大单宽正弯矩值在 700～

830kN·m/m。

（4）遮帘桩两侧的有效土压力随深度增加而增长，在数值上陆侧有效土压力明显大于海侧有效土压力，即遮帘桩两侧存在着明显的压力差。陆侧实测值在75～340kPa，海侧实测值除桩底端附近达150kPa，其他均在5～55kPa。

（5）遮帘桩弯矩分布有如下规律：当采用桩长30.0m的遮帘桩板桩方案时，标高位置−22.5～−16.5m这一段遮帘桩的弯矩比较大，最大值在5300kN·m以内；当采用桩长31.8m的遮帘桩板桩方案时，遮帘桩最大正弯矩值大幅度减小，在4500kN·m以内，其对应的标高位置在−22.5m左右。

（6）在遮帘式板桩码头结构各构件之间、码头结构与地基土层之间的相互作用机制中，地基土层的特性、遮帘桩长度、拉杆力的发挥程度起着决定性的作用。

7.2.2　遮帘式板桩结构码头数值仿真技术

本节以京唐港32号泊位10万吨级板桩码头结构为背景，搭建板桩码头三维数值分析框架，对码头结构的应力变形情况进行分析，并将计算结果与现场测试结果进行对比，以验证数值计算的正确性。

1. 工程概况

根据工程勘察报告，该场地土层自上而下依次为粉细砂、粉质黏土（含粉土夹层）、带泥质黏土、粉质黏土、细砂、粉质黏土（含粉土夹层）、细砂。土层主要以第四系全新统及上更新统松散沉积物为主，各土层分布特征描述如表7.2-4所示。

土层分布特征表　　　　　　　　　　　　表7.2-4

层号	土层名称	厚度	土层特性
①	粉细砂	4.2～5.4m	褐黄色-灰褐色，稍密-中密状，含少量碎贝壳。局部夹粉土薄层、粉质黏土薄层及淤泥质土薄层
②₁	粉质黏土	5.4～7.6m	褐灰色、灰色，软塑-可塑状，中塑性，夹粉土团块及粉土、粉砂、淤泥质粉质黏土薄层
②₂	淤泥质黏土	7.6～14.2m	灰褐色，流塑软塑状，分布联系，层位稳定
②₃	粉质黏土	14.2～15.3m	粉质黏土
③	细砂	15.3～25.8m	灰色、黄褐色，密实状，夹中砂层、粉砂层，局部夹粉土、粉质黏土薄层
④	粉质黏土	25.8～28.6m	褐灰色、灰色，软塑-可塑状，中塑性，夹粉土团块及粉土、粉砂、淤泥质黏土薄层
⑤	细砂	28.6～32.0m	灰色、黄桶色，密实状，夹中砂层、粉砂层，局部夹粉土、粉质黏土薄层

该工程为10万吨级通用散货泊位码头，采用地下连续墙板桩结构。码头泥面标高为4.2m，正常设计水位为1m，极端低水位为1.53m，码头前沿正常设计水深为16.5m；前地下连续墙厚1.0m，墙底高程−28.50m，墙顶高程0m，其上浇筑混凝土胸墙；为了降低地下连续墙上承受的土压力，在墙后设置一排遮帘桩，其断面尺寸为1.0m×2.0m（长×宽），间距2.75m，底高程32.0m，桩顶高程0.0m，其上浇筑混凝土导梁，导梁顶标高1.5m；锚碇墙距前墙40.0m，墙厚1.2m，墙底高程为−16m，墙顶高程−0.5m，其上浇筑导梁，导梁顶高程3.0m。遮帘桩和锚碇墙之间设置Q345ϕ95的钢拉杆，遮帘桩和前地下连续墙之间设置Q345ϕ75的钢拉杆；码头前部（锚碇墙前）表面荷载为10kPa，后部表面荷载为

80kPa。遮帘式板桩码头结构断面如图 7.2-14 所示。

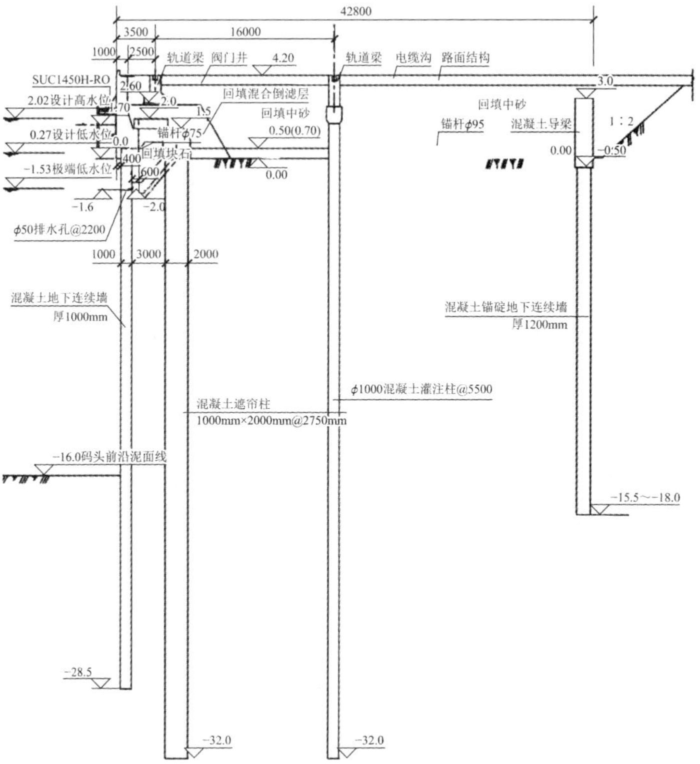

图 7.2-14　遮帘式板桩码头结构断面图

2. 模型构建

由于设置了遮帘桩，整个码头结构不能视为平面问题，计算时采用三维有限元建模。计算边界为左侧距码头前沿 20m，右侧距锚碇墙后 17.8m，底部距地面 60m。由于码头宽度方向为对称分布，取计算宽度为 5.5m，包含两根遮帘桩。这样整个计算区域为（长 × 厚 × 高）80m × 5.5m × 60m。码头顶面为自由边界，左侧面和右侧面保持该方向的水平位移不变，前、后侧面也保持该方向的水平位移不变，码头底部保持竖直方向的位移不变。采用全局和局部网格划分的方法，在关键部位适当增加网格的密度。码头结构和地基土层的模拟均采用三维八节点线性实体单元 C3D8I。由于存在大量的接触计算，必须考虑土层、码头结构界面等网格的匹配问题，这样有利于提高计算精度，同时提高计算收敛程度。码头有限元计算网格如图 7.2-15 和图 7.2-16 所示，地基土层单元数为 68262，结构体单元数为 2939。

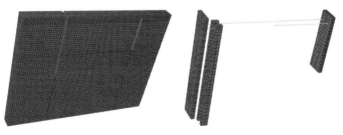

图 7.2-15　地基模型　　　图 7.2-16　码头结构模型

地基模型是一个长方体，在宽度方向上尺寸为 5.5m，厚度方向上为 80m，高度方向上为 50m。由于②₃ 粉土层厚度只有 1.1m，对整体的影响很小，出于建模需要，将其合并到下面一层细砂中，这样模型的地基从上到下共分为六层。

前板桩墙和锚碇墙都属于地下连续墙结构，二者在高度和厚度方向都是按实际尺寸建模模拟的，宽度方向按需要取一定的宽度即可，二者的宽度都按地基宽度取为 5.5m。前墙的尺寸为（厚×高）1.0m×32.7m，锚碇墙尺寸为（厚×高）1.2m×19m，二者均使用三维八节点线性实体单元（C3D8I）模拟。前墙顶高程 4.2m，锚碇墙顶高程 3m，这样前墙顶面恰好在地基顶面，锚碇墙顶面埋在地基顶面下 1.2m 处，前墙海侧距离地基海侧 20m，前墙与锚碇墙二者之间净距离为 40m。

遮帘桩也按实际尺寸建模，每根桩尺寸为（宽×厚×高）1.0m×2.0m×33.5m，桩顶高程 1.5m，桩之间的中心距离为 2.75m。模型中共设计有两根桩，在两根桩外侧各有一定宽度的地基土，考虑到桩之间土的应力状态应该是以中心面为对称面的，所以桩外侧地基土的宽度取为两桩之间地基土宽度的一半，这样地基模型总共需要的宽度为 5.5m。桩和地下连续墙一样采用 C3D8I 单元模拟，材料属性与墙结构相同。

在实际工程中，为了适应不同的拉力需要，共使用了两种直径的拉杆，遮帘桩与前墙之间的拉杆（前拉杆）直径 75mm，遮帘桩与锚碇墙之间的拉杆（后拉杆）直径 95mm，因此在模型中也需要模拟两种不同截面积的拉杆。前后拉杆都采用桁架单元（T3D2）模拟，桁架单元可以直接输入真实的横截面积（前拉杆 $4.42×10^{-3}m^2$，后拉杆 $7.09×10^{-3}m^2$，不计体积，可以直接从地基中穿过）。模拟过程忽略拉杆的自重及拉杆和土体之间的摩擦。

地基土层均采用南水模型模拟，各层土的模型参数都是根据三轴排水试验求得，如表 7.2-5 所示。

地基土层南水本构模型参数 表 7.2-5

土样名称	c（kPa）	φ（°）	R_f	K	n	c_d	R_d	n_d
粉质黏土	31.37	30.18	0.640	55.59	0.861	0.0407	0.71	0.149
淤泥质黏土	40.37	22.68	0.522	39.26	0.618	0.0589	0.59	0.116
粉细砂	0	30.97	0.931	476.00	0.886	0.0049	0.79	0.394

前墙、锚碇墙和遮帘桩使用线弹性模型来模拟，弹性模量为 $2.8×10^7kPa$，泊松比为 0.16。前、后拉杆均使用线弹性模型模拟，使用的弹性模量为 $2.0×10^8kPa$，泊松比为 0.12。前墙、遮帘桩、锚碇墙结构与土体之间的摩擦系数取 0.36。粉细砂、粉质黏土和淤泥质黏土的静止土压力系数分别确定为 0.45、0.50 和 0.55。

3. 计算结果

地基水平位移等值线如图 7.2-17 所示。从计算结果来看，地基的水平位移主要集中在码头结构上部，向下逐渐衰减。

图 7.2-18 为该码头各结构体在各个阶段的水平位移分布图，从图中来看，遮帘式地下连续墙板桩码头的墙体与桩身侧向变形呈现出相似的变化规律，空间上，桩或墙上部水平位移较大，随深度增加而逐渐减小。时间上，随着前沿港池的开挖深度增加，前墙、遮帘

桩及锚碇墙水平侧向位移亦同步增加。当前沿港池开挖至设计标高 −16.5m 时，前墙、遮帘桩及锚碇墙水平位移分别达到 47.2mm、46.5mm 和 26.9mm；随着码头面第一步加载，即码头面均载为 10kN/m²，前墙、遮帘桩及锚碇墙水平位移分别达到 58.1mm、53.5mm 和 38.1mm；随着码头面第二步加载，即锚碇墙后地面均载为 80kN/m²，前墙、遮帘桩及锚碇墙水平位移分别达到 67.6mm、61.8mm 和 43.7mm。

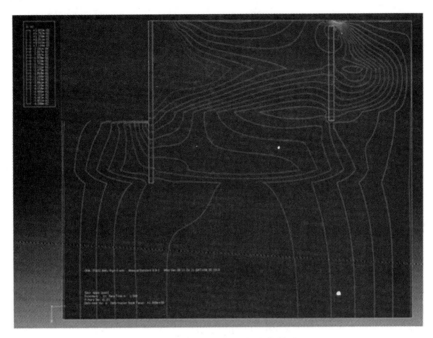

图 7.2-17　地基水平位移等值线

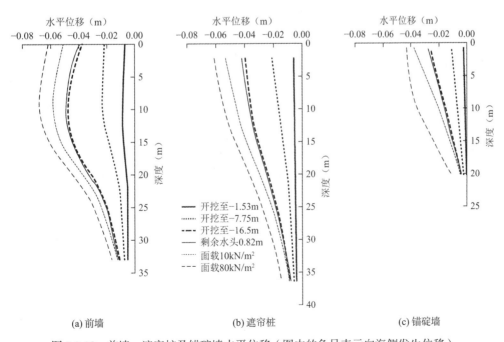

(a) 前墙　　　　　　　　(b) 遮帘桩　　　　　　　　(c) 锚碇墙

图 7.2-18　前墙、遮帘桩及锚碇墙水平位移（图中的负号表示向海侧发生位移）

有限元计算结果显示，随着开挖深度的增加，前、后拉杆拉力同步增加。在开挖到7.75m前，前拉杆所受到的拉力大于后拉杆。至开挖到14.5m，后拉杆拉力迅速增大，并超过前拉杆拉力，随后随着进一步开挖、结构面加载，前、后拉杆拉力呈现同步增大。到第二级荷载施加结束时，前后拉杆拉力达到 615kN 和 715kN，拉杆拉力变化规律如图 7.2-19 所示。

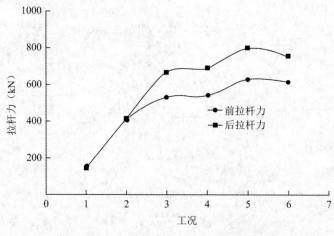

图 7.2-19　各工况下拉杆力的变化

前墙和遮帘桩计算弯矩如图 7.2-20 所示，从图上可以发现，对于前墙，当港池开挖结束后，上部最大正弯矩达到 1012kN·m/m，下部最大负弯矩达到 −722kN·m/m。到码头表面加载结束后，上部最大正弯矩达到 1105kN·m/m，下部最大负弯矩达到 −817kN·m/m。码头结构的弯矩主要取决于土压力的变化，而前墙陆侧的土压力主要取决于港池的开挖，以及第一级荷载的大小。第二级荷载作用于锚碇墙，因此对前墙陆侧土压力影响较小。第一级荷载只有 10kPa，因此增加的土压力并不大，导致的前墙的弯矩变化也不大。从前墙的弯矩分布图上还可以发现，在深度为 24m 左右弯矩出现拐点，这与前墙底部表面和土体之间的摩擦力有关。

对于遮帘桩，在前沿港池开挖至结构面加载期间，正负弯矩峰值变化规律与前墙相似，当港池开挖结束后，上部最大正弯矩达到 1740kN·m/m，下部最大负弯矩达到 −969kN·m/m。到码头表面加载结束后，上部最大正弯矩达到 2484kN·m/m，下部最大负弯矩达到 −1023kN·m/m。但从图 7.2-20 中还可以发现，遮帘桩的弯矩变化比前墙更加复杂，无论是第一级加载还是第二级加载，面载对其弯矩的影响都很大。与前墙下部弯矩变化相似，在深度为 24m 左右弯矩出现了拐点，这与遮帘桩底部表面和土体之间的摩擦力有关。比较遮帘桩和前墙的弯矩，可以发现遮帘桩的弯矩比前墙的弯矩大得多，说明遮帘桩承担了更多土压力的作用，这正是遮帘式码头的设计思想。

地基由多种土层组成，每层土的力学性质差别很大，更重要的是每层土的初始侧压力系数都不同，导致土层中的初始侧向应力在土层界面不连续，这与经典的土压力理论计算结果完全一致。地基土层的静止侧向土压力分布等值线如图 7.2-21 所示，等值线都为水平线，由上向下土压力逐渐增大。

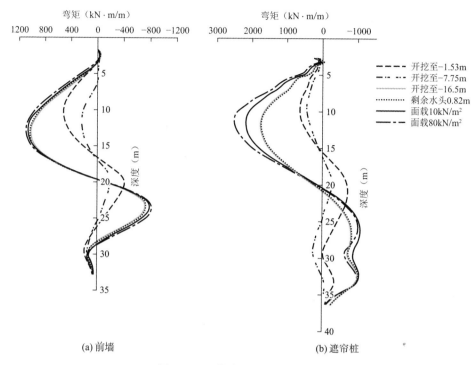

图 7.2-20　前墙和遮帘桩的弯矩

　　第二级荷载施加后地基土层的侧向土压力分布等值线云图如图 7.2-22 所示，从图中可以发现，随着港池的开挖与码头表面荷载的施加，地基中特别是靠近结构体附近的土层中的侧向土压力变得非常复杂。其变化不能简单地用"被动"和"主动"来描述。"被动"和"主动"指的是土体达到极限状态，而对于一个稳定的地基而言，土压力不允许达到极限状态，只能是向某种状态发展。从图 7.2-22 中还可以发现，结构体附近土体有的向"主动"状态发展，有的向"被动"状态发展。

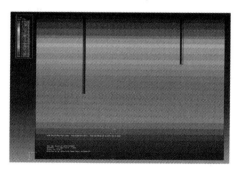

图 7.2-21　地基土层静止侧向土压力
等值线云图

图 7.2-22　第二级荷载施加后地基土层侧向
土压力等值线云图

　　各工况前墙土压力计算结果如图 7.2-23 所示，从图中可以看出，由于港池的开挖，前墙整体向海侧方向位移，这样前墙海侧的土体向"被动"状态发展，侧向土压力变大。而对于墙后陆侧特别是上部的土体，由于墙体向前移动，土体向"被动"状态发展，侧向土压力变小。

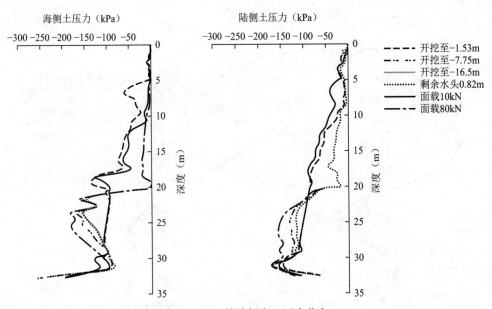

图 7.2-23　前墙侧向土压力分布

　　图 7.2-24 给出了遮帘桩陆侧、海侧土压力分布，随着港池开挖，遮帘桩海侧和陆侧土压力呈现基本相同的变化规律，遮帘桩海侧深度为 21m 以上土体土压力随着开挖深度增加而显著减小，而在此深度以下区域土体土压力则逐渐增大。遮帘桩陆侧深度为 25m 以上土体土压力随着开挖深度增加而缓慢减小，减幅不明显并趋于稳定，而下部区域土体土压力显著增加。

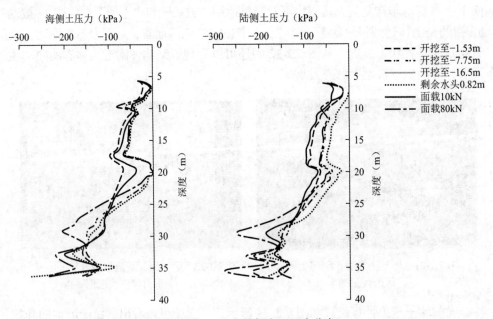

图 7.2-24　遮帘桩侧向土压力分布

　　从总体上看遮帘桩上的土压力要高于前墙上的土压力，这再一次证明了遮帘桩的遮帘作用。

7.3 桶式基础防波堤模拟与测试新技术

软土地基上建造的防波堤、护岸和围堤等工程是淤泥质海域港口和海岸工程建设的主要内容，其中防波堤对沿海港口起到防御波浪侵袭、保障港区水域平稳、防止港池淤积和波浪侵蚀岸线等作用，护岸和岸壁工程除了防御波浪外，作为海陆的分界还起到防浪、挡水挡土或停靠船舶等作用[12-15]。

防波堤按结构形式通常可分为斜坡式防波堤、直立式防波堤、水平混合结构堤和轻型防波堤等几种形式。目前，国内外海港工程中普遍采用的主要为直立式和斜坡式防波堤等结构形式。近些年来，许多国内外学者为了减小作用于堤上的波浪力，同时尽可能减小堤上的越浪量，在直立式防波堤的基础上进一步研究和改进，形成了多种结构新形式。常见的改进方式主要包括：改变墙面的几何形状、开孔消浪和在直立堤前建斜坡堤等方式。此外，直立式防波堤还发展演变出整个迎浪面全部为斜面的梯形沉箱和半圆形防波堤。半圆形防波堤结构是由开有圆孔的半圆形构件和底板所组成，具有波浪作用力较小、稳定性好、圆拱受力性能好、造价低等特点，较适用于软弱的地基。箱筒形基础防波堤的下筒为4个大直径无底钢筋混凝土圆筒经4个连接墙连成的整体，下部顶浇筑钢筋混凝土盖板，盖板以上通过杯口圈梁安装预制钢筋混凝土圆筒，形成连续的防浪墙，该结构是一种改进堤面几何形状的新型防波堤结构，适用于较深水域且海底为软土地基的筑堤情形。圆筒形防波堤分为大直径薄壁圆筒和薄壁圆沉箱，前者为沉入式，后者为基床式[16-21]。基于波浪传播过程中波浪能量主要集中于水体表面，从破坏波浪水质点的垂直方向和水平方向运动轨迹的角度出发，并在前人研究的基础上，提出了桩基新型开孔工字板组合式防波堤结构。这种形式的防波堤结构兼具开孔水平板式防波堤和开孔挡板式防波堤的作用，有望达到透射少、低反射、结构耗散波能大以及受力小的目的。

7.3.1 桶式基础防波堤离心模拟技术

1. 模型试验设计

桶式基础防波堤是一种薄壳结构，在承受波浪荷载作用时属于抗弯构件，按等抗弯刚度理论进行设计。原型上桶壁厚和下桶内隔板厚度均为$d = 0.3m$，弹性模量$E = 30GPa$（C30）制作模型的铝合金弹性模量$E = 70GPa$，则计算求得的模型上桶壁厚和下桶内隔板厚度均为$d = 2.8mm$。同样，对于壁厚 0.4m 的原型下桶，计算求得的模型下桶壁厚为$d = 3.8mm$。

同样，对于连接上下桶体的结构盖板，其平面尺寸仍按相似比制作，而厚度需按抗弯刚度相似设计，计算结果是，原型厚0.4m的混凝土盖板在模型中用厚度为3.8mm的铝合金板制作。图 7.3-1 为最终制作出的模型桶式基础防波堤结构，下桶和盖板用4mm厚铝合金板制作，内隔板则用 3mm 厚铝合金板制作，上桶则是从铝合金圆筒深加工成外径为115mm、壁厚为2.5mm的壁圆筒。

另外，如图 7.3-1 所示，在模型桶式基础的盖板上设置9个可开启可密封的气孔与9个格室相联系，在下沉过程中打开这些气孔，而在基础就位后则密封这些气孔，使桶体与地基土体发挥联合抵抗荷载的作用效果。

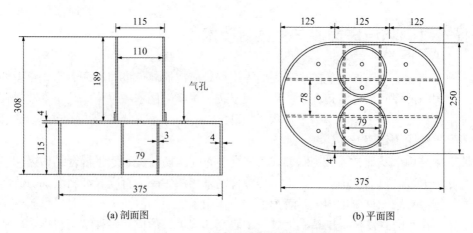

(a) 剖面图　　　　　　　　　　　　(b) 平面图

图 7.3-1　桶式基础防波堤模型结构图

模型地基土样取自现场，自上而下依次为：淤泥层、粉质黏土层、粉砂粉土层，它们均为扰动土样，需在模型箱中自下而上逐层重塑，以地基强度指标为控制标准。原型地基最上表层是淤泥层和粉质黏土层，平均层厚分别为 10.19m 和 4.29m。综合室内固快强度指标和现场原位十字板抗剪强度（简称十字板抗剪），模型制作时这两层土的原位不排水抗剪强度分别控制在 19kPa 和 60kPa 左右。往下是一层粉砂粉土层，重度为 20kN/m³，干密度达 1.70g/cm³，较为密实，试验时完全用粉砂来制作该层土，以缩短淤泥层和粉质黏土层的固结制备时间。

如图 7.3-2 所示，模型地基共设置了 3 个土层，最上层是淤泥层，厚约 114mm，中间是粉质黏土层（粉黏），厚约 53mm。在模型箱最底部的厚约 36mm 的粉砂粉土层，是采用固结排水法制备上述两层土体的透水层。

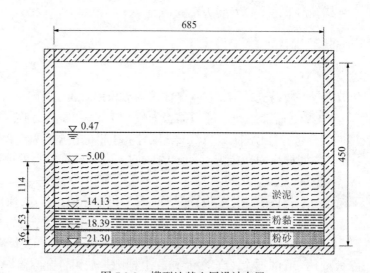

图 7.3-2　模型地基土层设计布置

根据试验要求，模型试验将模拟对防波堤结构性状最不利的波浪荷载作用，由于采用等效波浪荷载方法进行模拟，水位高低影响不大。为了防止波浪荷载模拟装置浸水而发生故障，模型试验过程中，保持地基土层表面有 5mm 深的水体，即地基土层始终浸没在水下。离心模型试验过程中，在模型防波堤结构与地基中布置了一系列传感器测量单元，传感器输出的信号通过数据采集系统按一定的采样速率读取。主要测量的物理量有以下三类。

（1）下沉阻力、波浪合力。下沉阻力由大行程竖向荷载加载装置自带的荷重传感器量测。对于拟静力方式模拟的波浪荷载作用试验，波浪合力由拟静力波浪荷载加载装置自带的荷重传感器测量输出。对于采用等效往复周期荷载模拟的波浪作用试验，波浪合力的幅值由循环波浪荷载模拟器的荷重传感器和控制器设定控制。

（2）水平位移、沉降。位移传感器测点布置如图 7.3-3 所示，水平位移测点 2 个，沉降测点 2 个。

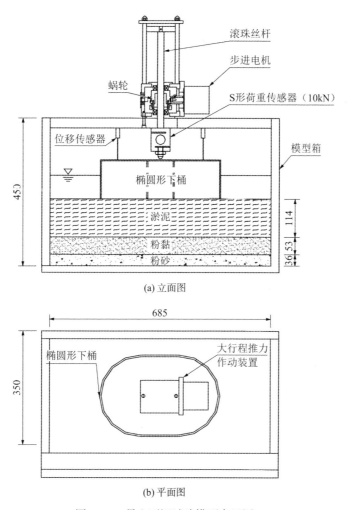

(a) 立面图

(b) 平面图

图 7.3-3　贯入下沉试验模型布置图

（3）桶壁和隔板应力。桶壁和隔板应力的测量方法如下：在下桶桶壁和隔板两侧分别粘贴箔式电阻应变片，每组 4 片，构成全桥电路。

2. 施工阶段防波堤下桶桶体受力特性

椭圆形桶式基础防波堤结构的施工过程与箱筒形基础防波堤结构的一样，整个结构在岸上预制组装，再拖运至目的地现场，首先利用自重作用使其自然下沉入土，然后采用负压下沉工法继续促其下沉，直至基础桶底着落在持力层上。负压下沉工法就是通过抽水抽气形成压力差，产生向下推力使其下沉，使下桶基础完全嵌入地基土体中。

图 7.3-4 为桶形基础模型外力贯入下沉过程中下沉总阻力和应变测量断面总内力的发展变化曲线，纵坐标为推力作用下新发生的贯入位移。从下沉总阻力发展曲线可见，总阻力随贯入位移粗略地呈线性增长趋势。这是因为在穿越同一土层过程中，端阻力变化不大，端阻力项也就基本不变，而在侧壁摩擦力项中，桶壁和隔板与土相接触的面随入土深度线性增大，若平均侧壁摩擦力变化不大，则侧壁摩擦力项也就随下推位移线性增大，这样下沉总阻力随下推位移增大而几乎线性增长。

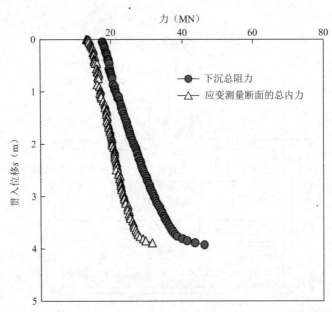

图 7.3-4　外力贯入下沉过程中下沉总阻力和应变测量断面总内力的发展变化

但当贯入位移达到某一值时，图 7.3-4 所示的下沉总阻力曲线出现明显的转折，即下沉总阻力发展速率由先前较小值陡然增大，转折点表明下桶底端已触及粉质黏土层及下桶格室中的土体开始与顶盖接触。由于粉质黏土强度明显高于淤泥土，端阻力值明显高于淤泥层的值，端阻力项数值突增。与此同时，格室中的土体与顶盖接触，又额外增加土体阻力项。

由于下桶基础的持力层即粉质黏土层，桶体下沉过程应该止于桶体下端，着底于粉质黏土层。因此，这个曲线转折点处的下沉总阻力可以作为下桶基础下沉到位时所需的临界下沉总阻力。过了转折点，贯入深度增加一点点，下沉总阻力就增加很多。对于模型而言，所预测的原型临界下沉总阻力 R 约为 40MN。该模型地基土层强度条件与原型较为接近，因此，原型桶式基础防波堤结构临界下沉总阻力估计在 40MN 左右，即原型贯穿淤泥层着底就位所需施加的总下沉力约为 40MN。

3. 水平荷载作用下桶式基础防波堤的性状

在 50 年一遇设计高水位条件下，一组桶式基础防波堤所承受的最大总波压力和最大总波吸力分别为 12048kN 和 −8480kN，相应的最大力矩和最小力矩分别为 97600kN·m 和 −45920kN·m，合力作用点到淤泥面的距离分别为 8.10m 和 5.42m。另外，原型波浪周期取 8.76s。原型存在两个作用点高度。因此，周期性荷载试验中取其平均高度，即距离淤泥面 6.76m，但在单调拟静力荷载试验中，作用点高度应取波压力对应的高度，即 8.10m。下面介绍水平荷载作用下桶式基础防波堤性状模型试验结果。

图 7.3-5 是拟静力作用模型试验布置示意图，图中所示的水平荷载装置能够在超重力的离心力场中工作，按设定的某一位移速率施加水平荷载，该荷载直接作用在防波堤的上桶上。如前所述，原型波压力的合力作用点距离淤泥面 8.10m，因此，模型水平力作用点距离模型地基表面 110mm。出于保护拟静力加载装置的需要，应防止其浸水受潮，试验运行时所设置的模型水位，仅高出模型地基泥面约为 5～7mm。虽然没有完全模拟原型中高水位，但对桶式基础防波堤拟静力模拟效果没有影响。如图 7.3-5 所示，防波堤结构受力后发生的沉降和倾斜角度由激光传感器 s_1 和 s_2 测量，结构发生的水平位移则由激光传感器 d_3 量测。如图 7.3-5 所示，在桶式基础防波堤两侧周围的地基土体中各埋设了 3 只孔隙水压力传感器。

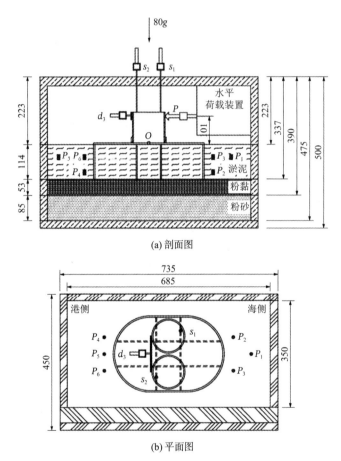

(a) 剖面图

(b) 平面图

图 7.3-5 拟静力作用模型试验布置示意

本次研究中共开展了 3 组拟静力离心模型试验（模型 M4、M11 和 M13），这里选取模型 M13 试验结果进行分析介绍。需要说明的是，在下面的分析讨论中，首先是将模型中的物理量值，按模型相似律换算至原型尺度相应的值。其次，设定沉降向下为正，水平位移与水平推力方向一致为正，桶体倾向水平推力所指侧的转角为正。最后，用设计高水位工况一组桶体所承受波压力合力最大值（$P_{pp} = 12048\text{kN}$）对静态水平荷载进行归一化，即用水平力变化用水平荷载比 P/P_{pp} 的大小来表征。下面以模型 M13 桶式基础防波堤承受水平荷载后的水平位移变化，来讨论介绍水平力作用下的桶式基础防波堤的性状特性。图 7.3-6 是模型 M13 桶式基础防波堤承受水平力后的测点处的水平位移变化过程曲线，随着水平力不断增大，开始阶段的水平位移发展较为平稳，即以一个较小的速率增大，这种情况一直持续到水平荷载比 P/P_{pp} 达到某个值。之后，水平位移以一个较大的速率随水平荷载比 P/P_{pp} 增大，这一变化使得曲线出现一个转折点。换言之，转折点前后水平位移的发展速率明显不同，转折点之后标志着桶式基础防波堤结构的位移发展进入了一个新的快速阶段，由此可见，转折点是稳定工作状态和非未定工作状态（极限状态）的分界点。这个转折点的水平荷载比 P/P_{pp} 约为 1.54，水平位移约为 192mm。

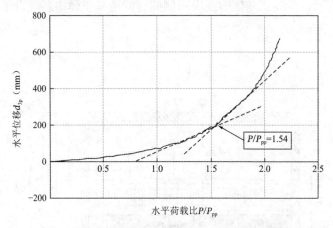

图 7.3-6　桶式基础防波堤水平位移随水平荷载比的变化过程曲线

图 7.3-7 是模型 M13 桶式基础承受水平力后的测点处沉降变化曲线。由图可见，在水平推力作用下，靠近推力作用一侧的测点处的实测沉降为负值，表示该处发生向上的竖向位移，并且曲线在水平荷载比 P/P_{pp} 达到 1.58 时出现一个明显的转折点，此转折点前后竖向位移发展速率明显不同。而测点 s 处的实测沉降较小，但在水平荷载比 P/P_{pp} 达到 1.58 后，此处实测沉降开始明显减小，继而由正值转为负值，即由原先的下沉转变为向上的竖向位移。转折点处两测点处沉降分别为 −79mm 和 13mm。

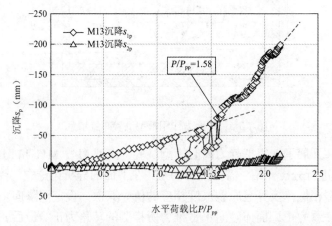

图 7.3-7　桶式基础防波堤沉降随水平荷载比的变化过程曲线

图 7.3-8 是模型 M13 桶式基础承受水平力后桶体转角变化曲线，同样，曲线上有明显

的转折点。这个转折点的水平荷载比P/P_{pp}仍为1.76，该转折点处转角达1.40°。

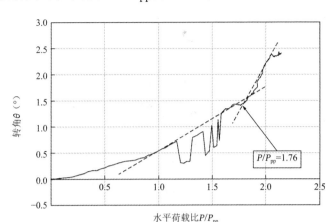

图7.3-8　桶式基础防波堤桶体转角随水平荷载比的变化过程曲线

综上所述，桶式基础承受水平力后，水平位移、沉降和转角发展变化曲线均出现的转折点，三个转折点处水平荷载比P/P_{pp}分别为1.54、1.58和1.76。这三个转折点对应的都是桶式基础防波堤结构在水平荷载作用下的三种极限使用状态，相应的荷载值即为其极限荷载。从模型M13试验结果得到桶式基础防波堤抵抗水平滑动、下沉和倾转的极限水平荷载能力分别为$1.54P_{pp}$、$1.58P_{pp}$和$1.76P_{pp}$其中，抵抗水平滑动的极限水平承载力最低，为$1.54P_{pp}$。按上述规范要求取得的容许水平承载力平均值为$1.1P_{pp}$。由此可见，设计高水位条件下作用于桶式基础防波堤上的波压力合力值，小于其容许水平承载力值。因此，防波堤是稳定安全的。

图7.3-9和图7.3-10是模型M13桶式基础防波堤结构承受水平力后的海侧和港侧土体中孔隙水压力测点的孔压增量变化曲线，由于扣除了施加水平荷载前的静水孔压值。因此，这里给出的是测点处的超静孔隙水压力。

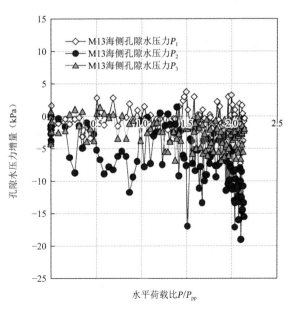

图7.3-9　海侧土体中孔压增量变化曲线

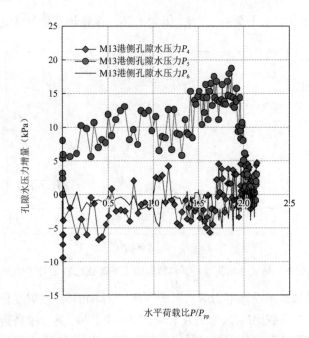

图 7.3-10　港侧土体中孔压增量变化曲线

从图 7.3-9 可见，在桶式基础防波堤结构承受水平荷载作用期间，埋设于海侧地基土体中的 3 只孔隙水压力传感器读数增量值为负。其中埋深 4m 的P_1和P_3，其增量变化幅值较小，在 $-5\sim0$kPa 之间，而埋深 8m 的P_2，其增量变化幅值最大，尤其在P/P_{pp}增大到 1.5 后，P_2增量值稳定在 $-10\sim-5$kPa 之间，而在P/P_{pp}增大到 1.9 后，P_2增量值介于在 $-16\sim-10$kPa 之间。

从图 7.3-10 可见，在桶式基础防波堤结构承受水平荷载作用期间，防波堤港侧地基土体中的孔隙水压力传感器P_4和P_6，它们分列于下桶椭圆端的两侧，P_4埋深 8m，P_6埋深 4m，与P_6相比P_4的增量变化幅值较大。它们起先都以负值为主，在P/P_{pp}增大至 $1.70\sim2.0$ 以后，以正值为主。P_5埋深 4m，但它正对于椭圆端埋设，其增量变化幅值最大，它一开始就上升至 5kPa，之后随P/P_{pp}增大，逐渐达到 10kPa，但在P/P_{pp}增大到 1.4 以后，P_5增量值猛增至 15kPa 左右，在$P/P_{pp} > 1.9$ 后，又猛然开始骤降，在P/P_{pp}达到 2.0 后回落至 0。

上述桶式基础防波堤两侧土体中的孔隙水压力的变化，实际上是其桶体承受水平荷载作用后挤压两侧地基土体，桶周围土体或压缩或伸长或剪切，以致出现孔压反应。而水平荷载作用传递主要靠下桶外壁和内隔板。因此，相同埋深条件下，土体越靠近下桶基础外壁，尤其正对于下桶椭圆端，其受到的影响越大，孔压反应越强烈。这就解释了正对于下桶椭圆端埋设的P_5孔压增量反应最为强烈这一现象。另外，与桶壁水平距离相同前提下，位置较深处土体因变形而产生的超静孔压不易消散，容易累积而显现出来，这就解释了P_4孔压增量变化比P_6强烈以及P_2孔压增量反应大两个现象。

4. 循环往复荷载作用下桶式基础防波堤的性状

利用循环波浪荷载模拟器，开展了一组循环往复模型试验（模型 M6），其模型布置和测点位置如图 7.3-11 所示，在模型达到设计加速度 80g后，分 6 种波浪力强度逐级在桶式基础防波堤的上桶两侧施加不对称波浪合力（$P_{ps}/P_{pp} = 0.7$），作用点高度与波浪合力作用点高度齐平，即距离地基泥面 72.5mm，这相对于原型中距离地基泥面 6.76m。整个试验所模拟的原型波浪荷载作用总历时达 43.6h。图 7.3-12 给出了波浪力强度P/P_{pp}随时间的过程曲线，这里波浪力强度定义为波浪力与设计波压力合力之比，即P/P_{pp}（设计波压力合力即波浪力峰值$P_{pp} = 12048kN$）。从图中可知，最后一阶段施加的波浪力强度最高，该阶段起始波浪力强度就达到 0.5，之后逐渐增大直至达到设计波浪力强度 1.0。这个阶段历时约为 8.5h，达到或接近设计波浪力强度的波浪作用时间占 3.5h。

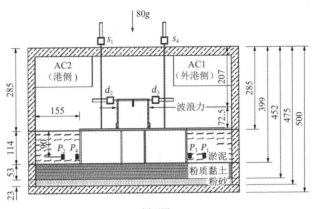

(a) 剖面图

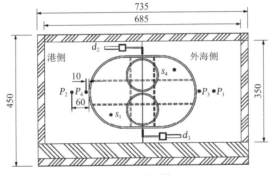

(b) 平面图

（s_1和s_4为竖向位移测点，d_2和d_3为水平位移测点，$P_1 \sim P_4$为孔压测点）

图 7.3-11　周期性波浪荷载作用模型布置图

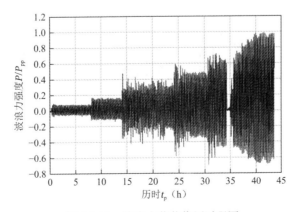

图 7.3-12　波浪力荷载作用时程图

首先讨论防波堤的沉降变形特性，从图 7.3-13 可以看到，桶式基础防波堤结构在循环往复波浪力作用下，结构上的港池侧竖向位移测点 s_1 和海侧竖向位移测点 s_4 的沉降读数随时间逐渐增大，并且在整个风浪作用期间位移增长速率几乎维持不变。在 43.5h 的风浪荷载作用结束后，这两个测点处发生的沉降量分别为 92mm 和 76mm。由于这两个竖向位移测点关于防波堤轴线成对称布置，故结构发生的平均沉降量为 84mm。从桶式基础防波堤结构所发生的沉降量和沉降随时间的增长速率看，遭受如此恶劣的波浪荷载作用后，防波堤结构仍是稳定的。

其次分析桶式基础防波堤结构在循环往复波浪力作用下的水平位移性状，变化曲线见图 7.3-14，因水平位移测点 d_2 激光位移传感器处光靶发生问题，图中仅给出水平位移测点 d_3 处读数变化情况。由于在桶式基础防波堤结构上施加了不对称的波浪力，波压力作用方向由外海侧指向港池侧，波吸力则由港池侧指向外海侧，因此，桶式基础防波堤结构水平位移指向港池侧，位移值为负。经过 43.5h 的风浪荷载作用，d_3 测点处发生的水平位移量为 28mm。

最后分析桶式基础防波堤结构在循环往复波浪力作用下的倾角位移性状，如图 7.3-15 所示。这里的倾角位移即转角 θ 是根据前面的竖向位移测点处的沉降差除以它们的剖面距离换算而来。由于桶式基础防波堤受风浪荷载作用引起的两侧沉降差较小。因此，结构发生的转角很小，且倾向港池侧，故转角位移为负值。经过 43.5h 的风浪荷载作用，桶式基础防波堤发生的转角位移量为 $-0.059°$。

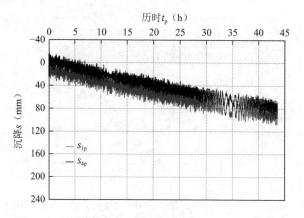

图 7.3-13 波浪作用期间防波堤结构沉降变化过程曲线

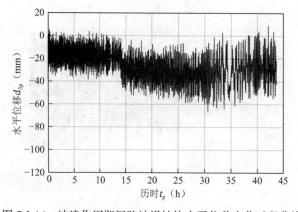

图 7.3-14 波浪作用期间防波堤结构水平位移变化过程曲线

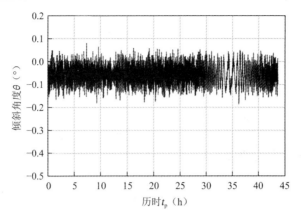

图 7.3-15 波浪作用期间上防波堤结构倾斜度变化过程曲线

波浪荷载的直接作用通过桶式基础防波堤结构的动态位移，将波浪力传递到桶壁周围土体中，让土体发生变形，使超静孔压积累上升，其结果导致软弱地基土层土体的模量和强度弱化，这一点已在以往的研究中得到证实。在本次动态模型试验前后，对地基土层的原位不排水强度均作了圆锥贯入强度试验，其试验结果见图 7.3-16。对比发现，波浪荷载作用 43.5h 后，地基土层自泥面向下约 8m 深度范围内不排水强度均出现了一定程度的衰减，即所谓的强度弱化。

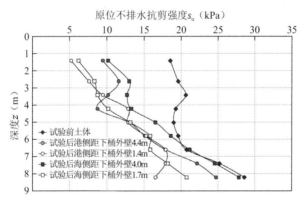

图 7.3-16 模型试验前后地基强度剖面分布图

5. 港侧回填过程中防波堤桶体受力特性研究

根据回填土料的类型，本工程最初提出了三种方案，即吹填淤泥回填方案①、袋装砂回填方案②和块石回填方案③，其中方案①又分为两种，即桶后回填淤泥方案①$_1$和桶内桶后回填淤泥方案①$_2$。随着回填离心模型试验的进程推进，研究方案进行了调整，主要模拟了前两种方案。围绕吹填淤泥回填方案①，完成三组模型试验后，发现无论是桶后回填淤泥方案①$_1$，还是桶内桶后回填淤泥方案①$_2$，桶式基础防波堤结构都向港侧倾转，且向海侧发生了显著的水平位移。故在模拟袋装砂回填方案②时，将下桶嵌入粉质黏土层的深度由原先的 0.05m 增加至 1.00m。港侧回填试验方案见表 7.3-1。每种回填方案中，回填体高度均为 12m，分三层回填，每层厚度 4m。对于吹填淤泥方案，为了使所吹填淤泥达到一定的设计强度，级与级之间留有一段时间间隔。

编号	回填方案	入粉黏层深度（m）	重度（kN/m³）	含水率（%）	黏聚力（kPa）	摩擦角（°）	模型
①₁	桶后吹填淤泥	0.05	13～14.5	110～200	0～5	0～0.5	M7、M8
①₂	桶后桶内吹填淤泥	0.05	13～14.5	110～200	0～5	0～0.5	M9
②	桶后回填袋装砂	1.00	16.0～16.5		0.0	25.0	M10

所模拟的回填方案一览表　　　　表 7.3-1

图 7.3-17 中分别给出了桶后吹填了第一层淤泥后桶体结构的转角、上桶水平位移和顶面沉降的变化情况。结果发现，桶体海侧和港侧发生的沉降均匀，数值较小约 60mm，因此，发生的转角很小。其次，上桶结构向港侧水平位移，故数值为负，但位移量很小，仅5mm。上述位移性状与此阶段吹填土体高度较小有关。

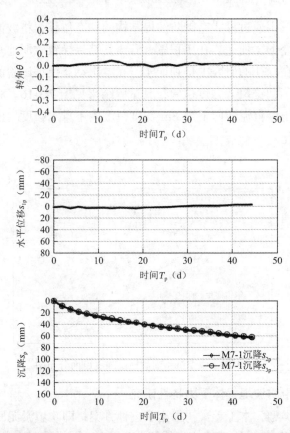

图 7.3-17　桶后吹填第一层淤泥后桶式基础防波堤结构位移及回填体沉降过程曲线

图 7.3-18 中分别给出了桶后吹填了第二层淤泥后桶体结构的转角、上桶水平位移和顶面沉降的变化情况。结果发现，桶体海侧和港侧发生的沉降仍很均匀，数值较小约 60mm。同时，发生的转角也很小。但吹填第二层后上桶结构的水平位移则由港侧转向海侧，故数值为正，位移量约 40mm。桶体结构发生向海侧的水平位移，表明两层吹填土体对上桶产生了较大的水平推力。这水平推力就是吹填土体作用于上桶的土压力，由于吹填淤泥含水量在 110%～200% 之间，内摩擦角很小，故侧向土压力系数接近 1.0，作用于上桶侧壁的土压力十分明显。

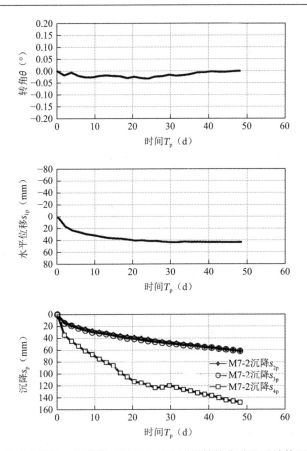

图 7.3-18 桶后吹填第二层淤泥后桶式基础防波堤结构位移及回填体沉降过程曲线

图 7.3-19 中分别给出了桶后吹填了第三层淤泥后桶体结构的转角、上桶水平位移和顶面沉降的变化情况。结果发现，在吹填第三层淤泥过程中，桶体桶体突然向海侧发生了非常大的水平位移，以至于吹填淤泥层顶面也发生骤然沉降。这表明，桶体结构发生了失稳。另外，桶体失稳过程中发生的转角为负值，表明桶体向港侧倾斜。

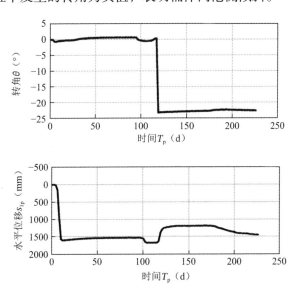

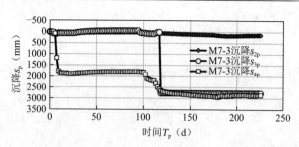

图 7.3-19　桶后吹填第三层淤泥后桶式基础防波堤结构位移及回填体沉降过程曲线

　　综上所述，由于吹填淤泥含水量高，处于流塑状，侧向土压力系数接近 1.0，随着吹填土层高度的增加，作用于上桶侧壁的土压力随之迅速增大，桶体水平位移发展迅猛。在吹填至第三层的过程中，桶体结构发生了水平失稳，但其倾斜姿态向着港侧。模型 M8 的试验结果与模型 M7 大体相仿：吹填第一层淤泥后，桶体向港池水平位移，但在吹填第二层淤泥后，桶体转向海侧水平位移，继续吹填第三层淤泥，因向海侧的水平位移过大而发生失稳，这里不再赘述。

　　图 7.3-20 中分别给出了桶后桶内吹填了第一层淤泥后桶体结构的转角、上桶水平位移和顶面沉降发展曲线。结果发现，桶式基础防波堤上桶出现向海侧水平位移，但数值不大仅 8mm 左右，但桶体海侧和港侧发生的沉降不均匀，即港侧沉降明显大于海侧沉降，以至于桶身向港侧倾转，转角值达 0.8°。另外发现，吹填淤泥泥面沉降显著，接近 400mm。

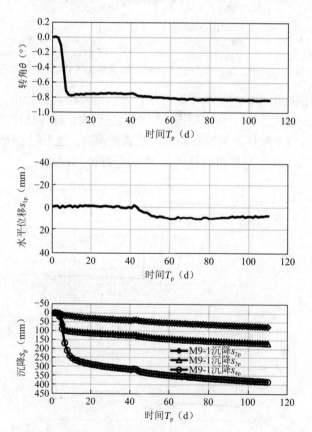

图 7.3-20　吹填第一层淤泥后桶式基础防波堤结构位移及回填体沉降过程曲线

桶后桶内吹填第二层淤泥时细分两小级，第一小级由原先 4m 吹填至 6.5m，间隔约 1 个月后吹填第二小级，回填土体由 6.5m 增高至 8.0m，之后留有 2 个月时间让吹填土体固结以提高强度。这期间桶式基础防波堤位移变形和回填土表面沉降反应见图 7.3-20。从图中看到，该桶体结构在第一小级的吹填淤泥后，桶体继续向港侧倾转，转角值为负，但转角数值陡增，该级吹填结束时转角达 −1.0° 多。在第二小级淤泥吹填后，桶体继续向港侧倾转，但转角数值发展不多，基本趋于稳定。

图 7.3-21 中水平位移反应曲线显示，在第一小级淤泥吹填后，上桶继续向海侧位移，该级吹填结束时水平位移量约 13mm，间隔期结束时达 18mm。但在第二小级淤泥吹填后，上桶向海侧的水平位移一直在发展，该级吹填结束时水平位移量约 60mm，之后 2 个月间隔期结束时水平位移仍未恒定，但已达 87mm，随时间仍在缓慢增大。

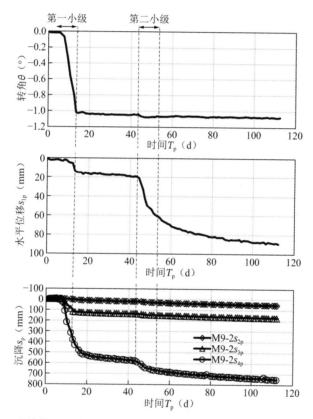

图 7.3-21 吹填第二层淤泥后桶式基础防波堤结构位移及回填体沉降过程曲线

桶后桶内吹填第二层淤泥后，无论是桶式防波堤结构的转角值，还是向海侧的水平位移量，都非常大，并且水平位移发展尚未稳定，因此，可以说，防波堤结构处于稳与失稳临界点。

桶后桶内吹填第三层淤泥仍分两小级回填，第一小级由原先 8m 吹填至 10.5m，间隔约 45 天后吹填第二小级，回填土体高度由 10.5m 增高至 12.0m 的设计高度。图 7.3-22 给出了回填体高度增长变化曲线和这期间桶式基础防波堤结构位移和回填土表面沉降反应变化曲线。从图中看到，在第一小级淤泥层吹填后，桶式基础防波堤结构继续向港侧倾转，转角为负值，并且在第一小级吹填过程中，倾角变化很大。从图中水平位移曲线看，上桶继续向海侧水平位移，第一小级淤泥层吹填后引起的水平位移变化约 24mm。与此同时，该小层淤泥回填后，上桶顶面海侧沉降量较小约 5mm，而港侧沉降量较大约 130mm，由于海侧与港侧差异沉降较大，造成防波堤结构明显的倾转。

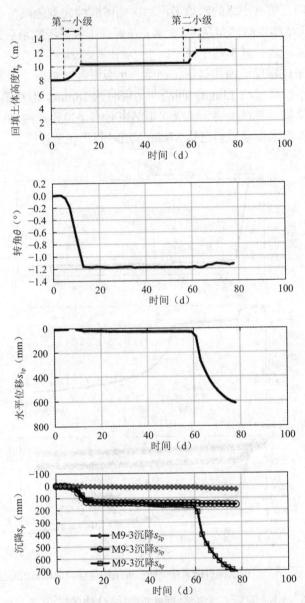

图 7.3-22　吹填第三层淤泥后桶式基础防波堤结构位移及回填体沉降过程曲线

在桶后回填第一层袋装砂及之后 100d 期间，桶式基础防波堤结构位移及回填体表面沉降变化见图 7.3-23。首先从图中可见，在第一层袋装砂荷载作用下，起先发生的转角值为正，之后很快变为负值，即桶体结构还是倾向港侧，并且转角值不大，100d 时约 0.1°。其次，桶体水平位移开始指向港侧，之后又指向海侧，但最终调整后，仍指向港侧，并且水平位移量不大约 5mm。最后，桶体结构两侧沉降发展均匀，港侧沉降量比海侧沉降量稍大约 47mm；桶后回填袋装砂表面沉降随时间平缓发展，100d 时接近 200mm，并且沉降发展速率近乎不变。上述桶式基础防波堤结构位移性状不仅与地基淤泥层土体及桶后回填体性质密不可分，而且与桶式基础下桶底所在的粉质黏土层土体承载特性密切相关。

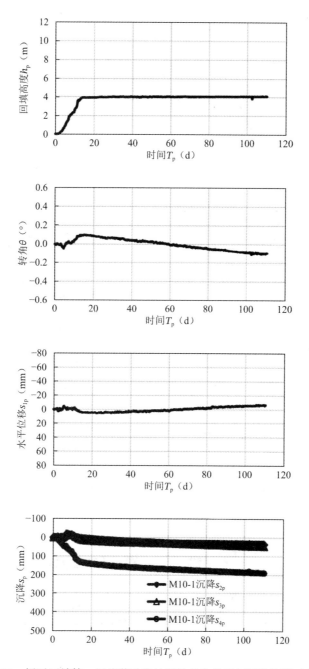

图 7.3-23　桶后回填第一层袋装砂防波堤结构位移及回填体沉降过程曲线

在桶后回填第二层袋装砂及之后 95d 期间，桶式基础防波堤结构位移性状及回填体表面沉降变化如图 7.3-24 所示。首先从图中可以看到，在两层袋装砂荷载作用下，桶体结构继续向港侧倾斜，第二层回填后 95d 时，转角值约 0.24°。其次，桶体水平位移也继续指向港侧，但水平位移量不大，95d 时约 15mm。最后，桶体结构两侧沉降继续发展均匀，两测点沉降量分别为 12mm 和 38mm，即仍然是港侧沉降量比海侧沉降量大。同时，桶后回填袋装砂表面沉降随时间平缓发展，95d 时约 220mm，并且沉降发展速率平稳不变。从桶式基础防波堤结构在桶后回填第二层袋装砂后的位移性状及回填体沉降性状看，桶式基础防波堤结构相当稳定。

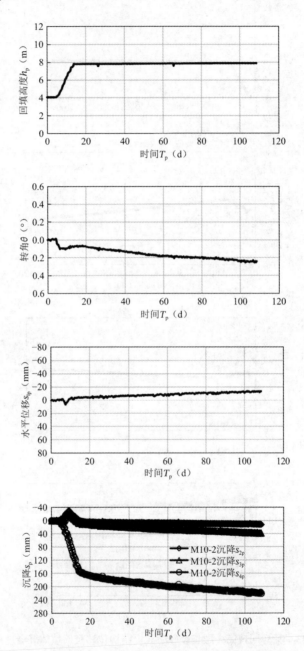

图 7.3-24　桶后回填第二层袋装砂防波堤结构位移和回填体沉降过程曲线

在桶后回填第三层袋装砂及之后，桶式基础防波堤结构位移性状及回填体表面沉降变化见图 7.3-25。首先从图中可以看到，在三层袋装砂回填土体荷载作用下，桶体结构继续向港侧倾斜，第三层回填竣工后 92d 时，转角值约 0.30°，超载后 43d，转角值约 0.34°，此转角值仍在安全范围内。其次，上桶桶体水平位移继续指向港侧，但测点处水平位移量不大，回填竣工后 92d 时约 10mm，超载后数值略微变小，即稍稍向海侧位移。最后，桶体结构两侧沉降在回填土体高度增加过程中增加较多，之后随着时间平稳发展，港侧沉降量比海侧沉降量大。两测点处在第三层回填竣工后 92d 时沉降量分别为 24mm 和 59mm。超填后两侧沉降又有新的增长，超填竣工后 43d 两测点处沉降量分别达 50mm 和 88mm。这阶段桶后回填袋装砂表面沉降也表现出相似发展规律，只是数值较大。第三层回填竣工后 92d 时表面沉降测点处的沉降量 430mm，超填后沉降值达 580mm。回填第三层袋装砂和超填 1.8m 后，回填体表面出现了较大沉降量。

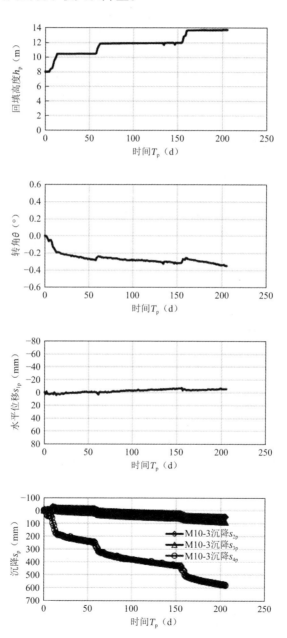

图 7.3-25 桶后回填第三层袋装砂防波堤结构位移和回填泥面沉降过程曲线

7.3.2 桶式基础防波堤数值仿真技术

1. 桶式基础防波堤数值模拟计算参数确定

防波堤结构由上、下桶与下桶肋板构成，都为钢筋混凝土结构。计算时采用线弹性模型来模拟混凝土的应力-应变关系。钢筋混凝土线弹性模型参数有两个，分别为杨氏模量E和泊松比μ，按常规计算杨氏模量$E = 30$GPa，泊松比$\mu = 0.167$。

为了获得徐圩港区防波堤地基土体的弹塑性本构模型参数，在工程现场采用薄壁取土器钻探取原状土样，进行了四组三轴固结排水试验。根据三轴剪切试验所测得的主应力差与轴向应变、体应变与轴向应变之间的关系曲线，可整理出土料在不同试验条件下的强度特性指标，同时也可求出试样南水模型与邓肯-张模型中的相关参数，具体步骤省略。表7.3-2～表7.3-4列出了连云港徐圩港区典型土层的南水模型与邓肯-张模型参数。表中c为黏聚力；φ_0为内摩擦角；$\Delta\varphi$为内摩擦角变化量；R_f为破坏比；K为模量；K_b、m、n、G、F为试验常数；D为斜率；C_d为最大收缩体应变；n_d为幂函数；R_d为剪胀比。

连云港徐圩港区防波堤地基土邓肯-张（E-μ）模型参数表　　　　　　表7.3-2

土样名称	c（kPa）	φ_0（°）	K	n	R_f	G	F	D
淤泥	3	24.8	23.0	0.87	0.87	0.05	0.08	5.55
粉质黏土	2	30.0	67.5	0.70	0.70	0.22	0.19	4.55

连云港徐圩港区防波堤地基土邓肯-张（E-B）模型参数表　　　　　　表7.3-3

土样名称	φ_0（°）	$\Delta\varphi$（°）	K	n	R_f	K_b	m
淤泥	27.2	1.48	23.0	0.87	0.87	6.8	0.78
粉质黏土	31.5	3.40	67.5	0.7	0.70	18.4	0.66

连云港徐圩港区防波堤地基土南水模型参数表　　　　　　表7.3-4

土样名称	φ_0（°）	$\Delta\varphi$（°）	K	n	R_f	C_d	n_d	R_d
淤泥	27.2	1.48	23.0	0.87	0.87	0.0830	0.133	0.53
粉质黏土	31.5	3.40	67.5	0.70	0.70	0.0383	0.35	0.73

地基土体的初始侧压力系数K_0是一个非常重要的参数，它一方面决定了防波堤结构下桶与地基之间摩擦力的大小，另一方面作为土体的水平抗力对结构的变形与整体稳定性起决定性的作用。本计算过程中，K_0通过下式计算：

$$K_0 = 1 - \sin\varphi \tag{7.3-1}$$

式中：φ——土体的内摩擦角。对于淤泥层，$\varphi = 2.3°$，$K_0 = 0.96$；对于粉质黏土层，$\varphi = 11.5°$，$K_0 = 0.8$。

地基土体与防波堤上下桶结构接触面的摩擦系数通过离心模型试验获得，根据离心模型试验结果，得到结构与土体之间摩擦系数的范围。离心试验得到的摩擦系数为0.12～0.14，计算采用的摩擦系数取0.115。

2. 桶式基础防波堤三维有限元框架的建立

连云港港徐圩港区防波堤属于典型的土与结构相互作用问题，需要采用有限元增量法计算。在建立有限元分析模型时做如下假设：①不考虑由于结构施工对土体性质的影响；②同一层内土体视为均质各向同性材料；③数值计算不考虑地震等动力荷载的影响；④数值计算没有考虑土体的流变特性。

考虑计算的边界效应，分别以一组桶式结构（一个下桶和两个上桶）和三组桶式结构为研究对象，建立如图 7.3-26 和图 7.3-27 所示的两个三维有限元分析模型。

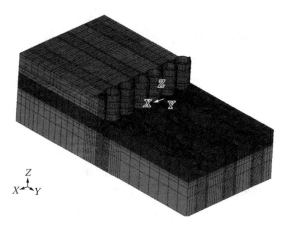

图 7.3-26　三桶模型

三桶模型（模型一）选取范围：为消除边界效应，选取三个桶式结构段作为研究对象，X轴方向为防波堤轴线方向，跨度为 60m（三个桶的宽度）；Y轴方向为垂直防波堤轴线方向，Y轴正向指向海侧，负向指向港侧，从防波堤结构两侧边缘向海侧和陆侧各延伸 50m，Y轴方向宽度 100m；Z轴方向为竖直方向，模型底部取到 −35m 高程，下桶桶底一下土层厚度为 21m。模型底部施加三个方向约束，周围施加法向约束。单桶模型（模型二）选取范围：计算模型平面尺寸为 130m × 20m，深度为 30m。模型边界条件为模型前后面在Y轴方向约束（$UU_{yy} = 0$），左右面在X轴方向约束（$UU_{mm} = 0$），型底部为固定边界（$UU_{zz} = 0$），顶部为自由边界。

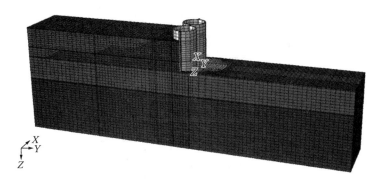

图 7.3-27　单桶模型

地基模型是一个长方体，模拟过程中不考虑土层的空间变化，针对不同性质的土层，采用三维实体单元模拟（C3D8）模拟，土体的应力-应变关系采用南水双屈服面土体本构模型。连云港徐圩港区桶式防波堤结构由上、下桶体（下桶体带肋板）组成，均为钢筋混凝土材料，采用线弹性实体单元模拟（C3D8），材料的本构模型采用 ABAQUS 自带的线弹性模型。该单元不仅可以考虑结构的变形和弯曲，而且还能获得结构的应力及弯矩。

对于桶式基础防波堤，存在大量的接触问题，如下桶内外两侧表面和地基土体的接触，肋板两侧表面和地基土体的接触，下桶顶部内侧表面与地基土体的接触，下桶底部表面与地基土体的接触，肋板底部表面与地基土体的接触，上桶港侧表面与回填土体的接触，以及上、下桶的连接问题。本研究中，除上、下桶的连接采用"绑定"的方法外，其他接触均采用的"接触对"方法。

桩与土之间切向设置为小滑移接触，法向为硬接触，而切线方向设置最大摩擦力。当切向摩擦力小于最大摩擦力时，此时为静摩擦，当大于最大摩擦力时，转为滑动摩擦。设置"接触对"时结构都为主面，土体均为从面，主面可以穿透到从面内，但是从面不能穿透到主面中。这样当下桶沉入土体中时，下桶与肋板侧表面受到的切向力为摩擦力，切向力为地基土体作用在结构上的静止土压力。

本工程重点关注两个主要工况，即防波堤在波浪荷载作用下的变形与整体稳定性，以及防波堤在港侧回填条件下的整体稳定性。其中，回填又分为回填淤泥和部分回填砂两种情况，每种回填又分为四种水位，即：极端高水位、设计高水位、设计低水位和极端低水位。为了便于比较，对一些重要工况分别采用南水模型和弹性模型进行计算，采用弹性模型进行了 7 种工况的计算，如表 7.3-5 所示，采用南水模型进行计算的工况如表 7.3-6 所示。此外，针对各种工况，还进行了单桶模型与三桶模型的比较。

弹性模型计算工况 表 7.3-5

工况	回填材料	水位	浪压力
工况 1		极端低水位	无
工况 2	回填淤泥	极端高水位	无
工况 3		极端高水位	有
工况 4		极端低水位	无
工况 5	回填砂 + 淤泥	极端高水位	无
工况 6		极端高水位	有
工况 7	无回填	极端高水位	有

南水模型计算工况 表 7.3-6

工况	回填材料	水位	浪压力
工况 1		极端低水位	无
工况 2		设计低水位	无
工况 3	回填淤泥	设计高水位	无
工况 4		极端高水位	无
工况 5		极端高水位	有
工况 6	回填砂 + 淤泥	极端低水位	无

续表

工况	回填材料	水位	浪压力
工况 7	回填砂 + 淤泥	设计低水位	无
工况 8		设计高水位	无
工况 9		极端高水位	无
工况 10		极端高水位	有
工况 11	无回填	极端高水位	有

3. 桶式基础防波堤三维有限元计算结果

图 7.3-28 和图 7.3-29 为防波堤施工后在波浪荷载作用下整体的竖向和水平向位移分布云图，整体最大和最小竖向位移发生在结构上，最大水平位移也发生在结构上。

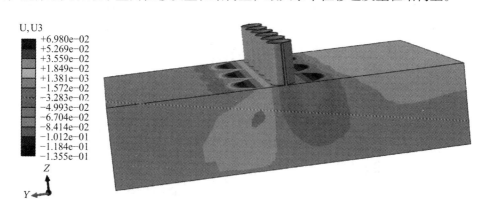

图 7.3-28　波浪荷载作用下整体的竖向位移分布云图（单位：m）

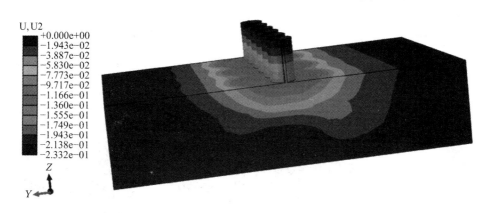

图 7.3-29　波浪荷载作用下整体的水平位移分布云图（单位：m）

图 7.3-30 和图 7.3-31 为防波堤施工后在波浪荷载作用下结构的竖向和水平向位移分布云图，最大竖向位移为 13.4cm，方向向下，发生在下桶港侧边缘位置，最小竖向位移为 6.8cm，方向向上，发生在下桶海侧边缘位置；最大水平位移为 23.3cm，发生在结构顶部位置，指向港侧，最小水平位移为 5.8cm，发生在结构底部，指向港侧。在浪压力作用下，结

构整体向港侧移动，并向港侧倾斜 0.386°。

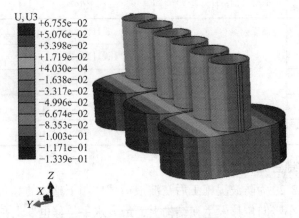

图 7.3-30　波浪荷载作用下结构的竖向位移分布云图（单位：m）

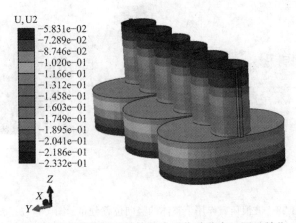

图 7.3-31　波浪荷载作用下结构的水平位移分布云图（单位：m）

图 7.3-32 和图 7.3-33 为极限低水位情况下港侧吹填淤泥后整体的竖向和水平向位移分布云图，防波堤整体的最大沉降量为 56.96cm，发生在吹填侧土体内部，整体最大水平位移为 21.3cm，方向指向海侧，发生在防波堤下桶港侧土体内部。

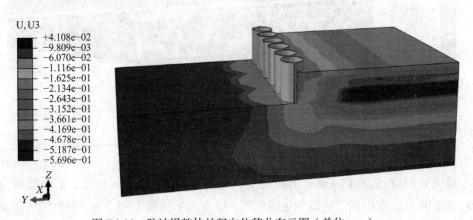

图 7.3-32　防波堤整体的竖向位移分布云图（单位：m）

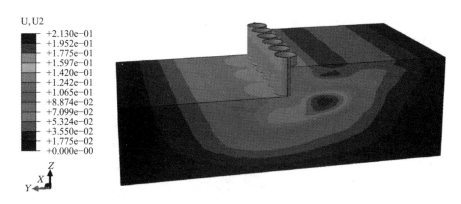

图 7.3-33   防波堤整体的水平位移分布云图（单位：m）

图 7.3-34 和图 7.3-35 为极端低水位情况下港侧吹填淤泥后结构的竖向和水平向位移分布云图，结构最大竖向位移为 18.6cm，发生在下桶港侧边缘位置，最小竖向位移分别为 6.3cm，发生在下桶海侧边缘位置；最大水平位移为 16.7cm，发生在下桶底部位置，指向海侧，最小水平位移分别为 6.9cm，发生在结构顶部位置，指向海侧，结构整体向海侧移动，并向港侧倾斜 0.235°。

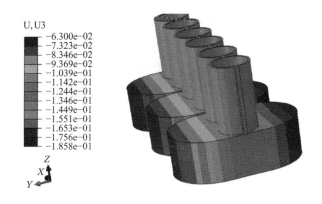

图 7.3-34   防波堤结构的竖向位移分布云图（单位：m）

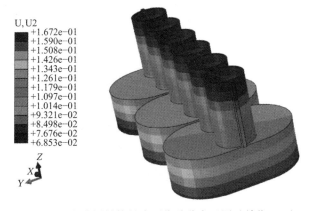

图 7.3-35   防波堤结构的水平位移分布云图（单位：m）

图 7.3-36 和图 7.3-37 为极端低水位情况下港侧吹填淤泥后防波堤结构下桶第一和第三

主应力分布云图，最大主应力出现在下桶底部肋板交会位置，该处为应力集中点，最大拉应力为 10.6MPa，最大压应力为 9.6MPa。

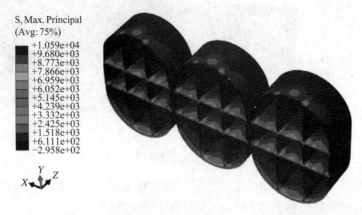

图 7.3-36　防波堤结构下桶第一主应力分布云图（单位：kPa）

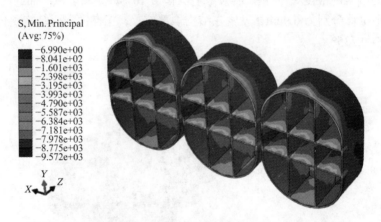

图 7.3-37　防波堤结构下桶第三主应力分布云图（单位：kPa）

　　图 7.3-38 和图 7.3-39 为极端低水位情况下港侧吹填淤泥后防波堤结构上桶第一和第三主应力分布云图，由图可看出，上桶最大拉应力为 4.6MPa，发生在上桶底部与港侧下桶顶板连接位置；最大压应力为 5.4MPa，发生在上桶底部与海侧下桶顶板连接位置。

图 7.3-38　防波堤结构上桶第一主应力分布云图（单位：kPa）

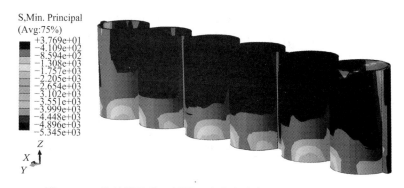

图 7.3-39　防波堤结构上桶第三主应力分布云图（单位：kPa）

图 7.3-40 为极端低水位情况下港侧吹填淤泥后地基土体剪应力分布云图，下桶底部绝大部分土体的剪应力在 46kPa 以下。

图 7.3-40　地基土体剪应力分布云图（单位：kPa）

通过对各种工况的计算结果整理分析，得出如下结论：

（1）两种回填方案在极限低水位情况下，均为最危险工况，此时结构的差异沉降和位移均最大，在该工况下结构可保持稳定，不会发生失稳破坏。

（2）随着水位升高，结构的竖向位移和水平位移均在减小，结构的偏转角度也在减小。

（3）港侧吹填淤泥情况下，结构均向海侧移动，向港侧倾斜。

（4）港侧回填袋装砂情况下，结构底部向海侧移动，顶部向港侧移动，整体向港侧倾斜。

（5）回填后在浪压力作用下，结构较回填后工况向港侧移动，结构向港侧倾斜，且偏转量有明显增加；回填后在浪吸力作用下，结构向海侧的移动量略有增加，偏转量减小。

（6）防波堤施工后，在未回填情况下，结构承受浪压力作用，结构整体向港侧移动，向港侧倾斜。

4. 桶式基础防波堤结构与土相互作用机理分析

为了进一步认识桶式基础防波堤结构与土相互作用机理，选取典型工况，对防波堤结构典型部位的土压力、摩擦力分布特性以及变形特性进行整理分析，深入认识该结构与基础土体相互作用的力学机理，为结构设计以及运行管理提供科学依据。

多组单桶多隔舱结构防波堤在下沉施工后相互连接，形成防波堤的直立堤部分。结构的上桶共同形成防波堤挡浪结构，而下桶插入淤泥软土层并坐于硬土层上，利用桶壁和隔舱周边软土的相互作用能力共同承担其上部所传递的波浪荷载，保证结构的抗滑和抗倾覆稳定性。因此，波浪荷载是影响单桶多隔舱结构防波堤变位的重要因素之一。

为了更好地研究波浪荷载作用下单桶多隔舱结构防波堤与地基的相互作用，本书对建好的模型施加不同级别的波浪荷载，得到各级波浪荷载作用下结构与地基的变位特点。绘制出最大变形点水平和竖向位移随各级波浪荷载的变化曲线，并计算出结构倾角随各级波浪荷载的变化曲线，如图 7.3-41～图 7.3-43 所示。

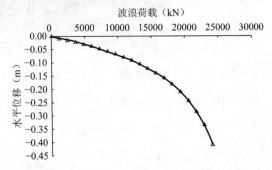

图 7.3-41　最大变形点水平位移随波浪荷载变化曲线

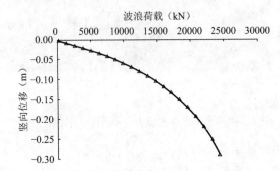

图 7.3-42　最大变形点竖向位移随波浪荷载变化曲线

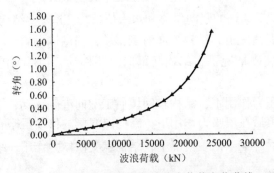

图 7.3-43　构防波堤倾角随波浪荷载变化曲线

由图 7.3-41 可以看出由南水本构模型计算得到的曲线在波浪力加载值比较小的情况下大致为线性，随着波浪荷载的增大，出现非线性段，同时曲线随着波浪荷载的增加越来越陡，南水本构模型能很好地反映土体的性质。当作用的波浪力值继续增大，进入屈服的土体单元增多，土体的塑性区逐渐扩展。由于在土体单元进入完全屈服状态时，土体单元应力值不再增加，变形幅度加快，从而使整个结构的波浪力-变位曲线出现明显的非线性拐点。从图中南水模型计算所得的波浪力-变位位移曲线图可以看出当波浪荷载达到近 2×10^4kN

时土体才完全进入屈服阶段。

目前，桶式基础防波堤失稳判别标准，包括：地基极限承载力判别标准、荷载-位移曲线判别标准、位移控制判别标准等。苏联 1986 年出版的《有关大直径薄壳码头建筑物计算与设计的方法建议》中提出了码头建筑物变位控制值，水平位移、垂直位移以及转动变位的控制值分别取为 8cm、20cm 和 0.46°。长江口深水航道治理工程大圆筒结构试验段工程的设计中参照此规定，圆筒结构整体稳定按筒体倾斜角变位不大于 0.3°左右来控制，泥面处的最大变位控制在 10cm 以内。把结构的极限控制变位作为结构整体稳定的判别标准具有很强的直观性，在设计波浪值作用下结构发生的变形和位移小于允许值，则结构是处于稳定的。当采用这种基于允许变位值作为失稳判别标准时，由图 7.3-41 可以看出水平位移达到 10cm 时所对应的结构极限承载波浪力为 1.25×10^4kN；由图 7.3-42 可以看出竖向位移达到 20cm 时所对应的结构极限承载波浪力为 1.98×10^4kN；由图 7.3-43 可以看出当桶体倾角达到 0.3°时所对应的结构极限承载波浪力为 1.2×10^4kN。取三个控制值对应的最小值，得极限承载波浪力为 1.2×10^4kN。虽然根据工程允许变位的判别标准得到的波浪力只有 12000kN，但实际上当波浪力继续增大时，桶体结构整体上仍然是稳定的。

沉入式单桶多隔舱结构防波堤在水平波浪力作用下的运动主要为X-Z平面内的平动和转动，具有三个自由度U_1、U_3和U_{R3}。由于淤泥的超静孔隙水压力很难消散，固结十分缓慢，在运营期间产生的U_3非常的小。因此波浪荷载作用下沉入式单桶多隔舱结构防波堤的变位主要由U_1和U_{R3}组成。另外，由于结构的对称性，转动U_{R3}的转动点基本在中心轴线上。如图 7.3-44 所示，把单桶多隔舱结构防波堤的变位分解为一个整体水平向变位U和绕桶体中心轴线上一点（倾覆转动中心O）的转动θ。这样整个结构的变位都可以由水平变位U和转角θ来确定，其中转点O位置的确定是关键。转动点位置的确定是进行结构的稳定性分析的必要条件。本文据此提出一种结合有限元数值计算确定单桶多隔舱结构防波堤转动中心O的方法。

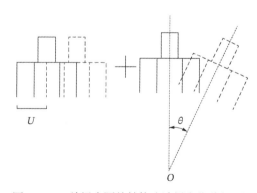

图 7.3-44 单桶多隔舱结构防波堤变位分解图

图 7.3-45 为结构转动点位置计算示意图。根据有限元计算结果分别输出变位控制点的位移U_{Ax1}、U_{Az1}和$U_{A'z1}$，可据此得出转动点在下桶顶板中心点以下距离H的计算公式：

$$H = \sqrt{\frac{U_{Ax1}^2 + U_{Az1}^2}{2 - 2\sqrt{(1 - [(U_{A'z1} - U_{Az1})/L_{AA'}])^2}}} \qquad (7.3\text{-}2)$$

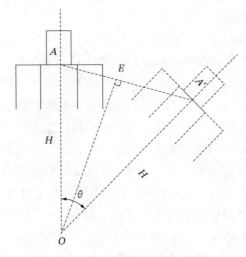

图 7.3-45 转动点位置计算示意图

求出不同波浪荷载作用下转动点所处的深度，如图 7.3-46 所示。从图中可以看出，随着波浪荷载的增加转动点 O 的位置曲线为开口向下的抛物线型，分为递增和递减两个阶段。在波浪力从 0 增加到 7.3×10^3kN 的过程中，转点 O 的位置从泥面以下 18.23m 降低到泥面以下 19.61m，呈非线性增长，并且增长趋势逐渐变缓。在波浪力从 7.3×10^3kN 增加到 2.41×10^4kN 的过程中，波浪力-转点所处的深度曲线基本为线性分布，并且随着波浪力的增加，转点的位置逐渐升高，在波浪力为 2.41×10^4kN 时，转点所处深度在泥面下 15.7m，距离桶体底部只有 4.7m。这种规律也充分说明了，在波浪荷载较小的时候单桶多隔舱结构防波堤转动中心位于桶底之下较深处，桶体的嵌固作用没有完全体现，桶体的位移形式以沿波浪方向的平动为主；在波浪力较大的时候，结构转动中心慢慢提高，桶体的嵌固作用得到充分的体现，此时单桶多隔舱结构防波堤的破坏形式以倾覆转动为主。

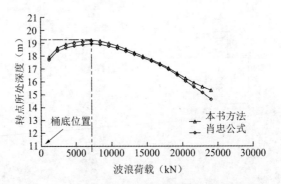

图 7.3-46 转点所处的深度随波浪荷载变化曲线

为分析土压力在桶壁上的分布模式，由于桶体结构关于长轴对称，取桶体长轴方向一半的桶壁进行分析，如图 7.3-47 所示。从海侧到港侧，沿桶壁取 5 个竖向断面 S_1-S_5 进行分析，桶壁土压力的分布规律关键是桶体两端圆弧段的土压力，因此，在海侧圆弧段取 A_1-A_5、在港侧圆弧段取 P_1-P_5 进行分析。波浪设计荷载采用 50 年一遇的与波浪合力等效的集中荷载 P_{pp}，模型中实际加载 P，定义荷载水平为 P/P_{pp}。针对不同荷载水平下防波堤结构桶侧土压力分布特性进行整理分析。

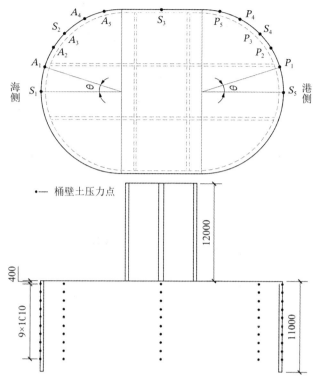

图 7.3-47 桶壁土压力分析点

不同荷载水平下，S_1-S_5桶壁土压力随深度变化如图 7.3-48 所示。图中，e_a、e_0、e_p分别表示主动土压力、静止土压力与被动土压力。由图 7.3-48 可以看出，不同荷载水平下，桶壁土压力沿深度基本上是分段线性分布，桶壁顶部约 1m 范围内土压力变化不稳定，1～9m 范围内桶壁土压力斜率与静止土压力非常接近，在底部海侧圆弧段与侧面直壁段桶壁土压力相对减小，港侧相对增大。

桶壁土压力的变化与土体特性、桶体自身特性及桶体变位方式有关。软土地基上，带隔墙的桶体整体刚度很大，相对于土体，其自身变形可以忽略，同时软土地基土体变形性能好，能随桶体位移发生同步变形，因此很大范围内桶壁土压力是线性分布。在水平荷载作用下，桶体发生转动，顶部土体与桶壁脱离，因此桶壁顶部土压力变化不稳定，而在底部海侧圆弧段桶壁和部分直壁段桶壁与土体也发生脱离，海侧底部土压力相对减小，在港侧桶壁在平动与转动作用下，进一步挤压土体，港侧底部土压力相对增大。

图 7.3-47 中可以看出，海侧圆弧段桶壁上S_1、S_2位于主动区，直壁段桶壁上S_3基本位于静止土压力区，港侧圆弧段桶壁上S_4、S_5位于被动区。桶壁的土压力分布方式从桶体转动中心也可以看出，如图 7.3-48 所示，不同荷载水平下，桶体转动中心均在桶体下部，因此，桶体两端圆弧段上桶壁土压力均为单一土压力状态。

另外，图中也可看出，当$P/P_{pp} = 1.45$ 时，海侧圆弧段顶端S_1处已基本达到主动土压力状态，而在被动侧，当$P/P_{pp} = 1.81$ 时，圆弧段顶端S_5处桶壁土压力才到被动土压力状态，这与桶体的极限承载力的荷载水平比较接近。

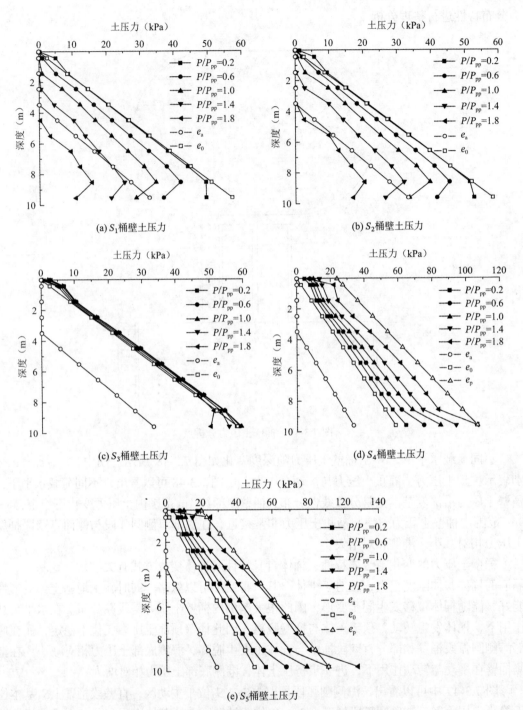

图 7.3-48　不同荷载水平下 $S_1 \sim S_5$ 桶壁土压力沿竖向分布

　　桶壁土压力沿环向分布特性，取主动侧的 A_1-A_5、被动侧的 P_1-P_3 进行分析，如图 7.3-49 所示。可以看出，当 $P/P_{pp} < 1.0$ 时，沿圆弧段主动侧桶壁土压力与 $\cos\theta$ 之间呈近似线性关系，当 $P/P_{pp} \geqslant 1.0$ 时，桶壁土压力与 $\cos\theta$ 之间逐渐呈非线性关系，而且桶壁下部首先出现非线性关系，随荷载水平增加，这种非线性关系逐渐向桶壁中上部

扩展。

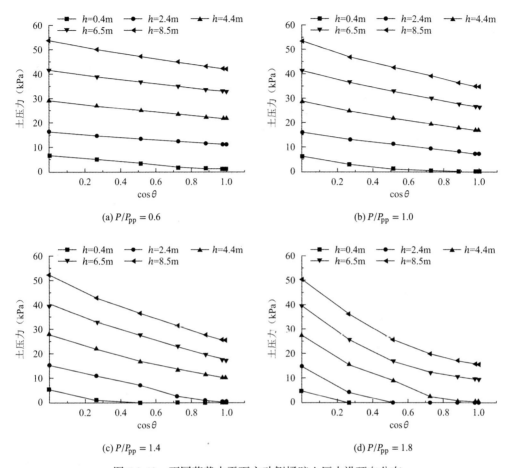

(a) $P/P_{pp} = 0.6$

(b) $P/P_{pp} = 1.0$

(c) $P/P_{pp} = 1.4$

(d) $P/P_{pp} = 1.8$

图 7.3-49 不同荷载水平下主动侧桶壁土压力沿环向分布

与主动侧圆弧段桶壁土压力分布类似，从图 7.3-50 中可以看出，当 $P/P_{pp} < 1.0$ 时，沿圆弧段被动侧桶壁土压力与 $\cos\theta$ 之间呈近似线性关系，当 $P/P_{pp} \geqslant 1.0$ 时，桶壁土压力与 $\cos\theta$ 之间逐渐呈非线性关系。

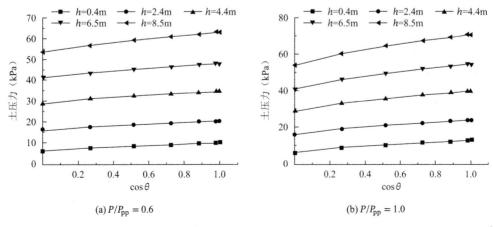

(a) $P/P_{pp} = 0.6$

(b) $P/P_{pp} = 1.0$

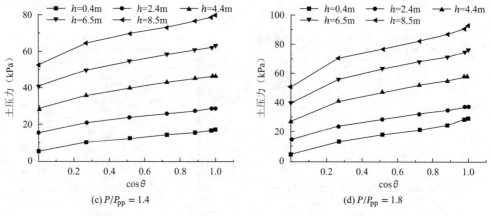

(c) $P/P_{pp} = 1.4$ (d) $P/P_{pp} = 1.8$

图 7.3-50　不同荷载水平下被动侧桶壁土压力沿环向分布

7.4　结论与展望

（1）板桩码头新结构开发的难点在于如何解决港池挖深与土压力和结构变形之间的矛盾，涉及的关键科学问题是地基土与码头结构相互作用。为此，中交第一航务工程勘察设计院有限公司、南京水利科学研究院、唐山港口实业集团有限公司、大连理工大学等单位，从板桩结构的土压力理论研究出发，进行了系统的理论与试验研究，基于"遮帘"和"分离卸荷"的原理，先后开发了"半遮帘式""全遮帘式""分离卸荷式"和"带肋板的分离卸荷式"4种板桩码头新结构，将中国板桩码头结构建设水平从3.5万吨级提升至20万吨级。自2003年起，研究成果在唐山港京唐港区和曹妃甸港区逐步推广应用，目前已建成深水板桩码头泊位57个，码头岸线达14.7km，年吞吐量超过2.58亿吨，成为粉砂质地区优先选择的码头结构形式。2012年，板码头新结构从粉砂质地区推广应用到淤泥粉土质地区，在江苏盐城滨海港建设了2个10万吨级分离卸荷式板桩码头，进步拓展了新结构的应用范围，实现了滨海港建设10万吨级深水码头泊位的梦想。

（2）为进一步发挥港口陆海交通枢纽作用，提高海洋港口资源开发能力，补齐淤泥质海域港区基础设施建设技术短板，2010年起中交第三航务工程勘察设计院有限公司、水利部交通运输部国家能源局南京水利科学研究院、连云港港30万吨级航道建设指挥部和中交第三航务工程局有限公司等单位，针对深水软基条件下港口及近海基础设施建设中的共性技术难点开展创新性研究，提出了适应淤泥质海域软土地基的新型结构及相应的港口及海洋工程建设方案，与传统防波堤及护岸建设方案相比较具有明显的技术、经济优势，根本性地改变过度消耗自然资源的传统粗放建造方式。目前，已成功应用于连云港徐圩港区东、西防波堤及港区围堤工程，解决了淤泥质地区近海基础设施建设中的关键难点，实现了桶式基础结构防波堤及护岸的精细化设计、绿色施工和智能监测，共建成桶式基础防波堤及护岸12.8km，安装桶体615个，相比传统抛石堤降低工程造价节省5.2亿元，累计缩短工期3.8年，节省砂石料用量70%，累计节能8.5吨标准煤。成果已推广到长江口、江苏及广东沿海、上海洋山深水港、菲律宾等淤泥质海域，广泛应用于港口防波堤、护岸、围堤、码头结构、近海风电基础的建设与维护，发挥了显著的经济、环境和社会效益。

参考文献

［1］ 刘永绣. 板桩码头向深水化发展的方案构思和实践——遮帘式板桩码头新结构的开发[J]. 港工技术, 2005, 12(S1): 12-15.

［2］ 蔡正银. 板桩结构土压力理论的创新发展[J]. 岩土工程学报, 2020, 42(2): 201-220.

［3］ 刘永绣. 板桩码头和地下连续墙码头的设计理论和方法[M]. 北京: 人民交通出版社, 2006.

［4］ 李广信. 高等土力学[M]. 北京: 清华大学出版社, 2004.

［5］ 徐光明, 陈爱忠, 曾友金, 等. 超重力场中界面土压力的测量[J]. 岩土力学, 2007, 28(12): 2671-2674.

［6］ 中华人民共和国住房和城乡建设部. 土工试验方法标准: GB/T 50123—2019[S]. 北京: 中国计划出版社, 2019.

［7］ 徐光明, 蔡正银, 曾友金, 等. 京唐港 18 号、19 号泊位卸荷式地下连续墙板桩码头方案离心模型试验研究报告[R]. 南京: 南京水利科学研究院, 2007.

［8］ 刘守华, 蔡正银, 徐光明, 等. 超深厚吹填粉细砂地基大型离心模型试验研究[J]. 岩土工程学报, 2004, 26(6): 846-850.

［9］ 司海宝, 蔡正银. 基于 ABAQUS 建立土体本构模型库的研究[J]. 岩土力学, 2011, 32(2): 599-603.

［10］ 蔡正银, 关云飞. 卸荷式板桩码头数值仿真平台开发及有限元计算[J]. 港口科技, 2016, 3: 1-5.

［11］ 崔冠辰, 蔡正银, 李小梅, 等. 遮帘式板桩码头工作机理初探[J]. 岩土工程学报, 2012, 34(4): 762-766.

［12］ 施晓春, 徐日庆, 龚晓南. 桶形基础发展概况[J]. 土木工程学报, 2000, 33(4): 68-92.

［13］ 王元战, 王文良. 大圆筒结构计算及工程应用[M]. 北京: 人民交通出版, 2008.

［14］ 蔡正银, 杨立功, 何勇, 等. 新型桶式基础防波堤下沉分析及其对稳定性的影响[J]. 岩土工程学报, 2016, 38(12): 2287-2294.

［15］ 杨立功, 蔡正银, 徐志峰. 新型桶式基础防波堤桶体阻力分析[J]. 岩土工程学报, 2016, 38(4): 747-754.

［16］ 李武, 陈甦, 程泽坤, 等. 水平荷载作用下桶式基础结构稳定性研究[J]. 中国港湾建设, 2012, 5:14-18.

［17］ 范庆来, 栾茂田, 倪宏革. 循环荷载作用下软基上大圆筒结构弹塑性有效应力分析[J]. 水利学报, 2008, 7:836-842.

［18］ 杨立功, 蔡正银. 沉入式桶式基础防波堤抗倾覆稳定性计算方法[J]. 水利水运工程学报, 2015, 4: 35-42.

［19］ 徐日庆. 考虑位移和时间的土压力计算方法[J]. 浙江大学学报（工学版）, 2001, 34(4): 370-375.

［20］ Ulker M B C, Rahman M S, Guddati M N. Wave-induced dynamic response andinstability of seabed around caisson breakwater[J], Ocean Engineering, 2010, 37: 1522-1445.

［21］ 蔡正银, 徐光明, 顾行文. 波浪荷载作用下箱筒型基础防波堤性状试验研究[J]. 中国港湾建设, 2010(S1): 90-94.

8 冻土地基交通岩土工程新技术

汪双杰 [1,2]，金龙 [2]，董元宏 [2]，张琪 [2]，赵嘉敏 [2]

（1. 中国交通建设集团有限公司，北京，100088；2. 极端环境绿色长寿道路工程全国重点实验室，陕西西安，710065）

8.1 绪 论

冻土是指温度在 0℃或低于 0℃，且含有冰的土壤或岩石。按照冻结状态持续时间的长短，可分为短时冻土、季节冻土、多年冻土。其中，处于冻结状态连续两年及以上的冻土称为多年冻土[1-2]。我国是世界第三冻土大国，多年冻土面积 215 万 km²，约占国土面积的 22%。我国多年冻土区主要分布在青藏高原和西部高山地区以及东北大、小兴安岭和松嫩平原北部地区。青藏高原格尔木—昆仑山—五道梁—沱沱河—唐古拉山口—那曲—拉萨工程走廊（简称青藏走廊）作为西藏与内地连接的生命通道，呈南北向穿越青藏高原腹地，高海拔、大温差、强辐射作用和脆弱的生态环境，构成了这条走廊的特殊性[3]。青藏走廊内先后建成了青藏公路、格拉输油管道、兰西拉光缆通信工程、青藏铁路和输变电线路等线性工程。线性公路、铁路工程构筑物改变了原有大气环境和自然地表之前的热量平衡，导致下伏冻土升温、退化和融化，使得冻土工程遭受不同程度的病害。特别是青藏高原强辐射环境下，沥青路面公路强吸热，导致冻土公路热融风险剧增，二级公路是铁路的 3 倍以上，高速公路是铁路的 10 倍以上[4]。国际上冻土地基交通工程早期以苏联西伯利亚大铁路（1904 年）、二战时期美国阿拉斯加机场工程（1930 年）为代表，公路工程于 20 世纪 30 年代开始起步。我国冻土地基交通工程早期以青藏公路（1954 年）东北牙克石—满归铁路（牙林铁路，1963 年）为代表，1970 年后青藏公路多年冻土区沥青公路在国际上率先突破工程禁区，并随之开展了 50 年的持续研究探索。以青藏公路为标志，我国冻土公路研究较苏联晚 70 年，较美国晚 40 年，但冻土沥青公路实现历史性超越。

8.1.1 公路冻土工程研究发展过程

1. 国外研究现状

多年冻土广泛分布在北半球，国际上主要冻土大国有美国、加拿大、俄罗斯等。多年冻土区多处于偏远地区，工程建设起步相对较晚，大部分公路工程建设始于 20 世纪 30 年代，多伴随能源开采、资源开发等目的修建，受冻土和恶劣环境影响，以砂石路面普通公路为显著特点。按修建年代，代表性国际冻土公路工程简要情况如下：

（1）科雷马公路，俄罗斯

科雷马公路位于俄罗斯远东地区，连接马加丹和雅库茨克，全长 2032km。始建于 1932 年，并于 1953 年正式完工，修建时间长达 21 年。科雷马公路主要为开采俄罗斯远东地区丰富矿产资源而修建，地处高纬度寒极无人区，地理条件复杂，气候寒冷，冬季最冷可达 −70℃[4]。由于修建较早，在应对多年冻土方面，仅考虑了填料的冻胀融沉特性，未采取针对性的防控措施。科雷马公路仅能季节性通行，夏季时融沉类病害高发频发，甚至导致道路断通。

（2）阿拉斯加（Alaska）公路，美国

阿拉斯加公路全长 2394km，起于加拿大不列颠哥伦比亚省的 Dawson Creek，终于美国阿拉斯加州费尔班克斯附近的 Delta Junction，是连接加拿大与美国阿拉斯加州的主要公路。修建于第二次世界大战期间，1942 年 11 月竣工。阿拉斯加公路不仅是重要的战略通道，也是连接加拿大与美国阿拉斯加州的重要交通线路。针对多年冻土，阿拉斯加公路通车多年后在冻土融沉处治方面小范围试验采用了块石路基、遮阳措施等，在地基处理方面主要采用了换填、加固等技术。

（3）丹普斯特公路（Dempster Highway），加拿大

丹普斯特公路南起育空地区城市道森（Dawson City），北到西北地区的伊努维克（Inuvik），全长约为 740km，是一条贯通加拿大内陆、北方边疆和北冰洋的战略公路，对于石油天然气勘探和旅游业具有重要意义。建设始于 1958 年，完工于 1962 年。丹普斯特公路是加拿大唯一一条通往北极的干线公路，穿过北极圈，直抵北冰洋。在冻土热融防控上，由于砂砾路面公路吸热量较低，且北极、亚北极圈附近冻土地温低，主要以隔热板路基、高填土路基等被动隔热措施为主[5]。丹普斯特公路限速相对较低，控制在 30～40km/h 之间，部分路段最高不超过 70km/h。

（4）道尔顿（Dalton）公路，美国

道尔顿公路位于美国的阿拉斯加州，起始于阿拉斯加的费尔班克斯（Fairbanks），终止于北冰洋的普拉德霍湾（Prudhoe Bay）油田，全长约 666km。建于 20 世纪 70 年代，作为贯穿阿拉斯加州的输油管道的伴行公路，连接阿拉斯加州的利文古德（Livengood）和普拉德霍湾油田，主要目的是方便石油的开采和运输。为减小对多年冻土的热影响，道尔顿公路采用了吸热较低的砂砾路面，采用强夯、清表等地基处理措施。冻土路基以隔热板路基、填土路基被动防控技术为主，主动热融防控技术方面仅试验性地采用了通风管路基[6]。

总的来说，美国、加拿大、俄国等高纬度多年冻土地区，冻土地温低、厚度大，稳定性相对较好。同时，工程以等级较低的砂砾路面公路为主，冻土热融防控以隔温和抬高路基等被动措施为主，小规模研究和试验了热棒、块石层等主动防控技术，还未形成技术体系，冻土高速公路工程实践目前仍是空白。

2. 国内研究现状

青藏高原高温高海拔冻土具有典型性、特殊性，受海拔和纬度双重制约，冻土具有不同于高纬度冻土的工程特性，冻土地基以热融沉陷为主。我国在公路建设中第一次遇到高原多年冻土是 1954 年修建青藏公路，由于当时不认识冻土，路基顺地爬，填高 0.5m 左右，通车次年即因汽车碾压扰动冻土造成翻浆、沉陷；同期，修建青康公路（G214）查拉坪段时，由于当时缺乏对多年冻土及其工程防治措施的认识，按一般沼泽地段施工常用的挖淤换土的处治方法处理，结果造成多年冻土大面积暴露融化[7]，后经改移路线填筑路基，问题才得以基本解决。

20 世纪 60 年代初，国家组织科研、设计技术力量沿青藏公路开展冻土考察，揭开青藏高原冻土研究序幕。冻土地基工程技术研究肇始于青藏公路，为贯彻周恩来总理青藏公

路全线黑色化指示，交通部于 1973 年成立青藏公路科研组，冻土地基公路工程技术研究至今已逾 50 年。青藏公路是我国乃至世界多年冻土地区冻土公路工程的代表，是世界上第一条大规模铺筑沥青路面的多年冻土地区全天候通车公路，更是高原冻土工程研究的试验研究基地[8]。以中交第一公路勘察设计研究院有限公司（原交通部第一公路勘察设计院）为代表的冻土科研工作者，围绕青藏公路冻土工程技术问题开展了四期联合攻关。

1973—1978 年：第一期青藏公路科研主要针对路面黑色化需求开展了大面积铺筑前的路基路面试验研究，在楚玛尔河、五道梁、可可西里铺设的 3 段沥青路面表处和浅灌试验工程约 8km，推进了公路冻土工程研究。

1979—1984 年：第二期青藏公路科研主要针对全线大规模铺筑沥青表面处治或沥青贯入路面开展研究，建立了桥梁桩基试验场，开展了地下冰的分布、冻土上限的判定方法、路基高度及桥梁桩基研究，解决了黑色路面的修筑难题，并于 1985 年全线完成铺筑黑色化路面[9]。

1985—1999 年：第三期青藏公路科研主要是为适应改革开放后西藏交通发展需求依托青藏公路升级改造（路基加宽、沥青混凝土路面铺装）开展攻关，掌握了全线多年冻土的分布及变化规律，实现了公路路面高级化，在冻土公路病害处治工程理论研究方面进一步取得突破。

2000—2007 年：第四期青藏公路科研主要是为适应西藏交通运输量的迅速增长和青藏铁路建设期重载运输的需求，应对全球气候升温对多年冻土的影响，为国家规划的青藏高速公路建设提供前瞻性技术储备，开展了多年冻土地区公路修筑成套技术研究。

自 2008 年开始，在科学技术部、交通运输部、中国交通建设集团的大力支持下中交第一公路勘察设计研究院有限公司在青藏公路科研组的基础上，先后组建成立多年冻土区公路建设与养护技术交通行业重点实验室、青海花石峡冻土公路工程安全国家野外科学观测研究基地、高寒高海拔道路工程安全与健康国家重要实验室、极端环境绿色长寿道路工程全国重点实验室。先后立项高海拔高寒地区高速公路建设、健康运维与安全保障技术等国家科技支撑计划项目和国家重点研发计划项目，在冻土高速公路的应用基础理论、关键技术及工程应用方面开展了相关研究，建立冻土公路工程尺度效应理论、冻土工程能量平衡方法[10-11]；创新大尺度冻土路基变形控制、路面材料与结构耐久性、工程构造物风险控制以及工程建设环境保护等系列技术并开展工程应用示范，为我国高海拔高寒地区高速公路建设提供技术支持。

2010 年立项建设，2017 年 8 月正式通车的青海共和至玉树（结古）高速公路是世界上首条在多年冻土地区修建的高等级公路，穿越 250km 青藏高原南缘高温不稳定多年冻土区域。共和至玉树（结古）高速公路在设计中借鉴和采用公路建设已有研究成果，有针对性地采用导冷、阻热、调控等多种特殊结构路基形式[9]；同时建成了高寒高海拔地区冻土高速公路 15km 科研示范工程，对特殊结构路基水分场、温度场及变形场进行跟踪监测，对各特殊路基的降温调控性能和适用场景进行综合评价分析，建立了大尺度冻土路基融沉防控技术体系。共和至玉树（结古）高速公路是工程界在高海拔低纬度多年冻土地区修建高速公路的首次重大实践。

8.1.2 多年冻土区道路工程发展趋势

俄罗斯高纬度低海拔多年冻土面积达 1100 万 km^2，是全球第一冻土大国。近年来，随着远东开发计划的推进，俄远东内陆蒙俄中边境至北极陆缘油气管道、风电光电、极地码头等配套道路均存在巨大的发展空间。我国青藏高原面积达 250 万 km²，道路网密度现阶段还不足东中部的 1/10～1/6，道路等级普遍偏低。国家高速公路网中，西藏仍然是唯一没有高速公路连接内地的"高速孤岛"，其中的关键制约是高原极端环境和 150 万 km² 多年冻土。从道路工程发展趋势看，为服务国防边境安全及青藏社会发展稳定，一方面冻土区道路亟须加大密度，提升等级和路面高级化；另一方面青藏高速公路作为国防主通道亟待上马。未来青藏高原冻土道路结构将由普通三、四级公路向二级公路和高速公路转变，路基变形及工程结构稳定性、工程韧性要求更高[12-14]；同时，青藏高原暖湿化影响下，复杂极端环境多因素耦合作用也将对工程材料和结构内部应力、强度及耐久性产生长期影响，导致不同程度的功能性劣化和衰变。因此，应从提升高等级公路全寿命周期运营品质的角度出发，解决高原恶劣环境下冻土高速公路的绿色智能建造技术与低碳健康运维等难题，还需从以下几个方面开展理论和技术攻关。

（1）极端环境高性能材料与韧性结构研发。传统道路工程材料在长时低温、高频冻融及强烈辐射等高原极端环境下发生性能劣化和结构损伤，影响冻土公路工程的使用功能和服役寿命。因此，研发适用于极端环境的耐低温、抗冻融、抗腐蚀的早强混凝土、沥青混合料与高韧性路面结构、高强轻质钢-混结构是构建高寒极端环境地区重大工程高品质建造体系的重要途径。

（2）青藏高速公路高品质建造关键技术研究。现阶段青藏高原工程建造面临施工期短、施工温度低、养护条件差、机械效率低的问题。亟须研究特殊结构冻土路基、路面桥面铺装、桥梁构造等装配化智能化和少人化建造技术，冻土工程数字孪生系统，同时在建造装备、工艺工法、标准体系等方面，形成自主产权，提升青藏高速公路建造水平与工程品质。

（3）极端环境绿色建造与新能源自洽利用。针对青藏高原工程建设及长期运营过程中常规能源运距长、成本高、供应紧张等问题，开发太阳能、地热能、风能等清洁能源综合利用技术及应用场景，开展固废回收利用与综合处治技术研究，研发低碳环保的绿色建筑结构，可有效解决青藏高速公路绿色营造与运营难题。

（4）极端环境空天地一体化监测与健康诊断体系构建。高原路域气候环境恶劣、地质灾害频发、工程病害多发等特点使道路工程运营与养护面临新的挑战。研究地广人稀条件下工程健康状态空天地一体化监测和智能化诊断技术，构建恶劣环境下服役韧性提升的数字孪生预防性养护体系，实现道路工程全寿命周期健康状态的精细化感知，是提升青藏高速公路服务水平的重要举措。

未来多年冻土区高等级公路建设和科学研究将实现从单一结构向结构-环境-冻土系统转变，构建智能化预防养护体系，建立全要素结构服役性能评价系统。实现高等级公路的高品质建造、全过程控制、动态化维养，形成道路工程绿色、长寿的性能保障技术和健康维养标准。

8.2　冻土工程研究方法

我国冻土科技工作者在长期研究过程中，通过系统规划、分期实施、集成整合的模式，创建了具备自主知识产权的"三位一体"特色试验平台，包括室内环境模型试验、场地真实环境暴露试验以及实体工程验证实验的成套研究手段，拥有多尺度工程材料检测平台、多年冻土区气候-冻土地质-工程综合模拟试验平台，建成全球唯一的高海拔地区高等级公路综合试验场，以及冻土工程领域观测周期最长、数据量最大的公路冻土工程野外科学观测研究基地。基于以上研究体系建立了公路冻土工程研究的试验研究方法。

8.2.1 "三位一体"的试验研究平台

多年冻土野外观测体系 2021 年获批科技部国家野外科学观测站（青海花石峡冻土公路工程安全国家野外科学观测研究站，以下简称国家野外站），是交通运输行业三大国家野外站之一，涵盖西部高山、东北高纬度多年冻土区 5 大科研观测基地工程（图 8.2-1）的长期综合全覆盖的冻土工程观测网络。

(a) 黑龙江观测基地   (b) 内蒙古观测基地   (c) 花石峡观测基地

(d) 格尔木观测基地   (e) 新疆冻土观测基地

图 8.2-1   国家野外站科研观测基地

1. 筑路材料和结构等长期性能暴露试验场

试验场位于在青藏高原东部的花石峡，海拔 4280m，占地面积 125208m²，涵盖冻土路基、路面、桥梁桩基等 13 类足尺试验模型的真实自然环境下各种道路工程措施长期暴露试验监测场，监测自然环境下道路工程运行状态的演化过程及与环境的相互作用机理[15]，主要包括：

（1）寒区道路建筑材料试验场（图 8.2-2）

公路建筑材料试验场长、宽均为 50m，主要研究高寒气候环境中公路不同建筑材料在冻融循环条件下的耐久性，用来评价其在高寒条件下的适用性和可行性。

图 8.2-2   寒区道路建筑材料试验场

（2）公路水热过程研究野外试验场（图 8.2-3）

建设有冻土高速公路全幅路基路面多结构综合变形试验场、热棒导冷路基试验场、块石散热路基试验场、通风管降温路基试验场、坡向对路基边坡温度影响试验场、高温冻土蠕变规律试验场、水准基点试验场以及标准气象站和涡动观测系统等。

(a) 堆石体路基降温机制试验

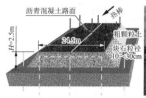

(b) 道路烟囱效应试验

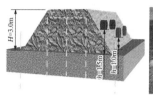

(c) 散热路基试验

(d) 通风管试验

图 8.2-3　公路水热过程研究典型结构野外试验

2. 实体工程试验体系

依托多年冻土地区青藏公路、共和至玉树（结古）公路等分别建成既有公路病害整治技术和新建公路融沉防控技术实体试验工程，试验规模在全球冻土工程领域最大、试验观测周期最长。

（1）青藏公路冻土病害整治实体工程试验体系（图 8.2-4）

青藏公路实体工程试验体系跨越青藏高原 550 余 km 的多年冻土区，在近约 200km 路段建成 90km 路基路面试验路，结构与桩基试验桥梁 2 座，涵盖了三大类，共计 12 种特殊路基结构，是世界冻土工程研究最宝贵的数据源和最大实体工程试验场。

(a) 桩基试验场　　　　(b) 隔热路基试验场　　　　(c) 通风路基试验场

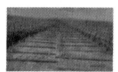

(d) 直立热棒试验场　　　(e) 发卡热棒试验场　　　(f) 空心块试验场

图 8.2-4　青藏公路实体工程体系

（2）共和至玉树（结古）公路冻土融沉防控实体工程试验体系（图 8.2-5）

(a) 硅藻土路基试验场　　　(b) 遮阳路基试验场　　　(c) 碎石护坡试验场

(d) 沥青路面试验场　　　　　　(e) 公玉高速示范工程

图 8.2-5　共玉高速工程试验体系

依托青海省共和至玉树高速公路等建设了 15km 新建高速公路全幅、半幅实体工程试验体系。针对试验段 7 种不同结构冻土路基，建设完成地温路基地温及沉降监测断面 12 处，对冻土地温、路基沉降以及特殊工程措施的作用效果开展长期、动态监测，系统掌握冻土工程热力特性及其演变规律，为养护决策提供依据和指导。

3. 大型室内模型试验平台

（1）冻土环境物理模拟试验系统

冻土环境物理模拟试验系统由中交第一公路勘察设计研究院研发，拥有自主知识产权，能在室内开展冻土发育、土体冻融循环、冻胀、融沉、强紫外辐射、降雨侵蚀等自然冻土环境下高速公路实际尺度 1/5~1/3 比例的冻土路基实体模型试验，研究其在接近自然环境下的水热力效应；冻融工况下的力学响应；不同尺度的防融沉、抗冻胀的特殊结构作用机理、工程效应和设计参数，是目前国内体量最大、功能最全的冻土环境室内模拟试验系统。图 8.2-6 为步入式多功能冻土路基模型试验箱。

图 8.2-6　步入式多功能冻土路基模型试验箱

（2）3D 打印智能建造系统

自主创新、系统集成，建成我国交通运输行业第一家 3D 打印智能建造平台，拥有自主知识产权的混凝土 3D 构件打印系统（图 8.2-7），可进行最大尺寸为 8m×3.5m×2.5m 混凝土 3D 构件的材料、工具端、控制系统、打印、力学性能方面的测试和试验。

图 8.2-7　3D 打印系统及其智能行走系统

4. 大型科学观测数据平台

开展全球冻土工程领域大规模野外观测研究,观测区域覆盖青藏高原北纬32°～36°范围内800余km多年冻土公路工程走廊带,建成各类观测断面110个,观测孔576个,对多类构筑物(路、桥、隧等),多要素(地温、变形、热流、气象等)进行观测,掌握了连续40多年持续观测第一手海量数据,保持冻土工程研究观测规模最大、观测历时最悠久、观测要素最全的观测数据集。图8.2-8为数据采集系统。

图 8.2-8　数据采集系统

综合运用多类型监测数据库融合技术和可视化分析技术,建成中国冻土公路工程观测监测、分析预警平台,具备监测数据采集、存储、分析、挖掘和工程预警的综合能力,平台可通过 PC 和手机多终端访问使用(图8.2-9)。

图 8.2-9　大型监测数据信息移动终端

8.3　冻土工程尺度效应理论与能量平衡设计方法

多年冻土是复杂的冰、水、土、气四相混合介质,路基下多年冻土地基温度场、水分场、应力场与多年冻土地基强度、变形等承载性能密切相关,最终影响路基工程的稳定性。路基路面吸热导致冻土地基热融沉陷、冻土融沉,反之会导致路基大变形。这种相互作用除了与冻土地质、水文条件、气象条件、工程条件等有关外,也与路基的空间尺寸、时间尺度、结构性态等密切相关[16-18]。这就是冻土路基工程的尺度效应。在多年冻土区修筑高速公路,由于路基加宽、加高,横断面吸热面加大,路面封闭且结构层加厚储热量加大等一系列公路尺度变化,改变了公路与冻土环境的能量过程,不同程度扰动冻土环境,带来新建公路冻土融沉防控新的问题[19-21]。如:大尺度条件下冻土地基融沉与路基变形的机理及相互关系;分离式路基两幅路基间的水、热传输对路基热融稳定性的长期作用机制;二级公路尺度下处治病害的特殊结构在高速公路尺度下的结构效应;特殊结构大尺度路基冻土融沉变形规律等。以上均属于冻土公路路基尺度效应的研究范畴,概括起来即为公路路基温度场、水分场、变形场等随路基高度、宽度、边坡坡度等空间尺度变化和时间尺度变化的响应机制和演化规律。其研究范畴如图 8.3-1 所示。

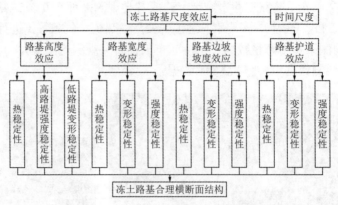

图 8.3-1　冻土路基尺度效应理论研究范畴

　　冻土公路路基尺度效应包含两个研究层次。第一级是基础理论，包括冻土水、热、变形等基本理论模型，描述冻土路基有关物理量变化的理论基础；第二级是核心理论：包括冻土公路路基系统的能量模型、水-热-变形物理场在空间和时间维度的变化过程，具体来说，包括路基宽度、高度、坡度、附属设施等引发的路基水-热-变形空间效应时间演化规律。

8.3.1　沥青公路地-气边界能量模型

1. 冻土路基地-气耦合换热过程

　　冻土路基的换热过程包括两个方面：路基与外界环境之间的非稳态耦合换热及路基与下伏天然冻土地层之间的非稳态耦合换热。路基与下伏天然冻土地层之间的耦合换热主要为导热形式，而路基与外界环境之间的换热则是一个多种换热方式相耦合的非稳态换热过程[22-23]，包括：公路表层（包括路面、路肩和公路坡面）对短波太阳辐射的吸收换热、公路表层对周围环境的长波辐射换热、带有一定速度的空气来流与公路表层的强制对流换热（图 8.3-2）。若将外部环境、冻土路基与下伏天然冻土地层看作一个整体，则整个冻土路基地-气系统的能量过程可以表示为：

$$Q_{冻土} = Q_{太阳} - Q_{对流} - Q_{辐射} - Q_{蒸发} + Q_{地热} \tag{8.3-1}$$

式中：$Q_{太阳}$、$Q_{地热}$——冻土层获得的太阳辐射和地热能量；
$Q_{对流}$、$Q_{辐射}$、$Q_{蒸发}$——冻土层通过强迫对流、长波辐射、水分蒸发的形式散失的热量。

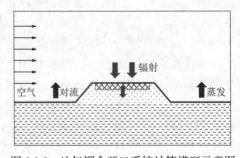

图 8.3-2　地气耦合开口系统计算模型示意图

2. 冻土路基地-气边界能量模型

传统附面层理论是研究寒区小尺度冻土路基温度场的一种有效方法，它的应用前提是将大规模附面层地温监测值作为取值依据，因此其数据需要极强的地域针对性，在二级公路薄层沥青路面条件下应用较多。对于高速公路大尺度路基条件，考虑厚层沥青路面的强吸热效应，现有附面层理论的适用性和准确性有待进一步验证[24]。同时，针对现有地表下半无限空间理论边界模糊，如斯蒂芬理论，温度标量无法反映高温冻土状态变化。

汪双杰在国际上率先开展冻土公路尺度效应研究，建立了沥青公路地-气边界能量模型，突破天然状态半无限空间边界不确定性，解决了升温时程下不同尺度公路地基热流总能量计算难题[24-25]。模型可以表示为：

$$\alpha Q_{sol} - \left(aT_{avg}^{0.3}U^{0.5} + k|T_s - T_a|^{0.3}\right) \cdot (T_s - T_a) -$$
$$5.67 \times 10^{-8}\varepsilon\left(T_s^4 - T_{sky}^4\right) - \lambda_s\frac{\partial T_{se}}{\partial y} - Q_{eva} = 0 \tag{8.3-2}$$

式中：T_s——局地温度；

　　　T_{sky}——天空背景辐射温度；

　　　T_a——环境气温；

　　　T_{avg}——地表平均温度；

　　　λ_s——路基土体导热系数；

　　　Q_{eva}——地表通过水分蒸发带走的热量；

　　　α——吸收系数；

　　　Q_{sol}——投射到地表的总太阳辐射；

　　　U——地表蒸发量；

　　　k——坡面系数；

　　　ε——发射率。

（1）风速与风向

环境风速随距地高度的不同，其速度呈指数变化，风速设为距地高度的函数：

$$\upsilon = \upsilon_{ref}(h/h_{ref})^{0.14} \tag{8.3-3}$$

式中：υ_{ref}——速度参考点的风速；

　　　h_{ref}——速度参考点距地面的高度。

同时考虑到风速和风向的季节性变化，将υ_{ref}和风向设为时间年度性周期变化函数形式。

（2）环境气温

通常环境温度设定为随时间年度性周期变化的单正弦曲线：

$$T_{air}(t) = T_0 + g(t) + A_0\sin\left(\frac{2\pi t}{3600 \times 24 \times 30 \times 12} + \frac{2\pi}{3}\right) \tag{8.3-4}$$

式中：t——时间；

　　　T_0——年平均温度；

　　　$g(t)$——年平均气温逐年上升的速率；

　　　A_0——气温振幅。

（3）耦合壁面源项

地表耦合换热面的源项值即为地表所获得的净能量：

$$Q_{\text{sou}} = \alpha Q_{\text{sol}} - Q_{\text{rad}} - Q_{\text{eva}} \qquad (8.3\text{-}5)$$

考虑坡面角系数及坡面系数，坡面源项计算式为：

$$Q_{\text{sou}} = \alpha k Q_{\text{sol}} - X Q_{\text{rad}} - Q_{\text{eva}} \qquad (8.3\text{-}6)$$

式中：Q_{rad}——地表对环境的长波辐射热损失；

$\quad\quad X$——角系数。

$$Q_{\text{rad}} = \varepsilon\sigma\left(T_{\text{local}}^4 - T_{\text{sky}}\right) \qquad (8.3\text{-}7)$$

式中：T_{local}——地表局部区域的温度值，由数值计算过程随时迭代求解；

$\quad\quad\sigma$——玻尔兹曼常量，或黑体辐射常数。

T_{sky}其计算公式为：

$$T_{\text{sky}} = 0.0552 T_{\text{air}}^{1.5} \qquad (8.3\text{-}8)$$

式中：T_{air}——空气温度。

Q_{eva}可通过查询冻土地区的地表蒸发量计算得到：

$$Q_{\text{eva}} = UG \qquad (8.3\text{-}9)$$

式中：G——汽化潜热，取为 0℃时水的蒸发潜热 2500kJ/kg。

3. 地-气耦合物理模型及数学模型

对于地-气耦合模型中的耦合传热过程，所采用的控制方程组包括连续性方程、动量守恒方程、带源项的能量守恒方程及标准κ-ε方程，具体如下所示：

连续性方程：

$$\frac{\partial}{\partial x_i}(\rho u_i) = 0 \qquad (8.3\text{-}10)$$

式中：ρ——空气密度；

$\quad\quad u_i$——各个方向上的速度分量。

动量方程：

$$\frac{\partial}{\partial x_i}(\rho u_i u_j) = -\frac{\partial p}{\partial x_i} + \frac{\partial}{\partial x_i}\left[(u_i + \mu)\left(\frac{\partial u_i}{\partial x_j} + \frac{\partial u_j}{\partial x_i}\right) - \frac{2}{3}(u_i + \mu)\frac{\partial u_l}{\partial x_l}\delta_{ij}\right] \qquad (8.3\text{-}11)$$

式中：p——空气压力；

$\quad\quad\mu$——空气的动力黏度。

能量方程：

$$\frac{\partial}{\partial x_i}(\rho u_i T) = \frac{\partial}{\partial x_i}\left[\left(\frac{\mu}{P_r} + \frac{\mu}{\sigma_T}\right)\frac{\partial T}{\partial x_i}\right] + S_T \qquad (8.3\text{-}12)$$

式中：T——空气温度；

$\quad\quad S_T$——地层表面的耦合源项；

$\quad\quad P_r$——普朗特数；

σ_T——常数。

κ方程：

$$\frac{\partial}{\partial x_i}(\rho u_i \kappa) = \frac{\partial}{\partial x_i}\left[\left(\mu + \frac{\mu_t}{\sigma_\kappa}\right)\frac{\partial \kappa}{\partial x_i}\right] + G_\kappa - \rho\varepsilon \tag{8.3-13}$$

式中：κ——湍流脉动动能；

　　　μ_t——湍流脉动所造成的动力黏度；

　　　σ_κ——脉动动能的普朗克数；

　　　G_κ——湍流脉动动能产生项；

　　　ε——湍流耗散率。

ε方程：

$$\frac{\partial}{\partial x_i}(\rho u_i \varepsilon) = \frac{\partial}{\partial x_i}\left[\left(\mu + \frac{\mu_t}{\sigma_\varepsilon}\right)\frac{\partial \varepsilon}{\partial x_i}\right] + \frac{\varepsilon}{\lambda}(c_1 G_\kappa - c_2 \rho\varepsilon) \tag{8.3-14}$$

式中：σ_ε——湍流耗散的普朗克常数；

　　　λ——空气的导热系数；

　c_1、c_2——经验常数。

　　汪双杰等分别将冻土路基上层的太阳辐射、气温、风速、风向等影响条件纳入，建立了统一的地-气耦合开口系统计算模型[21,26]，模型计算结果与实测结果吻合良好（图 8.3-3、图 8.3-4）。该模型揭示了不同尺度公路边界的强热过程与作用机理，解决了升温时程下不同尺度公路地基热流总能量计算难题。相比于附面层理论的封闭系统，地-气耦合开口系统计算模型不仅考虑因素更为全面，更加接近真实环境，精度更高，适用性更强。

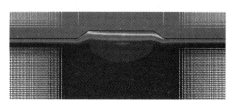

(a) 数值模型

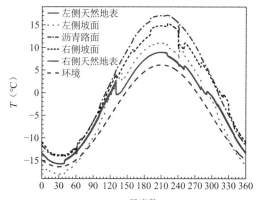

(b) 宽幅路基

图 8.3-3　地-气系统温度状态

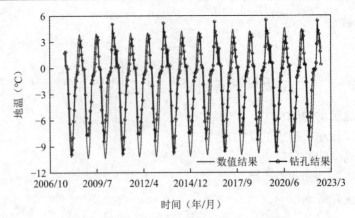

图 8.3-4　边界能量模型实测与计算对比图

4. 地-气边界能量过程和换热机理

1）不同尺度公路强热流过程

基于地-气边界能量模型对高速公路、二级公路和砂石公路等不同尺度公路的强流过程与作用机制开展数值计算，研究发现路基宽度增大，换热系数减小，砂石公路换热系数是高速公路的 3 倍[23,27]［图 8.3-5（a）］；与此同时，散热系数减小导致路基年均表面温度升高，高速公路年均表面温度为 14.2～20.3℃［图 8.3-5（b）］；高速公路表面温度高，吸热聚热能力强，表现为路面下传热流密度显著高于二级公路和砂石公路，高速公路下传热流密度是砂石公路的 3 倍以上［图 8.3-5（c）］。表 8.3-1 给出了不同尺度公路地-气边界能量模型计算得到的边界热流值。

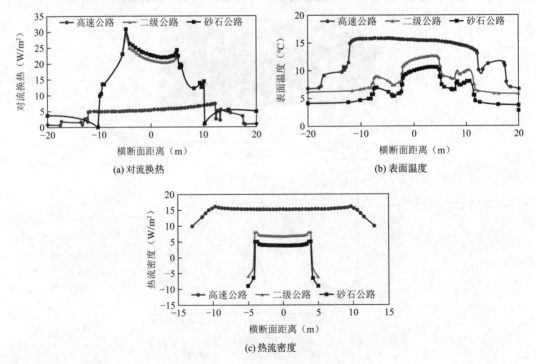

(a) 对流换热

(b) 表面温度

(c) 热流密度

图 8.3-5　不同尺度路基强热流过程

各等级公路边界热流值　　　　　　　　　　　　　　　表 8.3-1

公路等级	路基宽度（m）	对流换热系数（W/m²）	辐射吸收系数	年均表面温度（℃）	下传热流密度（W/m²）
砂石公路	10	18～27	0.15～0.28	6.2～8.1	4～7
二级公路	10	16～24	0.85～0.93	8.4～10.5	6～9
高速公路	26	5～13	0.85～0.93	14.2～20.3	12～24

2）融沉界面模型

根据地-气能量模型边界条件和物理数学方程，模拟大尺度冻土路基的地-气能量传输过程（图 8.3-6），并对冻土路基内热流水分迁移和体积应变分配进行修正，基于公路边界下地基热流传输的盆地形态能量场特征，建立了热流融沉界面模型（图 8.3-7）。

热流水分迁移修正模型：

$$T(x,y) = T(\theta_i, t) + T(\theta_u, P_{wi}, t) \tag{8.3-15}$$

式中：θ_i、θ_u——冰、未冻水的体积含量；

　　　P_{wi}——孔隙水压力。

体积应变分配模型：

$$|\sigma_x|\frac{\partial \varepsilon_x}{\partial t} + |\sigma_y|\frac{\partial \varepsilon_y}{\partial t} = P_{wi}\left(\frac{\partial \theta_i}{\partial t} - \frac{\partial \theta_u}{\partial t}\right) \tag{8.3-16}$$

式中：σ_x、σ_y——x、y方向的应力分量；

　　　ε_x、ε_y——x、y方向的应变分量。

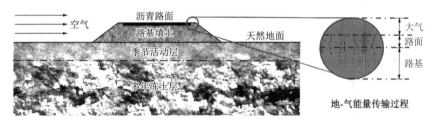

图 8.3-6　大尺度路基地-气能量传输示意图

热流数值模型研究发现，大尺度冻土路基由于强吸热、聚热效应，强中心热流导致融沉横向产生不均匀扩张规律，路基下融沉界面呈现路基中心深，路肩、边坡浅的盆地形态，最大融深位置随阴阳坡效应向阳坡侧偏移（图 8.3-8）。

图 8.3-7　大尺度路基热流界面模型

图 8.3-8　大尺度冻土路基融沉界面形态

3）融沉形态演化计算模型

通过多工况多尺度数值模拟，结合工程实体验证，结合冻土路基融沉、开裂机理和模式，推导得到了不同路基宽度下的融沉预估模型和不同路基高度下的开裂判别模型[28-29]表达式如下：

融沉预估模型：

$$\Delta H = 0.003(0.2H + 1.69) \cdot T \cdot B + (5.23 - 0.2H) \cdot B - 0.11 \tag{8.3-17}$$

式中：H——路基高度；

B——路基宽度；

T——冻土地基温度。

开裂判别模型：

$$F_s = 11.92e^{-H/0.56} + 1.44e^{-H/6.99} + 0.41 \tag{8.3-18}$$

模型研究发现，高速公路宽幅路基融沉界面深度超过 5m，宽幅路基融沉界面基本对称，窄幅路基融沉界面向阳侧偏移（图 8.3-9）。对于不同路基高度融沉形态而言，路基高度为 3m 时，路基形态稳定；路基高度大于 4m 时，路基因融化盘而横向倾斜；路基高度大于 6m 时，路基发生纵向开裂，面临边坡失稳的风险（图 8.3-10）。由此可知，融沉形态稳定的路基高度为 3m。

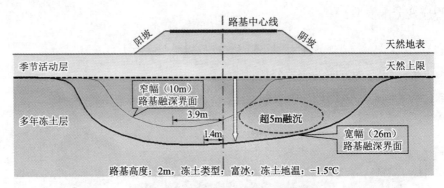

图 8.3-9 不同路基高度下融沉形态

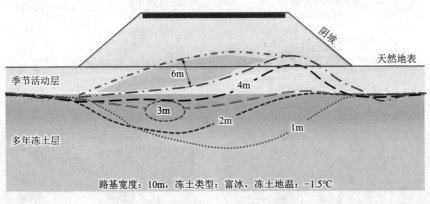

图 8.3-10 不同路基宽度下融沉形态

8.3.2 冻土路基的空间效应

1. 冻土路基的宽度效应

基于上述的各类分析模型，对不同宽度下冻土路基的能量过程和变形开展了研究，分析了其变化规律。

1）路基沉降变形演化规律

图 8.3-11 是路基高度 3m，冻土地温 −1.5℃，融沉系数为 0.1 时的路基融沉演化过程，分析其沉降变形随时间的变化规律，研究发现沉降变形因外界气候周期性影响呈锯齿形振荡增大趋势，冻胀变形和融沉蠕变变形交替出现，但融沉变形占主导地位[30-31]。具体来讲，路基宽度越大，沉降变形越大；路基宽度 10m、14m 和 26m 在第 15 年时路基融沉变形分别为 48cm、76.8cm 和 118.6cm。说明宽幅路基强吸热边界对地温扰动剧烈，高速公路大尺度宽路基融沉变形控制尤为重要。

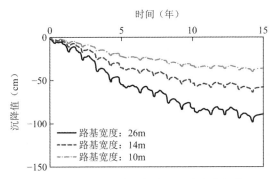

图 8.3-11　不同路基宽度下沉降演化规律

2）不同路基宽度与变形关系模型

分析冻土地温为 −2℃时不同宽度路基服役 20 年后的路面总沉降变形可知（图 8.3-12），路基宽度对路基变形影响显著，路基宽度与路面总变形呈指数幂函数关系，通过模型分析与数据拟合计算，提出了融沉变形关系模型[32]表达式：

$$s = 5.23e^{0.08d} \tag{8.3-19}$$

式中：s——路基顶面总变形量；

　　　d——路基宽度。

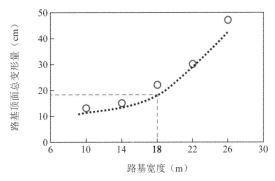

图 8.3-12　不同路基宽度路面总变形曲线

通过路基宽度与融沉变形关系模型分析，提出了 3m 路基高度的冻土路基中，控制控制高速公路路基变形小于 20cm 的路基宽度应不大于 18m，此时路基在外界气候环境和行车荷载作用下能保持良好的变形控制能力。

2. 冻土路基的高度效应

建立了不同高度尺度下冻土路基的融沉数值模型，并采用长时段实测路基变形数据验

证其可行性,通过研究路基变形过程和失稳模式,反演推导得到路基最大变形高度模型[33-34]的表达式为:

$$S_{\mathrm{T}} = k \cdot A \cdot [H \quad 1] \cdot (a_{ij}T + b_{ij}) \cdot [t \quad 1] \tag{8.3-20}$$

式中:k——修正系数;

A——融沉系数;

H——路基高度;

a_{ij}和b_{ij}——路基宽度相关的参数;

t——时间;

T——年平均地温。

不同地温和路基宽度下路基变形随路基高度的变化曲线如图 8.3-13 和图 8.3-14 所示,数据分析发现,工后 20 年宽幅路基和窄幅路基沉降变形随路基高度增大呈逐渐减小的趋势,冻土温度越高沉降变形越大,融沉变形与低温呈线性关系。宽幅路基与窄幅路基数据对比发现,同路基高度下宽幅路基沉降变形为窄幅路基的 2 倍以上,如当路基高度为 6m 时,26m 宽幅路基沉降变形为 1.6m,而 10m 宽窄幅路基的路基沉降变形为 70cm。由此可见单纯采用提高路基高度调控路基变形的措施效果有限。

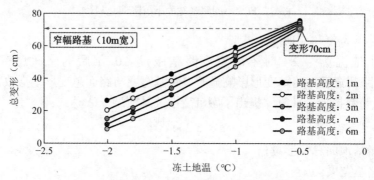

图 8.3-13　普通填土路基变形

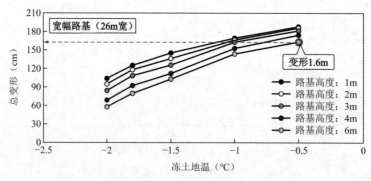

图 8.3-14　宽幅路基总变形

3. 冻土路基尺度控制原则

1)冻土公路融沉防控合理尺度确定原则

通过从能量、融沉及变形等方面对不同尺度冻土路基数据分析发现,与普通沥青公路相比,高速公路大尺度路基的总吸热量、热融敏感性及最大融沉量因其宽幅路面的吸热聚热效应均大幅增加，高速公路最大融沉可达 5.2m，综合风险指数是 176.5（表 8.3-2），是普通砂石公路的 10 倍以上[23]。汪双杰基于尺度效应理论首次系统揭示了不同尺度冻土公路融沉风险和变形的巨大差异，为冻土公路大融沉防控设计合理尺度选择提供了理论依据，当路基宽度大于 18m 时应分幅设计，路基高度大于 6m 时应采用桥梁结构代替路基。

各等级公路融沉指标计算　　　　　　　　　　　　　　　　表 8.3-2

指标		普通公路		高速公路
		砂石公路	沥青公路	
能量	基底总吸热 Q_b（MJ）	356	2212	4311
	融化潜热 L（MJ）	65	972	3534
融沉	热融敏感性 S_{te}	0.25	0.45	0.82
	最大融沉量（m）	0.6	2.7	5.2
变形	最小变形量（cm）	17	76	188
综合风险指数 R		17.1	42.9	176.5

2）冻土路基合理高度确定方法

由前面冻土路基尺度效应理论对路基吸热过程及沉降变形研究可知，宽幅路基过小的路基高度可减小上边界热量的传递路径，增强了热量对冻土路基的扰动程度，冻土吸热融化，路基沉降变形和发生融沉病害的风险增大；反之，当冻土路基高度过大时，虽然外界热量进入冻土地基的路径延长，但厚路基增大了热阻作用，致使进入路基内部的热量在冷季无法释放到外界环境中，强化了宽幅路基的吸热储热效果，加剧了冻土的升温融化，进而提高了高填方路基的开裂失稳风险。由此可见，高速公路冻土路基高度太小、太大均不利于其服役性能的发挥，需要确定其合理临界高度。鉴于此，汪双杰提出了冻土路基合理高度确定方法和控制开裂的上临界高度。

普通填土路基的合理高度：

$$H_R = M \cdot H_b + S < H_u \tag{8.3-21}$$

特殊路基的合理高度：

$$H_R = M \cdot H_b + S > H_u \tag{8.3-22}$$

控制融化界面的下临界高度：

$$H_b = \frac{\frac{s_0}{kA} - [(a_2 T + b_2) \cdot t + (a_4 T + b_4)]}{(a_1 T + b_1) \cdot t + (a_3 T + b_3)} \tag{8.3-23}$$

控制融沉开裂的上临界高度：

$$H_u = \left[\frac{F_s}{2.48 - 0.04p} \right]^{\left(\frac{100}{p-50} \right)} \tag{8.3-24}$$

式中：
H_R——合理路基高度；

H_b——下临界高度（图 8.3-15）；

H_u——上临界高度（图 8.3-16）；

s_0——冻土路基在设计年限内的最大允许变形量；

k——经验系数；

p——路面荷载；

t——时间；

a_1、a_2、a_3、a_4，b_1、b_2、b_3、b_4——拟合系数；

A——冻土的融沉系数；

T——冻土年平均地温；

F_s——年最小稳定系数。

下临界路基高度通过影响基地吸热量进而控制融化盘的形成及融沉盆地形态，减小路基沉降变形量；上临界高度通过控制热量的横向不均匀传递，抑制非对称融化盘的形成和演化，防止路基出现不均匀沉降和边坡失稳开裂[35-36]。合理高度确定方法和控制开裂的上临界高度，解决了在役公路高度控制难题，为采用特殊结构路基提供设计依据。

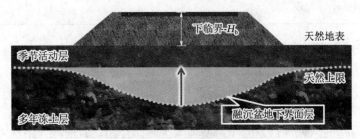

图 8.3-15　控制融化界面的下临界高度

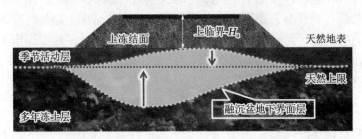

图 8.3-16　控制融沉开裂的上临界高度

8.3.3　冻土路基能量平衡设计理论

1. 理论框架及主要研究内容

1）冻土路基能量平衡理论框架

对于多年冻土天然地基，多年冻土与外界环境之间保持动态的能量平衡状态，冻土上限保持在相对稳定的水平。而开展工程活动之后，人为改变了原来天然地表的传热条件，破坏了原有地基的水、热能量平衡状态，引起多年冻土上限下降、地温升高等退化行为，造成一系列工程病害，影响冻土工程的稳定性（图 8.3-17）。目前在冻土工程中常用的"保护冻土"和"控制融化速率"的设计原则，其本质就是通过一定的工程措施修复或者弱化工程活动造成的冻土地基能量失衡状态,维持多年冻土的相对稳定状态,从而保证工程结构物的稳定性[37]。

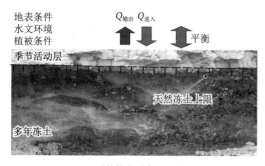

(a) 天然状态下冻土地基

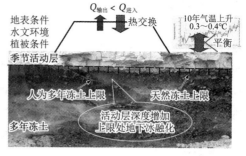

(b) 公路工程影响下冻土地基退化

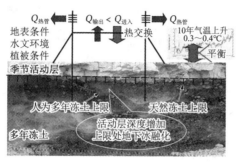

(c) 采用一定工程措施治理

图 8.3-17 多年冻土地基能量变化过程

多年冻土地区公路能量平衡设计理念主要围绕多年冻土地基能量变化过程开展研究,以多年冻土地基-工程活动能量相互作用为纽带,以工程构筑物和冻土地基的稳定性与能量变化过程相互关系为主线,重点研究多年冻土地基的能量收支过程及工程措施的能量调节程度,以解决保证工程构筑物稳定性所需的冻土地基能量平衡状态为设计目标。

2)冻土路基融沉防控设计能量基准

外界热量通过辐射、对流及导热形式进入冻土路基后,能量一部分被冻土吸收,另一部分重新释放回大气环境中。能量收支过程与结构性态、路基高度及冻土地温密切相关。汪双杰基于冻土路基能量传递过程及平衡理论,提出了路基能量控制的三参量计算体系(图 8.3-18)[18,21],计算模型为:

$$Q_{冻土} - Q_{地热} = Q_{辐射} - Q_{对流} - Q_{导热} \tag{8.3-25}$$

$$\Delta Q = F(T, H, E, t) \tag{8.3-26}$$

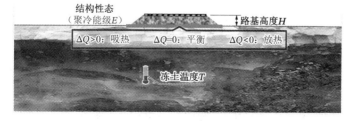

图 8.3-18 冻土路基能量平衡的三参量体系

311

（1）路基结构聚冷能级计算

为了保证冻土公路工程的热稳定性，调控工程活动对冻土地基能量状态的影响，延缓多年冻土的退化过程，冻土路基中采用了各种调控结构措施，通过计算路基结构聚冷能级可分析结构形态对路基下伏冻土能量状态的调节修复程度（图 8.3-19）。数据结果表明，普通填土路基一年内累计吸热超过 3000MJ，特殊结构路基均有不同程度的放热，如通风管＋块石层路基和热棒＋XPS 保温板路基的年度导冷量在 600～1000MJ[8,27]，有效地降低了冻土地温，保证了路基工程的稳定性。块石路基、通风管路基、热棒路基及其复合结构等特殊措施的作用本质都是通过导冷、阻热、调控方式实现对冻土路基的聚冷，改善公路工程的热稳定性。

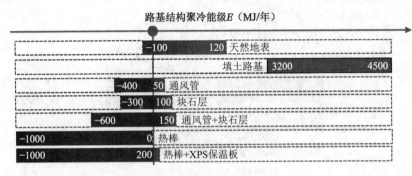

图 8.3-19　冻土路基结构聚冷能级值

（2）不同路基高度基准温度计算

高速公路路基方案设计的基准温度应综合考虑地温条件和路基高度确定，根据上、下临界路基高度对路基调控方案分为四个区域（图 8.3-20），路基高度在上临界高度以下，地温较高的Ⅲ区时以导冷措施为宜；地温较低的Ⅱ区以保温措施为主。将上、下临界路基高度曲线交会点对应的年平均低温作为该路基高度下的基准温度，即高速公路冻土路基设计中，应采用 −1.8°C 作为高、低温冻土的分界阈值。

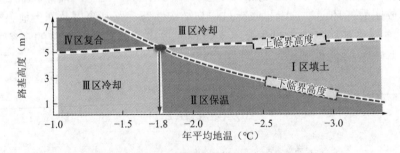

图 8.3-20　高速公路路基方案设计的基准温度

（3）不同尺度路基基准温度分析

砂石公路、沥青公路和高速公路因路面结构材料和空间尺度差异，导致其热能量的竖向、横向传递过程存在差异，进入路基内部的外界热量值也存在差异。通过对路基吸热量、融化界面演化、冻土热融敏感性及融沉变形分析可知，砂石公路、沥青公路和高速公路的基准温度分别是 −1.0°C、−1.5°C 和 −1.8°C（图 8.3-21）。

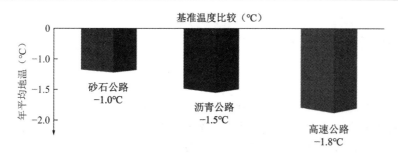

图 8.3-21　不同尺度路基的基准温度

2. 多年冻土区高速公路能量平衡设计方法

1）冻土高速公路的双控设计原则

高速公路大尺度路基设计流程主要依据路基基准温度结合冻土预测升温值，采用三类控制原则进行；具体而言，根据基准温度T_0和升温值ΔT对冻土地温进行分类，分类进行路基设计、调控路基热量收支（图 8.3-22）。

当$T < T_0 - \Delta T$时冻土地温较低，可采用普通填土路基结构，此时只需确定合理路基高度可控制冻土路基冻土上限，防止融化盘的形成，保护冻土路基的稳定性。

当$T_0 - \Delta T \leqslant T < T_0$时冻土地温接近能量基准温度，冻土在外界热量的扰动下易发生升温退化，大尺度路基强吸热聚热作用下路基内部已形成融化夹层，此时应采用特殊路基结构，通过控制冻土上限和控制冻土地温双控的设计原则调控冻土能量平衡，维持冻土路基变形和热状态的稳定性[23]。

当$T \geqslant T_0$时冻土地温高于能量基准温度，此时冻土属于退化性或者不稳定冻土，冻土地基对吸热量极为敏感，工程活动极易破坏冻土地基的能量平衡状态，而增高路基、减小幅宽和特殊处治措施等路基措施难以维持冻土地基的稳定性。应采用专项设计原则设计路基结构，即采用融化冻土方案或者"以桥代路"的旱桥方案。

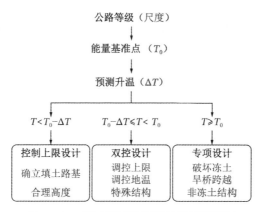

图 8.3-22　冻土高速公路双控设计流程图

2）冻土高速公路的设计计算流程

在实际的设计计算过程中，可采用满足冻土路基热稳定性计算，结合变形验算的方法开展。其设计计算流程如下：

（1）收集基础资料

包括气象资料，工程地质资料和路基结构参数等。

（2）设计计算过程

根据当地气象资料，相关工程经验，预估普通冻土路基的热收支状况，得到人为上限的变化过程和路基融化盘的形态，得到各项热收支指标。

根据计算得到的冻土路基热收支指标，分析其热融病害的严重性与可能性，并评估初选冻土路基的热稳定性，根据设计目标和安全运营要求，选择合适的设计原则，确定合理的热收支水平，据此评估初选路基的合理性。

判断初选的路基结构热收支状态是否满足设计要求。若不满足，则根据设计原则确定的热收支水平，结合冻土路基尺度效应的热收支分析，确定新的路基结构参数（路基高度、宽度、坡度等）。若填土路基不满足设计要求，则选择特殊结构路基，结合特殊结构路基的热收支分析，确定合理的设计参数（通风管管径、间距、热棒路基间距、埋深等），实现参数化设计。图8.3-23为热棒路基设计计算流程图。

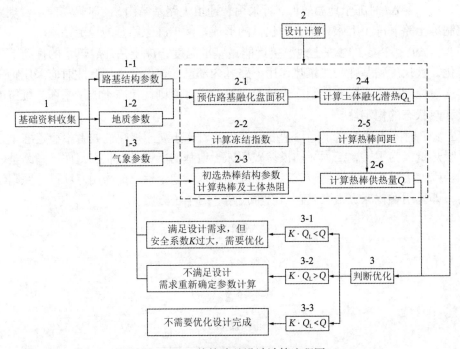

图 8.3-23　热棒路基设计计算流程图

8.4　大尺度冻土路基融沉防控技术

8.4.1　冻土特殊路基结构及工作原理

多年冻土区公路工程广泛采用的通风管路基、块石路基、热棒路基等特殊结构是防治冻土融沉变形的重要调控措施。以上措施最早在青藏公路整治改建工程中试验应用，并在青藏铁路工程得到推广应用，取得良好的效果。随着多年冻土区宽幅高等级公路的建设，已有的阻热、导冷、调温等特殊结构在路基尺度变化下的效能变化及对路基内部水热状态的改变，是冻土路基结构效应的主要表现形式。高速公路宽幅路基中采用的新型路基结构有，通风管路基，块石＋通风板路基，热棒＋XPS保温板路基及弥散式通风管路基等。以上特殊路基结构在调控路基内部能量过程方面发挥着重要的作用。

1. 冻土特殊路基工作原理

1）隔热层路基

隔热层路基是指在路基体内加入一层导热系数远小于土体的保温材料，从而达到增加路基热阻，减少路基吸热的目的（图8.4-1）。忽略路基体内的气体运动及其对流传热，根据傅里叶导热定律，单位时间内通过路基某截面的热量，正比于导热系数和温度梯度。路基土体的导热系数的量级一般为1.0W/(m·K)，而常用的路基隔热材料，如EPS、XPS保温板等，其导热系数的量级为10^{-2}W/(m·K)，比前者小两个数量级。因此铺设路基隔热层后，路基的吸热量将大大减小。

图8.4-1　隔热层路基保温机理示意图

2）通风管路基

通风管路基中当空气流经置于路基体内部的通风管道（常为混凝土管），与管壁发生较为强烈的强制对流换热，从而带走路基土体中的热量（图8.4-2）。尽管通风管不可避免地在暖季带入热量，但由于青藏高原年平均气温为较低的负温，且冷季的风速较高。因此从年周期上来看，通风管带走的热量大于带入的热量，净散热量较高。通风管降温效能的发挥受到地形、风速和风向等的影响。近年来在高原上采用的智能温控式通风管路基，暖季时关闭风门，限制暖风热量进入路基；冷季时打开风门，增强了冷季通风效果，大幅提升了通风管路基的降温效能。

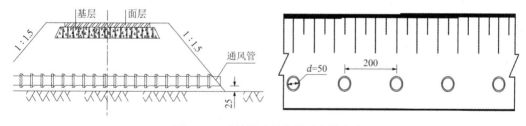

图8.4-2　通风管路基的典型布设方式

3）块石路基

块石路基是利用空气在路基块石层内的自然对流来改变路基传热方式的一种通风路基。在开放状态下，冬季以通风作用为主的强迫对流和较弱的块石层侧向空气自然对流的复合过程是块石冷却路基的作用机理（图8.4-3）。风速大小控制路基强迫通风效应和自然对流效应。封闭状态下，由于减弱了风的影响，强迫对流过程弱化，同时块石顶底板温差小不足以驱动自由对流过程。夏季块石层主要以热传导过程为主，块石层内的空隙起到了一定的隔热保温的作用。

由块石层路基的工作原理可以看出，它的显著特点是：无须借助外界动力、具有"热二极管"特征。影响其降温能力的影响因素有内部因素包括粒径分布、孔隙率、厚度、宽度等，外部因素包括气温和地温等。

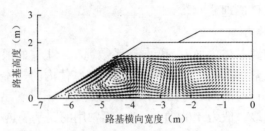

图 8.4-3　块石层自然对流过程示意图

4）热棒＋保温板路基

热棒＋保温板路基是将导冷和阻热作用组合在一起强化对冻土路基能量调控的特殊路基结构（图 8.4-4），该路基通过埋入路基的保温材料阻止黑色路面吸收的热量进入路基内部，同时热棒利用二极管效应将路基内部热量导入外界环境中，实现阻热导冷的效果。该新型路基结构对路基中心和阴坡下多年冻土降温效果显著，可防止冻土路基升温退化和融化盘的形成。

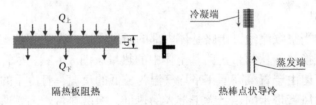

图 8.4-4　隔热层路基保温机理示意图

5）块石＋通风板路基

块石＋通风板路基（图 8.4-5）是将块石的自然对流和通风管的强迫对流组合在一起，该路基结构增强了块石路基的开放状态和对流条件，形成对流换热新条件，提升了路基的温度调控效能[27]，该路基结构对于平衡路基温度场和抬升冻土上限发挥积极作用，有效地减小了路基的融沉变形。

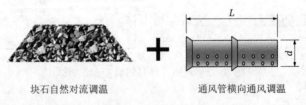

图 8.4-5　块石＋通风板路基工作原理图

6）强制弥散式通风管路基

弥散式通风管路基是根据普通通风管路基应用存在的问题，充分利用通风管在冷季的对流散热特点，屏蔽暖季的对流聚热而设计的通风管路基结构（图 8.4-6），利用智能控制模块控制风机。冷季风机启动通风管内吹风形成对流，加速空气冷量下传，暖季风机关闭管内空气处于静止状态，外界热量进入路基只能依靠热传导，从而保护多年冻土。

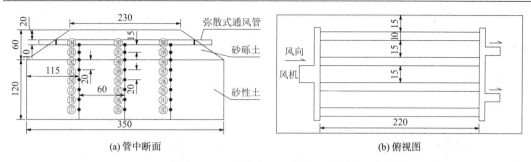

(a) 管中断面   (b) 俯视图

图 8.4-6　弥散式通风管模型示意图

2. 高速公路大尺度路基结构设计参数

汪双杰从 2008 年开始，基于数值模拟、等比例暴露试验和工程验证，系统开展高速公路大尺度冻土路基结构研究，建立了四种特殊结构大尺度条件下的适应性及关键参数。实现了冻土高速公路大融沉防控有效、经济。表 8.4-1 指出了四种特殊路基结构的适用条件、设计参数和质量控制标准。

高速公路大尺度特殊路基结构设计参数　　　　　　　　　　　表 8.4-1

四种特殊结构	适用条件	设计参数		质量控制标准
		二级公路	高速公路	
隔热板路基	低温冻土段	板厚: 6~8cm	板厚: 8~12cm	板顶弯沉 < 205
块石路基	低温高含冰量路段	厚度: 1.5~2.0m 粒径: 25~40cm	厚度: 2.0~2.5m 粒径: 30~40cm	空隙率 ≥ 25% 粒径 ≥ 25cm
通风板路基	高温低含冰量冻土路段	管径: 40~50cm 间距: 100~120cm	管径: 50~60cm 间距: 80~100cm	管径 40~60cm 管间压实度 ≥ 96
热棒路基	高温冻土路段	间距: 2.0~2.5m 长度: 6.5~12m	间距: 2.0~2.5m 长度: 10~12m	间距 < 2.5m 倾角 20°

8.4.2　新型特殊路基结构融沉防控效果

1. 隔热层路基

图 8.4-7 是青康公路姜路岭—清水河段 PU 隔热层上下面中心测点的温度变化的统计结果。数据分析可知，PU 板上下的较差相差达 15~28℃，且道路运行 4 年后，路基中保温板的隔热作用和减小温度振幅的作用没有明显变化。说明 PU 保温板在实际道路工程中的长期可靠性较好[37]，其隔热性能在运营过程中基本保持稳定，可以保证在多年冻土区路基工程中长期可靠使用。

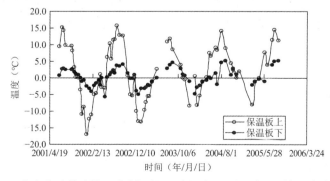

图 8.4-7　青康公路姜路岭—清水河段 PU 保温板上下面中心测点温度变化过程

图 8.4-8 为青藏公路 K2933＋500 和 K2933＋700 两个断面地温经过一个变化周期以上的地温等值线图。由图 8.4-8 可知，有保温材料的路基 0℃等温线最深处在路面以下 6m 左右，无措施的对比观测断面 0℃等温线最深处在路面以下 8m 左右，即保温材料路基能使冻土上限抬高 2.0m 左右[37]。

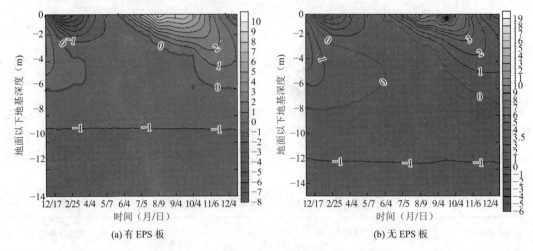

(a) 有 EPS 板　　　　　　　　　　　(b) 无 EPS 板

图 8.4-8　有无 EPS 左路肩地温冻融等值线图

2. 块石路基

共玉高速 K566＋950 断面块石路基宽度为 12.25m，冻土年平均地温约为 −0.55℃，块石层厚度为 1.2m，块石层设计粒径为 20～40cm。该断面 2019 年 10 月 15 日和 2023 年 10 月 15 日路基温度场如图 8.4-9 所示。由图 8.4-9 可知，对于该断面的块石路基，在建成初期，路基下冻土人为上限位于路基基底附近，较天然上限有所抬升。随着时间的推移，在大尺度黑色沥青路面的强吸热作用和工程热扰动的联合作用下，冻土人为上限逐年下降，但下降速率较小。由此可见，在该断面的具体冻土地质、路基结构和施工条件下，块石路基尽管降低了冻土退化速率，但仍难以实现热能量平衡，冻土的吸热现象仍然存在。

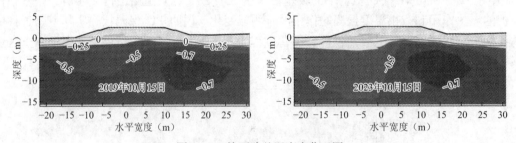

图 8.4-9　块石路基温度变化云图

3. 通风管路基

共玉高速公路大尺度通风管路基中心温度变化云图见图 8.4-10，观察可知冻土上限从 2016 年的 −1.15m 下降到 2019 年的 −1.45m，值得关注的是 2020 年冻土上限抬升至 −1.30m，上限上升了约 15cm，与此同时冻土地温降低，−0.3℃等温线范围扩大，−1℃低温核面积增大，到 2021 年冻土上限下降至 −1.42m。出现该现象的原因是 2020 年高原该地区累计风量和风速较大,增加了通风管的强迫对流换热作用,有效地对多年冻土进行了降温。

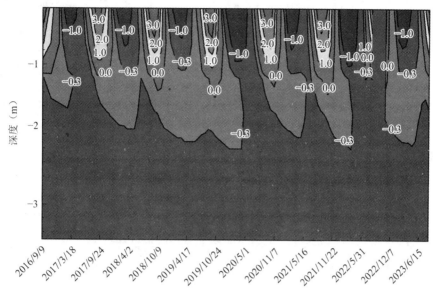

图 8.4-10 通风管路基中心温度变化云图

4. 热棒 + XPS 保温板路基

分析大尺度热棒 + XPS 保温板路基 5 年的年均地温变化数值可知(图 8.4-11),在地温为 −0.6℃的高温冻土地基中使用该路基时,该结构对冻土降温效果的显著,冻土地温以 −0.06℃/a 的速率在逐年降温[32]。与此相反,普通填土路基因大尺度路基热影响,冻土地温以 −0.08℃/a 的速率在逐年升温,说明热棒 + XPS 保温板路基保持大尺度路基热稳定方面优势明显。

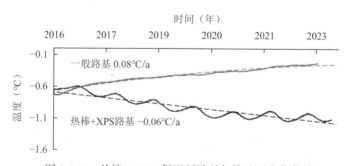

图 8.4-11 热棒 + XPS 保温板路基年均地温变化曲线

图 8.4-12 为 24.5m 宽幅热棒 + XPS 保温板路基一个年际周期内的降温效果云图;分析可知,热棒进入 9 月后已经发挥出明显的导冷效果,路面中心下出现了低温冻结核,地温云图呈驼峰状。保温板和热棒组合更好地平衡了温度场的不均匀性,实现路基下冷量的均衡传递,进入冷季后路基内部完全冻结,该组合结构是防止路基融化盘形成的首选结构形式。工程验证表明,热棒 + XPS 保温板路基解决了高温低含冰量冻土基准能量储备不足问题,减少基底吸热 85%,有效降低冻土温度[33]。

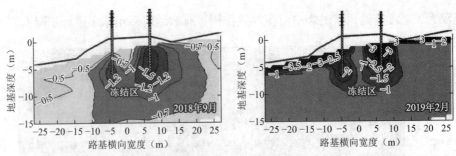

图 8.4-12　热棒+XPS 保温板路基地温云图

5. 通风管+块石路基

对高温高含冰量冻土中通风管+块石路基运营 5 年的年均地温变化过程分析可知（图 8.4-13），通风管+块石路基下伏冻土地温受气候年际变化影响敏感，地温随气候呈周期性变化，冻土地温以 −0.07℃/a 的速率在逐年降温；而同尺度普通填土路基地温以 −0.1℃/a 的速率在逐年升温[30]，说明通风管+块石路基能有效降低冻土地温，抬升冻土上限[33]。

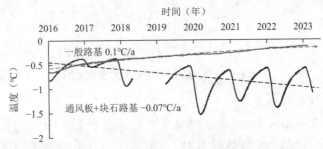

图 8.4-13　通风管+块石路基年均地温变化曲线

对共玉高速公路大尺度通风管+块石路基 5 年地温观测数据分析可知（图 8.4-14），路基下伏冻土地温逐年降低，−0.5℃地温等温线面积扩大，−0.8℃和 −1.0℃低温冻结核形成。同时，路基两侧温度分布更均匀，冻土上限抬升，说明该通风管+块石路基一方面能有效调控地温，保护冻土；另一方面，能弱化阴阳坡效应，减小路基的横向不均匀沉降。工程实践表明，通风管+块石路基使路基基底导冷量增加 40%，实现了路基的全断面均匀降温。

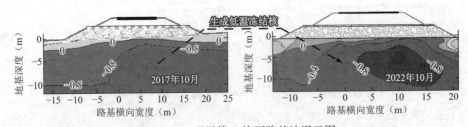

图 8.4-14　通风管+块石路基地温云图

6. 弥散式通风管路基

室内模式试验下弥散式通风管路基各位置温度时程曲线，如图 8.4-15 所示。由图可知，路基下伏土体整体呈降温趋势，试验经过两个周期（30d）的运行，路中基底处（190）温度最低降至 −0.28℃，最低温度降低了 0.6℃，路中基底以下 40cm 处（188）最低温度降低了 0.98℃[31]。

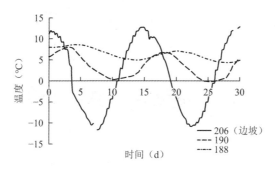

图 8.4-15　弥散式通风管路基各位置温度时程曲线

图 8.4-16 为经历两个周期路中断面管中位置、管间位置冻融过程图，由图可知，弥散式通风管位置以下土体呈降温趋势，对比分析管中位置、管间位置冻融过程图，可知两者温度等值线形态类似、位置基本相同，说明弥散式通风管路基纵向降温均匀性较好[34]。

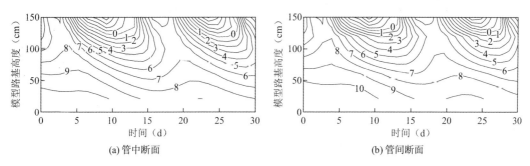

(a) 管中断面　　　　　　　　　　　　　(b) 管间断面

图 8.4-16　路中段面冻融过程图

8.5　多年冻土高速公路工程实践

8.5.1　科技示范工程概况

青海省共和至玉树（结古）公路（以下简称"共玉公路"），起于青海省海南藏族自治州共和县，终点为玉树藏族自治州玉树县结古镇，全长 634.8km。共玉公路穿越多年冻土区路段达 227km（占线路总长约 36%），为高温退化型多年冻土，地温高，热稳定性差。在宽、厚、黑高速公路独具的大尺度聚热、厚层承重路面结构储热和黑色沥青面层强吸热三大工程热效应，冻土热融风险较二级公路成倍增大，成为工程建设面临的世界难题。为攻克高寒高海拔地区高速公路建设技术难题，2014 年国家科技支撑计划项目"高海拔高寒地区高速公路建设技术"依托共和至玉树公路二期（上行线）开展了试验示范段建设（图 8.5-1），包括路线线性指标、路基处治技术、路面结构选型、以桥代路技术、环境保护、交通安全、监测技术等多项关键技术。

科技示范工程路基工程重点开展了 6 种多年冻土特殊结构路基试验示范研究，在建设期内同步开展了冻土稳定性监测，目前已获得了 7 年的监测数据。于 2014 年 8 月开始建设，2017 年 8 月建成通车，已通车运营 7 年。

图 8.5-1　共和至玉树公路试验示范段

8.5.2　应用效果

2017 年，建成了高寒高海拔地区 15km 科技示范公路工程，运营 5 年后，通过多场数据监测和病害调查统计分析，结果表明路基冻土融沉病害率控制在 5% 左右。融沉变形和蠕变变形在大尺度冻土路基的沉降变形中占据主导地位，经过长时段大尺度的变形观测分析，发现三种新型复合路基：包括隔热板 + 热棒路基，通风管 + 块石路基，块石 + 通风板路基运行 13 年的累计沉降变形量小于 20cm[31]（图 8.5-2）。说明上述路基结构在维持冻土热稳定和变形稳定方面发挥了重要作用。共和至玉树高速公路二期工程路基高度由保护冻土 6m 以上降至 3m 以下，效益显著，引领冻土公路向新建高速公路的跨越。

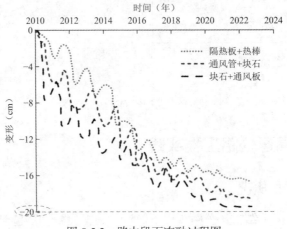

图 8.5-2　路中段面冻融过程图

1. 通风管路基（图 8.5-3～图 8.5-5）

路基高度 1.7～3.3m，冻土类型为以富冰、饱冰冻土，融沉等级Ⅲ～Ⅳ级，天然上限为 2.0～2.2m，年平均地温 −0.8℃。

图 8.5-3　通风管路基试验工程

监测数据表明，通风管路基在经历前 3 年的施工扰动后，开始出现降温，相对一般填土路基，通风管路基可以有效减缓升温退化速率，延长冻土路基稳定周期，路基下伏多年冻土上限位置没有发生明显变化，在控制冻土上限方面发挥了显著作用，未出现融化盘。

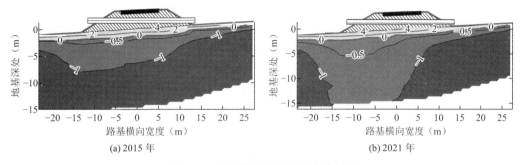

(a) 2015 年 (b) 2021 年

图 8.5-4　通风管路基地温场变化过程

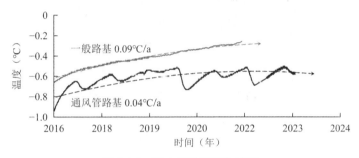

图 8.5-5　冻土层地温变化过程

2. 热棒 + XPS 板路基（图 8.5-6～图 8.5-8）

路基高度 2.0～3.1m，冻土类型为富冰冻土，融沉等级Ⅲ级，天然上限为 2.4～3.0m，年平均地温 −0.7℃。

监测数据表明，该复合路基产生了强烈的冷降温效果，冻土降温趋势明显，在路基内部形成了连续的低温冻结区域，路基中部冷却盲区显著缩小，多年冻土层稳定性显著提高。

图 8.5-6　热棒 + XPS 板路基试验工程

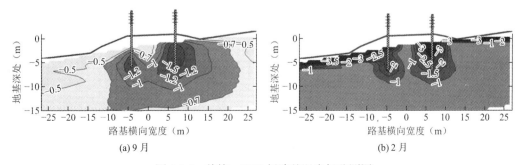

(a) 9 月 (b) 2 月

图 8.5-7　热棒 + XPS 板路基温度场监测图

323

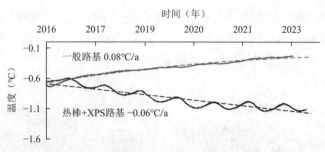

图 8.5-8　热棒 + XPS 板路基冻土地温变化过程

3. 通风板 + 块石复合路基（图 8.5-9～图 8.5-11）

路基高度 3.4～4.7m，冻土类型为富冰、饱冰冻土，融沉等级Ⅲ～Ⅳ级，天然上限为 1.8～2.6m，冻土年平均地温 −0.5℃。

图 8.5-9　通风板 + 块石复合路基试验工程

该复合措施不仅能显著降低地温，还能抬升冻土上限，多年冻土回冻趋势明显，2020 年时已形成明显凸起的低温冻结核。

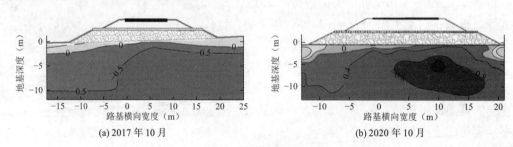

图 8.5-10　通风板 + 块石复合路基温度场变化过程

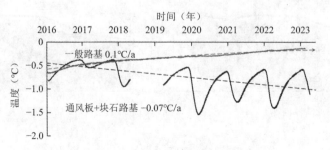

图 8.5-11　通风板 + 块石复合路基冻土地温变化过程

4. 强制弥散式通风路基（图 8.5-12～图 8.5-14）

路基高度 7.5～9.1m，冻土类型为富冰、饱冰冻土，融沉等级Ⅲ～Ⅳ级，天然上限为 1.7～2.0m，年平均地温 −0.28℃。

(a) 试验路现场　　　　　　　　　(b) 通风系统

图 8.5-12　强制弥散式通风路基

弥散式通风管路基是新技术的首次应用，利用自动温控风机，横向强制通风，动态控制降温。从监测数据来看，与邻近的填土路基对比段相比，能有效控制冻土不升温，地温状况变化极小，且冻土上限在进风侧出现显著抬升。

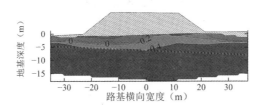

图 8.5-13　弥散式通风路基温度场监测结果

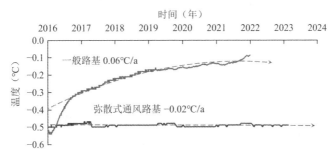

图 8.5-14　弥散式通风路基温度变化过程

8.5.3　总体评价

依托公路冻土工程科研成果、重大科技试验工程和工程实践经验总结，形成了我国冻土公路第一部工程设计施工标准规范[38]，填补本领域空白，完善公路冻土工程标准规范体系。针对共玉公路科技示范工程的运营状态调查结果表明：在 12.25m 宽幅路基尺度效应条件下，科技示范工程的病害率 5.33%，显著低于对应的一期工程（10m 宽二级普通公路）的病害率 24.43%；科技示范工程路基病害程度也明显低于对应的一期工程。在科技示范工程采用的 6 种特殊结构路基中，除块石＋单向导热路面和块石路基出现病害外，其余 4 种特殊结构路基未出现病害，病害主要存在于一般填土路基，而对应的一期工程则有近 1km 的块石路基病害。

科技示范工程连续 7 年的监测数据表明：各类特殊结构路基措施发挥了不同的调控作用，对比一般填土路基，各类措施有效降低了冻土地温的增温速率。其中热棒＋XPS 板路基、通风板＋块石路基和弥散式通风路基均发挥了主动降温的能力，多年冻土层地温和上限均得到有效控制。通风管路基能有效控制多年冻土上限，但冻土地温仍在缓慢上升。块石路基能减缓冻土退化速率，延长冻土路基稳定周期，但主动降温效果不足。

科技示范工程勘察结果表明：除块石＋单向导热路面外，示范段其他 5 种工程措施冻土人为上限均较同期天然孔显著抬升，抬升 0.7～1.5m，年抬升率为 0.1～0.3m/a；而共和至玉树公路一期工程冻土上限较同期天然孔则变化不明显，上限最大下降 0.5m，最大抬升 0.7m；G214 国道冻土上限较同期天然孔普遍下降，下降 0～1.1m。

参考文献

［1］ 武憼民, 汪双杰, 章金钊. 多年冻土地区公路工程[M]. 北京: 人民交通出版社, 2005.

［2］ 汪双杰, 李祝龙, 章金钊, 等. 多年冻土地区公路修筑技术[M]. 北京: 人民交通出版社, 2008.

［3］ Jin L, Wang S, Chen J,et al.Study on the height effect of highway embankments in permafrost regions[J]. Cold Regions Science & Technology, 2012, 83-84: 122-130.

［4］ 汪双杰, 王佐, 陈建兵. 青藏高原工程走廊冻土环境与高速公路布局[M]. 上海: 上海科学技术出版社, 2017.

［5］ Wang Shuangjie, Chen Jianbing, Zhang Jinzhao, et al.Development of highway constructing technology in the permafrost region on the Qinghai-Tibet plateau[J]. Science in China, 2009, 52(2), 497-506.

［6］ 汪双杰, 陈建兵, 金龙, 等. 冻土路基尺度效应理论研究进展与展望[J]. 工业建筑, 2023,53(9), 45-53.

［7］ 程国栋, 何平. 多年冻土地区线性工程建设[J]. 冰川冻土, 2015, 23 (3): 213-217.

［8］ Du Yinfei, Wang Shengyue, Wang Shuangjie, et al.Cooling permafrost embankment by enhancing oriented heat conduction in asphalt pavement[J]. Applied Thermal Engineering, 2016,103, 305-313.

［9］ 马巍, 牛富俊, 穆彦虎. 青藏高原重大冻土工程的基础研究[J]. 地球科学进展, 2012, 11:5-11.

［10］ 汪双杰, 陈建兵, 李仙虎. 多年冻土地区公路修筑技术研究与工程实践[J]. 冰川冻土, 2009, 31(2): 384-392.

［11］ Sun Binxiang, Xu Xuezu, Lai Yuanming, et al.Mechanism of evolution on winter-time natural convection cooling effect of fractured-rock embankment in permafrost regions[J]. Science Bulletin, 2005, 50(23): 2744-2754.

［12］ 汪双杰, 刘戈, 纳启财. 多年冻土区公路工程施工关键技术[M]. 上海: 上海科学技术出版社, 2018.

［13］ 汪双杰, 陈建兵, 王佐. 高海拔高寒地区高速公路建设技术[M]. 上海: 上海科学技术出版社, 2018.

［14］ Wang S J, Niu F J, Chen J B, Dong Y H. Permafrost research in China related to express highway construction[J]. Permafrost and Periglacial Processes, 2020, 31(3): 406-416.

［15］ 金龙, 汪双杰, 陈建兵, 等. 基于变形分析的多年冻土地区路基高度效应研究[J]. 中外公路, 2013, 33 (3): 22-29.

［16］ 李述训, 吴通华. 青藏高原地气温度之间的关系[J]. 冰川冻土, 2005, 27(5): 627-632.

［17］ Sun Binxiang, Xu Xuezu, Lai Yuanming, et al.Experimental researches of thermal diffusivity and conductivity in embankment ballast under periodically fluctuating temperature[J]. Cold Regions Science & Technology, 2004, 38(2/3): 219-227.

［18］ 汪双杰, 陈建兵, 金龙, 等. 青藏高原多年冻土区公路路基尺度效应研究[R]. 西安: 中交第一公路勘察设计研究院有限公司, 2015.

［19］　吴青柏, 施斌, 吴青柏, 等. 青藏公路沿线多年冻土与公路相互作用研究[J]. 中国科学（D 辑: 地球科学）, 2002, (6): 514-520.

［20］　汪双杰, 陈建兵. 青藏高原多年冻土路基温度场公路空间效应的非线性分析[J]. 岩土工程学报, 2008, (10): 1544-1549.

［21］　汪双杰. 多年冻土区公路路基尺度效应理论与方法[M]. 北京: 科学出版社, 2008.

［22］　Zhu Qiyang, Wang Wei, Wang Shengyue, et al. Unilateral heat-transfer asphalt pavement for permafrost protection[J]. Cold Regions Science & Technology, 2012, 71: 129-138.

［23］　汪双杰, 黄晓明, 侯曙光. 多年冻土区路基路面变形及应力的数值分析[J]. 冰川冻土, 2006, 28(2): 217-222.

［24］　汪双杰, 吴青柏, 刘永智. 沥青路面下冻土热稳定性和热融敏感性的变化[J]. 公路交通科技, 2003,(4): 20-22.

［25］　陈建兵, 刘志云, 金龙. 青藏公路冻土路基最大设计高度研究[J]. 西安科技大学学报, 2012, 32(2): 198-203.

［26］　彭惠, 马巍, 穆彦虎, 等. 青藏公路普通填土路基长期变形特征与路基病害调查分析[J]. 岩土力学, 2015, 36(7): 231-238.

［27］　陈建兵, 汪双杰, 袁堃. 多年冻土区公路路基稳定性评价[M]. 上海: 上海科学技术出版社, 2020.

［28］　樊凯, 俞祁浩, 李金平, 等. 典型冻土路基变形调控措施应用效能分析[J]. 公路交通科技, 2017, 34(10): 34-41.

［29］　汪双杰, 金龙, 穆柯, 等. 高原冻土区公路路基病害及工程对策[J]. 中国工程科学,2017, 19(6): 140-146.

［30］　Dong Y H, Chen J B, Yuan K, et al. A field embankment test along the Gonghe-Yushu Expressway in the permafrost regions of the Qinghai-Tibet Plateau[J]. Cold Regions Science and Technology, 2019, 102941.

［31］　章金钊, 霍明, 陈建兵. 多年冻土地区公路路基稳定性技术问题与对策[M]. 北京: 科学出版社, 2008.

［32］　汪双杰, 霍明, 周文锦. 青藏公路多年冻土路基病害[J]. 公路, 2004(5): 22-26.

［33］　汪双杰, 陈建兵, 黄晓明. 热棒路基降温效应的数值模拟[J]. 交通运输工程学报, 2005,(3): 41-46.

［34］　俞祁浩, 程国栋, 何乃武, 等. 不同路面和幅宽条件下冻土路基传热过程研究[J]. 自然科学进展, 2006, 16(11): 1482-1486.

［35］　朱东鹏, 贾志裕, 章金钊. 青藏公路路基纵向裂缝发育规律与整治措施研究[J]. 公路, 2008(9): 335-339.

［36］　Wang S, Zhang Q , Zhao Z N .Full-scale site evaluation of ventilation expressway embankments underlain by warm permafrost along the Gonghe－Yushu Expressway[J].Frontiers of Structural and Civil Engineering, 2023, 17(7): 1047-1059.

［37］　Dong Y H, Pei W, Liu G, et al. In-situ experimental and numerical investigation on the cooling effect of a multi-lane embankment with combined crushed-rock interlayer and ventilated ducts in permafrost regions[J]. Cold Regions Science and Technology, 2014, 104:97-105.

［38］　中华人民共和国交通运输部. 多年冻土地区公路设计与施工技术规范:JTG/T 3331-04—2023[S]. 北京: 人民交通出版社, 2023.

9 山区交通岩土工程新技术

周建庭，任青阳，王林峰，肖宋强，沈娜

（重庆交通大学，重庆，400074）

9.1 概述

近年来，随着交通强国战略及"一带一路"倡议的持续推进，现代交通运输业得到了蓬勃发展，现阶段东部平原地区的交通基础设施及公路网建设已基本完善，现代交通基础设施建设逐渐向中西部深入，而我国中西部地形地貌复杂，地质灾害分布广泛，受环境条件、技术要求等限制，山区交通基础设施建设过程中势必面临着诸多岩土工程难题及边坡病害问题。例如，云南元江—磨黑高速公路建设过程中面临的岩土工程地质灾害问题则多达300余处；再如2023年8月21日四川凉山G4216线金阳—宁南段高速公路建设过程中遭受极端地质灾害，事故造成6人死亡、46人失联、21人受伤，直接经济损失达6480.84万元。可见，中西部山区交通基础设施建设过程中面临的岩土工程地质灾害问题呈现数量多、变形多、危岩严重等特点，若在设计及施工过程中处理不当，一旦发生失稳破坏，将直接影响交通基建工程建设及运营、威胁人员生命财产安全、制约国家发展战略推进、阻碍社会经济发展，岩土工程地质灾害问题已成为制约交通基础设施工程建设的关键性问题。

目前，山区交通基础设施建设过程中面临的岩土工程病害问题主要包括滑坡、崩塌泥石流、地面沉降、岩溶等灾害类型，其中滑坡、崩塌、泥石流占地质灾害总数的80%以上（图9.1-1）。现阶段，针对上述地质灾害问题的预防与治理已经取得了很大成效，形成了诸如削坡减载、挡土墙、抗滑桩、锚杆锚索等较为成熟的工程技术，但随着高等级交通基础设施建设的快速发展，加之全球极端气候环境的日益频发，同时随着经济社会可持续发展需求及人民美好生活向往需求逐渐增多，山区交通基础设施建设已由"数量"要求向"持续、安全、快速、健康"的新阶段转变，山区交通基础设施建设过程中面临的岩土工程病害问题日益突出，传统预警及防护技术受自身设计施工不标准、设计参数不合理、材料物理力学性能不达标等局限，加之外界地质及气候环境越发严峻，造成大量防护系统整体失效及地质灾害滑塌事故。随着科学技术的不断进步和发展，针对山区交通基础设施建设过程中面临的岩土工程病害难题，如何进一步优化与改善传统防治技术，或探求更为系统有效、安全可靠、经济生态的岩土地质灾害预防新技术，实现岩土工程灾害预防及治理，对于确保交通基础设施安全稳定、促进交通行业发展及交通强国战略推进，维护人民生命财产安全具有重要的科学研究及实用价值，同时亦是我国防灾减灾领域的国家需求。

基于此，本章以山区交通岩土工程新技术为主题，总结了深挖高填路基边坡、滑坡、崩塌、泥石流等岩土工程难题和地质灾害方面的主要预防技术新进展，详细阐述了上述预防技术的基本原理、结构设计、施工工艺、工程应用等内容，为山区交通岩土工程难题和地质灾害防治的结构设计及施工提供参考。

图 9.1-1　滑坡案例图

9.2　深挖高填路基边坡防治新技术

　　国内山区交通基础设施建设蓬勃兴起，尤其是高等级公路的建设，为满足线形的需要，势必会产生大量的深挖高填路基边坡，深挖高填路基边坡的高度持续拔升，屡屡出现开挖100m 以上的超高路堑边坡及 70m 以上的填方边坡，不断挑战边坡工程设计的极限。如云南元磨高速公路全线高于 100m 的路堑高边坡有 66 处，最高边坡达 197m，创造了国内路堑开挖高度之最；云南、贵州、重庆、四川、广东、浙江、福建等地均曾因为超高路堑边坡变形破坏导致工程延期，投资增加，甚至酿成工程事故。因此，相比传统治理措施，高填深挖路基边坡的出现势必要求更为经济、有效、稳定、安全的防治措施。近年来，高填深挖路基边坡防治技术得到了有效发展，本节总结了部分高填深挖路基边坡的预防新技术。

9.2.1　装配式拱形板-桩墙体系

　　目前，桩板式挡土墙的桩体大多采用矩形截面，但矩形截面桩成孔方法只能人工成孔，在施工过程中周期较长，在地层松散，开挖深度较大的施工环境下，施工安全难以得到保障。圆形截面抗滑桩可以通过机械成孔，效率高，安全性好。装配式拱形板—桩墙体系抗滑桩采用现浇施工，桩身主体为圆形截面，路堑开挖面以上设置成近似 T 形截面，圆形桩两侧预留挂板翼缘，路堑开挖面以下为圆形截面[1]。挡土板安装在桩间，直接搭接在翼缘板上。拱形板由多条预制钢筋混凝土条块构成，挡板在预制过程中于两侧的四分之一处预留吊装孔洞，同时作为泄水孔。桩板墙平面布置图如图 9.2-1 所示。

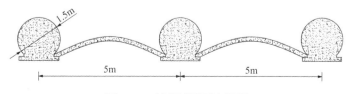

图 9.2-1　桩板墙平面布置图

1. 拱形挡土板横断面拱形选择

拱体横断面的形状函数为拱轴线，拱结构在承受荷载时，拱轴线的形状会影响弯矩和各截面内力。能否尽量降低拱体的弯矩是拱轴线选型优劣的标准。通过拱体轴线的合理选择可以使得建筑材料的抗压性能充分发挥，从而得以减小截面尺寸。拱体轴线为合理拱轴线在荷载作用下各截面弯矩为零。拱形挡土板在选择拱轴线时，需遵循以下原则：

（1）选形合理

由于拱体除了受恒定荷载之外还要承受温度作用、材料收缩以及多种不确定因素影响，合理拱轴线是无法取得的，只能尽可能寻求贴近的拱轴线。因此在选择挡板拱轴线时，需要使其压力曲线尽量吻合。

（2）线形简单

无论是现场现浇施工，还是通过预制构件安装，拱形挡土板都需要进行支模。简单规整的构件更利于模具的制作，线形过于复杂拱轴线必然导致施工难度增加。因此拱形挡土板拱轴线的选择需要考虑线形的复杂程度，降低施工难度，节约成本。

（3）外形美观

外形美观也是边坡支护结构所关注的一方面。拱形挡土板拱轴线的选择不仅影响结构的受力特性，而且很大程度上决定着结构的美观。因此在拱轴线选择中应考虑达到舒适的视觉感官效果，与周边环境相协调。

2. 装配式拱形板-桩墙计算方法

抗滑桩受到滑坡推力时，抗滑桩之间的土体由于滑床所提供的桩前抗力和摩擦力使得抗滑桩刚性位移受阻，发生相对桩体的位移。在此过程中，桩间土体因抗剪强度致其受桩身不同程度的约束而发生不均匀位移，土体颗粒产生"楔紧"作用，在桩间形成土拱效应。由此抗滑桩并非直接承受荷载，而是由土拱将荷载转换为支撑反力传递给抗滑桩。桩间距增加，土拱效应减弱，桩间超过某一阈值，土体将从桩间滑出，抗滑桩失去支护作用。土拱处于破坏的临界状态时，拱脚和拱顶的塑性应变发展到极限，具有塑性铰的特征，因此将桩后土拱简化为三铰拱模型，如图9.2-2所示。

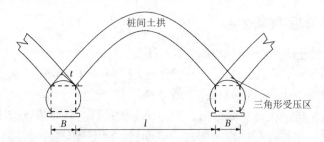

图9.2-2　桩间土拱受力图（图中 B 为圆形抗滑桩与土拱接触宽度， l 为桩间净距）

抗滑桩在推力作用下发生转动，桩前和桩后岩土体分别产生被动抗力和主动抗力，《铁路路基支挡结构设计规范》TB 10025—2019 规定地层横向允许承载力即为被动土压力与主动土压力的差。抗滑桩的内力计算方法是将桩结构分为悬臂段及锚固段两部分，其中悬臂段按照悬臂梁进行计算，建立平衡方程求得各个截面的弯矩及剪力；锚固段的计算地基土层视为符合温克尔假定的弹性地基，将抗滑桩视为弹性地基梁进行计算。

（1）锚固段以上桩身内力和位移计算

滑动面以上部分桩上的外力为桩后推力和桩前反力之差，其分布一般为三角形、梯形和矩形，按一段固定的悬臂梁考虑。按梯形分布时的土压力分布如图 9.2-3 所示。

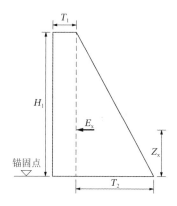

图 9.2-3　土压力分布简图

锚固段顶点桩身的弯矩 M_0 和剪力 Q_0 为：

$$M_0 = E_x Z_x \tag{9.2-1}$$

$$Q_0 = E_x \tag{9.2-2}$$

式中：Z_x——桩上外力作用点至锚固点的距离。

土压力分布图 9.2-3 中：

$$T_1 = \frac{6M_0 - 2E_x H_1}{H_1^2} \tag{9.2-3}$$

$$T_2 = \frac{6E_x H_1 - 12M_0}{H_1^2} \tag{9.2-4}$$

（2）锚固段桩身内力和位移的计算

在抗滑桩设计时，锚固段内力常采用地基反力系数法。对于地基反力系数的取值，主要有以下三种假定：①地层较为完整或为硬黏土时，假定侧向地基系数为常数，此时对应的计算方法称为 K 法；②当岩层为硬塑、半干硬的砂黏土、密实土、碎石土或风化破碎的岩层时，假定地基系数随深度变化，相应的计算方法称为 m 法；③假定地基系数随深度非线性变化，称为 C 法。本书桩身内力和位移采用 m 法计算。

按 m 法计算时，桩锚固段换算长度为 αh，其中，桩的变形系数 α 按下式计算：

$$\alpha = \left(\frac{m_H B_p}{EI}\right)^{\frac{1}{5}} \tag{9.2-5}$$

式中：m_H——地基系数随深度增加的比例系数；

E——桩钢筋混凝土的弹性模量；

I——桩截面惯性矩；

B_p——桩的计算宽度。

对于矩形截面桩，按下式计算：

$$B_p = 1.0 \times \left(1 + \frac{1}{b}\right) \times b = b + 1 \tag{9.2-6}$$

式中：b——桩正面边长。

梁的挠曲方程为：

$$EI\frac{\mathrm{d}^4 x}{\mathrm{d}y^4} + P = 0 \tag{9.2-7}$$

式中：P——土作用在桩上的水平反力。

结合 Winker 地基假定以及桩顶初始条件，可求解得到一组幂级数的表达式：

$$\begin{cases} x_y = x_0 A_1 + \dfrac{\varphi_0}{\alpha}B_1 + \dfrac{M_0}{\alpha^2 EI}C_1 + \dfrac{Q_0}{\alpha^3 EI}D_1 \\[2mm] \varphi_y = \alpha\left(x_0 A_2 + \dfrac{\varphi_0}{\alpha}B_2 + \dfrac{M_0}{\alpha^2 EI}C_2 + \dfrac{Q_0}{\alpha^3 EI}D_2\right) \\[2mm] M_y = \alpha^2 EI\left(x_0 A_3 + \dfrac{\varphi_0}{\alpha}B_3 + \dfrac{M_0}{\alpha^2 EI}C_3 + \dfrac{Q_0}{\alpha^3 EI}D_3\right) \\[2mm] Q_y = \alpha^3 EI\left(x_0 A_4 + \dfrac{\varphi_0}{\alpha}B_4 + \dfrac{M_0}{\alpha^2 EI}C_4 + \dfrac{Q_0}{\alpha^3 EI}D_4\right) \end{cases} \tag{9.2-8}$$

式中：A_i、B_i、C_i、D_i（$i=1,2,3,4$）——随桩的换算深度 αh 变化的系数，可按表取用，也可以按表达式计算。

考虑土体弹性模量随深度线性变化（$E_s = K_H y$），推导出无量纲系数，获得上述方法的简化形式，即简化 m 法，或无量纲解法：

$$\begin{cases} x_y = \dfrac{Q_0}{\alpha^3 EI}A_x + \dfrac{M_0}{\alpha^2 EI}B_x \\[2mm] \varphi_y = \dfrac{Q_0}{\alpha^2 EI}A_\varphi + \dfrac{M_0}{\alpha EI}B_\varphi \\[2mm] M_y = \dfrac{Q_0}{\alpha}A_M + M_0 B_M \\[2mm] Q_y = Q_0 A_Q + \alpha M_0 B_Q \end{cases} \tag{9.2-9}$$

式中：A_i、B_i（$i=x,\varphi,M,Q$）等——无量纲参数，可查表取值。

3. 工程实例

选取工程为吉图珲延吉段路堑边坡[2]，该工段地处吉林省延吉市，全程总长 1028.86m，地处延吉市城郊。主要地形地貌为山间剥蚀丘陵，地势较为平缓，山坡自然坡度 3°～10°。工点范围内地层主要为白垩系砂岩与泥岩互层，表层为第四系全新统残坡积粉质黏土、硬塑、下伏白垩系泥岩与泥岩互层。边坡平台设置 C30 混凝土截水沟，截水槽引入两侧线路天沟。两侧侧沟平台外设桩板墙，其典型断面图如图 9.2-4 所示。

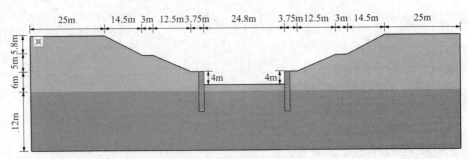

图 9.2-4　典型断面剖面图

在该工况下采用装配式拱形板-桩墙支护体系，抗滑桩采用圆形截面，桩直径为 1.5m，桩长为 12m，桩间距选为 5m，悬臂段高度为 4m，采用现浇施工；桩间拱形挡土板采用混凝土预制板，拱轴线取抛物线，矢跨比为 0.2，拱形挡土板厚度为 0.25m，其布置示意图见图 9.2-5 所示。

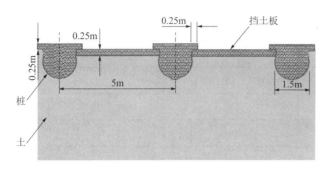

图 9.2-5　桩板墙平面布置示意图

针对延吉段路堑边坡桩板墙体系，进行路堑开挖支挡三维有限元计算，对模拟结果进行验证，探究了桩长、桩间距、桩身抗弯刚度等参数对抗滑桩的位移、土压力、桩身内力的影响规律。

1）模型计算区域

按照工段边坡实际尺寸，对模型坡面进行两次放坡，坡度为 1：2.5。利用对称性特点，选取路堑断面的半部分进行计算。为了消除边界效应对模拟结果的影响，有限元模型在深度方向上取 24m，为桩长的 2 倍。有限元模型在宽度方向上选择两个完整的桩间距，两端各沿宽度方向延伸半个挡土板的宽度，总计算宽度取 25m。数值计算模型如图 9.2-6 所示。

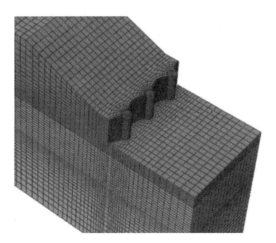

图 9.2-6　桩板墙有限元模型

2）模型参数及其本构模型

桩板墙材料采用 C30 强度等级混凝土，采用线弹性本构模型。有限元模型分两层土体，分别是粉质黏土和砂土层。由于修正剑桥模型能够区分添加与卸去荷载的应力路径，较为真实地反映弹塑性变化，从而很好地模拟土体与支挡结构之间的力学行为。因此，粉质黏土层选用修正剑桥模型，而砂土层选用摩尔-库仑模型。混凝土和土体参数见表 9.2-1。

模型材料参数表   表 9.2-1

参数	粉质黏土	砂土	混凝土
重度γ（kN/m³）	19	20.5	25
弹性模量E（MPa）	16.2	46	3×10^4
泊松比ν	0.3	0.25	0.2
黏聚力c（kPa）	35	1	—
内摩擦角φ（°）	26	38	—
回弹曲线斜率K	0.011	—	—
压缩曲线斜率λ	0.056	—	—
临界状态线斜率M	1.338	—	—
初始孔隙比e_0	0.982	—	—

3）有限元计算结果分析

将抗滑桩悬臂段按一端固定的悬臂梁考虑，锚固段采用m法，计算抗滑桩内力，与模型计算结果对比如图 9.2-7 所示。由图可知，通过m法计算和数值模拟所得到的桩身弯矩结果分布趋势一致，理论计算得到弯矩最大值比有限元模拟的最大弯矩值稍大。桩身剪力分布也基本一致，均在距离桩顶 4m 处，即路堑开挖面处出现最大正值；在距离桩顶 9m 至 10m 处出现最大负值。桩身剪力为零点均在距离抗滑桩顶部 6～7m 处。但由于m法计算将锚固段抗滑桩桩底按照自由约束考虑，因此理论计算结果桩底剪力为零，有限元计算结果桩底剪力非零。

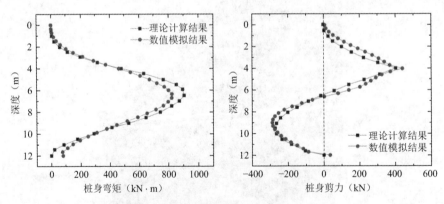

图 9.2-7　数值模拟结果与m法计算结果对比

4）装配式拱形板-桩墙支护性能影响因素分析

（1）桩长对拱形板-桩墙支护性能影响

由图 9.2-8 可知，桩顶水平位移与桩长呈负相关。10m 长抗滑桩桩身水平位移曲线表明桩身弯曲变形很小，抗滑桩产生较大倾斜；桩长达到 16m 时，桩身发生较明显的弯曲变形，倾斜程度变小，桩上各点位水平位移呈非线性变化，由此可知随着桩长增大，抗滑桩弯曲变形增大，抵抗倾覆能力增大。但桩长增加到一定长度后，位移变化趋稳。在所取工况中，桩长为 14m 时与 16m 时桩顶位移非常接近。换言之，当桩长超过 14m 时，通过增大桩长以减小桩板墙水平位移效果较差。此外，桩身弯矩和剪力在不同桩长下分布较为一致，桩身剪力和弯矩随桩长的增大而增大，桩身最大弯矩和桩身零剪力位置一致。总体来看，桩长对抗滑桩悬臂段弯矩和剪力影响较小，主要影响桩锚固段内力。与位移变化趋势类似，当桩长超过 14m 之后，弯矩和剪力增加的幅度变小。说明到达一定长度后，对桩身内力影响有限。因此，实际工程中一味通过增加桩长提高支护性能难以达到理想的效果，应根据工程实际需要确定适宜的桩长。

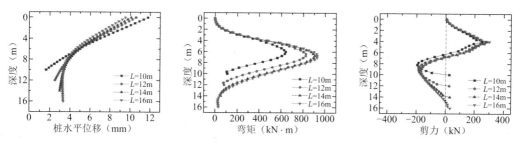

图 9.2-8　不同桩长工况下的水平位移、弯矩和剪力

（2）桩径对拱形板-桩墙支护性能影响

由图 9.2-9 可知，各工况下桩底位移几乎保持不变，桩顶水平位移与桩径呈正相关，桩径由 1.5m 增大到 1.9m 时，桩顶水平位移减少约 22%。桩径在 1.5～1.9m 范围内变化时，根据位移曲线斜率可知，桩体发生弯曲变形，桩径越小，弯曲变形越大。在桩长和其他条件一致时，上述差异的主要原因是桩径的不同导致桩身抗弯刚度的差异，桩径越大，抗弯刚度越大，位移和变形越小。桩身弯矩和剪力均随桩径的增大而增加，变化幅度递减。弯矩和剪力的极值点并不随桩径的变化而变化，桩身最大弯矩位置与桩身零剪力点位置相同。

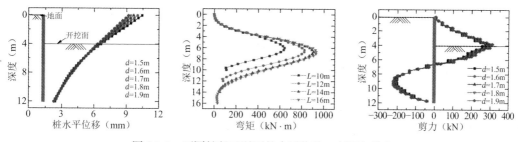

图 9.2-9　不同桩径工况下的水平位移、弯矩和剪力

（3）桩间距对拱形板-桩墙支护性能影响

由图 9.2-10 可知，桩顶水平位移与桩间距成正相关，桩底位移与之相反。根据位移曲线的斜率可知，随着桩间距的增大，抗滑桩弯曲变形也随之增加。桩身内力受桩间距影响较为显著，桩间距越大，桩身弯矩和剪力越大，但分布趋势基本一致。桩身内力在一定桩间距范围内较敏感（3～5m），受桩间距影响较大，超出该范围，影响效果减弱。由此可知，桩间距设置过小，支护效果虽好，但设计过于保守会造成不必要的浪费；桩间距设置过大，无法达到理想的支护效果，也是一种资源的浪费。因此实际工程需将桩间距控制在合理的范围之内。

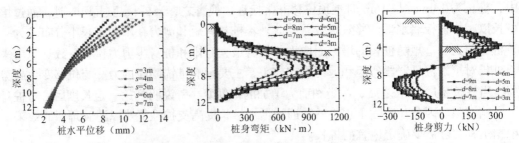

图 9.2-10　不同桩间距工况下的水平位移、弯矩和剪力

（4）拱形板矢跨比对拱形板-桩墙支护性能影响

由图 9.2-11 可知，桩顶水平位移与拱形挡土板矢跨比（f/s）成负相关，桩底位移变化很小。桩水平位移随矢跨比增大而减小，减小的幅度逐渐降低。当拱形挡土板矢跨比在 0.1～0.6 范围内时，桩顶水平位移减小约 12.3%，而从 0.1 增长至 0.3 的过程中，桩顶水平位移减小约 7.2%。不同矢跨比下桩身弯矩和剪力各自呈相似趋势分布，均与矢跨比成负相关。矢跨比增加，桩身内力减小，但下降趋势渐缓。矢跨比从 0.1 增大到 0.6，最大弯矩减小 12.1%，而矢跨比从 0.1 增加至 0.3 时，最大弯矩减小 6.8%。由以上分析可知，增加拱形挡板矢跨比在一定范围内对支护效果提升较为明显，超过这一范围提升效果明显减弱。另外，矢跨比过大不仅增加施工难度，而且增加所需开挖的土方量和构件所需坟工量。因此，拱形挡板矢跨比适宜控制在 0.2～0.3 之间。

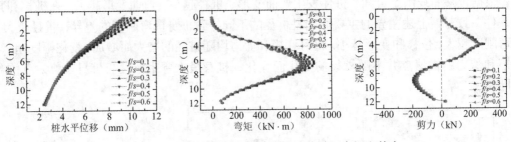

图 9.2-11　不同矢跨比工况下的水平位移、弯矩和剪力

9.2.2　玄武岩纤维复合筋锚杆（索）支护技术

锚杆（索）加固在岩土工程领域应用广泛，但传统钢筋锚杆（索）容易锈蚀，导致锚固系统失效。玄武岩纤维复合筋（Basalt Fiber Reinforced Polymer，简称 BFRP）具有耐腐蚀、强度高、质量轻、与注浆体粘结性能较好等优点。利用 BFRP 筋材替代钢筋作为杆体材料，能很好地解决岩土锚固工程的锚杆材料的腐蚀问题，对结构的安全性和耐久性提供一定的保障。目前，BFRP 筋材研究主要集中在物理力学性能，以及应用于岩土工程的可行性等方面，关于 BFRP 筋材在边坡工程中实际应用的研究较少。本节根据 BFRP 筋材与砂浆粘结强度试验，提出 BFRP 筋材锚杆（索）支护公路岩质边坡的关键设计参数，提出 BFRP 锚杆的设计方法，通过现场对比试验评价 BFRP 筋材锚杆（索）应用效果。

1. BFRP 筋材与注浆体粘结强度

采用中心拉拔试验方法，标准粘结试件参考《混凝土结构试验方法标准》GB/T 50152—2012 中的设计规定。拔出试件尺寸采用边长为 10 倍筋材直径的砂浆立方体试件。为避免加载端应力集中，采用将粘结区设置在试件低端，在加载端设置未粘结段，用塑料套管将 BFRP 筋与砂浆隔离，模拟粘结长度通过调整塑料套管长度来实现。试验用砂浆等级为 M20、M30，采用的 BFRP 筋的直径为 $\phi 8mm$、$\phi 10mm$、$\phi 12mm$，各制作 4 根试件。试验结果如表 9.2-2 所示。结果表明，砂浆与 BFRP 筋材的粘结强度 4.77～6.39MPa。

岩土参数建议值表   表 9.2-2

筋材型号 (mm)	砂浆类型	粘结强度（MPa）				
		试样 1	试样 2	试样 3	试样 4	平均值
8	M20	5.41	5.23	4.91	4.58	5.03
	M30	5.93	6.12	6.13	5.68	5.97
10	M20	4.86	5.88	4.23	4.23	4.80
	M30	5.01	4.87	4.81	4.37	4.77
12	M20	6.26	4.17	5.15	5.12	5.18
	M30	6.23	6.13	6.75	6.44	6.39

2. BFRP 锚杆（索）边坡支护设计

1）设计方法

BFRP 锚杆（索）与普通锚杆（索）的主要区别在于材料抗拉强度、与水泥基类粘结强度等不一样，这些关键参数影响锚固段长度的确定。设计方法参照《公路路基设计规范》JTG D30—2015 进行[3]，BFRP 锚杆设计取以下公式计算的大值作为锚固段长度。

地层与注浆体间粘结长度应按下式计算：

$$L \geqslant \frac{K \cdot N_t}{\pi \cdot d \cdot f_{rb}} \tag{9.2-10}$$

式中：K——安全系数，可采用 2.5；

$\quad\quad N_t$——锚杆轴向拉力设计值（kN）；

$\quad\quad d$——锚孔直径（m）；

$\quad\quad f_{rb}$——地层与注浆体间粘结强度（kPa）。

注浆体与锚杆体间粘结长度应满足下式：

$$L \geqslant \frac{K \cdot N_t}{n \cdot \pi \cdot d_s \cdot \beta \cdot f_b} \tag{9.2-11}$$

式中：n——锚杆体根数；

$\quad\quad d_s$——锚杆体直径（m）；

$\quad\quad \beta$——考虑成束筋材系数，1、2 根一束 $\beta = 0.85$，3 根一束 $\beta = 0.7$；

$\quad\quad f_b$——注浆体与锚杆体间粘结强度（kPa）。

BFRP 锚索设计计算每孔 BFRP 筋材根数 n 公式如下：

$$n = \frac{K \cdot N_t}{P_u} \tag{9.2-12}$$

式中：P_u——锚索抗拉强度标准值（kPa）。

地层与注浆体间粘结长度L_r按下式计算：

$$L_r = \frac{K \cdot N_t}{\xi \cdot \pi \cdot d \cdot f_{rb}}$$

(9.2-13)

式中：ξ——锚固体与地层粘结工作系数，对永久锚杆取1.00，对临时性锚杆取1.33。

注浆体与锚杆体间粘结长度L_s按下式计算：

$$L_s = \frac{K \cdot N_t}{\eta \cdot n \cdot \pi \cdot d_g \cdot f_b}$$

(9.2-14)

式中：η——锚索张拉筋材与砂浆粘结工作系数，对永久性锚杆取0.60，对临时性锚杆取0.72；

d_g——锚索材料直径（m）。

2）关键参数取值

参照没有屈服平台的钢丝或钢绞线，BFRP筋材的可靠强度可近似取为其极限抗拉强度的80%，可靠强度计算结果如表9.2-3。对于工程常用锚杆，其直径一般大于10mm。可统一取BFRP筋材的抗拉强度标准值为700MPa。由于BFRP杆体材料受荷达到抗拉强度标准值后，还有较大的强度储备才会发生破坏。

可靠强度计算结果 表9.2-3

直径（mm）	极限拉强度（MPa）	可靠度强度标准值（MPa）	极限抗拉荷载（MPa）
6	1292	1030	33
8	1119	890	56
10	1067	850	85
12	891	710	100
14	917	730	141

3. 工程实例

1）工程概况

选择汕揭高速公路K186+895～K187+060段边坡进行BFRP锚杆（索）支护应用试验。该工点为开挖路堑边坡，高约46m，分5级开挖。设计第1、4级边坡采用锚杆支护，第2、3级边坡采用锚索支护，第5级边坡采用人形骨架植草防护。试验边坡从上到下依次为粉质黏土（6m）、全风化粉砂岩（10m）以及强风化粉砂岩，岩层倾向与边坡倾向相同。该边坡部分采用BFRP锚杆（索）支护设计，通过布置应力监测元件监测锚固筋材受力情况，并与普通锚杆和锚索进行对比，分析BFRP边坡锚固效果。

2）BFRP锚杆（索）支护设计

边坡为顺层边坡，将通过坡脚的层面作为潜在滑动面来进行锚杆（索）的设计计算。利用理正软件计算得边坡的稳定性系数为1.130。按安全系数1.30求得边坡稳定需求锚固力为1000kN/m。参考《公路路基设计规范》JTG D30—2015，取锚杆（索）的水平间距为3m、沿坡面间距为3m，锚杆（索）与水平线的夹角为15°。锚杆锚固体直径为100mm，锚索锚固体直径为 150mm，注浆体为 M30 砂浆。每延米边坡所需要的锚固力为 1000kN，则每 3m 边坡所需要的锚固力为 3000kN。第 2、3 级边坡的 3 排锚索主要用于防止边坡整体滑动，第 1 级边坡和第 4 级的 3 排锚杆主要用于防止边坡的局部破坏。将边坡需要的锚固力分配到锚杆锚索中，得到各排锚杆（索）的设计锚固力如表 9.2-4。

锚杆（索）锚固力设计值表　　　　　　　　　　　　　　表 9.2-4

边坡级数	每级边坡的提供锚固力估计值（kN）	单根锚杆、索锚固力设计值N_t（kN）
1 级	240	80
2 级	1500	500
3 级	1500	500
4 级	240	80

设计采用的 BFRP 锚索采用直径为 14mm 的筋材，其极限张拉荷载为 140kN，取安全系数为 1.6。按照式(9.2-12)计算每孔 BFRP 筋材根数为 6。单根锚杆锚固力设计值为 80kN，抗拉安全系数为 1.6，采用单根 ϕ14mm BFRP 筋材作为锚杆。

根据规范，锚杆锚固体的抗拔安全系数为 2.5；注浆体与砂岩的粘结应力取 0.5MPa；BFRP 筋材与 M30 砂浆粘结强度取 4MPa。计算的大值作为锚杆的锚固段长度，得到锚固段长度为 1.27m，又因为规范中锚固段长度不宜小于 2m，也不宜大于 10m，综合取锚杆锚固段长度为 3m。锚索锚固体的抗拔安全系数为 2.0，计算得到锚索的锚固段长度并取大值，得到锚固段长度为 4.24m，规范规定锚固段长度不应小于 3m，也不宜大于 10m，故取锚固段长度为 5m。由边坡的潜在滑面产状、深度和锚索设计位置，确定锚索的自由段长度为 13m；取锚杆的锚头段长度取 2m，便于张拉，故锚索的设计长度为 20m。锚杆自由段长度为 6m，锚杆的锚头段长度取 1m，故锚杆的设计长度为 10m。边坡支护设计剖面图如图 9.2-12 所示。

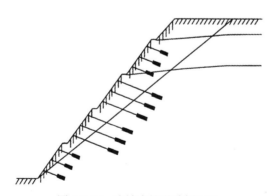

图 9.2-12　边坡支护设计剖面图

3）BFRP 锚杆（索）受力监测

现场支护试验边坡进行 3 个断面的 BFRP 筋材锚杆和 2 个断面的钢筋锚杆受力监测。每个断面设置 2 个钢筋计（图 9.2-13、图 9.2-14），每根锚杆上，第 1 个钢筋计距离坡面 3m，第 2 个钢筋计距离坡面 6m。共监测 3 根锚索受力，其中 2 根 BFRP 锚索，1 根钢绞线锚索。

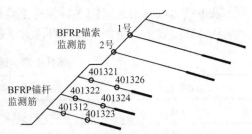

图 9.2-13　锚杆（索）监测布置图　　　　图 9.2-14　BFRP 筋材受力监测剖面图

BFRP 锚杆受力随时间变化如图 9.2-15 所示。BFRP 筋材锚杆自施工完成后，受力有一定的上升，随后数月期间，锚杆拉力略有上升，但变化不大，仅编号 401322 的钢筋计受力随时间增加较多，该元件位于第 2 排锚杆距端头 3m 处。至整个边坡施工期结束，锚杆拉力基本稳定，整体受力较小，最大约 7.0kN，远未达到锚杆的设计极限抗拔力（80kN），也未达到 ϕ14mmBFRP 筋材的极限抗拉强 140kN。普通钢筋锚杆受力如图 9.2-16 所示，普通钢筋锚杆受力同样不大，最大约 3.6kN，与 BFRP 筋材锚杆受力相当，均远低于锚杆的设计强度。目前该边坡整体稳定，边坡支护结构受力很小是正常的。

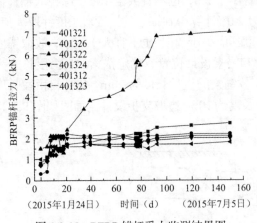

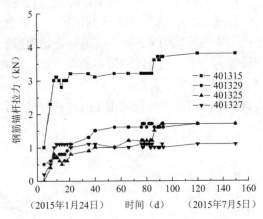

图 9.2-15　BFRP 锚杆受力监测结果图　　　　图 9.2-16　钢筋锚杆受力监测结果图

9.3　滑坡防治新技术

在山区复杂环境下修建交通基础设施等工程，复杂环境叠加工程扰动导致滑坡灾害十分严重，滑坡规模多达几百上千万立方米，甚至几亿立方米。诸如：暴雨诱发深汕高速公路长 320m、体积 $1.7 \times 10^{6} \mathrm{m}^{3}$ 的老滑坡复活，福建永武高速开挖引起体积 $6 \times 10^{6} \mathrm{m}^{3}$ 的老滑坡复活等。滑坡灾害严重制约了工程的建设和运营，严重危害着受灾区人民的生命财产安全，影响国计民生。因此，边坡监测预警及治理是确保工程安全、预防灾害、保护环境的重要手段，对于维护公共安全和社会经济发展具有不可替代的作用。滑坡监测预警是预防和管理滑坡灾害的关键环节，现已形成一系列的滑坡监测预警技术，如智能传感技术、遥感技术、次声技术等。此外，边坡监测和支护是环环相扣、密不可分的，通过合理的支护手段，可以有效防止边坡发生滑坡地质灾害，保障施工现场及周围环境的安全，先进的滑坡治理技术有：新型抗滑桩加固、植物绿色护坡技术等。本节将总结我国滑坡监测预警及防治的部分新技术。

9.3.1　次声监测技术

随着次声监测传感技术的提升以及应用领域的扩展，次声监测技术开始逐步向岩体破裂和地质灾害监测预警行业过渡。在地质灾害尤其是滑坡崩塌灾害的次声监测应用方面，目前国内外的相关研究尚少。为促进三峡库区地质灾害监测技术的发展，开展新技术应用探索，由中国科学院重庆绿色智能技术研究院牵头，重庆地质矿产研究院、中国科学院声学研究所和中国科学院成都山地灾害与环境研究所联合在三峡库区开展了滑坡泥石流次声监测预警示范工程，分别在藕塘、鹤峰等5处滑坡和泥石流灾害点建成了次声阵列，并与力学监测与位移监测相对比，示范结果表明：在滑坡发生局部变形时，具有明显的次声异常信号，并具有次声信号先于力学信号、力学信号先于变形信号的规律，通常情况下，次声异常信号的出现较位移信号提前4～5h。

1.地质灾害次声监测技术原理

1）原理及技术流程

地质灾害的次声监测采用与常规自动化监测完全不同的监测理念，其基本原理是利用次声信号波长较长、传播距离远且具有面域传播的特性，通过建立区域次声阵列，收集滑坡崩塌灾害在成灾过程中的次声信号，并开展声源定位确定破坏点的位置，从而实现地质灾害的地面面域实时监测。地质灾害的次声监测是一种面域监测概念，可在很大程度上弥补当前地质灾害定点监测所存在的上述不足，其监测技术流程如图9.3-1所示。

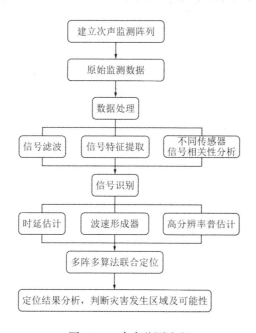

图9.3-1　次声监测流程

2）次声传感器及监测阵列

次声监测设备是次声监测的基础设备，次声传感器是能够接收次声波的传声器。通常有多种换能类型的传感器可用作次声传感器，需要足够低的下限频率，通常频率范围 0.1～20Hz，有些传感器的下限频率可低至 0.001Hz。目前种类很多，就测量原理来说，常见的有电动式、电容式、波纹管膜盒式、光纤式、电磁波多普勒式、磁感应调频式（FMIS）等。其中以电容式体积小，灵敏度高、频率相应好，可以直接与记录器或信号实时模数转换器连接，使用方便。目前，国际上较先进的次声传感器有美国阿拉斯加大学研制的 Model 系列，法国的 MB2000 系列，国内有中国科学院声学研究所的 InSYS 系列、ISD 系列、CDC 系列电容式传感器，中国人民解放军第二炮兵工程学院的双电容式次声传感器。次声阵列包括次声传感器、数字记录仪、太阳能供电系统、无线传输系统、次声降噪系统及分析处理系统组成，其硬件构成情况见图 9.3-2。

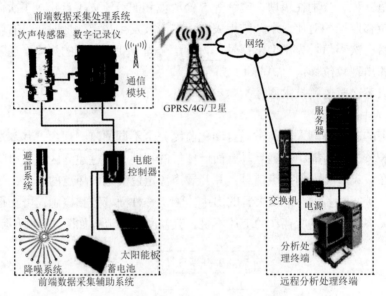

图 9.3-2　地质灾害次声监测阵列硬件构成

3）次声信号定位

通常对大气中次声波源的定位，属于被动声探测定位。目前的理论与实际应用均已证明，在用次声方法测定次声源的方位时，速度并不是一个必须计算的参数，但可在计算方位中用它作为一个重要标准，以判断计算是否正确。在实际应用中，为了达到更加精确的声源定位，通常采用多子阵联合进行声源定位，根据实际需求，围绕目标区设立多个不同方向的次声子阵列，通过每个子阵列分别计算声源的方位角，从而从不同的角度分别确定声源方向，各个子阵列所确定的声源方向的交点即为次声声源点的位置。

2. 工程应用实例

1）工程概况

奉节县的新铺滑坡地处长江右岸，地处东经 109°21′09″～109°21′50″，北纬 30°57′23″～30°58′24″。滑坡总面积 2.45km²，体积 4.0×10⁷m³。滑坡总体平面形状上窄下宽，前缘高程 81～85m，后缘高程 810～830m。新铺滑坡为大型深层滑坡，自上而下共有三个台地：

大坪滑坡台地、上二台滑坡台地和下二台滑坡台地，分别如图 9.3-3 中 T_1、T_2、T_3 所示。

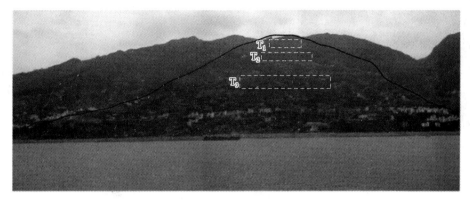

图 9.3-3　新铺滑坡全貌

2）次声台站建设

根据新铺滑坡地形地貌及滑坡体结构，并结合正在正在进行抗滑桩施工建设，将声学与力学监测点主要集中布置在上二台滑坡体上，共布置了 5 个监测点（图 9.3-4），其中地表次声监测点 3 个，地下力学监测点 1 个力学监测和 1 个地下次声监测点，力学监测用于监测局部坡体下滑力，通过力学和次声同步监测结果，构建力学和次声监测预警报方法，实现联合监测。地表 3 个监测点全部安装力学监测设备，通过建立三元三角阵阵列，实现次声定位，还可兼顾大坪滑坡、上二台滑坡、下二台滑坡三个滑坡。

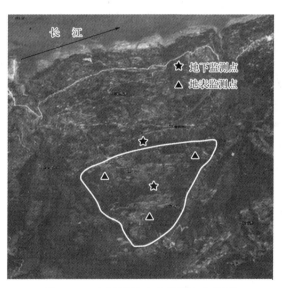

图 9.3-4　新铺滑坡次声监测点布置图

在次声传感器选择过程中，根据监测目标的实际情况，考虑频率范围、灵敏度、工作温度等，针对滑坡崩塌灾害而言，其频率范围多集中在 1Hz 以上，本次次声台站建设在传感器选择上选择频率相对接近的 ISD 型次声传感器。其主要参数如下：灵敏度：50mV/Pa，频率范围：0.1～50Hz，工作温度：−45～75℃，自噪声：1dB。次声台站现场如图 9.3-5 所示。

 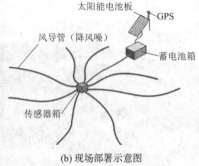 

(a) 次声传感器及记录仪　　　　　(b) 现场部署示意图　　　　　(c) 建成后的次声台站

图 9.3-5　次声台站现场图

3）监测结果

在新铺滑坡区建立的地质灾害次声监测预警系统于 2017 年 7 月 7—8 日接收到明显的次声预警信号，对应的 7 月 9 日白天发现在附近区域出现土层断裂出现裂纹，见图 9.3-6。地下次声传感器从 7 月 7 日开始陆续接收到明显的次声预警信号，在 7 月 8 日 19 时出现较大幅度的次声信号，如图 9.3-7、图 9.3-8 所示。在 7 月 6 日中雨时，滑坡区域没有次声预警信号，降雨量没对滑坡区域造成影响；到 7 月 7 日大雨时，地下次声传感器开始陆续接收到次声预警信号；直到 7 月 8 日虽然雨量减小，但由于前期的雨量饱和，在 8 日 19 时左右产生了幅度最大的次声预警信号。7 月 9 日巡视人员发现了土层断裂出现裂纹，与推断发生时间于 8 日晚吻合。

图 9.3-6　新铺滑坡区出现的土层裂纹照片

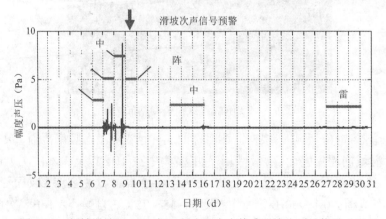

图 9.3-7　新铺滑坡区 2017 年 7 月地下次声传感器接收到的信号（30d）

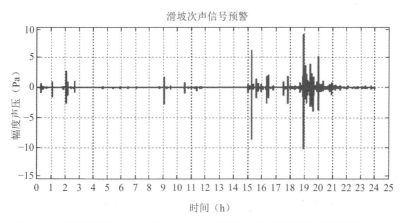

图 9.3-8　新铺滑坡区 2017 年 7 月 8 日地下次声传感器接收到的信号（24h）

图 9.3-8 是新铺滑坡区 2017 年 7 月 8 日（24h）地下次声传感器接收到的信号，其中在 2 点左右都接收到明显的次声预警信号，如图 9.3-9、图 9.3-10 所示。

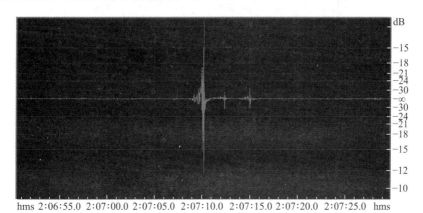

图 9.3-9　新铺滑坡区 2017 年 7 月 8 日 2 点钟左右接收到的次声波形图

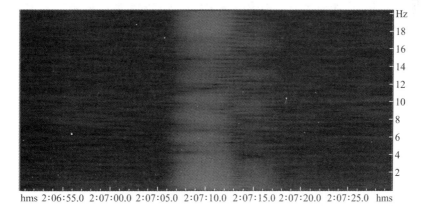

图 9.3-10　新铺滑坡区 2017 年 7 月 8 日 2 点钟左右接收到的次声波时频图

图 9.3-11 是新铺滑坡区 2017 年 7 月 8 日 18～21h 的时间区间，地表与地下接收到的次声信号对比与时频分析，从图 9.3-11 中可以看出，地表与地下有些较弱的对应趋势，推

断主要是因为是土层小范围裂缝，没有真正发生滑坡，因此没有足够能量传播至地表，地表次声传感器接收到次声信号能量低，且频谱特征有差异。

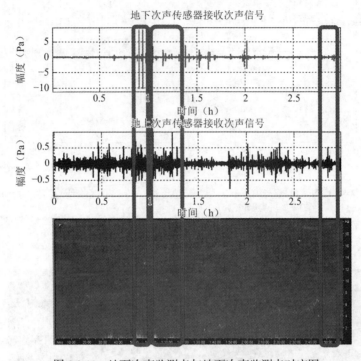

图 9.3-11　地下次声监测点与地面次声监测点对应图

　　因此，本项目通过建立地质灾害区域地面次声传感器阵列和地下次声传感器融合灾害事件监测预警方法，同时将两者结合可以去除干扰噪声源，在次声预警方面，可提前给出警示，解决存在较高误报率的问题，提高检测能力和降低虚警。

9.3.2　"抗滑棚洞"边坡支护技术

　　"抗滑棚洞"结构的提出主要是为解决超高边坡支挡和抑制变形的问题，故结构的基本形式为抗滑结构构造，即类似于双排或 h 形抗滑桩结构，"抗滑棚洞"利用两排及以上数量的抗滑桩和横向框架连系梁组成棚洞的空间结构。不同于双排或 h 形抗滑桩位于道路单侧，"抗滑棚洞"则是将两排抗滑桩分别设置在道路两侧，且因路面以上范围没有岩土体，两排抗滑桩完全通过横向框架连系梁传递力。基本构造如图 9.3-12 所示。

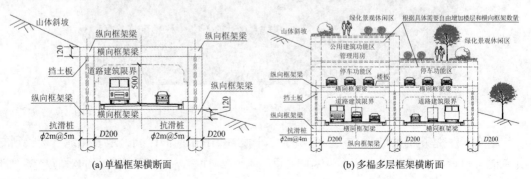

(a) 单榀框架横断面　　　　　　　　　　(b) 多榀多层框架横断面

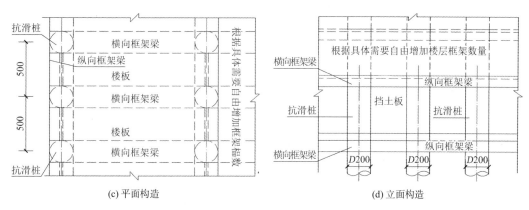

(c) 平面构造   (d) 立面构造

图 9.3-12 "抗滑棚洞"结构的基本构造图

1. "抗滑棚洞"结构受力分析

1) "抗滑棚洞"结构受力原理

超高陡倾顺层软岩边坡对"抗滑棚洞"的作用力可分为三种情况：①为控制边坡变形，因抑制边坡变形而承受的形变作用力；②当边坡变形已发展较大，造成内部破坏面贯通，而形成平面滑动或折线滑动，存在剩余下滑力作用到结构上，此时按滑坡推力计算；③当边坡变形已发展较大，形成大范围劣化，按边坡的土压力计算外力，并根据相关规范乘以调整系数。上述三种计算取最不利结果以控制设计。

滑坡推力或边坡的土压力作用在临土侧的抗滑桩上，如图 9.3-13 所示。棚洞路面以上的桩体长度为桩的悬臂长度，路面以下范围且滑动面以下范围的桩体长度为桩的嵌固长度，根据地质条件，按 m 法或 K 法计算水平地基抗力系数。对于土压力的计算应根据框架结构的具体刚度和位移选择合理的土压力计算方式。设计规定，当挡土结构的水平位移小于等于 0.05% 挡土结构计算高度时，或结构体转动位移小于等于 0.00005rad 时，挡土结构上的土压力为静止土压力。因"抗滑棚洞"要控制超高陡倾顺层软岩边坡的变形，故框架结构侧向刚度较大，结构位移很小，采用静止土压力更为合理。

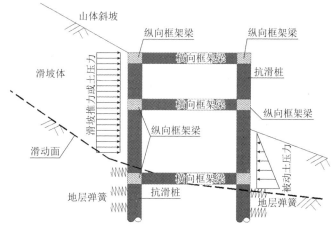

图 9.3-13 "抗滑棚洞"结构受力分布示意图

"抗滑棚洞"的总体受力模型如图 9.3-13 所示，分为支护结构与锚固结构两部分。滑动面或抗滑桩嵌固面以上部分为支护结构体系，以下为锚固结构体系。无论滑坡推力、土压力还是边坡形变作用力都作用在支护结构体系的临土侧抗滑桩上，临空侧抗滑桩如果埋入土中或部分埋入土中，则承受被动土压力。在空间协同作用下，框架梁两端可近似按具有一定抗弯刚度固定支座考虑，两根桩分别对框架梁产生水平力、弯矩和扭矩，且满足力、位移叠加原理。可由变形连续、静力平衡条件确定该结构的方程，求出框架结构的内力和变形。

采用有限元数值计算方法分析"抗滑棚洞"受力特征，其分析模型包括：棚洞的框架梁和抗滑桩采用普通梁单元。建立空间模型时，挡土板采用板单元，建立平面模型时，不考虑挡土板。边界条件：抗滑桩的嵌固段按岩土弹性抗力计算刚度设置地层弹簧单元。车行道地梁按"Winkler"地基梁方法计算刚度并设置地基弹簧边界。滑坡推力和土压力作为荷载作用在对应的梁单元上。其中，建模的关键是棚洞抗滑桩侧向地层弹簧单元的设置。图 9.3-14 所示为"抗滑棚洞"结构有限元分析模型。

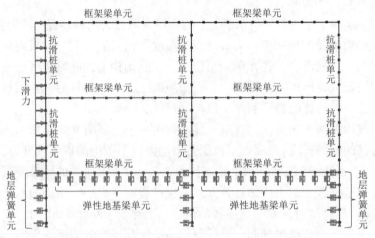

图 9.3-14 "抗滑棚洞"结构有限元分析模型图

2）"抗滑棚洞"结构内力计算

（1）框架"抗滑棚洞"结构内力计算

假设抗滑桩在嵌固点位置为支护结构的边界，其边界条件为固定约束。按单跨两层结构进行计算。如图 9.3-15（a）所示框架抗滑桩，设前后桩排间距为 $2a$，横梁间距为 b，下横梁至固定端距离为 c；横梁抗弯刚度为 EI_1，桩体抗弯刚度为 EI_2；前排桩受到水平向右的均布荷载 $2q$，通过力法求得其内力（弯矩）。

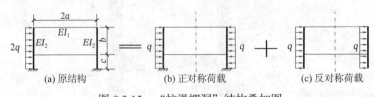

图 9.3-15 "抗滑棚洞"结构叠加图

由图可知，该结构承受非对称荷载，将其分解为正对称荷载结构见图 9.3-15（b）、反对称荷载结构见图 9.3-15（c），将它们分别作用于结构上求解，然后将所得的计算结构叠加（图9.3-15）。将正、反对称荷载结构分别取一半进行计算。在正对称荷载作用下，由于只产生正对称的内力和位移，故可知在对称轴截面处不可能发生转角和水平线位移，但可有竖向线位移。同时，该截面上将有弯矩和轴力，而无剪力，因此截取结构一半时，在该处应用滑动支座来代替原有联系。在反对称荷载作用下，由于只产生反对称的内力和位移，故可知在对称轴上的截面处不可能发生竖向线位移，但可有水平线位移及转角。同时，该截面上只有剪力。故截取一半时该处用一竖向支承链杆来代替原联系。

取一半后的正对称荷载结构为四次超静定，若去掉两滑动支座，代以多余未知力X_1、X_2、X_3及X_4，则得基本体系如图9.3-16（a）所示。根据原结构对称轴水平和竖向位移均为零的条件，可建立力法的典型方程：

$$\begin{cases} \delta_{11}X_1 + \delta_{12}X_2 + \delta_{13}X_3 + \delta_{14}X_4 + \Delta_{1P} = 0 \\ \delta_{21}X_1 + \delta_{22}X_2 + \delta_{23}X_3 + \delta_{24}X_4 + \Delta_{2P} = 0 \\ \delta_{31}X_1 + \delta_{32}X_2 + \delta_{33}X_3 + \delta_{34}X_4 + \Delta_{3P} = 0 \\ \delta_{41}X_1 + \delta_{42}X_2 + \delta_{43}X_3 + \delta_{44}X_4 + \Delta_{4P} = 0 \end{cases} \tag{9.3-1}$$

式中：Δ_{1P}、Δ_{2P}、Δ_{3P}、Δ_{4P}——基本结构上多余未知力X_1、X_2、X_3、X_4作用点分别沿着X_1、X_2、X_3、X_4作用方向由于原荷载P单独作用所引起的位移；

δ_{11}、δ_{12}、δ_{13}、δ_{14}——基本结构上多余未知力X_1作用点沿着X_1作用方向在多余未知力$\overline{X}_1 = 1$、$\overline{X}_2 = 1$、$\overline{X}_3 = 1$、$\overline{X}_4 = 1$单独作用下所引起的位移；

δ_{21}、δ_{22}、δ_{23}、δ_{24}——基本结构上多余未知力X_2作用点沿着X_2作用方向在多余未知力$\overline{X}_1 = 1$、$\overline{X}_2 = 1$、$\overline{X}_3 = 1$、$\overline{X}_4 = 1$单独作用下所引起的位移；

δ_{31}、δ_{32}、δ_{33}、δ_{34}——基本结构上多余未知力X_3作用点沿着X_3作用方向在多余未知力$\overline{X}_1 = 1$、$\overline{X}_2 = 1$、$\overline{X}_3 = 1$、$\overline{X}_4 = 1$单独作用下所引起的位移；

δ_{41}、δ_{42}、δ_{43}、δ_{44}——基本结构上多余未知力X_4作用点沿着X_4作用方向在多余未知力$\overline{X}_1 = 1$、$\overline{X}_2 = 1$、$\overline{X}_3 = 1$、$\overline{X}_4 = 1$单独作用下所引起的位移；其余公式字母命名规律与此相同，不再赘述。

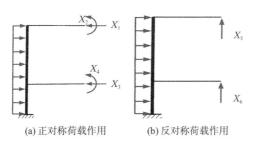

(a) 正对称荷载作用　　　(b) 反对称荷载作用

图9.3-16　"抗滑棚洞"结构受力体系图

取一半后的反对称荷载结构为四次超静定，若去掉两竖向支承链杆，代以多余未知力X_5和X_6，则得基本体系如图9.3-16（b）所示。根据原结构对称轴水平和竖向位移均为零的条件，可建立力法的典型方程为：

$$\begin{cases} \delta_{55}X_5 + \delta_{56}X_6 + \Delta_{5P} = 0 \\ \delta_{65}X_5 + \delta_{66}X_6 + \Delta_{6P} = 0 \end{cases} \tag{9.3-2}$$

计算系数和自由项时，对于刚架结构通常可以略去轴力和剪力的影响而只考虑弯矩一项。为此，可分别绘出基本结构在单位多余未知力 $\overline{X}_1 = 1$、$\overline{X}_2 = 1$、$\overline{X}_3 = 1$、$\overline{X}_4 = 1$、$\overline{X}_5 = 1$、$\overline{X}_6 = 1$ 和荷载作用下的弯矩图。通过 MATLAB 等软件计算可得值 $X_1 \sim X_6$，然后将得出的 $X_1 \sim X_6$ 值与各自弯矩图 $\overline{M}_1 \sim \overline{M}_6$ 相乘，并将各弯矩图沿对称轴对称绘制，最后再叠加即可得到超静定结构弯矩图 M 图，如图 9.3-17 所示。

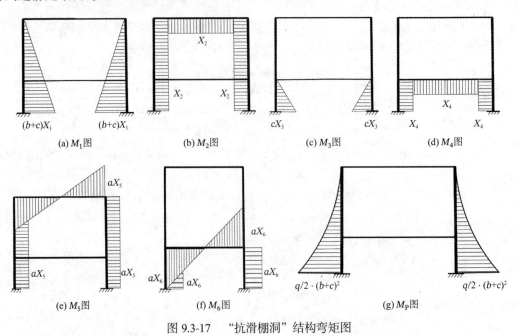

图 9.3-17 "抗滑棚洞"结构弯矩图

（2）拱形"抗滑棚洞"结构内力计算

将框架抗滑桩进行受力改良为拱形结构，并对改良后的结构作以下假设：①纵向桩及弧形桩抗弯刚度为 EI_1，横向连系梁抗弯刚度为 EI_2；②弧形桩桩型为半径 R 的 1/4 圆；③处于连系梁上部的纵向桩桩长为 b，下部桩长为 c，连系梁长为 a。由图 9.3-17 可知，该结构为六次超静定结构，需去掉六个多余联系，得出图 9.3-18 中的基本结构形式。

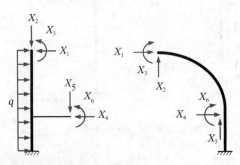

图 9.3-18 拱形"抗滑棚洞"结构基本体系图

可建立力法的典型方程：

$$\begin{cases} \delta_{11}X_1 + \delta_{12}X_2 + \delta_{13}X_3 + \delta_{14}X_4 + \delta_{15}X_5 + \delta_{16}X_6 + \Delta_{1P} = 0 \\ \delta_{21}X_1 + \delta_{22}X_2 + \delta_{23}X_3 + \delta_{24}X_4 + \delta_{25}X_5 + \delta_{26}X_6 + \Delta_{2P} = 0 \\ \delta_{31}X_1 + \delta_{32}X_2 + \delta_{33}X_3 + \delta_{34}X_4 + \delta_{35}X_5 + \delta_{36}X_6 + \Delta_{3P} = 0 \\ \delta_{41}X_1 + \delta_{42}X_2 + \delta_{43}X_3 + \delta_{44}X_4 + \delta_{45}X_5 + \delta_{46}X_6 + \Delta_{4P} = 0 \\ \delta_{51}X_1 + \delta_{52}X_2 + \delta_{53}X_3 + \delta_{54}X_4 + \delta_{55}X_5 + \delta_{56}X_6 + \Delta_{5P} = 0 \\ \delta_{61}X_1 + \delta_{62}X_2 + \delta_{63}X_3 + \delta_{64}X_4 + \delta_{65}X_5 + \delta_{66}X_6 + \Delta_{6P} = 0 \end{cases} \tag{9.3-3}$$

类似于框架"抗滑棚洞"结构，可分别绘出基本结构在单位多余未知力$\overline{X}_1 = 1$、$\overline{X}_2 = 1$、$\overline{X}_3 = 1$、$\overline{X}_4 = 1$、$\overline{X}_5 = 1$、$\overline{X}_6 = 1$和荷载作用下的弯矩图，如图 9.3-19 所示，然后利用图乘法求得各系数和自由项，随后的计算同改良前。

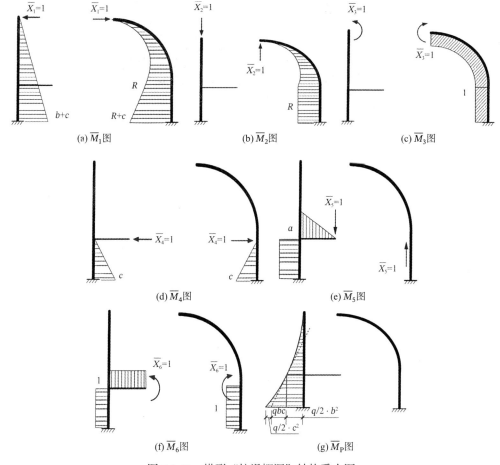

图 9.3-19　拱形"抗滑棚洞"结构受力图

2. 工程应用实例

1）工程概况

重庆西站站房南北循环道工程 6 号高边坡，位于重庆西站西北侧，其高边坡的主要范围如图 9.3-20 所示。其中北循环 K1＋080～K1＋620 道路右侧，划分为 6 号边坡，属于岩质边坡，切坡高度最高约 95m。在重庆市区范围内属于极为少见的，地质条件极复杂，边坡高度极高，实施难度极大的边坡项目。

该段道路开挖后，将在本段道路及沿山辅道五西侧形成高边坡。边坡长约 640m，挖方高度 0～60m，坡向 94°。该段边坡为岩质边坡，仅坡顶覆盖薄层的粉质黏土。边坡岩体类型为Ⅳ类，边坡安全等级为一级。地质构造：根据区域地质资料及详细调查，场地位于珍溪场向斜南西翼，岩层呈单斜产出，产状为 102°∠68°，岩层层面多为泥质充填，结合很差，属软弱结构面。测得两组构造裂隙，其性状如下：LX1：产状 295°∠75°，间距 0.5～1.0m，延伸 2.0～4.0m，裂面较不平，闭合，无充填，属硬性结构面，结合程度差；LX2：产状 205°∠78°，间距 1～3m，延伸 3.0～5.0m，闭合，无充填，属硬性结构面。如图 9.3-20 所示为边坡分布平面示意图。

图 9.3-20　边坡分布平面示意图

2）边坡治理方案

在对应道路桩号 K1＋250.052～K1＋387.052 边坡坡脚设置框架式抗滑支挡结构，框架结构为两跨框架，跨越拟建沿山路辅道及北循环道。框架结构总宽约 29m，每榀框架中心距为 3.35～6.35m，总长度约 137m。框架内边柱采用 1.8m×3.0m 的矩形桩，外边柱采用 2.0m×2.5m 的矩形桩，框架柱及框架梁设纵向连系梁。框架间设钢筋混凝土顶板，厚度 0.5m，顶板上覆缓冲层及种植层，总厚度约 1.5m，缓冲层材料采用橡胶材料，种植层可进行绿化设计。

在北循环桩号 K1＋190～K1＋250.052 段边坡坡脚设置一排抗滑桩，桩截面 2.0m×3.0m，桩长约 23.7m，每根桩桩身设一排预应力锚索，锚索采用 12 束 15.2mm 钢绞线，锚孔直径 250mm，入射角 20°，锚固段穿过破碎范围，有效锚固长度 10m，锚索总长度 38m 左右。如图 9.3-21 所示为边坡"抗滑棚洞"结构断面构造图，图 9.3-22 和图 9.3-23 分别为"抗滑棚洞"结构施工图和施工完成效果。

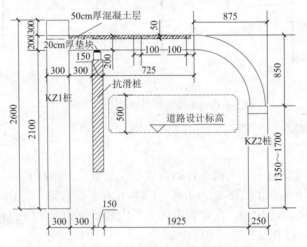

图 9.3-21　"抗滑棚洞"结构断面构造图

图 9.3-22 "抗滑棚洞"结构
施工图

图 9.3-23 "抗滑棚洞"结构施工完成效果图

3）结构受力变形计算及其支护效果

采用 midas GTS NX 软件进行二维有限元分析，取一榀"抗滑棚洞"结构采用荷载结构法进行分析计算，框架梁、柱采用梁单元模拟，框架柱与基岩之间的接触采用仅受压曲面弹簧进行模拟，下滑力按均布荷载考虑，施加于内侧框架柱，顶部覆土压力按均布荷载考虑，施加于顶梁。由于原抗滑桩现受力情况不明确，故不考虑原抗滑桩起抗推作用，仅在梁顶设置一橡胶垫块以支撑顶梁，该处支撑采用点弹簧进行模拟，弹性连接各方向刚度根据橡胶垫块厚度及面积进行计算得出：$SD_x = 4500kN/m$，$SD_y = 1800kN/m$。建立的模型如图 9.3-24 所示。

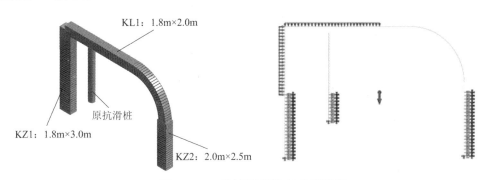

KL1: 1.8m×2.0m

原抗滑桩

KZ1: 1.8m×3.0m

KZ2: 2.0m×2.5m

图 9.3-24 "抗滑棚洞"结构模型图

根据稳定性计算结果，破碎带与外倾裂隙组合滑动时，剩余下滑力最大。坡脚采用"抗滑棚洞"结构，设计抗力 2000kN。框架结构平均 5m 一榀，受现状锚索限制，框架中心距不等，最大中心距为 6.35m，综合考虑框架纵横向联系对整体棚洞结构的加强，计算时取值按平均间距 5m 进行计算，一榀框架考虑承担 $2000 \times 5 = 10000kN$ 下滑力，内侧框架柱按悬臂 11m 计算，下滑力换算成 909kN/m 的梁单元荷载进行施加。顶部覆土按 1.0m 考虑，重度取 20kN/m³，梁单元荷载取 100kN/m，施加于对应范围的梁单元上，分析"抗滑棚洞"结构位移及计算裂缝时，采用标准组合，进行承载能力极限状态验算时，结构重要性系数1.1，下滑力、覆土压力等恒荷载分项系数取1.35。

"抗滑棚洞"支护结构计算结果如下：水平位移最大 16.0mm，竖直位移最大 4.21mm，柱轴力最大为 6671kN，梁轴力最大为 6284kN。柱剪力最大为 8625kN，梁剪力最大为5336kN。柱弯矩最大为 27445kN·m，梁弯矩最大为 14068kN·m。结构受力变形特征符合要求。

　　同时，对"抗滑棚洞"结构支护后边坡的水平和竖向位移进行监测，监测点布置如图 9.3-25 所示。监测点累计变形量较大点的变形曲线如图 9.3-26 和图 9.3-27 所示。从边坡典型监测点的竖向和水平位移发展情况可以看出，"抗滑棚洞"实施后，边坡的竖向和水平位移发展均呈现收敛趋势。通过一个雨季的检验，目前边坡各项检测数据稳定，未出现前几年一到雨季就发生变形预警的情况。

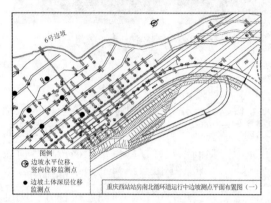 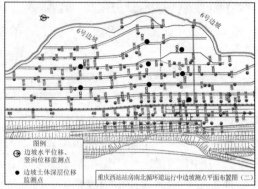

图 9.3-25　重庆西站"抗滑棚洞"支护边坡监测点布置图

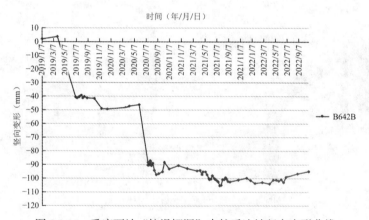

图 9.3-26　重庆西站"抗滑棚洞"支护后边坡竖向变形曲线

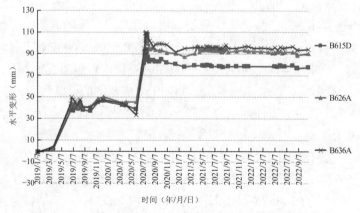

图 9.3-27　重庆西站"抗滑棚洞"支护后边坡水平变形曲线

9.4　崩塌防治新技术

9.4.1　消能棚洞

落石是一种典型的山区地质灾害。山区地形的铁路和公路线形走向较多为傍山或者穿山而过，且因落石灾害的发生频率高、发生突然、速度极快，主要延陡坡运动的特点，可在短时间内造成巨大的危害，严重地威胁着出行安全，并且极易造成重大的财产损失（图9.4-1）。棚洞在落石较多而且不宜采用全部清理的中小型崩塌灾害区域拥有非常明显的优势。消能棚洞除了拥有一般现浇落石棚洞的优点外，还具有施工速度快、能批量化生产、维修方便和对道路交通运行影响较小的优点，相应对消能棚洞的设计与实施也提出了更高的挑战。目前，棚洞面临的主要问题有：

（1）由于混凝土结构的刚性特点，落石砸在棚洞上的瞬间会产生巨大的冲击力，这个冲击力往往是落石自重的十倍，几十倍，甚至上百倍，而普通棚洞吸收和消耗冲击能量的能力有限，抗冲击能力较低，棚洞在巨大落石冲击力下容易受到破坏。

（2）消能棚洞的荷载有自重、落石冲击力和地震作用等，其中落石冲击力的计算最为复杂，现阶段消能棚洞关于冲击力计算和设计方法比较匮乏，计算结果与实际情况也存在着较大的误差。

（3）传统棚洞在短时间内受到巨大落石冲击力的作用下，锚固系统极易因变形能力不足而被拉断造成锚固失效，从而导致整个棚洞结构失稳破坏。

图 9.4-1　落石造成的安全事故

1. 消能棚洞的落石冲击力计算

1）消能装置

当棚洞设置消能支座能起到缓冲保护棚洞结构时定义为消能棚洞，其他定义为普通棚洞。常规的防治落石冲击普通棚洞的措施有拦石墙、拦石网、设置缓冲垫层等。消能支座的种类及效能原理有很多种，但是其本质就是用来缓冲落石冲击普通棚洞的冲击力以防止普通棚洞产生冲击力过大及共振的破坏。消能棚洞由顶板、立柱、基础组成，并在立柱和板之间设置了消能支座，进而达到消能的效果（图9.4-2）。由于消能支座的设置使得落石的巨大冲击能量被消能支座所吸收，减少了落石对消能棚洞的冲击，进而达到了提高消能棚洞抗冲击的能力。目前实际工程中多采用在普通棚洞上部铺设缓冲垫层来防止落石冲击普通棚洞产生的破坏，缓冲垫层有砂垫层、土垫层等，但是铺设缓冲垫层最大的缺点就是增加了普通棚洞的自重，这样会导致普通棚洞的横截面积、内部钢筋用量变大，产生混凝土、钢筋、垫层等资源的浪费，增加普通棚洞建设的额外成本。消能支座可以有效解决上述问题，消能支座的相关研究表明消能支座可以起到一定的缓冲效果到达保护普通棚洞的结果。

公路建设主要是以开挖路堑为主，在沿河傍山地带，将不可避免出现高大切坡，时常发生危岩、落石等地质灾害。现有技术通常采用棚洞防护的方法，即在公路上方采用钢筋混凝土构造棚洞，棚洞包括桩基、支柱和防护棚。桩基设置道路两边，桩基上设置支柱，支柱上横跨公路设置防护棚，由此构成棚洞。当防护棚遮挡滚落下来危岩、落石等，也将承受巨大的冲击力和压力。考虑到传统棚洞在受到落石冲击时所承受巨大能量的缺陷，提出一种消能棚洞及其消能支座装置，该消能棚洞能够有效吸收危岩、落石等带来的巨大的冲击力和压力，提高了棚洞的承受能力。其中的消能支座的结构简单、成本较低、重量轻且刚性良好，当受到猛烈冲击时缓冲能力强，适合用于棚洞等容易受到猛烈冲击的设施消能。

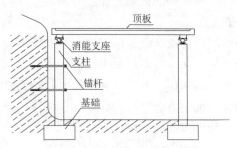

图 9.4-2　消能棚洞结构示意图

消能支座中的传荷钢板通过螺栓固定在支柱内侧，弹簧导杆穿过传荷钢板中段的定位环沿传荷钢板的中轴线上下移动，弹簧导杆上套装有弹簧，弹簧下端连接在定位环上，上端和固定在弹簧导杆上方的传荷支架的连接，弹簧导杆的顶端连接钢球榫，钢球榫的上方嵌套连接有旋转顶板连接板，连接板通过连接栓与纵梁连接，纵梁上方设置有横梁，横梁上方支撑防护棚，消能支座结构如图 9.4-3 所示。相较于传统的棚洞支座，消能支座可以有效减少地震时建筑结构所受到的震动，通过消能机制将地震能量转化为其他形式的能量，从而降低了结构的受到的冲击力，提高了建筑的抗震性能。消能支座可以吸收和分散地震引起的能量，减少了落石对建筑结构的冲击和损坏，延长了建筑的使用寿命，消能支座的设计通常具有一定的灵活性和可调性，可以根据建筑结构的需要进行调整，以适应不同的落石和建筑形式，提高了结构的适用性和灵活性。

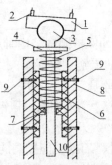

1—旋转顶板连接板；2—连接栓；3—钢球榫；4—弹簧；5—传荷支架；6—传荷钢板；
7—定位环；8—立柱；9—螺栓；10—弹簧导杆
图 9.4-3　消能支座结构示意图

消能棚洞采用了消能支座等科学技术，能够有效减少地震对建筑结构的影响，提高了整体的抗冲击和抗震性能，在结构设计和建造过程中充分考虑了安全因素，如耐震性能、消能支座等，减少灾害发生时的人员伤亡和财产损失。同时，消能棚洞采用了灵活的设计和可调节的消能支座，能够根据不同的地质条件和建筑需求进行调整，提高了结构的适用性和灵活性，适用范围更广。消能棚洞的采用促进了建筑领域的技术创新和发展。通过引入消能支座等先进技术，推动了建筑结构工程领域的研究和实践，为未来建筑抗灾技术的进步提供了经验和案例。

2）落石冲击力计算

消能棚洞的荷载主要由永久荷载、可变荷载和偶然荷载三部分构成，如表9.4-1所示。

消能棚洞荷载类型表 表 9.4-1

编号	荷载分类	荷载名称
1	永久荷载	结构自重
2		土压力
3		结构附加恒载
4		混凝土收缩和徐变产生的荷载
5		水压力
6	可变荷载	落石冲击力
7		车辆产生的冲击力
8		人群荷载
9		温度作用
10		冻胀力
11		施工荷载
12	偶然荷载	地震作用

消能棚洞的荷载有自重、落石冲击力和地震作用等，其中落石冲击力的计算最为复杂，传统的计算方法都是将落石冲击力简化为静力荷载进行计算，其计算结果与实际情况存在着较大的误差。王林峰等[4-6]基于结构动力学原理，根据落石冲击棚洞时的动力特征，提出了棚洞落石冲击力计算方法。

落石冲击棚洞顶板时其动力方程为：

$$m_L \ddot{x}_{P_i}(t) + c\dot{x}_{P_i}(t) + kx_{P_i}(t) = 0 \tag{9.4-1}$$

式中：m_L——落石质量（kg）；

k——冲击力作用处的刚度（N/m）；

c——冲击力作用处阻尼（N·s/m）；

$x_{P_i}(t)$——落石与棚洞接触后发生的位移（m）；

$\dot{x}_{P_i}(t)$——落石与棚洞接触后的运动速度（m/s）；

$\ddot{x}_{P_i}(t)$——落石与棚洞接触后的运动速度（m/s²）。

动力方程(9.4-1)的初始条件为：

$$x_{P_i}(0) = 0, \dot{x}_{P_i}(0) = v_0'(t = 0) \tag{9.4-2}$$

式中：v_0'——落石刚接触板的速度（m/s），取值为$\sqrt{2gh}$。

将式(9.4-2)代入式(9.4-1)中可得到落石的位移表达式：

$$x_{P_i}(t) = A \exp(-\xi\omega_n t)\sin(\omega_d t) \tag{9.4-3}$$

式中：A——振幅，$A = v_0'/\omega_d$；

ξ——阻尼比，$\xi = c/(2m\omega_n)$；

ω_d——阻尼系统自振频率，$\omega_d = \sqrt{1-\xi^2}\omega_n$；

ω_n——固有自振频率，$\omega_n = \sqrt{k/m}$。

落石冲击力的一般表达式为：

$$P_i = m_L \ddot{x}_{P_i}(t) \tag{9.4-4}$$

当落石冲击力$P_i = 0$时，落石对棚洞的冲击结束，则此时落石冲击力的动力表达式为：

$$m_L \ddot{x}_{P_i}(t_1) = 0 \tag{9.4-5}$$

式中：t_1——落石冲击棚洞顶板的时间。

将式(9.4-3)代入式(9.4-5)可得落石冲击棚洞顶板的时间为：

$$t_1 = \frac{\pi - \arctan\lambda_1}{\omega_n\sqrt{1-\xi^2}} \tag{9.4-6}$$

落石最大冲击力的作用时间可以通过$\ddot{x}_{P_i} = 0$来确定，表达式为：

$$t_{\max} = \frac{\arctan\dfrac{\omega_d^3 - 3(\xi\omega_n)^2\omega_d}{3\xi\omega_n\omega_d^2 - (\xi\omega_n)^3}}{\omega_d} \tag{9.4-7}$$

将式(9.4-7)代入式(9.4-4)便可以求得最大冲击力$P_{\max i}$。

消能棚洞顶板受到落石冲击处的刚度主要包含消能支座的刚度和棚洞的刚度两部分，消能棚洞顶板受到落石冲击处刚度k的表达式为：

$$k = \frac{k_x \delta^{-1}}{k_x + \delta^{-1}} \tag{9.4-8}$$

式中：k_x——消能支座的刚度；

δ——棚洞柔度系数。

当落石冲击消能棚洞后会出现以下两种情况：一是落石冲击能量小于消能支座能够吸收的能量；二是落石冲击能量大于消能支座能够吸收的能量。对于情况一，由于消能支座的弹性系数比上部结构自身的弹性系数小很多，所以计算消能棚洞的落石冲击力时可把上部结构视为刚体，即落石冲击能量由消能支座吸收，此时刚度系数$k = k_x$。而对于情况二，落石冲击能量由消能支座和棚洞共同承担，此时棚洞的刚度对落石冲击的影响就必须考虑。

为了计算简便，一般将棚洞的三维复杂问题简化为二维平面应变问题进行研究，如图9.4-4所示。图9.4-4是一个跨度为l和高度为h的棚洞截面，P为任意的落石冲击力，EI_1为棚洞顶板的抗弯刚度，EI_2为立柱的抗弯刚度。如果对图9.4-4所示情况进行直接求解，则其难度较大，但是可以根据结构力学中的叠加原理将其分解，即荷载P分解为竖直方向的P_1和水平方向的P_2，这样就可以很大的简化计算过程。在竖向冲击力作用下的动力响应时还可以将其分解为一个正对称荷载作用和一对反对称荷载作用下的动力响应。根据对称性原理，图 9.4-5 所示情况的振动模型可以分别简化为图 9.4-6、图 9.4-7 所示的振动模型。

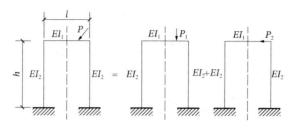

图 9.4-4　固结框架棚洞落石冲击力学模型

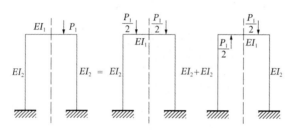

图 9.4-5　冲击力分解模型

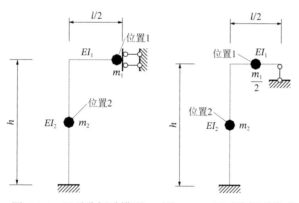

图 9.4-6　正对称振动模型　　图 9.4-7　反对称振动模型

　　求消能棚洞的柔度时，可先分别计算出当结构超静定时单位力分别作用在位置 1，位置 2 和冲击力作用处的弯矩图M_1、M_2、M_{P_1}、M_{P_2}，然后取静定结构计算出$\overline{M}_1$、$\overline{M}_2$、$\overline{M}_{P_1}$、$\overline{M}_{P_2}$，最后通过图乘法可以得到各个柔度值δ_{11}、δ_{12}、δ_{1P_1}、δ_{1P_2}、δ_{21}、δ_{22}、δ_{2P_1}、δ_{2P_2}、δ_{P_11}、δ_{P_12}、$\delta_{P_1P_1}$、$\delta_{P_1P_2}$、δ_{P_21}、δ_{P_22}、$\delta_{P_2P_1}$、$\delta_{P_2P_2}$。冲击力P_j（$j=1,2$）作用处的总柔度为：

$$\delta_j = \sum_{i=1}^{2}\left(\delta_{P_jP_i} + \delta_{P_ji}\right) \tag{9.4-9}$$

将式(9.4-9)计算出的总柔度值代入式(9.4-8)可获得消能棚洞顶板刚度系数为：

$$k_j = \frac{k_x \delta_j^{-1}}{k_x + \delta_j^{-1}} \tag{9.4-10}$$

2. 工程实例

以 G319 武隆境内的某棚洞和丰沙线某棚洞为例对消能棚洞的消能效果进行分析，结构形式和几何尺寸如图 9.4-8、图 9.4-9 所示。棚洞采用 C30 混凝土，弹性模量为 3.15×10^4MPa，阻尼为 0.03N·s/m，纵向方向（沿公路走向）棚洞总长为 50m 共 10 跨。消能支座置于每个立柱之上，其刚度为 6000kN/m，允许最大位移为 100mm。该地区可以不考虑地震作用。武隆境内的棚洞内侧有一体积约为 0.8m³ 的危岩块从 6m 高处落下，危岩块岩性为灰岩，其重度为 28kN/m³，危岩崩塌后砸向棚洞的入射角约为 40°，横向方向落点位于距离外侧立柱6m处，纵向方向的落点位于跨中。丰沙线棚洞内侧有一体积约为 0.5m³ 的危岩块从 3m 高处落下，危岩块岩性为灰岩，其重度为 26kN/m³，危岩崩塌后砸在棚洞上的入射角约为 60°，横向方向落点位于离外墙 5m 处，纵向方向其落点位于跨中。

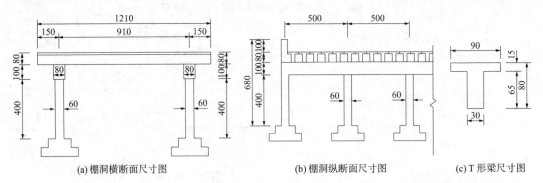

图 9.4-8　国道 G319 武隆境内的棚洞的几何尺寸（尺寸单位：cm）

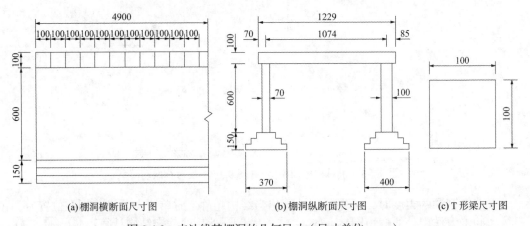

图 9.4-9　丰沙线某棚洞的几何尺寸（尺寸单位：cm）

由式(9.4-8)和式(9.4-9)计算得 G319 武隆境内的棚洞和丰沙线棚洞落石冲击处的刚度分别为 52084kN/m 和 59723kN/m。由式(9.4-4)计算得两个消能棚洞的最大冲击力分别为 31.32kN 和 22.72kN。若不考虑消能支座的作用，它们的最大冲击力分别为 65.23kN 和 50.69kN。对比设置消能支座前后棚洞的最大冲击力发现 G319 武隆境内的棚洞和丰沙线棚洞最大冲击力分别降低了 52%和 53.4%，该结果表明消能棚洞对落石冲击力的消减效果很明显。

以 G319 武隆境内的某棚洞为例对消能棚洞结构内力消减效果进行分析。消能棚洞结构内力计算时，荷载工况主要考虑两种：①工况 1：自重；②工况 2：自重＋落石冲击力。根据荷载分别计算棚洞在工况 1 和工况 2 作用下的内力。对于工况 1，由于没有计入落石冲击力，所以消能棚洞和普通棚洞的内力是相同的（图 9.4-10、图 9.4-11）；横梁的最大弯矩发生在跨中为 76.11kN·m；剪力最大值为 37.54kN，位于横梁的支座处；纵梁的下侧最大弯矩为 125.96kN·m 位于每跨的跨中，上侧最大弯矩为 187.02kN·m 位于与中间的立柱交接处。

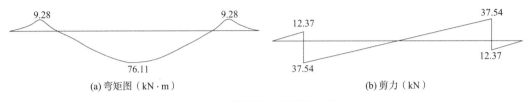

图 9.4-10　横梁的内力图（工况 1）

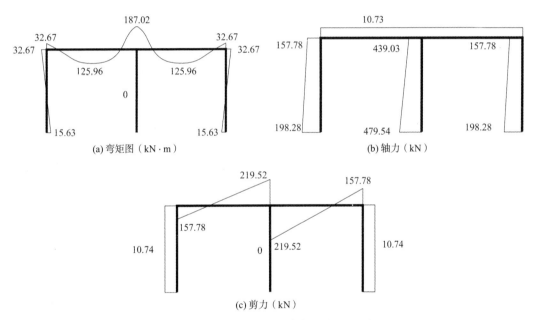

图 9.4-11　纵梁和立柱的内力图（工况 1）

对于工况 2，消能棚洞的内力如图 9.4-12 和图 9.4-13 所示，横梁的最大弯矩为 131.46kN·m，发生在落石冲击力作用处，发现消能棚洞横梁的最大弯矩较普通棚洞降低了 34.5%。此外，消能棚洞纵梁的上侧最大弯矩和下侧最大弯矩较普通棚洞分别降低了 17.3% 和 6.9%。因此消能棚洞的消能效果是十分显著的。

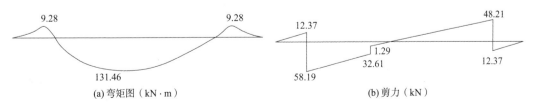

图 9.4-12　消能棚洞横梁的内力图（工况 2）

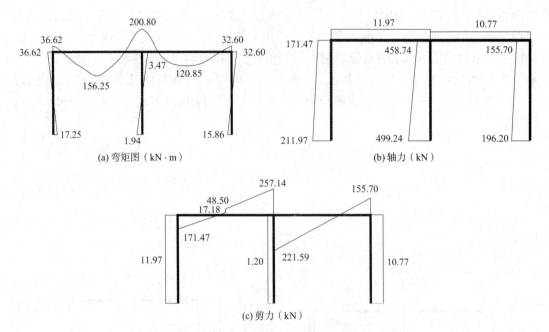

图 9.4-13　消能棚洞的纵梁和立柱的内力图（工况 2）

对于工况 1，不计入落石冲击力，消能棚洞和普通棚洞的内力是相同的，横梁的最大弯矩发生在跨中为 360.46kN·m，剪力最大值为 134.25kN，位于横梁的支座处；对于工况 2，横梁的最大弯矩发生在冲击力作用处，消能棚洞横梁的最大弯矩为 419.46kN·m，普通棚洞横梁的最大弯矩为 494.21kN·m，即消能棚洞横梁的最大弯矩较普通棚洞降低了 15.1%。由计算结果可知加效能支座后消能效果十分显著的。

9.4.2　抗震韧性提升锚索

普通锚索为具有快速施工、适应能力强和较好支护效果的半刚性结构，韧性较差，其抗震能力弱，在地震作用下，节点容易发生破坏丧失其锚固性能，导致边坡失稳影响地质灾害。随着高烈度地震区交通基础设施抗震韧性的提升已慢慢成为行业发展的前沿且国家对此需求重大，探究在地震作用下锚固结构抗震韧性的提升已然成为当前研究热点。锚索抗震韧性可理解为能维持原有预应力、不丧失锚固力、锚具锚头等锁力措施、能抵抗一定程度的地震动力破坏作用、发生形变后自行耗能恢复而不失效的能力。抗震韧性提升锚索在边坡工程这一领域具有十分重要的工程实践意义与科学研究价值。

地震作用下锚索面临的主要问题有：

（1）锚固结构本身刚性大，其允许发生的变形位移较小，对地震动作用的抵抗能力较弱，恢复较困难，大多数为低韧性甚至无韧性结构，一旦失效基本为永久性失效，给铁路等基础设施建设和后期运营带来了巨大的灾害风险和诸多难题。

（2）在强震等动力作用下，锚固岩体变形较大，难以继续限制其变形，此时极易因变形能力不足或瞬时冲击荷载作用下过载而被拉断，造成锚固失效，从而引发边坡失稳破坏。

（3）锚头采用的常规锚具和锁力措施，其使用寿命较短，维修更换较困难。

用如图 9.4-14、图 9.4-15 所示的韧性曲线来描述提升某一结构或系统的韧性的方法。

其中，功能指数的时变函数 $Q(t)=1-D(t)$，与动力响应、损伤状态、安全系数相关，通过理论推导、数值模拟、现场监测确定；韧性指数以灾害周期内结构平均剩余功能 $R=\frac{1}{VT}\int_{t_1}^{t_1+VT}Q(t)\mathrm{d}t$ 来表示。提升韧性的方法可以从以抗灾后剩余更高的功能水平和有更快的恢复速度来考虑。

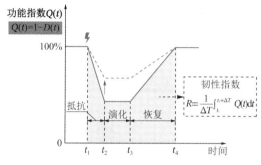

图 9.4-14　更高的剩余功能水平

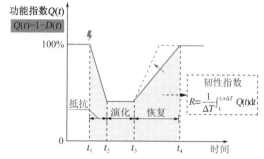

图 9.4-15　更快的恢复速度

通过普通锚索格构体系加固后的边坡，由于锚索格构梁系统多为半刚性结构，其允许变形较小，当发生地震时锚固结构抵抗能力较弱，一旦发生破坏便是永久失效。锚索格构梁支护结构动力破坏形式按照破坏位置可分为锚头破坏、锚索锚固段及自由段破坏、格构梁破坏，如图 9.4-16 所示。

(a) 锚头破坏　　　　　　(b) 锚索自由段破坏　　　　　　(c) 格构梁破坏

图 9.4-16　锚索格构梁支护结构破坏形式

1. 板簧式减震锚头韧性提升技术

板簧式减震锚头是为了适应地震动作用引起的边坡稳定性问题基于传统锚索的锚头部分改良而来，为实现锚头自行抵抗地震动荷载且长期工作而不易失效的目标，沿用协调变形和摩擦耗能的思想，一种新型抗震锚索锚头应运而生，其基本构造如图 9.4-17 所示。该锚头由基础组件与抗震组件组成，基础组件包括锚头工作台、反力钢垫板、承载支架、外锚具及限位约束螺杆，抗震组件包括减震板簧、初始抗震锚具以及外锚具底部的橡胶垫片。预应力锚索依次穿过锚头工具台、反力钢垫板、初始抗震锚具、减震板簧、橡胶垫片及外锚具。初始抗震锚具由固定于锚索上的串珠状钢球葫芦和橡胶垫块构成，在锚索预应力作用下，其紧压于反力钢垫板上。减震板簧各弯曲板片间通过 U 形骑马螺栓紧箍，底片两末端形成卷边卷扣于承载支架的转动轴，承载支架永久固定于反力钢垫板。减震板簧顶片中部置有橡胶垫片，外锚具在锚索预应力作用下压覆于橡胶垫片。锚头锚定后外锚具到工作台的高度为初始高度，也是工作过程中能达到的最大高度，且通过限位约束螺杆限定。如果减震板簧在抗震响应过程中回弹高度大于初始高度，将对锚索产生向外的拉拔力，反而削弱了锚固性能，因此设置限位约束螺杆的目的就是为了解决这一问题。

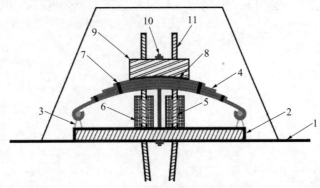

1—锚头工作台；2—反力钢垫板；3—承载支架；4—减震板簧；5—串珠状钢球葫芦；6—橡胶垫块；7—U形骑马螺栓；
8—橡胶垫片；9—外锚具；10—限位约束螺杆；11—锚索

图 9.4-17　板簧减震锚头基本构造示意图

该板簧减震锚头结构在地震作用下能产生较大的屈服位移，受载后弯曲进入弹塑性滞回变形而吸收耗散震动能量，响应过程中其工作性能随时间的变化曲线如图 9.4-18 所示，分为：正常工作阶段（Ⅰ）、抵抗阶段（Ⅱ）、恢复阶段（Ⅲ）、适应阶段（Ⅳ）。在抵抗阶段Ⅱ，锚头结构发生屈服变形来抵抗地震动荷载产生的瞬时冲击作用，实现产生极限变形后结构仍未破坏的目的，当破坏能耗散完全时转为恢复阶段Ⅲ，结构完全恢复后将进入适应阶段Ⅳ，之后锚头结构在地震作用下能再次实现上述作用过程，从而达到抗震的目的。

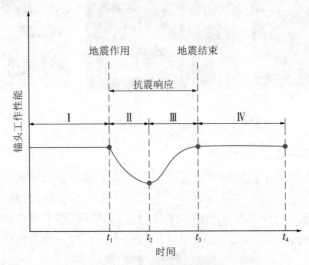

图 9.4-18　板簧减震锚头抗震响应过程

2. 抗震锚索结构韧性提升技术

抗震锚索结构是针对锚索自由段设计的一种能吸收较大能量和抵御较大变形的结构，且对变形恢复能力有所提升，达到长久工作而不失效的预期目标，满足行业发展的前沿性目标。该抗震锚索结构如图 9.4-19 所示。图中圈出的 A-A 部分是该抗震锚索结构的核心组成部分，它主要由第一锚索、第二锚索、弹簧、滑块、垫板的协同作用来控制锚索的收缩和伸长，达到抗震消能的目的。当震动发生时，第一锚索和第二锚索在震动的作用力下，发生周期性的相对远离和相对靠近，相对远离时，消能减震结构能够发生弹性拉伸形变，储存弹性势能，震动消失时，消能减震结构的弹性势能释放，使得第一锚索和第二锚索被拉回初始位置；相对靠近时，消能减震结构能够发生弹性压缩形变，储存弹性势能，震动消失时，消能减震结构的弹性势能释放，使得第一锚索和第二锚索被推回初始位置；其中，初始位置是指锚索结构尚未受到外界动力作用时第一锚索和第二锚索所处的位置。

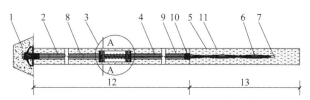

1—板簧式减震锚头；2—第一锚索；3—消能减震结构；4—第二锚索；5—锚固砂浆；6—架线环；7—导向帽；
8—第一套管；9—第二套管；10—阻浆剂；11—锚孔；12—自由段；13—锚固段

图 9.4-19　抗震锚索结构示意图

作为一种新型抗震锚索结构，其施工方法与普通锚索结构也有所不同。首先需要清理边坡表面，根据预设孔位置进行钻孔并及时清孔；然后制作抗震锚索结构，选取多根钢绞线，将每根钢绞线按照锚孔深度进行裁剪，将多根钢绞线用于锚固于锚孔底部的区段，进行交叉排布并安装架线环进行排布方式固定，并在用于朝向锚孔底部末端的钢绞线端头安装导向帽；然后将消能减震结构安装于钢绞线上，制作得到抗震锚索结构；接下来安装抗震锚索结构，将上一步骤中制作好的抗震锚索结构放入锚孔中，并通过导管向锚孔内均匀灌注锚固砂浆；按照预设锚头的位置、间距以及尺寸在边坡表面进行测放并开挖锚工作平台沟槽，采用钢筋锚固砂浆进行锚工作平台浇筑；抗震锚索结构中的第一固定锚索和第一滑动锚索的自由端从锚工作平台穿出并预紧，张拉至预设的预应力后，用锚具对第一固定锚索和第一滑动锚索的自由端进行锁定；最后，通过锚固砂浆对第一固定锚索和第一滑动锚索的自由端、锚具进行封锚，形成封头，最终形成锚头。

3. 抗震格构梁韧性提升技术

在地震发生时，地面运动引起结构震动反应，格构梁也参与到整个锚索格构系统抗震中，这里也不能忽视格构梁的抗震消能作用。格构梁就像一张大网一样包裹住可能出现滑动的边坡，如果格构梁采用传统的钢筋混凝土制作，显然是一个典型的刚性结构，容许的变形较小，在地震作用下只能通过自身损坏的吸收地震能量，极易发生严重程度损坏，导致格构梁结构形式破坏，震后丧失其结构性能[7-8]。近年来在结构抗震研究领域，许多学者基于时程分析、能量分析、抗震设计和振动控制等方面针对建筑结构抗震性能提升展开了大量研究[7,9-10]。为实现格构梁在地震作用下具有较好的抗震能力并在震后仍能正常工作不易失效破坏的目标，基于结构减震控制的原理，通过被动控制，可以对结构自身的某些构件作构造上的处理或在结构某些部位附加耗能装置，提供改变结构体系的动力特性达到抗震效果。例如在格构梁最易发生破坏的锚头位置处设置粘弹性阻尼装置使普通的格构梁形成一张具有弹性的结构网，如图 9.4-20 所示，其能够在不影响原有格构梁受力状态的情况下，提高其抗震性能。

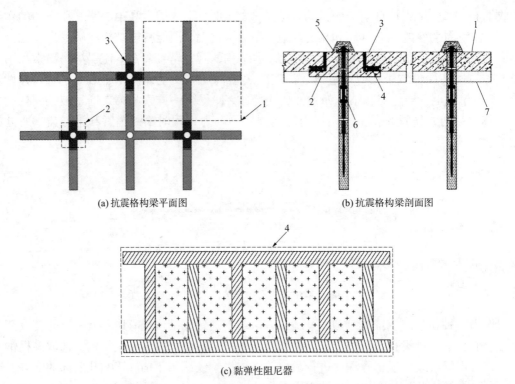

(a) 抗震格构梁平面图　　　　　　　　(b) 抗震格构梁剖面图

(c) 黏弹性阻尼器

1—长格构梁单元；2—短格构梁单元；3—隔震橡胶垫；4—黏弹性阻尼器；
5—板簧式减震锚头；6—抗震锚索结构；7—岩土体

图 9.4-20　抗震格构梁结构示意图

作为一种新型的抗震格构梁结构，应用于边坡工程中需要经历以下步骤：首先开挖边坡，规划标记锚索钻孔位置与预制格构梁单元位置；其次进行锚杆钻孔，开挖短格构梁单元的中心凹槽并及时进行清孔处理；然后安放锚索，进行锚索灌浆并养护；接着将长格构梁单元和短格构梁单元交替间隔排列安装，短格构梁单元从中心向四周在同一平面上延伸有四个连接端，通过黏性阻尼装置将长、短格构梁连接为整体，将穿过格构梁单元的锚索安装上锚头；最后进行预应力张拉锁定并及时封锚。

前述内容介绍了三种锚索的韧性提升技术，读者可以根据以下维度思考，产生新的韧性提升技术。

1）节点维度

地震作用下锚索与格构连接处节点常产生不同的动力响应，常规锚索格构节点一般为刚性，且刚度固定而不可调控，一旦破坏便是永久性失效。而节点处又常出现沉陷、扭转、松弛和脱落等震致破坏特征，因此若能优化锚索与锚头、格构节点的连接方式，研发节点耗能组件将势必提升其抗震性能，使其具有一定程度的韧性。

2）材料维度

当前许多单一的建筑材料已不能满足韧性功能的需求，基于材料本身性能的新型改性材料逐步衍生，在常规材料中加入一定比例的添加剂能够制造出具有强度高、耐久性好等优点的聚合材料，如磷酸镁水泥砂浆[11-12]、纳米砂浆[13-15]与普通硅酸盐水泥砂浆相比具有更好的强度和粘结性能，因此从材料维度出发，研发新型耐久性材料是提升韧性的有效途径之一。

3）构件维度

构件维度主要考虑锚索体、锚头、注浆体及格构梁等基本构件的抗震强度，构件强度是度量抗震性能的力学指标，对于锚索格构系统而言，锚索体、锚头、注浆体及格构梁作为基本构件，其强度必须达到一定数值才可能具备抗震性能，然而常规锚索格构尽管适用性较高，但强度相对较低，遇地震作用时很容易破坏失效，达不到预期抗震效果。因此基于构件强度因素，优选开发适用性强、强度高的锚索锚头结构和高粘结强度的灌注砂浆是十分有必要的，也是韧性提升技术研究中亟待解决的问题。

4）系统维度

系统维度主要考虑锚索格构在节点-材料-构件多维耦合条件下的变形协同能力，在地震作用下各抗震组件均能发挥最优性能且具备协调性，最终形成面向震致滑移防控的高陡边坡锚索格构抗震韧性提升技术和系统。

9.5 泥石流防治新技术

9.5.1 沿河公路泥石流风险评价新技术

山区泥石流具有突然性、流速快、流量大、物质容量大和破坏力强等特点，发生泥石流常常会冲毁公路铁路等交通设施甚至村镇等，造成巨大损失。因此，对沿河公路泥石流风险进行精确评价具有十分重要意义。在进行公路沿河路段泥石流风险评价时，整体思路如下：首先以各条泥石流沟为研究单元，在模型试验和野外调查的基础上，分析泥石流致灾过程；利用数理统计方法得出单沟泥石流的特征参数与泥石流堆积范围之间的关系，确定泥石流危害区域。对于长大交通干线全线范围泥石流，从公路沿线环境背景出发，以野外调查为基础，分析泥石流的形成条件、发育特征和活动特点并选取关键指标，构建泥石流危险性评价指标体系与分析模型。在泥石流危险性评价结果的基础上，选取承灾体的易损性指标构建易损性评价模型，并进行易损性计算。综合泥石流危险性和易损性结果，构建综合风险评价技术。

1. 泥石流危险性评价

1）评估指标选取

根据泥石流沟对公路的危害方式和程度，特别是汶川地震区震后多次群发性泥石流期间公路损毁特征，发现震后泥石流沟固体物质极为丰富，泥石流暴发规模增大，对公路的危害以淤积掩埋为主，冲刷和冲击危害比较少见；泥石流堆积物堵江形成堰塞湖造成淹没和河流改道冲刷路基也是非常普遍的现象。因此，选取泥石流规模（H_1）、泥石流淤埋公路（淤积桥涵）程度（H_2）、泥石流堵江对公路的影响程度（H_3）3 个因子作为泥石流危害公路的评价指标，冲刷因素暂时未做考虑。

（1）泥石流规模

泥石流规模（H_1）用泥石流一次冲出总量表示，一次冲出的总量越大，危害越大。

（2）泥石流淤埋公路（淤积桥涵）程度

泥石流淤积有两种，一是对路面的淤埋，二是对桥梁（涵洞）的淤积。对于路面的淤埋，采用泥石流在路域范围内的堆积厚度与路面距最近处泥石流沟床垂直距离的比值来量化泥石流淤积公路程度（H_2），其值越大，泥石流堆积物距离路面越近，危险性越大，当$H_2 \geqslant 1$时，路面已经被泥石流淤埋。对于桥梁淤积，采用泥石流堆积体对桥下过流断面淤积程度来表示，对过流断面淤积越多，桥梁越危险。图 9.5-1 为桥梁淤积指标和淤积实例，其中图 9.5-1（a）为桥梁过流断面淤积指标示意图，图 9.5-1（b）为泥石流淤积过流断面约 2/3 时的情形，图 9.5-1（c）为桥梁过流断面基本被泥石流全部淤积的情形。流断面基本被泥石流全部淤积的情形。

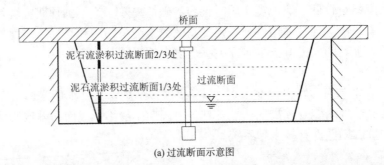

(a) 过流断面示意图

(b) 汶川地震重灾县彭州一公路桥过流断面　　(c) 东川铁路支线桥梁的过流断面

图 9.5-1　泥石流淤积桥梁过流断面示意图

（3）泥石流堵江对公路的影响程度

对泥石流堵江因素进行量化，考虑泥石流与路面以及河道的位置关系，采用泥石流堵江高度 h 与水深 h_1、公路距河底距离 h_2、泥石流堵江后形成壅水影响公路范围之间的相对关系来表示（图 9.5-2）。当泥石流堵江高度小于水深时，泥石流部分物质淤积部分河道，形成堵塞体抬高河床，在堵塞体附近河流形成曲流，对路基或桥墩冲刷，危害相对较小；当泥石流堵江高度大于水深且小于路面距河底的距离时，泥石流堵塞河流，水面上升，形成急流和较大范围的曲流，冲刷路基，危害较大；当泥石流堵江高度大于公路距河底距离且形成的堰塞湖淹没一定长度路面时，则由泥石流堵江造成危害的范围进一步加大；而当回水淹没公路大于 1km 时，产生更大的危害。

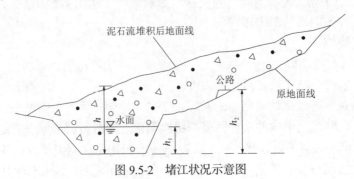

图 9.5-2　堵江状况示意图

将以上 3 个因子的量化值划分为 4 个等级，分别代表低、中、高、极高危险，赋予 0～1 之间的数值（表 9.5-1）。根据因子叠加法按式(9.5-1)和野外考察获取的每处泥石流灾害对公路影响的调查数据，得出相应路段的危险度（H）。

$$H = H_1 + H_2 + H_3 \tag{9.5-1}$$

泥石流危害公路评价指标表 表 9.5-1

评价指标		危害等级			
		I	II	III	IV
泥石流规模（$\times 10^4 m^3$）（H_1）		< 1	1～10	10～40	> 40
泥石流淤积公路程度（H_2）	堆积厚度/路面距最近处泥石流沟床距离（路基）	0～1/3	1/3～2/3	2/3～1	> 1
	过流断面淤积程度（桥梁）	过流断面淤积 1/3	过流断面淤积 2/3	过流断面全部淤积	泥石流淤积到桥面以上
泥石流堵江对公路的影响程度（H_3）		$h < h_1$	$h_1 < h < h_2$	$h > h_2$ 且形成壅水长度小于 1km	$h > h_2$ 且形成壅水长度大于 1km
赋值		0～0.25	0.25～0.5	0.5～0.75	0.75～1

2）泥石流参数与评估指标计算

在计算 3 个评价指标时，首先根据评估对象所在区域的调查资料和当地水文手册中的相关参数，基于雨洪法计算清水流量，利用配方法计算泥石流流量。然后，依据通过实际调查数据获得的经验公式，结合泥石流堆积区的地形条件，推导出泥石流淤积厚度和堵江高度计算公式。通过以下 5 个步骤获取相关参数：

（1）泥石流流域基本参数

主要采用 0.5～2.5m 分辨率的遥感影像、5～25m 分辨率的数字高程模型、1：50000 的数字线划地形图，利用 RS、GIS 技术结合野外访问和泥痕调查等方法，进行泥石流沟谷小流域调查，确定其流域面积，沟床比降等基本地形参数。

（2）泥石流性质

泥石流重度越大，固体颗粒越多，泥石流越密集，其运动阻力也越大。因此，重度是泥石流性质分析与流量计算必不可少的参数。现有的泥石流重度计算方法有数十种之多，这些经验公式都有一定的区域性，需要验证确定其适用范围。陈宁生[16]的泥石流重度公式［式(9.5-2)］推导过程主要基于西部山区的泥石流样本数据，比较适合黏性泥石流。

$$\gamma_c = -1.32 \times 10^3 x^7 - 5.13 \times 10^2 x^6 + 8.91 x^5 - 55 x^4 + 34.6 x^3 - 67 x^2 + 12.5 x + 1.55 \tag{9.5-2}$$

式中：γ_c——泥石流重度；

x——黏粒含量的质量百分比值。

（3）泥石流规模

①清水洪峰流量

山区小流域没有实测水文资料，泥石流沟谷的清水洪峰流量采用下式进行计算：

$$Q_B = 0.278 \times \Psi \times \frac{S}{\tau^n} \times F \tag{9.5-3}$$

式中：Q_B——清水峰值流量（m^3/s）；

　　　Ψ——峰值径流系数；

　　　S——暴雨雨力，即最大 1h 暴雨量（mm）；

　　　τ——流域汇流时间（h）；

　　　F——小流域汇水面积（km^2）。

②泥石流峰值流量

泥石流峰值流量的计算采用考虑堵塞条件下的配方法[17]，其计算公式如下：

$$Q_C = (1 + \phi_c) \times Q_B \times D_U \qquad (9.5\text{-}4)$$

式中：Q_C——泥石流峰值流量（m^3/s）；

　　　Q_B——清水峰值流量（m^3/s）；

　　　ϕ_c——泥石流峰值流量增加系数，$\phi_c = (\gamma_c - \gamma_w)/(\gamma_s - \gamma_c)$；

　　　γ_c——泥石流重度（t/m^3）；

　　　γ_w——清水重度（t/m^3）；

　　　γ_s——固体物质实体重度（t/m^3），这里取 2.7（t/m^3）；

　　　D_U——堵塞系数。

③一次泥石流过程总量

由于工程对泥石流沟沟口扰动较强，很多泥石流堆积物已经被搬运，难以实测一次泥石流过程总量。因此，采用下式来概算在不同频率条件下的一次过程总量：

$$Q_C = 0.0188 Q_T^{0.79} \qquad (9.5\text{-}5)$$

式中：Q_C——泥石流峰值流量（m^3/s）；

　　　Q_T——一次泥石流过程总量（m^3）。

（4）堆积厚度

利用汶川地震区省道 303 线野外实测的参数较全的 48 条沟谷泥石流的堆积量（V）、堆积长度（L）、堆积宽度（B）、堆积厚度（h_d），通过统计回归方法，求出以泥石流冲出物质总量为参数的经验公式，用以估算泥石流堆积体的平均堆积厚度［式(9.5-6)］、平均长度［式(9.5-7)］和平均宽度［式(9.5-8)］。在进行泥石流对公路淤埋的评价时，首先由泥石流规模计算方法获得一次泥石流冲出的总量Q_T［式(9.5-5)］，对于高重度泥石流而言，可近似认为Q_T与泥石流的堆积量（V）比较接近，用Q_T代替式(9.5-5)中的V，则可由式(9.5-6)求算平均堆积厚度h_d（m）。

$$h_d = 0.141 V^{1/3} + 4.21 \qquad (9.5\text{-}6)$$

$$L = 2.446 V^{1/3} + 0.75 \qquad (9.5\text{-}7)$$

$$B = 2.748 V^{1/3} + 0.35 \qquad (9.5\text{-}8)$$

（5）堵江高度

堵江高度（h）的计算方法如下：根据计算的一次泥石流过程总量Q_T，运用公式(9.5-6)和公式(9.5-7)可以算出每条泥石流沟的可能堆积厚度（h_d）和堆积长度（L）。测量沟口至河岸的距离（L_1），将L和L_1相比较，如果L_1小于L，表明泥石流堆积物尚未到达河岸，对河道不造成影响；如果L_1大于L，则表明泥石流淤埋公路且进入河道，泥石流淤积已经对河道造成影响。

在判断为泥石流淤积对河道造成影响以后，还需要确定泥石流在河道上的淤积高度h，即堵江高度。如图9.5-3所示，h_i为河槽高度，可以把泥石流的堆积体用沿河岸的垂直线ab分成两部分，上游侧为V_1，下游测为V_2。上部的堆积体积V_1可以简单地用平均厚度h_d、平均宽度B和堆积扇顶至河岸的长度L_1计算。进入河道的泥石流堆积物的体积V_2就是总体积与V_1之差。由于泥石流堆积扇前端的坡度比较平缓，可以把V_2的断面概化为梯形，则堵江高度h就可以利用体积折算法，通过越过ab线进入河道的泥石流堆积体的体积V_2间接求得。具体计算公式为式(9.5-9)：

$$h = 2V_2/B(L_2 + L_3) \tag{9.5-9}$$

式中：B——泥石流在河道中顺河向的堆积宽度（m）；

L_2、L_3——泥石流在河道以上沿泥石流流向的堆积长度（m）和河床底宽（m）。

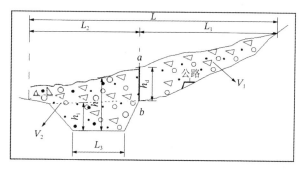

图9.5-3 泥石流堆积体示意图

在进行泥石流堵江及其对公路影响的评价时，根据勘测或收集的水文及公路工程资料，获取水深h_1、路面标高、相应河段河床标高、河床底宽。计算路面距河床的高度h_2，将h_1、h_2与计算得出的堵江高度h相比较，并利用GIS平台和DEM数据，根据实际地形情况，确定泥石流堵江后形成的壅水高度及其对公路的影响范围，以此作为泥石流堵江对公路影响评价的依据。

2. 泥石流易损性评价

公路易损性是指公路可能遭受灾害危害的程度及其承受灾害破坏能力，其评价因子一般包括公路等级、使用年限，路基、桥涵、隧道等公路设施设计时考虑的抗灾能力，以及相应防护工程和预警预报设施的效用等。选取经济价值和防灾能力两类因子，由于不同等级的公路和桥梁均有相应的设计标准，所以对公路路基和桥梁分别进行分级量化。

经济价值指标根据公路路基或桥涵的等级来进行量化，公路工程的等级越高，其造价就越高，一旦被损毁，其损失就越大，其易损性就越高，而防灾能力则相反。对于桥涵，选取设计洪水频率作为防灾指标进行量化，根据规范，公路或桥涵的等级越高，相应的设计洪水频率的标准也越高，其承受洪水破坏的能力也越强，易损度也就越低。对于路基，则选用使用年限和路面距离河床的高度作为评价指标，使用年限越长，则防灾能力越低，其易损度越高；路基距离河床的高度越大，其受到泥石流淤埋淹没的可能性就越小，相应的易损度就越低。一般而言，同一线路使用年限是一致的，因此在对同一线路进行评价时，其防灾能力指标则取使用年限、路面距离河床高度两者中的较大值来进行量化。

将所选两类因子分为Ⅰ~Ⅴ级，分别代表极低易损、低易损、中易损、高易损和极高易损，并对相应等级进行易损度（V）赋值，见表9.5-2和表9.5-3，按照式（9.5-9）进行泥石流沟相应路段易损度计算。

路基易损性分级表 表 9.5-2

因子	经济价值（V_1）					防灾能力（V_2）									
	公路等级					使用年限（V_{21}）					路面距离河床高度（V_{22}）				
等级	Ⅰ	Ⅱ	Ⅲ	Ⅳ	Ⅴ	Ⅰ	Ⅱ	Ⅲ	Ⅳ	Ⅴ	Ⅰ	Ⅱ	Ⅲ	Ⅳ	Ⅴ
	4级公路及其他	3级公路	2级公路	1级公路	高速公路	5年以内	5~10年	10~15年	15~20年	20年以上	>65m	45~65m	25~45m	15~25m	0~15m
赋值	0~0.2	0.2~0.4	0.4~0.6	0.6~0.8	0.8~1.0	0~0.2	0.2~0.4	0.4~0.6	0.6~0.8	0.8~1.0	0~0.2	0.2~0.4	0.4~0.6	0.6~0.8	0.8~1.0

桥涵易损性分级表 表 9.5-3

因子	经济价值（V_1）					防灾能力（V_2）				
	桥涵等级					设计洪水频率				
等级	Ⅰ	Ⅱ	Ⅲ	Ⅳ	Ⅴ	Ⅰ	Ⅱ	Ⅲ	Ⅳ	Ⅴ
	涵洞	小桥	中桥	大桥	特大桥	300年一遇	100年一遇	50年一遇	25年一遇	低于25年一遇
赋值	0~0.2	0.2~0.4	0.4~0.6	0.6~0.8	0.8~1.0	0~0.2	0.2~0.4	0.4~0.6	0.6~0.8	0.8~1.0

3. 泥石流风险评价

泥石流对道路危害的风险是在一定的区域和给定的时段内，由于泥石流而引起的道路期望损失值，采用联合国1991年提出的风险度（R）表达式(9.5-10)来计算道路灾害风险：风险度＝危险度×易损度。通过危险度反映灾害的自然属性，通过易损度来反映承灾体的经济属性及其自身抵御灾害的属性；而风险度则是灾害自然属性与承灾体自身、经济属性的结合，表达为危险度与易损度的乘积。沿河公路泥石流风险分析主要流程如图9.5-4所示，分析过程主要利用 RS 和 GIS 技术来实现。空间数据处理是风险制图的关键环节，主要包括 3 个层次：第一层次为基础数据获取部分；第二层次为遥感影像处理和地理信息数据管理与信息获取；第三层次为空间数据库的应用，利用空间分析和建模功能，获得沿河公路泥石流危险性、易损性和风险分析计算值，通过对计算值进行分级，最终得到区划结果。

$$R（风险度）＝H（危险度）\times V（易损度） \tag{9.5-10}$$

危险度、易损度和风险度计算值的分级方法通常包括等间距法、分位数法、标准差法、和自然断点法。特别是自然断点法是基于使每个范围内所有数据值与平均值之差的原则来寻找分界点，具有较广泛的应用范围。自然断点算法在已经嵌入 ARCGIS，使用方便，因此选用自然断点法来寻找数据集的自然转折点和特征点来分级制图。

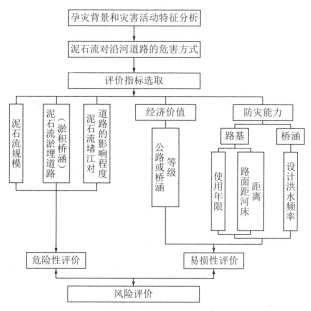

图 9.5-4 沿河公路泥石流风险评价流程图

9.5.2 泥石流防治新技术

1. 鱼脊型水石分离结构

泥石流中固相物质粒度分布较为广泛，并包含许多粗大颗粒，甚至是巨砾。这些粗颗粒的存在，大大增强了泥石流的冲击破坏能力，是泥石流具有巨大破坏力的主要原因之一。因此，对泥石流中的粗颗粒进行调控，减少泥石流中的粗颗粒含量，能够有效降低泥石流的规模和破坏力，减小泥石流的危害，达到减灾的目的。

目前的泥石流减灾工程中，对粗颗粒有调控作用的主要为各种具有水石分离功能的透水型拦挡坝，这些分离结构修建于泥石流沟道中，用于将粗颗粒从泥石流中分离出来，细颗粒和泥石流浆体透过结构开口，继续沿着沟道运动，实现水石分离，从而达到减少泥石流中的粗颗粒含量的目的。从现有这些分离结构的实际应用效果来看，其在运行初期均能较好发挥水石分离功能，有分选地将粗颗粒分离出来。但是由于分离出的粗颗粒直接停留在结构体前或结构体上，不能脱离分离结构，随着被分离的粗颗粒不断增多，分离结构的开口被淤积和堵塞，最终失去水石分离功能，如图 9.5-5 所示。

鱼脊型水石分离结构可较好地解决上述问题，该结构由引流坝、水石分离格栅、泄流槽以及停积场四部分组成，如图 9.5-6 所示。结构布置在泥石流沟道中，引流坝位于最上游，用于引导泥石流进入水石分离格栅。水石分离格栅紧接在引流坝坝前，用于完成水石分离。停积场位于水石分离格栅的两侧，用于堆放分离出来的泥石流固体颗粒。泄流槽位于水石分离格栅下方，用于排泄经过水石分离后的泥石流体。该结构的工作原理为：当引流坝被泥石流淤满后，泥石流在引流坝的引导下，经引流口直接流入水石分离格栅表面，泥石流在格栅上运动时，粒径大于格栅开口宽度的固体颗粒被分离出来，并在自身重力作用下沿着倾斜的格栅表面向下滑落，最终进入两侧预留的停积场内，而其余泥石流体经格栅开口流入泄流槽，继续沿着沟道运动。该结构不仅能将泥石流中的固体颗粒分离出来，而且分离出的固体颗粒能够在重力作用下自主滑离格栅，不造成格栅开口的堵塞，使结构能持续地实现水石分离。此外，通过调节水石分离格栅开口宽度可以改变被结构分离出去的固体颗粒粒径，从而实现被分离的颗粒粒径可调控。因此，在实际应用时，不仅可以根据不同的泥石流沟道条件，合理选择分离粒径，而且针对同一条泥石流沟，可以在沟道中布置多级水石分离结构，从上游至下游水石分离格栅的开口宽度逐渐减小，逐级将泥石流中的固体颗粒分离出来，减少泥石流泥砂含量，削减泥石流重度和流量，减小泥石流破坏力，最终使泥石流转变成高含砂水流，利于排导，达到减灾的目的。

图 9.5-5　典型的水石分离结构示意图

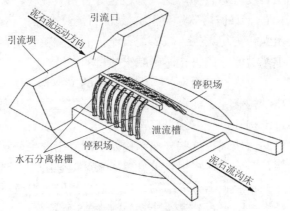

图 9.5-6　鱼脊型水石分离结构示意图

2. 便于人畜通行的泥石流拦挡新技术

目前最常用的泥石流治理措施是采用拦挡结构，如钢索网格坝、格栅坝、筛子坝、梳齿坝、透水性拱坝等，现有坝式拦挡结构均为固定工程，即完工后的工程状态即使用状态，坝体始终处于拦挡状态，对周边生活的人或动物造成不便，比如人工饲养的动物（如牛、羊等）需要在沟谷内放养或穿过沟谷进行山林放养。因此，亟须研发一种既能够在未发生泥石流时便于人畜通行，又能够在泥石流爆发时对泥石流进行拦挡的泥石流防治技术。

在泥石流沟谷内设置如下结构的泥石流防治装置：安装在沟谷侧壁上的固定支架，固定支架上安装有竖向设置的转轴，转轴上安装有可转动的平推拦挡板。平推拦挡板远离转轴的一侧朝向待拦挡泥石流的上游方向，并向沟谷的中部偏转，使平推拦挡板与沟谷的侧壁之间形成三角形的预拦挡区域。还包括安装在沟谷内用于限制平推拦挡板转动范围的限位装置，使平推拦挡板在所述限位装置的限制下处于沿沟谷宽度方向设置的拦挡状态。

采用上述结构，由于平推拦挡板朝向上游方向设置，并没有在沟谷中部形成拦挡，使得牛羊等牲畜以及行人能够便利通行。而一旦有泥石流爆发，部分泥石流冲入平推拦挡板和沟谷侧壁之间的预拦挡区域后，就会推挤平推拦挡板绕转轴转动，最终在限位装置的限制下，停留在沟谷宽度方向上形成拦挡坝，对后续留下的泥石流进行拦挡。该泥石流防治装置利用泥石流的流动冲击对平推拦挡板进行触发，既能够满足人畜的正常通行需求，又能够在泥石流爆发时实现拦挡。本技术具有既能够在未发生泥石流时便于人畜通行，又能够在泥石流爆发时对泥石流进行拦挡等优点。

该泥石流防治系统，包括泥石流防治装置和泥石流拦挡结构两部分。泥石流防治装置设置在泥石流预防区域内的沟谷或深壑内，泥石流拦挡结构可以设置在沟谷底部，也可以设置在泥石流预防区域内的平坦坡道上。多个泥石流拦挡结构和多个泥石流防治装置沿待拦挡泥石流的流向依次间隔地设置，对泥石流防治区域进行泥石流防治。在泥石流爆发时，通过泥石流拦挡结构和泥石流防治装置的层层拦截，可以获得良好的泥石流防治效果。

（1）泥石流防治装置

如图 9.5-7 所示，沟谷用泥石流防治装置包括用于安装在沟谷侧壁上的固定支架 51，固定支架 51 上安装有竖向设置的转轴 52，转轴 52 上可转动地安装有平推拦挡板 53，平推拦挡板 53 远离所述转轴 52 的一侧朝向待拦挡泥石流的上游方向，并向沟谷的中部偏转，使平推拦挡板 53 与沟谷的侧壁之间形成三角形的预拦挡区域。还包括安装在沟谷内用于限制平推拦挡板 53 转动范围的限位装置 54，使平推拦挡板 53 在限位装置 54 的限制下处于沿沟谷宽度方向设置的拦挡状态。平推拦挡板 53 上具有均布设置的过水孔，且对称地设置在沟谷的两侧侧壁上。

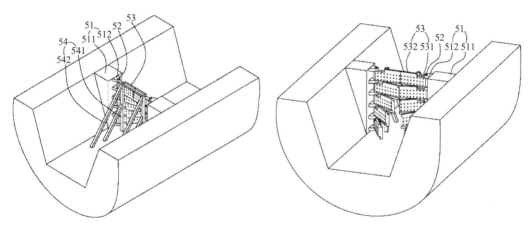

图 9.5-7　泥石流防治装置图

（2）泥石流拦挡结构

如图 9.5-8 所示，泥石流拦挡结构包括横向设置的缓冲沟 1，缓冲沟 1 的两侧分别为待拦挡泥石流的上游侧和下游侧；缓冲沟 1 的下游侧固定设置有固定装置 2，固定装置 2 上铰接有翻转拦挡板 3，翻转拦挡板 3 的一侧向待拦挡泥石流的上游延伸形成覆盖部，另一侧向待拦挡泥石流的下游延伸形成拦挡部；翻转拦挡板 3 的覆盖部与缓冲沟 1 的上游侧相衔接，且缓冲沟 1 的深度大于所述覆盖部的转动半径, 使翻转拦挡板 3 的覆盖部能够完全转至缓冲沟 1 内并形成竖直拦挡状态; 拦挡部的重力矩大于所述覆盖部的重力矩, 使翻转拦挡板 3 的覆盖部能够在保持遮盖状态下允许人或动物通行, 并能够在泥石流上所述覆盖部时转动至拦挡状态。固定装置 2 采用混凝土浇筑而成, 并浇筑固定有铰支座, 翻转拦挡板 3 包括采用结构钢焊接的框架和焊接在框架上的钢板, 所述框架和钢板经过防锈处理; 框架可转动地铰接在所述铰支座上。图 9.5-8 中 31 为透水孔, 32 为挡沿, 33 为具有凹陷设置的聚集槽。

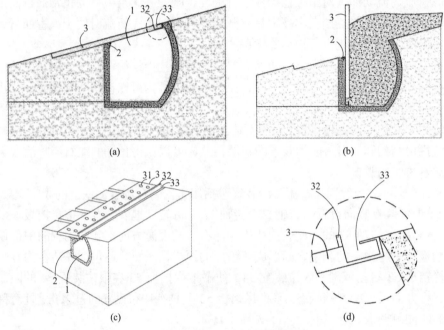

图 9.5-8　泥石流拦挡结构图

　　采用上述结构, 由于拦挡部的重力矩大于覆盖部的重力矩, 在未爆发泥石流的情况下, 覆盖部遮盖在缓冲沟上, 从而可以让人和动物顺利通行, 而一旦爆发泥石流, 由于泥石流中夹杂的大量泥砂以及石块, 单位密度高, 泥石流从上游流下时, 必定先到达缓冲沟的上游侧, 然后流到与上游侧相衔接设置的覆盖部上, 覆盖部在泥石流逐渐增加的压力下, 作用在翻转轴上的力矩逐渐增大, 直到超过拦挡部的重力矩时向缓冲沟内转动, 由于覆盖部转动到缓冲沟内, 后续流下的泥石流先流入缓冲沟内, 进一步推挤覆盖部转动直至翻转拦挡板整体呈竖直的拦挡状态。由于此时的翻转拦挡板呈拦挡状态, 后续流下的泥石流就能够被翻转拦挡板阻挡。该拦挡结构采用可转动的翻转拦挡板, 充分利用翻转拦挡板自身的平衡和泥石流的重力作用, 使翻转拦挡板在两种形态中切换。既便于平常通行, 又能够在泥石流的触发作用下改变形态对泥石流进行拦挡。

参考文献

［1］卢凡. 边坡安全防控装配式拱形板-桩墙性能分析与计算方法[D]. 哈尔滨: 哈尔滨工业大学, 2022.

［2］邢文强. 吉图珲高铁路堑边坡矩形桩与圆形桩-板墙体系支护性能分析[D]. 哈尔滨:哈尔滨工业大学, 2020.

［3］ 中华人民共和国交通运输部. 公路路基设计规范: JTG D30—2015[S]. 北京: 人民交通出版社, 2015.

［4］ 王林峰, 唐红梅, 陈洪凯. 消能棚洞的落石冲击计算及消能效果研究[J]. 中国铁道科学, 2012, 3(5): 40-46.

［5］ 王林峰, 刘丽, 唐芬, 等. 基于落石棚洞冲击试验的落石冲击力研究[J]. 防灾减灾工程学报, 2018, 38(6): 973-979.

［6］ 王林峰, 朱洪洲, 宋男男, 等. 消能棚洞冲击信号动力特征[J]. 交通运输工程学报, 2019, 19(5): 33-41.

［7］ Feng W, Lu Z, Yi X, et al. A Dynamic Method to Predict the Earthquake-Triggered Sliding Displacement of Slopes[J]. Mathematical Problems in Engineering, 2021, 15: 1-11.

［8］ Lu L, Lin Y L, Guo D D, et al. A modified Newmark block method for determining the seismic displacement of a slope reinforced by prestressed anchors[J]. Computers and Geotechnics, 2023, 162: 105697.

［9］ 宋慧斌. 某高层连体结构抗震设计及其弹塑性时程分析[D]. 广州: 华南理工大学, 2017.

［10］ Chen G F, Guo F, Zhang G D, et al. Anti-slide pile structure development: New design concept and novel structure[J]. Frontiers in Earth Science, 2023, 26(11): 1133127.

［11］ Yang Q B, Zhu B R, Wu X. Characteristics and durability test of magnesium phosphate cement-based material for rapid repair of concrete[J]. Materials and Structures, 2000.

［12］ 杨楠. 磷酸镁水泥基材料粘结性能研究[D]. 长沙: 湖南大学, 2014.

［13］ 张旭. 新型纳米改性聚合物修补材料的制备及性能研究[D]. 青岛: 青岛理工大学, 2021.

［14］ Kumar S, Sirajudeen,Sivaranjani, et al. Characterization, properties and microstructure studies of cement mortar incorporating nano-SiO$_2$[J]. Materials Today: Proceedings, 2020, 37(1): 425-430.

［15］ Yang Z, He R, Tan Y W,et al. Air pore structure, strength and frost resistance of air-entrained mortar with different dosage of nano-SiO$_2$ hydrosol[J]. Construction and Building Materials, 2021, 308(15): 125096.

［16］ 陈宁生, 崔鹏, 刘中港, 等. 基于黏土颗粒含量的泥石流容重计算[J]. 中国科学（E辑）, 2003, 33（增刊）: 164-174.

［17］ 四川省水利电力厅. 四川省中小流域暴雨洪水计算手册[M]. 1984.

10 盐渍土地区公路路基处理技术

房建宏[1]，徐安花[2]，张留俊[3]

（1. 青海省交通科学研究院，青海西宁，810016；2. 青海职业技术大学，青海西宁，810016；3. 中交第一公路勘察设计研究院有限公司，陕西西安，710075）

10.1 概述

在我国西部地区及东部（主要是河北、山东和江苏）沿渤海、黄河一带，存在大量的盐渍土[1]。盐渍土病害是盐渍土地区公路建设和其他工程建设的一大关键。由于盐渍土物理化学性质的特殊性，在这些地区修筑的道路经常发生盐胀、翻浆、淋溶、湿陷等病害，降低了盐渍土地区的公路的服役性能，增加了运营成本。同时，降低道路的运输能力，严重制约了当地经济的发展。

在全国经济蓬勃发展的形势下，研究盐渍土地区的道路修筑技术，改善和提高盐渍土地区道路等级，防止和减少翻浆等病害的发生势在必行。自 20 世纪 80 年代末以来，我国相关部门对盐渍土地区公路修筑技术进行了多方位的研究，提出了一些工程处治方法，取得了一定的成果。但是由于我国的盐渍土分布区域广，盐分组成复杂，使得不同地区盐渍土的破坏特征有所区别，这就给盐渍土处治带来了困难。总体来看，目前工程界对盐渍土性质的把握还不够，对公路盐渍土病害产生的机理认识仍然不够深入。因而，在公路建设中有不少问题仍未能圆满解决。通过调研国内盐渍土的分布情况及目前国内外对盐渍土地区修筑公路的处治水平，深入研究水、温度和盐分种类对盐渍土路基的影响机制。明确各种病害处治方式的效能，从而为不同盐渍土路基病害提供相应的处治方法，进而为盐渍土地区的公路建设提供了一系列可行的道路修筑技术、翻浆处治技术等，使公路运输更好地为经济建设服务。

针对青藏高原盐渍土路基服役性能评价与预测控制的研究，以大量现场和室内试验为基础，采用理论分析、数值仿真和现场试验相结合的研究方法。同时，建立冻融和干湿循环次数与填料力学指标衰减的数学关系，并引入冻融和干湿损伤度的概念，将冻融和干湿衰变系数引入高速公路路基设计中，保证季节盐渍土冻土区高速公路路基强度和稳定性，确定与评价影响盐渍土区路基的服役性能的主要因素，提出评价指标体系，建立评价模型，形成多尺度复杂盐渍土系统的服役性能的评价与预测系统。基于预测评价，提出气候变化条件下，青藏高原盐渍土工程走廊内全寿命周期设计理论，提出岩土工程材料的环境与动力学调配。应用于青藏高原既有路基工程等的设计运营及养护，并提供理论依据和技术支持。同时将会对青藏高原盐渍土路基工程建设具有较大的指导意义。

10.2 盐渍土公路工程服役实例调查

通过对国内公路工程的调查，盐渍土地区公路主要分布在新疆、青海和河西走廊，盐分主要为硫酸盐和氯盐。盐渍化软弱土层相对较薄，同一区域地质条件变化不大，地基处理方式比较单一，综合起来有：提高（路基）法、换填法、岩盐填筑、隔断层法、强夯、强夯置换和粒料桩法（砂石桩、砾石桩）等[2-4]。盐渍土地区公路地基处理调查情况如表 10.2-1 所示。

盐渍土地区公路地基处理   表 10.2-1

公路名称	公路等级	地基情况	地基处理方法
国道 312 线新疆奎屯至赛里木湖段	一级	路段处于盐水湖艾比湖沉积形成湖盆区域： ①氯盐弱盐渍土，表层含盐量 0.954%，20cm 深度含盐量 0.565%，50cm 深度含盐量 0.223%； ②亚硫酸盐渍土，1m 范围内总含盐量 1.706%； ③中～强硫酸盐渍土，路堤平均填高 2.6m； ④强～过硫酸盐、亚硫酸盐盐渍土，表土总含盐量 9.56%，地基承载力 60～100kPa；天然含水率 19%～38%；天然孔隙比 0.8～1.0，个别达到 1.14；液限指数 0.6～1.2，为软塑～流塑状；压缩系数 0.5～0.9MPa^{-1}，压缩模量 1.9～6.3MPa，大部分值偏低，属高压缩性土；潜水水位 0～2.4m；承压水，最低处水头高度在地表下 1.4m，最高处水头高度在地表上 4.3m，潜水和承压水均为微弱盐水或淡水；毛细水强烈上升高度 2.5～3.0m	①提高（路基）法，砾石路基填高 4.1m； ②换填法，砾石土换填厚度 1.2m； ③隔断层法，40cm 厚砾石隔断层； ④砂砾桩（桩长 3～11m，桩径 0.5m）+ 超载预压（超载预压高度 0.5m）
国道 314 线焉耆段	一级	弱～过亚氯盐、硫酸盐盐渍土，天然含水率为 27.4%～39.8%，液限为 28.1～39.1，孔隙比为 0.74～1.07，压缩系数为 0.24～0.43MPa^{-1}，属河流冲积相、湖泊相软弱土，软弱土沉积厚度 5～7m	①砾石桩，桩长 5m，桩径 0.5m； ②强夯置换，夯击能 2000kN·m
国道 315 线绿草山至黄瓜梁	二级	路段所经区域属于内陆盐渍土区的过干盐渍土亚区，年降水量小于 100mm，含盐量高，在某些路段可以看到纯盐的形态，地基为强～过氯盐盐渍土和硫酸盐盐渍土	岩盐填筑 + 土工布隔断层
连云港至霍尔果斯国道主干线嘉峪关～安西公路	一级	属内陆盐渍土，地下水距地表 0～3m，矿化度较高，属硫酸盐和氯盐型，盐渍化程度为中～过盐渍土，土性主要以低液限粉土和砂土为主。地表呈现 0.5～2.0cm 厚的灰白色盐结皮，在盐结皮下可见结晶盐粒。土质为砂质粉土或盐黏土，地表生长有芦苇、芨芨草、赖草等。部分段落为沼泽型沉积，沼泽表面上覆有泥炭层，下面为饱和淤泥，是湖泊衰亡后形成的，沼泽型软土的主要成分是有机质泥炭，并含有一定数量的化学沉积物和细颗粒黏土，并且具有盐渍土的特性。地质层（从上至下）： ①表层粉土层，厚度为 0.8～1.2m，局部地段有淤泥层，厚度为 0.3m； ②淤泥质粉土层，厚度在 4.5～7.7m 之间； ③地基的持力层——圆砾层，厚度为 0.5～1.7m	强夯，夯击能 2000kN·m

综上所述，国内外对盐渍土工程性质进行了大量的研究，取得了丰硕的成果。但对类似察尔汗盐湖地区的高速公路地基处治技术未见述及。尽管铁路部门曾经对察尔汗盐湖地区盐渍土进行了研究，但其目的是服务于铁路建设。对于公路工程而言，铁路部门的研究成果仅具有借鉴意义，不能直接地指导公路工程实践。

10.3 盐渍化软弱土地基处理技术研究

10.3.1 概述

根据国内外现状的调查，盐渍土地区修建的高速公路较少，且大部分盐渍土地区段落地质情况变化不大，软土层厚度较薄，地基处治方法比较单一。目前，对于盐渍化软土地基的处治主要借鉴《公路软土地基路堤设计与施工技术细则》JTG/T D31-02—2013，而该规范只是针对一般软土地基的处理方法，对盐渍化软土地基的处理并不完全适用。由于盐渍土对钢筋、混凝土和其他建筑材料等有腐蚀性，及其本身有别于一般软土的物理、力学性质，使得盐渍化软土地基处理选用的材料和技术有了一定的约束。

G3011 线察尔汗至格尔木高速公路大部分路段处于察尔汗盐湖区，天然地表下 1m 范围内，土体含水量接近或达到液限，天然孔隙比为 0.8～1.5，抗剪强度较低，地基评定为盐渍化软弱土和软土地基，其承载力一般在 60～122kPa，修建高速公路路基前地基需要处理。由于显著区别于其他一般软弱地基的工程、水文地质条件，察格高速公路在修建过程中遇到了前所未有的技术困难，特别是在盐渍化软土地基处理方面。结合盐渍化软土地基处治工程实例，针对盐渍化软土地基处理过程中出现的问题进行分析，最终确定了合适的地基处理方案和可行的施工工艺，解决了施工过程中出现的难题。

10.3.2 盐渍化软土地基段工程地质情况

公路路段所经察尔汗盐湖区地基基本上为盐渍化软土地基，盐渍化程度为过盐渍土。盐分主要为氯化钠、氯化钾、氯化镁和氯化钙等，含有少量硫酸盐，属于氯盐型盐渍土，个别地段为亚氯盐渍土。该区域盐渍土主要以低液限粉土和黏土、粉土质细砂和盐晶层为主，厚度可达到 20m 以上。地下水表层潜水和孔隙性潜水，水位一般在 0～2m，在盐湖北部水位在 0～3m；第二层承压卤水层，水头高度一般为 2～5m。软土地基段工程地质情况见表 10.3-1。

工程地质情况 表 10.3-1

桩号	工程地质层
ZK593＋820～ZK595＋179	①表层盐晶层，中密～密实，砂砾粒状结构，含盐量在 90%以上，以氯盐为主，揭示厚度为 1.5～2.4m，盐壳大部分被人工清除； ②低液限黏土，硬塑，揭示厚度 7.9m； ③盐晶层，密实，砂砾粒状结构，揭示厚度 5.4～5.7m，个别段落（ZK594＋700～ZK594＋800）最小厚度为 0.4m； ④低液限黏土，硬塑，揭示厚度 15～19.7m，未揭穿；各地质层均为氯盐型过盐渍土；地下水：表层潜水，水位高度 2.0m；第二层承压卤水，水头在 2～5m
ZK595＋179～ZK595＋870	盐田卤水池盐渍化软土地基段①表层盐晶层，中密～密实，砂砾粒状结构，含盐量在 90%以上，以氯盐为主，揭示厚度为 0.5m；②低液限黏土，硬塑，揭示厚度 7.9m；③盐晶层，密实，砂砾粒状结构，揭示厚度 5.4m；④有机质黏土，硬塑，揭示厚度 1.0m；⑤低液限黏土，硬塑，揭示厚度 15.0m，未揭穿；各地质层均为氯盐型过盐渍土
ZK595＋870～ZK597＋800	①表层盐晶层，中密～密实，砂砾粒状结构，含盐量在 90%以上，以氯盐为主，揭示厚度为 0～1.5m，沿大桩号方向逐渐变薄至消失，盐壳大部分被人工清除； ②有机质黏土，硬塑，有机质含量 6.3%～8.6%，揭示厚度 9.3～12.5m； ③盐晶层，密实，砂砾粒状结构，揭示厚度 1.7～3.5m； ④有机质黏土，硬塑，揭示厚度 4.8～1.6m； ⑤盐晶层，密实，砂砾粒状结构，揭示厚度 2.5～4.0m，未揭穿；各地质层均为氯盐型过盐渍土；地下水：表层潜水，水位高度 1.3m；第二层承压卤水，水头在 2～5m
ZK597＋800～ZK602＋100	①低液限黏土，软塑，部分路段（ZK597＋800～ZK598＋300）为硬塑，揭示厚度 8.6～11.5m； ②盐晶层，密实，砂砾粒状结构，揭示厚度 0.6～3.0m，呈无规律变化，至 ZK601＋500 处盐晶层消失； ③低液限黏土，硬塑，最大揭示厚度 10.4m，未揭穿；各地质层均为氯盐型过盐渍土；地下水：表层潜水，水位高度 0～2.0m；第二层承压卤水，水头在 2～5m

桩号	工程地质层
ZK602＋100～ZK603＋380	低液限粉土,硬塑～软塑过渡（ZK602＋100～ZK602＋500为硬塑）,厚度未揭穿;低液限粉土为氯盐型过盐渍土;地下水:表层潜水,水位高度1.5～2.0m;第二层承压卤水,水头在2～5m
整体式路基 K603＋062～K606＋550	①粉土质细砂,厚度0～1.3m,稍湿～饱和,稍松～中密; ②低液限粉土,湿～饱和,软塑,部分路段为硬塑,揭示厚度为3.2～10.9m,未揭穿;各地质均为氯盐型过盐渍土;地下水:水位在2.5m左右,为孔隙性潜水
整体式路基 K606＋550～K617＋830	粉土质细砂,饱和,稍松～中密,厚度较厚,最大揭示厚度为19.2m,未揭穿;其中K614＋250～K616＋850段粉土质细砂层具有液化性。细砂层含盐量较高,为氯盐型过盐渍土,部分路段为强盐渍土;地下水:水位在0～3.0m,为孔隙性潜水
整体式路基 K617＋830～K623＋000	①低液限粉土,稍湿～湿,厚度为0.8～1.3m,软塑～硬塑,具有高压缩性和溶陷性; ②粉土质细砂层,稍松～中密,最大揭露厚度为12.2m,未揭穿;各地质层主要为氯盐型过盐渍土,部分路段为强盐渍土;地下水:表层潜水,水位高度1.3～3.8m

10.3.3　地基处治方案比选

根据路段工程地质情况可以看出,各路段地质情况不一致,土的种类和软土层厚度不一,地基处理需采用不同的处治方法。综合国内外盐渍化软土地基处治技术,主要有:提高法、换填法、强夯法、强夯置换法、粒料桩等。

1. 提高法

提高法即提高路基填筑高度,以使上部路床受盐渍影响变弱。其优点是施工方便,缺点是填土过高,行车不甚安全,如果填料控制不严,使路基次生盐渍化。提高法只能用于弱/中非硫酸盐盐渍土地段。

察尔汗盐湖区地势比较平坦,区内公路路基平均填土高度约为2.0m,路基采用砾石土填筑,现场无料场,需远距离运料,提高路基高度势必会大幅度增加工程造价,同时也影响整个公路的设计;另外,盐湖区地基土为过盐渍土,也不适宜采用提高法。

2. 换填法

盐渍土地带的过湿路段、池塘、水坑、卤水沟等软弱地基,软弱土层厚度在3m以内时可作换填处理,以提高地基承载力,消除盐渍化土层对路基的危害。这类基底宜采取排水、挖除软弱土层或高含盐土层,换填非盐渍化渗透性好的砂或砂砾的措施,对软塑、流塑淤泥可采用换填片、块石或抛石排淤等措施。挖除换填深度应经过详细调查而定,以达到换填后路堤基底承载力符合设计要求为度。必要时可在换填土体内或地表铺设土工格栅等材料,增强换填土体的强度。一般情况下,高速公路、一级公路换填厚度不宜小于1.0m,其他公路不小于0.5～0.8m。

根据文献《青藏铁路察尔汗盐湖盐岩和盐溶工程地质特性及路基修筑技术》,当岩盐厚度小于1～3.5m,岩盐结构疏松,岩盐内分布有溶塘、溶沟、溶洞,岩盐层下部为流塑到软塑状土层时,将路基基底的岩盐层全部挖除,抛填片石至原地面以上0.3m,然后用砂砾石填筑路堤,路堤高度不小于1m。

察格高速公路察尔汗盐田卤水池段,池内常年积水,且附近有钾肥厂排放的废弃卤水供应,地表湿软,地基处治考虑采用换填片块石、砂砾措施。

3. 强夯法

强夯是将夯锤从预定的高度自由落下,对地基产生强大的冲击和振动,使地基土压密和振密。强夯法适用于处理碎石土、砂土、低饱和度的粉土和黏性土、杂填土、素填土、湿陷性黄土等地基。对于结构松散，具有大孔隙和架空结构特征的土体，因其土体密实度低，强夯的夯击能量使土体原结构破坏，强烈的冲击力和振动力减小土的孔隙比，使地基土密实，降低土体压缩性、湿陷性，并提高其强度和地基承载力。对于盐渍土而言，可减少盐渍土地基的溶陷性。

用强夯法处理饱和软土地基时，一般需配合深层排水措施，将较高的地下水位降低到主要加固层深度以下。其主要原因是强夯法处理软土地基，地基土的渗透性决定强夯的加固效果，而饱和粉土、黏性土等细粒土渗透性差，施加强夯能量后土体中的孔隙水无法迅速排出，形成的超孔隙水压力一方面吸收能量，使土体不能得到加固；另一方面，侧向作用扰动土体，使地基承载力降低。

根据强夯的作用机理，其提高黏性土、粉土的强度要经历 4 个过程：①夯击能量转换，使土体产生强制压缩和振密，孔隙水压力上升；②土体液化或土体结构强度破坏；③排水固结压密；④触变恢复并伴随固结压密，但在察尔汗盐湖地区的饱和盐渍土场地，强夯产生的超孔隙水压力只能通过一维单向的渗流形式消散，加固范围内的土层是低液限粉土和黏土、粉土质细砂和盐晶层为主，其渗透系数很小（盐湖区地表 1m 深度范围内土体的渗透系数为 $2.35 \times 10^{-4} \sim 7.45 \times 10^{-2}$），渗透路径长，另外盐湖地区的地下水是饱和卤水，黏滞性较高，要完成排水固结压密这一过程十分困难。强夯导致土体结构强度的破坏，而土中的超孔隙水压力无法消散，也会形成橡皮土。

根据规范《盐渍土地区建筑技术规范》GB/T 50942—2014 的规定：强夯适用于地下水位以上、孔隙比较大的低塑黏性土和砂土。而察尔汗盐湖地区的盐渍土基本为高饱和度状态，且地下水位较高，加固土层深度处于地下水位以下，不宜采用强夯法进行地基处理。

4. 强夯置换法

强夯置换是指强夯时在夯锤冲击形成的夯坑中边夯边填碎石、片石等粗颗粒材料置换原地基土，在地基中形成大直径的粒料桩，桩与周围土体形成复合地基。由于砂石等散体材料墩的加筋作用，地基中应力向墩体集中，墩体分担了大部分基底传下来的荷载；同时，粒料墩还可作为下卧软土层的良好排水通道，加速软土排水固结，土体抗剪强度不断提高，对墩体的约束不断增强，从而使复合地基的承载力不断提高。强夯置换对软土地基具有加筋、挤密、置换、排水作用，又具有强夯加固动力固结效应，因而可大幅度提高地基承载力，减小地基变形。与强夯相比，能更广泛地适用于高饱和度的粉土与软塑～流塑的黏性土等软弱地基。国内已有工程中强夯置换复合地基主要用于处治软基。

在地下水位较高的软土及盐渍化软弱土地区，地基土处于饱和或接近饱和状态，排水条件差，用强夯处理起锤困难，不易施工，且由于处理后的地基排水条件差、没有良好的排水通道而造成固结慢，强度恢复期长。所以，在这样的地质条件下使用强夯法就受到限制，而强夯置换可以不受地下水位的影响，可以在地基加固的同时形成排水通道，加速土体的固结。强夯置换墩体材料具有良好的耐腐蚀性，特别适用于盐渍化软弱地基的处理。

察格高速公路盐渍化河漫滩路段，地表排水条件差，工程地质层比较单一，主要为低液限粉土和粉土质细砂，天然孔隙比 $e > 0.8$，且盐渍化软土地基处于湿～饱和状态，部分路段地基具有液化性，地基处理拟采用强夯置换法。

5. 粒料桩

粒料桩是指利用一定的机械,将砾石、碎石、矿渣等散体材料打入需要处理的地基中形成的桩体。它与桩间土形成复合地基,通过置换、加速排水固结、应力分担等来共同提高地基的承载力。粒料桩处理地基深度较深,最小长度一般不小于 5m,最大长度可达到20m。当软弱土层厚度较薄时,桩体可以穿过整个软弱土层,到达持力层,桩体承受大部分荷载作用(应力分担作用);当软弱土层较厚,桩体不能贯穿整个软弱土层,此时桩体将上部荷载扩散到整个软弱土层,桩体和桩间土共同承担上部荷载(应力扩散作用)。粒料桩适用于处理黏质土、粉质土、砂土、素填土和杂填土等软弱地基,在我国沿海地区得到了广泛的应用。

在察尔汗盐湖区,对于盐渍化软弱地基,常用粒料桩(碎石桩)处治方案,如:青海钾肥厂一期和二期工程地基采用振冲碎石桩和干振挤密碎石桩进行加固、青藏铁路察尔汗盐湖段地基处理采用挤密砂桩进行加固。

盐渍土作为一种特殊地基土,其特殊性质具有有利于粒料桩施工的岩土条件和区域气候因素,具体分析如下:

(1)盐渍土因其固液相含盐使得土体内聚力增加,土体结构性对内聚力的贡献降低,土体的灵敏度降低,这对粒料桩施工有利,而且粒料桩成桩后,桩周土体强度快速恢复,有利于提高桩体的承载力;

(2)察尔汗盐湖区夏季干燥、日照时间长、温度较高,根据中交第一公路勘察设计研究院多年对青藏公路的研究成果,温度影响深度一般为 4~6m,这有利于盐溶液蒸发结晶[5]。因此待上层盐渍土液相蒸发结晶后,产生盐胀作用,提高了桩周土的强度及粒料桩的内聚力刚度,从而提高了桩体的承载力、降低了复合地基的压缩系数,也减少了盐渍土的溶陷性。

(3)桩体材料的抗腐能力强,可以解决盐渍土的腐蚀性问题。察尔汗盐湖区公路盐渍化软土地基处理拟采用粒料桩,主要用于构造物两端的地基处理及盐盖过渡段深厚软弱地基的处理,以减少台背路基及盐盖过渡段路基工后沉降。桩体材料采用砂砾石,以下简称砾石桩。

6. 其他处治方法

由于腐蚀性问题的影响,常规的水泥系地基处理方法(CFG桩法、水泥土桩法、高压喷射注浆法等)、石灰系地基处理方法和钢筋混凝土桩基础等均无法正常使用[6]。

预浸水法是用矿化度较低的水对盐渍土进行浸灌,使土层中的盐分溶于水并排放到其他地方,使盐渍土的含盐量降低,土壤"淡化",它实际上是一种原位换土法。预浸水法主要目的是降低土体含盐量,减少其盐胀性和对路堤、路床的次生盐渍化。预浸水法一般适用于厚度较大,渗透性较好的砂砾石土、粉土和黏性盐渍土等非饱和盐渍土。预浸水法用水量大,场地应具有充足的水源。浸水预溶法处理会造成地基含水量增大、孔隙率增大、压缩性增高、承载力降低;另外此法会降低地基土强度,同时增加了防腐难度。

盐化处理方法,主要针对硫酸盐盐渍土地基的处理,通过向硫酸盐盐渍土内加入氯盐,促使结晶盐析出并清除,降低硫酸盐含量,同时抑制硫酸盐的盐涨。察尔汗盐湖区地基主要为氯盐盐渍土,此法并不适用。

10.3.4　察尔汗盐湖区盐渍化软土地基处治方案

综合对各种地基处治方法的分析，结合察尔汗盐湖地区特殊的工程水文地质情况和区域气候条件，不同的地质分段采用不同的地基处治方案。

1. 换填处治方案

盐田卤水池盐渍化软土地基段，地表常年积水且有不间断卤水供应，地基湿软，强夯机及砾石桩机无法进入场区进行施工，综合考虑，地基采用片块石＋砾石土换填方案。

2. 砾石桩处治方案

盐湖区构造物（桥涵、通道）两端和盐盖过渡段软土地基采用砾石桩处理方案，将硬塑的低液限黏土层、粉土层和密实的盐晶层作为持力层，提高地基承载力，减少构造物台背差异沉降和地基的工后沉降。

3. 强夯置换处治方案

察格高速公路盐渍化河漫滩路段，地表排水条件差，工程地质层比较单一，主要为低液限粉土和粉土质细砂，天然孔隙比 $e > 1$，且盐渍化软土地基处于湿～饱和状态，细砂层稍松～中密，部分路段地基具有液化性，地基处理拟采用强夯置换处理方案，加速地基土排水固结，提高地基承载力。

4. 冲击碾压处治方案

《公路冲击碾压应用技术指南》指出，25kJ 三边形冲击压路机处理湿陷性黄土的有效影响深度为 1.4m 左右。对于厚度较薄的湿陷性黄土和具有中～高的软土地基有明显的处理效果，且具有施工速度快、不受周围环境制约、造价较低等优点。对于盐渍化软土地基，冲击碾压可消除地基浅层低液限粉土的高压缩性，使低液限粉土层成为硬壳持力层，起到扩散应力、提高地基承载力的作用。在察尔汗盐湖区边缘南部地基表层主要为低液限粉土，稍湿～湿，厚度为 0.8～1.3m，软塑～硬塑，具有中～高压缩性和溶陷性，可采用冲击碾压消除地基土的压缩性和溶陷性，提高地基承载力。

5. 岩盐填筑方案

为研究岩盐填筑技术在察尔汗盐湖区的适用性，在 ZK593＋600～ZK593＋820 和 ZK593＋880～ZK594＋130 设置试验段，路堤采用岩盐填筑。各地基处理段处理方案见表 10.3-2。

地基处治段落划分及处治方案　　　　　　　　　　　　　表 10.3-2

地基处治段落	桩号	处治方案
盐盖（盐晶）层过渡段	ZK593＋820～ZK595＋179 ZK595＋870～ZK603＋380	砾石桩
盐田卤水池盐渍化软土地基段	ZK595＋179～ZK595＋870	片块石＋砾石土换填
盐渍化河漫滩地基段	整体式路基 K603＋062～K617＋830	强夯置换
压缩性薄层盐渍化软弱地基段	整体式路基 K617＋830～K623＋000	冲击碾压
岩盐路堤试验段	ZK593＋600～ZK593＋820 ZK593＋880～ZK594＋130	岩盐填筑

注：所有地基处理段桥涵、通道等构造物两端各30m，地基采用砾石桩处理。

10.3.5 地基处治原则

盐渍化软弱土地基处治的主要目的是提高地基承载力，使其满足设计要求，并采取有效的隔断处治方案，阻止毛细水上升，避免对路床和路面结构的危害，保证路基的稳定。

1. 地基处治段落的划分

根据盐渍化软土地基段工程地质情况的划分，根据盐渍化软土地基土的种类、性质、厚度、盐晶层分布、地下水和承压卤水层等情况，将情况相近的地质段划为一段，采用相同的地基处治方案进行处理。将察尔汗盐渍化软土地基段划分为：盐盖（盐晶）层过渡段、盐田卤水池盐渍化软土地基段、盐渍化河漫滩地基段和压缩性薄层盐渍化软弱地基段。

2. 参考的标准和规范

主要依据地质勘测资料以及附近已有成功的地基处理案例，同时参考《公路路基设计规范》JTG D30—2015、《盐渍土地区建筑技术规范》GB/T 50942—2014、《建筑地基处理技术规范》JGJ 79—2012 和《盐渍土地区公路设计与施工技术指南》等相关规范和图书。

3. 地基处治技术指标

（1）砾石桩单桩承载力 ≥ 58.9kN（桩顶承载力压强值 ≥ 300kPa），复合地基承载力 ≥ 150kPa；

（2）强夯置换单墩承载力 ≥ 300kPa，复合地基承载力 ≥ 150kPa；

（3）换填法、冲击碾压处治的地基，承载力 ≥ 150kPa；

（4）冲击碾压处治地基段，承载力 ≥ 100kPa。

10.3.6 砾石桩处治技术研究

1. 处治段软弱地基土工程性质

ZK593 + 820～ZK595 + 179 和 ZK595 + 870～ZK603 + 380 为盐盖（盐晶）层过渡段，属湖相及化学沉积区（A 区）。路段控制深度内地层为盐晶和低液限黏土（部分段落为有机质黏土）盐晶层由三层向单层过渡，厚度逐渐变薄，第一层盐晶层在 ZK597 + 100 处消失，第二、三层盐晶层在 ZK601 + 500 处消失。地下水、表层潜水，水位高度在 0～2m；第二层承压卤水层，水头高度在 2～5m。地段地基土物理力学指标见表 10.3-3。

盐盖（盐晶）层过渡段盐渍土的主要物理力学性质指标 表 10.3-3

土名	含水率 w（%）	密度 ρ（g/cm³）	孔隙比 e	饱和度 S_r（%）	液限 w_L	塑性指数 I_P	液性指数 I_L	压缩性		快剪	
								压缩系数（MPa⁻¹）	压缩模量（MPa）	黏聚力 c（kPa）	内摩擦角 φ（°）
低液限黏土	19.8～25.7	13.7～17.3	0.89～1.46	45.7～69.8	22.1～31.2	6.4～9.1	0.12～0.89	0.12～0.63	3.8～16.2	7.4～19.6	15.0～20.7
低液限粉土	19.6～23.0	14.1～17.4	0.86～1.34	47.4～64.8	24.7～27.8	6.1～8.9	0.06～0.48	0.12～0.41	5.3～15.5	8.9～14.5	11.0～17.9

2. 砾石桩处治设计

1）桩体材料

对于盐渍土地区，桩体材料应采用中粗砂、圆砾、角砾、砂砾、碎石等具有耐腐蚀性能的材料，应就地取材，减少生产及运输成本。根据公路沿线料场的调查，在国道 G215 线

K547＋000 右侧、格尔木河沿岸以及大柴旦均有砂砾石料场，储量比较丰富，运距相对较短。桩体材料采用砂砾石，最大粒径不大于 80mm，其中 5～50mm 含量不小于 50%，填料含泥量小于 5%，已风化的石料不能作为填料。

2）桩径

砾石桩桩径应根据地基承载力需要、桩体材料的形态、与地基的适应性（地基土的约束力）、成桩方法、成桩难易和机械设备的能力确定。根据察尔汗盐湖区已有厂房地基处治案例的调查，青海钾肥厂一期工程地基处理采用的振冲碎石桩桩径 0.75～1.1m，干振挤密碎石桩桩径 0.36～0.6m，桩长 7～10m，桩间距 1.5m，处理后复合地基承载力达到了 150～200kPa；二期工程采用干振碎石桩桩径为 0.8m，成桩效果好，处理后复合地基承载力达到了 150～180kPa。目前，在公路工程上，多采用 0.3～0.6m 桩径，0.5m 桩径应用最为普遍。经综合分析，察尔汗盐湖区公路地基砾石桩采用 0.5m 桩径。

3）桩长

桩长取决于地基承载力、软土层厚度、地基变形、地质情况等条件，但同时受施工机械的限制。对于软土层厚度不大，存在相对硬层持力层时，桩长应达到硬层持力层；但软土层较厚时，桩长根据地基承载力、地质情况以及施工机械等考虑，并应根据试桩处治效果确定最终的桩长。察格高速公路砾石桩桩长初步设计为 8m。

4）桩间距

桩间距应通过现场试桩进行确定。对于砂土和粉土地基，不宜大于桩径的 4.5 倍；对于黏土地基，不宜大于桩径的 3 倍。初步设计时可按照地基处治前土体孔隙比 e_0 和处治后要求的孔隙比 e_1 进行计算，计算方法见《建筑地基处理技术规范》JGJ 79—2012。察格高速公路砾石桩桩距初步设计为 1.5m。

5）桩的平面布置及其他

公路工程中，砾石桩一般采用等边三角形或正方形布置，依靠桩的挤密和置换作用，使地基挤密更均匀，避免工后不均匀沉降。由于察尔汗盐湖区大部分段落地表湿软，砾石桩机无法进入或在桩机施工时由于沉陷导致机械下陷和倾斜，在砾石桩施工前，应在地基处理范围内地表铺设 0.3～0.5m 厚的垫层，并充分压实。另外，砾石桩施工会产生一定的振动，为保证邻近构造物和建筑物的安全，桩机与构造物或建筑物应保留 8～10m 以上的安全距离。

察格高速公路砾石桩采用等边三角形布置，桩距 1.5m，布置图如图 10.3-1 所示。

3. 砾石桩处治施工

砾石桩施工采用振动沉管法（逐步拔管法），施工顺序采用排桩法，即从一端开始逐步施工至另一端或采用隔行施打的方法成桩。初步设计的施工工艺和施工要求如下：

1）施工工艺

（1）打桩机进场，进行安装调试，检查机械运转正常后，再开始就位；

（2）振孔器（桩管）对准设计桩位，振动挤土成孔；

（3）提起振孔器（桩管），从上部进料口倒入砂砾石，然后进行振捣，拔管速度以 1.5～3.0m/min 为宜。倒入砂砾石高度一般为 1.0～1.5m，留振时间控制在 10～20s；

（4）重复（3）步骤，直至制桩至孔口；

（5）关机移位至下一点。

振动沉管砾石桩施工工艺流程见图 10.3-2。

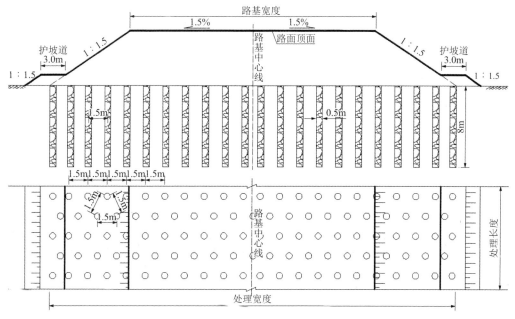

图 10.3-1 砾石桩处治布置图

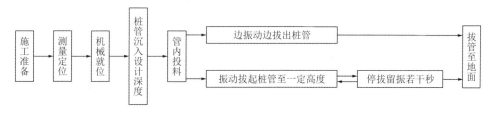

图 10.3-2 振动沉管砾石桩施工工艺流程

2）施工要求

（1）桩身垂直度，要求不大于 1.5L/100（L 为桩长）；

（2）桩点平面位置误差不大于 15cm；

（3）桩长及桩径不小于设计值（施工中若在桩身范围内遇到硬层，经监理工程师认可，认为可作为持力层的可停止钻进）。

4. 砾石桩施工问题及施工工艺改进

1）砾石桩施工出现的问题

（1）施工过程中，砾石料易堵塞在桩管中，下料不畅，砾石料未完全进入桩孔，堆积在桩口地面处。

（2）成桩结束 28d 后对不同路段大面积的砾石桩进行挖探、钻探、触探、地质雷达和承载力抽样检测，发现砾石桩成桩长度一般为 4m，约为设计桩长的一半。

（3）采用重型动力触探，密实度的评定标准见表 10.3-4。经检验，重型动力触探锤击数 $N_{63.5}$ 一般在 5.7 左右，密实度评定为稍密；成桩效果差，出现了断桩现象。

（4）单桩和复合地基承载力达不到设计要求。现场将活页式桩靴更换为活瓣式桩靴、拔管过程中延长留振时间等措施，问题仍未解决。

重型圆锥动力触探击数平均值分类　　　　　　　表 10.3-4

触探击数$N_{63.5}$	$N_{63.5} \leqslant 5$	$5 < N_{63.5} \leqslant 10$	$10 < N_{63.5} \leqslant 20$	$N_{63.5} > 20$
密实度	松散	稍密	中密	密实

砾石桩施工现场检测如图 10.3-3 所示。

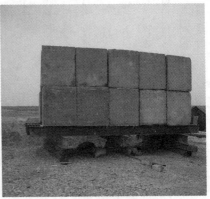

(a) 重型动力触探　　　　　　　　　　　(b) 静载试验

(c) 挖探

图 10.3-3　砾石桩处治检测

2）问题分析

通过对砾石桩处治方案实施出现的问题，结合工程地质情况和施工情况等综合分析，引起成桩困难等问题的主要原因有：

（1）工程水文地质条件的影响

原地基处理段砾石桩成孔深度范围主要为低液限黏土、粉土或有机质黏土，地下水位较高，水位高度在 0～2m，第二层为承压卤水，水头在 2～5m，成桩深度处于承压卤水的影响深度。在地面（桩孔口）以下 3～8m 深度范围，承压卤水的压强比较大，承压层在桩管底部管口（活页或活瓣）产生的压力比桩管内石料自重和桩管的击振力在桩管底部共同产生的压力要大得多。成孔拔管过程中，桩孔又会形成负压。在承压卤水层压强和桩孔负压的双重作用下，土体迅速填满刚刚形成的桩孔，且在压强作用下土从桩靴底部进入到桩管内一定高度，造成桩靴的活页或者活瓣无法打开，无法下料；当振动拔管，桩靴处于地下（桩孔口）0～4m深度时，由于承压卤水层较浅，压力较小，或已超出承压卤水层影响深度，无承压卤水层影响时，桩管内砾石料的重力和桩管的击振力在管底（活页或活瓣）共同产生的作用力大于地基土体在管底产生向上的压力时，活页（活瓣）打开，开始下料。通过现场检测，砾石桩成桩平均长度为4m，也说明了此原因。

（2）砾石桩桩体材料用量不足

砾石桩成桩过程中，桩体材料用量为1.6m³，是按照桩径0.5m计算得来。根据现场对成桩桩头直径的测量，桩头直径为0.7m，砾石桩桩体材料用量不足，实际需料量比理论计算值要大。

3）施工工艺改进

结合之前已经施工、未达到设计要求的砾石桩，采用试桩的方法确定合适的施工工艺，试验段为ZK600＋880～ZK601＋178。根据砾石桩方案实施过程中出现的问题分析，主要从以下两个方面考虑改进施工工艺。

（1）解决下料不畅的难题

砂砾料下料不畅甚至难以下料的主要原因是因为地层一定深度处存在承压卤水层，造成桩管外压力大于桩管内压力，桩靴的活页（活瓣）无法打开。解决下料不畅的关键技术就是克服承压卤水层产生的压力，使管内砾石料在活页（活瓣）上产生的压力大于管外地基土层产生的压力。根据现场使用的振动打桩机的结构特点以及附近水源等情况，初步考虑采用：在砂砾料提振过程中向管内灌注卤水的办法来增加管内石料对活页（活瓣）的压力，卤水也可以减少砂砾料下落过程中与管壁的摩阻力，并对桩管底部的黏土起到稀释的作用。

（2）增加投料量

桩体用料不足也是造成成桩困难和成桩长度不足的一个主要原因。试桩投料量初步以现场施工实际成桩直径0.7m（桩口处）计算（约3.1m³），实际投料量以试桩结果为准。

试桩工艺1：将桩管打入至设计深度，从桩管上部投入5斗料（每斗料0.33m³），从进料口泵入半管卤水，提振拔管，拔管速度为1.5～3.0m/min；提振3～4m投入1斗料（通过敲击管壁，确定砾石料已经全部进入桩孔为准），提振至6～7m投入2斗料，不压管反插，提振至地面，成桩完成。投料总量为2.64m³。现场观察到，砾石料并不能完全进入桩孔内，桩口地面处留有大量未进入桩体的砾石料。耗时：沉管5min，灌水2min，灌料5min，提振4min，共耗时16min。

试桩工艺2：将桩管打入至设计深度，从进料口泵入半管卤水，投料5斗，提振，在提振过程中加入4斗料，不压管反插。投料总量为2.64m³。现场观察到砾石料仍有大部分未进入桩孔，问题没有得到解决。耗时：沉管5min，灌水1min，灌料6min，提振9min，共耗时21min。

试桩工艺3：将桩管打入至设计深度，从进料口泵入半管卤水，加料4斗，提振3m压管反插1m，通过敲击管壁得知砾石料完成进入桩孔后，加料5斗，提振至地面，压管反插1m，振动拔管，成桩，投料总量为2.64m³。通过现场观察，砾石料能全部进入桩孔，但在试桩过程中拔管至桩中间部位时，砾石料需要通过延长留振时间才能进入桩孔。为减少成桩时间，将工艺3进行改进。耗时：沉管5min，灌水1.5min，灌料5min，提振8min，共耗时 19.5min。

试桩工艺 4：将桩管打入至设计深度，从进料口泵入半管卤水，加料 4 斗，提振，提振过程中继续加料，以料能顺利进入桩孔为准。提振过程中，在桩底部、中部和管口地面处各压管反插 1m，并留振 10～20s，完成试桩。投料总量 2.64m³。耗时：沉管 5min，灌水 1.5min，灌料 3min，提振 10min，共耗时 19.5min。现场观察：砾石料能顺利地进入桩孔，成桩时间也较短。

经过不同施工工艺的多次试桩，并在试桩完成 28d 后对桩长、桩体密实度、单桩承载力和复合地基承载力进行检测，结果表明，桩身长度达到了设计要求、桩体密实度、单桩承载力和复合地基承载力得到了很大的提高，满足了设计要求，确定采用重复压拔管成桩法进行砾石桩施工，具体施工工序见图 10.3-4。

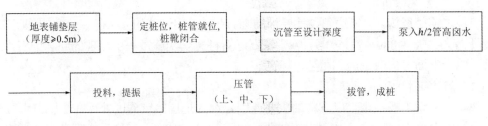

图 10.3-4　砾石桩施工工序

①打桩机进场前，待处理地基地表铺厚度不小于 0.5m 的垫层，垫层材料与砾石桩材料相同。

②在待处理地基地表用石灰或木橛定出桩位。打桩机进场，桩管垂直就位，垂直度不应大于 1.5%，桩靴闭合。

③将桩管沉入地基中到设计深度。

④从桩管进料口泵入 $h/2$ 高度的卤水，h 为桩管高度。

⑤从桩管进料口加料 4 斗（0.33m³/斗），一次性加料量约 1.32m³。

⑥提振，边振动边拔起桩管，拔管速度以 1.5～3.0m/min 为宜，当下料较慢时，采用低速拔管；提振过程中根据管内剩余石料的多少（通过敲击管壁判定），继续从加料口投料。

⑦压管，提振过程中，在桩孔底部（距桩口 6m）、中部（距桩口 4m）和桩口高度处往下压管 1m，留振 30s，将落入桩孔内的砂砾料压实。

⑧桩体施工完成，共投料 8 斗，实际投料总量 2.64m³。

砾石桩地基处理效果检测结果见表 10.3-5，钻探取芯情况见图 10.3-5。

砾石桩地基处理效果检测结果　　　　　　　　　　　　　　　　表 10.3-5

施工工艺	芯样平均长度（m）	$N_{63.5}$ 平均值	单桩承载力平均值（kN）	复合地基承载力平均值（kPa）
初步设计	4.4	5.7（稍密）	33	75
试桩工艺 1	5.8	7.2（稍密）	36.8	112.5
试桩工艺 2	6.5	8.3（稍密）	44.2	112.5
试桩工艺 3	8	10（中密）	>58.9	150
试桩工艺 4	8	12（中密）	>58.9	150

图 10.3-5   钻探取芯

4）施工注意事项

（1）为避免成桩过程中淡水对地基土和盐晶层的溶蚀及其引起的地基沉降，采用卤水灌注，施工现场应做好排水措施或修建蒸发池。

（2）粒料桩施工后应待卤水或地下水从桩体排出后再施工上部路基。

（3）此工艺对于地下水位较高的强～过盐渍土地区地基处理比较适用，对其他情况的地基应考虑工程水文地质情况等合理采用。

10.3.7 强夯置换处治技术研究

1. 处治段软弱地基土工程性质

整体式路基 K603 + 062～K617 + 830 为盐渍化河漫滩地基段，属湖相（B 区）和滨湖相沉积区（C 区）。控制深度内地层分布比较简单，K603 + 062～K606 + 550 地层主要为低液限粉土层，软塑，地下水为孔隙性潜水，水位在 2.5m 左右；K606 + 550～K617 + 830 地层主要为粉土质细砂，稍松～中密，部分段落细砂层具有轻微液化性，地下水为孔隙性潜水，水位在 0～3.0m。处治段地基土物理力学指标见表 10.3-6。

盐渍化河漫滩地基段盐渍土的主要物理力学性质指标   表 10.3-6

土名	含水率 w（%）	密度 ρ（g/cm³）	孔隙比 e	饱和度 S_r（%）	液限 w_L	塑性指数 I_P	液性指数 I_L	压缩性		快剪	
								压缩系数（MPa⁻¹）	压缩模量（MPa）	黏聚力 c（kPa）	内摩擦角 φ（°）
低液限粉土	18.6～25.6	14.1～18.0	0.81～1.34	50.4～69.5	22.6～26.9	5.9～6.7	0.16～0.98	0.18～0.45	4.8～10.5	8.9～15.2	16.9～22.3
粉土质细砂	20.3～23.5	14.9～16.5	0.98～1.21	49.0～58.2	24.8～26.7	6.0～6.4	0.20～0.48	0.16～0.45	4.5～12.9	7.9～11.4	15.7～20.0

2. 强夯置换处治设计

强夯置换法是在强夯法的基础上发展而来，与强夯法的作用机理不同，它除了具有强夯法的振动压实作用外，还具有加速土体排水固结、置换和加筋等作用，强夯置换法较强夯法应用更为广泛，效果更佳。研究强夯置换法，应结合强夯法分析。

1）有效加固深度

有效加固深度是指在强夯作用下，地基土的物理力学性质得到较大改善，且物理力学指标达到了预期值或者设计值。强夯法的有效加固深度应根据试夯或当地经验确定，在初步设计阶段或缺少试验资料时，可采用梅那（Menard）经验公式计算或参考表 10.3-7 预估。

$$H = a\sqrt{\frac{W \cdot h}{10}} \tag{10.3-1}$$

式中：H——加固深度（m）；

$\quad W$——锤重（kN）；

$\quad h$——落距（m）；

$\quad a$——经验系数，其值在 0.4～0.85 之间。

强夯法的有效加固深度（m） 表 10.3-7

单击夯击能（kN·m）	碎石土、砂土等粗粒土	粉土、黏性土、湿陷性黄土等细粒土
1000	5.0～6.0	4.0～5.0
2000	6.0～7.0	5.0～6.0
3000	7.0～8.0	6.0～7.0
4000	8.0～9.0	7.0～8.0
5000	9.0～9.5	8.0～8.5
6000	9.5～10.0	8.5～9.0
8000	10.0～10.5	9.0～9.5

注：强夯法的有效加固深度应从最初起夯面算起。

强夯置换是利用夯击能将砂砾、碎石等粗颗粒材料强行挤入土体，或通过不断地夯击和填石形成墩体，并进入土体一定的深度，加固深度主要受软弱层的厚度、要求加固的深度、墩体的长度和地基承载力而定。

2）单击夯击能

单击夯击能表征每击能量大小的参数，单击夯击能一般根据工程要求的加固深度、地质情况、强夯处治区域附近的构造物或建筑物的安全要求进行选用，同时受夯击设备的技术条件限制。对于强夯置换，单击夯击能将砂砾、碎石等粗料打入土体一定深度并击实即可。目前，国内公路工程采用的单击夯击能一般在 1000～4000kN·m。

单击夯击能计算公式如下：

$$E = Mgh \tag{10.3-2}$$

式中：E——单击夯击能（kN·m）；

$\quad M$——夯锤重（t）；

$\quad g$——重力加速度（9.8m/s²）；

$\quad h$——落距（m）。

3）夯击次数

夯点的夯击次数，应能使墩体达到下部相对较硬层或持力层，当无法满足时，应根据现场试夯得到的夯击次数和夯沉量关系曲线按照最后两击的平均夯沉量确定，并应同时满足下列条件：

①最后两击的平均夯沉量不宜大于下列数值：当单击夯击能小于 2000kN·m 时为 5cm；当单击夯击能为 2000～4000kN·m 时为 10cm；当单击夯击能大于 4000kN·m 时为 20cm；

②夯坑周围地面不应发生过大的隆起；

③不因夯坑过深而发生提锤困难。

4）夯击遍数

夯击遍数应根据地基土的性质确定，可采用点夯 2～3 遍，对于渗透性较差、含水率较高的细颗粒土，必要时适当增加夯击遍数。最后再以低能量满夯 2 遍，满夯可采用轻锤或低落距锤多次夯击，锤印搭接。

5）间歇时间

两遍夯击之间应有一定的时间间隔，间隔时间取决于土中超静孔隙水压力的消散时间。当缺少实测资料时，可根据地基土的渗透性确定，对于渗透性较差的黏性土地基，间隔时间不应少于 3～4 周；对于粉性土不应少于 1～2 周，对于渗透性好的地基可少于 3d。对于强夯置换法，由于墩体排水通道加速排水，超孔隙水压力会消散较快；超孔隙水压力的消散速度同时与墩距和墩长有关。

在强～过盐渍土地区，由于卤水的黏滞性，孔隙水排出速度较慢；另外，温度的降低使盐溶液溶解度较低，结晶盐析出，也不利于孔隙水的排出。因此，盐渍土地区的地基，强夯间隔时间应适当延长，特别是在低温季节。

6）夯点布置

置换墩体采用等边三角形或正方形布置，墩间距应根据荷载大小和原土的承载力选定，当满堂布置时可取夯锤直径的 2～3 倍。墩的计算直径可取夯锤直径的 1.1～1.2 倍。置换桩顶应铺设一层厚度不小于 0.5m 的压实垫层，垫层材料可与桩体材料相同，粒径不宜大于10cm。

3. 强夯置换处治方案

1）材料

墩体材料采用的天然砂砾，质坚，不易风化，水稳性好，含泥量小于 10%，最大粒径不超过 30cm。

2）单击夯击能

根据对察尔汗盐湖区已有工厂、铁路设施的调查，强夯置换地基处治采用的单击夯击能为 2000～4000kN·m，且处治路段附近有高压电线、厂房和民用住宅房。经综合考虑，察格高速公路强夯置换处治单击夯击能初步设计为 3000kN·m，施工距离建筑物的水平安全距离应满足表 10.3-8 要求。

强夯置换施工安全距离参考值　　　　　　　　　表 10.3-8

强夯能级（kN·m）	安全距离（m）
1000～2000	40
3000	50
4000	60

注：安全距离与振动引起的地面水平振动速度峰值有关，一般将速度峰值小于 5cm/s 作为破坏界限，将速度峰值小于等于 2cm/s 作为安全界限。上表是根据安全界限计算的。

3）夯击次数及遍数

察尔汗盐湖区地基土主要为低液限粉土和粉土质细砂，含水率较高，且地下水为饱和卤水，初步设计强夯置换夯击 3 遍，第一、二遍夯 3～6 击，第三遍夯 3 击，并以最后一击夯沉量不超过 5cm 为控制值。

4）夯点布置

强夯置换夯点采用正方形布置，夯锤直径 2.3m，间距 5m，设计墩长 2～2.5m，处治宽度为路堤坡脚处，布置如图 10.3-6 所示。

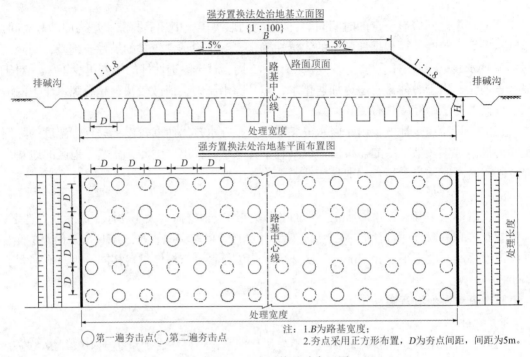

图 10.3-6　强夯置换处治布置图

4. 强夯置换处治施工及施工工艺改进

1）初步设计提出的施工工艺

（1）在施夯的场地上先铺设 0.5m 厚的砂砾垫层；

（2）夯孔的施打采用隔孔分序跳打的方式，以圆柱形夯锤按夯点布置和顺序夯击，第一遍夯击至控制深度后，在夯坑内充填石料，石料最大粒径小于 30cm；

（3）将夯坑填满后再进行第二遍夯击，在夯坑深度达到控制深度时，再充填石料至地面，然后进行第三遍夯击，再用石料填平至地面高度后振动碾压三遍；

（4）夯击时，第一、二遍每夯点夯击次数根据试夯资料来确定，每遍夯 3～6 击，第三遍夯击 3 击，并以最后一击夯沉量不超过 5cm 为控制值。

2）出现的问题分析

施工结束 28d 后对墩体进行动力触探和静载荷试验：墩体密实度松散～稍密，处理后的地基承载力不能满足设计要求，地基处理结果为不合格。分析原因：

（1）强夯置换正式施工前，未进行试验段工程，强夯置换施工参数未确定；

（2）每遍夯击次数控制为 3～6 击，最后一击的夯沉量未达到"最后一击夯沉量不超过 5cm"的控制要求；

（3）前后两遍强夯施工间歇时间不足。强夯置换处治地基段，地基土为低液限粉土和粉土质细砂，厚度较大，含水率较高，地下水为饱和卤水，排出缓慢，超孔隙水压力消散较慢。因为工期原因，前后两遍施工间隔时间并未保证地下水充分排出，超孔隙水压力得到有效的消散。据现场跟踪调查，前后两遍强夯施工间隔时间一般为 7～15d。另据施工单位反映，2009 年年底经强夯置换处治的地基段，在经过冬季停工期后，整体下沉了 25cm 左右。可见，在察尔汗盐湖区，强夯置换两遍施工间歇时间应根据试验确定，并适当延长，据现场跟踪调查，对于察尔汗盐湖区低液限粉土和粉土质细砂层地基的处治，两遍夯击间歇时间不少于 30d，必要时通过填土超载预压。

3）施工工艺研究

针对强夯置换地基处理出现的问题，提出进行试验段试夯工程，根据检测结果，确定可行的强夯置换施工工艺。试验段选取分离式路基 ZK602＋550～ZK602＋700 和 YK600＋600～YK600＋800 盐渍化软土地基段，两段工程地质层主要为低液限粉土层，软塑，厚度未揭穿，地下水表层潜水，水位在 1.5m，第二层承压卤水，水头高度在 2～5m。地质情况与之前施工的强夯置换地基处理段基本相同。

试验段强夯置换单击夯击能采用 3000kN·m、3500kN·m 和 4000kN·m 三级能量，通过调节夯锤起落高度实现，分析夯击能对地基处理效果的影响。施工工艺如下：

（1）夯击前地表铺 0.5～1.0m 厚的砂砾、卵砾石或碎石等粒料垫层，粒径不宜大于 10cm，表面振压两遍；

（2）夯孔的施打宜采用隔孔分序的方式。每遍夯坑深度一般控制在 1.5～2.0m，第一遍夯至控制深度后，在夯坑内充填石料，石料最大粒径应小于 30cm；将夯坑填满后再进行第二遍夯击，在夯坑深度又达到 1.5～2.0m 时，再充填石料至地面，然后进行第三遍夯击；将夯坑击至 1m 左右深度后，再用石料填平至地面高度后振动碾压三遍；

（3）三遍夯击，每一遍的夯击次数根据不同工程地质条件试夯确定。每一遍夯击结束的标准为：当单击夯击能为 2000～4000kN·m 时，最后 2 击的平均夯沉量不超过 10cm；

（4）两遍夯击之间应有一定的时间间隔，间隔时间取决于土中超静孔隙水压力的消散时间。察尔汗盐湖强夯置换地基处治段地层主要为低液限粉土和粉土质细砂，根据现场观测，将两遍夯击间隔时间预设为 30d。

强夯置换处治施工及墩体排水情况如图 10.3-7、图 10.3-8 所示。

图 10.3-7　强夯置换处治施工

图 10.3-8　墩体排水

4）强夯置换地基处治效果检测

施工结束 28d 后，进行静载试验，试验结果表明如表 10.3-9 所示。强夯置换单击夯击能 3000kN·m、3500kN·m 和 4000kN·m 处理盐渍化软土地基，单墩承载力和复合地基承载力均达到设计要求，地基处理结果评定为合格。

强夯置换地基处理效果检测结果　　　　表 10.3-9

施工方式	桩号	单墩承载力特征值R_a	桩间土承载力特征值f_{spk}	复合地基承载力特征值f_{spk}	处理结果判定	墩体密实度
之前施工段落	K603+062~K603+280	18.8kN（载荷试验，沉降24h达不到稳定）	地基湿软，陷车，机械无法进入	<150kPa	不合格	松散~稍密
	K603+344~605+077	150kN（载荷试验，沉降比较明显）	85.5~129.9kPa	一处≥150kPa一处<150kPa	不合格	松散~稍密
试验段工程	ZK602+550~ZK602+700	≥150kN（载荷试验，无明显沉降）	75~112.5kPa	≥150kPa	合格	—
	YK600+600~YK600+800	≥150kN（载荷试验，无明显沉降）	93.8~134.8kPa	≥150kPa	合格	稍密~中密

注：单墩承载力设计值为 300kPa，复合地基承载力设计值为 150kPa。单墩和桩间土静载试验采用圆形承载板，直径为 80cm，面积为 0.5m²。

5）单击夯击能的确定

为研究最佳的单击夯击能，试验路段工程选取 3000kN·m、3500kN·m、4000kN·m 三个不同单击夯击能。各夯击能处治地基承载能力特征值汇总如表 10.3-10 所示，载荷试验最大加载量下相应沉降量汇总如表 10.3-11 所示。

不同单击夯击能作用下承载能力特征值汇总表　　　　表 10.3-10

测点位置	k602+665.5左4m	k602+636.5左4m	k602+630左3m
编号	104 号	105 号	106 号
夯击能	3000kN·m	3500kN·m	4000kN·m
垫层厚度	50cm	55cm	50cm
强夯置换墩承载力特征值	150kPa	150kPa	150kPa
强夯置换墩间土承载力特征值	112.5kPa	75kPa	75kPa
强夯置换复合地基承载力特征值	144.4kPa	133.3kPa	133.3kPa
强夯置换墩垫层上承载力特征值	≥150kPa	≥150kPa	≥150kPa

注：f_{spk}≥150kPa 是加载已达到设计承载力特征值的 2 倍，但 s/D<0.015 的情况（s为沉降量，D为承载板直径）。

载荷试验最大加载量下沉降量汇总表　　　　表 10.3-11

	强夯置换墩			强夯置换墩间土			强夯置换墩垫层上		
编号	104 号	105 号	106 号	104 号	105 号	106 号	104 号	105 号	106 号
最大加载量	300kN	300kN	300kN	300kPa	300kPa	300kPa	300kPa	300kPa	300kPa
夯击能（kN·m）	3000	3500	4000	3000	3500	4000	3000	3500	4000
最大加载对应沉降量（mm）	12.93	7.45	4.05	18.68	25.52	10.48	1.99	1.77	4.78

由此可以看出：

（1）检测的三处强夯置换墩的承载力特征值为150kPa，均满足设计要求，且呈现出随着夯击能的增大，最大加载量下对应沉降量逐渐减小的趋势。

（2）强夯置换墩间土最大加载量下沉降对应量远远大于强夯置换墩最大加载量下对应沉降量。

（3）通过单墩承载力与墩间土承载力估算以后得到强夯置换复合地基承载力特征值小于150kPa，但在3000kN·m的夯击能作用下墩间土承载力比3500kN·m及4000kN·m夯击能作用下要高一些。根据现场观测，单击夯击能越大，引起周围土体的振动越大，过大的夯击能在置换挤密墩间土的同时也振松墩间土，引起局部土体的液化或土体结构的破坏，可见单击夯击能并不是越大越好。另据中国建筑科学研究院彭芝平等人的《饱和盐渍土碎石排水桩加强夯试验研究》：察尔汗盐湖地区的地基土强夯处治，处治效果并不随强夯能量的增加而提高；强夯的单击夯击能不宜超过3000kN·m。

（4）铺设50cm垫层后，三处检测点的复合地基全部大于150kPa，且强夯置换垫层上载荷试验中最大加载量下对应沉降量较小，可见铺设砂垫层以后，复合地基承载力有了很大的提高，砂垫层在此主要起了应力扩散作用，使作用在强夯置换墩复合地基上的压力较小，垫层还可作为良好的排水面，与砾石墩之间可以形成良好的排水通道。

10.3.8 冲击碾压处治技术研究

1. 处治段软弱地基土工程性质

冲击碾压处治段落为压缩性薄层盐渍化软弱地基段，属山前冲洪积平原前缘带（D区），位于察尔汗盐湖边缘南部。路段地基基本情况：表层为低液限粉土，稍湿～湿，软塑～硬塑，孔隙比大于1，厚度约为0.8～1.3m，具有中～高压缩性（大部分段落为高压缩性）和溶陷性；第二层为粉土质细砂层，稍松～中密，最大揭示厚度12.2m，未揭穿。盐渍土类型为氯盐型过～弱盐渍土过渡。地下水位孔隙潜水，水位高度为2.7～3.8m，部分段落为1.3～2.5m。处治段地基土物理力学指标如表10.3-12所示。

处治段盐渍土的主要物理力学性质指标　　表 10.3-12

土名	含水率w（%）	密度ρ（g/cm³）	孔隙比e	饱和度S_r（%）	液限w_L	塑性指数I_P	液性指数I_L	压缩性		快剪	
								压缩系数（MPa⁻¹）	压缩模量（MPa）	黏聚力c（kPa）	内摩擦角φ（°）
低液限粉土	22.9～25.6	14.7～16.5	1.0～1.38	50.3～50.6	24.5～26.5	6.0～6.4	0.7～0.89	0.4～0.57	4.7～5.5	7.9～10.5	14.5～17.4
粉土质细砂	23.6	14.7	1.26	50.3	24.6	6.3	0.84	0.51	4.4	9.5	16.9

目前，国内公路工程冲击碾压技术主要用于路堤、路床、填挖交界面以及旧路加宽段的冲击增强补压；在地基处理方面，主要应用于湿陷性黄土地基处理。消除或减小黄土的湿陷性。对于具有压缩性的盐渍土地基处理，国内外工程实例并不曾见到。根据《公路冲击碾压应用技术指南》，20kJ的三边形冲击压路机处理湿陷性黄土地基的有效影响深度为1.1m左右，25kJ为1.4m左右，察尔汗盐湖边缘南部边缘地段表层分布着厚度小于1.3m的

可压缩性粉土，课题初步设计将冲击碾压技术应用于该地基处理，研究适用于察尔汗盐湖区地基处理的冲击碾压技术。

2. 冲击碾压技术概述

冲击碾压在地基处治方面是一种新技术，于 1995 年由南非引进国内。冲击碾压法是采用冲击压路机对地基土进行冲击碾压，它是一种静压、冲击和搓揉作用相结合的地基土压实方法。其高振幅、低频率冲击碾压使工作面下深层土体的孔隙比不断减小，密实度不断增加，受冲压土体逐渐接近于弹性状态，冲击压实机由大马力牵引机和压实轮组成，压实轮有三边、四边、五边和六边形等形状以及实体、空体及可填充式等类型，冲击能量以25kJ 为基本型号，还有 15kJ、20kJ、30kJ 等。图 10.3-9 展示了冲击碾压法加固地基土的工作原理。

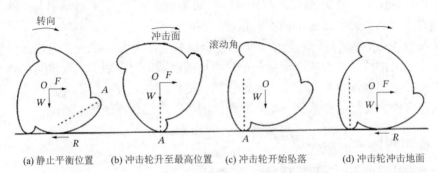

(a) 静止平衡位置　　(b) 冲击轮升至最高位置　　(c) 冲击轮开始坠落　　(d) 冲击轮冲击地面

F—牵引力；R—地面和冲击面的相互作用力；W—冲击轮自重

图 10.3-9　冲击碾压法加固地基土的工作原理示意图

压实轮在牵引力F的作用下向前滚动，当滚动角圆弧与地面的接触点A与重心O在一条铅垂线上时，压实轮升至最高位置［图 10.3-9（b）］，在越过此点后重心相对于接触点A产生使压实轮坠落的冲击力矩［图 10.3-9（c）］，在这一力矩的作用下压实轮冲击地面，而此时冲击力矩达到最大［图 10.3-9（d）］。随后压实轮的冲击面向前方搓挤地基土而产生某种强力的搓揉作用，并使地基土产生很大的反力R，在牵引力F和反力R所形成的举升力偶的作用下，压实轮以滚动与地面接触的瞬时中心为转动轴心向前滚动并抬升压实轮至最高位置［图 10.3-9（b）］。从以上的工作原理中可看到，压实轮在工作过程中所储蓄的能量来源于三部分：重心位置提升所蓄的势能；压实轮以一定速度旋转所提供的动能；压实轮净重在滚动过程中克服土壤变形所做之功。显然，冲击能量的大小与压实轮的质量、质心的高度、牵引的速度及其边数等参数有关。

（1）压实功效通常由量化冲击能来评定，可由公式(10.3-3)计算。

$$E = mgh \tag{10.3-3}$$

式中：E——冲击压实机的冲击能（kJ）；

$\quad\quad m$——压实的轮轴组件的质量（kg）；

$\quad\quad g$——重力加速度（m/s²）；

$\quad\quad h$——压实轮外半径与内半径的差值（m）。

实践表明：压实轮对地面所产生的冲击力与压实轮转动的线速度有关可根据冲量定理套用公式。

（2）计算冲击力N，可由公式(10.3-4)计算。

$$N = (mv' - mv)/t \tag{10.3-4}$$

式中：m——压实的轮轴组件的质量（kg）；

　　　v'——冲击初速度（m/s）；

　　　v——冲击末速度（m/s）；

　　　t——冲击作用时间（s）。

冲击式压路机兼具强夯机和普通振动压路机的优点，作业方式是冲击和滚动重压复合行为，整个压实过程是一个复杂的周期加随机过程。冲击式压实以高振幅、低频率的方式将极高的能量压入地面，巨大的能量在土体中传递时能克服土石颗粒之间的吸附力、黏聚力，使土石颗粒运动的位移增大，强迫排除土石颗粒之间的空气和水，可有效地增大压实厚度和压实体积，并减少压实遍数，从而大大提高地基土的压实功效。

3. 冲击碾压施工方案实施

整体式路基 K617＋830～K623＋000 段地基采用冲击碾压方案进行处治，采用的冲击碾压设备主要包括：QW-500 牵引车、冲击压路机、推土机、平地机。施工参数如下：三边形（25kJ 型号）冲击压路机，自重 15500kg，三边形冲击轮厚度为 89.5cm，宽度为 2×900mm。三边形冲击压路机如图 10.3-10 所示。

图 10.3-10　三边形冲击压路机

三边形冲击压路机在一个周期内共有 3 次压实、3 次冲击。对于土体表面任一点的冲击次数，每一凸形瓣着地概率为 1/6，因此采用冲击式压路机处治施工时，同一碾压带纵向至少要冲击 6 次，才能使被压土层在纵向得到较均匀的压实效果，使土体表面密实度均匀，不出现高低不平。冲击压路机行驶速度快，其冲击力就大，但过快的行驶速度会使冲击轮蹦离地面，与地面的接触时间短，不利于冲击力的传播与土体压实，也容易损坏机器，速度过慢，则冲击能量太小，压实效果不好。一般冲击压路机在 10～15km/h 的速度行驶时，可取得较好的冲击效果，在施工中建议冲击速度在 10～12km/h 速度进行碾压。施工场地宽度大于冲击压路机转弯半径的四倍时，以道路中心线对称地将场地分成两半，压实行驶路线按如图 10.3-11 所示；施工场地的宽度小于四倍转弯半径时，可按照图 10.3-12 的冲压方式进行，根据实际情况在施工场地的两端设置所需的转弯场地。

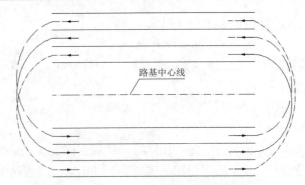

图 10.3-11　冲击碾压路线图

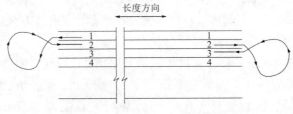

图 10.3-12　冲击碾压路线图

　　冲击碾压前应清除地表盐霜，并用光轮压路机将原地表压至表面密实，并采用干净粗砂粒换填后进行冲击碾压。冲击碾压由牵引车拖动冲击轮，冲击碾压距路肩外边缘宜保持1m 的安全间距，冲压时应冲击波峰，错峰压实，每纵向碾压 2 遍后，形成一条碾压带，当碾压区全部碾压 6 遍以后，再从起始点开始，纵向相错 1/6 的轮周距再碾压 6 遍，再依次碾压，如图 10.3-13、图 10.3-14 所示。冲击 20 遍后的平均沉降量若小于 30mm，则可停止冲击压实，在现场试验中发现冲击碾压 20 遍后的路段沉降量几乎没有小于 30mm，又由于30mm 沉降量较小，在现场施工中不宜控制，根据《公路冲击碾压应用技术指南》建议采用冲压遍数以 30 遍为宜。

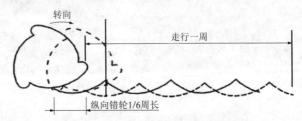

图 10.3-13　冲击碾压错轮示意图

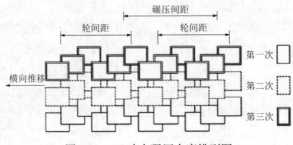

图 10.3-14　冲击碾压次序排列图

冲击碾压施工中对于含水率较高的路段应注意防止出现"弹簧"现象，同时应注意观察冲压效果。在冲击碾压施工完成后，用振动压路机碾压1~2遍，进行压实收光。整平压实后表面必须平整、密实，无轮迹、无松散，边线圆滑、直顺。冲击碾压处治如图10.3-15所示。

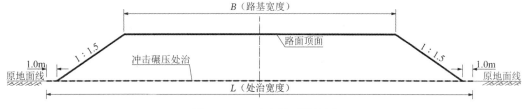

图 10.3-15　冲击碾压处治图

4. 冲击碾压处治效果评价

1）平板载荷试验

冲击碾压法加固地基是使地基土体密实、承载力提高的一个过程，冲击碾压的好坏直接影响上部结构的稳定和变形，因此在冲击碾压完成后，采用现场载荷试验对处理后的盐渍土地基进行效果检测是非常重要的。对于本试验段冲击碾压地基，按每 3000m² 一处进行平板载荷试验，检测工作在施工结束 28d 后进行，检测达到的指标为：地基承载力应不小于 100kPa。

平板载荷试验采用配重作为反力装置，通过油压千斤顶和刚性承载板逐级加载，采用机械百分表测量地基变形量。根据《岩土工程勘察规范》GB 50021—2001（2009 年版）的要求，匀质地基的承载板面积不小于 0.5m²，课题静载试验采用承载板直径为 800mm，板厚 2cm。在试验前对受压面用中粗砂层找平，找平层厚度不超过 20mm。关于平板载荷试验方法将在后面章节论述。

检测结果表明，冲击碾压处治段，地基承载力全部满足要求，p-s 曲线无明显比例极限，s-$\lg t$ 曲线无下弯，承载力特征值 $f_{spk} \geqslant 100kPa$，地基处治效果明显。表 10.3-13 和图 10.3-16 所示结果为检测路段的一个代表点，载荷试验各级压力下沉降量及 s/D（s 为沉降量，D 为承载板直径）。

冲击碾压地基载荷试验各级压力下沉降量及 s/D　　　　表 10.3-13

过程	压力 p（kPa）	沉降量 s（mm）	s/D（$D = 800mm$）
加载	75.0	0.32	0.0004
	100.0	0.48	0.0006
	125.0	0.81	0.0010
	150.0	1.19	0.0015
	175.0	1.67	0.0021
	200.0	2.16	0.0027
卸载	150.0	2.13	0.0027
	100.0	1.92	0.0024
	0.0	0.78	0.0010

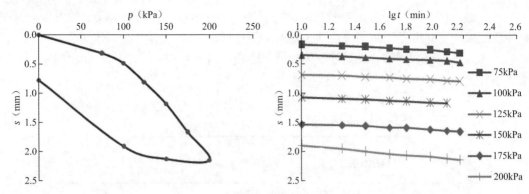

图 10.3-16　冲击碾压地基载荷试验 p-s 曲线与 s-lg$t$ 曲线

从图 10.3-16 可以看出，冲击碾压地基平板载荷试验所得到的压力沉降关系 p-s 曲线与大量的其他载荷试验资料所发现的压力沉降关系是基本一致的，p-s 曲线都是一条比较平缓的光滑曲线，没有明显的拐点和比例界限点，从沉降与加载时间的关系 s-lg$t$ 图中可以看出，s-lg$t$ 曲线无下弯，其承载力特征值 $f_{\rm spK} \geqslant 100{\rm kPa}$，沉降量 s 与 lg$t$ 基本呈线性关系，各级荷载间的沉降差值在 0.16~0.487mm 之间，变化不大。

2）重型动力触探

在我国《土工试验规程》YS/T 5225—2016 将动力触探分为轻型、重型及超重型三种，其穿心锤重量分别为 10kg、63.5kg、120kg。轻型适用于一般黏土及素填土，特别适用于软土，重型适用于砂土及砾砂土，超重型适用于卵石、砾石类土。

重型圆锥动力触探试验是采用钻机提升设备将 63.5kg 重的落锤提升 76cm 高后使其自由下落，记录圆锥探头在落锤冲击下每贯入 10cm 的锤击数 $N_{63.5}$（单位：击/10cm），试验前将触探架安装平稳，使触探杆连接牢固并保持垂直。垂直度的最大偏差不超过 2%。试验过程中随着触探深度的不断加大，及时接长探杆以使地面上的触探杆的高度不致过大，避免探杆的倾斜与摆动。锤击速率每分钟 15~30 击，打入过程尽可能保持连续，及时记录每贯入 0.10m 所需的锤击数。

试验采用重型圆锥动力触探（$N_{63.5}$）试验方法，冲击碾压路段砂砾垫层设计厚度为 50cm，按此厚度结合地质纵断面图对冲击碾压路段的土层进行划分，0~0.5m 为砂砾层，0.6~1.8m 为粉土层，1.8m 以下为粉土质细砂层。动力触探试验曲线见图 10.3-17。

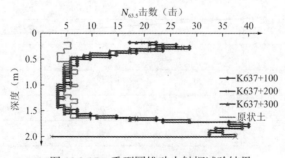

图 10.3-17　重型圆锥动力触探试验结果

从冲击碾压路段动力触探曲线图 10.3-17 可以看出：

（1）砂砾垫层动力触探击数在 0~0.3m 范围内呈递增趋势，0.3m 以下呈递减趋势，同时垫层下粉土层的动力触探击数快速递减。可认为冲击碾压作用下，垫层以下 50cm 范围内的粉土层受到了比较明显的挤密压实，形成了连续、均匀、密实的加固硬层。因此，建议采用冲击碾压处理强盐渍土地基时，冲压遍数以 30 遍为宜。

（2）地基底面 0.8m 以下动力触探曲线沿着深度迅速减小，接近于原状土的动探击数，在 1.2～2m 之间 $N_{63.5}$ 为 1～2 击，贯入度为 5～10cm/击，可知冲击碾压的有效加固深度可达到 80～90cm，碾压影响深度达 1m 以上，因此认为所检测路段冲击碾压影响深度比较有限。

（3）从加固影响深度来看，如将垫层当作地基的一部分，冲击碾压可有效地加固地基 0.9m 范围内的压缩性盐渍土。另外，施工速度较快，处理成本低，受气候条件影响小等优点。

5. 冲击碾压施工要点

通过对察格高速公路冲击碾压地基处理段的承载力检测，处理后的地基承载力达到了设计要求，处理效果明显。根据现场施工，总结冲击碾压施工要点：

（1）冲击碾压地基处理效果受土体的含水率影响较大，当土体的含水率接近最佳含水率时，压实效果最好。在冲击碾压施工前应通过一些措施调节土体含水率，使低液限粉土或黏土的含水率控制在偏离最佳含水率±3%范围内；含水量偏高的地基，可经翻松晾晒后压实，也可在地基上铺厚 30～60cm 的砂砾或碎石垫层，其厚度可根据地基的软弱程度和含水量确定。

（2）冲击碾压前应清除地表盐霜，并用光轮压路机将原地表压至表面密实。

（3）施工前应截断流向路基作业区的水源，必要时可开挖临时排水沟保证排水畅通。路堤位于低洼积水地段时，应进行围堰排水，抽干积水，清除淤泥，回填干净粗砂砾（含泥量应小于 5%），分层振动碾压至略高于基底标高，冲击碾压密实。

（4）冲击碾压应处理至路基坡脚外 1m 处。

（5）冲击碾压行驶速度应在 10～12km/h。若工作面起伏过大，应停止冲压，用平地机刮平后再继续施工。冲压时应注意冲击波峰，错峰压实，冲压 5 遍应改变冲压方向。

（6）对于含水率较高的情况应注意防止施工中出现"弹簧"现象，若出现"弹簧"现象，可采用分段冲压、分段晾晒的方法施工，即放下出现"弹簧"的路段，进行晾晒，将机械移至其他段进行冲压，待"弹簧"路段强度恢复后再进行冲压。也可加铺砂砾（或碎石）垫层后进行施工，但应注意观察冲压效果。

（7）经试验段验证，冲压 20 遍后的平均沉降量若小于 30mm，则可停止冲击压实。针对察尔汗盐湖区地基处治，冲击碾压遍数宜控制在 20 遍。

（8）冲击碾压施工后，用振动压路机碾压 1～2 遍，进行压实收光。整平压实后表面必须平整、密实，无轮迹、无松散，边线圆滑、直顺。

10.4 岩盐填筑技术

10.4.1 概述

随着 G215 线"万丈盐桥"和青藏铁路察尔汗盐湖段岩盐路基的成功修筑，将岩盐作为一种路基填料用于工程中已引起了国内学者广泛的关注和重视。但目前将岩盐作为公路路基填料的成功经验都是针对低等级公路而言的。高等级公路行车速度高，对路面的行车舒适性（平整度）、路基的沉降变形以及地基的承载力及变形要求较高，对路堤的填料要求也更为严格。察尔汗盐湖区地表分布着大量的岩盐，可直接开采利用。处于该区的察格高速公路项目，仍采用砂粒、砾石土等材料作为路基填料，其费用要远远高于岩盐材料。因此，有必要开展对察尔汗盐湖地区高速公路岩盐填筑技术的研究，分析其可行性。

察尔汗盐湖区岩盐主要为氯盐结晶体，大部分为氯化钠（NaCl）的矿物，又叫作盐或石盐。晶体属等轴晶系的卤化物矿物。单晶体呈立方体，在立方体晶面上常有阶梯状凹陷，集合体常呈粒状或块状。纯净的石盐无色透明或白色，含杂质时则可染成灰、黄、红、黑等颜色，新鲜面呈玻璃光泽，潮解后表面呈油脂光泽，具完全的立方体解理，摩氏硬度为2.5，相对密度为2.17，易溶于水，味咸。晶形呈立方体，在立方体晶面上常有阶梯状凹陷，晶体聚集在一起呈块状、粒状、钟乳状或盐花状。

10.4.2　岩盐的工程特性

1. 岩盐的物理特性

察尔汗盐湖岩盐区表层为干硬的盐壳，岩盐表层 0.2～0.8m 范围内含有 10%～30%的粉砂及黏性土，1.0m 以下含砂土 5%～10%，盐壳下为结构松散、质地较纯的盐粒（图 10.4-1、图 10.4-2），再往下岩盐逐渐胶结紧密。岩盐厚 1.0～17.0m，相对密度 > 2.0。岩盐主要成分为氯化钠，最高达 90%以上，最低 50.80%，平均为 70%，局部含光卤石（$KCl \cdot MgCl_2 \cdot 6H_2O$）和少量钙盐晶体。地下水为晶间卤水，埋深 0.2～0.8m，卤水水面以上天然密度 1.4～1.7g/cm^3、空隙率25.2%～47.8%，卤水水面以下天然密度 1.7～2.0g/cm^3，空隙率19.8%～41.1%。软土层、液化层以互层或透镜体的形式穿插于岩盐或下伏于岩盐底部。

图 10.4-1　表层盐壳　　　　图 10.4-2　岩盐局部含有的光卤石和钙盐晶体

岩盐为结晶盐，含易溶盐 70%～90%，因此，表现为溶解度大和溶解速度快的特点。经试验知，盐湖岩盐的溶解度达 301～344g/L，周边矿化度为 208.6g/L，流速为 0.05～0.22cm/s 时，其溶解速度为24.00～366.86g/cm$^2 \cdot$ h，晶间卤水矿化度为303～440g/L，岩盐易溶软化。

岩盐密度除表层以外，下面的都比较大，上层孔隙度最大为47.8%，最小仅为31.8%，平均38.7%。而晶间卤水面以下的孔隙度最大为41.1%，最小 19.8%，平均29.1%，干密度为1.48～1.95g/cm^3，平均为1.75g/cm^3，由此可见岩盐的密度是很大的。

2. 岩盐的力学特性

盐湖岩盐主要是一种被晶间接触面所切割的盐晶颗粒的集合,岩盐地层是由湖水浓缩、析盐沉积后形成的产物,其形成于第四纪晚期,由于盐层埋藏浅,地质年代新,未经长期的地质成岩作用,颗粒之间相互联结较弱,在地质成岩过程中未遭受强烈构造的影响,不同粒径的盐晶(直径 1～2cm)经泥质和卤水固结而形成岩盐,岩盐又为化学沉积,晶间接触面具有不同程度的联结力,盐晶牙芽镶嵌。

岩盐的单轴抗压强度试验参照现行《公路工程岩石试验规程》JTG 3431 进行。

主要试验设备仪器:万能试验压力机,切石机,游标卡尺等。

试验材料:人工卤水结晶的岩盐(岩盐填筑路基,采取人工挖取的方式)、天然岩盐(用于填筑岩盐路基的天然岩盐)、过盐渍土表层的盐壳岩盐这种材料质脆、易破碎,不像岩石那样容易切割,故采取立方体试件,试样的尺寸为 100mm×100mm×100mm。切割后试样如图 10.4-3～图 10.4-6 所示,对立方体试件在顶面和底面上各量取其边长,以各个面上相互平行的两个边长的算术平均值计算其承压面积。用游标卡尺对这些试验试件量取了实际尺寸计算其面积。对有明显层理的试件,进行了标识,试验结果见表 10.4-1。

图 10.4-3　人工卤水结晶的岩盐

图 10.4-4　天然岩盐

图 10.4-5　过盐渍土表层的盐壳

图 10.4-6　岩盐单轴抗压强度试验

岩盐单轴抗压强度试验结果　　　　　　　　　　　　表 10.4-1

样品名称	编号	平均面积（mm²）	破坏荷载（kN）	极限强度（MPa）	平均值（MPa）	备注
人工卤水结晶的岩盐	1	10061.9	34.00	3.38	1.99	
	2	10414.3	6.19	0.59		
	3	10190.6	5.99	0.59		

续表

样品名称	编号	平均面积（mm²）	破坏荷载（kN）	极限强度（MPa）	平均值（MPa）	备注
人工卤水结晶的岩盐	4	10286.8	22.20	2.16	1.99	
	5	7576.8	33.20	4.38		
	6	9905.1	8.30	0.84		
天然岩盐用作填料	1	10537.1	78.30	7.43	4.47	垂直层理
	2	10572.9	72.90	6.89		垂直层理
	3	10516.5	51.60	4.91		
	4	10434.6	20.60	1.97		
	5	10133.3	17.80	1.76		
	6	9825.3	43.30	4.41		
	7	9364.2	36.40	3.89		
盐壳过盐渍土表层	1	10235.0	55.90	5.46	6.64	垂直层理
	2	10268.2	66.20	6.45		垂直层理
	3	8770.3	63.70	7.26		垂直层理
	4	7697.7	56.70	7.37		垂直层理

由表 10.4-1 可知，人工卤水结晶的岩盐极限抗压强度为 0.59～4.38MPa，平均值为 1.99MPa；天然岩盐的极限抗压强度为 1.76～7.43MPa，平均值为 4.47MPa；过盐渍土表层盐壳的极限抗压强度为 5.46～7.37MPa，平均值为 6.64MPa。按照岩石的分类标准可以得出岩盐属于软岩范畴，岩盐的破坏形式是劈裂破坏，还可以看到劈开后岩盐的薄弱面，同时也说明岩盐在自然状态下是一种脆性材料。

岩盐不仅具有沿垂直方向分层的特性，而且层内沿垂直和水平方向，其含泥量、粒度、孔隙度、固结程度等变化剧烈。而盐湖北部边缘强烈盐溶地带，岩盐颗粒分布紊乱，无方向性，可近似看成多向异性。

3. 岩盐的微观结构

岩盐的微观结构是其重要质量特征之一，它一方面反映了岩盐的形成条件，另一方面又是决定其物理、力学及其他性质的重要因素。通过岩盐的微结构分析可以认识岩盐的许多工程性质的本质，对解释宏观现象等有重要意义。

岩盐样的制备采用烘干法。试样一般采用 90℃温度下烘 10h，之后将试样敲成薄片、覆膜、喷金等。微结构观测在西北大学化学系分析测试研究中心扫描电子显微镜室进行，扫描电镜采用日本日立公司 S-570 型扫描电子显微镜，采用 IB-3 型离子溅射仪进行抽真空和喷金处理，放大倍数分别选用 200 倍、400 倍和 800 倍。观测时，在低倍率（200 倍和 400 倍）下观察土样全貌（土样的整体结构），800 倍为选择若干奇异点的特写拍照。扫描的微结构如图 10.4-7～图 10.4-9 所示。

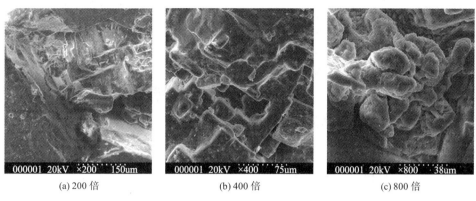

(a) 200 倍　　　　　　　　(b) 400 倍　　　　　　　　(c) 800 倍

图 10.4-7　人工卤水结晶岩盐的微结构

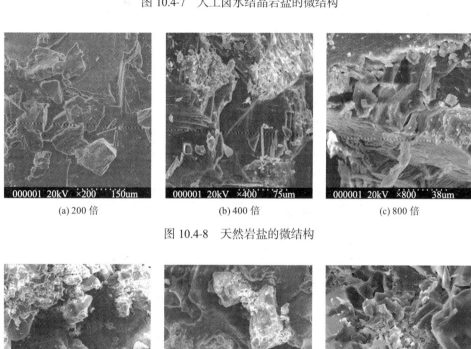

(a) 200 倍　　　　　　　　(b) 400 倍　　　　　　　　(c) 800 倍

图 10.4-8　天然岩盐的微结构

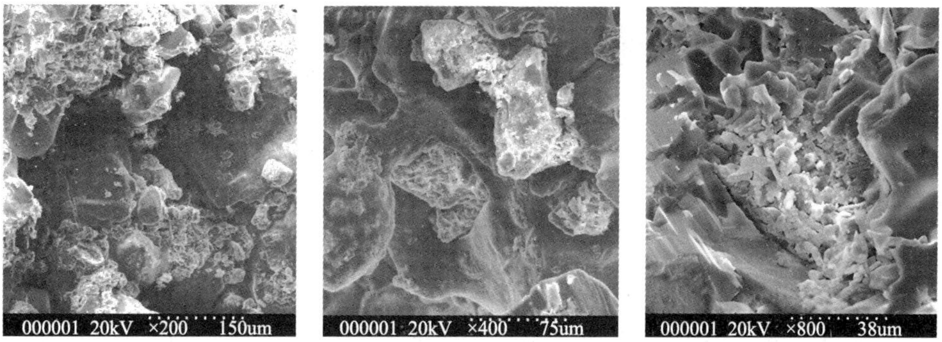

(a) 200 倍　　　　　　　　(b) 400 倍　　　　　　　　(c) 800 倍

图 10.4-9　盐渍土表层盐壳的微结构

从图 10.4-7～图 10.4-9 可以看出，人工卤水结晶岩盐，盐颗粒之间结构架空，这些空隙是由饱和卤水来填充的，内部有细小孔隙，盐晶体上面黏附了一些小的盐颗粒，矿物粒径较大，在倍数较大的状态下可以清晰地看到絮状物质。天然岩盐盐晶较为明显，结构较为疏松，天然岩盐中晶体与盐晶体之间粘结，内部无细小孔隙和微裂隙，盐晶体之间无架空孔隙，堆叠相当密实；此种微观结构也较好地解释了天然岩盐的单轴抗压强度高于人工卤水结晶的岩盐的抗压强度。

盐渍土表层盐壳中盐晶体清晰可见，且块状较大，盐壳内部有较大孔隙，结构不密实，还可以看到一些碎屑物质那是夹杂在表层盐壳里的细粒土。当放大 800 倍后，盐壳中有细小孔隙，碎屑物质较多，颗粒大小混杂以接触胶结连接方式。细小土颗粒能填充岩盐粗颗粒的孔隙，使得试样密实，细粒土料的夹杂改变了由粗粒含量占主要比例的岩盐试样的颗粒分布特征和级配，这也正好是盐渍土表层盐壳单轴抗压强度很高的微观原因。

10.4.3 岩盐路堤填筑技术及质量检测

1. 岩盐路堤填筑技术

1）察尔汗盐湖区已有工程

闻名于世的"万丈盐桥"位于察尔汗盐湖区，海拔 2675m，属国道 215 线 K562～K595 路段，全长 33km，折合市尺可达万丈，故称"万丈盐桥"（图 10.4-10）。"万丈盐桥"是利用盐湖天然材料——盐渍土与卤水浇筑而成，路基 1m 以下是深达 10～20m 不等的结晶盐和晶间卤水，并分布着无数或明或暗、或大或小、形状各异的溶洞、溶沟、溶塘，形成地下湖泊。公路实际上是浮在卤水面上的一座曲折壮观的长桥。

图 10.4-10　G215 线 K562～K595 路段万丈盐桥

青藏铁路起于青海西宁终于西藏拉萨，全长 1925km[3,7]。青藏铁路西宁至格尔木段，地处青藏高原东北部，沿途的气候差异大，地质复杂。岩盐路基 K720＋500～K752＋600 段位于察尔汗盐湖区，全长 32.1km，其北部为砾质戈壁地貌，分布有流动沙地和沙垄，南部紧连过氯盐渍土冲、洪积平原，东部北为协作湖，南为团结湖（即南北霍布逊湖），西部为达布逊湖。

青藏铁路西格二线 K711＋800～K817＋000 段路基本体也采用岩盐填筑（图 10.4-11），路基表层及边坡采用土工膜与砂砾结合施工的方法，有效地解决了岩盐填筑后由于地表水、降雨及人为的原因导致淡水对路基的危害[2]。经过实践证明，路基运营效果较好，降低了工程造价，减少了铁路运营的维护工作。

岩盐作为一种特殊的路基填料，已经在青藏铁路和低等级公路得到了成功的应用，就地取材，节约成本，大大地减少了地基处理的工程量，但是岩盐能否用作高速公路的路基填料还需进一步探讨。

图 10.4-11　G215、青藏铁路察尔汗盐湖段岩盐路基

2）岩盐试验路填筑

为探讨岩盐作为高速公路路堤填料的可行性，课题选择在察格高速公路 ZK593＋600～ZK593＋820 和 ZK593＋880～ZK594＋130 段为岩盐路堤试验段。试验段地表为松散的氯盐盐晶层，呈堆积状，含盐量在 90% 以上，层厚 1.2～1.7m；第二层为硬塑的有机质黏土层，揭示厚度 3.3m；下部地层为盐晶层（中密～密实）和低液限黏土（硬塑）以互层形式出现。地下水为表层潜水，水位在 1.2m，承压卤水层水头 2～5m。试验段路堤采用岩盐填筑，岩盐路堤厚度 0.5～1.0m。

路堤填料采用附近矿山开挖的天然纯净的结晶盐，含盐量在 90% 以上（图 10.4-12）。岩盐路堤填筑前，将地表盐晶层推平后，碾压密实，对于含水率较低的松散盐晶，按照最佳含水率计算的加水量均匀洒水后碾压。施工顺序为：

图 10.4-12　路堤填料

（1）第一层岩盐填筑，利用羊足碾或振动压路机将大块岩盐破碎，控制岩盐最大粒径小于 15cm，松铺厚度不超过 30cm，当压实机械受限压实比较困难时，松铺厚度宜控制在 20cm。

（2）按照最佳含水率均匀撒布卤水（严禁洒低矿化度水或淡水）。工地现场控制标准：使卤水完全渗透入岩盐，层底有多余卤水，并晾晒一段时间，使岩盐充分吸水，晾晒时间根据松铺层厚度、气温、干湿度、风速等因素现场确定。

（3）振动压实，现场采用 LGS820 型 20t 振动压路机压实，先振动压实，后静碾 1～2 遍。振动压实遍数根据试验确定，一般不少于 3 遍。

（4）压实度检测，压实度检测采用灌砂法或地质雷达检测，压实度不低于 95%。压实度达不到要求应增加振动压实次数，或调整松铺厚度及洒水量。

（5）重复以上步骤直至岩盐路堤填筑达到设计标高。

岩盐填筑路堤施工（图 10.4-13），还应注意以下几个方面：

（1）由于岩盐天然含水率一般为 0.8%～5.0%，而其最大密度 1.7g/cm³ 时的含水率为 11%～12%，而察尔汗盐湖区比较干燥，蒸发量大，岩盐卤水含量较低，所以在岩盐填筑时应该使其保证一定的含水率才能达到最佳密度。

（2）低温下岩盐填料吸水后，水分蒸发缓慢、压实后板结时间较长，难以连续施工作业，造成误工费时、影响工程质量。因此，盐岩路堤填筑应尽量选在旱季，气温在 25℃以上，有利于岩盐填料中的水分蒸发而快速提高其强度，缩短施工周期。

（3）注意天气预报，避开雨水天气施工。雨季施工要做好防雨措施，避免淋湿已填筑路基。如遇雨水冲刷，应将被冲刷层清除，整平晾晒一定时间后重新填筑岩盐并碾压。

（4）施工中严格按照设计的工艺施工，对岩盐填料来源、卤水用量、晾晒时间、碾压遍数、分层压实度、天气情况等做好记录。

图 10.4-13　岩盐填筑路堤

2. 岩盐路堤质量检测

岩盐路堤填筑完成后，对试验路段进行了现场检测（图 10.4-14），检测项目有压实度、弯沉、路基回弹模量、地质雷达、路堤沉降监测等。岩盐填筑路段一般都作特殊路基设计，处理后的路床要求达到干燥状态，保持路基应有的强度和稳定性。根据《盐渍土地区公路设计与施工指南》规定：高速公路、一级公路土基回弹模量值应大于 35MPa，其他公路也应大于 30MPa；岩盐填筑路基压实度不宜低于 95%。弯沉检测采用贝克曼梁法，岩盐路基压实度检测应以重型击实标准为准，采用环刀法或灌砂法分层检测。

图 10.4-14　岩盐路堤质量检测

1）现场弯沉试验

回弹弯沉值是指标准后轴双轮组轮隙中心处的最大回弹弯沉值，是用来反映路基、路面的综合承载能力的指标，其回弹弯沉值越大，承载能力越小，反之则越小。对试验路段 ZK593+600～ZK594+130 进行了现场弯沉试验。

弯沉试验数据采集分为左路肩、中线、右路肩三部分，经计算的代表弯沉值和回弹模量分别为：$L_r = 44.0398 \times 0.01\text{mm}$，$E_1 = 42.3\text{MPa}$，回弹模量满足大于 35MPa 的要求。

2）现场压实度检测

压实度是路基施工质量检测的关键指标之一，表征现场路基压实后的密实状况，压实度越高，密实度越大，路基整体性能越好。根据相关资料察尔汗盐湖地区天然岩盐的最大干密度在 1.7g/cm³ 左右，最佳含水率在 11%～12%。

现场密度检测方法主要有灌砂法、环刀法、核子密度仪法、钻芯法等，灌砂法适用于在现场测定基层、底基层、砂石路面及路基土的各种材料压实层的密度和压实度，但不适用于填石路堤等有大孔洞或大孔隙材料的压实度检测。环刀法适用于细粒土及无机结合料稳定细粒土的密度测试。核子法适用于施工质量的现场快速评定，不宜用作仲裁试验或评定验收试验。钻芯法适用于无机结合料稳定类基层和底基层的密度检测。

在岩盐的微观结构观测中可以看出岩盐密实度很大，内部无细小孔隙和微裂隙，将岩盐采用卤水喷洒以后铺筑路堤，经过重型振动压路机碾压，岩盐变得更加密实，孔隙进一步减小，采用灌砂法测密度时，量砂粒径在 0.25～0.5mm，由于岩盐填筑路基后不存在较大孔隙，所以使用的量砂不会填充于岩盐的孔隙中，不会使测得的坑休体积增大，致使岩盐的干密度减小，所以现场测定的岩盐的密度时可以采用灌砂法，选取有代表性的路基断面处测试岩盐的密度，岩盐密度的检测是在天然含水率下碾压后进行的密实度检测，岩盐处于干燥状态下。计算结果见表 10.4-2。

岩盐的干密度及压实度   表 10.4-2

检测断面	含水率（%）	湿密度（g/cm³）	干密度（g/cm³）	压实度（%）
ZK593+800	1.8	1.5	1.47	86.5
ZK593+930 左路肩	2.8	1.43	1.39	81.8
ZK593+970	2.1	1.53	1.50	88.2
ZK594+110 中线	1.7	1.51	1.48	87.1

由以上数据分析可得，天然岩盐在填筑路基以后，经过重型压路机碾压以后，含水率一般为 1.7%～2.8%之间，干密度在 1.39～1.50g/cm³，岩盐路堤填筑后表层岩盐压实度在 81.8%～88.2%之间，小于《盐渍土地区公路设计与施工指南》5.9.6 条款规定的高等级公路岩盐填筑路基压实度不宜低于 95%的要求。造成表层岩盐路基压实度偏低的原因是岩盐试验路在铺筑完成后表层岩盐尚未板结，强度尚未形成，岩盐试验路未采取封闭措施，重载车辆在其上行驶，使表层岩盐松散。

10.5 盐渍土隔断层技术研究

察尔汗盐湖区地基土主要为过盐渍土，地下水位较高，夏季日晒时间较长，温度较高，蒸腾作用强烈，察格高速公路路堤主要为低路堤，如不采取有效的隔断防护措施，毛细水上升势必会造成上部路床的次生盐渍化，进而导致整个路基路面的损坏。因此，有必要开展对察尔汗盐湖区高速公路路基隔断技术的研究[5]。

10.5.1 盐分迁移分析

在盐渍土地区采取一定的隔断措施阻止毛细水上升，主要是阻止毛细水中盐分的迁移对上部路床和路面结构造成次生盐渍化，以及隔断路面淡水下渗造成下部路基或地基溶蚀。路基和地基产生溶蚀的根本原因是因为土体含盐梯度的反复变化，隔断的主要作用也即是减少或避免这种梯度的反复变化，保证路基路面的稳定。设置隔断层阻止盐分迁移，首先要了解盐分迁移的途径、方式以及影响盐分迁移的条件。

1. 盐分迁移途径、方式

1）盐分伴随毛细水上升

当地下水位高于盐渍化临界深度时，含有盐分的地下水就会通过土的毛细管作用上升，当上升的高度超过路基底面时，由于地表蒸发或气温降低，都会使毛细水中的盐分析出而滞留在路基中。盐渍土的这种有害的毛细水上升能直接引起路基土含盐量的增加，在地表水作用下使路基产生溶蚀等病害。

2）盐分伴随地表水而下渗

降雨会溶解路基和地表土体中的易溶盐，并随水分的下渗而将盐分和细粒土带走，造成路基和地表土体孔隙率增加，强度降低，影响路基的稳定性。

察尔汗盐湖区干旱时间较长，降水少，蒸发量远远大于降雨量，因此盐分随毛细水上升占绝对主导地位。

3）盐分伴随聚流上升

冬季气温下降，上层土基开始冻结，冻深不断发展。土基上层温度低下层温度高，形成温度梯度。负温区土中的毛细水、自由水先冻结，形成冰晶体。温度继续降低，弱结合水也开始冻结，土基周围水膜减薄，存在多余的表面能，增加了从水膜较厚处的土粒吸收水分的能力，于是下层温度较高土中的水分就向上移动。若未冻结区域水源充足，且上层土不断冻结，会产生水分的连续迁移，从而形成聚流。聚流会使下卧层土基比较温暖土体中的水分向路基上层已经冻结的土层聚集，增加路基中的水分并伴随盐分迁移[8]。

由于盐渍土中盐特有的物理化学性质，溶液的冰点比纯水低，路基下的水分就会有较长的时间向上聚集，即使在少雨的冬季，盐分入侵也十分严重。

4）路面、路肩、边坡渗入

在盐渍土地区，每当春夏冰雪融化或骤降暴雨后，形成地表径流，在其溶解了地表的结晶盐后成为含盐的高矿化度水。当其流经路面、路肩、边坡等道路结构时，这些矿化地表水就会渗入路基，使路基盐渍化。

5）道路两侧差异积盐

在盐渍土地区，由于公路阻断原来的自然排水体系，还会造成部分地区公路路基两侧差异性积盐。

2. 盐分迁移的影响因素

影响盐分迁移的因素主要是土的粒度成分、矿物成分、土颗粒的排列和孔隙的大小等，以及水溶液的成分、浓度、温度等。

1）土的粒度

土的粒度对毛细水上升高度的影响最为显著，一般来说，细粒组比粗粒组毛细水上升的高度大，但上升速度慢得多。毛细水高度与土粒间的毛细管直径成反比，毛细管直径约等于土粒直径，即土越细，毛细水上升越高。当粒径大于 0.1mm，土颗粒表面能很低，表面吸附作用几乎没有，很难形成毛细结构；当粒径处于 0.05～0.005mm 时，土颗粒间的毛细作用比较强烈；但当土颗粒小于 0.005mm 或更小时，因为颗粒分散性极大，表面性能相当高，土中的水多为土粒强烈束缚，如果这种粒径的含量超过 50% 土颗粒间空隙过小，毛细阻力大，从而毛细水迁移比较困难[9-10]。

2）毛细水含盐量

毛细水的上升高度一般随水中含盐量的增加而降低，但盐分对毛细水的上升高度有正、反两方面的影响。一方面，水中含盐量可以提高其表面张力，毛细水的上升高度随表面张力的增大而增大；另一方面，水中的盐分又使其相对密度增大，并使颗粒表面的水膜厚度增大从而增加了毛细水上升的阻力，使毛细水的上升高度减小。当矿化度较低时，前种情况占优势，反之则后一种影响占优势[10-11]。

3）含盐种类

含盐种类对水分迁移有一定影响，主要是因为含盐种类是否会改变土中水分迁移通道。如所含盐为 NaCl 类，其晶体析出对温度变化不敏感，所以对水分迁移通道阻塞小，从而对水分迁移影响不大。但当所含盐类为 Na_2SO_4 时，由于 Na_2SO_4 溶液溶解度对温度比较敏感，当温度下降时，溶解度降低，硫酸钠晶体从溶液中析出，从而阻塞土体通道，减小土体输水能力，同时也减小了溶液浓度，显然此时土体水分和盐分迁移量都减小了。另外土中所含离子价不同，离子种类差异，其形成的水化膜厚度不同，也能影响水分迁移。这就解释了氯盐比硫酸盐向土体中、上部的迁移量大，也可以解释察尔汗盐湖地表含盐类型主要为氯盐，且含盐量极高的原因。

4）土体密实度

土体密实度的越大，土粒间接触较紧密，其孔隙体积变小，且水分迁移的部分通道被切断，再加之孔隙体积小的土体其容水能力低，故导致其水分、盐分迁移量的减小。

5）温度场

温度场是水分迁移的一个重要因素。相变温度梯度大，达到所需的温度的时间短，水分来不及迁移，水分迁移量小，反之则迁移程度大[8]。

6）土体的渗透系数

渗透系数为标准单位水压力梯度时地下水渗透速度，其大小反映了土渗水性的强弱程度。该系数越大，则水分迁移的速率越大，单位时间内水分迁移的量越多。土的渗透系数与含盐量、土质、含盐种类及温度的变化有关。

7）路基表面的上覆条件

路基表面上覆路面结构层，对路基表面进行了封闭，根据有关研究，上覆层对毛细水上升高度有显著的影响，有上覆层的路基土毛细水上升高度约是无上覆层路基土毛细水上升高度的 2 倍。

10.5.2　盐分迁移防治措施

阻止地下水盐分迁移及其给公路带来的危害，应避免路面、路肩、边坡雨水下渗；减少地表水对地基的溶蚀，维持或降低地下水位；对于路基本身，应保证路基填料的粒度和压实度。主要的防治措施有：

1. 路面、路肩、边坡排水

路面、路肩设计应有足够的坡度、预留拱度及水流出口，汇水纵向长度和面积不宜过长和过大。路面施工应保证设计的压实度；对于运营过程中出现的路面损坏，应及时维修。边坡设置急流槽等排水设施，边坡表面应进行有效的防护，减少雨水的冲刷；有条件的情况下，可采用非盐渍化或弱盐渍土设置护坡道，减少地表积水对路基的侵蚀。由于路面结构不可避免地存在一定的孔隙，为避免雨水下渗，在路面中设置排水结构层（如 OGFC、ATPB 等）或在垫层上铺设不透水土工布和防水层等。

2. 地表水和地下水的防治

为防止地表积水，在路基坡脚两侧一定距离设置排水沟，将从路基和其他地方汇集来的水排至路基影响的范围之外；或在路基影响范围以外增设积水沟或蒸发池，将排水沟排来的水收集蒸发，同时也可以避免地下水位升高和地基土脱盐的作用。

在蒸腾作用强烈、干燥的地区（如察尔汗盐湖区,）为降低地基土的含盐量，减少路基的次生盐渍化，可以在路基两侧设置排碱沟，利用日晒将地基土水分蒸发掉，盐分析出，并定期清除盐分，降低路基基底地基土的含盐量。

3. 提高路基法

提高路基高度可以增加毛细水的迁移路径，减弱毛细水对路基的影响，提高路基法在弱中盐渍土地区，路堤高度较低，风积砂、河砂和砂砾料材料产地偏远的三、四级公路工程中比较适用。提高路堤在减少毛细水影响的同时会增加边坡临空面，增加边坡被雨水冲刷的面积，同时也增加了路堤的不稳定性，对地基的承载力和变形提出更高的要求，显著增加了工程造价。因此《公路路基设计规范》JTG D30—2015 条文说明指出，提高路基法不宜在二级以上的公路工程中采用。

4. 隔断法

隔断法就是在路基某一层位设置一定厚度的隔断层,其根本目的是隔断毛细水的上升，防止水分和盐分进入路基上部，从而避免路基或路面遭受破坏。隔断层类型按采用材料划分有土工布（膜）隔断层、风积砂或河砂隔断层、砾（碎）粒料桩法石隔断层和沥青砂、油毛毡等隔断层。砾石和风积砂属透水性隔断层，只可隔断毛细水的上升。土工布、土工膜、沥青砂、油毛毡属于不透水性隔断层，可隔断下层毛细水和水蒸气上升。隔断法一般应用于中、强、过盐渍土地段，受地面水或地下水毛细水影响的路基，低路堤、标高受限制的挖方路堑或被利用的原有路基含盐量超限路段。

10.5.3　察格高速公路隔断层技术研究

1. 隔断层的材料选择

隔断层材料的选择应根据当地材料、路线等级、路基高度及水文地质、并进行技术经济比较后确定。《公路路基设计规范》JTG D30—2015 指出，对于高等级公路，当路堤高度大于1.8m可选用砾石、风积砂等做透水性隔断层，既可使路基上部渗水下渗，也可阻隔毛细水的上升；对于路堤高度不足1.8m时，为防止毛细水与气态水上升导致土基上部次生盐渍化的影响，宜用土工膜等材料做不透水的隔断层。《盐渍土地区公路设计与施工指南》指出，对于地下水位较高或降雨较多的强盐渍土地区新建的二级以上公路隔断层应采用砾（碎）石隔断层。

察尔汗盐湖区地基土为过盐渍土，地下水（卤水）位较高，大部分在0~2m，夏季蒸腾作用强烈，且路堤平均填土高度为2.0m，根据规范要求，应采用砾石隔断层。另外，公路沿线砾石料储量丰富，也适宜修筑砾石隔断层。料场调查表明，区内砾石料场沉积层状明显，隔断层所用砾石可以规定取样深度范围直接开采，不需筛分工序。用于隔断层的砾石含泥量应不大于5%，粒径在5~50mm之间。根据《公路路基设计规范》JTG D30—2015条文说明，砾类土的毛细水上升高度为0.4m，因而砾石隔断层总厚度采用40cm。为防止气态水上升、路基填料中细粒土进入砾石隔断层以及隔断路面水渗入下部路堤，在隔断层顶面铺设一层隔水土工布，隔水土工布采用两布一膜，各项指标应符合《公路土工合成材料应用技术规范》JTG/T D32—2012的要求。

2. 隔断层设置

对于隔断层设置部位，《公路路基设计规范》JTG D30—2015条文说明7.10.4规定，"新建高速公路路堤隔断层顶面标高应比路基设计标高低1.5m，同时应满足最大冻深+0.25m的距离"要求，其理由是保护路床及路面不受盐分的影响。对于一般路段而言，按规范要求执行，但对于设置有护坡道及地下水位较低的路段，从节约工程规模的角度考虑，将路面中垫层部分厚度计入路床厚度范围。

《盐渍土地区公路设计与施工指南》条款5.6.6指出，"隔断层铺设位置应保证路床的强度和稳定性。为保证路床填土质量及稳定性要求，新建高速公路及一级公路的路堤隔断层应设在路床之下，同时应满足最大冻深的要求"。

根据以上规范要求，察格高速公路察尔汗盐湖区路段（过盐渍土地基），初步设计设置35cm厚砾石隔断层，其上铺设隔水土工布，土工布上下各铺10cm和5cm中粗砂保护层。隔断层采用的砾石最大粒径为50mm，小于0.5mm的土含量不大于5%。土工布保护层用中粗砂的含泥量应不大于3%。部分路段路基填高较低时，设计中对路基进行超挖处理。隔断层设置如图10.5-1所示。

3. 隔断层试验路

初步设计提出的隔断层方案施工时，遇到了以下问题：

（1）砾石隔断层施工工艺不明确，存在碾压不平整等现象；

（2）下保护层采用中粗砂，粒径偏细，铺筑过程中砂粒漏入下层砾石隔断层孔隙中；

（3）下保护层中粗砂厚度偏薄，压路机碾压施工时易发生推移、拥包现象，造成保护层厚度不一，厚度难以控制，且施工困难；

（4）土工布被压路机碾压带起，或被揉搓撕裂，无法施工。

针对隔断层施工出现的问题，察格高速项目办、课题组及施工单位等多家部门组织人员、机械进行了隔断层试验路工程，试验段落为K612+700~K612+900，压实机械采用20t振动压路机。试验段方案如表10.5-1所示。隔断层试验路铺筑和检测如图10.5-2、图10.5-3所示。

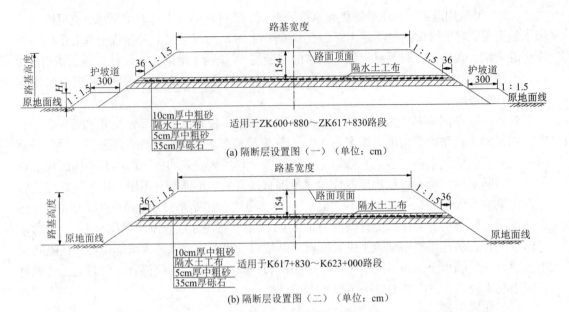

(a) 隔断层设置图（一）（单位：cm）

适用于ZK600+880～ZK617+830路段

- 10cm厚中粗砂
- 隔水土工布
- 5cm厚中粗砂
- 35cm厚砾石

(b) 隔断层设置图（二）（单位：cm）

适用于K617+830～K623+000路段

- 10cm厚中粗砂
- 隔水土工布
- 5cm厚中粗砂
- 35cm厚砾石

图 10.5-1　隔断层设置（H_1为路基护坡道高度）

隔断层试验段方案　　　　　　　　表 10.5-1

方案编号	试验段	隔断层结构设置	施工工艺	现场观测
1	K612 + 700～K612 + 750	①上保护层 −10cm 厚中粗砂 ②隔水土工布 ③下保护层 −20cm 厚砂砾料 ④20cm 厚砾石隔断层	土工布下保护层和砾石隔断层分别振压 5 遍，土工布上保护层静压 5 遍，振压 2 遍	上保护层铺设时，压路机需借助履带车推行，且履带车将土工布搓烂，施工难以进行
2	K612 + 750～K612 + 800	①上保护层 −20cm 厚中粗砂 ②隔水土工布 ③下保护层 −10cm 厚砂砾料 ④30cm 厚砾石隔断层	土工布下保护层和砾石隔断层分别振压 5 遍，土工布上保护层静压 5 遍，振压 2 遍	各结构层施工比较顺利。经两处试坑开挖观测，土工布无破损，上、下保护层压实度达到 96%，上保护层压实后的厚度为 21～23cm
3	K612 + 830～K612 + 880	①上保护层 −20cm 厚中粗砂 ②隔水土工布 ③40cm 厚砾石隔断层	路中和路边分别铺设土工布，采用不同的压实工艺。路中：砾石隔断层振压 5 遍，上保护层静压 5 遍，振压 2 遍；路边：砾石隔断层振压 5 遍，上保护层静压 5 遍	经现场开挖观察，路中土工布存在大量被砾石顶破的孔洞，直径约 3mm；路边铺设的土工布同样存在被顶破的孔洞，数量较路中要少

图 10.5-2 隔断层试验路铺筑

图 10.5-3 隔断层试验路检测

4. 隔断层技术方案

经试验路检测，方案 2 施工工艺可行，施工质量宜控制。考虑到路床填料采用砾石土，限制第一层路床填料的最大粒径不超过 6cm，压实厚度 20cm，可有效对土工布进行保护，隔断层设置取消中粗砂上保护层，将第一层铺筑的路床作为土工布上保护层，减少施工工序，降低施工成本，加快了施工进度。结合试验路工程，提出比较合理的隔断层设置和施工工艺。

1）隔断层设置

砾石隔断层厚度 30cm；其上铺设隔水土工布，土工布下铺 10cm 砂砾石作为保护层；土工布铺设完成后，表面直接填筑路床。隔断层设置如图 10.5-4 所示。

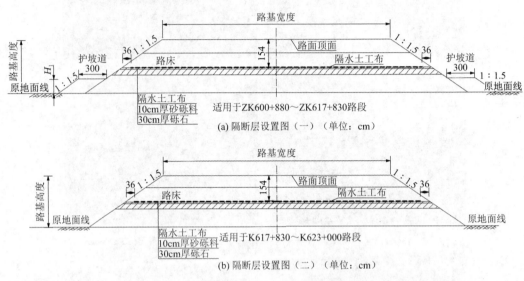

(a) 隔断层设置图（一）（单位：cm）

(b) 隔断层设置图（二）（单位：cm）

图 10.5-4　隔断层设置方案（H_1 为路基护坡道高度）

2）施工工艺

（1）准备工作

①原材料检测，包括土工布、砂砾料、土工布下保护层填料、路床填料等；

②施工场地清理，隔断层的下承层横向坡度应为 2%～3%或与路拱横坡相同，压实度及平整度应满足规范要求。

（2）砾石层铺设

①砾石层厚度 30cm，应全断面铺设，首先应按厚度线铺设包边砂砾土，宽度为 36cm；

②全断面一次铺填，用平地机或推土机摊铺平整，并用人工配合找平；

③铺设完毕后采用 20t 重型压路机低速静碾，由路基两侧向中间碾压，纵向轮碾压应互相平行，碾压遍数以无明显轮迹为原则，但不得少于 5 遍。压实后横向坡度应同下承层坡度。

（3）土工布下保护层铺设

①土工布下保护层采用砂砾料填筑，厚度 10cm，含泥量不大于 3%，砂砾料不得夹有带棱角的石块，且最大粒径不得大于 6cm，采用非盐渍土填筑；

②土工布下保护层填料运料车应采用倒行卸料的方法，用推土机、装载机、平地机或人工摊铺，严禁运料车直接碾压砂砾层；一切车辆、施工机械只容许沿路堤的轴线方向行驶；

③铺设完成后，喷洒淡水，使得填料达到最佳含水量；

④碾压过程中应采用 20t 压路机低速静碾，压实度应不小于 96%；

⑤压实后保护层顶面应平整，严禁有尖硬棱角的碎、砾石块凸出表面，横向坡度应同下承层坡度。

（4）土工布铺设

①土工布铺设前应将砂砾层表面清检平整，严禁有尖硬棱角的碎、砾石块凸出表面；

②土工布应按路基横断面全断面铺设，应先由外侧向内侧铺筑。铺设时土工布应紧贴砂砾层，不允许有褶皱；

③土工布横向搭接宽度为 30cm，纵向搭接宽度为 50cm，搭接时应保证高端土工布压低端的土工布，以免路面渗水沿搭接处进入土工布下层，从而保证土工布下层路堤的干燥；

④土工布铺设完成后，应仔细检查有无破损处，如有破洞应进行修补，修补面积不小于破坏面积的 4～5 倍；

⑤土工布铺设完成后，严禁各种车辆直接碾压，并应尽快填筑路床。

（5）路床填料铺设

①土工布铺设完毕后，第一层路床填料运料车应采用倒行卸料的方法，用推土机、装载机、平地机或人工摊铺，松铺厚度应按照压实厚度 20cm 试验确定，一般不超过 30cm；土中不得夹有带棱角的石块，且最大粒径不得大于 6cm，采用非盐渍土填筑；一切车辆、施工机械只容许沿路堤的轴线方向行驶；

②铺设完成后，喷洒淡水，使得填料达到最佳含水量；

③碾压过程中应首先采用 20t 压路机低速静碾，待压实度达到规范要求后，再进行低频振动压实，低频振动压实不得小于 3 遍；

④第一层填料压实完成后可按规范要求进行下道工序。

10.5.4 察尔汗盐湖区高速公路阻盐技术

在路堤和路床之间设置砾石隔断层和隔水土工布隔断层相结合的措施可完全隔断毛细水和气态水的上升，并减少了雨水下渗，有效地保护了路床和路面的次生盐渍化，同时也保证了路堤免受路面下渗雨水的侵蚀，有利于路基的整体稳定。察格高速公路察尔汗盐湖路段除采用隔断层技术阻盐外，从盐分迁移途径、方式以及影响因素出发，另外还采用了一系列有效的阻盐技术：①采用粗粒度材料——砾石土作为路基填料，并保证路基的压实度，减少毛细水上升高度；②在路基坡脚两侧设置护坡道，减少地表卤水对路基的侵蚀，并对路基具有保温作用，避免路基底部出现负温区，延缓毛细水上升速度和降低毛细水上升高度；③在路基坡脚或护坡道坡脚一定距离设置排碱沟，起到了脱盐、排水和降低地下水位等作用。

1）路基填料

路基填料采用砾石土，天然含水率为 1.4%～1.6%，最佳含水率为 4.4%～5.5%，最大干密度 2.22～2.30g/cm³。路基填料最小强度和最大粒径要求按《公路路基设计规范》JTG D30—2015 中的规定执行，如表 10.5-2 所示。

2）护坡道

对于地表湿软及盐渍化河漫滩路段，为防止路基两侧积水侵蚀坡脚，保证路基稳定，减少工后沉降，采用就近挖取的细粒土填筑护坡道，若备料充足或料源较近，可采用路基填料相同的材料。护坡道宽度为 3m，设计高度为 0.8m，护坡道高度变化应与地形变化相匹配。护坡道应与路基同时填筑、碾压施工，压实度不低于 94%，且护坡道顶部标高应至少低于隔断层土工布边缘标高 15cm。

项目分类		压实度（%）	填料最小强度（CBR）（%）	填料最大粒径（cm）
填方路堤	上路床	96	≥8	10
	下路床	96	≥5	10
	上路堤	94	≥4	15
	下路堤	94	≥3	15
零填及浅挖		96	≥8	10
		96	≥5	10

路基填料最小强度和最大粒径要求　　　　表 10.5-2

3）排碱沟

排碱沟主要用于降低路基影响范围地下水位，并汇集、蒸发路界范围以内的降、排水；为防止公路路界以外的水流入排碱沟，在排碱沟外侧培土，拦挡水流。公路营运期间，排碱沟内结晶的岩盐，应定期由养护部门清理。排碱沟设置在路基两侧，排碱沟距路基坡脚或护坡道坡脚 2m，沟底宽为 1m，开挖深度根据地形及地下水位等变化而定，一般为 1.5m。排碱沟沟底标高不得低于地下水位（排碱沟沟底标高应高出地下水位 15cm 为宜）。护坡道与排碱沟布置如图 10.5-5 所示。

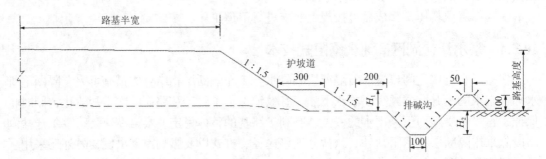

图 10.5-5　护坡道与排碱沟布置示意图（单位：cm；H_1 为路基护坡道高度；H_2 为排碱沟深度）

参考文献

［1］　徐筱在. 盐渍土地基[M]. 北京：中国建筑工业出版社，1993.

［2］　钱征宇. 中国盐湖铁路的主要技术问题及其工程措施[J]. 中国铁路，2004，(4)：43-46.

［3］　李志贤. 青藏铁路盐渍土路基工程的设计与施工[J]. 铁道工程学报，1994，(1)：43-47.

［4］　徐安花，房建宏.《青海万丈盐桥处治技术研究》成果综述[J]. 青海科技，2005，(1)：27-30.

［5］　薛明，朱玮玮，金众赞. 盐渍土路基盐分迁移防治与养护[J]. 公路交通科技（应用技术版），2007，(7)：28-31.

［6］　赵景森，王宪政. 盐湖盐渍土地区建筑防腐工程施工[J]. 山西建筑，1996，(2)：33-35.

［7］　范增旺，赵成江. 青藏铁路"万丈盐桥"盐溶病害的成因与防治[J]. 路基工程，2010，(1)：190-192.

［8］　高江平，杨荣尚. 含氯化钠硫酸盐渍土在单向降温时水分和盐分迁移规律的研究[J]. 西安公路交通大学学报，1997，(3)：22-25+53.

［9］　张彧，房建宏，刘建坤，等. 察尔汗地区盐渍土水热状态变化特征与水盐迁移规律研究[J]. 岩土工程学报，2012，34(7)：1344-1348.

［10］ 吴爱红, 顾强康, 李婉. 盐渍土机场毛细水迁移试验研究[J]. 路基工程, 2008, (6): 137-138.

［11］ 包卫星, 谢永利, 杨晓华. 天然盐渍土冻融循环时水盐迁移规律及强度变化试验研究[J]. 工程地质学报, 2006, (3): 380-385.